Le Maroc à l'horizon 2040

DIRECTIONS DU DÉVELOPPEMENT
Pays et régions

Le Maroc à l'horizon 2040

*Investir dans le capital immatériel pour accélérer
l'émergence économique*

Jean-Pierre Chauffour

GROUPE DE LA BANQUE MONDIALE

Table des matières

Encadrés

Figures

Tableaux

Préface

Le nouveau Mémorandum économique de la Banque mondiale sur le Maroc, « Investir dans le Capital immatériel pour accélérer l'émergence économique », est remarquable pour au moins trois motifs :

- C'est avant tout un rapport de prospective. Considérant, comme Fernand Braudel, que « l'avenir ne se prévoit pas, mais se prépare », ce Mémorandum propose des pistes pour construire le Maroc de 2040, et favorise, pour cela, la convergence avec les pays du Sud de l'Europe, un scénario cher à l'IPEMED depuis son projet « Méditerranée 2030 ». Et l'enjeu est de taille puisque le PIB par habitant du Maroc pourrait atteindre 45 % de celui des Européens du Sud en 2040 contre 22 % actuellement. C'est le scénario d'un pays émergent, stable politiquement, qui veut et peut jouer la carte de la jeunesse, du progrès et de la modernité en valorisant ses atouts et réduisant ses faiblesses. Celui-ci est optimiste, mais les projections de la Banque mondiale s'appuient sur un diagnostic réaliste du Maroc en 2016.

- De plus, ce rapport a le mérite de ne privilégier qu'une variable stratégique : l'accumulation du capital immatériel. Finis les scénarii et les planifications complexes où les variables (le travail, le capital, le commerce extérieur, les lois, les réglementations, etc.) se multiplient et interfèrent, laissant les décideurs politiques devant des choix difficiles. Dans ce rapport, une seule directive : favoriser l'augmentation durable de la productivité de l'économie marocaine à travers une plus grande accumulation du capital immatériel. La phase d'accumulation du capital matériel, initiée notamment par le « Plan Emergence », doit désormais être complétée par une phase d'accumulation du capital immatériel. Il faut maintenant, pour le Maroc, agir sur la qualité des emplois (au moyen de l'éducation et de la formation), l'amélioration des structures d'appui au marché, la transformation des institutions et services publics, et enfin, l'amélioration du capital social (parité entre les hommes et les femmes, modernisation du droit, etc.). En un mot, il ne faut pas uniquement continuer à créer du nouveau mais améliorer la qualité de l'existant, pour que les générations actuelles et futures bénéficient des conditions propices à une croissance durable, inclusive, créatrice d'emplois et de valeur ajoutée. Cette politique d'amélioration de l'immatériel pourrait devenir selon Sa Majesté le Roi, dans un discours en juillet 2014, « *le critère fondamental pour l'élaboration des politiques publiques* ».

Cela rejoint les fondements de l'économie déjà énoncés par Jean Bodin : « il n'y a ni richesse ni force que d'hommes ».

- Enfin, ce Mémorandum projette le Maroc dans la révolution industrielle du XXIᵉ siècle, celle de l'économie numérique et de l'économie collaborative. Le monde dans lequel évoluent les jeunes favorise, avec l'Internet, la digitalisation des échanges, le partage des objets et des fonctions et l'émergence de nouveaux paradigmes économiques (économie collaborative, « circuits courts », etc.). Tels sont les paramètres de l'économie du futur. C'est le passage de l'économie de l'avoir à l'économie de l'être. Je me rappelle, jeune professeur dans les années 70-80, des propos tenus par un président du Conseil économique et social, à Paris : « bientôt le clivage ne sera plus entre ceux qui auront et ceux qui n'auront pas, mais entre ceux qui sauront et ceux qui ne sauront pas ».

En mettant au cœur du modèle de développement du Maroc pour les années à venir, la jeunesse, l'éducation, la santé et la formation, le Mémorandum de la Banque mondiale appelle également à un renouvellement des « règles du jeu » : espérons que les partenaires du Royaume, en premier lieu l'Europe, anticipent ces mutations à venir pour mieux les accompagner.

J'ai aimé lire ce rapport. Je vous conseille d'en faire autant.

Jean-Louis Guigou
Président de l'IPEMED

IPEMED
· INSTITUT DE PROSPECTIVE ÉCONOMIQUE DU MONDE MÉDITERRANÉEN ·

Avant-propos

Dix ans après le dernier Mémorandum économique pays (MEP) de la Banque mondiale consacré au Maroc, le Mémorandum 2017 intitulé « *Le Maroc à l'Horizon 2040 : Investir dans le Capital Immatériel pour Accélérer l'Émergence Économique* » documente les avancées économiques et sociales réalisées par le Royaume au cours des dernières décennies et analyse les obstacles que le Maroc doit surmonter pour que le rattrapage économique que connaît actuellement le pays puisse s'amplifier et se transformer en mouvement durable de convergence économique et d'amélioration du bien-être de l'ensemble de la population. Fort de ces avancées, le Maroc a en effet l'ambition légitime d'accélérer son rattrapage économique vers les pays avancés au cours des prochaines décennies et de devenir le premier pays d'Afrique du Nord non producteur de pétrole à rejoindre le club des pays émergents.

Pour appréhender les voies possibles d'un tel rattrapage, le Mémorandum établit un diagnostic de la performance économique et sociale du Royaume au cours des 15 dernières années avant de se projeter vers 2040, c'est-à-dire à l'horizon de la prochaine génération, et d'analyser les scénarios économiques qui permettraient de doubler le rythme actuel de convergence de l'économie marocaine vers les pays d'Europe du sud (Espagne, France, Italie, Portugal). Un scénario vertueux – mais réaliste – suggère que le PIB par habitant du Maroc (en parité de pouvoir d'achat) pourrait atteindre près de 45 % de celui d'un pays européen du sud tel que l'Espagne en 2040 alors qu'il n'est que de 22 % actuellement.

Le Mémorandum présente ensuite les voies de politiques économiques ainsi que les circonstances en matière d'économie politique qui permettraient de réaliser un tel scénario vertueux de rattrapage économique accéléré. Ce scénario repose sur une augmentation durable de la productivité de l'économie marocaine à travers une plus grande accumulation de capital immatériel ; une notion qui renvoie à la fois à la qualité du capital institutionnel, à la qualité du capital humain et à la qualité du capital social des pays. À ce titre, le Mémorandum a également l'ambition d'offrir des pistes de réflexion à la question soulevée par SM le Roi Mohammed VI lors de son Discours du Trône de juillet 2014 sur la façon dont le capital immatériel pourrait devenir le « *critère fondamental dans l'élaboration des politiques publiques afin que tous les Marocains puissent bénéficier des richesses de leur pays* ».

Remerciements

Le présent rapport a été préparé par une équipe dirigée par l'auteur principal Jean-Pierre Chauffour (économiste principal), sous la supervision d'Auguste Tano Kouame (manager) et de Marie-Françoise Marie-Nelly (directrice pour le Maghreb).

L'équipe principale de la Banque mondiale était composée de Diego Angel-Urdinola (économiste senior), Kamel Braham (chargé du programme éducation), Dorothée Chen (spécialiste santé), Safaa El-Kogali (manager), Khalid El-Massnaoui (économiste senior), Roberto Foa (consultant), Caroline Krafft (consultante), Andrea Liverani (chargé du programme de développement durable), Mariem Malouche (économiste senior), Eva Maria Melis (conseillère juridique), Philippe de Meneval (chargé du programme commerce et compétitivité), Patrick Mullen (spécialiste senior santé), Emre Ozaltin (économiste senior), Paul Scott Prettitore (spécialiste senior secteur public), Elisabeth Sandor (consultante) et Fabian Seiderer (spécialiste principal secteur public).

Plusieurs collaborateurs ont apporté une aide générale à la recherche : Hind Arroub (consultante), Abdoul Gadiry Barry (consultant), Saad Belghazi (consultant), Morgane Breuil (consultante), Rachid M. Doukkali (consultant), Asma El Alami El Fellousse (consultante), Arthur Foch (spécialiste politique de télécommunication), Johan Grijsen (consultant), Jamal Guennouni (consultant), Abderrahmane Lahlou (consultant), Daniela Marotta (économiste senior), Jean-Philippe Mas (consultant), Carlo Maria Rossotto (spécialiste principal de politique de télécommunication), Gabriel Sensenbrenner (économiste principal). Salma Daki (consultante), Amina Iraqui (consultante), Fatima Ezzahra Kinani (consultante) et Jules Porte (consultant) ont procédé à l'analyse et présentation des données.

Sans service de soutien à la production et à la communication, aucun ouvrage ne peut atteindre ses lecteurs potentiels. Jewel McFadden (éditeur associé) a supervisé l'édition et la publication du rapport avec le soutien de Rumit Pancholi (responsable de projets) et son équipe. Marcelle Djomo (coordinatrice projet) et Interpreters Morocco Consultancy ont respectivement coordonné les traductions en anglais du rapport et du Résumé analytique. Manuella Lea Palmioli (représentante du service à la clientèle) a exercé ses talents de designer pour la couverture et mise en page du rapport. Muna Abeid Salim (assistante programme senior) et Abdurrahman Bashir Karwa (assistant programme) ont assuré la responsabilité des services professionnels d'appui administratif. Enfin, Ibtissam Alaoui (chargée de communication) a assuré la communication générale relative au projet et à sa dissémination.

Les auteurs remercient vivement Hafez Ghanem, vice-président de la Banque mondiale pour la Région MENA, ainsi que Simon Gray (ancien directeur pour le Maghreb, Banque mondiale), Marie-Françoise Marie-Nelly (directrice pour le Maghreb, Banque mondiale) et Shantayanan Devarajan (économiste en chef de la Région MENA) pour leurs conseils avisés et précieux soutiens tout au long de la préparation du rapport. Ils remercient également les managers sectoriels de la Région MENA, notamment Enis Baris, Najy Benhassine, Benoit Blarel, Safaa El-Kogali, Aurora Ferrari, Ernest Massiah, Jean Pesme et Hisham Waly pour leur appui et celui de leurs équipes tout au long du projet.

Le rapport a tiré grand profit des observations du comité de lecture, constitué au niveau du stade conceptuel d'Uri Dadush (associé senior, Carnegie Endowment for International Peace), Ivailo Izvorski (manager, Banque mondiale), Adesinaola Odugbemi (chargé de communication senior, Banque mondiale) et Alexandria Valerio (économiste senior, Banque mondiale), et au niveau du rapport préliminaire de Mohamed Chafiki (directeur des Études et des prévisions financières, ministère de l'Économie et des Finances), Sébastien Dessus (économiste principal, Banque mondiale), Ishac Diwan (professeur invité, École d'économie de Paris), Ivailo Izvorski (manager, Banque mondiale) et Hedi Larbi (professeur invité, Harvard Kennedy School). Les auteurs du rapport ont bénéficié des observations avisées de divers experts de la région, dont beaucoup ont envoyé des commentaires écrits. Il convient de citer notamment Nicolas Blancher (chef de mission, Fonds monétaire international), Kamel Braham (chargé de programme), Kevin Carey (économiste principal), Quy-Toan Do (économiste senior), Arthur Foch (spécialiste politique de télécommunication), Afef Haddad (coordinatrice de programme pays), Michael Hamaide (chargé de pays senior), Mélise Jaud (économiste), Andrea Liverani (chargé du programme développement durable), Philippe de Meneval (chargé de programme commerce et compétitivité), Carlo Maria Rossotto (spécialiste principal de politique de télécommunication) et Dorte Verner (économiste principale agriculture). La rédaction et la clarté du Mémorandum ont été par ailleurs grandement améliorées par la relecture attentive et minutieuse du rapport final par Ibtissam Alaoui (chargée de communication), Kamel Braham (chargé de programme éducation), Auguste Tano Kouame (manager), et Marie-Françoise Marie-Nelly (directrice pour le Maghreb).

La préparation du rapport a bénéficié d'une consultation étroite avec le Conseil économique, social et environnemental (CESE), Bank Al-Maghrib (BAM) et le Haut-Commissariat au Plan (HCP). L'équipe tient à remercier tout particulièrement Nizar Baraka (président du CESE), Abdellatif Jouahri (gouverneur de BAM), et Ahmed Lahlimi (haut-commissaire du HCP), ainsi que leurs collaborateurs Driss Guerraoui (secrétaire général du CESE), Mohamed Taamouti (directeur des études et des relations internationales, BAM) et Abdelhak Allalat (directeur de la comptabilité nationale, HCP) pour leur disponibilité et la qualité de la coopération.

D'autres personnalités de tout premier plan ont contribué à enrichir le rapport à travers des échanges extrêmement fructueux et enrichissants sur certaines thématiques du rapport au cours de la période 2014-2016. Il convient de citer en particulier (par ordre alphabétique) Fouad Abdelmoumni (secrétaire général de Transparency Maroc), Aziz Ajbilou (secrétaire général du ministère des Affaires générales et de la Gouvernance), Abdelali Benamour (président du Conseil de la concurrence), Mohammed Benayad (secrétaire général du ministère chargé du commerce extérieur), Miriem Bensalah Chaqroun (présidente de la Confédération générale des entreprises du Maroc), Mohamed Berrada (professeur émérite à l'Université Hassan II de Casablanca), Mohammed Boussaid (ministre de l'économie et des finances), Mohamed Chafiki (directeur des études et des prévisions financières, ministère de l'Économie et des Finances), Zouhair Chorfi (directeur général de l'administration des douanes et impôts indirects), Karim El-Aynaoui (directeur de l'OCP Policy Center), Nouh El-Harmouzi (directeur du Centre scientifique arabe d'études et de recherches humaines), Mohamed El-Kettani (président directeur-général du Groupe Attijariwafa Bank), Habib El-Malki (président du Centre marocain de conjoncture), Tarik El-Malki (enseignant-chercheur à l'Institut supérieur de commerce et d'administration des entreprises), Jaouad Hamri (ancien directeur de l'Office des Changes), Rupert Joy (ambassadeur et chef de la délégation de l'Union européenne), Omar Kabbaj (conseiller de Sa Majesté le Roi), Jawad Kerdoudi (président de l'Institut marocain des relations internationales), Saïd Khairoun (président de la Commission des finances et du développement économique, Chambre des Représentants), Ayache Khellaf (directeur de la prévision et de la prospective au HCP), Driss Ksikes (directeur du Centre de recherche de HEM Business School), Abdelghni Lakhdar (conseiller économique du chef du Gouvernement), Raul de Luzenberger (chef adjoint de la délégation de l'Union européenne), Jean-Luc Martinet (membre de la Chambre française de commerce et d'industrie du Maroc), Redouane Mfadel (chroniqueur Luxe Radio), Mohamed Tawfik Mouline (directeur général de l'Institut royal des études stratégiques), Saïd Mouline (directeur général, Agence nationale pour le développement des énergies renouvelables et de l'efficacité énergétique), Marta Moya Díaz (chef de section, délégation de l'Union européenne), Abdelaziz Nihou (conseiller économique à la primature), Driss Ouaouicha (président de l'Université Al Akyawayn), Youssef Saadani (directeur des études économiques à la Caisse de dépôt et de gestion), Nadia Salah (directeur des rédactions, Groupe Eco-Medias), Marie-Cécile Tardieu (chef du Service économique auprès de l'Ambassade de France), et Faouzia Zaâboul (directrice du Trésor au ministère de l'Économie et des Finances).

L'équipe tient aussi à exprimer ses vifs remerciements pour l'attention et l'intérêt que les secrétaires généraux des différents ministères ont apporté au projet de Mémorandum à la fois lors de la présentation du Résumé analytique le 30 juin 2016, puis à travers les séries de commentaires écrits et suggestions constructives coordonnés par le ministère des Affaires générales et de la Gouvernance et émis par le ministère de l'Intérieur, le ministère de l'Économie et des Finances, le ministère de l'Agriculture et de la Pêche maritime, le ministère de l'Éducation nationale et de la Formation professionnelle, le ministère de l'Enseignement supérieur, de la Recherche scientifique et de la Formation des Cadres, le ministère de l'Équipement, du Transport et de la Logistique, le ministère de l'Industrie, du Commerce, de l'investissement et de l'Économie numérique, le ministère de la Santé, le ministère de l'Énergie, des Mines, de l'Eau et de l'Environnement, le ministère de la Solidarité, de la Femme, de la Famille et du Développement social, le ministère de l'Emploi et des Affaires sociales, le ministère de la Fonction publique et de la Modernisation de l'Administration, le Haut-Commissariat au Plan et Bank Al-Maghrib.

En outre, le Mémorandum a été grandement enrichi par les nombreuses opportunités d'échanges au cours de la phase de préparation du rapport avec des représentants du gouvernement, de la société civile et du monde académique. Nous sommes particulièrement reconnaissants aux nombreux organisateurs de conférences, ateliers et séminaires de nous avoir donné l'opportunité de présenter les grands thèmes du Mémorandum au cours des deux dernières années. Au début de 2014, les thématiques liées à la promotion d'une société ouverte pour une économie prospère et résiliente ont notamment été exposées (par ordre chronologique) au Conseil économique, social et environnemental (CESE), au Bureau de la Banque mondiale lors d'un Atelier sur le marché du travail, au Haut-Commissariat au Plan (HCP), à l'OCP Policy Center, à l'École de gouvernance et d'économie de Rabat (EGE), au Forum de Paris–Casablanca Round, au Centre de recherche de HEM Business School (CESEM), lors d'un séminaire à la Chambre des Conseillers du Parlement marocain, à l'Université Hassan II à Casablanca, à la Chambre française de commerce et d'industrie du Maroc (CFCIM) ; lors d'une conférence co-organisée avec le ministère de l'Économie et des Finances sur l'ouverture commerciale du Maroc ; et à la Confédération générale des entreprises du Maroc (CEGEM). À partir de l'automne 2014, les thématiques liées au capital immatériel ont à leur tour été exposées au CESE, à l'Université internationale de Rabat (UIR), à l'École nationale de santé publique (ENSP), à l'Université Al Akhawayn à Ifrane, à l'Association des femmes chefs d'entreprises du Maroc (AFEM), à l'OCP Policy Center, à la Fondation Attijariwafa Bank, à l'Institut marocain des relations internationales (IMRI), au Centre scientifique arabe d'études et de recherches humaines (CAS-ERH), au Centre marocain de conjoncture (CMC), à la Délégation et aux États membres de l'Union européenne, au Colloque international sur le modèle de développement du Maroc organisé à Skhirat par le ministère de l'Économie et des Finances, et lors de deux réunions interministérielles organisées par le ministère des Affaires générales et de la Gouvernance à Rabat en juin et octobre 2016.

Nous remercions sincèrement toutes les contributions et tous les soutiens reçus, sans d'aucune manière suggérer que les divers experts et institutions consultés soient nécessairement en accord avec l'analyse et les conclusions du Mémorandum, dont nous prenons l'entière responsabilité.

Le Mémorandum s'est appuyé à la fois sur une série de rapports de la Banque mondiale préparés en parallèle au Mémorandum et sur une série de documents et notes de travail élaborés spécifiquement pour informer le Mémorandum :

Les chapitres 1 et 2 sur le Maroc en 2016 et en 2040 respectivement s'appuient sur des notes de travail portant sur « La comptabilité de la croissance au Maroc » et « Les scénarios de croissance du Maroc à moyen terme » préparées par Khalid El Massnaoui et Jean-Pierre Chauffour ; et sur la note de travail « Contribution économique de la surexploitation des eaux souterraines au Maroc » préparée par Rachid M. Doukkali et Johan Grijsen.

Le chapitre 3 sur les institutions d'appui au marché repose sur le document de travail intitulé « Un défi décisif pour l'investissement et l'emploi au Maroc : renforcer le cadre institutionnel pour une application équitable des règles entre les acteurs économiques » préparé par Philippe de Méneval et Morgane Breuil ; le document de travail intitulé « Are Minimum Wages and Payroll Taxes a Constraint to the Creation of Formal Jobs in Morocco ? » préparé par Diego F. Angel-Urdinola, Abdoul Gadiry Barry et Jamal Guennouni ; et le rapport intitulé « Trade and EU Integration : Strengthening Morocco's Competitiveness » préparé par une équipe de la Banque mondiale sous la supervision de Jean-Pierre Chauffour (World Bank 2013, Report No. AUS4799). Ce chapitre se fonde également sur la note de travail intitulée « Le haut débit : plate-forme de l'économie numérique et enjeu critique pour le développement du Maroc », préparée par Arthur Foch et Carlo Maria Rossotto.

Le chapitre 4 sur les institutions et services publics s'appuie principalement sur le document de travail intitulé « État de droit, justice et capital immatériel » préparé par Paul Scott Prettitore, Eva Maria Melis et Jean-Pierre Chauffour et le document de travail intitulé « Gouvernance des services publics » préparé par Fabian Seiderer, Elisabeth Sandor et Jean-Pierre Chauffour. Ce chapitre s'appuie également sur la note de travail intitulée « Modernisation de l'administration et réformes de la Fonction publique » préparée par Khalid El-Massnaoui et Jean-Pierre Chauffour.

Le chapitre 5 sur le capital humain s'appuie sur trois documents de travail portant sur i) « L'éducation », préparé par Kamel Braham, Youssef Saadani et Jean-Pierre Chauffour ; ii) « La santé », préparé par Dorothée Chen, Patrick Mullen, Emre Ozaltin et Jean-Pierre Chauffour ; et iii) « Le développement de la petite enfance » préparé par Safaa El-Kogali et Caroline Krafft.

Le chapitre 6 sur le capital social s'appuie principalement sur le rapport intitulé « Maroc : équilibrer les chances - renforcer l'autonomisation des femmes pour une société plus ouverte, inclusive et prospère » préparé par Daniela Marotta et Paul Scott Prettitore (World Bank 2015 Report No. 97778) et sur la note de travail intitulée « Nurturing Morocco Social Capital : Trust, Civic Cooperation, and Association » préparée par Roberto Foa, Andrea Liverani et Jean-Pierre Chauffour.

À propos de l'auteur

Jean-Pierre Chauffour est économiste principal pour les pays du Maghreb dans la Région Moyen-Orient et Afrique du Nord de la Banque mondiale.

Depuis qu'il a rejoint la Banque mondiale en 2007, M. Chauffour a occupé différents postes de responsabilité, notamment celui de conseiller au sein du Département du commerce international et d'économiste principal au sein du Réseau pour la lutte contre la pauvreté et la gestion économique, dans lequel il s'est spécialisé dans les questions relatives au régionalisme, à la compétitivité et à l'intégration économique. Avant de rejoindre la Banque mondiale, il a travaillé pendant 15 ans au Fonds monétaire international, où il a occupé différentes fonctions, dont celles de chef de mission au département Afrique, de chef de bureau et de représentant auprès de l'Organisation mondiale du commerce et des Nations Unies à Genève. Il a également passé deux ans à Bruxelles comme économiste principal à la Direction des affaires économiques et financières de la Commission européenne. Au cours de sa carrière, M. Chauffour a travaillé et fourni des conseils en matière de politique économique dans de nombreux pays émergents, surtout au Moyen-Orient, en Afrique et en Europe de l'Est. Ses principaux centres d'intérêt concernent le développement économique, la gestion macroéconomique et les libertés économiques. Il a débuté sa carrière en tant que macro-économiste au sein du Centre d'études prospectives et d'informations internationales (CEPII), basé à Paris.

Titulaire d'un magistère d'économie et d'un D.E.A monnaie, banque et finance de l'Université Panthéon-Sorbonne à Paris, M. Chauffour est l'auteur de l'ouvrage *The Power of Freedom: Uniting Human Rights and Development* (Cato Institute 2009) et a également co-publié deux ouvrages : *Preferential Trade Agreement Policies for Development: a Handbook* (Banque mondiale 2011) et Trade Finance during the Great Trade Collapse (Banque mondiale 2011). Sa dernière publication sur les conséquences des Printemps arabes est intitulée *De l'éveil politique à l'éveil économique dans le monde arabe : la voie de l'intégration économique* (Banque mondiale 2013).

Vue d'ensemble

Au cours des quinze dernières années, le Maroc a réalisé des avancées incontestables, tant sur le plan économique et social que sur celui des libertés individuelles et des droits civiques et politiques. Ces avancées se sont notamment traduites par une croissance économique relativement élevée, une augmentation sensible de la richesse nationale et du niveau de vie moyen de la population, une éradication de l'extrême pauvreté, un accès universel à l'éducation primaire et, globalement, un meilleur accès aux services publics de base et enfin un développement considérable des infrastructures publiques. Grâce à ces avancées, le Maroc a pu enclencher un processus de rattrapage économique vers les pays d'Europe du sud (Espagne, France, Italie, Portugal).

Alors que de nombreux indicateurs économiques sont sur la bonne voie, il en est un, cependant, qui accuse toujours un retard : celui qui concerne l'insertion des jeunes dans la société. Avec environ un jeune sur deux âgés de 25 à 35 ans disposant d'un emploi – souvent informel et précaire – l'emploi des jeunes constitue un défi majeur. Le Maroc est également confronté à la nécessité de répondre à une demande moins immédiate mais tout aussi pressante que celle de l'emploi qui concerne l'aspiration d'une jeunesse à un niveau de vie pouvant se rapprocher rapidement de celui que connaissent les pays plus avancés. Or, le processus de convergence économique enclenché depuis 15 ans est relativement lent, notamment en comparaison de celui affiché par d'autres pays émergents qui ont réussi à combler leur retard de façon significative. Même si la situation politique nationale a largement évolué depuis 2011, les aspirations de la jeunesse marocaine à un avenir meilleur demeurent présentes.

Dans ce contexte, quelles sont les conditions économiques et d'économie politique qui pourraient permettre au Maroc d'accélérer significativement et durablement sa croissance, de façon à créer des emplois de qualité pour le plus grand nombre et à se rapprocher en l'espace d'une génération des niveaux de revenu et de richesse des pays les plus avancés ? Telle est la question à laquelle tente de répondre *Le Maroc à l'horizon 2040 : Investir dans le capital immatériel pour accélérer l'emergence économique* en établissant, dans un premier temps, un diagnostic de la performance économique récente et des perspectives du Maroc à l'horizon 2040, et, dans un second temps, en présentant les réformes économiques qui pourraient permettre de réaliser un scénario ambitieux mais réaliste qui viserait à doubler le rythme actuel de convergence de l'économie marocaine vers les pays d'Europe du sud.

Quelques faits stylisés de l'économie marocaine en 2016 :

- Les progrès économiques et sociaux indéniables réalisés au cours de la dernière décennie ne peuvent être tenus pour définitivement acquis. Du côté de l'offre, l'effort important d'investissement – principalement de la part de l'État et des entreprises publiques – ne s'est pas encore traduit par des gains de productivité significatifs et ne peut être poussé davantage. Du côté de la demande, la croissance a été principalement tirée par la demande intérieure sur fond d'augmentation de l'endettement de l'État, des entreprises et des ménages.

- La dynamique structurelle de l'économie marocaine fait apparaître trois tendances essentielles : une difficile allocation du travail non qualifié qui découle d'une industrialisation globalement insuffisante nonobstant des succès retentissants dans certains secteurs émergents (automobile, aéronautique, agroalimentaire, énergies renouvelables, etc.) ; une difficile allocation du travail qualifié résultant de la lenteur de la montée en gamme du tissu économique, et notamment des demandes de cadres moyens et supérieurs ; et une difficile allocation des talents conduisant à un faible dynamisme entrepreneurial. Peu structurées, de taille modeste et faiblement internationalisées, les entreprises marocaines s'avèrent globalement peu dynamiques et innovantes.

Quel Maroc à l'horizon 2040 ? Atteindre et conserver pendant 25 années un niveau élevé de croissance économique inclusive et de création d'emplois de qualité constitue l'un des défis politiques et économiques majeurs pour le Maroc. L'examen des scénarios possibles se caractérise par les faits saillants suivants :

- La transition démographique, l'urbanisation de la société dans un contexte de régionalisation avancée, et la montée du niveau de formation de la population sont trois tendances profondes et structurelles qui touchent la société et qui constituent une fenêtre d'opportunité unique dans l'histoire du Maroc. En particulier, le faible taux de dépendance (part des moins de 15 ans et des plus de 65 ans dans la population totale) prévu jusqu'en 2040 constitue un véritable atout démographique.

- Cependant, ces tendances structurelles ne suffiront pas à elles seules à déclencher une accélération durable de la croissance. Afin d'échapper à ce que l'on appelle « la trappe des pays à revenu intermédiaire », le Maroc devra atteindre et – plus important encore – conserver pendant une génération au moins des gains de productivité plus élevés que par le passé.

- Le scénario qui consiste à extrapoler les tendances observées pendant la période 2000-2015 (forte accumulation de capital fixe, créations d'emplois limitées, et faibles gains de productivité) repose sur une mécanique d'accumulation de capital qui apparaît difficilement soutenable d'un point de vue macroéconomique : le taux d'investissement ne peut continuer à croître indéfiniment.

Sans accélération des gains de productivité, la croissance ne peut que décélérer. La dynamique atone des années récentes peut s'interpréter comme une préfiguration de ce scénario de lente convergence.

- Les gains de productivité constituent la clé de voûte d'une croissance forte et viable à long terme à même d'améliorer le bien-être et la prospérité des Marocains tout en renforçant la paix et la stabilité sociale. Le scénario de rattrapage économique accéléré fait l'hypothèse d'une hausse de la productivité totale des facteurs de 2 % par an et d'une hausse du taux d'emploi de la population en âge de travailler, qui passerait de 45 % en 2015 à 55 % en 2040, principalement par l'effet d'une hausse du taux d'emploi des femmes, persistance qui est aujourd'hui extrêmement faible, à environ 23 %. L'effet cumulé des hausses de la productivité et du taux d'emploi conduirait à une croissance tendancielle plus forte et durable, d'au moins 4,5 % par an jusqu'en 2040.

- Doubler les gains de productivité à 2 % par an pendant plusieurs décennies représente un vrai défi, car cela suppose une transformation structurelle profonde de l'économie et des gains d'efficience substantiels. Les gains de productivité supplémentaires ne découleront pas uniquement de nouveaux investissements en capital fixe, mais d'un effort accru pour accumuler davantage de capital immatériel, c'est-à-dire de capital humain, institutionnel et social. Les évolutions de la productivité et du capital immatériel sont en grande partie liées, et c'est autour de ces deux variables clés que se détermineront la trajectoire de croissance et l'évolution du bien-être de la population marocaine à l'horizon 2040.

- En réorientant prioritairement ses politiques publiques vers le développement de son capital immatériel, le Maroc serait naturellement amené à faire évoluer sa stratégie de développement et à renforcer la gouvernance des politiques sectorielles.

Quelles voies doivent être empruntées pour réaliser l'émergence économique ? L'accélération durable de la productivité totale des facteurs ne pourra résulter d'une seule réforme, aussi ambitieuse soit-elle. En d'autres termes, l'augmentation du capital immatériel du Maroc sera nécessairement multiforme et devra viser à promouvoir un contrat social fondé sur la promotion d'une société ouverte ; c'est-à-dire sur le renforcement des institutions, le recentrage de l'action de l'État sur ses fonctions régaliennes, le développement du capital humain et le renforcement du capital social.

Investir dans les institutions d'appui au marché :

- Allouer le capital de manière plus concurrentielle. Pour débrider le moteur de l'innovation, le Maroc pourrait agir dans les trois domaines stratégiques suivants : renforcer la concurrence et lutter contre l'ensemble des rentes ;

mieux informer les acteurs économiques aux décisions qui les concernent et les y associer davantage, en particulier les acteurs locaux ; et promouvoir un changement culturel à l'égard de l'entreprise et de l'innovation.

• Allouer le travail de manière plus efficiente et inclusive. Les estimations suggèrent qu'une refondation du Code du travail augmenterait significativement la participation économique et l'emploi, notamment l'emploi formel des jeunes et des femmes, et réduirait le chômage tout en préservant les salaires. La réforme pourrait viser à assouplir significativement la réglementation du travail, à renforcer la sécurité des travailleurs et à améliorer l'efficacité des politiques actives du marché du travail.

• Intégrer davantage l'économie mondiale et les chaînes de valeur globales. Une plus forte intégration du Maroc dans l'économie internationale passerait par la disparition du « biais anti-export » qui continue à caractériser les institutions et les politiques gouvernant les échanges extérieurs, notamment par un assouplissement du régime de change, une libéralisation du contrôle des capitaux, une réduction des barrières tarifaires et non tarifaires, une meilleure facilitation du commerce et une amélioration du régime d'investissement. Les perspectives d'un accord de libre-échange complet et approfondi (ALECA) ambitieux avec l'Union européenne et la nécessaire mise à niveau des règles et réglementations du Maroc dans de nombreux secteurs constitueraient un objectif stratégique doté d'un fort potentiel de transformation pour l'économie marocaine.

Investir dans les institutions et services publics :

• Renforcer l'état de droit et la justice. Le Maroc aurait tout intérêt à veiller à appliquer les nouveaux droits conformément à l'esprit de la Constitution de 2011 et de la Charte de la réforme du système judiciaire, y compris à travers des dispositions complémentaires qui paraissent nécessaires pour envoyer rapidement un signal fort de changement effectif en vue d'une meilleure protection des personnes, des biens et des contrats.

• Moderniser l'administration publique. Les voies de réforme de la fonction publique généralement suivies dans le monde visent à décentraliser les responsabilités en matière de gestion des ressources humaines, à responsabiliser les gestionnaires, à accroître la flexibilité des politiques de recrutement et de développement de carrière, à encourager la performance individuelle et collective et, plus largement, à débureaucratiser l'administration. Les priorités pour le Maroc viseraient à décentraliser l'État ; à réformer la fonction publique en introduisant effectivement les notions de performance et de résultats dans la gestion des ressources humaines ; à réduire les coûts de fonctionnement de l'administration par un meilleur contrôle des effectifs et de la masse salariale ;

et à lancer une réflexion plus globale et stratégique sur la notion même de fonction publique au XXIe siècle.

- Améliorer la gouvernance des services publics. Le renforcement de la gouvernance des services publics suppose de placer le citoyen-usager au cœur du système comme bénéficiaire et régulateur de celui-ci et notamment de donner pleinement la parole au citoyen-usager ; de systématiquement informer le public et de rendre des comptes ; de simplifier et de rapprocher la décision de l'usager ; et d'expérimenter et d'évaluer de nouvelles approches en matière de service au public.

Investir dans le capital humain :

- Placer l'éducation au cœur du développement. Pour être efficace, la réforme éducative doit être réaliste et sélective. Elle devrait s'attaquer aux contraintes majeures, dans le cadre d'une « thérapie de choc » visant à provoquer un « miracle éducatif », c'est-à-dire une amélioration très significative du niveau des élèves marocains. Cela exigerait la modernisation du système éducatif dans son ensemble ; une meilleure sélection et formation des enseignants ; l'adoption d'une nouvelle gouvernance de l'école publique ; le développement d'une offre éducative alternative (écoles à charte, chèques-éducation, écoles libres, etc.) ; et la promotion des compétences dites du XXIe siècle, notamment par un plus grand usage des technologies de l'information et de la communication à l'école.

- Investir dans la santé pour une meilleure santé économique. En appui à la stratégie du gouvernement, et pour renforcer l'autre dimension essentielle du capital humain, les axes prioritaires de réforme devraient viser à étendre la couverture médicale et adapter l'offre de soins ; mobiliser et améliorer l'efficacité d'allocation des dépenses de santé en faveur des soins de santé primaire ; et parallèlement renforcer significativement la gouvernance du système de santé pour garantir l'efficience des nouveaux moyens en accroissant la redevabilité de tous les acteurs, en remobilisant les personnels de santé et en introduisant un système d'information et de gestion sanitaire intégré.

- Développer la protection et l'éducation de la petite enfance. Que ce soit sur le plan des droits de l'Homme, de l'égalité des chances ou encore de l'efficacité économique, il faudrait veiller à ce que tous les enfants marocains puissent bénéficier d'une meilleure protection et d'un meilleur développement lors de la petite enfance. Ceci nécessite des efforts importants d'information et de campagnes publiques de sensibilisation sur l'importance de la petite enfance ; une meilleure coordination des politiques et programmes de soutien de l'État ; des investissements de qualité supplémentaires au niveau préscolaire ; et une plus grande information et responsabilisation des parents, notamment des pères.

Investir dans le capital social :

• Réaliser la parité entre les sexes. Beaucoup reste à faire pour améliorer l'accès des femmes aux opportunités économiques et augmenter leur autonomie. Les politiques pourraient être infléchies autour de trois axes majeurs : accroître les opportunités économiques pour les femmes ; encourager l'émancipation, la liberté d'action et l'autonomie des femmes ; et systématiser la prise en compte du genre dans l'action politique et poursuivre la modernisation du droit.

• Encourager une plus grande confiance interpersonnelle. La gamme des moyens permettant à un pays d'augmenter son capital social est assez limitée car on ne décrète pas la confiance générale entre les citoyens, pas plus que le savoir-vivre, le savoir-être ou le savoir-faire ensemble. Le capital social est un sous-produit de facteurs structurels permanents ou hérités du passé difficilement modifiables (la géographie, l'histoire, la culture). Pour autant, des travaux ont mis en évidence la possibilité d'accroître le niveau de capital social en faisant en sorte que la règle de droit soit mieux appliquée et respectée ; en promouvant le sens civique et l'exemplarité dans toutes les sphères de décision ; en encourageant l'engagement associatif et le développement de la société civile ; et en accompagnant l'évolution des mentalités et des normes socioculturelles, notamment à travers des campagnes d'information ciblées.

Enfin, le Mémorandum discute les conditions en matière d'économie politique susceptibles d'engendrer un nouveau processus ambitieux de réforme. La question n'est plus alors « que faire ? » mais « comment faire ? ». Comment faire pour que les réformes identifiées soient mises en œuvre dans des conditions permettant d'améliorer significativement le bien-être social des Marocains ? Quelles sont les forces sur lesquelles s'appuyer pour favoriser un nouvel équilibre dans la société porteur de bien-être social accru ? Cela suppose généralement de mieux faire connaître et appliquer les « règles du jeu » ou d'adopter et de mettre en œuvre de nouvelles règles lorsque cela s'avère nécessaire :

• Le Mémorandum estime que, même en l'absence de changements des « règles du jeu » à proprement parler, informer les acteurs (entreprises, ménages, citoyens, etc.) des causes et conséquences des politiques publiques suivies, diffuser des idées et des concepts nouveaux, et débattre des règles du jeu existantes peut aider à modifier l'équilibre entre les différentes composantes de la société et ainsi engendrer le changement désiré (par exemple la réforme de l'éducation). Augmenter le niveau des connaissances, renforcer la redevabilité et la transparence, et encourager l'évaluation des politiques sont trois mécanismes qui permettent aux acteurs de revoir leurs positions en permanence.

• Lorsqu'une meilleure connaissance des règles du jeu n'est pas suffisante pour modifier les équilibres, le Mémorandum présage que deux circonstances exceptionnelles seraient en mesure de changer les règles du jeu et de favoriser une accélération de la transition du Maroc vers une société plus ouverte : la mise en œuvre rapide et complète de l'esprit et des principes de la Constitution de 2011 et la mise en œuvre non moins rapide et complète d'un accord de libre-échange complet et approfondi (ALECA) ambitieux avec l'Union européenne.

Le tableau O.1 résume les principaux axes de politiques économiques et institutionnelles susceptibles de conduire à l'émergence de l'économie marocaine selon l'analyse du Mémorandum. Ces politiques sont déclinées entre les politiques à court terme (celles qui peuvent être enclenchées et réalisées immédiatement) et les politiques à plus long terme (celles qui demandent plus de préparation ou dont la réalisation ne peut être immédiate). La formulation de ces recommandations est générique conformément à l'objectif du Mémorandum de tracer de manière cohérente les grandes orientations de politique économique dans les divers domaines touchant au capital immatériel. Pour atteindre leurs objectifs, ces recommandations devront par ailleurs nécessairement être affinées et approfondies dans le cadre de dialogues sectoriels appropriés.

Tableau O.1 Matrice des voies de l'émergence

Politiques à court terme	Politiques à long terme
Renforcement des institutions d'appui au marché	

Allocation du capital :

- Éliminer les arriérés de paiements de l'État et des entreprises publiques et veiller à ce que les délais de paiement soient conformes à la législation de façon à ne pas pénaliser la trésorerie des entreprises.

- Accélérer le remboursement par l'État des crédits de TVA afin que la TVA retrouve sa neutralité économique.

- Renforcer les mécanismes institutionnels d'élaboration, de suivi et d'évaluation des politiques publiques, notamment des politiques sectorielles, afin d'évaluer de manière systématique la pertinence économique des diverses incitations, subventions et autres dépenses fiscales.

- Renforcer le dialogue public-privé pour mieux informer et associer en amont les acteurs économiques aux décisions qui les concernent en impliquant les représentants des collectivités territoriales et de l'ensemble du secteur privé (grandes entreprises, PME, TPE, entrepreneurs individuels). En particulier, utiliser la décentralisation en cours pour mieux inclure les acteurs publics et privés locaux dans une approche régionalisée du développement économique.

- Recentrer l'action de l'État sur son périmètre strictement public et reconsidérer ses interventions visant à favoriser l'investissement (conventions d'investissement, incitations fiscales et autres, zones franches, etc.) et le rôle et la gouvernance des grands acteurs publics du financement de l'économie (CDG, Fonds Hassan II, etc.).

Allocation du capital :

- Promouvoir et garantir la stricte séparation des intérêts publics et privés afin de lutter contre les conflits d'intérêt et d'assurer la bonne gouvernance d'un État moderne.

- Renforcer la concurrence loyale et la lutte contre les rentes à travers le renforcement de l'autonomie et des pouvoirs des autorités de régulation, la réduction des rentes visibles (foncier, agréments, licences, autorisations, etc.) et des rentes invisibles (défaillances de régulation).

- Améliorer le coût et l'accès au foncier industriel en clarifiant, allégeant et renforçant la transparence de la réglementation, et en assurant une offre planifiée et au moindre coût.

- Intensifier la promotion d'un changement culturel à l'égard de l'entreprise par la promotion d'une culture de l'entrepreneuriat et de l'innovation au sein de l'éducation nationale et de l'administration afin que les réformes visant à développer le secteur privé puissent être comprises, bénéficier d'une large adhésion et s'inscrire dans la durée.

- Encourager le développement de la bourse de Casablanca comme instrument de financement des entreprises alternatif au système bancaire. Accompagner la modernisation comptable des entreprises et le développement de l'actionnariat populaire.

tableau continue page suivante

Politiques à court terme	Politiques à long terme
Allocation du travail :	*Allocation du travail :*
- *Renforcer la gouvernance, l'efficacité et l'efficience des politiques de promotion de l'emploi et des compétences* en adoptant des cadres de suivi et d'évaluation orientés sur les résultats, en externalisant les prestations de services à l'emploi et à la formation dans le cadre de contrats-programmes, et en intégrant la population non qualifiée dans les politiques de l'emploi en fonction de la demande et des besoins actuels et prévisibles du secteur privé.	- *Renforcer la flexibilité du marché du travail en adaptant le code du travail* aux besoins d'une économie en transformation, y compris les conditions de recrutement, de licenciement, d'heures de travail et de rémunération des heures supplémentaires, etc.
- *Introduire des régimes de salaire minimum adaptés aux spécificités régionales ou sectorielles* afin d'attirer les travailleurs à faible productivité dans le secteur formel et leur offrir une couverture sociale.	- *Renforcer la transparence et l'efficience dans le financement de la protection sociale* pour dégager des marges budgétaires permettant de financer un régime universel d'assurance-chômage, d'améliorer la protection des travailleurs et de faciliter la mobilité du travail.
Intégration internationale :	*Intégration internationale :*
- *Adopter un régime de change flexible* afin que le dirham trouve en permanence son prix d'équilibre de marché.	- *Continuer à assouplir le contrôle des changes* pour garantir la pleine convertibilité du dirham à moyen terme et ainsi augmenter l'attractivité du Maroc aux yeux des investisseurs et opérateurs internationaux.
- *Réduire les barrières commerciales tarifaires et non tarifaires* en lançant un nouveau plan de réduction et de consolidation des tarifs douaniers liés à la clause de la nation la plus favorisée, en réduisant le nombre de lignes tarifaires pour lesquelles les taux appliqués continuent à dépasser les consolidations du Maroc à l'OMC, et en assurant graduellement les mêmes droits de douane pour tous les partenaires.	- *Libéraliser graduellement le commerce agricole* qui reste protégé derrière des quotas et droits de douanes élevés, rationaliser les mesures non tarifaires et les procédures qui leur sont liées.
- *Faciliter le commerce* par l'amélioration de la logistique commerciale d'import-export, la clarification et la dématérialisation des procédures et le renforcement de la connectivité régionale, notamment s'agissant du fret maritime.	- *Négocier un ALECA ambitieux avec l'Union européenne* visant à promouvoir une plus grande liberté de circulation des biens, des services, du capital et des personnes et ainsi mieux positionner le Maroc sur le marché unique européen et dans la compétition internationale, y compris par une meilleure insertion du Maroc dans les chaînes de valeur mondiales.
- *Réformer le régime d'investissement* en supprimant certaines restrictions concernant la participation étrangère aux fonds propres dans certains secteurs (services des transports, assurances, services professionnels, etc.) tout en veillant à ce que les incitations utilisées pour attirer les investisseurs étrangers n'empêchent pas l'intégration locale.	

tableau continue page suivante

Politiques à court terme	Politiques à long terme
Renforcement des institutions et services publics	

État de droit et justice :

-Mettre pleinement en œuvre les nouveaux droits prévus par la Constitution et la Charte de la réforme du système judiciaire.

- Assurer la sécurité juridique des contrats notamment à travers une simplification des procédures et des processus d'exécution, y compris par l'amélioration du règlement des litiges avec l'administration (recours, délais de rendu et d'exécution des jugements) et l'encouragement à l'arbitrage.

État de droit et justice :

- Renforcer le système judiciaire, en particulier pour garantir l'équité en matière de procédures (droits fondamentaux des individus et protection des personnes) et de justice pénale (impartialité, lutte contre la corruption).

- Protéger la propriété privée en améliorant le régime foncier à travers l'adoption d'une loi foncière unique, l'encouragement de l'inscription des transactions foncières au cadastre, la garantie de la sécurité des droits fonciers et la clarification du régime d'expropriation, y compris sa transparence.

Administration publique :

- Réformer la gestion des ressources humaines de l'administration en introduisant effectivement les notions de compétence, de performance et de résultat comme éléments centraux du processus de recrutement, de gestion et de promotion des employés de l'État et des collectivités locales.

- Engager le processus de régionalisation avancée en opérant une déconcentration systémique et un réel transfert progressif des pouvoirs de décision et des ressources et moyens correspondant aux échelons territoriaux appropriés.

Administration publique :

- Réduire les coûts de fonctionnement et améliorer l'efficacité de l'administration (« value-for-money ») à travers la mise en œuvre rigoureuse de la nouvelle loi organique relative aux lois de finances (LOLF), notamment concernant la maîtrise des effectifs et de la masse salariale, la délégation aux ministères techniques de la gestion de leurs crédits de personnel, et le redéploiement des personnels administratifs dans le cadre de la déconcentration et en fonction des besoins effectifs locaux.

- Adapter le statut de la fonction publique aux exigences des bonnes pratiques de management et de gouvernance, dans le contexte d'une modernisation générale de l'administration s'appuyant sur la régionalisation avancée et la redéfinition des missions stratégiques des différents échelons de l'État, le développement des services de gestion déléguée en partenariat avec le secteur privé, et le partage de services administratifs transversaux.

Gouvernance des services publics :

- Renforcer la participation citoyenne dans la gestion publique par la concrétisation des nouveaux droits constitutionnels (pétitions, motions législatives, consultations publiques, etc.) et l'instauration d'un système complet de recueil et de gestion des doléances des usagers-citoyens.

- Renforcer la transparence et la reddition des comptes internes et externes de l'administration aux niveaux national et local par la mise en œuvre effective de la réforme de l'accès à l'information, la nouvelle gestion budgétaire axée sur la performance, le développement de l'administration électronique et la lutte contre la corruption.

Gouvernance des services publics :

- Mise en œuvre effective du processus de décentralisation/déconcentration dans le contexte de la régionalisation avancée, à travers le transfert de nouvelles compétences par voie contractuelle, la refonte du système de transferts et de péréquations financières, la mobilisation des moyens techniques et humains nécessaires, et la mise en place d'un système de suivi-évaluation de la performance des services locaux.

tableau continue page suivante

Politiques à court terme	Politiques à long terme
Renforcement du capital humain	

Éducation :

- *Repenser les curricula et les approches pédagogiques* afin que l'école transmette des valeurs positives et d'ouverture, garantisse l'acquis des apprentissages fondamentaux, et valorise les formations professionnelles débouchant sur de réelles possibilités d'emploi.

- *Mieux sélectionner, former, motiver et évaluer les enseignants* afin d'attirer des candidats compétents à fort potentiel vers les métiers de l'enseignement et développer des dispositifs d'évaluation et de coaching adéquat pour accroître la performance des enseignants en activité.

- *Continuer à développer l'utilisation des technologies de l'information et de la communication (TIC)* à l'école pour faciliter et évaluer l'acquisition des apprentissages fondamentaux, aider à la formation des enseignants et appuyer la bonne gestion des établissements.

Éducation :

- *Adopter une nouvelle gouvernance de l'école publique* en la recentrant sur un meilleur service rendu à l'élève, à travers notamment : i) la révision des attributions, les responsabilités et les statuts de tous les acteurs du système éducatif ; ii) l'évaluation des apprentissages et la dissémination de ces évaluations pour responsabiliser les acteurs et promouvoir la qualité ; et iii) l'implication des parents d'élèves, notamment des pères, dans la vie de l'école.

- *Développer une offre éducative alternative* qui s'inscrive pleinement dans la mission de l'État d'assurer une éducation de qualité accessible à tous les enfants tout en valorisant la liberté de choix et l'innovation (écoles à charte, chèques-éducation, etc.).

- *Développer les « compétences du XXI e siècle »* dans *l'éducation* (collaboration, communication, habiletés sociales et culturelles, citoyenneté, TIC) et valoriser la créativité, la pensée critique et l'adaptabilité.

Santé :

- *Renforcer la gouvernance du système de santé et* replacer les besoins du patient au cœur du système, en responsabilisant tous les acteurs, en veillant au respect de l'état de droit et de la discipline au sein des établissements de santé, en remotivant les personnels de santé et en créant un système d'information et de gestion sanitaire intégré.

- *Étendre et harmoniser la couverture médicale et adapter l'offre de soins* dans le cadre d'une vision globale cohérente pour permettre l'accès de tous aux soins essentiels, en évitant d'être confrontés aux conséquences financières catastrophiques de la maladie.

Santé :

- *Améliorer l'efficacité allocative* en investissant spécifiquement dans les établissements de soins de santé primaire, en menant à bien la réforme de la budgétisation programmatique axée sur les résultats, en développant les programmes de prévention et de détection précoce des maladies non transmissibles, et en développant les services de soins mobiles, notamment pour les populations défavorisées ou enclavées.

Petite enfance :

- *Mener des campagnes de sensibilisation et d'information du public sur l'importance du développement de la petite enfance*, et traiter la protection de la petite enfance comme un sujet important de santé publique (soins post-natals, vaccination, nutrition, etc.).

- *Instituer un organisme central en charge des questions liées au développement de la petite enfance* dont la mission consisterait à définir la vision et les objectifs du pays, développer une stratégie pour atteindre ces objectifs et évaluer les progrès réalisés.

Petite enfance :

- *Sensibiliser et associer les parents et familles, notamment les pères, à l'importance de leur participation active et positive au développement et à la protection de la petite enfance*, à travers entre autres la stimulation et l'attention parentale.

- *Renforcer les politiques et investissements publics de qualité en faveur de la petite enfance* en association avec le secteur privé comme prestataire à la mise en œuvre de certaines politiques (par exemple préscolarisation, campagnes de vaccination, etc.).

tableau continue page suivante

Politiques à court terme	Politiques à long terme
Renforcement du capital social	

Égalité entre les sexes :

- Accorder strictement les mêmes droits civiques aux femmes qu'aux hommes vis-à-vis de l'héritage, du mariage (avec des non musulmans), de la filiation, du divorce, et d'autres dispositions du Code civil.

- Systématiser la prise en compte de la parité homme-femme dans l'élaboration et la mise en œuvre de toutes les politiques publiques pour réaliser dans les faits l'égalité entre les sexes.

Égalité entre les sexes :

- Accroître les opportunités économiques des femmes en supprimant les obstacles à leur participation au marché du travail et en soutenant l'entreprenariat féminin.

- Favoriser l'émancipation et l'autonomie des femmes par des campagnes de sensibilisation afin de réduire l'écart entre les sexes en termes d'expression et de liberté d'action au sein du foyer et plus largement au sein de la société et d'encourager une plus grande participation des femmes à la vie politique.

- Continuer à moderniser le droit, faire évoluer les mentalités et les normes socioculturelles en vue d'établir une véritable égalité sociétale entre les hommes et les femmes.

Confiance interpersonnelle :

- Faire respecter l'état de droit et encourager le sens civique et l'exemplarité dans toutes les sphères de pouvoir, y compris en sanctionnant davantage les comportements déviants, illégaux ou non civiques afin de renforcer les valeurs de probité, d'honnêteté et de justice au sein de la société.

- Encourager, par des politiques publiques appropriées, toutes les formes d'engagement civique et citoyen, notamment associatif, et s'abstenir de prendre des mesures susceptibles d'entraver l'engagement volontaire au sein de la société civile (réseaux sociaux, associations, media).

Confiance interpersonnelle :

- Lancer des campagnes de sensibilisation pour encourager une évolution des mentalités et des normes socioculturelles vers les valeurs de liberté, de collaboration, de respect mutuel, de citoyenneté et de sens civique, et inculquer ces valeurs dans le cadre des programmes scolaires.

Une jeunesse en quête d'opportunités

« Toute société qui ne réussit pas à puiser dans l'énergie et la créativité de sa jeunesse se retrouvera distancée. »

— Kofi Annan

Au cours des quinze dernières années, le Maroc a réalisé des avancées incontestables, tant sur les plans économique et social que sur les plans des libertés individuelles et des droits civiques et politiques. Depuis la fin des années 1990, le Maroc a réussi à accélérer son rythme de croissance après deux décennies de croissance relativement faible, permettant ainsi de quasiment doubler son PIB par habitant et de commencer à réduire l'écart de niveau de vie avec les pays d'Europe du sud. La croissance économique retrouvée s'est par ailleurs traduite par une augmentation de la richesse totale du pays et par des avancées importantes sur le plan social, avec une éradication de la pauvreté extrême, une forte diminution du taux de pauvreté au seuil national, une augmentation de l'espérance de vie, un meilleur accès aux services publics de base, y compris un accès universel à l'éducation primaire, et un développement considérable des infrastructures publiques (eau, électricité, transport).

Sur le plan des libertés individuelles et des droits civiques et politiques, il est intéressant d'observer que le revenu par habitant du Maroc a recommencé à croître plus rapidement au début des années 2000 après que plusieurs réformes institutionnelles importantes visant à ouvrir la société eurent été mises en oeuvre. Les révisions de la constitution en 1992 et 1996 ont amorcé un processus de démocratisation et de modernisation des institutions publiques à travers la création d'institutions plus représentatives, tout en reconnaissant de nouvelles libertés économiques telles que la liberté d'entreprise. Dans la foulée de ces changements constitutionnels et de l'impulsion donnée aux réformes par SM le Roi Mohammed VI lors de son accession au trône en 1999, des réformes ambitieuses et de nouvelles lois ont été adoptées pour libéraliser et ouvrir graduellement l'économie, privatiser certaines entreprises publiques, restructurer le système financier, renforcer la gouvernance publique et l'état de droit, et pour garantir un nombre croissant de droits humains fondamentaux. La mise en place de l'Instance Equité et Réconciliation en 2004 a consacré la justice transitionnelle comme mode de rétablissement de la vérité et de réparation des injustices et violations des droits de l'Homme commises dans le passé. Les droits des femmes ont été substantiellement renforcés avec la révision unanimement saluée du Code de la famille (Moudawana) en 2004. Ces évolutions sont riches d'enseignements mais également de promesses, compte tenu des changements institutionnels qui se sont poursuivis avec la révision de la constitution en 2011.

Fort de ces avancées, le Maroc a l'ambition légitime d'atteindre le statut d'économie à revenu moyen élevé et d'accélérer son rattrapage économique vers les pays avancés. À cette fin, de grands projets structurants ont été réalisés ou sont en cours de réalisation, parmi lesquels on peut citer le port de Tanger-Med, le réseau autoroutier, et une série de stratégies sectorielles ambitieuses couvrant l'ensemble des secteurs de l'économie : agriculture et pêche, énergie et mines, bâtiments et travaux publics, industries manufacturières et services, notamment le tourisme et les technologies de l'information et de la communication. Un réseau d'écosystèmes s'articulant autour de projets industriels intégrés est en train d'émerger autour de la valorisation de l'exploitation du phosphate, de l'agroalimentaire, de l'industrie pharmaceutique, de l'automobile, de l'aéronautique et des autres nouveaux métiers mondiaux du Maroc. En 2016, l'industrie automobile marocaine avec le groupe Renault a assemblé près de 345 000 voitures avec la perspective prochaine d'atteindre 400 000 voitures. Au début de 2016, le Maroc a inauguré la plus grande centrale solaire thermodynamique du monde et s'est fixé pour objectif de produire plus de 52 % d'énergie renouvelable d'ici à 2030. En 2017, le Maroc ouvrira la première ligne ferroviaire à très grande vitesse du continent africain. En 2018, le port Tanger-Med deviendra après son extension le plus grand hub de transit maritime en Méditerranée et en Afrique. En 2019, l'implantation en cours du constructeur Peugeot-Citroën devrait se traduire par la production de 90 000 moteurs et véhicules, puis de 200 000 à terme, renforçant ainsi le positionnement du Maroc sur la carte mondiale de la construction automobile. Le Maroc a pour ambition en 2020 de faire partie des 20 plus grandes destinations touristiques mondiales en accueillant 20 millions de touristes. D'autres exemples de réussites spectaculaires et de projets ambitieux pourraient être cités. À bien des égards, l'évolution du Maroc au cours des quinze dernières années fait figure d'exception dans une région du monde en proie à de très grandes difficultés politiques, économiques et sociales.

Alors que de nombreux indicateurs économiques sont sur la bonne voie, la question de l'insertion des jeunes dans la société constitue un défi majeur pour le pays. Les opportunités données aux jeunes, leur participation à la vie économique et sociale sont les indices les plus révélateurs pour évaluer le niveau de cohésion sociale d'un pays. Au Maroc, l'enjeu de l'emploi des jeunes revêt une dimension quantitative à court terme et plus qualitative à moyen terme[1] :

- Au Maroc où environ un jeune sur deux âgés de 25 à 35 ans dispose d'un emploi, souvent informel et précaire, l'emploi des jeunes constitue à brève échéance un défi majeur pour l'avenir de la société. En effet, l'emploi conditionne la réalisation d'autres objectifs économiques et sociaux essentiels pour le pays : réduire la pauvreté et les inégalités, augmenter le bien-être individuel, accroître le poids de la classe moyenne, promouvoir l'égalité homme-femme, financer durablement les mécanismes de solidarité et conforter la paix sociale.
- Le Maroc est également confronté à la nécessité de répondre à une demande – moins immédiate mais tout aussi pressante que celle de l'emploi – qui concerne l'aspiration d'une jeunesse à un niveau de vie qui puisse se rapprocher plus rapidement de celui que connaissent les pays plus avancés grâce à des emplois de meilleure qualité. Même lorsque leurs conditions matérielles s'améliorent, les jeunes peuvent souffrir d'un sentiment de privation et d'injustice lorsqu'ils se comparent à d'autres groupes de référence ou lorsque les politiques publiques, notamment celles de l'emploi, ne correspondent pas à leurs attentes (Serajuddin et Verme 2012). Même si la situation politique nationale a largement évolué depuis 2011, les aspirations de la jeunesse marocaine à un avenir meilleur demeurent présentes.

Par-delà ces préoccupations – et les réformes techniques qu'elles appellent – c'est la question fondamentale du renforcement du contrat social qui se trouve aujourd'hui posée au Maroc. Comment faire pour que les politiques publiques, souvent volontaristes, se traduisent par des emplois plus nombreux, plus rémunérateurs et plus équitablement répartis ? L'avenir du pays est entre les mains de sa jeunesse, une jeunesse plus qualifiée, urbanisée et connectée au reste du monde. Mais, au-delà des succès incontestables engrangés par le Maroc ces dernières années, notamment vis-à-vis des autres pays de la région, cette jeunesse dispose-t-elle des atouts nécessaires, particulièrement en termes de formation, pour relever les défis de l'économie de la connaissance dans une société de plus en plus globalisée ? L'éducation est généralement perçue comme le défi prioritaire à relever pour le développement du Maroc (voir figure I.1). Incertaine quant à son avenir, une partie de la jeunesse est traversée par un malaise qui s'exprime notamment par la volonté de nombreux jeunes de tenter leur chance outre-mer et rejoindre les près de 4,5 millions de Marocains officiellement résidents à l'étranger. Selon le Baromètre arabe 2012-2014, plus de 28 % des Marocains et Marocaines interrogés pensent émigrer, principalement pour des raisons économiques.

Face aux ambitions économiques du Maroc, l'expérience internationale indique que rares sont les pays qui ont réussi à franchir le cap de revenu intermédiaire pour se hisser parmi les pays à haut revenu et que ceux qui ont réussi l'ont souvent fait au prix d'énormes efforts et sacrifices[2]. Selon les travaux de la Commission sur la croissance et le développement, seulement treize économies

Figure I.1 Quels sont les problèmes généraux et les priorités de développement du Maroc ?

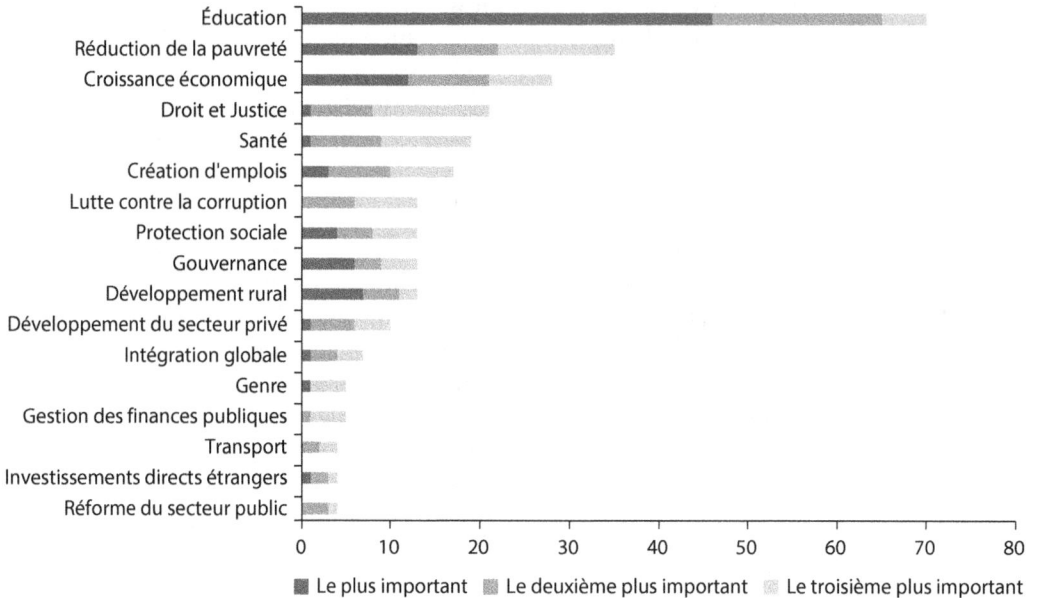

Source : Banque mondiale, 2014.

ont été capables d'atteindre et de maintenir une croissance supérieure à 7 % pendant plus de 25 ans depuis 1950 (Banque mondiale 2008)[3]. Après une phase généralement encourageante de développement rapide et de modernisation des infrastructures de base, de nombreux pays en développement se retrouvent confrontés à un plafond de verre dans leur expansion, c'est-à-dire à des limites du développement largement invisibles et de l'ordre de l'immatériel. Ainsi, malgré des efforts consentis souvent considérables, les politiques publiques peinent à créer les conditions suffisantes d'un rattrapage économique. Des succès industriels incontestables ne peuvent dissimuler la difficulté à offrir de plus larges opportunités à la jeunesse. Une transformation structurelle trop lente de l'économie ne permet pas d'accompagner la croissance rapide des flux de diplômés. Les institutions et l'organisation de la société n'évoluent pas suffisamment rapidement pour créer de nouvelles incitations porteuses de développement durable et de création de richesse. L'urbanisation progresse sans créer de secteurs industriels ou de services à forte valeur ajoutée ; il s'agit alors de processus de « modernisation sans développement » (Fukuyama 2014).

Compte tenu de ces expériences internationales, quels sont les obstacles que le Maroc doit surmonter pour que les prémisses de rattrapage économique que connaît actuellement le pays puissent se transformer en mouvement durable de convergence économique accélérée ? Quelles sont les conditions économiques et d'économie politique qui pourraient permettre au Maroc d'augmenter significativement et durablement sa croissance, de façon à créer des emplois de qualité pour le plus grand nombre et à se rapprocher plus rapidement des niveaux de

revenu et de richesse des pays les plus avancés ? Pour appréhender les voies possibles d'un tel parcours, *Le Maroc à l'horizon 2040 : Investir dans le capital immatériel pour accélérer l'emergence économique* procède en deux temps.

Dans un premier temps, le Mémorandum établit un diagnostic de la performance économique et sociale du Maroc au cours des 15 dernières années avant
de se projeter en 2040, c'est-à-dire à l'horizon de la prochaine génération. La
première partie du Mémorandum s'interroge sur les conditions qui permettraient de doubler le rythme actuel de convergence de l'économie marocaine
vers les pays d'Europe du sud (Espagne, France, Italie, Portugal) et les pays à
revenu intermédiaire de la tranche supérieure (principalement les économies
émergentes d'Asie du Sud-Est, d'Afrique et d'Amérique latine)[4]. Elle vise à
répondre à des questions importantes telles que : la croissance économique du
Maroc s'est-elle transformée depuis 15 ans en richesse nationale ou s'est-elle
faite au détriment de l'environnement ? A-t-elle permis une réduction de la
pauvreté et des inégalités ? Quel a été le rythme de convergence vers les pays
développés tant du point de vue des indicateurs économiques que des indicateurs sociaux ? Le modèle de développement poursuivi au cours de ces années
est-il durable ou montre-t-il des signes d'essoufflement ? Est-il vecteur de transformation structurelle rapide du pays à une époque marquée par l'ouverture
extérieure, la libéralisation économique et l'intensification des transferts de
technologie ? Quels sont les principaux défis économiques à relever à l'horizon
2040 pour répondre aux attentes de la jeunesse marocaine, notamment en
termes d'emploi et de bien-être ? Au cours de ce processus, le Maroc peut-il
bénéficier d'effets d'aubaine et d'opportunités notamment du fait de sa transition démographique ? Quelles seraient les caractéristiques économiques d'un
scénario de rattrapage accéléré et les implications d'un tel scénario sur le paradigme de développement actuellement suivi par le Maroc ?

Dans un second temps, le Mémorandum propose d'étudier les voies de
politique économique qui permettraient de réaliser le scénario vertueux d'un
rattrapage économique accéléré à l'horizon 2040. Comme il sera discuté plus
avant, ce scénario suppose une augmentation durable de la productivité du
Maroc à travers une plus grande accumulation de son capital immatériel ; une
notion qui renvoie à la fois à la qualité des institutions, à la valorisation du capital
humain et à la qualité du capital social des pays. Les travaux de la Banque mondiale sur la richesse des nations indiquent en effet que la croissance économique
durable et protectrice de l'environnement est avant tout constituée de capital
immatériel (Banque mondiale 2006, 2011). Le « plafond de verre » qui entrave
le progrès des nations serait principalement constitué d'éléments immatériels,
largement invisibles et difficilement quantifiables, tels la gouvernance, la connaissance ou la confiance. En traitant des voies et moyens d'accroître le capital immatériel du Maroc, la deuxième partie du présent Mémorandum tente d'apporter
des éléments de réponse aux questions suivantes : quelles voies emprunter pour
que les institutions d'appui au marché permettent d'allouer le travail et le capital
de façon plus efficace et facilitent une meilleure intégration du Maroc dans
l'économie internationale ? Quelles sont les conditions pour que des institutions

et services publics plus efficaces permettent de renforcer la justice et l'état de droit, d'augmenter la productivité de l'administration et d'améliorer l'accès et la qualité des services publics ? Comment réformer les systèmes d'éducation et de santé et la prise en charge de la petite enfance pour qu'ils favorisent un accroissement important du capital humain ? Enfin, comment renforcer le capital social du pays (qui sous-tend le progrès dans tous les autres domaines) grâce à une plus grande égalité entre les hommes et les femmes, une plus grande confiance interpersonnelle et un plus grand sens civique et de l'intérêt général au sein de la société ? À ce titre, le Mémorandum économique a l'ambition d'apporter des pistes de réflexion à la question soulevée par SM le Roi Mohammed VI lors de son Discours du Trône de juillet 2014 sur la façon dont le capital immatériel pourrait devenir le « *critère fondamental dans l'élaboration des politiques publiques afin que tous les Marocains puissent bénéficier des richesses de leur pays* ».

En préalable à cette analyse, il est important de rappeler les réalités statistiques concernant l'accès des jeunes à l'emploi et aux opportunités économiques. Le nombre de Marocains âgés aujourd'hui de 20 ans s'élève à environ 600 000. Parmi cette classe d'âge, près de 400 000 d'entre eux, c'est-à-dire les deux-tiers, n'ont pas obtenu le baccalauréat et resteront peu qualifiés, sans grande perspective d'accéder à des emplois de qualité. Parmi les 200 000 bacheliers, il est estimé que seulement 50 000 d'entre eux bénéficieront d'une formation adéquate leur permettant une insertion professionnelle répondant à leurs attentes, alors qu'environ 140 000 d'entre eux s'engageront dans des filières de formation peu valorisées sur le marché de l'emploi. Seulement 10 000 jeunes, soit moins de 2 % de la classe d'âge, obtiendront des diplômes très qualifiants qui leur garantiront des niveaux élevés d'emploi et de salaire.

Face à ces statistiques et dans la perspective de la thématique du présent Mémorandum sur l'émergence économique du Maroc, il est nécessaire de s'intéresser en particulier aux contraintes spécifiques auxquelles font face quatre groupes de jeunes pour réaliser leur potentiel et ainsi contribuer de manière significative à l'augmentation de la productivité du pays. Ces jeunes sont regroupés en fonction de leurs qualifications et représentés à travers le parcours de quatre individus type : Amine (un jeune non qualifié), Nisrine (une jeune peu qualifiée), Kawtar (une jeune qualifiée) et Réda (un jeune très qualifié[5]). Pour chaque groupe, il y a bien évidemment de nombreux autres jeunes Marocains et Marocaines qui, indépendamment de leur niveau d'éducation, excellent dans leurs disciplines respectives, réalisent pleinement leur potentiel et qui contribuent ainsi fortement à la valeur ajoutée du pays par leur travail, leur talent, leur créativité, leur esprit d'entreprise, etc. Cependant, de nombreux autres jeunes font face à des contraintes et défis importants pour s'insérer dans le marché du travail et contribuer à la hauteur de leur potentiel au développement économique du pays. Ces jeunes sont le sujet du présent Mémorandum. Comprendre la source de leurs difficultés, comprendre leurs ambitions et leurs frustrations, c'est faire un premier pas vers la formulation d'éventuelles solutions à leurs problèmes. Tel est le point de départ du présent Mémorandum.

Amine : un jeune non qualifié

Amine est né à Bouarfa, petite ville située dans l'oriental marocain, dans l'une des provinces les plus pauvres du Maroc. Il est le sixième enfant d'une famille de petits agriculteurs. Elevé dans la maison de ses grands-parents – une maison sans accès à l'eau courante et sans latrines, représentative respectivement de plus de 60 % et de 15 % des maisons dans le milieu rural – Amine a dès son plus jeune âge appris de ses frères et sœurs les gestes du quotidien pour aider la famille, aussi bien à la maison qu'au champ.

Amine a été l'un des bénéficiaires de la politique de l'enseignement généralisé engagée dans les années 1990. C'est grâce au programme Tayssir qu'il a pris le chemin de l'école publique locale (distante de 5 kilomètres). Pour autant, Amine n'a pu réellement acquérir les bases de l'arabe ou du français écrit. Son instituteur, un jeune diplômé fraîchement arrivé d'Oujda (une grande ville située dans le nord-est du pays), sans expérience ni formation pédagogique adaptée, s'est vite trouvé en difficulté pour remplir sa mission qui était d'enseigner l'arabe, le français et les mathématiques à des enfants de deux niveaux scolaires différents mais réunis au sein d'une même classe. Comme ses frères et sœurs, Amine ne pouvait espérer compenser les défaillances de l'école publique par un soutien à la maison, ses parents et grands-parents étant analphabètes, à l'image de près de la moitié de la population rurale marocaine.

Dans les faits, personne dans l'entourage d'Amine ne s'intéressait réellement à son éducation. Une fois le cycle primaire terminé, Amine est allé au collège du village voisin, mais la durée des trajets quotidiens, encore plus longue, combinée à un sentiment d'échec, l'ont fait renoncer à poursuivre ses études au-delà de la première année. Amine a ainsi rejoint les 250 000 jeunes Marocains qui quittent chaque année le système scolaire avant l'obtention du baccalauréat.

Poussé par ses parents à trouver du travail, Amine a d'abord exercé le métier d'agriculteur saisonnier et de porteur sur les marchés. Cependant, la rareté et la faible rémunération des emplois agricoles autour de Bouarfa l'ont conduit à chercher un emploi à Oujda, participant ainsi au mouvement d'exode rural que connaît le Maroc. Avec l'idée de trouver un emploi formel dans une usine (Amine avait entendu parler depuis plusieurs années du développement industriel du pays), le jeune homme nourrissait l'espoir de pouvoir enfin compter sur un revenu stable et pensait fonder une famille. Cependant, Amine s'est vite rendu compte que les entreprises industrielles étaient rares, recrutaient peu et principalement des ouvriers qualifiés détenteurs du baccalauréat. Ce qu'Amine ne savait pas, c'est que l'emploi industriel, qui n'a jamais été très élevé au Maroc, décline depuis plusieurs décennies et que les chances qu'une personne ayant son experience devienne un employé non agricole sont seulement de 1,9 %. Amine s'est donc dirigé vers divers petits métiers de service (vendeur ambulant, gardien de voitures, etc.) comme le font plus de 25 % des travailleurs non qualifiés en zone urbaine. Après avoir connu quatre ans de vie précaire, Amine est maintenant employé sur un chantier de construction. Avec les autres travailleurs, il vit sur place et arrive à économiser de l'argent. Au fil des discussions qu'il a eues avec ses collègues, le rêve d'une vie meilleure de l'autre côté de la Méditerranée s'est installé en lui et il songe à rejoindre l'Europe.

Nisrine : une jeune peu qualifiée

Nisrine est née à Béni Mellal, une ville de près de 500 000 habitants située entre le Moyen Atlas et la plaine de Tadla, sur l'axe routier des villes impériales de Fès et Marrakech. Elle habite avec ses quatre frères et sœurs dans un quartier populaire où ses parents sont employés de bureau. Parce qu'elle est l'aînée des enfants, les parents de Nisrine ont, dès son plus jeune âge, placé beaucoup d'espoir en elle et rêvent qu'elle puisse être la première personne de la famille à faire des études supérieures pour ensuite intégrer la fonction publique. Conscients que l'école publique du quartier n'était pas de bonne qualité, ils ont envisagé pendant un temps de placer Nisrine dans une école privée réputée de meilleure qualité. En ce sens, ils sont représentatifs d'une grande partie des parents marocains qui ont perdu confiance dans l'école publique. Cependant, sans soutien financier, ses parents ne pouvaient pas continuer à financer ses études. Ils ont tout de même dû lui payer les cours particuliers fortement recommandés par ses professeurs. À part l'école, Nisrine n'avait aucune activité extra-scolaire, que ce soit sportive, artistique ou culturelle et aucune personnalité marocaine de premier plan n'a peuplé ses rêves de jeune fille. Après avoir réussi à passer son bac à la session de rattrapage, Nisrine a automatiquement rejoint, comme des centaines d'autres bacheliers, les bancs de l'université en sciences juridiques. Le choix de cette faculté s'est fait par défaut, car Nisrine, comme près de 60 % des lycéens marocains n'a jamais rencontré de conseiller d'orientation pour l'aider à développer son projet d'étude. Elle a tout de même terminé son parcours universitaire à la différence des deux tiers d'étudiants des facultés marocaines qui quittent l'université avant d'obtenir leur diplôme.

Bien que travailleuse et assidue, Nisrine a acquis peu de compétences durant son long parcours scolaire. En particulier, sa maîtrise des langues, aussi bien l'arabe que le français, est fragile. Dans le test de « positionnement » en français organisé par la faculté, elle a obtenu un score de débutant (selon le référentiel européen des langues), alors qu'elle a suivi un enseignement hebdomadaire dans cette langue pendant dix ans dans le cadre des programmes scolaires officiels. Sa performance est similaire à celle de 70 % de ses camarades de l'université qui obtiennent le même score ou un score inférieur. Ses lacunes linguistiques constituent un handicap majeur pour son insertion professionnelle future. Le rêve de Nisrine de devenir fonctionnaire et d'acquérir un statut social supérieur à celui de ses parents s'est brisé contre les portes du marché du travail. Sans emploi, Nisrine a rejoint les 300 000 diplômés-chômeurs que compte le pays. Après trois ans de chômage et de recherche d'emploi, Nisrine a compris que son diplôme universitaire avait, à lui seul, peu de valeur. Tout en aidant ses petits frères et sœurs à faire leurs devoirs, elle est inquiète de voir que la situation de l'enseignement s'est même dégradée au cours du temps.

Nisrine a décidé de se payer une formation complémentaire en bureautique grâce à laquelle elle a pu trouver un travail informel dans une papeterie où elle assure la relation avec les clients. Comme quatre travailleurs sur cinq au Maroc, elle ne bénéficie pas de couverture médicale. Elle n'a cependant pas renoncé à son objectif de rejoindre la fonction publique et s'est inscrite à un certain nombre de concours d'entrée. Pour elle, le secteur privé est synonyme d'instabilité, d'insécurité et de précarité sociale. De fait, seule la fonction publique offre un emploi à vie, une progression professionnelle automatique, une assurance maladie, une retraite et l'accès au crédit pour le logement. Si elle échoue aux concours d'entrée, elle renoncera probablement à travailler et rejoindra les quelque 85 % de femmes en zone urbaine qui ne participent pas au marché du travail.

Kawtar : une jeune qualifiée

Kawtar est née à Rabat, la capitale du Royaume du Maroc, dans une famille de la classe moyenne supérieure. Fille de deux cadres fonctionnaires, elle est la cadette des trois enfants. Ses parents diplômés, bilingues, et pleinement investis dans leur rôle ont toujours eu comme priorité d'offrir à leurs enfants le meilleur avenir possible. Ils ont opté, dès la maternelle, pour une éducation dans le secteur privé pour que leurs trois enfants puissent poursuivre un cursus scolaire de qualité. Pour cela, les parents de Kawtar ont consenti des sacrifices financiers importants. Ils font partie de cette classe moyenne marocaine qui a tant de difficultés à émerger et qui s'endette en partie en raison de l'insuffisance des services publics. Leurs sacrifices ne se limitent d'ailleurs pas à l'école. Convaincus que l'avenir de leurs enfants dépend également de leur développement physique, émotionnel et interpersonnel, ils ont inscrit Kawtar très tôt au centre de natation, à l'école de musique et au centre culturel américain. Quand

Kawtar a eu son bac avec mention, elle était capable de s'exprimer couramment en français et en arabe. Sa maturité et son sens des responsabilités étaient aussi largement développés. Kawtar aurait rêvé de poursuivre des études supérieures de management en Europe ou aux États-Unis, mais elle savait que ce rêve n'était pas immédiatement réalisable. Elle a tout de même réussi le concours d'admission dans une grande école de commerce marocaine où l'enseignement est bilingue. Au terme d'un parcours scolaire exemplaire, Kawtar a obtenu un master en marketing stratégique. Elle fait partie des 10 % de jeunes de sa classe d'âge qui peuvent envisager l'avenir sereinement, sachant que le taux d'emploi des diplômés d'instituts supérieurs et de grandes écoles marocaines est de l'ordre de 80 %.

Talentueuse, compétente et passionnée dans son domaine, Kawtar pensait pouvoir trouver facilement un emploi, compte tenu notamment du nombre d'entreprises étrangères installées au Maroc. Malheureusement, les nombreux entretiens d'embauche n'aboutissent pas, bien qu'elle soit plutôt satisfaite de ses performances. Selon les cas, on l'estime surqualifiée ou manquant d'expérience. Il faut dire que l'emploi des cadres est faible au Maroc (environ 7 % de l'emploi total) et que, contrairement aux autres pays émergents, cette demande ne croît pas rapidement au Maroc. Ayant du mal à trouver un emploi correspondant à sa formation, Kawtar commence à avoir des doutes. Même si elle lui est accessible, la fonction publique n'a jamais été son objectif. Kawtar aime les défis, la créativité et le travail d'équipe. En attendant mieux, elle décide de commencer sa carrière en tant que conseillère clientèle dans un centre d'appel.

Peu motivée par ce premier emploi pour lequel elle s'estime largement surqualifiée, Kawtar se sent également débitrice vis-à-vis de ses parents. Elle veut réussir à tout prix afin d'être à la hauteur de leurs sacrifices. Après une année passée au centre d'appel, elle a enfin eu l'opportunité de rejoindre comme enseignante une école de management privée moyennement réputée.

Réda : un jeune très qualifié

Réda est né à Casablanca dans une famille aisée de la bourgeoisie marocaine, d'un père homme d'affaires et d'une mère médecin. Réda a grandi avec sa petite sœur dans une atmosphère familiale confortable et rassurante, bénéficiant de la bienveillance de ses parents et de moyens financiers conséquents. Réda a été scolarisé dans un système scolaire étranger, de la maternelle jusqu'à l'obtention de son baccalauréat. À la fin de ce cursus réussi, Réda maîtrisait parfaitement le français, l'anglais et l'arabe et avait acquis un socle de compétences solides, tant du point de vue académique que comportementale. En parallèle à ses études, Réda pratiquait avec ses amis son sport favori, le tennis, et de nombreuses autres activités. Pour Reda et ses amis, la vie était très différente de celle que connaissait la vaste majorité des jeunes Marocains. Ils vivent dans une sorte de monde parallèle. Par exemple Réda, n'a jamais pris les transports en commun. Il n'a jamais fréquenté non plus un hôpital public. Comme la plupart des étudiants marocains possédant un baccalauréat étranger, Réda a poursuivi ses études supérieures en dehors du Maroc. En l'occurrence, sa famille lui a offert des études en France dans une grande école d'ingénieur.

Après l'obtention de son diplôme, Réda a été immédiatement embauché par une entreprise multinationale française du secteur de la chimie comme chercheur dans le département R&D. Fort de ses cinq années d'expérience professionnelle internationale, Réda a décidé de rentrer au Maroc avec l'ambition de faire bénéficier son pays de son savoir-faire acquis à l'étranger (Hamdouch et Wahba 2012). Compte tenu de son profil et des besoins du Maroc, Réda avait naturellement pensé qu'il pourrait être le plus utile à l'université ou dans le département R&D d'un grand groupe marocain (Gibson and McKenzie 2011). Malheureusement, ses projets n'ont pas pu aboutir. Les programmes et les structures de recherche sont peu attractifs à l'université. Concernant l'entreprise, Réda s'est rapidement rendu compte que les fonctions de R&D et d'innovation sont peu développées dans les grands groupes marocains. Seulement 300 brevets sont déposés chaque année au Maroc, soit moins de 10 brevets par million d'habitants, dont à peine 50 par des entreprises privées. À titre de comparaison, la Roumanie et la Turquie déposent cinq à six fois plus de brevets par habitant.

Réda a alors décidé de lancer son propre projet avec un partenaire étranger. Il a alors été confronté à un autre problème dont il ne soupçonnait pas l'ampleur : une bureaucratie et un environnement des affaires difficiles. En dépit des progrès réalisés par le Maroc dans l'amélioration d'un certain nombre d'indicateurs mesurant le climat des affaires, la réalité sur le terrain lui est apparue bien différente tant en termes de création d'entreprise que d'obtention des autorisations ou d'accès au crédit et, de façon générale, la relation avec une administration lui a semblé décourageante pour les porteurs de projet. Après avoir renoncé à l'entreprenariat, Réda a rejoint d'anciens camarades de promotion dans un grand groupe public marocain, où il bénéficie d'un salaire élevé, d'un emploi à vie et d'autres avantages destinés aux serviteurs et commis de l'État.

Compte tenu de leur origine socioéconomique et de leur histoire personnelle et familiale, Amine, Nisrine, Kawtar et Réda connaîtront sans doute des destins différents. Leur parcours est représentatif de celui de nombreux jeunes de leur groupe et illustre les disparités sociales dans un Maroc à plusieurs vitesses. S'ils n'ont pas vocation à se connaître, ils sont cependant confrontés à une même réalité : la difficulté de trouver un emploi à la hauteur de leur potentiel et de leurs ambitions et plus généralement de se hisser dans la société sur la base de leurs efforts et de leurs mérites. Les causes de ces difficultés ne sont évidemment pas les mêmes pour Amine, le jeune homme non qualifié, et Réda, le jeune homme très qualifié. De fait, comme il sera discuté en détail par la suite, les difficultés d'insertion auxquelles font face de nombreux jeunes sont le miroir des obstacles majeurs à un développement économique plus rapide du Maroc :

- L'étroitesse du tissu industriel et ses difficultés à offrir des opportunités aux jeunes non qualifiés des campagnes, lesquels arrivent par centaines de milliers chaque année sur le marché du travail.
- La faible qualité de l'enseignement, notamment une maîtrise insuffisante des langues, des capacités de réflexion et de prise de décision autonome limitées, et des diplômes qui ne répondent pas aux besoins du marché du travail.
- Un déficit de demande de compétences de la part des entreprises. Le tissu productif marocain connaît une transformation structurelle relativement lente qui ne permet pas d'accompagner la croissance plus rapide des flux de diplômés.
- Un système incitatif qui détourne de nombreux talents de la recherche, de la transmission du savoir et de la création de richesse, ce qui entrave la montée en gamme de l'économie marocaine.

Une grande partie de la jeunesse marocaine risque de ne pas se reconnaître dans le contrat social qui lui est proposé et elle est traversée par un malaise qui s'exprime notamment par la volonté de quitter le pays pour tenter sa chance à l'étranger. Selon une enquête de la Fondation européenne pour la formation, 59 % des jeunes Marocains âgés de 18 à 29 ans souhaiteraient quitter le Maroc, dont une grande partie de manière définitive. Les perspectives d'Amine, de Nisrine, de Kawtar et de Réda au regard de l'emploi et des nombreux autres défis auxquels chacun de ces quatre groupes de jeunes sont confrontés dans leur vie sont directement liées à la capacité de la société marocaine d'apporter des réponses fortes, pertinentes et durables à ces problèmes. Le Mémorandum a pour objectif de contribuer à cette réflexion en proposant un cadre de politiques ambitieuses mais réalistes à même de permettre aux jeunes Marocains et Marocaines actuellement confrontés aux risques d'un avenir insuffisamment productif de participer plus pleinement, et à la hauteur de leurs ambitions, au développement de leur pays.

Notes

1. Pour une analyse extensive des défis auxquels font face les jeunes Marocains et Marocaines pour participer au marché du travail ou à la vie sociale, voir le rapport de la Banque mondiale (2012) intitulé « Promoting Youth Opportunities and Participation ».

2. Par exemple, selon Landes (1998), un aspect du succès édifiant de l'industrialisation rapide du Japon après la Seconde Guerre mondiale qui n'a pas suffisamment attiré l'attention des historiens est la douleur et le travail qui l'a rendu possible. Le « miracle économique » japonais n'est pas principalement le produit du puissant MITI, mais le produit d'une éthique du travail, de valeurs personnelles et de vertus collectives d'une société richement dotée en capital social.

3. Il s'agit du Botswana, du Brésil, de la Chine, de Hong Kong, Chine, de l'Indonésie, du Japon, de la Corée du Sud, de la Malaisie, de Malte, d'Oman, de Singapour, de Taïwan, de la Chine et de la Thaïlande. Deux autres pays, l'Inde et le Viet Nam, étaient sur la voie pour rejoindre ce groupe.

4. Ces deux groupes de pays comparateurs seront retenus tout au long du Mémorandum.

5. Ces portraits sont formés à partir des divers ateliers, focus groupes et autres consultations menées par la Banque mondiale auprès de la jeunesse, des femmes et des régions au cours des dernières années.

Bibliographie

Arab Barometer. http://www.arabbarometer.org/.

Banque mondiale. 2006. *Where Is the Wealth of Nations?* Washington, DC: World Bank.

———. 2011. *The Changing Wealth of Nations.* Washington, DC: World Bank.

———. 2012. "Kingdom of Morocco: Promoting Youth Opportunities and Participation." Report No. 68731–MOR. World Bank, Washington, DC.

———. 2014. "Morocco Country Opinion Survey Report (July 2012–June 2013)." Country Opinion Survey (COS) Program. World Bank, Washington, DC.

Commission on Growth and Development. 2008. "The Growth Report: Strategies for Sustained Growth and Inclusive Development." World Bank, Washington, DC.

Fondation européenne pour la formation et association marocaine d'études et de recherches sur les migrations. 2013. "Migration et compétences au Maroc, résultats de l'enquête 2011–2012 sur la migration et le lien entre compétences, migration et développement."

Fukuyama, Francis. 2014. *Political Order and Political Decay: From the Industrial Revolution to the Globalization of Democracy.* New York: Farrar, Straus and Giroux.

Gibson, John, and David McKenzie. 2011. "The Microeconomic Determinants of Emigration and Return Migration of the Best and Brightest." *Journal of Development Economics* 95: 18–29.

Hamdouch, Bachir, and Jackline Wahba. 2012. "Return Migration and Entrepreneurship in Morocco." Working Paper No. 666, Economic Research Forum, Giza, Egypt.

Haut-Commissariat au Plan (HCP). 2009. "Les résidents étrangers au Maroc : Profil démographique et socioéconomique." Série thématique. Royaume du Maroc.

———. 2015a. "Recensement général de la population et de l'habitat 2014." Royaume du Maroc.

———. 2015b. "Activité, emploi et chômage, premiers résultats (annuel), 2014." Royaume du Maroc.

LMS-CSA. 2014. "Enquête sur l'orientation des lycéens marocains."

Serajuddin, Umar, and Paolo Verme. 2012. "Who Is Deprived? Who Feels Deprived? Labor Deprivation, Youth and Gender in Morocco." Policy Research Working Paper No. 6090. World Bank, Washington, DC.

Le Maroc d'aujourd'hui et de demain

« Le passé ressemble à l'avenir plus qu'une goutte d'eau ressemble à une autre. »

— Ibn Khaldoun

« La transition vers une société ouverte peut être considérée comme l'une des révolutions les plus fondamentales que l'homme ait accomplies. »

— Karl R. Popper

CHAPITRE 1

Le Maroc en 2016

« Une des plus grandes erreurs est de juger les politiques et les programmes sur leurs intentions plutôt que sur leurs résultats. »

— Milton Friedman

Suite à une décennie 1990 en demi-teinte, le Maroc a su enclencher un processus de rattrapage économique relativement résilient au début des années 2000. Celui-ci s'est traduit par une accélération de la croissance économique, une augmentation significative du revenu et de la richesse par habitant, et par une réduction marquée de la pauvreté. Cependant, par-delà la situation du Maroc au sein de la région MENA, force est de constater que la convergence de l'économie marocaine vers les pays d'Europe du sud ou les pays émergents à haut revenu est restée largement incomplète tant du point de vue des réalisations économiques que des avancées sociales. De surcroît, face au ralentissement de la croissance au cours des dernières années, la question se pose de la viabilité du modèle de croissance des années 2000. En effet, en dépit des efforts consentis, notamment en termes d'investissements, le Maroc de 2015 connaît une faible dynamique de transformation structurelle.

1. L'amorce d'une convergence économique et sociale

Le Maroc a réalisé des progrès importants en matière de développement économique et social au cours des quinze dernières années. Ces progrès ont initié un processus de transformation économique faisant du Maroc l'un des pays les plus réformateurs de la région MENA. Le pays bénéficie d'une situation stratégique : placé entre l'Union européenne et l'Afrique subsaharienne, il possède des racines méditerranéennes et un long littoral Atlantique et il dispose d'un fort ancrage dans le monde arabe. Les gouvernements successifs ont mis en œuvre une gestion macroéconomique relativement saine, engagé une ouverture progressive du commerce avec les partenaires régionaux et mondiaux, et lancé un processus ambitieux de modernisation juridique, politique et institutionnelle aux dimensions politiques, économiques et sociales importantes. Des taux de croissance soutenus et plus élevés ont permis d'augmenter significativement la richesse du pays, de réduire la pauvreté absolue et d'améliorer significativement les infrastructures publiques (eau, électricité, routes, etc.) ainsi que l'accès aux services éducatifs et autres services publics de base.

Accélération de la croissance économique

Un pays ne peut converger vers des pays plus riches qu'à condition de maintenir une croissance économique relativement plus vigoureuse durant une longue période. Entre 1980 et 2000, le PIB par habitant du Maroc a progressé à un rythme moyen de 2 % par an. Cette performance a été proche de celle réalisée par les pays européens. Du fait d'un point de départ plus bas, durant cette période, l'écart économique avec l'Europe ne s'est pas résorbé et le Maroc a plutôt eu tendance à s'éloigner de la situation de ses voisins européens. Les années 2000 marquent une rupture : l'accélération sensible de la croissance a permis au Maroc d'amorcer un processus de convergence.

Grâce aux réformes structurelles mises en œuvre au début des années 1990, le Maroc a réussi à accélérer son rythme de croissance après deux décennies de croissance relativement faible (1980-2000). Soutenu par un environnement économique international favorable jusqu'en 2008, le taux de progression du PIB par habitant s'est établi à 3,3 % pendant la période 2000-2015 (figure 1.1), permettant de réduire le décalage en termes de niveau de vie avec l'Europe (la récession européenne prolongée déclenchée en 2008 facilitant ce processus). L'inflation a été maîtrisée, demeurant au-dessous de 2 % en moyenne durant cette période. Ces performances en termes de croissance et de stabilité macroéconomique ont permis au Maroc de quasiment doubler le PIB par habitant par rapport à 2005, pour atteindre l'équivalent de 7 360 dollars constants 2011 en 2015 en parité de pouvoir d'achat (voir figure 1.1, b.).

L'accélération de la croissance économique a permis d'enclencher un processus de rattrapage économique vers les pays voisins d'Europe du sud (Espagne, France,

Figure 1.1 Maroc : PIB par habitant, 1980–2015

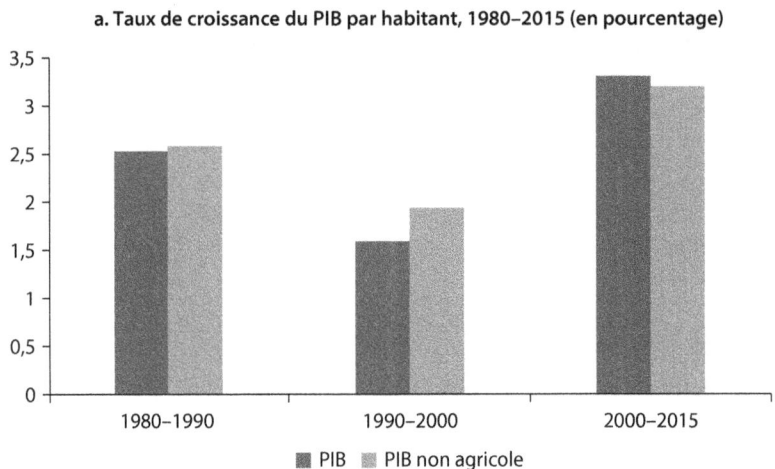

a. Taux de croissance du PIB par habitant, 1980–2015 (en pourcentage)

■ PIB   ▨ PIB non agricole

Source : Haut-Commissariat au Plan, 2016.
Note : PIB = produit intérieur brut.

suite page suivante

Figure 1.1 Maroc : PIB par habitant, 1980–2015 *(suite)*

b. PIB par habitant, 1990–2015
(en PPA, dollars constants 2011)

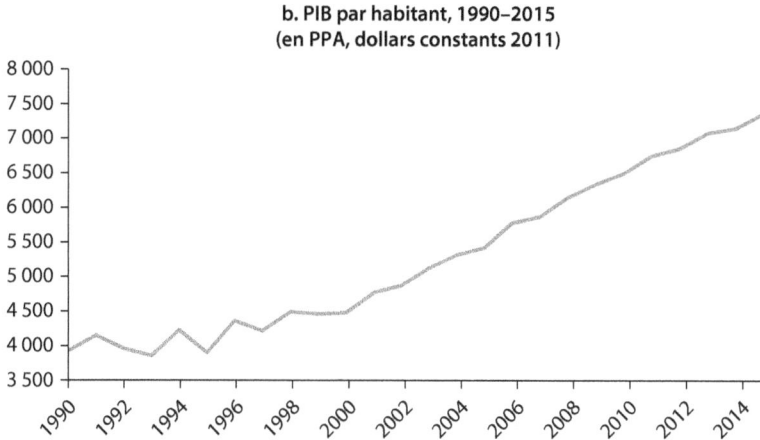

Source : IDM, Banque mondiale.
Note : PIB = produit intérieur brut ; PPA = parité de pouvoir d'achat.

Italie, Portugal). Alors que le pouvoir d'achat moyen d'un Marocain (mesuré selon le PIB par habitant en parité de pouvoir d'achat) avait eu tendance à stagner, voire reculer par rapport à celui des pays d'Europe du sud au cours des années 1990, un processus de convergence s'est enclenché au cours des années 2000 (voir figure 1.1). En l'espace de 15 ans, le Maroc a ainsi comblé entre 8 et 10 % de son écart de revenu par habitant par rapport à l'Espagne et le Portugal (voir figure 1.2). L'écart s'est réduit de la même manière par rapport aux autres pays d'Europe du sud, suggérant que la performance de rattrapage incombe au Maroc et non pas à une mauvaise performance relative du pays comparateur.

Cette accélération de la croissance s'est appuyée sur une gestion macroéconomique relativement saine et prudente. En effet, la maîtrise de l'inflation et la consolidation progressive des finances publiques ont permis au pays de bénéficier d'une balance des paiements courants excédentaire au milieu des années 2000. Avec la crise financière internationale de 2008, le Maroc a mis en œuvre une politique contra-cyclique visant à aider les secteurs et les groupes sociaux les plus affectés par la crise. Le coût du programme de relance combiné à la charge de la caisse de compensation s'est traduit par une forte dégradation du solde budgétaire, qui est passé d'un excédent de 0,4 % du PIB en 2008 à un déficit de 7,3 % du PIB en 2012. En l'espace de six ans (2008-2014), la dette publique a augmenté de 18 points de PIB pour atteindre 64 % du PIB. Depuis 2013, des efforts notables de stabilisation macroéconomique ont été entrepris par le gouvernement pour réduire les déficits jumeaux, maintenir une inflation faible et reconstituer les réserves de change. Ces efforts ont été appuyés par le Fonds monétaire international (FMI) dans le cadre de deux accords biennaux au titre de la ligne de précaution et de liquidité (FMI 2015).

Parallèlement à la bonne gestion macroéconomique, l'accélération des réformes structurelles à partir de la fin des années 1990 a contribué à stimuler la croissance. Il est intéressant d'observer que le revenu par habitant du Maroc a recommencé

Figure 1.2 Convergence économique du Maroc vers les pays d'Europe du Sud, 1990–2015
(PIB en PPA, dollars constants 2011, en pourcentage)

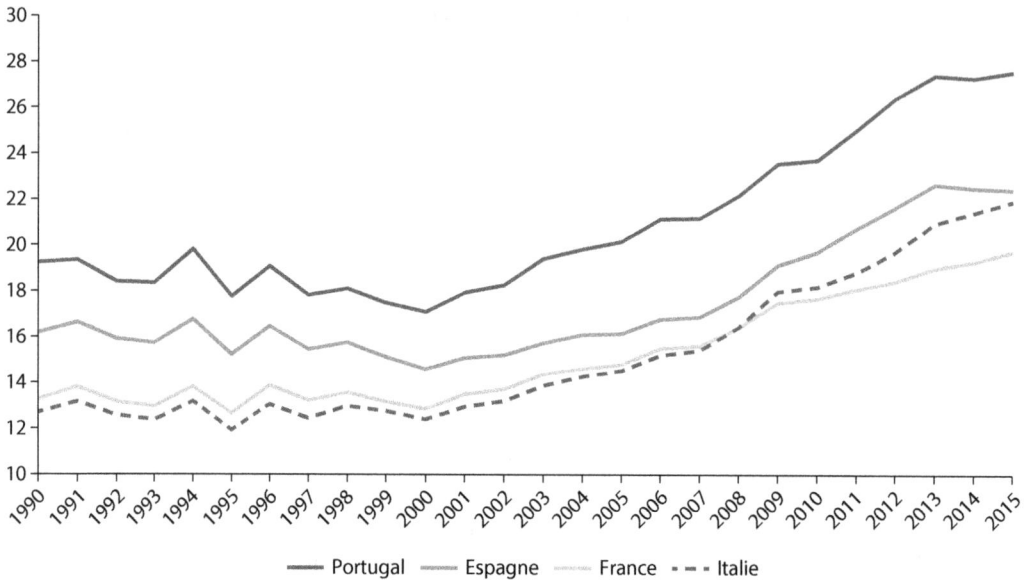

Source : IDM, Banque mondiale.
Note : PIB par habitant du Maroc par rapport aux pays d'Europe du Sud. PIB = produit intérieur brut ; PPA = parité de pouvoir d'achat.

à croître plus rapidement au début des années 2000 après que plusieurs réformes importantes visant à ouvrir l'économie et la société ont été mises en œuvre. Les révisions de la constitution en 1992 et 1996 ont amorcé un processus de démocratisation et de modernisation des institutions publiques à travers la création d'institutions plus représentatives – notamment la création d'une seconde Chambre au Parlement élue par les conseils municipaux, les chambres de commerce et les syndicats – tout en reconnaissant de nouvelles libertés économiques, telles que la liberté d'entreprise. Dans la foulée de ces changements constitutionnels et de l'impulsion donnée aux réformes par SM le Roi Mohammed VI lors de son accession au trône en 1999, des réformes ambitieuses et de nouvelles lois ont été adoptées pour libéraliser et ouvrir graduellement l'économie, pour privatiser certaines entreprises publiques, restructurer le système financier, renforcer la gouvernance publique et l'état de droit, améliorer l'accès aux services publics essentiels tels que l'électricité, l'eau, l'éducation, et garantir un nombre croissant de droits humains fondamentaux. Cette évolution est riche d'enseignements mais également de promesses d'autant que de nouveaux changements constitutionnels sont intervenus à travers la révision de la constitution en 2011 et pourraient porter leurs fruits à l'avenir (voir chapitre 2 ci-après).

Dans un contexte mondial en pleine reconfiguration, le Maroc s'est lancé dans un processus de modernisation accélérée s'appuyant sur de grands projets sectoriels structurants. Les stratégies lancées au cours de ces dernières années ont permis d'impulser une nouvelle dynamique dans des secteurs stratégiques à l'instar de l'agriculture, des mines, de l'énergie, et de l'industrie. La mise en œuvre du Plan Maroc Vert (2008-2020) a commencé à produire des effets tangibles sur la restructuration et la modernisation de l'agriculture marocaine. Durant la période 2008-2015, le taux de croissance du secteur agricole a oscillé autour d'une moyenne de 8,9 % contre 3,4 % pour l'économie nationale. La mise en œuvre de la stratégie intégrée Halieutis a permis de positionner le secteur de la pêche parmi les créneaux sectoriels à fort potentiel à l'exportation. La stratégie de valorisation du secteur des mines par la modernisation de l'Office chérifien des phosphates (OCP) a hissé l'OCP parmi les leaders mondiaux de son secteur. L'objectif qui vise à porter la part des énergies renouvelables (hydraulique, solaire et éolienne) à hauteur de 42 % de la capacité énergétique totale à l'horizon 2020 est en passe d'être réalisé. L'ancrage du tissu industriel dans les chaînes de valeur mondiales a permis l'émergence de nouvelles spécialisations industrielles à plus haute valeur ajoutée, telles l'automobile, l'aéronautique et l'offshoring. Avec l'implantation de Renault à Tanger, par exemple, le Maroc est devenu le deuxième producteur de véhicules du continent après l'Afrique du Sud, et le positionnement du Maroc dans le secteur devrait se renforcer dans les années à venir avec l'ouverture prochaine d'une usine du groupe PSA Peugeot Citroën (ministère de l'Économie et des Finances 2015a). La perspective de la mise en place d'écosystèmes performants, visant l'intégration des chaînes de valeur et la consolidation des relations locales entre les grandes entreprises et les PME fait partie intégrante du Plan d'accélération industrielle lancé en 2014 et visant à créer un demi-million d'emplois industriels d'ici à 2020.

Au cours de la dernière décennie, le Maroc a entrepris de nombreuses réformes afin de réussir son intégration dans l'économie mondiale en général – et africaine en particulier – dans le but de diversifier et renforcer son potentiel compétitif en termes d'exportations. Fort de son positionnement géographique, le Maroc a commencé à se positionner stratégiquement comme un hub économique et financier entre l'Europe et le continent africain. Afin de tirer avantage de son emplacement géographique privilégié et de ses relations historiques avec ses partenaires commerciaux européens, américains, du Golfe et méditerranéens, le Maroc a impulsé un nouveau partenariat stratégique sud-sud construit autour des notions de co-développement et de solidarité sud-sud renforcée. Les échanges entre le Royaume et le continent africain, même s'ils restent encore faibles dans l'absolu, ont quadruplé au cours des dix dernières années pour atteindre 4,4 milliards de dollars en 2014 (ministère de l'Économie et des Finances 2015a). Un fort potentiel reste encore à développer vu que l'Afrique ne représente que 6,5 % de l'ensemble des échanges commerciaux du Maroc (Berahab 2016). Des « champions nationaux » se sont implantés dans de nombreux pays d'Afrique centrale et d'Afrique de l'Ouest, dans le secteur bancaire (Attijariwafa Bank, BMCE, Bank of Africa, Banque populaire), dans les télécommunications (Maroc Telecom), les assurances, l'énergie, le secteur agroalimentaire ou l'immobilier, mais aussi en Afrique de l'Est (Tanzanie, Ethiopie et Madagascar) avec les recentes signatures de méga-projets. La plate-forme financière Casablanca Finance City Authority (CFCA) est actuellement mise en place pour attirer les investisseurs internationaux et leur fournir une infrastructure et des conditions adaptées à leurs activités en Afrique du Nord, en Afrique de l'Ouest et en Afrique centrale. Les investissements directs étrangers marocains à destination de l'Afrique sub-saharienne sont aussi en forte progression (Institut Amadeus 2015).

S'appuyant sur une décennie marquée par la stabilité macroéconomique, des réformes graduelles et une performance économique relativement bonne, le Maroc a également fait preuve d'une plus grande résilience face aux chocs extérieurs. Comme d'autres pays émergents, le Maroc a souffert de la crise financière internationale de 2008, même si l'intégration financière limitée du Royaume sur les marchés financiers mondiaux a limité les effets de contagion directe. Plus sérieux ont été les effets de la crise alimentaire et du pétrole qui ont suivi. Avec un prix du pétrole brut (Brent) s'établissant en moyenne à plus de 110 dollars par baril en 2011 et 2012 et privé de production nationale de pétrole, le Maroc a été confronté à une détérioration majeure de ses termes de l'échange. Cette détérioration s'est trouvée exacerbée par une hausse significative de la facture d'importation des biens alimentaires rendue nécessaire par une sécheresse sévère dans le pays, au moment même où les prix alimentaires flambaient, en particulier le prix du blé. Avec sa forte exposition au commerce de l'Union européenne, le Maroc a été négativement touché par les soubresauts de la crise de la zone euro, en particulier par les crises de la dette souveraine en Espagne, en Italie et dans d'autres pays de la région, et par le ralentissement de la croissance économique qui en a résulté. Ces défis ont néanmoins pu être relevés sans que le Maroc ne connaisse de récession économique ou de déstabilisation financière.

1.2 Augmentation de la richesse nationale

L'évolution de son produit intérieur brut (PIB), au cours des quinze dernières années, ne suffit pas à prendre la mesure du progrès économique du Maroc. Il convient également de prendre en considération l'accroissement de la richesse nationale du pays. Premièrement, l'évolution du PIB ne révèle pas tout en ce qui concerne la création nette de richesse et de sa soutenabilité. Lorsqu'une production nouvelle se fait sur la base de l'exploitation de ressources naturelles non renouvelables, au détriment de l'environnement, ou sur la base d'un endettement non soutenable, l'enrichissement mesuré par le PIB risque de n'être qu'une image trompeuse. Certes, la production augmente, mais elle conduit également à la destruction des richesses naturelles existantes, à la dégradation de l'environnement ou à l'augmentation d'un passif financier, autant d'éléments qui ne sont pas pris en compte dans le calcul du PIB. Deuxièmement, l'évolution du PIB ne renseigne pas sur la capacité d'un pays à convertir la croissance en bien-être, notamment dans ses dimensions économiques, sociales et environnementales. Par exemple, si le nombre croissant d'accidents de la route contribue à augmenter le PIB du fait des soins médicaux et des réparations automobiles que ces accidents engendrent, il est évident que ceux-ci ne contribuent pas à améliorer la qualité de vie ou le bien-être des populations. A contrario, le PIB ne prend pas en compte des activités productives non marchandes liées au bénévolat, à l'entraide et à la solidarité ou à la production domestique. De manière plus générale, le PIB ne prend pas en compte des aspects importants du développement humain et de la qualité de vie, tels que l'espérance de vie, le niveau de connaissances et d'éducation, la participation à la vie économique et politique et à la gouvernance, ou encore le niveau d'équité dans le partage des richesses (voir encadré 1.1). Le concept de PIB devient alors un instrument insuffisant de mesure du développement (et donc un instrument incomplet pour guider la politique économique). Cette limite est d'autant plus évidente que le niveau de développement atteint permet déjà la satisfaction des besoins matériels élémentaires.

Le développement est fondamentalement un processus d'accumulation nette de richesse : l'accumulation de capital produit, de capital naturel et de capital immatériel qui sont la source des revenus et du bien-être des populations. Mesurer les changements dans la richesse globale fournit alors une indication sur la capacité des politiques suivies, au sens large, à produire une augmentation du bien-être, ce que les économistes qualifieraient de « bien-être social » (voir encadré 1.2). Ce qu'indiquent les travaux empiriques sur l'évolution de la richesse des nations pendant la période 1970-2013, c'est que ce ne sont pas les actifs les plus tangibles, sous la forme de capital naturel ou de capital produit, qui dominent la richesse dans la plupart des pays, mais leurs actifs immatériels, c'est-à-dire

---

Encadré 1.1 De la notion de PIB à celle de richesse

Le débat sur la pertinence du PIB comme mesure de développement économique n'est pas nouveau. La Commission Stiglitz, Sen et Fitoussi (Stiglitz, Sen et Fitoussi 2009)[a] a notamment démontré qu'il était temps que les systèmes statistiques mettent davantage l'accent sur la mesure du bien-être de la population que sur celle de la production économique, et qu'il convenait de surcroît que ces mesures de bien-être soient resituées dans un contexte de soutenabilité[b]. En particulier, une des recommandations clés du rapport est de prendre en compte la richesse des nations, c'est à dire l'évolution à la fois des actifs et des passifs, en même temps que les revenus et la consommation : « Si les revenus et la consommation sont essentiels pour l'évaluation des niveaux de vie, ils ne peuvent, en dernière analyse, servir d'outil d'appréciation que conjointement à des informations sur le patrimoine. Un ménage qui dépense sa richesse en biens de consommation accroît son bien-être actuel, mais aux dépens de son bien-être futur. Les conséquences de ce comportement sont retracées dans le bilan de ce ménage ; il en va de même pour les autres acteurs économiques et pour l'économie dans son ensemble. Pour établir des bilans, il faut pouvoir disposer d'états chiffrés complets de l'actif et du passif. L'idée de bilans pour des pays n'est pas nouvelle en soi, mais ces bilans ne sont disponibles que pour un petit nombre de pays et il convient d'en favoriser la généralisation. Les mesures de la richesse sont essentielles pour appréhender la soutenabilité. Ce qui est transféré vers l'avenir doit nécessairement s'exprimer en termes de stocks, qu'il s'agisse de capital physique, naturel, humain ou social. L'évaluation appropriée de ces stocks joue un rôle crucial, même si elle est souvent problématique. »

Encadré 1.2 Richesse totale des nations et ses composantes

En 2006, la Banque mondiale a publié un rapport intitulé « Où est la richesse des Nations : mesurer le capital pour le XXIe siècle » visant à calculer la richesse dans plus de 120 pays au tournant du Millénaire. D'un point de vue méthodologique, le capital immatériel est calculé de manière résiduelle comme la différence entre la richesse totale du pays – elle-même correspondant à la valeur actualisée de la consommation future durable du pays – et la somme des trois autres composantes de la richesse, à savoir : i) le capital produit correspondant à la valeur estimée des bâtiments, immeubles et machines, ainsi que du foncier urbain ; ii) le capital naturel constitué des ressources naturelles en énergie (pétrole, gaz, charbon, etc.), des ressources minières (or, argent, cuivre, phosphate, etc.), des terres agricoles et pâturages, des ressources en bois et autres ressources forestières et des zones naturelles protégées ; et iii) les actifs nets du pays à l'étranger (voir figure B.1.2.1). Ce premier rapport de la Banque mondiale a fait l'objet d'actualisations en 2011 et une nouvelle édition est prévue en 2017, permettant ainsi de mieux connaitre l'évolution de la richesse des nations entre 1970 et 2013.

Au-delà de ces rapports, la Banque mondiale a lancé en 2010 un partenariat global visant à promouvoir un cadre conceptuel polyvalent permettant d'appréhender les interactions entre l'économie et l'environnement et de décrire les stocks d'actifs environnementaux et leurs variations. Ce partenariat connu sous son acronyme anglais WAVES (Wealth Accounting and the Valuation of Ecosystem Services) rassemble une coalition d'institutions spécialisées des Nations Unies, d'États membres et d'organisations non gouvernementales et académiques qui travaillent ensemble pour développer une comptabilité du capital naturel ainsi que des méthodologies permettant de mesurer la valeur des services fournis par les nombreux écosystèmes d'un pays. Le but ultime de ce partenariat est de promouvoir un développement durable en veillant à ce que les ressources naturelles soient intégralement prises en compte dans la planification économique et dans les comptes économiques nationaux.

Figure B.1.2.1 Les composantes de la richesse des nations

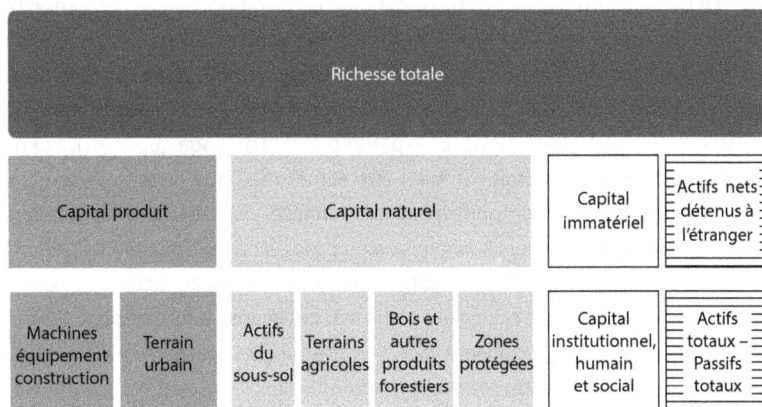

Sources : Banque mondiale, 2006. Voir aussi Hamilton et Clemens (1999), Dasgupta et Mäler (2000), Asheim et Weitzman (2001), Ferreira et Vincent (2005) et Ferreira, Hamilton, et Vincent (2008).

l'accumulation de capital institutionnel, de capital humain et de capital social (Banque mondiale 2011 et 2016). De plus, l'expérience démontre que le capital immatériel a tendance à augmenter en proportion de la richesse totale des pays, à mesure que les pays se développent. Pour les pays de l'OCDE, par exemple, le capital immatériel représenterait plus de 80 % de la richesse nationale. Pour les pays les moins avancés et les pays à revenu intermédiaire comme le Maroc, la part de capital immatériel dans la richesse nationale se situerait entre 50 % et 70 %. En d'autres termes, les pays riches le seraient principalement du fait de la qualité de leurs institutions publiques, de leurs ressources humaines et du lien social et de la confiance au sein des sociétés. Ce constat est au cœur de ce Mémorandum et constitue la trame principale pour comprendre l'économie marocaine en 2016, ses perspectives à l'horizon 2040 et les principaux chantiers de réformes à mettre en œuvre à moyen terme (voir Partie II).

En lien avec l'évolution du PIB, la richesse totale du Maroc s'est elle aussi développée rapidement au cours des années 2000. La richesse totale par habitant (en dollar constant) aurait augmenté de près de 2,8 % par an en moyenne entre 1999 et 2013, passant de 28 663 dollars. à 43 535 dollars. Au Maroc, qui ne dispose pas de ressources naturelles abondantes (même s'il détient les premières réserves mondiales de phosphate), l'accumulation de la richesse a été dominée par l'accumulation du capital produit et du capital immatériel. Il est estimé que le stock de capital fixe (machines, équipements, infrastructure et terrains urbains) a augmenté de plus de 80 % tandis que le stock de capital immatériel a augmenté de 33 %, une évolution qui confirme la priorité donnée à l'accumulation de capital fixe pendant la période (voir figure 1.3). Cette estimation de l'évolution de la richesse globale du Maroc est corroborée par l'étude récente menée par le Conseil écono-mique, social et environnemental (CESE) et Bank Al-Maghrib (BAM). (voir encadré 1.3[1]).

Figure 1.3 Maroc : évolution de la richesse totale par habitant et composantes, 1990–2013

(en dollars constants 2010)

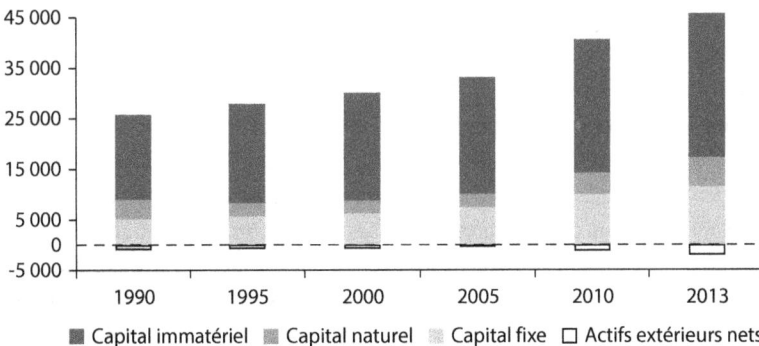

Source : base de données de la Banque mondiale sur la richesse des nations.

Encadré 1.3 Évolution de la richesse du Maroc et ses composantes, 1999-2013

Les contributions des différentes catégories d'actifs (naturel, produit, intangible et leurs multiples sous-composantes) à la richesse totale du Maroc, durant la période 1999-2013, a fait l'objet d'une évaluation par la Bank Al-Maghrib (BAM), avec l'assistance technique de la Banque mondiale (Conseil économique, social et environnemental et Bank Al-Maghrib 2015). L'analyse de BAM a suivi la méthodologie développée par la Banque mondiale dans ses publications consacrées à la *Richesse des nations* (Banque mondiale 2006, 2011), mais elle a été adaptée et développée afin de s'appliquer à certaines caractéristiques du Maroc, notamment l'existence de ressources halieutiques importantes.

L'évaluation de la richesse totale s'appuie sur la notion intuitive qu'en l'absence de revenus futurs, un individu ou un pays ne peut soutenir son niveau de consommation qu'en diminuant sa richesse. En conséquence, en lien avec la théorie économique, la richesse totale est estimée comme la valeur actualisée de la consommation future. La consommation future est elle-même calculée sur la base de la consommation présente durable, c'est-à-dire corrigée d'un niveau d'épargne suffisant pour compenser la dépréciation du capital produit, les investissements dans le capital humain (tels que les dépenses d'éducation), l'épuisement des minerais, des énergies et des forêts et les dégâts occasionnés par les facteurs locaux et mondiaux de pollution atmosphérique. Le calcul de la richesse totale prend donc en compte l'épargne nette ajustée ou l'épargne réelle de la nation. Dans le cas du Maroc, l'éventuelle surexploitation des ressources halieutiques a également été prise en compte dans le calcul de l'épargne nette ajustée.

Mesurer les stocks de capital tangible – produit ou naturel – est une tâche complexe. Le capital produit correspond à une estimation des stocks de machines, d'équipements et de structures (y compris les infrastructures) et de l'espace urbain. Ces stocks s'appuient sur des données historiques concernant l'investissement et utilisent le modèle de l'inventaire perpétuel (MIP) : la somme des investissements bruts moins la dépréciation du capital produit. Par contraste avec le capital produit, les ressources naturelles constituent des biens économiques spécifiques, car ils ne sont pas produits mais conduisent à des profits économiques sous forme de rentes. Les stocks de capital naturel du Maroc sont calculés en valeur nette actuelle des rentes qu'ils sont capables de générer sur le long terme, compte tenu des stocks physiques existants, des prix mondiaux et des coûts locaux. Ils correspondent au prix maximum qu'un investisseur serait prêt à payer pour les acquérir. Les stocks naturels physiques comprennent les ressources énergétiques, les ressources en minerais (bauxite, cuivre, or, fer, plomb, nickel, phosphate, argent, étain, zinc), les ressources en bois, les ressources forestières autres que le bois, les cultures, les pâturages et les zones protégées.

Le capital immatériel inclut des estimations des capitaux humain, social et institutionnel qui ne peuvent pas être directement mesurés. Il s'agit d'un calcul résiduel, c'est-à-dire qu'il correspond à la différence entre, d'une part, la richesse totale et, d'autre part, la somme des stocks de capital produit, des ressources naturelles et des actifs nets à l'étranger. Par construction, il prend en compte tous les actifs qui ne sont pas comptabilisés dans les estimations du capital produit, du capital naturel et des actifs financiers nets. De façon intuitive, il comprend le capital humain (c'est-à-dire les compétences, les connaissances et l'état de santé de la

encadré continue page suivante

Encadré 1.3 Évolution de la richesse du Maroc et ses composantes *(suite)*

main-d'œuvre), le capital institutionnel (l'état de droit, le régime de propriété et d'autres composantes de la gouvernance), ainsi que le capital social (la confiance entre les personnes dans une société et leur capacité à travailler ensemble autour d'objectifs communs). Le capital social peut être interprété comme un capital plus permanent issu de l'histoire, de la géographie et de la culture.

L'accumulation continue de capital immatériel laisse toutefois entrevoir un déficit important de capital social au Maroc (voir figure 1.4). Une analyse de la décomposition du capital immatériel entre ses trois sous-composantes principales (capital humain, capital institutionnel et capital social) n'est pas une science exacte. Diverses approches méthodologiques, toutes très imparfaites, peuvent être développées pour appréhender la nature et la composition du capital immatériel des nations. En suivant l'hypothèse selon laquelle le capital immatériel est constitué à la fois de capital humain, de capital institutionnel visant la bonne gouvernance et le bon fonctionnement des institutions publiques et des institutions d'appui au marché, et enfin d'un effet plus permanent correspondant au capital social de chaque pays, il ressort que le capital social du Maroc, comme celui d'ailleurs de l'ensemble des pays en développement, serait négatif ; un manque à gagner de l'ordre de 60 000 dollars par habitant (voir encadré 1.3). En d'autres termes, le faible capital immatériel des pays en développement[2] serait certes dû à un déficit de capital humain et de capital institutionnel tels que mesurés par les indicateurs standards d'éducation et de gouvernance, mais serait surtout lié à un environnement social qui entraverait la réalisation des potentialités. Une conclusion importante sur laquelle il sera revenu au chapitre 6.

Ce manque à gagner de capital social a des implications profondes sur les effets des différentes politiques de développement. Il permet de comprendre pourquoi l'impact de réformes qui semblent être efficaces dans un certain contexte reste en deçà des attentes dans un autre contexte. Dans le cas du Maroc, il suggère que l'amélioration de l'efficacité du système éducatif et de la qualité du système de santé, l'amélioration de l'état de droit et de la justice, l'amélioration du climat des affaires et le renforcement des libertés économiques peuvent augmenter significativement le capital immatériel et donc la richesse du Maroc, mais que les effets de ces politiques pourraient être décuplés si ces améliorations étaient accompagnées d'une augmentation du capital social (voir encadré 1.4). Or le capital social, fruit de l'histoire, de la géographie et de la culture, est difficilement altérable. Il est impossible de décréter l'augmentation de la confiance interpersonnelle ou du sens civique dans la société. Même si elle est difficilement appréhendable par les politiques économiques habituelles, l'amélioration du capital social est cependant possible. Ce thème sera repris à la fin du présent Mémorandum.

Figure 1.4 Décomposition du capital immatériel des pays à revenu intermédiaire, 2005–2011

(en dollars constants 2010)

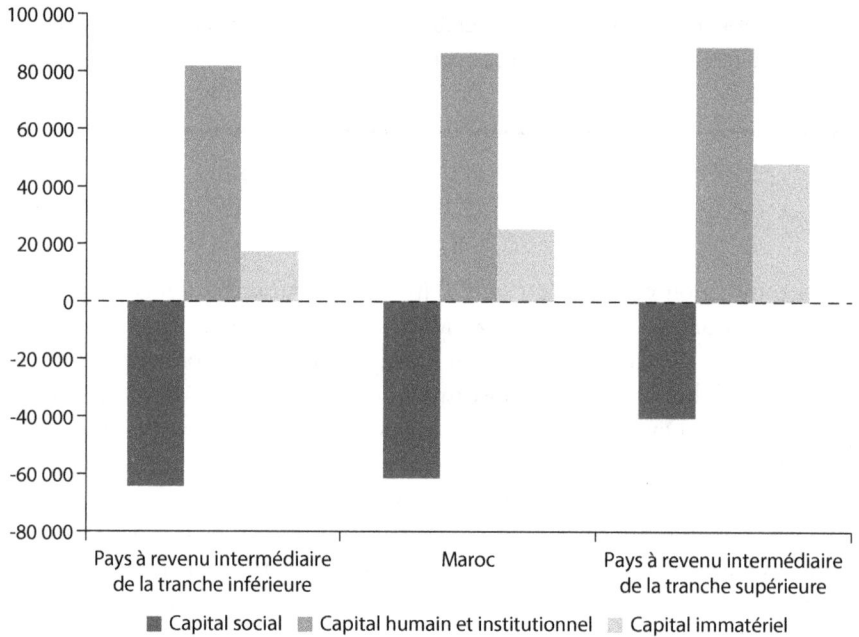

Source : estimations de la Banque mondiale.

Encadré 1.4 Modéliser les composantes du capital immatériel

L'exercice consiste à modéliser les contributions respectives du capital humain, du capital institutionnel (de gouvernance et de liberté économique) et du capital social au capital immatériel des nations. On notera par IC_{it} le capital immatériel par habitant du pays i pour l'année t.

• L'indicateur du capital humain est calculé selon la méthode proposée dans le rapport de la Banque mondiale intitulé « *The Changing Wealth of Nations* »[a]. Cet indicateur capte à la fois l'efficacité du système éducatif et la qualité du système de santé du pays concerné.

• L'indicateur de gouvernance retenu suit également l'approche de la Banque mondiale (2011) et utilise les indices (2009) de Kaufmann, Kraay, et Mastruzzi[b]. Cet indicateur mesure la qualité de la mise en application des contrats, de la police et des tribunaux, y compris l'indépendance du judicaire, et l'incidence de la criminalité.

• L'indicateur retenu pour la liberté économique est celui créé par la Fondation *Heritage* et le *Wall Street Journal.* Cet indicateur tente de capter l'effet de l'efficacité de la réglementation des affaires en classant les nations selon dix critères de liberté économique.

encadré continue page suivante

Encadré 1.4 Modéliser les composantes du capital immatériel *(suite)*

Après une étude de la corrélation[a] entre les variables explicatives, un indice composite nommé « Indice synthétique du capital humain et institutionnel », noté $ISCHI_{i,t}$, est créé sur la base des trois indicateurs standardisés cités ci-dessus. Le modèle général s'écrit alors sous la forme suivante :

$$IC_{i,t} = a_i + \gamma_t + \beta ISCHI_{i,t} + \varepsilon_{i,t} \tag{1}$$

Les a_i et γ_t reflètent les effets fixes et les dummies temporelles, respectivement.

L'échantillon de données du capital immatériel par habitant et de l'indice composite créé permet une modélisation sur une durée de sept ans (2005–2011) pour 95 pays. Pour l'estimation de l'expression (1), deux approches ont été suivies : i) un modèle groupé « Pooled » avec une variable de revenu dummy, en ignorant le caractère panel des données ; ii) un modèle panel à effets fixes avec introduction des dummies temporelles.

Pour le premier modèle, l'estimation suggère qu'une augmentation d'une unité de l'indice synthétique du capital humain et institutionnel est associée à une augmentation de 50 723 dollars du capital immatériel par habitant (voir tableau B.1.4.1). En outre, le coefficient de la variable dummy est positif, ce qui confirme le niveau élevé du capital immatériel des pays à revenu élevé. Pour le deuxième modèle, l'estimation suggère que l'accroissement d'une unité de l'indice synthétique augmente de 7 269 dollars le capital immatériel par habitant. Le coefficient « temps » est important (de l'ordre de 3 857 dollars) et peut être considéré comme une mesure proxy du progrès technique[b]. L'estimation confirme donc la relation positive existante entre le changement technologique d'une nation et la valorisation du capital immatériel.

Les différences d'estimations et d'effets marginaux selon la structure d'estimation choisie (modèle groupé ou modèle à effets fixes) peuvent s'expliquer par l'introduction des caractéristiques propres à chaque pays dans l'estimation du modèle à effets fixes. Autrement dit, une amélioration isolée du capital humain et institutionnel peut ne pas engendrer tous les effets bénéfiques potentiels sur le capital immatériel, notamment pour le cas des pays en développement. Cette amélioration doit être accompagnée d'une augmentation du capital social ; capital qui est reflété dans les effets fixes du modèle en panel. Ainsi, en plus des faibles niveaux de capital humain et institutionnel, le manque de capital social freinerait fortement la convergence des pays en développement vers les pays développés.

Tableau B.1.4.1 Estimation des constituants du capital immatériel par habitant, 2010 (en dollars)

Variable	Modèle groupé	Modèle à effets fixes
Indice synthétique du capital humain et institutionnel	50 723	7 269
Revenu dummy	134 670	
Temps		3 857

Note : Nombre d'observations : 665 ; tous les coefficients sont significatifs au seuil de 5 % ; la variable dummy temporelle est pour l'année 2011 relative à 2005 ; la variable de revenu dummy concerne le groupe de pays à revenu élevé.

encadré continue page suivante

Encadré 1.4 Modéliser les composantes du capital immatériel *(suite)*

L'utilisation de l'Analyse en composantes principales (ACP) pour la construction de l'indice synthétique permet de déduire les effets de la variation des différents indicateurs standardisés ayant contribué à la composition du facteur (voir tableau B.1.4.2). Les trois composantes jouent un rôle important dans l'évolution du capital immatériel par habitant. Une unité supplémentaire de capital humain et de bonne gouvernance aurait pour effet d'augmenter respectivement de 2 694 dollars et 2 692 dollars le capital immatériel par habitant. L'augmentation d'une unité de la liberté économique aurait également un effet positif sur le capital immatériel de l'ordre de 2 730 dollars par habitant.

Tableau B.1.4.2 Effets de l'augmentation des constituants du capital immatériel par habitant, 2010 (en dollars)

Variables	Coefficients
Capital humain	2 694
Gouvernance	2 692
Liberté économique	2 731

a. À ce stade, une analyse du coefficient alpha de Cronbach (Cronbach – 1951) a été réalisée parallèlement à une analyse en composantes principales pour construction des facteurs.

1.3 Réduction de la pauvreté et progrès sociaux

Grâce à une croissance annuelle de son PIB par habitant de 3,3 % entre 2000 et 2015, le Maroc a pu répartir les fruits de la croissance et réduire significativement la pauvreté. Selon les données de l'enquête ménages de 2014, la pauvreté extrême au Maroc a été éradiquée (voir tableau 1.1). Au cours de la période 2001-2014, la pauvreté au seuil national (correspondant à 2,15 dollars par jour en parité de pouvoir d'achat) a significativement diminué, passant de 15,3 % à environ 4,8 %. Cependant, en milieu rural, la pauvreté reste endémique et n'a que très marginalement reculé depuis 2011. La vulnérabilité de la population (personnes vivant juste au-dessus du seuil de pauvreté) a elle aussi reculé au niveau national, mais reste élevée en milieu rural, à près de 19,4 % de la population. Au cours de la période considérée, 40 % de la population marocaine, qui correspond aux personnes les moins favorisées, a vu son bien-être s'améliorer, à la fois en termes absolus (amélioration du bien-être des personnes pauvres) et en termes relatifs (amélioration du bien-être des personnes pauvres par rapport à celui des personnes non pauvres), ce qui laisse supposer une augmentation de la prospérité partagée[3]. Au-delà de la réduction de la pauvreté monétaire, la croissance s'est traduite par une réduction de la pauvreté multidimensionnelle, c'est-à-dire par une amélioration plus générale des conditions de vie (Ezzrari et Verme 2012).

Tableau 1.1 Maroc : principaux indicateurs de pauvreté et d'inégalité, 2001–2014

	2001	2007	2011	2014
Pauvreté à 1 dollar PPA	**2,0**	**0,6**	**0,3**	**0,0**
Urbain	0,3	0,1	0,1	0,0
Rural	4,0	1,2	0,5	0,0
Pauvreté à 2 dollars PPA	**20,2**	**8,2**	**5,7**	**1,3**
Urbain	8,7	3,6	2,5	0,3
Rural	34,2	14,3	8,4	2,9
Pauvreté à 2,15 dollars PPA (seuil national)	**15,3**	**8,9**	**6,2**	**4,8**
Urbain	7,6	4,9	3,5	1,6
Rural	25,1	14,4	10,0	9,5
Pauvreté multidimensionnelle[1]	–	**25,1**	**9,8**	**6,1**
Urbain	–	9,1	2,3	1,2
Rural	–	43,6	20,2	13,5
Vulnérabilité	**22,8**	**17,4**	**13,3**	**12,5**
Urbain	16,6	12,7	9,4	7,9
Rural	30,5	23,6	18,7	19,4
Pauvreté subjective[2]	–	**41,8**	–	**45,1**
Urbain	–	38,6	–	40,3
Rural	–	47,2	–	54,3
GINI	**40,6**	**40,7**	–	**39,5**
Urbain	39,1	41,1	–	38,8
Rural	31,9	33,1	–	31,7

1 L'indice de pauvreté multidimensionnelle est un indice composite du bien-être qui distribue les ménages selon leur degré de privation en matière de santé, d'éducation et de conditions de vie. Les chiffres de la colonne 2007 représentent les données 2004.
2 L'indice de pauvreté subjective mesure la perception qu'ont les ménages de l'aisance matérielle dans laquelle ils vivent, ainsi que la plus ou moins grande facilité avec laquelle ils font face à leurs dépenses de consommation.
Source : Haut-Commissariat au Plan, enquêtes auprès des ménages 2001, 2007 et 2014, et Rapport sur le développement humain 2015 (PNUD).

L'accès aux services d'infrastructures de base a considérablement augmenté au cours des quinze dernières années. Près de 98 % des ménages ont désormais accès au réseau électrique. Des milliers de villages disposaient de bornes fontaines approvisionnant en eau potable 94,5 % de la population en 2014 (comparé à 61 % en 2004). Le taux de raccordement aux égouts est estimé à environ 88 % dans les grandes villes. Le taux de pénétration des téléphones mobiles a considérablement augmenté, passant de 73 % en 2008 à 122 % en 2013. Une amélioration remarquable a été enregistrée dans l'accès à l'éducation, et l'OMD sur l'éducation primaire pour tous était en voie d'être atteint d'ici à la fin de 2015. Les taux de scolarisation nets au niveau primaire sont passés de 75 % à 96 % entre 2000 et 2011 et des améliorations semblables ont été notées au niveau de l'enseignement secondaire (Unesco 2016). La vaccination des enfants de un an est pratiquement universelle et les indicateurs d'espérance de vie et de mortalité infantile et maternelle moyennes se sont tous améliorés au cours des dix dernières années[4].

Tableau 1.2 Maroc : indice de développement humain, 1980–2014

	Espérance de vie à la naissance	Années de scolarisation escomptées	Durée moyenne de scolarisation	RNB par habitant (2011 PPA $)	Valeur IDH
1980	57,6	5,9	1,2	3 490	0.399
1990	64,8	6,5	2,2	3 899	0.457
2000	68,2	8,4	3,4	4 276	0.528
2010	70,2	11,1	4,4	6 256	0.611
2014	74	11,6	4,4	6 850	0.628

Source : PNUD (2015).
Note : RNB = revenu national brut ; PPA = parité de pouvoir d'achat.

En termes d'indice de développement humain (IDH), le Maroc a réalisé des progrès significatifs au cours des dernières décennies, même si d'importantes marges d'amélioration existent. Entre 1980 et 2014, la valeur de l'IDH du Maroc est passée de 0,4 à 0,63, soit une augmentation de l'ordre de 60 % et une augmentation annuelle moyenne d'environ 1,3 %. L'espérance de vie à la naissance a augmenté de 16,4 années, la durée moyenne de scolarisation a augmenté de 3,2 ans et le revenu national brut par habitant a presque doublé en l'espace de 34 ans (voir tableau 1.2). Compte tenu de la situation initiale très dégradée du Maroc au début des années 1980, les améliorations en termes de développement humain ont cependant été plus spectaculaires dans la première moitié de la période que depuis 15 ans.

2. Une convergence lente et incomplète

En dépit des réalisations accomplies depuis quinze ans, l'économie marocaine converge lentement vers les économies voisines d'Europe du sud (Espagne, France, Italie, Portugal) ou vers les pays émergents à haut revenu (Corée du Sud, Malaisie, Chili, Turquie, etc.). Le revenu par habitant de l'Europe du sud reste plus de quatre fois supérieur à celui du Maroc en parité de pouvoir d'achat (voir figure 1.5[5]). Le niveau de développement économique actuel du Maroc est semblable à celui de l'Europe au cours des années 1960.

2.1 Tant du point de vue de la convergence économique…

Alors que 15 kilomètres à peine séparent le Maroc de l'Espagne, le pouvoir d'achat d'un Marocain (mesuré par le PIB par habitant en parité de pouvoir d'achat) n'atteint que 22 % de celui de son voisin européen immédiat. Même la Grèce, dont l'économie traverse une crise profonde, dispose d'un revenu par habitant trois fois supérieur à celui du Maroc. Sur un plan historique, il est intéressant d'observer que le niveau de vie actuel des Marocains avait été atteint par les Français en 1950, par les Italiens en 1955, par les Espagnols en 1960 et par les Portugais en 1965[6]. Ainsi, l'écart économique entre le Maroc d'aujourd'hui et l'Europe peut être estimé à environ un demi-siècle. Le Maroc aspire à l'émergence économique, mais le chemin à parcourir reste long, non seulement pour rejoindre les pays riches, mais aussi pour rattraper les pays émergents en croissance rapide. En effet, le pouvoir

Figure 1.5 Maroc : PIB par habitant, 2015, comparaison internationale
(en PPA, dollars 2011)

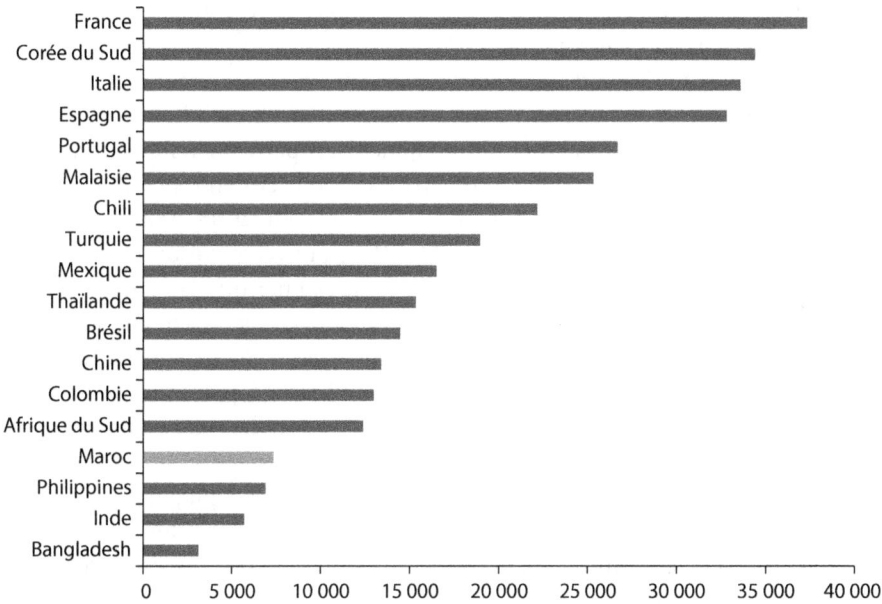

Source : IDM, Banque mondiale.
Note : PIB = produit intérieur brut; PPA = parité de pouvoir d'achat.

d'achat des Marocains n'atteint que 40 % du pouvoir d'achat moyen dans des pays comme le Brésil, la Malaisie, le Mexique, la Roumanie et la Turquie.

Pour apprécier les limites de la dynamique de convergence amorcée au début des années 2000, il est utile de comparer l'expérience marocaine avec l'expérience d'autres pays ayant réussi leur envol économique. L'analyse historique indique que dans ces pays, qu'il s'agisse de pays d'Asie (Corée du Sud, Taïwan, Malaisie, Thaïlande, Chine), d'Europe (Espagne, Portugal, Italie), ou d'Amérique Latine

(Chili), les phases d'envol économique se sont toujours caractérisées par le maintien d'un taux de croissance du PIB par habitant supérieur à 4 % par an pendant deux à trois décennies (voir figure 1.6). Par exemple, entre 1960 et 1990, le taux de croissance par habitant a atteint 4,5 % au Portugal, 4,6 % en Espagne et 3,7 % en Italie. En prenant les huit meilleures années du cycle d'expansion 2000-2007, le taux de croissance par habitant au Maroc a pu atteindre 3,5 %. Cependant, ce rythme a été stimulé par des facteurs conjoncturels particulièrement favorables (croissance mondiale, boom du crédit, expansion de la dépense publique) et n'a pu être maintenu après le retournement du cycle en 2008-2009. En tenant compte de l'ensemble de la période 2000-2014, qui recouvre un cycle économique complet (expansion/contraction), on peut estimer que la tendance structurelle de la croissance par habitant au Maroc se situerait actuellement autour de 3 %. Ainsi, par rapport à la tendance à long terme de 2,5 %, les années 2000 ont bénéficié d'un gain structurel de croissance d'environ 0,5 point de pourcentage par an. À ce nouveau rythme, le Maroc peut espérer doubler son revenu par habitant toutes les 25 années au lieu de 30 années auparavant.

En moyenne, les performances de croissance du Maroc expliquent un rythme de convergence vers les pays d'Europe du sud plus faible que celui observé dans les pays émergents dynamiques. Les années 2000 ont été une décennie de rattrapage économique pour l'ensemble des pays en développement. Aussi bien les pays les moins avancés que les pays émergents à haut revenu (Corée du Sud, Malaisie, Chili, Turquie, etc.) ont eu tendance à croître plus vite et donc à converger plus rapidement que le Maroc en moyenne. La trajectoire de croissance du Maroc a été

Figure 1.6 Les Trente Glorieuses dans les miracles économiques
(taux de croissance du PIB/hab.)

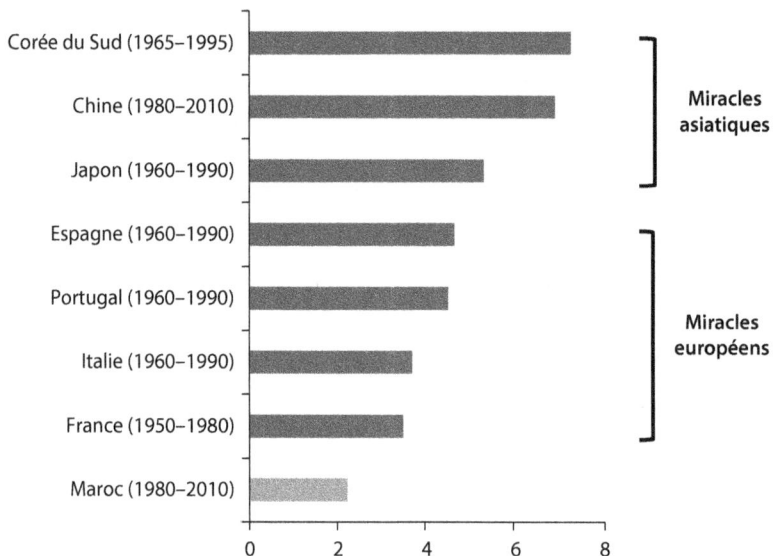

Source : base de données Maddison, Université de Groningen.
Note : PIB = produit intérieur brut.

de fait plus proche de celle des pays à revenu intermédiaire inférieur que de celle des pays à revenu intermédiaire supérieur (voir figure 1.7). La dynamique de rattrapage a été plus faible que dans d'autres marchés émergents de la région, tels que la Turquie, ou que dans les pays qui ont commencé avec les mêmes conditions initiales en 1960, comme la Corée du Sud (voir figure 1.8).

Figure 1.7 PIB par habitant au Maroc et dans les pays à revenu intermédiaire, 1990–2015
(en PPA, dollars constants 2011)

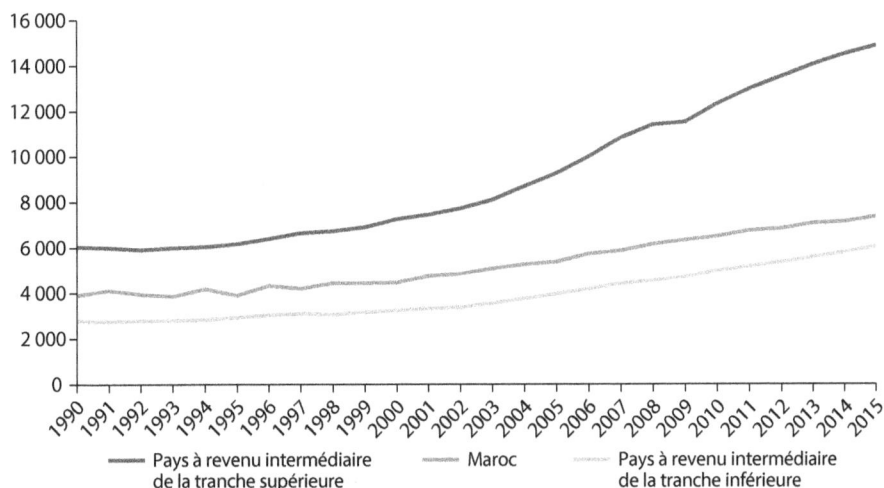

Source : IDM, Banque mondiale.
Note : PIB = produit intérieur brut ; PPA = parité de pouvoir d'achat.

Figure 1.8 PIB par habitant au Maroc, en Corée du Sud et en Turquie, 1990–2015
(en PPA, dollars constants 2011)

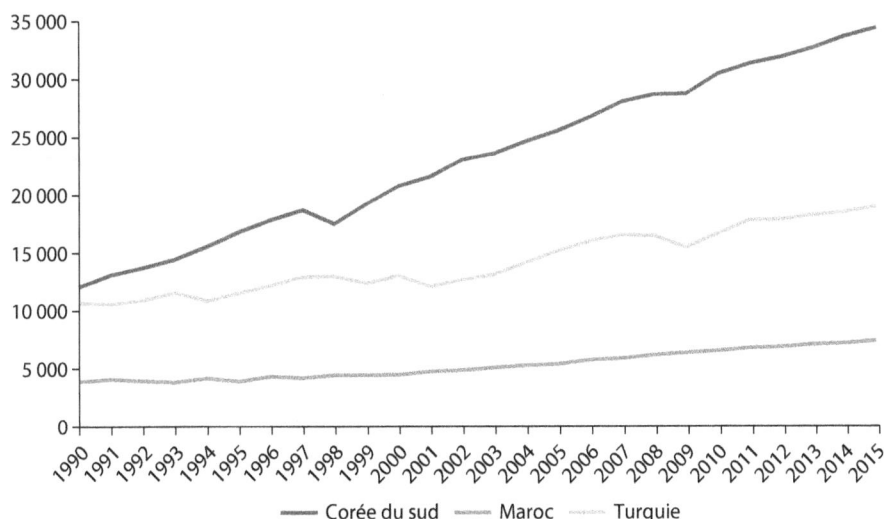

Source : IDM, Banque mondiale.
Note : PIB = produit intérieur brut ; PPA = parité de pouvoir d'achat.

Le Maroc à l'horizon 2040 • http://dx.doi.org/10.1596/978-1-4648-1078-7

Le retard du Maroc par rapport aux pays émergents dynamiques semble plus marqué lorsqu'est considérée la richesse totale par habitant plutôt que le PIB par habitant. Alors que le PIB par habitant du Maroc représente actuellement environ 60 % de celui des pays à revenu intermédiaire supérieur, sa richesse totale par habitant représente seulement 40 % de la richesse par habitant de ces pays. Au cours de la période 2000-2011, la richesse par habitant du Maroc a cru au même rythme moyen que celle des pays émergents, mais à partir d'une base plus faible. Ainsi, alors que le Maroc améliorait sa richesse par habitant de l'ordre de 10 000 dollars entre 2000 et 2011, les pays à revenu intermédiaire de la tranche supérieure augmentaient la leur d'environ 25 000 dollars (voir figure 1.9).

Figure 1.9 Évolution et composition de la richesse par habitant, 2000–2011
(en dollars constants 2010)

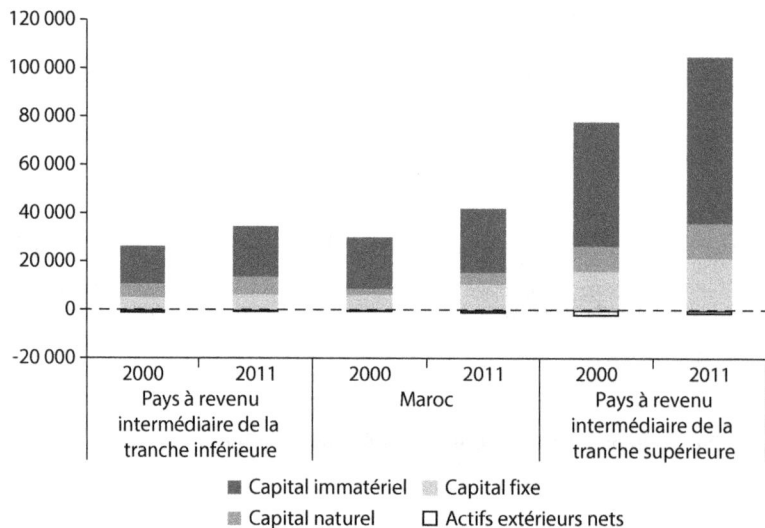

Capital immatériel   Capital fixe
Capital naturel   Actifs extérieurs nets

Source : base de données de la Banque mondiale sur la richesse des nations.

À l'échelle régionale, la richesse par habitant du Maroc est similaire à celle de l'Égypte, sensiblement inférieure à celle de l'Algérie et significativement plus basse que celle de la Tunisie et de la Jordanie. Cependant, ce qui est le plus frappant et riche d'enseignements pour chacun de ces pays, ce n'est pas tant le niveau de richesse actuel que la composition de celle-ci. Alors que la Jordanie, le Maroc et la Tunisie avaient sensiblement le même niveau de capital fixe par habitant en 2011, le capital immatériel par habitant du Maroc représentait moins de 40 % du capital immatériel de la Jordanie et moins de 60 % de celui de la Tunisie. Le cas de l'Algérie illustre le phénomène inverse. Avec un capital immatériel négatif, l'Algérie se trouve en fait dans une situation très difficile dans la mesure où une large proportion du capital naturel du pays (essentiellement des hydrocarbures) n'est pas réinvestie dans le capital humain, institutionnel ou social mais investie dans un capital fixe peu rentable, ou tout simplement consommée (voir figure 1.10).

Figure 1.10 Maroc : composition de la richesse par habitant, comparaison internationale, 2011

(en dollars constants 2010)

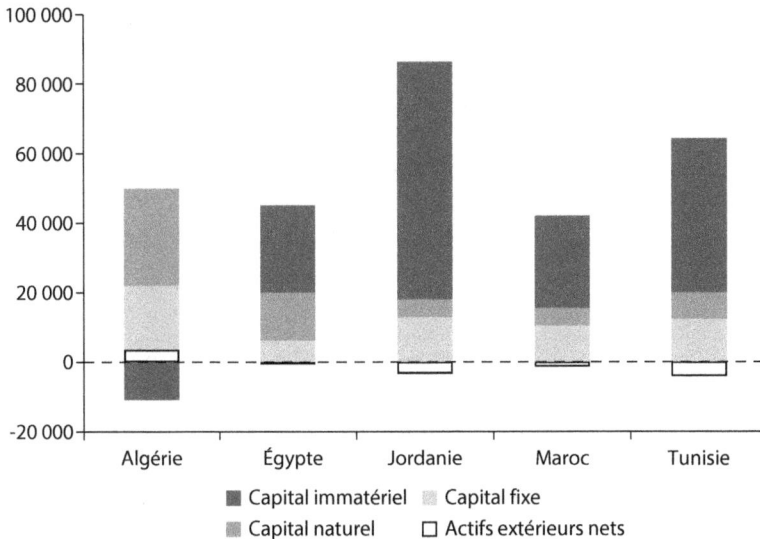

Source : base de données de la Banque mondiale sur la richesse des nations.

Une comparaison internationale de l'évolution du capital immatériel se révèle particulièrement riche d'enseignements pour le Maroc. Avec des ressources naturelles relativement limitées et un faible niveau de capital produit, le Maroc constatait que plus de 70 % de sa richesse totale était constituée de capital immatériel au début des années 2000, ce qui plaçait le pays sensiblement au-dessus des autres pays à revenu intermédiaire en termes de part du capital immatériel dans la richesse totale (voir figure 1.11). Au cours de la période 2000-2011, la part du capital immatériel a eu tendance à baisser à mesure que le Maroc renforçait son effort d'investissement en capital fixe. En 2011, le capital immatériel ne représentait plus que 65 % de la richesse totale, soit une part équivalente à celle des pays à revenu intermédiaire de la tranche supérieure. Pour converger vers la richesse des pays plus avancés, le Maroc devra stopper cette tendance baissière et accroître son effort relatif afin d'accumuler davantage d'actifs immatériels sous forme de capital institutionnel, de capital humain ou de capital social. Le décrochage constaté en 2007, au moment même où les autres pays à revenu intermédiaire inversaient leur tendance, constitue un fait stylisé important quant aux perspectives économiques du pays (voir chapitre 2 ci-après).

Des éléments présentés ci-dessus, il convient de tirer trois grands enseignements : i) le Maroc a encore un grand écart de développement économique à combler avec les pays développés et émergents ; ii) le rythme de convergence en termes de croissance économique s'est certes accéléré récemment, mais il demeure faible au regard des expériences internationales de rattrapage économique rapide ; iii) le processus de convergence semble particulièrement lent en

Le Maroc à l'horizon 2040 • http://dx.doi.org/10.1596/978-1-4648-1078-7

Figure 1.11 Part du capital immatériel dans la richesse totale, 2000–2011
(En pourcentage)

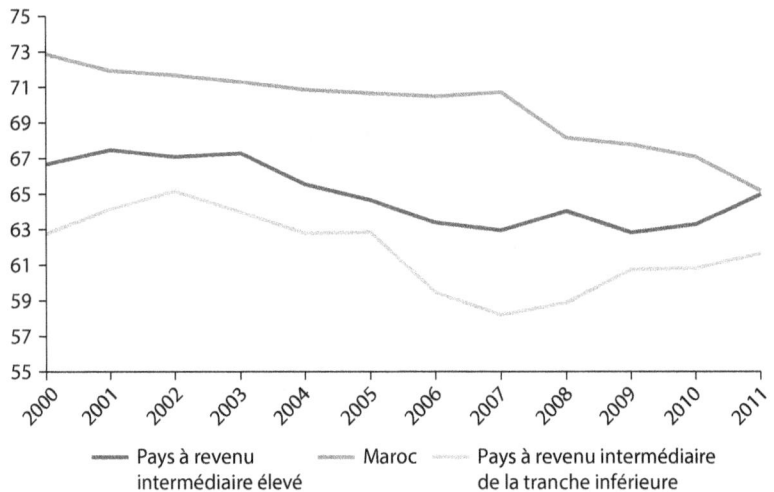

Source : base de données de la Banque mondiale sur la richesse des nations.

termes d'accumulation de richesse, notamment en ce qui concerne l'accumulation de capital immatériel.

2.2 ... Que du point de vue de la convergence sociale

L'analyse des données contenues dans les enquêtes menées à l'échelle microéconomique permet de constater que l'écart économique entre le Maroc et les
pays européens, estimé à un demi-siècle, se retrouve également sur le plan
des conditions de vie relatives. En matière de santé par exemple, le taux de
mortalité infantile mesuré au Maroc en 2015 se situait au même niveau que
celui des pays européens en 1960, soit environ 24 décès pour 1 000 naissances
(voir figure 1.12). Malgré les progrès substantiels réalisés pour améliorer le
système de santé et nonobstant l'importation des progrès technologiques et
médicaux qui a favorisé l'accès des Marocains à des biens et services de bien
meilleure qualité que ceux dont disposaient les Européens il y a 50 ans, la
performance du système de santé marocain appréhendé par l'indicateur de la
mortalité infantile accuse environ 50 ans de retard par rapport aux systèmes
de santé européens. Cet écart de développement social se ressent également
sur le plan de la mobilité et du transport. En effet, le taux de motorisation des
Marocains est inférieur au taux observé il y a un demi-siècle dans certains pays
d'Europe du sud. Seuls 18 % des ménages marocains possèdent une voiture,
contre 30 % des ménages français en 1960. Ce faible taux d'équipement affecte
fortement le bien-être de la population marocaine dans la mesure où il se
conjugue avec un phénomène grandissant d'étalement urbain et avec la faiblesse des transports collectifs. Enfin, le niveau de vie des Marocains peut être
mesuré à l'échelle microéconomique à travers les enquêtes de consommation.

Figure 1.12 Mortalité infantile, 2015

(pour 1 000 naissances)

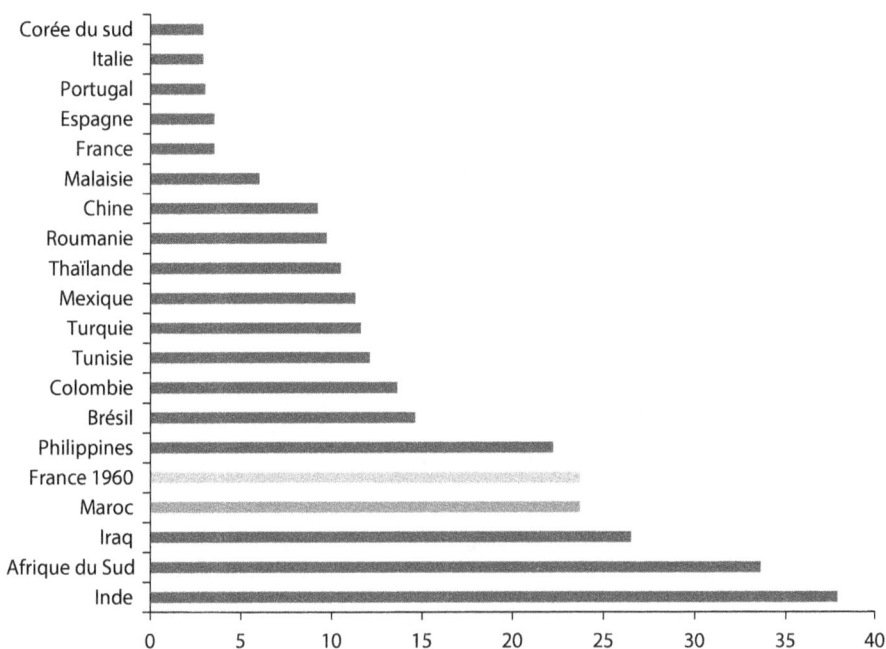

Source : IDM, Banque mondiale.

Or, la structure actuelle des dépenses de consommation des ménages marocains est proche de celles des pays européens dans les années 1950 et 1960. En
particulier, la part des dépenses alimentaires se maintient à un niveau très
élevé, témoignant du faible pouvoir d'achat des familles et de la prédominance
des dépenses contraintes. Ainsi, les Marocains dépensent 40 % de leur budget
en produits alimentaires, contre 35 % pour les ménages français en 1960 et
seulement 20 % aujourd'hui (voir figure 1.13).

Par-delà les comparaisons internationales, la lente convergence économique du
Maroc se reflète également dans des différences considérables de bien-être au sein
même de la population marocaine. La pauvreté et la vulnérabilité économiques
demeurent très répandues puisqu'un quart de la population rurale – environ
3,5 millions de personnes – est directement confronté à la pauvreté ou à la
menace permanente de retomber dans une situation de pauvreté. La pauvreté est
liée à des conditions géographiques difficiles, particulièrement dans les zones
montagneuses, ainsi qu'au mauvais état des infrastructures, à un faible accès aux
services de base et à des possibilités d'emploi très limitées dans le secteur formel.
Les participants aux consultations menées en 2013 dans le cadre du partenariat
stratégique entre le Maroc et la Banque mondiale dans la province de Taounate
ont confirmé la réalité de ces difficultés avec, par exemple, de longues distances à
parcourir, un manque de moyens de transports adéquats et des frais importants
subis par les ménages pour accéder aux écoles et aux infrastructures de santé.

Figure 1.13 Part de l'alimentation dans le budget des ménages, 2010
(En pourcentage)

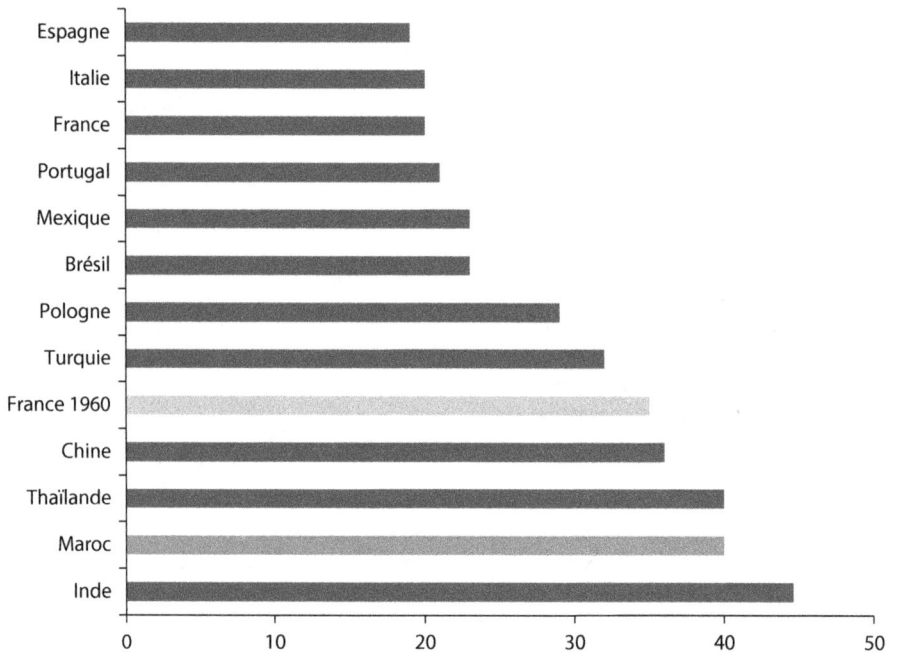

Source : base de données de la consommation globale, Banque mondiale, IFC.

Ainsi, il a été noté que des enfants de cette région quittent la maison avant le lever du jour pour se rendre à l'école et y rentrent après la nuit tombée, souvent à pied (Banque mondiale 2013). Il en ressort une inégalité d'apprentissage des élèves marocains nettement plus marquée que dans d'autres pays avec, par exemple, un rapport de 2,5 entre le score de lecture des meilleurs élèves et celui des moins doués, contre moins de 1,5 dans les pays d'Europe du sud (voir figure 1.14).

En dépit de résultats économiques significatifs et d'une diminution des inégalités de revenu ces dernières années, le Maroc enregistre des résultats en termes de développement social et humain inclusif qui restent en deçà des attentes de la population et celle-ci a bien conscience de l'existence d'un développement marocain à plusieurs vitesses. L'initiative nationale pour le développement humain (INDH) lancée en 2005 pour améliorer la qualité de vie de la population rurale, pour lutter contre l'exclusion sociale en milieu urbain et la précarité s'est traduite par des avancées significatives pour les populations rurales ciblées[7]. Le coefficient de Gini du Maroc reflète des niveaux d'inégalité de revenu élevés, mais qui seraient en baisse depuis 2007 (voir figure 1.15). Après une augmentation dans les années 2000, les inégalités seraient revenues en 2014, selon le Haut-Commissariat au Plan (HCP), à leur niveau de la fin des années 1990. Les disparités en termes de taux de pauvreté entre les régions continuent cependant à donner une mesure des inégalités spatiales. Ces inégalités régionales sont également notables sous le prisme de l'accès aux droits humains

Figure 1.14 Inégalités dans la maîtrise de la lecture
(rapport entre le score du 9ᵉ décile et du 1ᵉʳ décile)

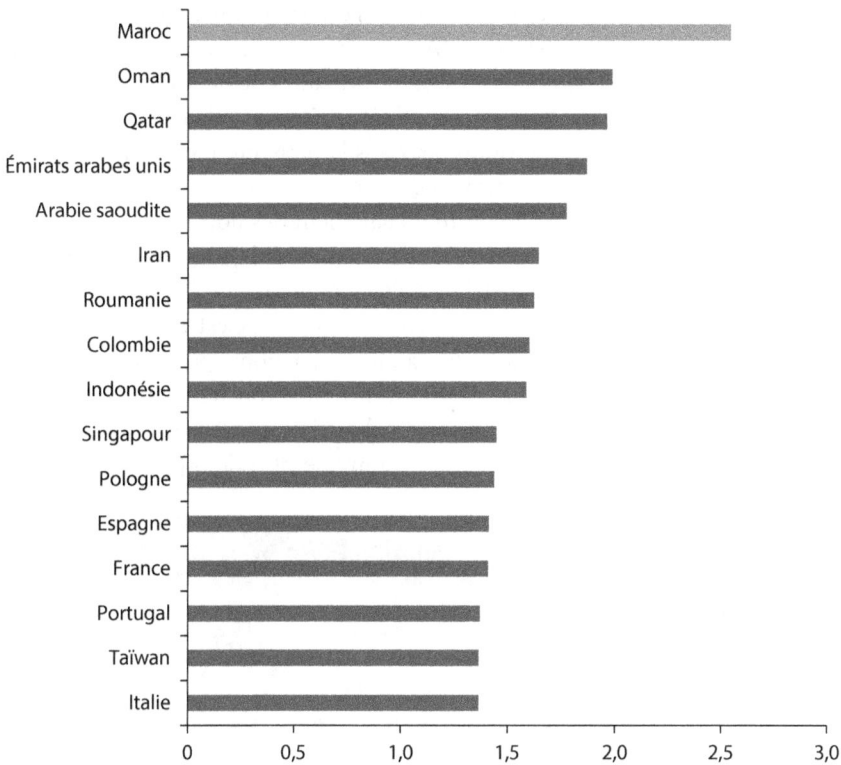

Source : UNESCO 2014.

Figure 1.15 Maroc : coefficient GINI, 1985–2014

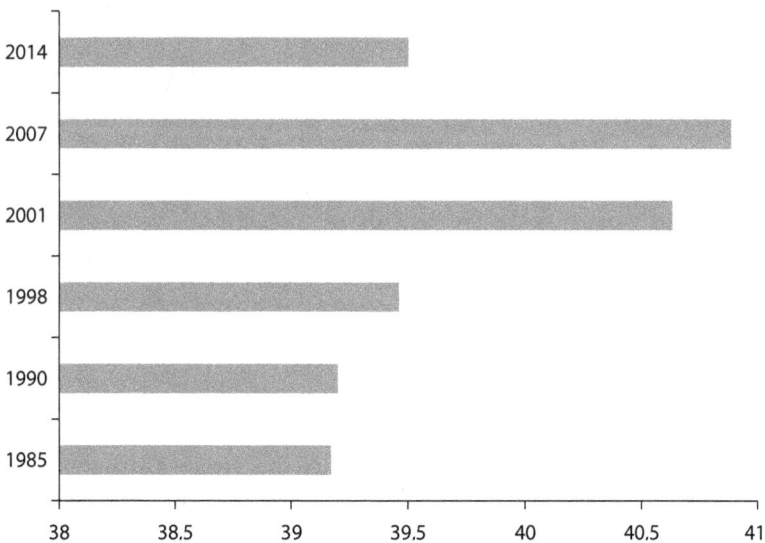

Source : IDM et enquêtes auprès des ménages 2001, 2007 et 2014 du Haut-Commissariat au Plan.

Le Maroc à l'horizon 2040 • http://dx.doi.org/10.1596/978-1-4648-1078-7

(ministère de l'Économie et des Finances 2015c). La réduction partielle de l'écart des niveaux de revenu entre les milieux rural et urbain (suite à l'effort de développement régional, notamment du nord du Maroc) n'a pas fait disparaître les disparités : 80 % de la pauvreté au Maroc continue de toucher le monde rural et, en 2014, le taux de pauvreté en milieu urbain était de 1,6 %, contre 9,5 % dans les zones rurales. Plus de 19 % des Marocains vivant dans les zones rurales sont vulnérables et risquent de retomber dans la pauvreté (contre moins de 8 % des personnes vivant en zone urbaine). Les villes marocaines, bien qu'elles génèrent près de 75 % du PIB, présentent également des îlots de pauvreté persistante et des taux de chômage élevés. De fait, bien que le pays ait enregistré une amélioration des niveaux de vie et une baisse conjuguée de la pauvreté et de la vulnérabilité entre 2007 et 2014, la pauvreté subjective, c'est-à-dire le sentiment de pauvreté, a augmenté de 42 % à 45 % au niveau national pendant la période et est ressenti par plus de 54 % de la population rurale (voir tableau 1.1 ci-dessus). Les hausses les plus fortes de la pauvreté subjective sont enregistrées parmi les jeunes urbains de moins de 25 ans et les ruraux de plus de 60 ans.

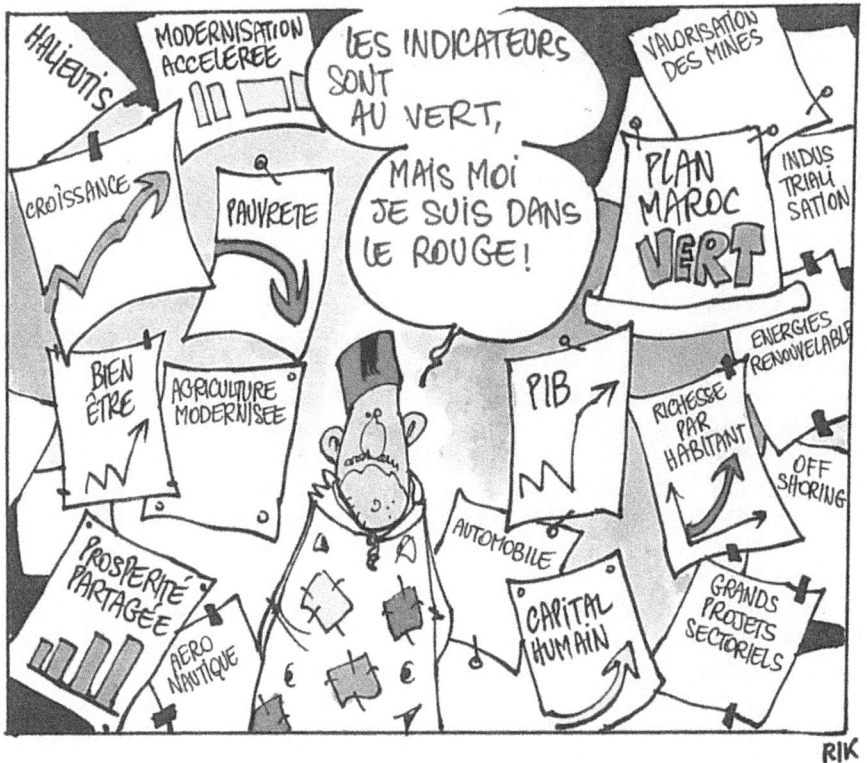

Malgré des avancées importantes en termes d'accès aux infrastructures de base, les progrès d'ensemble ont été inégaux et certaines régions rurales et périurbaines, ainsi que quelques villes de taille moyenne ou petite, n'ont toujours pas accès à certaines infrastructures. Près d'un quart des ménages ruraux n'a pas d'accès direct à une route et vit à au moins 10 km des services de santé de base. La proportion des accouchements effectués en présence de personnel qualifié est en moyenne de 63 % dans les zones rurales, comparé à 92 % dans les zones urbaines (IDM, Banque mondiale). Alors que 90 % des ménages vivant dans les villes sont raccordés au réseau d'eau potable (robinet dans le lieu d'habitation) et au réseau public d'évacuation, les taux de raccordement en milieu rural n'atteignent même pas 40 % pour l'eau potable et 3 % pour l'assainissement, avec des taux plus faibles encore dans certaines régions reculées comme la région montagneuse méditerranéenne (HCP 2015a). La couverture des services de télécommunications représente également un défi dans les zones rurales. De plus, la fiabilité, le maintien et la viabilité financière de ces services demeurent un défi persistant, surtout au niveau local. La combinaison de ces facteurs contribue à réduire la qualité de vie, la productivité et les perspectives des ménages ruraux.

Comme il sera expliqué plus en détail par la suite (voir chapitre 5 ci-après), le capital humain du Maroc peine à se développer. Les taux d'analphabétisme et les inégalités concernant l'accès à l'enseignement secondaire restent élevés. Tant la qualité des enseignements que les résultats en termes d'apprentissage sont très en retrait par rapport à d'autres pays ayant des niveaux de revenus similaires ou inférieurs à ceux du Maroc (voir figure 1.16). Les niveaux de mortalité infantile et maternelle demeurent élevés, notamment par rapport aux améliorations constatées dans de nombreux autres pays, et accusent un retard par rapport aux cibles retenues dans les objectifs du Millénaire pour le développement. Tout compte fait, le Maroc se situe au 126e rang mondial (sur 188 pays) en termes d'indices de développement humain – une mesure de synthèse du niveau moyen atteint dans les dimensions clés du développement humain calculé par l'Organisation des Nations Unies – et était devancé par de nombreux pays de la région

Figure 1.16 Enfants de 10 ans (grade 4) maîtrisant les bases de lecture
(En pourcentage)

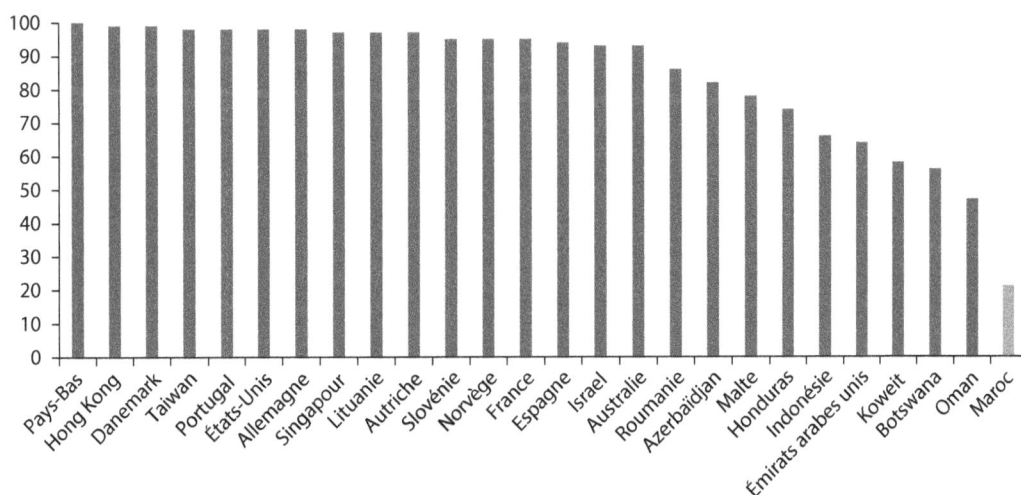

Source : Programme international de recherche en lecture scolaire 2011, UNESCO 2014.

MENA, notamment la Jordanie (80e), l'Algérie (83e) la Tunisie (96e), ou encore l'Égypte (108e), la Turquie quant à elle se situant au 72e rang (PNUD 2015).

Au-delà de ces indicateurs de bien-être matériels et humains, les écarts économiques donnent également lieu à des « écarts de bonheur ». Du point de vue des économistes, le « bonheur » est une notion subjective qui se mesure par le degré de satisfaction à l'égard de la vie exprimé par les personnes interrogées. Évidemment, le bien-être d'une population est une notion complexe et multi-dimensionnelle qui ne peut se réduire à un simple indicateur macroéconomique. Le « Rapport sur le Bonheur », publié annuellement par l'Organisation des Nations Unies, a identifié des déterminants complémentaires, tels que la confiance entre les personnes, la solidarité sociale, le sentiment de liberté et la santé. Les analyses réalisées dans le cadre du présent Mémorandum mettent néanmoins en évidence l'existence d'une corrélation étroite entre la richesse matérielle d'un pays et l'épanouissement de ses habitants : plus le PIB par habitant d'un pays est élevé, plus les personnes interrogées se disent satisfaites de leur vie. Qu'en est-il pour le Maroc ? Les écarts de revenu entre le Maroc et les pays plus riches se reflètent pleinement dans le bonheur des habitants. S'il est tenu compte du bien-être perçu par la population, sur les 155 pays couverts dans le « Rapport sur le Bonheur 2017 », le Maroc se classe à la 84e position, entre le Monténégro et l'Azerbaïdjan (voir figure 1.17

Figure 1.17 Classement des pays selon l'indice du bonheur, 2017

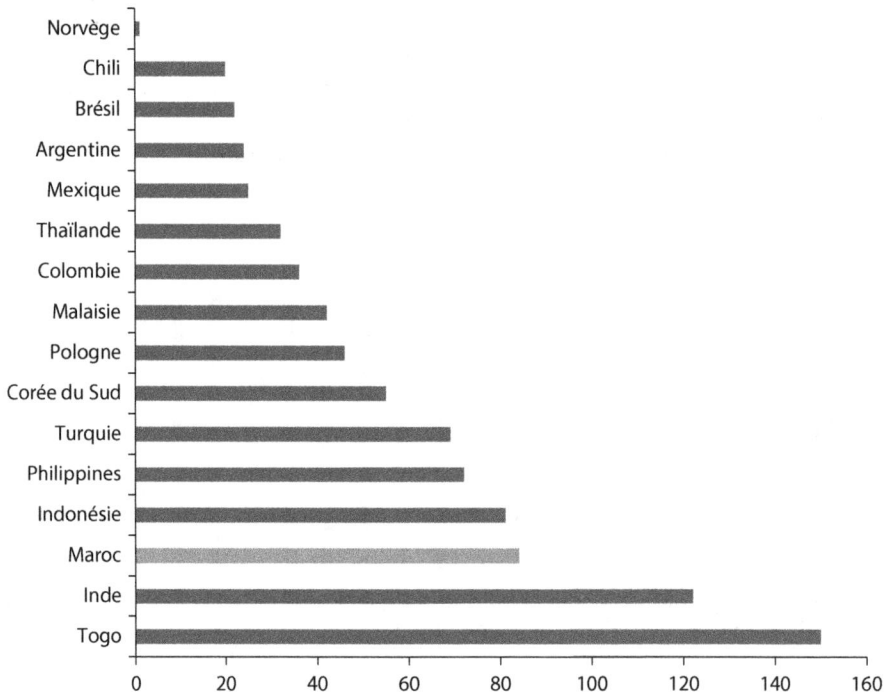

Source : Nations Unies, 2017.

(Nations Unies 2017)). Ce classement est cohérent avec celui du Maroc en termes de PIB par habitant. Les données internationales sont confirmées par une enquête nationale sur le bien-être réalisée par le Haut-Commissariat au Plan en 2012. Celle-ci confirme l'existence d'une forte proportion de Marocains insatisfaits de leurs conditions de vie : 45 % sont peu ou non satisfaits de leur vie, 24 % moyennement satisfaits et à peine 30 % d'entre eux sont satisfaits. Au sein de l'échantillon, le revenu disponible est un déterminant majeur du degré de satisfaction : les Marocains les plus aisés sont ceux qui se disent les plus heureux et les plus démunis tendent à se considérer comme peu heureux.

Au Maroc, le manque d'opportunités économiques limite la possibilité de réduire davantage les taux de pauvreté et retarde l'émergence d'une classe moyenne plus importante. La méthodologie utilisée pour mesurer la classe moyenne ne fait pas l'objet de consensus dans la littérature économique. Il est cependant considéré qu'un ménage accède à la classe moyenne à partir d'un revenu par personne de 10 dollars par jour en parité de pouvoir d'achat (PPA) 2011, soit 1 200 dollars par mois pour une famille de quatre personnes (Pew Research Center 2015). Compte tenu du facteur de conversion de PPP de 0,45 pour le Maroc, le seuil d'accès à la classe moyenne se situerait à environ 5 500 dirhams par mois pour un ménage marocain (voir encadré 1.5). À ce seuil, environ 25 % de la population marocaine ferait actuellement partie de la classe moyenne et cette proportion serait en hausse[8]. Elle était de 16 % de la population

---

Encadré 1.5 À partir de quel revenu entre-t-on dans la classe moyenne ?

Si l'ensemble des économistes reconnaissent l'importance de l'élargissement de la classe moyenne dans le processus de développement, il n'existe pas de véritable consensus concernant la méthode à utiliser pour la mesurer.

L'une des approches disponibles consiste à mesurer la classe moyenne de manière relative, en fonction de la distribution observée des revenus. Cette démarche a été notamment adoptée par le Haut-Commissariat au Plan, dans le cadre d'une étude sur la classe moyenne publiée en 2009, à partir des données collectées par la dernière enquête sur le niveau de vie disponible. Les ménages appartenant à la classe moyenne sont ceux dont le revenu mensuel se situe entre 0,75 fois le revenu médian (2 800 dirhams) et 2,5 fois le revenu médian (6 736 dirhams). En dessous de la borne inférieure, les ménages sont considérés comme « modestes », et au-dessus de la borne supérieure, ils sont assimilés aux ménages « aisés ». Le principal résultat de l'étude est que la classe moyenne concentrerait 53 % de la population, la classe modeste 34 % et la classe aisée 13 %. Cette méthode statistique présente certains avantages, notamment en termes de neutralité, mais elle ne permet pas d'apprécier les progrès sociaux réalisés au cours du processus de développement. En effet, selon cette méthode, tous les pays, indépendamment de leur niveau de développement, peuvent se prévaloir de compter une classe moyenne importante. Dans le cas spécifique du Maroc, les bornes choisies sont particulièrement basses et conduisent à inclure dans

encadré continue page suivante

Encadré 1.5 À partir de quel revenu entre-t-on dans la classe moyenne ? *(suite)*

la catégorie « classe moyenne » des catégories socioprofessionnelles considérées à l'échelle mondiale comme modestes. Par exemple, un couple d'employés non qualifiés percevant le salaire minimum légal (environ 2 000 dirhams nets par mois par salaire) appartiendrait statistiquement à la classe moyenne et pourrait même accéder, moyennant un peu d'ancienneté, à la catégorie « classe moyenne supérieure ».

Pour remédier à ce problème, une démarche alternative peut être adoptée, consistant à définir un seuil absolu d'accès à la classe moyenne, exprimé en unités monétaires. Une étude publiée en 2015 par le Pew Research Center considère qu'un ménage accède à la classe moyenne à partir d'un revenu par personne de 10 dollars par jour (PPP 2011), soit 1 200 dollars pour une famille de quatre personnes. Ce seuil est confirmé par de nombreuses autres études portant sur les pays en développement. Dans le cas du Maroc, cela correspondrait à un revenu mensuel par ménage de 5 500 en dirhams courants de 2014 (selon le recensement 2014, le ménage moyen au Maroc compte 4,2 personnes). En utilisant ce critère, l'étude estime que 25 % de la population marocaine dispose d'un revenu supérieur au seuil d'accès à la classe moyenne en 2011. En d'autres termes, 75 % de la population marocaine serait pauvre ou à faible revenu. La croissance économique des années 2000 a fortement fait évoluer cette proportion : en 2001, seulement 16 % des Marocains pouvaient prétendre appartenir à la classe moyenne ou aisée.

en 2001. Néanmoins, malgré cette progression, la taille de la classe moyenne au Maroc reste très étroite par rapport à celle d'autres pays émergents. Dans ces pays, la classe moyenne et aisée représente en moyenne 44 % de la population : elle est de 40 % en Thaïlande et au Mexique, de 50 % en Turquie et au Brésil et de 70 % en Pologne et en Malaisie (voir figure 1.18).

L'hypothèse de l'émergence d'une classe moyenne qui représenterait 25 % de la population au Maroc est toutefois sujette à caution, notamment en raison de facteurs comme la cherté de la vie et la qualité des services publics. Une mesure alternative de la classe moyenne prenant en compte les services publics effectivement rendus à la population tendrait à élever significativement le seuil d'accès à la classe moyenne. Il semble raisonnable de considérer qu'un ménage appartient à la classe moyenne lorsqu'il satisfait trois marqueurs sociaux : i) la capacité d'acquérir un logement qui ne soit pas un logement social ; ii) la capacité d'acheter une voiture d'entrée de gamme ; et iii) la capacité de scolariser ses enfants dans une école privée, compte tenu de la perception négative de l'école publique. Les simulations réalisées à partir de ces trois postes de dépenses conduisent à un budget minimum de 10 000 dirhams par mois pour une famille de quatre personnes pour pouvoir accéder à la classe moyenne[9]. Le fait que le seuil d'accès à la classe moyenne soit plus élevé au Maroc que dans les autres pays émergents s'explique par les surcoûts subis par les ménages en raison de l'insuffisance des services publics : planification urbaine (cherté du foncier),

Figure 1.18 Part des classes moyenne et supérieure dans la population
(revenu des ménages >1 200 dollars, en PPA, 2011)

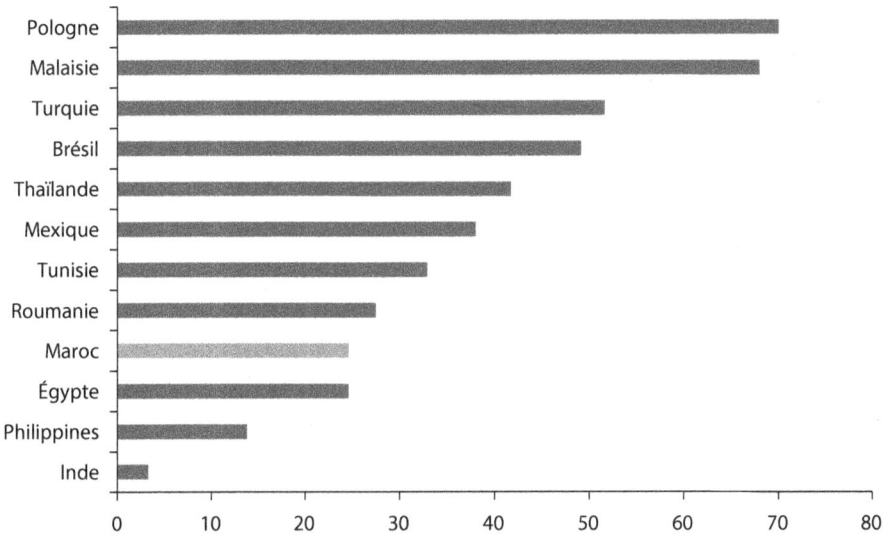

Source : Centre Pew Research, 2015.
Note : PPA = parité de pouvoir d'achat.

politique éducative (cherté de la scolarisation privée des enfants), politique de transport (faiblesse des transports collectifs de qualité), politique de santé (faible qualité du système de santé public). Des travaux réalisés par des analystes marocains sur la base d'une méthode similaire ont conduit à des résultats proches de ce seuil (Revue Economia 2009).

L'ensemble de ces éléments convergent vers l'idée que la barre d'accès à la classe moyenne au Maroc est relativement élevée par rapport aux standards internationaux. En retenant le seuil des 10 000 dirhams par mois pour une famille de quatre personnes, seulement 15 % des ménages marocains feraient partie de la classe moyenne ou aisée, soit environ 5 millions d'habitants pour une population totale d'environ 34 millions (selon le recensement de 2014). À cet égard, il est intéressant d'observer qu'environ 25 % des fonctionnaires de l'administration publique perçoivent un salaire mensuel net supérieur ou égal à 10 000 DH (ministère de l'Économie et des Finances 2015d). La proportion des fonctionnaires appartenant à la classe moyenne serait notablement supérieure à celle des autres catégories de la population (et ce, sans tenir compte des situations où deux membres du ménage travaillent).

L'analyse qui précède sur la convergence sociale permet de tirer trois enseignements pour le Maroc : i) l'écart économique entre le Maroc et les pays émergents et développés a des conséquences concrètes sur le bien-être des Marocains ; ii) malgré les progrès réalisés ces dernières années, les conditions de vie des Marocains génèrent encore beaucoup d'inégalités et d'insatisfaction au sein de la population ; et iii) l'accélération de la croissance observée dans les années 2000 a permis d'élargir la classe moyenne, mais celle-ci reste limitée, notamment en raison des carences des services publics.

3. L'essoufflement du modèle de développement

Le Maroc a réussi à amorcer une dynamique de convergence depuis le début des années 2000, mais cette dynamique de convergence est-elle soutenable ? Les sections suivantes vont tenter de répondre à cette question à travers une analyse des déséquilibres et des vulnérabilités du modèle de croissance marocain, aussi bien du point de vue de l'offre que de la demande.

3.1 De la non-soutenabilité de l'offre…

Le Maroc risque d'être rapidement confronté aux limites d'une croissance basée sur l'accumulation de capital fixe. Le diagnostic de la croissance du Maroc a été étudié à de nombreuses reprises, y compris dans les précédents Mémorandums économiques pays de la Banque mondiale et dans un récent rapport de la Banque africaine de développement, et il est maintenant bien établi : la croissance marocaine est essentiellement tirée par l'accumulation de capital physique. Entre 2000 et 2014, le taux de croissance moyen de l'économie marocaine a atteint 4,3 %. Selon les méthodes simples de comptabilité de la croissance (voir encadré 1.6), l'accumulation de capital physique a contribué à hauteur de 60 % à cette évolution, le travail à 15 % et la productivité totale des facteurs (PTF) à 25 %.

Encadré 1.6 Une comptabilité de la croissance

Les économistes distinguent usuellement trois sources de croissance économique : le travail, le capital et le progrès technique. Ce dernier facteur, appelé aussi productivité totale des facteurs (PTF), mesure les gains de productivité liés à des améliorations en matière de capital institutionnel, de capital humain et de capital social. Le progrès technique est calculé comme la part de la croissance qui n'est imputable ni au travail ni au capital. Il s'agit donc d'un résidu statistique. Il s'apparente au calcul du capital immatériel dans la littérature sur la richesse des nations qui est, lui aussi, calculé comme un résidu statistique.

Les bases de la comptabilité de la croissance ont été présentées dans les ouvrages de Solow[a], Kendrick[b] et Denison[c]. Le modèle de base de Solow est une fonction de production avec les deux principaux facteurs de production, le capital et le travail, ainsi qu'un paramètre qui mesure le niveau technologique. La forme de la fonction choisie est de type Cobb-Douglas à rendement d'échelle constant :

$$Y = A.K^{\alpha}.L^{1-\alpha} \tag{1}$$

où Y est le PIB réel, K est le stock de capital en volume, L est le nombre de travailleurs employés et A est le progrès technologique ou la productivité totale des facteurs (PTF).

encadré continue page suivante

Encadré 1.6 Une comptabilité de la croissance *(suite)*

Le paramètre α représente la part du capital dans le revenu national et (1- α) la part revenant au facteur travail.

La solution différentielle totale de l'équation (1) permet d'analyser le taux de croissance de la productivité totale des facteurs en fonction des taux de croissance du PIB, du capital et du travail comme suit :

$$\hat{A} = \hat{Y} - \alpha.\hat{K} - (1-\alpha).\hat{L} \tag{2}$$

où le signe « chapeau » (^) représente le taux de croissance des variables concernées et α la part du capital dans le revenu national.

À l'instar de nombreux pays en développement, l'appareil statistique marocain (HCP) n'évalue pas le stock de capital. Dans le cadre de cet exercice, la méthode de l'inventaire perpétuel est utilisée pour estimer le stock de capital pendant la période 1980–2014. Le stock de capital à l'instant t est formulé comme suit :

$$K_t = K_{t-1}(1-\delta) + I_t \tag{3}$$

où I est l'investissement brut réel annuel et δ est le taux de dépréciation du capital supposé constant à 5 % dans le temps. L'évaluation du capital nécessite une série des flux d'investissement durant toute la période couverte par l'exercice. La série de l'investissement base 1998 n'est disponible que pour la période 1980–2014. Pour compléter cette série, un raccordement est opéré avec l'ancienne série base 1980 pour les années 1960–1980.

Sources : (a) Solow 1957 ; (b) Kendrick 1961 ; (c) Denison 1962.

Si l'on s'intéresse à la croissance en dehors du secteur de l'agriculture, les résultats de la décomposition des sources de la croissance du PIB non agricole éclairent encore davantage : la contribution du capital est estimée à 68 %, celle du travail à 25 % et celle de la PTF à seulement 7 %. Par rapport aux années 1990, il est constaté que le rôle de la PTF s'est sensiblement renforcé (sa contribution était négative dans les années 1990), tandis que la contribution de l'emploi a fortement baissé. L'importance dominante du capital dans la dynamique de croissance est restée quant à elle assez stable depuis le début des années 1970. Concernant l'agriculture, les gains de productivité ont été plus élevés que dans l'industrie à mesure que les efforts d'investissement dans l'agriculture irriguée portaient leurs fruits, mais au prix d'une surexploitation croissante des eaux souterraines dans un contexte de stress hydrique élevé du pays et ce, malgré les actions entreprises visant le renforcement de la politique d'économie d'eau engagée depuis 2008 dans le cadre du Plan Maroc Vert et du Programme national de l'économie d'eau en irrigation, notamment en matière de micro-irrigation. Ces différents facteurs de production – travail, capital physique, productivité et dégradation de l'environnement, notamment du capital « eau » – sont discutés tour à tour dans les sections qui suivent.

Faible contribution du facteur travail

Malgré une démographie favorable, le facteur travail a peu contribué à la dynamique de croissance récente du Maroc. Le Maroc traverse une période d'aubaine
démographique caractérisée par une forte croissance de la population en âge de
travailler qui a progressé à un rythme moyen de l'ordre de 2 % pendant la
période 2000-2015. Ce taux de progression tend toutefois à diminuer tendanciellement : il est passé de 2,5 % en 2000 à 1,5 % en 2015. Malgré ce phénomène
d'aubaine démographique, les créations d'emploi sont restées relativement limitées, ce qui a conduit à une faible contribution du travail à la croissance. La
progression annuelle moyenne de l'emploi s'est située à 1 % entre 2000 et 2015,
soit un taux inférieur à la croissance démographique des personnes de plus de
15 ans. Dans ce contexte, le taux d'emploi, c'est-à-dire le rapport entre la population active occupée et la population en âge de travailler (15–64 ans), a connu
une baisse tendancielle, passant de plus de 48 % en 2000 à moins de 43 % en
2015 (voir figure 1.19). En d'autres termes, moins de la moitié de la population
marocaine en âge de travailler contribue actuellement à la création de richesse.

Figure 1.19 Maroc : évolution du taux d'emploi, 2000–2015
(En pourcentage)

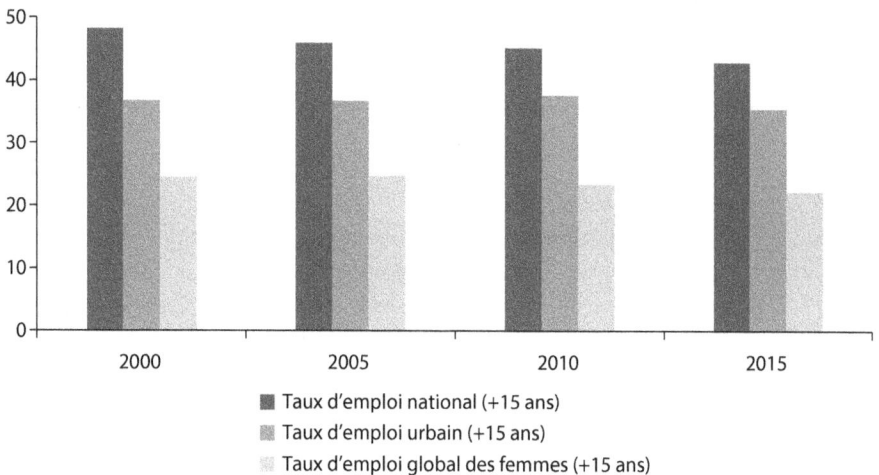

■ Taux d'emploi national (+15 ans)
▨ Taux d'emploi urbain (+15 ans)
▨ Taux d'emploi global des femmes (+15 ans)

Source : Haut-Commissariat au Plan, 2016.

Le Maroc présente par ailleurs un taux d'emploi de 42,8 % relativement
faible par rapport aux autres pays émergents ou développés, où ce taux atteint
60 % en moyenne. En particulier, l'économie marocaine se caractérise par une
faible capacité à insérer les jeunes âgés de 25 à 35 ans dont le taux d'emploi
n'atteint que 48 %, contre 65 % en moyenne dans les pays émergents (60 % en
Turquie, 70 % au Mexique et en Corée du Sud, 73 % au Chili). De même, le
marché du travail marocain se distingue par un taux de participation des
femmes à l'emploi extrêmement faible. Celui-ci n'atteint que 23 % à l'échelle

nationale et 13 % en milieu urbain (voir figure 1.20). Dans les autres pays émergents, 45 % des femmes en âge de travailler sont effectivement employées. Même dans les pays où traditionnellement les femmes travaillent peu, la croissance économique s'accompagne d'une amélioration du taux d'emploi féminin. En Turquie par exemple, cet indicateur est passé de 20 % en 2000 à 30 % en 2014. Toutefois, dans le cas du Maroc, il n'est pas observé de véritable dynamique de renforcement de la contribution des femmes à la croissance économique.

Figure 1.20 Taux d'emploi des 15–64 ans, 2015
(En pourcentage)

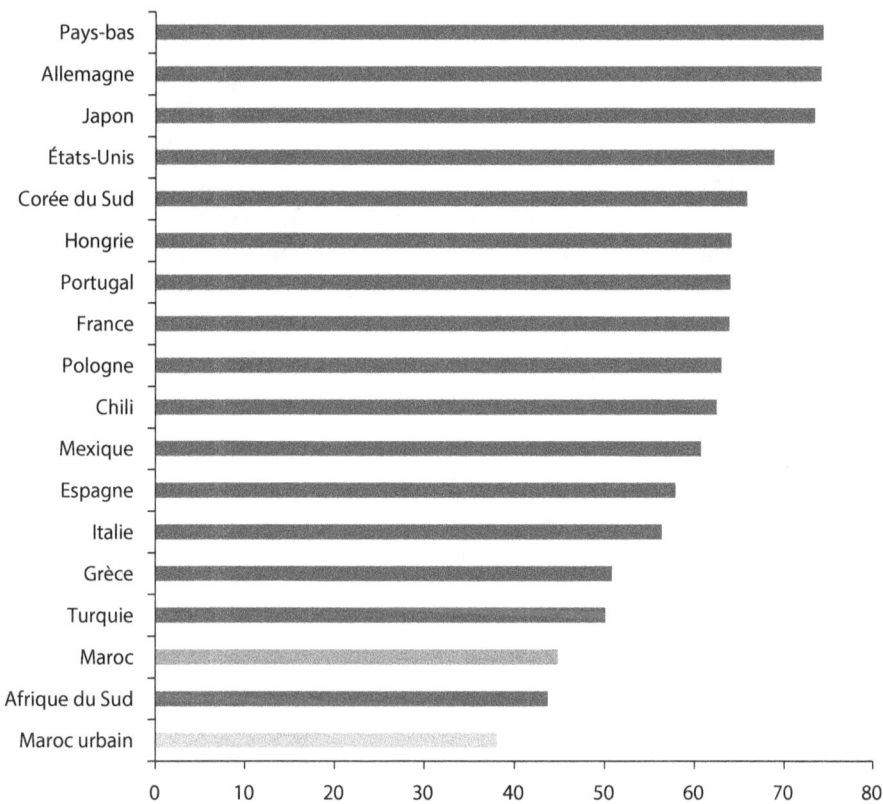

Sources : Organisation de coopération et de développement économiques et Haut-Commissariat au Plan.

Au total, la croissance marocaine se révèle pénalisée par la difficulté de l'économie à mobiliser les ressources humaines disponibles, en particulier les jeunes et les femmes, et à réallouer le travail rapidement entre secteurs à des fins d'efficience. L'emploi dans le milieu rural a certes connu une évolution négative (en raison de l'attrition des effectifs employés dans l'agriculture et sous l'effet de l'exode rural), mais à un rythme relativement lent au regard des expériences des pays avancés ou des pays émergents lorsqu'ils étaient au même niveau de développement que celui que connaît le Maroc actuellement. En France, par exemple, la population agricole est passée de plus de 30% de la population active dans les années 1950 à environ 10% au début des années 1970 et 2,5% en 2013. En Asie du Sud-Est et en Europe du sud, les effectifs agricoles ont en moyenne diminué au rythme annuel de 2% depuis 1960. Au Maroc, l'emploi agricole régresse à une cadence annuelle beaucoup plus lente, de l'ordre de 0,5%. À l'avenir, les disparitions d'emplois devraient se poursuivre, voire s'accélérer en milieu rural, comme cela s'est produit dans tous les pays qui se sont développés dans le passé. C'est donc en milieu urbain que les créations d'emplois devraient s'intensifier pour offrir des débouchés aux jeunes, aux femmes et aux Marocains issus du monde rural, tout en rehaussant le potentiel de croissance du Maroc à long terme.

Forte contribution du facteur capital

À la différence du facteur travail, l'accumulation de capital a fortement contribué à la croissance, en raison notamment d'un effort d'investissement parmi les plus élevés au monde durant la dernière décennie. Sur l'ensemble de la période 2000-2014, l'investissement a représenté 31% du PIB, contre 25% durant la décennie 1990. À l'échelle internationale, le Maroc se distingue par un taux d'investissement particulièrement élevé. Sur un panel de 30 pays émergents, le Maroc se classe en troisième position après la Chine (43 %) et la Corée du Sud (31%), devant l'Indonésie (26%), la Roumanie (28 %), la Malaisie (23 %) et la Turquie (20%) (voir figure 1.21). Sur un plan historique, le niveau d'investissement observé actuellement au Maroc est équivalent à celui observé dans les pays ayant accompli des « miracles économiques ».

Figure 1.21 Investissement (formation brute de capital fixe), 2000–2014
(En pourcentage du PIB)

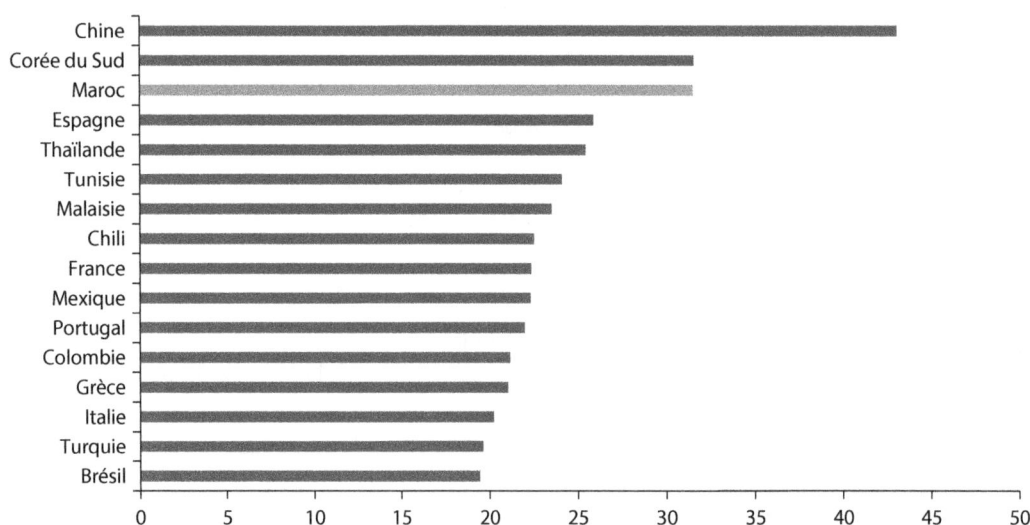

Sources : IDM, Banque mondiale.
Note : PIB = produit intérieur brut.

Dans les années 1960-1980, le taux d'investissement des « dragons asiatiques » se situait en moyenne à 30 %. Dans les pays d'Europe du sud, l'investissement a atteint 25 % pendant la période de rattrapage économique (voir figure 1.22). Le principal enseignement de cette analyse est que le Maroc fournit un effort d'investissement en terme quantitatif suffisant pour accomplir un processus de convergence rapide.

Figure 1.22 Taux d'investissement dans les pays ayant accompli des « miracles » en termes de croissance
(En pourcentage du PIB)

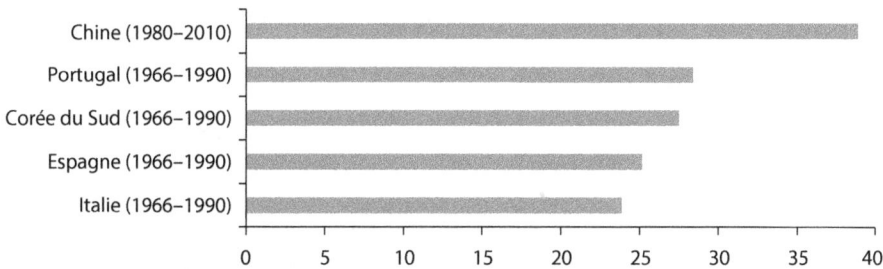

Sources : IDM, Banque mondiale.
Note : PIB = produit intérieur brut.

Faibles gains de productivité

L'effort d'investissement du Maroc ne s'est cependant pas traduit par des gains de productivité et une accélération de la croissance. Les gains de croissance obtenus dans les années 2000 apparaissent relativement modestes au regard de l'accélération du rythme d'accumulation du capital. En effet, plusieurs pays émergents, tels que la Turquie et la Colombie, ont réalisé des taux de croissance très proches de celui du Maroc (4,3 %) avec des taux d'investissement significativement plus faibles, de l'ordre de 20 %. D'autres pays, tels que la Malaisie et les Philippines ont progressé à une cadence supérieure à 5 % alors que leurs taux d'investissement ne dépassaient pas 25 % du PIB. Le modèle de croissance marocain est gourmand en capital et génère peu de gains de productivité. Ceci signifie que l'économie marocaine ne parvient pas à gagner significativement en efficience malgré les réformes structurelles engagées, l'ouverture économique, l'amélioration de l'environnement des affaires, les technologies importées et un accroissement du niveau de scolarisation de la population.

Or, l'expérience internationale a clairement établi que le facteur déterminant pour soutenir et réussir un processus de convergence économique réside dans la capacité à réaliser des gains de productivité (Easterly et al. 2001). Un pays émergent ne peut pas compter uniquement sur l'accumulation de capital pour combler son retard de développement avec les pays plus avancés. En effet, ceci nécessiterait des taux d'investissement (et d'épargne) toujours plus élevés et donc insoutenables à terme. Historiquement, il est en effet constaté que les pays qui ont réussi à maintenir une croissance forte et durable, sans tomber dans « le piège des pays à revenu intermédiaires », sont ceux qui ont réalisé les gains de productivité les plus significatifs (voir figures 1.23). À titre d'illustration, dans les pays d'Europe du sud, la productivité totale des facteurs a atteint 2,2 % en moyenne durant la période 1960–1980 (2,1 % au Portugal, 2,2 % en Italie et 2,4 % en Espagne). En ce qui concerne la République de Corée et Taiwan, Chine, malgré des taux d'investissement très élevés, la comptabilité de la croissance fait ressortir des gains de productivité de l'ordre de 1,7 % par an[10]. Plus récemment, durant les années 2000, il est intéressant de noter que les pays qui ont connu les

Figure 1.23 Productivité totale des facteurs

a. « Miracles » de la croissance, 1962–2011 (indice 1962 = 1)

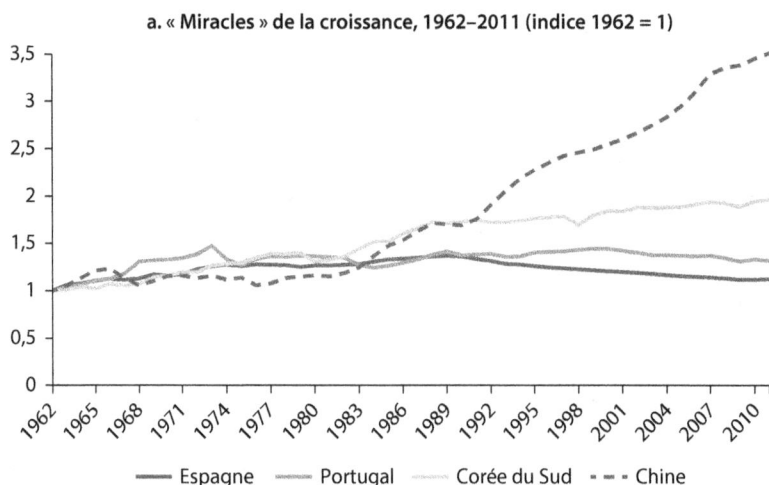

Source : Penn World Table, Université de Groningen.

b. Pays à croissance moderée, 1962–2011 (indice 1962 = 1)

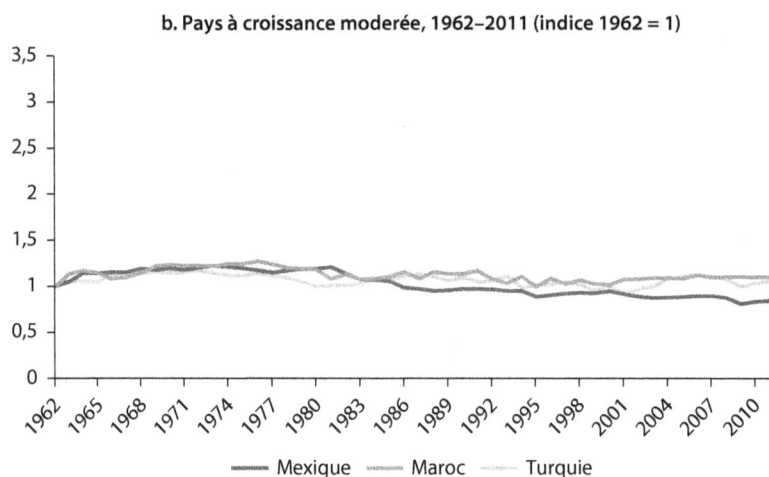

Source : Penn World Table, Université de Groningen.

gains de productivité les plus élevés sont, outre la Chine (3 %), les pays d'Europe de l'Est qui se sont engagés dans des restructurations économiques majeures dans le cadre du processus de convergence avec les pays européens avancés (République Tchèque 1,5 %, Pologne 2 %, Roumanie 2,5 %). À l'inverse, tous les pays à revenu intermédiaire qui ont connu une croissance molle affichent des gains de productivité nuls, voire négatifs à long terme. C'est le cas de la Turquie et du Mexique (respectivement 0,1 % et -0,2 % durant la période 1960-2011). S'agissant des économies dont la croissance a surtout reposé sur les matières premières ou sur l'essor du crédit, les gains de productivité se sont aussi avérés limités (0,3 pour le Brésil et -0,9 pour le Chili).

L'absence de gains de productivité suffisamment élevés de l'économie marocaine remet en question la durabilité des niveaux de croissance acquis ces dernières années et, partant, du modèle de développement du pays. À long terme, durant la période 1970-2011, l'économie marocaine n'aurait pas enregistré d'augmentation de la productivité totale des facteurs (voir figure 1.23b). Le niveau d'efficience mesuré en 2011 serait le même que celui observé en 1965. En d'autres termes, la quantité de travail et de capital dans l'économie marocaine a certes fortement augmenté depuis 1965, mais l'efficience du processus d'allocation du travail et du capital n'a pas évolué en parallèle. Les institutions de marché censées répartir les facteurs de production vers leurs utilisations les plus efficientes ne semblent pas avoir joué leur rôle sur la longue période. Une analyse par décennie de la performance du Maroc en termes de production permet d'entrevoir une amélioration au cours des années 2000, avec un retour de gains de productivité positifs, de l'ordre de 1,2 % (voir figure 1.24). Ils restent cependant insuffisants pour soutenir la croissance actuelle (voir encadré 1.7).

Figure 1.24 Maroc : contribution du capital, du travail et de la productivité totale des facteurs à la croissance

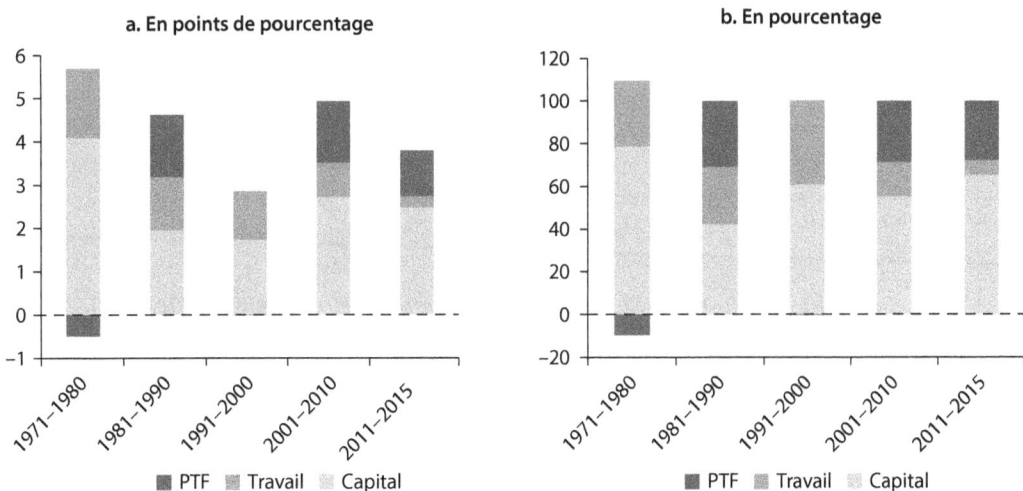

Source : Banque mondiale.

Encadré 1.7 Brève histoire de la productivité de l'économie marocaine, 1960-2015

L'analyse par décennie de la contribution de la productivité totale des facteurs (PTF) à la croissance met en exergue l'importance des politiques publiques et des réformes structurelles
poursuivies au cours du temps.

Au cours des années 1960, la forte contribution de la PTF à la croissance s'explique en
grande partie par une allocation des ressources relativement efficiente émanant des premiers
plans de développement préparés par le Maroc après l'indépendance. L'allocation de ressources financières, même limitées, vers des priorités bien définies répondant aux besoins
urgents de développement du pays a permis de tirer le maximum de ces ressources. Le résultat fut une amélioration significative de la productivité globale de l'économie. La réalisation de
ces plans s'est traduite par la mise en place de l'infrastructure nécessaire pour résorber les gou-
lots d'étranglement qui empêchaient la modernisation de l'économie et par la promotion du
processus de mécanisation touchant tous les secteurs d'activités, notamment les secteurs de
transformation légère et de l'agriculture. Durant cette période, les plans de développement
ont également permis de maintenir un cadre macroéconomique stable et durable et de limiter
les déséquilibres internes et externes.

Les politiques économiques fortement expansionnistes de la décennie 1970, exacerbées
par les deux chocs pétroliers de 1974 et 1979, expliquent en grande partie la contribution
négative de la PTF durant cette période. En particulier, le Plan de développement économique
et social (1973–1977) était caractérisé par un volume important de dépenses d'investissements publics (croissance de 18 % en moyenne) en rupture totale avec les capacités financières et d'absorption structurelles du pays. Ce plan s'appuyait sur l'hypothèse que la manne
financière externe générée par le renchérissement des prix des matières premières, en lien
avec les exportations du principal minerai du pays – le phosphate – serait de nature à perdu-
rer. La même hypothèse a sous-tendu le plan suivant (1978–1980), malgré la tendance baissière des prix du phosphate vers ses niveaux d'avant 1974. Le recours accru à un financement
externe était nécessaire pour financer l'achèvement du programme d'investissement public
de ces plans. La politique de substitution des importations ne fit qu'exacerber davantage la
situation économique durant cette période, en réduisant la disponibilité des intrants nécessaires au secteur productif et en renchérissant le coût de production, et en conséquence l'inflation. Par ailleurs, cette période a coïncidé avec la politique de « marocanisation » des
entreprises appartenant aux ressortissants étrangers et qui constituaient le noyau dur du tissu
productif marocain. Cette politique a malheureusement conduit à réduire significativement la
productivité de ces entreprises durant plusieurs années en raison de l'absence de compétences managériales et techniques immédiatement disponibles pour les gérer avec la même
efficacité que par le passé. Ces politiques ont eu pour conséquences de creuser les déséquilibres interne et externe et de réduire à néant les marges de manœuvre fiscale et externe,
rendant le cadre macroéconomique non viable, et elles ont conduit à la crise financière au
début des années 1980.

Au cours des années 1980, les réformes macroéconomiques et sectorielles entamées
dans le cadre du programme d'ajustement structurel signé avec le FMI et la Banque mondiale
(1983) ont permis de stabiliser et de renforcer le cadre macroéconomique. L'objectif principal

encadré continue page suivante

Encadré 1.7 Brève histoire de la productivité de l'économie marocaine *(suite)*

de ces réformes était de contribuer à l'amélioration de la gestion macroéconomique et budgétaire. Ce programme s'est traduit par l'amélioration du cadre d'allocation des ressources, la rationalisation des dépenses publiques en général et des dépenses d'investissements en particulier, et par la modernisation et une plus grande efficacité du système budgétaire. Par conséquent, la productivité du capital public s'est fortement améliorée, générant une contribution accrue de la PTF à la croissance du PIB durant la décennie 1980. Il convient de noter que ce programme d'ajustement structurel a sonné le glas des plans de développement tels qu'ils étaient préparés par le passé et caractérisés par leur rigidité et par un volontarisme démesuré, sans lien réel avec les capacités du pays.

La décennie dite « perdue » des années 1990 a été caractérisée par un ralentissement des réformes après les résultats positifs réalisés grâce au programme d'ajustement structurel durant la décennie précédente. Les politiques entreprises étaient incomplètes pour approfondir et étendre le champ des réformes d'ajustement structurel et capitaliser sur la dynamique économique enclenchée durant la deuxième moitié des années 1980. En l'absence d'un cadre formel pour assurer la cohérence et la pertinence des politiques et actions publiques, les programmes sectoriels se sont révélés peu pertinents, car ils n'ont pas contribué clairement à ce qui constituait les principaux objectifs de développement de l'époque : la mise à niveau de l'économie, le renforcement de l'ouverture économique vers l'extérieur et la participation accrue du secteur privé dans l'activité économique. En outre, ces programmes étaient souvent peu efficaces, car les outils d'évaluation des projets structurants étaient inadaptés, voire inexistants. Le processus de sélection y afférent n'était pas basé sur une analyse rigoureuse de l'opportunité économique, sociale et financière de ces programmes. Ces derniers visaient des objectifs souvent trop ambitieux par rapport au contexte et aux capacités du pays et ils étaient parfois contradictoires. Du fait que l'allocation des ressources qui découle de ce système de sélection était peu efficiente, la productivité de l'économie est restée faible, voire négative pendant cette période.

Au cours des quinze dernières années, le Maroc a lancé un vaste chantier de modernisation économique et politique. En particulier, le Maroc a réussi à améliorer le cadre de gestion des politiques macroéconomiques et sectorielles en distillant plus de compétition au sein de la sphère politique. Ce fait s'est traduit par des programmes de développement économique et social des principaux partis politiques à la fois plus pragmatiques, se focalisant sur des propositions de réformes et par des stratégies plus pertinentes et réalisables visant à surmonter les principaux défis auxquels le pays fait face. Ce cadre de gestion plus propice à la conception et à la mise en œuvre de réformes et politiques pertinentes s'est traduit non seulement par une augmentation rapide des investissements productifs, provenant notamment de l'extérieur, mais surtout par une nette amélioration de l'allocation des ressources. Ceci a permis d'améliorer graduellement l'efficacité de l'économie et la productivité globale des facteurs. Toutefois, des rigidités majeures ont persisté au cours de cette période, notamment un cadre incitatif qui génère encore des distorsions dans l'économie en canalisant les investissements vers des secteurs peu efficaces et un code du travail qui n'a pas permis une allocation et une utilisation optimales des ressources humaines. Ceci explique une contribution, certes positive, mais toujours relativement faible de la PTF à la croissance.

Ce qui caractérise l'accumulation du capital au Maroc – et qui pourrait expliquer sa faible rentabilité – est que l'effort d'investissement a principalement été
le fait du secteur public. Entre 1998 et 2013, la part des investissements réalisés
dans le cadre du budget de l'État et des investissements des établissements
publics (Autoroutes du Maroc, la Caisse de Dépôt et de Gestion, l'Office
National des Chemins de Fer, l'Office Chérifien des Phosphates, l'Office National
de l'Electricité et de l'Eau potable, etc.) est estimée avoir augmenté de 8 % à
14 % du PIB, alors que les investissements privés seraient restés stables autour
de 17 % du PIB (à l'exception de quelques épisodes de hausses liés au boom
immobilier des années 2005-2008) (voir figure 1.25[11]). En 2000, l'investissement privé représentait environ les deux tiers de la formation brute de capital
fixe du pays et l'investissement public représentant le tiers restant. Depuis 2005,
les pouvoirs publics ont engagé de nombreux projets d'infrastructures et d'équipements qui ont porté l'investissement public à environ 50 % l'investissement
total du Maroc. Ainsi, l'accélération de l'accumulation de capital qui s'est mani-
festée au Maroc dans les années 2000 s'explique presque intégralement par un
effort d'investissement public.

Or, le processus décisionnel et le cadre incitatif gouvernant les décisions
d'investissement public ne sont pas les mêmes que ceux gouvernant l'allocation
du capital dans le secteur privé. Si rentabilité et profitabilité sont censés guider
tout processus d'investissement privé, le secteur public est quant à lui souvent
motivé par des considérations sociales, d'aménagement du territoire, et des considérations à caractère autre qu'économique. Les entreprises publiques sont
notamment soumises à des contraintes budgétaires « souples » (Kornai 1986).
Sans surprise, ces processus décisionnels différents entre secteurs public et privé
conduisent à des résultats tout aussi différents. D'une part, la recherche du profit
tend à nourrir les innovations et la recherche de l'efficience, tant du point de vue

Figure 1.25 Maroc : composition de l'investissement, 1998–2014
(En pourcentage du PIB)

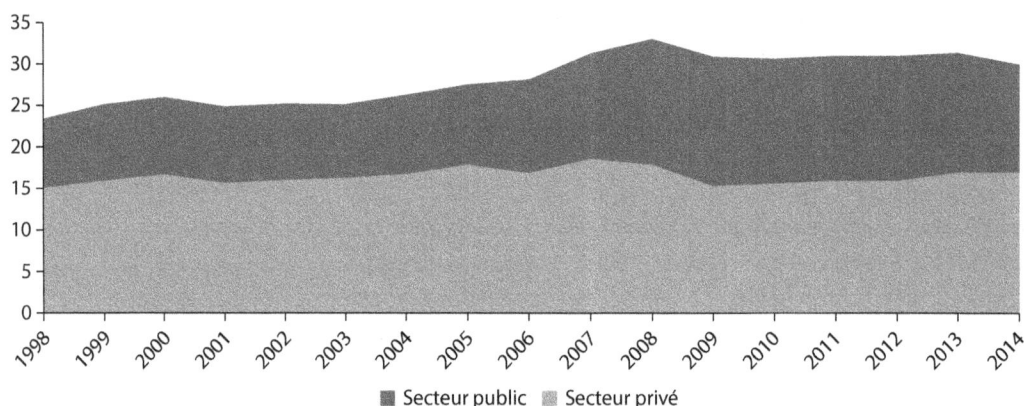

Sources : HCP, ministère des Finances (Rapport sur les établissements et entreprises publics).
Note : PIB = produit intérieur brut.

de la production que de la gestion des ressources. D'autre part, comme cela a été documenté par les théoriciens du choix public (Buchanan et Tullock 1962), la motivation des décideurs publics peut effectivement inclure l'intérêt collectif (du moins, tel qu'ils le perçoivent), mais aussi des intérêts personnels ou bureaucratiques parfois contradictoires avec les règles de bonne gestion et de bonne gouvernance des fonds publics. Par ailleurs, comme il sera expliqué plus en détail dans le chapitre 3, les politiques publiques peuvent introduire des distorsions économiques dans les décisions d'investissement du secteur privé (par exemple, à travers des incitations sectorielles, des subventions et d'autres types d'interventions publiques) qui sont également préjudiciables à une allocation optimale des facteurs de production et *in fine* à la réalisation de gains de productivité.

Les distorsions qui caractérisent l'allocation du capital entre les secteurs pourraient également contribuer à expliquer les faibles gains de productivité totale du Maroc. En effet, tous les secteurs de l'économie ne sont pas égaux face à l'innovation et aux gains de productivité. Le secteur des biens échangeables, du fait de la concurrence internationale, est souvent contraint d'innover pour conquérir des marchés ou simplement assurer sa survie. *A contrario*, le secteur des biens non échangeables (administration, construction, services domestiques, etc.) est protégé de la concurrence internationale et généralement peu générateur de gains de productivité. Ces différences d'efficience économique entre secteurs se retrouvent dans les mesures de productivité apparente du travail au niveau des secteurs, qui se définit comme le rapport entre la valeur ajoutée d'un secteur et le nombre de personnes qui y sont employées. À l'échelle de l'économie marocaine, la productivité apparente du travail s'est améliorée de 3,7 % par an entre 2000 et 2012. Conformément à la théorie économique, les progrès les plus importants ont été enregistrés dans les secteurs de l'agriculture (7,5 %), des transports et communications (4,5 %) et dans les autres secteurs de biens échangeables. Les performances les plus faibles sont observées dans les secteurs de la construction (1 %), de l'hôtellerie et restauration (-0,5 %) et des autres secteurs de biens non échangeables. Les secteurs de l'industrie et du commerce se situent dans une position intermédiaire (2,5 % et 2 % respectivement), en fonction de leur ouverture aux échanges (voir figure 1.26).

Figure 1.26 Maroc : taux de croissance de la productivité apparente du travail par secteur, 2000–2012
(En pourcentage)

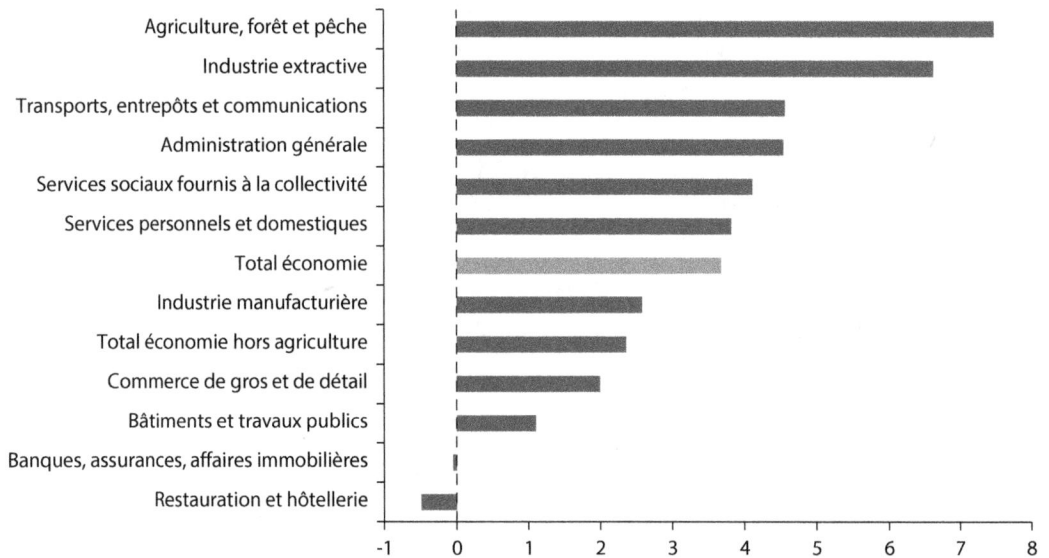

Source : Haut-Commissariat au Plan.

Ces dynamiques sectorielles permettent d'éclairer l'évolution de la productivité à l'échelle agrégée. En effet, il apparaît que dans les années 2000, les créations d'emplois se sont concentrées dans les secteurs à faibles gains de productivité. Ainsi, entre 2000 et 2014, l'économie marocaine a généré environ 1,1 million d'emplois en dehors du secteur de l'agriculture. Plus de la moitié de ces postes (570 000) ont été créés dans deux secteurs seulement : la construction et l'hôtellerie-restauration (voir figure 1.27). Or, non seulement ces deux secteurs présentent une faible valeur ajoutée par habitant en *niveau* (la valeur ajoutée de chaque travailleur dans la construction n'atteint que 80 % de celle de l'économie dans son ensemble et seulement 60 % de l'économie en dehors de l'agriculture), mais ils se caractérisent en outre par des gains de productivité nettement inférieurs à ceux des autres secteurs d'activité. L'allocation sectorielle de l'emploi, qui reflète en partie les objectifs des politiques publiques, a donc eu tendance à affaiblir les gains de productivité de l'ensemble de l'économie marocaine.

Figure 1.27 Maroc : création nette d'emplois par secteur, 2000–2012

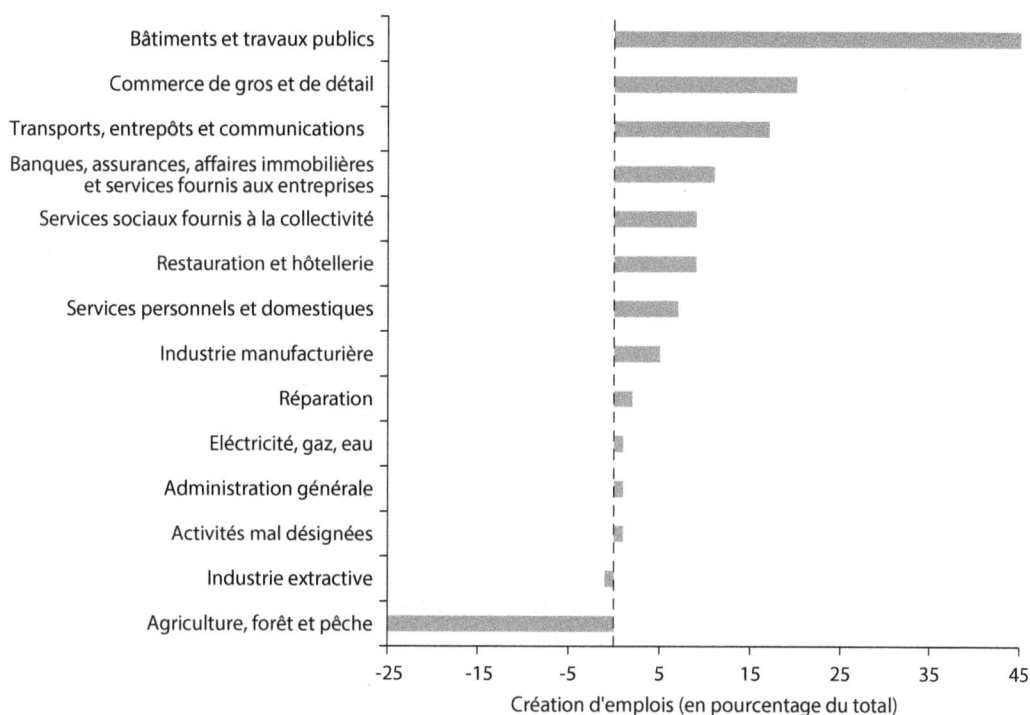

Source : Haut-Commissariat au Plan.

Dégradation du capital « environnement »

La croissance marocaine s'accompagne d'une dégradation de l'environnement qui engendre un large éventail de coûts à la société (Banque mondiale 2016). De par son climat à dominante aride à semi-aride, caractérisé par des ressources en eau limitées et une très forte variabilité spatiotemporelle des précipitations, le Maroc fait partie des pays subissant un stress hydrique élevé. La pollution de l'air provoque l'accumulation de particules fines en suspension dans l'air extérieur et l'air intérieur à la fois. La dégradation des sols affecte les terres agricoles, à travers l'érosion des terres de culture sèches et la salinisation des terres de culture irriguées, et les terres de parcours, en raison du défrichement, de la désertification et de la dégradation. Les espaces forestiers sont également sous forte pression anthropique (défrichements, incendies et autres formes de surexploitation), le rythme actuel de reboisement étant insuffisant pour inverser la tendance de dégradation observée. La concentration des activités touristiques, portuaires et de pêche dans certaines zones du littoral est à l'origine de pressions exercées sur les écosystèmes vivants et les paysages. À travers ses différentes composantes, le coût de la dégradation de l'environnement sur la société marocaine est estimé à environ 3,3 % du PIB en 2014 (voir figure 1.28). Ce coût représente la valeur actualisée nette des conséquences des dégradations

Figure 1.28 Maroc : coût de la dégradation environnementale
(En pourcentage du PIB)

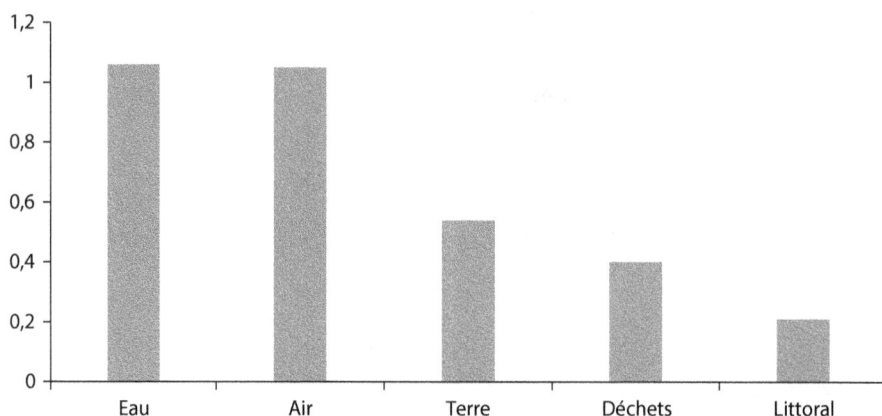

Source : Banque mondiale 2016.
Note : PIB = produit intérieur brut.

environnementales en 2014 sur les 25 prochaines années. Il se mesure à trois niveaux : au niveau social, à travers la morbidité et la mortalité dues à la pollution de l'air et de l'eau ; au niveau économique, par les pertes de production des forêts et des terres de parcours dues aux défrichements ; et au niveau environnemental, par l'épuisement des nappes et la réduction de la valeur récréative des plages causée par la dégradation du littoral. Le coût de la dégradation environnementale sur la société marocaine serait cependant en baisse si elle est comparée à l'estimation de 3,7 % du PIB faite en 2000.

En particulier, l'épuisement alarmant des ressources en eau indique que, malgré les progrès significatifs réalisés en matière de gouvernance des eaux souterraines depuis la promulgation de la loi sur l'eau et la création des agences de bassins hydrauliques, des faiblesses et des insuffisances subsistent encore. Le potentiel mobilisable en eau est estimé en année moyenne à 22 milliards de m³, dont 18 milliards de m³ d'eaux de surface (retenues dans 140 barrages) et 4 milliards de m³ d'eaux souterraines renouvelables et exploitables dans des conditions techniques et économiques acceptables (voir figure 1.29[12]). Ramené à une population de près de 34 millions d'habitants, le potentiel en eau du Maroc est d'environ 650 m³/habitant, ce qui classe le pays parmi ceux ayant un stress hydrique élevé. Il est officiellement reconnu que le Maroc risque de connaître une pénurie de ressources hydriques à l'horizon 2020 ou 2030, quel que soit le scénario retenu[13].

Malgré un stress hydrique élevé, le Maroc a fait de l'agriculture intensive un secteur clé de son développement économique et social. L'irrigation, principalement par les eaux de surface à partir d'ouvrages de grand hydraulique, a constitué historiquement la clé de voûte de cette politique. Confrontés au lendemain de l'indépendance à une importante population rurale, dont la principale source d'emplois et de revenus est l'agriculture, et dans un souci d'assurer au pays un

Figure 1.29 Maroc : évolution des apports annuels en eau, 1946–2011
(En milliards de m³)

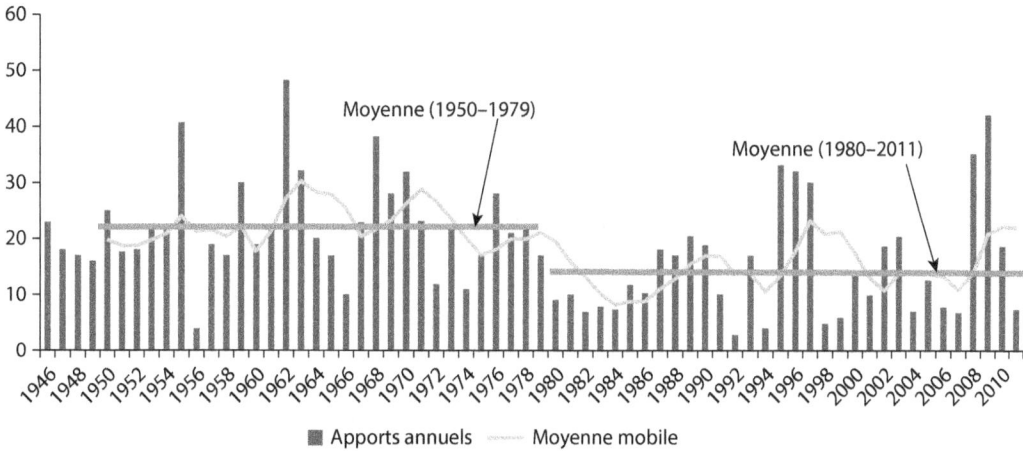

Moyenne (1950–1979)

Moyenne (1980–2011)

■ Apports annuels ----- Moyenne mobile

Sources : Secrétariat d'État en charge de l'eau, Banque mondiale.

minimum de sécurité alimentaire, les pouvoirs publics ont concentré leurs efforts (investissements, exonérations, subventions, barrières tarifaires, etc.) sur le développement de l'agriculture irriguée. À partir des années 1990, au moment où paradoxalement le pays se dotait d'une première loi sur l'eau pour rationaliser l'utilisation de ses ressources hydriques limitées, la politique agricole s'est orientée vers une intensification de la production, intensification qui ne pouvait que conduire à une plus forte demande en eau. Plus encore, cette politique, en incitant à plus de plantations fruitières, à une intensification de l'élevage laitier et à une expansion des cultures maraîchères en serre, a conduit à une forte sollicitation des eaux souterraines qui étaient jusqu'alors en grande partie épargnées (Kuper, Hammani, Chohin, Garin et Saaf 2012)..

En plus du développement des techniques modernes et de la baisse des coûts de forage, l'État a directement et indirectement joué un rôle important dans l'exploitation des eaux souterraines. D'une part, en vue d'économiser cette ressource, le Programme national d'économie d'eau d'irrigation a permis de porter la superficie totale équipée en irrigation localisée (micro-irrigation) à 450 000 hectares à la fin de 2015[14]. D'autre part, en revanche, avec les années successives de sécheresse qu'a connues le pays, les pouvoirs publics ont gelé le contrôle sur les creusements des puits et ont même instauré des subventions pour les forages et leur équipement, y compris l'électrification de ces puits. Avec l'avènement du « plan Maroc Vert », d'importantes subventions supplémentaires ont été octroyées aux projets d'irrigation localisée[15]. En plus des aides et subventions directes, l'État a indirectement contribué au développement de l'irrigation par les eaux souterraines en subventionnant la consommation de butane et donc les coûts de pompage, au risque de voir s'amplifier le « modèle tomatier » : un modèle intensif tourné vers l'exportation, fortement utilisateur d'intrants dommageables pour l'équilibre du milieu, et gaspilleur de la ressource rare qu'est l'eau (Akesbi 2014).

Le développement extraordinaire de l'agriculture suite à cette politique soutenue d'irrigation n'a pas manqué d'avoir des conséquences négatives sur le capital « eau » du pays. Comme en atteste la Stratégie nationale de l'eau (SNE), la question de la dégradation des eaux et la surexploitation des ressources en eaux souterraines est devenue une question préoccupante pour les autorités publiques en charge du secteur de l'eau. Cette surexploitation a atteint des niveaux alarmants puisqu'un épuisement de l'ensemble des nappes est constaté, au rythme de plus de 860 millions de m^3 par an (voir figure 1.30) ; ce qui évidemment pose des questions quant à l'efficience et la viabilité d'une partie de la production agricole (Wijnen, Augeard, Hiller, Ward et Huntjens 2012). Plusieurs actions ont été lancées dans le cadre de la SNE pour une meilleure gestion des ressources hydriques, mais dont les résultats ne seront concrétisés qu'à moyen et long termes. En 2016, par exemple, une nouvelle loi visant à renforcer la gouvernance dans le secteur de l'eau et à valoriser les ressources en eau non conventionnelles a été adoptée. Cette loi envisage entre autres la simplification des procédures et le renforcement du cadre juridique relatif à la valorisation de l'eau de pluie et des eaux usées, la mise en place d'un cadre juridique pour dessaler l'eau de mer, et des mécanismes de protection et de préservation des ressources en eau contre les phénomènes extrêmes liés aux changements climatiques.

Une évaluation de la contribution économique de l'eau dans l'agriculture marocaine indique que la surexploitation des eaux souterraines ne contribue que modestement à augmenter la valeur ajoutée agricole (Doukkali et

Figure 1.30 Maroc : surexploitation des ressources en eaux souterraines, 2011
(Volumes renouvelables moins volumes prélevés par bassin en millions de m³)

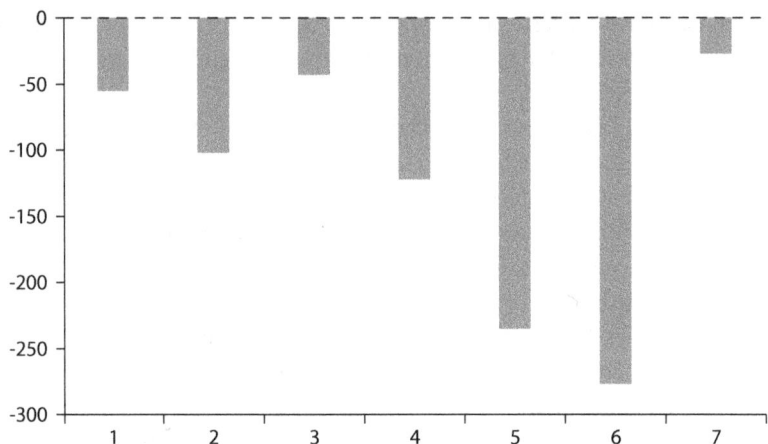

Principaux bassins déficitaires:

1 : Moulouya, Figuig-Kert-Isly-Kiss

2 : Sebou

3 : Bouregreg et la Chaouia

4 : Oum Er Rbiaa et El Jadida Safi

5 : Tensift et Kosb Igouzoulen

6 : Souss-Massa et Tiznit Ifni

7 : Drâa

Trois autres bassins sont à l'équilibre

Source : ministère de l'Eau et de l'Environnement 2011.

Grijsen 2015). En d'autres termes, le coût d'opportunité de la production agricole marginale est très élevé. La surexploitation des nappes ne génèrerait tout au plus que 0,5 % de PIB supplémentaire (voir encadré 1.8). Les ressources en eaux souterraines de nombreux bassins sont en passe d'être épuisées sans générer d'augmentation significative de richesse en contrepartie. Dans le cas du Souss-Massa, qui est le plus souvent évoqué comme pôle important de la production agricole nationale, la surexploitation considérable des eaux souterraines ne génèrerait que 2,8 % de la valeur ajoutée agricole régionale. Une meilleure valorisation de l'eau permettrait d'éviter la surexploitation des nappes et ainsi de sécuriser durablement cette ressource pour subvenir aux besoins de la population et garantir un développement harmonieux des différents secteurs de l'économie. Cette meilleure valorisation de l'eau passe entre autres par un alignement du prix de l'eau sur son coût de mobilisation moyen, qui varie entre 2 et 6 dirham par m^3 (DH/m^3) pour les barrages, entre 10 et 20 DH/m^3 pour le dessalement de l'eau de mer et plus de 3,5 DH/m^3 pour le transfert d'eau entre bassins (CESE 2014).

Conscientes des multiples enjeux sectoriels associés à la gestion de l'eau, les autorités ont développé une série de stratégies pour s'adapter aux effets du changement climatique et préserver les ressources en eau. Dans le cadre de la Charte nationale de l'environnement et du développement durable, le Plan national de l'eau et la réforme de la loi sur l'eau ont pour objectif la promotion de la gouvernance dans le secteur à travers la simplification des procédures et le renforcement du cadre juridique relatif à la valorisation de l'eau de pluie et des eaux

---

Encadré 1.8 Contribution économique de la surexploitation des eaux souterraines au Maroc

Le fait le plus frappant lorsqu'il est procédé à une revue de la littérature économique sur la problématique de la dégradation des eaux et la surexploitation des nappes au Maroc est le petit nombre d'études et de recherches économiques publiées qui ont abordé ces questions. Les notables exceptions sont Allali[a], Arrifi[b] et Banque mondiale[c]. Ceci est d'autant plus frappant que le Maroc s'est engagé dans des programmes et des projets coûteux visant la remédiation ou la réduction de la pression sur les ressources en eau.

L'idée de considérer l'eau comme un capital économique est maintenant largement acceptée et des efforts méthodologiques importants ont été développés au niveau international pour lui attribuer une valeur monétaire[d]. Le système de comptabilité économique et environnementale de l'eau (SCEE-eau) donne une description assez complète de ces méthodes[e]. Cependant, il est important de souligner, comme le rappelle d'ailleurs le SCEE-eau, que ces méthodes n'ont de sens et ne peuvent s'appliquer que pour les quantités d'eau engagées dans des processus de production, c'est-à-dire une fois que les besoins vitaux de survie ont été exclus. Ces besoins vitaux ont une valeur infinie et ne peuvent pas obéir aux règles d'allocation économiques.

encadré continue page suivante

Encadré 1.8 Contribution économique de la surexploitation des eaux souterraines au Maroc *(suite)*

Une étude récente portant sur l'évaluation économique de la surexploitation des eaux souterraines au Maroc suggère que la surexploitation contribuerait pour seulement 0,53 % du PIB total du pays (Doukkali et Grijsen 2015). Au niveau de la région du Tensift, cette contribution totale serait de 1,13 % de la valeur ajoutée régionale totale. Au niveau de la région du Souss-Massa, la contribution de la surexploitation des eaux souterraines expliquerait 2,8 % de la valeur ajoutée au niveau de la région (voir tableau B.1.8.1). Dans tous les cas, ce sont là des contributions relativement modestes par rapport à l'épuisement accéléré des ressources en eau.

Tableau B.1.8.1 Maroc : Valeur ajoutée générée par la surexploitation des eaux souterraines

	Unités	Maroc	Souss-Massa	Tensift
Utilisation des eaux souterraine dans l'agriculture	Millions de m³	3 766	606	708
Contribution de l'eau à la valeur ajoutée des cultures irriguées par les eaux souterraines	Milliards de Dh	14,2	2,9	1,7
Pourcentage de surexploitation des eaux souterraines	%	23 %	46 %	33 %
Valeur ajoutée directe générée par la surexploitation des eaux souterraines				
- Total	Milliards de Dh	3,25	1,32	0,58
- Par m³	Dh/m³	3,8	4,8	2,4
Facteur multiplicateur		1,3	1,3	1,3
Valeur ajoutée totale générée par la surexploitation des eaux souterraines				
- Total	Milliards de Dh	4,23	1,72	0,75
- Par m³	Dh/m³	4,9	6,2	3,1
Contribution au PIB national et à la valeur ajoutée totale régionale				
- Valeur ajoutée directe générée par la surexploitation des eaux souterraines	%	0,40 %	2,16 %	0,87 %
- Valeur ajoutée totale générée par la surexploitation des eaux souterraines	%	0,53 %	2,80 %	1,13 %

Compte tenu de cette évolution, le Maroc s'est engagé dans un vaste programme visant à remédier à cette situation (ministère de l'Eau et de l'Environnement 2011). Les principales composantes de ce programme sont : la recharge artificielle des nappes souterraines ; la réutilisation des eaux usées ; l'incitation à la reconversion des systèmes d'irrigation gravitaires vers des systèmes d'irrigation localisée supposés être plus économes en eau ; le transfert d'eau de bassins excédentaires vers des bassins déficitaires ; et le dessalement de l'eau de mer. Outre ces programmes d'investissement, le pays s'est engagé dans un programme d'amélioration de la gouvernance de l'eau souterraine basé essentiellement sur une volonté affichée de renforcement du rôle des agences de bassins et l'implication des usagers des eaux souterraines à travers ce qui est appelé les contrats de nappes.

usées, la mise en place d'un cadre juridique pour dessaler l'eau de mer, le renforcement du cadre institutionnel et des mécanismes de protection et de préservation des ressources en eau, y compris la responsabilisation des différents acteurs concernés autour de « contrats de nappe » pour réduire la surexploitation des eaux souterraines. Comme pour de nombreux autres pays de la région MENA, la gestion de la triptyque eau, énergie et sécurité alimentaire continuera à jouer un rôle crucial au Maroc dans les décennies à venir (Keulertz et Woertz 2016).

À la non-soutenabilité de la demande

La croissance marocaine des années 2000 a été principalement stimulée par une expansion vigoureuse de la demande intérieure et de l'endettement (voir figure 1.31). Ce modèle se heurte aujourd'hui à trois contraintes qui remettent en cause sa poursuite à long terme : i) la nécessité de stabiliser l'endettement public ; ii) la nécessité de contrôler le développement de l'endettement privé ; et iii) la nécessité de maintenir des comptes extérieurs proches de l'équilibre. La préservation de la stabilité macroéconomique est en effet une précondition nécessaire à la réalisation de l'ensemble des autres objectifs économiques et sociaux du pays à moyen terme. Sans stabilité du cadre macroéconomique, les agents économiques font face à une plus grande incertitude, ce qui tend à inhiber leur prise de risque et à réduire leurs investissements et les opportunités de gains de productivité qui y sont attachés.

La croissance marocaine est principalement stimulée par les dépenses publiques. Les dépenses de l'État ont connu une forte expansion durant les quinze dernières années, passant de 25 % du PIB en 2000 à 34 % en 2012. L'expansion enregistrée

Figure 1.31 Maroc : contribution des composantes de la demande à la croissance, 2008-2015
(contribution à la croissance annuelle, en pourcentage)

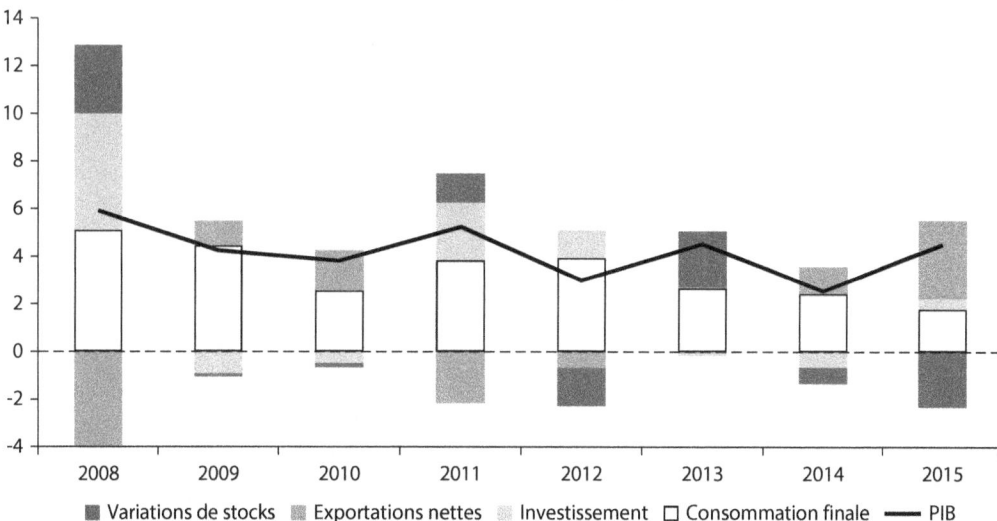

Variations de stocks   Exportations nettes   Investissement   ☐ Consommation finale   ━━ PIB

Source : Haut-Commissariat au Plan.

durant les années 2008–2012 s'explique principalement par la politique de subvention des produits de première nécessité et des produits pétroliers face à l'envolée des cours mondiaux. Le coût de la Caisse de compensation supporté par le budget de l'État a culminé à 6 % du PIB en 2012. Cette politique de protection du pouvoir d'achat des ménages a certes contribué à la hausse de la demande intérieure, mais au prix d'un creusement significatif du déficit budgétaire qui a atteint 6,8 % du PIB en 2012. La réforme de la Caisse de compensation engagée en 2013 a permis d'alléger la pression sur les dépenses publiques, qui ont été ramenées à 28 % du PIB en 2016, tout en améliorant le ciblage et la distribution de subventions aux populations pauvres (Verme et El-Massnaoui, 2015). Le déficit budgétaire a continué de diminuer pour descendre à un niveau estimé à 3,9 % du PIB en 2016 — niveau permettant la stabilisation du rapport dette publique-PIB au taux de croissance économique actuel.

La dette publique marocaine a joué un important rôle anticonjoncturel au fil des années. Après une longue période d'assainissement budgétaire engagée dans les années 90, le taux d'endettement public avait significativement baissé pour s'établir à 47 % du PIB en 2008. Par la suite, les déficits budgétaires se sont creusés sous l'effet de la crise financière mondiale de 2008 et le ratio dette publique-PIB a augmenté de 19 points de pourcentage de PIB en l'espace de huit ans pour atteindre 66 % en 2016. De plus, la dette publique totale, incluant les établissements et entreprises publics, s'est elle aussi détériorée pour atteindre 82 % du PIB en 2016. Malgré cette détérioration rapide, le Maroc a réussi à conserver la confiance des investisseurs et de ses créanciers. Ainsi, le pays a obtenu et conservé l'*investment grade* délivré par les principales agences de notation. Cette confiance découle de la structure de la dette marocaine (financée principalement sur le marché intérieur, malgré un accroissement récent des financements extérieurs), ainsi que de la crédibilité du Gouvernement marocain en matière de discipline budgétaire, confortée par la réforme réussie de la Caisse de compensation.

Bien qu'il soit difficile de déterminer un seuil critique d'endettement public, plusieurs indicateurs laissent penser que le niveau actuel de la dette publique marocaine constitue une contrainte à une croissance à long terme tirée par la demande publique. Tout d'abord, si le Maroc est comparé aux autres pays, le taux d'endettement marocain s'avère nettement supérieur à la moyenne des pays émergents, qui se situait autour de 40 % du PIB en 2014. À titre d'exemple, le ratio d'endettement par rapport au PIB est de 33 % en Turquie, de 40 % en Roumanie, de 47 % en Thaïlande et de 50 % au Mexique. Par ailleurs, les perspectives à moyen et à long termes font apparaître de nouvelles pressions budgétaires, liées notamment au vieillissement de la population. En effet, la dette implicite du système marocain des retraites est estimée à environ 100 % du PIB et la moitié de cette dette est due au régime de retraite des fonctionnaires (Caisse marocaine des retraites (Cour des comptes 2013)). Certes, la réforme des retraites adoptée en 2016 devrait permettre de remettre temporairement à flot la CMR qui, en l'absence de réforme paramétrique aurait épuisé toutes ses réserves à l'horizon 2022. Enfin, d'un point de vue historique, même si le contexte de financiarisation des économies est différent, il est important de noter que les pays qui ont réussi leur envol économique étaient très peu endettés lorsqu'ils avaient le même niveau de développement que celui du Maroc actuel. Dans les pays d'Europe du sud par exemple (Italie, Espagne, Portugal), le taux d'endettement était inférieur à 30 % entre 1960 et 1980. Avec un niveau initial d'endettement public aussi élevé et confronté à une dette implicite importante, le Maroc ne dispose pas des marges budgétaires (« fiscal space ») dont ces pays ont bénéficié pour stimuler leur processus de convergence. Seul le recentrage des actions de l'État vers ses missions régaliennes, la poursuite de la consolidation budgétaire et la modernisation de l'administration permettraient de reconstituer des marges de manœuvre budgétaires significatives.

L'endettement croissant des agents privés a fortement soutenu la croissance de la période récente, mais cette source de croissance risque, elle aussi, d'avoir atteint ses limites. L'un des secteurs qui a le plus contribué à la croissance marocaine de la dernière décennie est celui de l'immobilier, ce secteur étant à lui seul responsable de 40 % des créations d'emplois entre 2000 et 2014. La dynamique de cette branche d'activité a été fortement stimulée par une forte expansion du crédit bancaire. Le ratio crédit/PIB est passé de 43 % en 2004 à 72 % en 2012 avant de reculer sensiblement depuis 2013 (voir figure 1.32). L'essentiel de la hausse s'est produit durant la deuxième moitié des années 2000, une période marquée par une explosion du crédit avec des taux de croissance annuels du crédit régulièrement supérieurs à 20 % et atteignant même 30 % en 2008. L'essor du crédit s'explique par la combinaison de plusieurs facteurs favorables, notamment la baisse des taux d'intérêt, l'amélioration des revenus et le développement du secteur financier. La ventilation sectorielle indique que la composante la plus dynamique a été le crédit à l'immobilier. L'encours de cette

Figure 1.32 Maroc : crédit bancaire au secteur privé, 2001–2015
(En pourcentage du PIB)

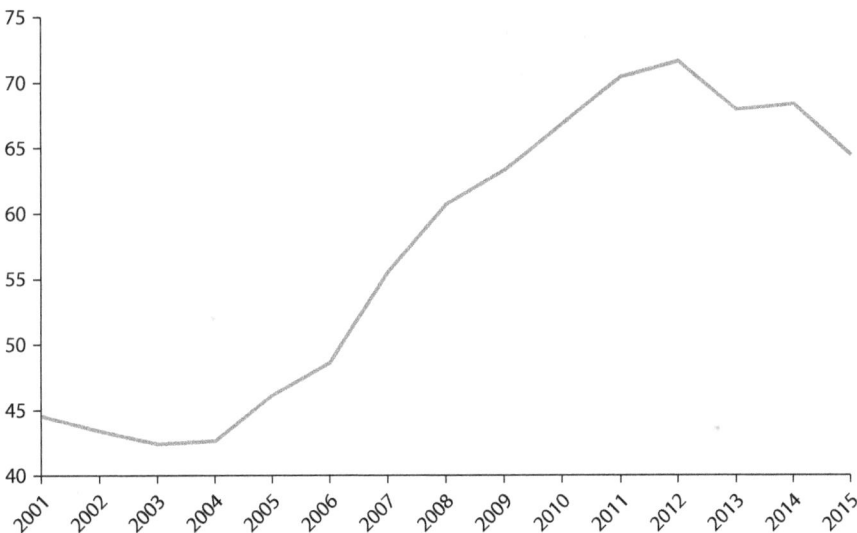

Source : IDM, Banque mondiale.
Note : PIB = produit intérieur brut.

Le Maroc à l'horizon 2040 • http://dx.doi.org/10.1596/978-1-4648-1078-7

catégorie de crédit est passé de 6,8 % du PIB en 2000 à 26 % en 2014. En d'autres termes, l'essentiel de l'approfondissement financier qu'a connu le Maroc durant les années 2000 s'explique par l'essor du secteur de l'immobilier. En 2014, près de 58 % des ménages urbains étaient propriétaires de leur logement contre 52% dix ans plus tôt.

Dans de nombreux pays, l'explosion du crédit a conduit à une forme d'instabilité financière, à des crises bancaires ou à des situations de rationnement brutal du crédit (credit crunch). Au Maroc, suivant une première phase d'explosion, la croissance du crédit a plutôt connu une trajectoire en douceur, qui n'a pas provoqué d'instabilité financière majeure. Les risques accumulés pendant la phase d'explosion se sont néanmoins traduits, quelques années plus tard, par une montée des créances en souffrance. Celles-ci ont progressé de 16 % par an entre 2011 et 2014, portant le taux de créances en souffrance à 6,3 % en 2014, contre 4,8 % en 2010. Dans un contexte de dégradation de la qualité du portefeuille des banques, de ralentissement économique et de désendettement des agents, la croissance du crédit évolue désormais à un rythme inférieur au PIB. À l'avenir, il semble peu probable que le crédit puisse jouer le même rôle moteur que celui qu'il a pu jouer dans les années 2000. En effet, le niveau d'endettement des agents privés marocains, situé à environ 70 % du PIB, est relativement élevé par rapport à un taux moyen de l'ordre de 50 % dans les pays émergents (voir figure 1.33). En outre, certains facteurs à l'origine de l'explosion du crédit ne sont pas reproductibles : il s'agissait d'une forte baisse des taux d'intérêt, d'un allongement de la maturité des crédits à 25 ans ou encore de la

Figure 1.33 Crédit bancaire au secteur privé, 2015
(En pourcentage du PIB)

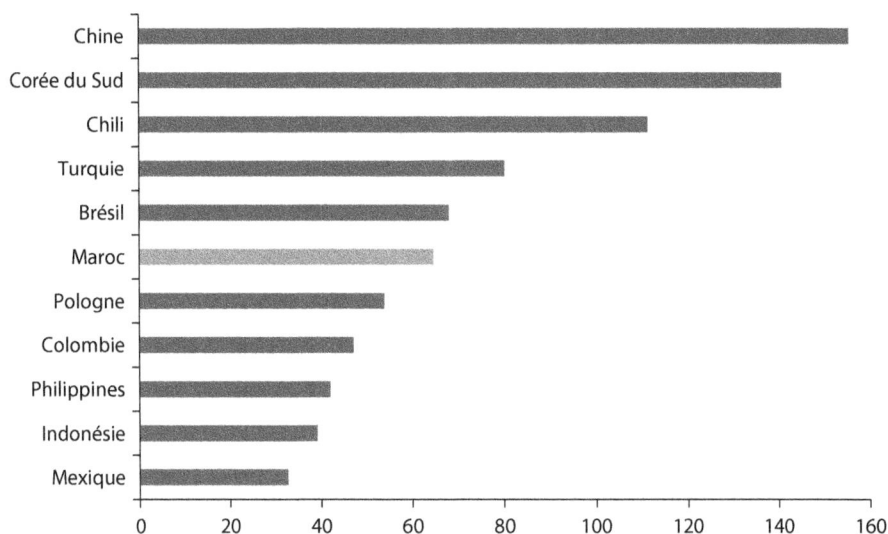

Source : IDM, Banque mondiale.
Note : PIB = produit intérieur brut.

disponibilité d'une épargne non bancarisée. Enfin, en termes de stabilité financière, les conséquences de l'explosion du crédit ont été relativement bien maîtrisées au Maroc grâce à la solidité du système bancaire et à la surveillance rigoureuse du régulateur. Néanmoins, l'expérience internationale démontre que la répétition de ce type d'épisodes d'endettement massif accroît de manière significative la probabilité d'une crise financière (Gourichas et Obstfeld 2011).

La combinaison d'un endettement croissant de l'État et de celui des ménages a structurellement affaibli les comptes extérieurs du Maroc. Le déséquilibre croissant entre l'épargne et l'investissement des agents publics et privés s'est traduit par une détérioration de l'équilibre épargne-investissement au niveau national et donc, par un fort déséquilibre de la balance des paiements courants. Entre 2008 et 2013, ce déséquilibre a atteint 6,7 % du PIB en moyenne. Le repli des cours du pétrole depuis le milieu de l'année 2014 a permis de résorber le déficit courant, qui se situe autour de 6 % du PIB en 2014 et 2 % en 2015. Néanmoins, cette amélioration est largement due à des facteurs conjoncturels et ne témoigne pas forcément d'un redressement à caractère structurel. Ainsi, en 2016, le déficit du compte courant s'est de nouveau creusé pour atteindre environ 4 % en 2016. Outre la baisse spectaculaire du cours des matières premières, le compte courant marocain a « bénéficié » du ralentissement de la croissance économique au Maroc, qui a conduit à un ralentissement très marqué de la demande intérieure et des importations en dehors de l'énergie (biens d'équipements, demi-produits et plus récemment biens de consommation). Il faut donc s'attendre à un redémarrage des importations dans le sillage de la reprise économique, qui conduira à une nouvelle dégradation du compte courant. Par ailleurs, le Maroc a bénéficié d'une aide des pays du Golfe, de l'ordre de 1 % du PIB par an, qui devrait se poursuivre pendant quelques années. L'ensemble de ces éléments laissent penser que le déficit courant structurel du Maroc est supérieur au déficit observé actuellement. Même dans un scénario positif de redressement de la croissance européenne, qui aurait pour conséquence une stimulation des exportations et des transferts, le déséquilibre extérieur marocain risque de persister à un niveau durablement élevé.

Cette fragilité des comptes extérieurs du Maroc est particulièrement notable au niveau de la balance commerciale. En l'an 2000, le taux de couverture des importations par les exportations était de 64 %. Après plus d'une décennie de croissance provenant principalement de la demande intérieure (consommation et investissement), le taux de couverture s'est dégradé tendanciellement pour atteindre 54,8 % en 2016. Le déficit commercial du Maroc représente aujourd'hui 20 % du PIB contre 11 % en 2000. Cette évolution s'explique en partie par la flambée du prix des matières premières, mais essentiellement par la balance en dehors de l'énergie. En effet, entre 2000 et 2014, le taux de couverture hors importations d'énergie est passé de 75 % à 66 %. En tenant compte du fait que l'envolée du cours des matières premières a également profité aux exportations marocaines, notamment celles de phosphates, le creusement du déficit commercial paraissait encore plus prononcé durant cette période. Depuis 2008, les recettes touristiques et les transferts opérés par les Marocains résidents à l'étranger – deux sources importantes de revenus pour le Maroc – ne sont plus suffisantes pour compenser les déficits de la balance commerciale.

Le niveau structurellement élevé du déficit extérieur courant marocain est une source de vulnérabilité importante qui pose la question de sa viabilité. Le Maroc présente l'une des balances des paiements les plus fragiles de l'ensemble des pays émergents. Dans la période 2010-2014, le déficit courant moyen dans ces pays s'est élevé à 1,5 % du PIB contre 7 % au Maroc. Dans un panel de 25 pays émergents non producteurs de pétrole, le Maroc occupe la troisième place selon le critère de la taille du déficit courant après la Jordanie et l'Ile Maurice. L'accumulation de soldes courants négatifs est financée par un endettement extérieur croissant, sous forme de prêts ou d'investissements directs étrangers (IDE). L'ouverture économique et le renforcement de l'attractivité du Maroc ont permis de porter les flux d'IDE à 2,5 % du PIB en moyenne durant la période 2000-2016 (désormais en ligne avec la moyenne de 2,7 % du PIB observée dans les autres pays émergents[16]), mais les IDE peuvent également être source de vulnérabilité d'un point de vue financier. En effet, les montants d'IDE reçus sont proportionnels aux futurs engagements financiers extérieurs sous forme de rapatriement de profits. Si les IDE sont effectivement importants d'un point de vue économique dans la transmission éventuelle de technologie et de savoir-faire, ils sont également porteurs d'implications financières futures qui ne doivent pas être sous-estimées.

Conséquence du creusement du solde courant, la position extérieure globale nette du Maroc (qui mesure les engagements nets des créances du pays vis-à-vis du reste du monde) s'est détériorée au cours de la dernière décennie, passant de 38 % du PIB en 2002 à 61 % en 2015. Cette évolution est préoccupante du point de vue de la stabilité du cadre macroéconomique. En effet, il est généralement admis que le seuil critique d'endettement extérieur d'un pays mesuré par la position extérieure nette se situe autour de 50 % du PIB. Au-delà de ce seuil, la probabilité d'une crise devient très forte (Catao et Gian 2013). Le Maroc se rapproche de la zone à risque, avec une position extérieure nette relativement dégradée par rapport à la moyenne des pays émergents (de l'ordre de 30 % du PIB). Le risque de crise est toutefois tempéré par le profil de l'endettement extérieur du Maroc, dominé par les IDE et par des prêts officiels bilatéraux et multilatéraux qui constituent une source de financement relativement stable et peu risquée. Pour préserver la stabilité de son cadre macroéconomique à moyen terme, il est essentiel que le Maroc parvienne à redresser la structure de son compte courant de manière ordonnée, c'est-à-dire en évitant un revirement brutal dans un contexte d'instabilité. Cet ajustement ordonné implique un rééquilibrage du modèle de croissance vers la demande extérieure et le développement plus rapide du secteur des biens échangeables.

En résumé, de la même manière que le modèle de croissance marocain présente des vulnérabilités concernant l'offre (la faiblesse des gains de productivité et des créations d'emplois), il connaît également des fragilités pour ce qui concerne la demande. Un modèle principalement fondé sur la demande intérieure, stimulée par le crédit et la dépense publique, ne peut être viable à long terme.

Pour garantir une croissance plus saine, le Maroc a besoin d'une croissance plus équilibrée, stimulée davantage par la demande extérieure et moins génératrice d'endettement. Compte tenu d'un environnement régional et international détérioré, volatile et incertain, le Maroc ne peut raisonnablement miser sur une augmentation spontanée de la demande extérieure sur ses marchés traditionnels. L'Europe est engluée dans de nombreuses crises, y compris celle récente liée au Brexit, et le marché intérieur européen, même s'il reste le plus grand du monde, ne sera probablement pas en forte expansion dans les années à venir. L'ouverture stratégique du Maroc vers l'Afrique sub-saharienne est prometteuse, compte tenu des perspectives de croissance et de développement de l'Afrique (Lo 2016); mais les marchés africains, notamment d'Afrique francophone, restent pour l'instant encore de taille modeste. En dehors du Cameroun, de la Côte d'Ivoire et du Gabon, le PIB cumulé des 11 autres pays d'Afrique de l'Ouest et d'Afrique centrale qui participent à la zone franc ne dépasse pas celui du Maroc. Compte tenu du poids économique du Nigeria, l'ouverture actuelle vers ce pays et l'Afrique de l'Est offre des opportunités économiques non négligeables. Ceci étant, le Maroc devra essentiellement continuer à compter sur ses propres forces pour créer les conditions d'une demande extérieure plus soutenue en poursuivant sa stratégie de diversification des marchés cibles et de promotion des exportations. Cette stratégie nécessite une accélération de la transformation structurelle de l'économie.

4. Les défis d'une lente transformation structurelle

Les pays qui réalisent ou qui ont réalisé des gains de productivité importants sont ceux qui ont pu régulièrement réallouer le travail et le capital vers les secteurs et les activités les plus productifs (McMillan et Rodrik 2011). L'économie se transforme alors structurellement, certains secteurs se repliant alors que d'autres émergent. Dans les pays à revenu intermédiaire de la tranche supérieure, par exemple, il est observé qu'au cours des 50 dernières années, la part de l'agriculture dans la valeur ajoutée totale du pays a régressé en moyenne de 20 points de pourcentage du PIB pour représenter moins de 10 % du PIB en 2014. La part de l'industrie a, quant à elle, augmenté dans un premier temps, pour atteindre environ 30 % du PIB au début des années 1980, avant de diminuer fortement dans les décennies qui ont suivi. Or, ce processus de transformation structurelle ou de « destruction créatrice » est moins actif au Maroc (Atiyas 2015). Contrairement aux pays à revenu intermédiaire de la tranche supérieure, la part de l'agriculture dans le PIB au Maroc n'a que légèrement diminué au cours des 35 dernières années. Les parts de l'industrie et des services sont, elles aussi, restées relativement stables par rapport aux évolutions qu'ont connues d'autres pays comparables (voir figure 1.34).

La relative stabilité intersectorielle structurelle de l'économie marocaine masque en partie une transformation plus dynamique en termes de spatialisation et de diversification intra sectorielle ; mais cette dynamique ne s'avère pas suffisamment puissante pour accélérer la croissance totale du pays.

Figure 1.34 Transformation au Maroc en comparaison des pays à revenu intermédiaire de la tranche supérieure, 1980–2014

(part des secteurs en pourcentage du PIB)

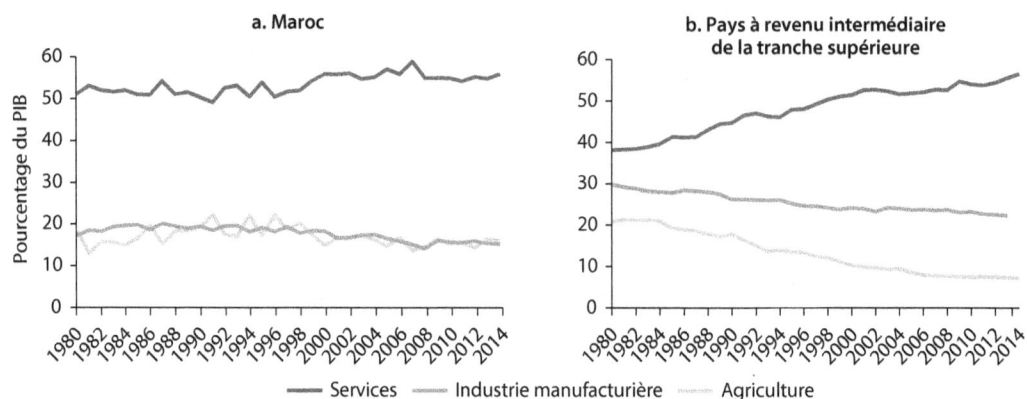

a. Maroc

b. Pays à revenu intermédiaire de la tranche supérieure

—— Services ······ Industrie manufacturière ······ Agriculture

Source : IDM, Banque mondiale.
Note : PIB = produit intérieur brut.

Dans le cadre du Plan Maroc Vert, par exemple, l'agriculture marocaine a entamé une mutation à la faveur du déploiement d'actions structurantes qui ont généré un réel dynamisme du secteur en raison, notamment, du renforcement soutenu des investissements agricoles (multipliés par 1,7 fois entre 2008 et 2014). Les prémices de la transformation structurelle du secteur sont perceptibles de par l'appréciation notable de sa valeur ajoutée. De même l'industrie marocaine, marquée jusqu'à la fin de la décennie 1990 par une forte concentration sur des spécialisations traditionnelles, s'est inscrite, notamment à partir de 2005, dans un processus de modernisation laissant apparaître une dualité entre des secteurs traditionnels en essoufflement, à l'instar de la branche du textile-habillement en quête d'un nouveau repositionnement, et de nouvelles spécialisations en émergence, en l'occurrence les industries de l'automobile et de l'aéronautique, l'agro-alimentaire, la métallurgie, l'industrie pharmaceutique. Cependant, ces dynamiques intra sectorielles positives soutenues par des politiques publiques volontaristes (sur le plan de la fiscalité, des subventions, des investissements, et autres) à l'image du projet Renault, qui a permis de porter la production automobile nationale à près de 345 000 véhicules en 2016 et de créer 7 100 emplois directs, ne sont pas suffisamment fortes et nombreuses pour avoir un impact macroéconomique sur la croissance.

De fait, trois tendances essentielles se dégagent lorsqu'est analysée la dynamique structurelle de l'économie marocaine à travers l'allocation des ressources : i) une allocation sous-optimale du travail non qualifié qui découle d'une faible industrialisation ; ii) une allocation sous-optimale du travail qualifié résultant de la lenteur de la montée en gamme du tissu économique ; et iii) une allocation sous-optimale des talents conduisant à un faible dynamisme entrepreneurial. Nous sommes ici au cœur des problématiques que soulèvent les parcours d'Amine, de Nisrine, de Kawtar et de Réda.

Une industrialisation difficile

L'histoire du développement économique démontre que l'industrialisation a, dans la plupart des pays, constitué une étape essentielle pour absorber les travailleurs non qualifiés venus du secteur de l'agriculture. À de rares exceptions près, tous les pays ont engagé leur processus de développement alors qu'ils comptaient une population rurale abondante travaillant majoritairement dans le secteur de l'agriculture. En 1950, les agriculteurs représentaient 44 % de l'emploi en Espagne et 47 % en Italie. En 1963, ils comptaient pour 49 % de l'emploi à Taïwan et 62 % en Corée du Sud (voir figure 1.35). Partout, l'envol économique s'est accompagné d'un exode rural accéléré et d'une réduction importante des effectifs agricoles, nombre d'agriculteurs quittant la campagne pour aller travailler en ville. Dans les pays évoqués ci-dessus, la proportion des agriculteurs ne représente aujourd'hui plus que 4 % de l'emploi en moyenne. L'exemple de l'Espagne permet de mesurer l'ampleur de cette transformation : le pays comptait 4 millions d'agriculteurs en 1950, ils ne sont plus que 800 000 aujourd'hui. Arrivés en ville, ces agriculteurs, généralement peu éduqués, ont pu trouver du travail dans des usines dont les effectifs étaient en pleine expansion. Les emplois créés par l'industrie ont permis de compenser les pertes d'emplois dans l'agriculture. Le moment où le nombre d'ouvriers dépasse le nombre d'agriculteurs constitue un point de basculement. Ce moment s'est produit en Italie en 1966, en

Figure 1.35 Part de l'agriculture dans l'emploi, 1950–2011
(En pourcentage)

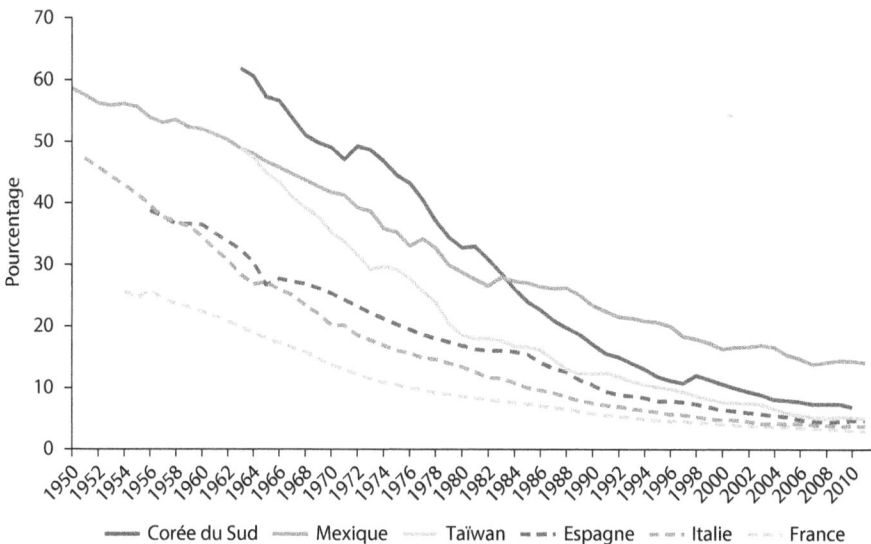

Source : Timmer, de Vries, and de Vries, 2015.

Espagne en 1972, à Taïwan en 1977 et en Corée du Sud en 1985. Au-delà de ce point de basculement, la croissance des effectifs industriels se poursuit jusqu'au moment où elle atteint un pic d'industrialisation, avec des usines qui concentrent plus d'un quart de la population occupée, cette évolution constituant un fait stylisé (voir figure 1.36). Une inflexion s'opère alors à partir de ce seuil et un mouvement de désindustrialisation s'engage avec une baisse tendancielle de la part de l'industrie dans l'emploi et une augmentation de la part des services.

Par rapport à ces faits stylisés, l'économie marocaine connaît un difficile processus d'industrialisation. Sur une longue période, le processus de transformation structurelle de l'économie marocaine peut être qualifié de lent (El Mokri 2016). Le pays compte aujourd'hui 4,1 millions d'agriculteurs. Comme ce fut le cas dans les pays avancés, le poids de l'agriculture dans l'emploi total tend à diminuer sous l'effet du processus d'urbanisation (voir figure 1.37). Il est ainsi passé de 47 % en 2000 à 39 % en 2014. Si ce rythme se poursuit de manière linéaire, les agriculteurs représenteront moins de 20 % de l'emploi à l'horizon 2050. Toutefois, contrairement à l'expérience connue par les pays développés ou les pays à revenu intermédiaire de la tranche supérieure, l'urbanisation du Maroc est relativement lente et ne s'accompagne pas d'un processus rapide d'industrialisation. Il se produit plutôt un phénomène d'érosion de la contribution de l'emploi industriel à l'emploi total depuis la fin des années 1990. En 2000, environ 12 % des travailleurs étaient employés dans l'industrie, contre seulement 10 % en 2014. La baisse tendancielle de la part de l'industrie dans le PIB du Maroc

Figure 1.36 Part de l'industrie dans l'emploi total, 1950–2011
(En pourcentage)

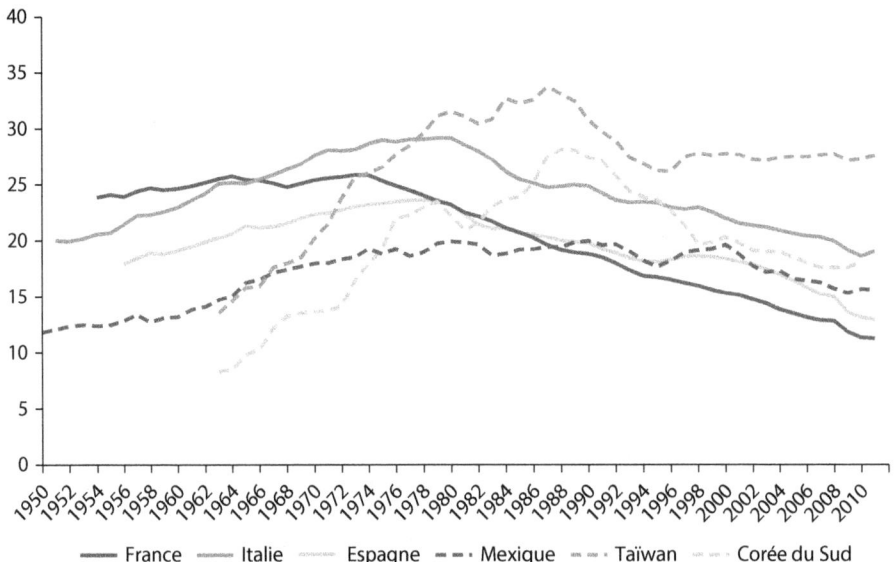

Source : base de données 10 Sector, Université de Groningen.

Figure 1.37 Maroc : part des secteurs dans l'emploi total, 1999–2012
(En pourcentage)

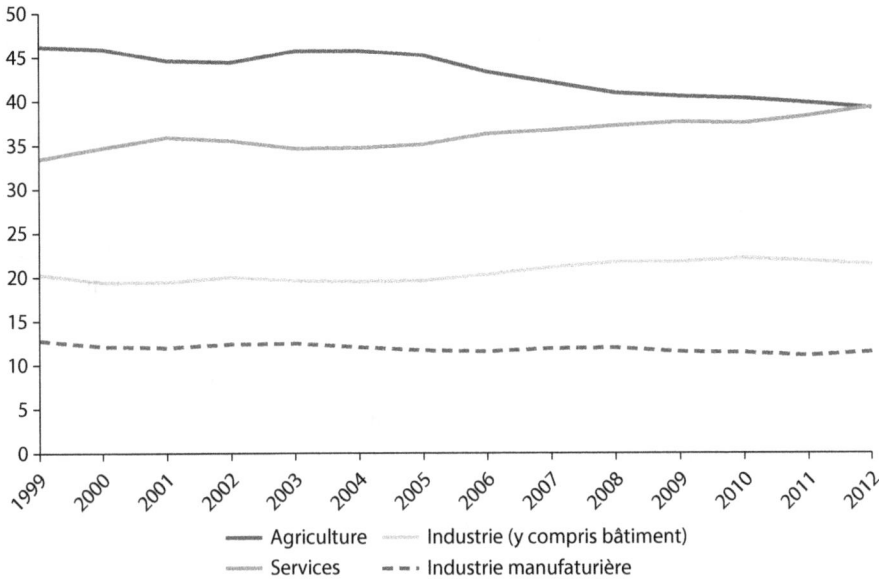

Source : Haut-Commissariat au Plan.

s'est ainsi amorcée à partir d'un niveau d'industrialisation bas, un phénomène qui touche de nombreux pays en développement et que la littérature économique qualifie de « désindustrialisation prématurée » (Rodrik 2015). Ce constat est clairement reflété par le classement du Maroc selon l'indicateur de complexité économique (ECI) en 2014, où il occupe la 78e place sur 124 pays (Hidalgo et Hausmann 2009)[17]. Néanmoins, il y a lieu de noter que les effectifs employés dans le sous-secteur des industries de transformation ont connu une croissance régulière de l'ordre de 1,4 % en moyenne entre 2000 et 2014, témoignant d'une recomposition du paysage industriel entre les secteurs traditionnels et certains secteurs de transformation émergents.

Pourtant, le Gouvernement marocain a mis en place des politiques particuliè-rement volontaristes pour dynamiser le développement industriel. À travers le Plan de mise à niveau de l'industrie puis du Plan Émergence adopté en 2004, le Maroc a marqué sa volonté de soutenir activement les secteurs exportateurs à fort potentiel pour lesquels le pays dispose d'un avantage comparatif : l'automobile, l'accueil de certaines activités délocalisées au Maroc, l'aéronautique, l'industrie agroalimentaire ou l'électronique. Une large gamme d'instruments a été mobilisée pour attirer les investisseurs étrangers dans les « Métiers mondiaux du Maroc », notamment l'aménagement de parcs industriels modernes (« plates-formes indus-trielles intégrées »), des incitations fiscales, des subventions directes, des finance-ments avantageux et des mécanismes de formation ciblés. Cet effort a été poursuivi avec l'adoption, en 2014, du Plan d'accélération industrielle (PAI) qui enrichit les dispositifs existants par un fonds de développement industriel et des investissements doté d'une enveloppe équivalente à 2 % du PIB pour la période 2014-2020 afin d'octroyer des subventions à l'échelle des filières, un nouveau cadre incitatif (Charte de l'investissement) pour soutenir l'investissement industriel, et la mise en place d'écosystèmes industriels ayant vocation de créer une nouvelle dynamique et une nouvelle relation entre grands groupes et PME[18].

L'impulsion donnée par cette politique industrielle commence à porter ses fruits dans certaines filières, en particulier dans les secteurs de l'automobile et de l'aéronautique. L'installation en 2011 à Tanger d'une usine de grande envergure du constructeur Renault (avec une capacité de production de 400 000 voitures par an) a joué un rôle de locomotive en attirant dans son sillage de nombreux fournisseurs d'équipement. La structuration du tissu devrait encore s'amplifier avec l'annonce, en 2015, de l'installation d'une usine du groupe Peugeot-Citroën. Une évolution tout aussi encourageante s'observe dans le pôle aéronautique implanté à proximité de Casablanca, autour de locomotives telles que les groupes Bombardier, Safran et Boeing. Les retombées de ces dynamiques sont substantielles en termes d'emplois (85 000 dans la filière automobile et 11 000 dans la filière aéronautique), ainsi qu'en matière d'exportations. Ainsi, depuis 2014, l'automobile est devenue le premier secteur exportateur du Maroc et pèse à hauteur de 20 % dans les exportations totales du pays.

Compte tenu de certaines dynamiques sectorielles positives, il convient d'analyser les raisons pour lesquelles l'industrie dans son ensemble continue de contribuer faiblement à la création d'emplois à l'échelle du pays. En 2016, le secteur industriel dans son ensemble a créé 8 000 emplois. En revanche, pendant la période 2009-2014, ce sont plus de 130 000 emplois nets qui ont été détruits. La dynamique encourageante de certaines filières « modernes » masque en fait une situation moins satisfaisante lorsqu'on considère l'industrie dans son ensemble. La recomposition en cours du secteur industriel crée des emplois dans de nouvelles activités exportatrices, mais il en disparaît en moyenne davantage au cours du temps dans des filières traditionnelles à forte intensité de main-d'œuvre (voir figure 1.38). L'effet net négatif de ces mouvements sur l'emploi est encore plus prononcé pour les ouvriers non qualifiés, car les nouveaux emplois sont plus exigeants en termes de niveau de qualification (dans une usine de câblage, l'ouvrière moyenne dispose du baccalauréat). Il est possible que cette situation évolue dans un sens plus favorable à l'avenir. La feuille de route de Maroc PME affiche par exemple des objectifs importants en termes de création d'emplois, alignés sur les ambitions du Plan d'accélération industrielle (PAI). Ainsi, ce sont près de 135 000 emplois qui sont escomptés à terme pour des investissements s'élevant à plus de 2 % du PIB. Mais pour le moment, au niveau macroéconomique, une « reconfiguration industrielle » est observée, plutôt qu'une véritable « réindustrialisation » du Maroc. Globalement, la désindustrialisation n'est pas le produit d'un « écran comptable », mais bien une réalité persistante (ministère de l'Économie et des Finances 2015e).

Une des causes de cette difficile réindustrialisation découle tout simplement du fait que les entrepreneurs marocains ne se tournent pas suffisamment vers l'industrie. Comme discuté plus haut, le Maroc bénéficie d'un taux d'investissement élevé

Figure 1.38 Maroc : créations nettes d'emplois dans l'industrie et l'artisanat (hors BTP), 2007–2016

(En milliers)

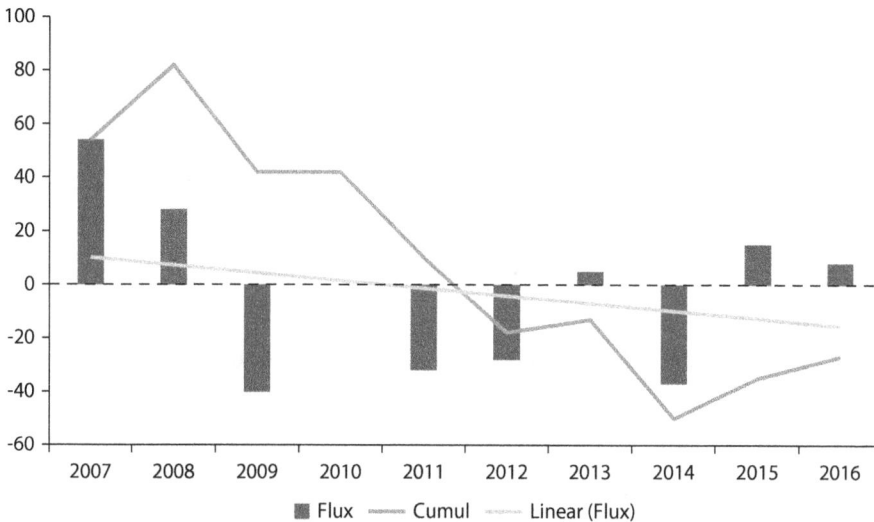

Source : Haut-Commissariat au Plan notes sur la situation du marché du travail.

(plus de 30 % du PIB en moyenne) et d'une dynamique positive de créations d'entreprises (entre 30 000 et 40 000 nouvelles entreprises par an). Toutefois, peu d'investisseurs et d'entrepreneurs marocains s'orientent vers l'industrie. Même dans les filières les plus dynamiques, telles que l'automobile et l'aéronautique, la présence du capital local reste limitée et l'essentiel de la croissance est portée par des acteurs étrangers. Par exemple, en ce qui concerne l'usine emblématique de Renault à Tanger, moins de 10 % des fournisseurs de rang 1 effectuant des livraisons quotidiennes à l'usine sont à capital majoritaire marocain (Benabdejlil, Lung, and Piveteau 2016)[19]. Les effets induits localement concernent principalement les entreprises de services (sécurité, transports, maintenance, etc.) et les achats indirects (comme les huiles et autres produits consommables). Pour autant, l'implication des entreprises locales est au cœur du Plan d'accélération industrielle 2014-2020 (PAI) afin de développer des fournisseurs locaux, notamment de second rang, et de permettre la montée en compétence des entreprises industrielles.

Contrairement à d'autres pays émergents, le Maroc compte également un faible nombre de co-entreprises (joint-ventures) associant entreprises locales et étrangères dans le secteur industriel. De manière générale, les grands groupes privés marocains sont faiblement engagés dans l'industrie et n'investissent que marginalement dans les nouvelles filières porteuses. Là aussi, le PAI essaye de favoriser les partenariats industriels entre les entreprises marocaines et des grands groupes internationaux en accordant des avantages particuliers. À titre d'illustration, dans le cadre de l'écosystème Renault, le PAI soutient la réalisation d'un projet industriel d'envergure porté par une joint-venture entre un fournisseur d'équipement local et un des leaders mondiaux du verre automobile. Mais sans capitaux locaux plus importants, une dynamique industrielle endogène et auto-nome peine à se développer. Dans les pays émergents qui ont construit une base industrielle solide, les grands groupes nationaux ont joué un rôle déterminant dans la diversification productive. Par exemple, en Turquie (Koc), en Corée du Sud (Samsung) ou en Inde (Tata), les conglomérats contribuent activement à l'indus-trialisation du pays en nouant des joint-ventures avec des multinationales, en créant des marques nationales et en investissant dans des activités de recherche et

---

Encadré 1.9 Le Maroc est-il le seul pays concerné par le risque d'une désindustrialisation prématurée ?

Le phénomène dit de « désindustrialisation prématurée » ne concerne pas seulement le Maroc, mais se manifeste dans de nombreux pays émergents. Les forces qui freinent l'ex-pansion du secteur industriel marocain ne sont pas uniquement liées à des problèmes internes de compétitivité-prix. Elles ont également une origine mondiale. En effet, le poids de l'industrie dans l'emploi baisse quasiment partout dans le monde. La désindustrialisation est un proces-sus normal dans les pays riches, mais, fait nouveau depuis une décennie, la désindustrialisation affecte la plupart des pays émergents avant même qu'ils aient pu s'industrialiser. Plusieurs fac-teurs sont évoqués par les économistes pour rendre compte de cette évolution.

• D'un point de vue purement statistique, la désindustrialisation constitue en partie un phéno-mène plus apparent que réel dans la mesure où les activités de services, au sein des entreprises industrielles, sont de plus en plus externalisées et confiées à des entreprises spécialisées.

• Au-delà de l'aspect statistique, la désindustrialisation prématurée serait tout d'abord causée par l'émergence de la Chine qui, en raison de sa taille et des économies d'échelle qu'elle réalise, aurait capté une très grande partie de la production industrielle mondiale au détri-ment des autres pays en développement.

• Une autre explication serait d'ordre technologique. Les processus productifs sont en effet de plus en plus automatisés et les robots tendent à remplacer progressivement les hommes. D'après les économistes Erik Brynjolfsson et Andrew McAfee, auteurs du livre « The Second Machine Age », cette tendance à la robotisation ne fait que commencer et conduira à un remplacement grandissant de l'homme par la machine, avec notamment l'apparition de l'impression 3D (Brynjolfsson et McAfee 2014).

• Enfin, la réorganisation du commerce mondial autour de chaînes de valeurs pourrait égale-ment affecter la dynamique industrielle dans les pays émergents. En effet, la production des biens industriels est aujourd'hui fragmentée entre plusieurs pays, chacun produisant un composant pour lequel il dispose d'un avantage comparatif. Dans cette nouvelle configura-tion, les pays émergents sont confrontés au risque de se spécialiser durablement sur des segments à faible valeur ajoutée, sans possibilité de montée en gamme, ce qui limite à terme leur potentiel d'industrialisation.

Le Maroc doit bien apprécier les forces qui sont actuellement à l'œuvre à l'échelle mondiale afin de se fixer des objectifs réalistes dans le cadre de sa politique d'industrialisation.

---

développement (R&D) pour accélérer l'adaptation technologique et la montée en gamme des produits. À l'inverse, au Maroc, comme dans de nombreux pays émergents (voir encadré 1.9), un processus de désengagement de l'industrie de la part d'acteurs industriels historiques a été constaté au profit d'autres domaines d'activité, notamment la promotion immobilière. L'intérêt récent de plus en plus marqué de grands groupes opérant dans diverses filières traditionnelles pour des filières porteuses telles que l'automobile est cependant de bon augure.

Le déficit d'industrialisation du Maroc s'explique par le fait que l'industrie est moins rentable que d'autres secteurs d'activité. Or, en économie, les incitations comptent. Si les entrepreneurs et les grands groupes marocains se détournent de l'industrie, c'est que la rentabilité financière y est moins intéressante que dans d'autres secteurs, notamment ceux qui sont protégés de la concurrence internationale, alors que les risques y sont plus importants. Depuis la fin des années 1990, les industriels marocains ont été confrontés à un tassement des prix de vente sous l'effet de l'intensification de la concurrence internationale (réduction des barrières tarifaires et émergence de la Chine). Au même moment, les coûts de production interne ont augmenté (salaires, services, foncier etc.), ce qui a conduit à une forte érosion des marges bénéficiaires. À l'inverse, les secteurs non exposés à la concurrence internationale (immobilier, services ou commerce) ont pu élargir leurs marges bénéficiaires en ajustant leurs prix à la hausse, dans un contexte de croissance de la demande intérieure et d'expansion du crédit. Certains programmes publics ont amplifié ce phénomène, en octroyant des avantages et des subventions à certains secteurs. Dans l'immobilier en particulier, les incitations fiscales octroyées aux promoteurs de logements sociaux ont atteint

1 % du PIB, ce qui a eu pour effet d'attirer un grand nombre d'investisseurs dans ce secteur (ministère de l'Économie et des Finances 2015d).

Cette différence des marges bénéficiaires entre secteurs protégés et secteurs exposés est reflétée par l'évolution des prix de la valeur ajoutée. Entre 1998 et 2012, le prix de la valeur ajoutée dans le secteur du textile et de l'habillement n'a connu aucune augmentation, alors que celui du secteur des bâtiments et des travaux publics a progressé de 50 % et celui du secteur de l'hôtellerie et de la restauration de 60 % (voir figure 1.39). Dans ce contexte, les opérateurs, notamment de nombreux sous-traitants, ont rationnellement décidé de se retirer de l'économie exposée pour s'orienter vers l'économie protégée, accélérant ainsi le processus de désindustrialisation[20]. Aussi, l'industrie marocaine est confrontée à un enjeu fondamental qui est de restaurer son attractivité interne auprès des entrepreneurs et des investisseurs locaux. Le tassement du marché de l'immobilier depuis 2012 est de ce point de vue un développement favorable[21]. Le Maroc peut par ailleurs s'appuyer sur des investissements directs étrangers (IDE) relativement dynamiques pour renverser la tendance et créer une

Figure 1.39 Maroc : déflateurs sectoriels, 1996–2012
(Indice 1998 = 100)

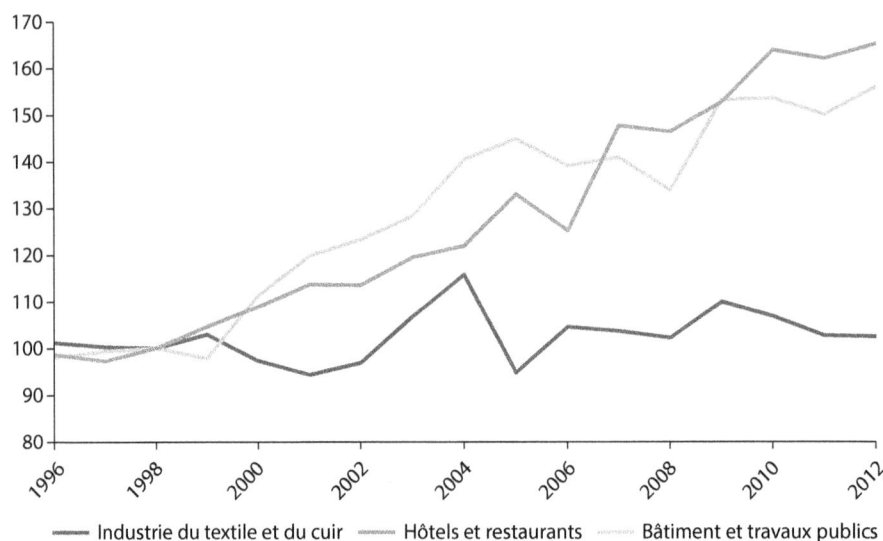

Industrie du textile et du cuir — Hôtels et restaurants — Bâtiment et travaux publics

Source : Haut-Commissariat au Plan.

dynamique endogène portée par des acteurs marocains pour garantir un essor pérenne de l'industrie nationale.

La faible industrialisation du Maroc génère des coûts importants du point de vue du développement économique et social. Elle pénalise tout d'abord la productivité des jeunes sans qualification (rappelons que cette catégorie concerne les deux tiers des jeunes actuellement). Comme il a été mentionné précédemment, le secteur industriel constitue le principal secteur d'activité dans lequel les travailleurs non qualifiés peuvent réaliser d'importants gains de productivité (Rodrik 2013). Or, dans le contexte actuel, l'industrie (avec l'artisanat) n'absorbe que 20 % des jeunes hommes non qualifiés en milieu urbain. En outre, seulement 3,4 % d'entre eux sont employés dans des entreprises industrielles de plus de 20 salariés. Un autre effet pervers du manque de dynamisme industriel est qu'il pèse négativement sur la participation des femmes au marché du travail. Le secteur industriel, en particulier le textile et l'agroalimentaire, est le premier pourvoyeur d'emplois pour les femmes non qualifiées en milieu urbain. Face à la perte de vitesse du secteur, de nombreuses femmes sont sorties du marché du travail plutôt que de s'orienter vers des petits métiers. En 2010, 43 % des femmes non qualifiées disposant d'un emploi en milieu urbain travaillaient dans le secteur industriel, contre 50 % en 2000. Ainsi, faute d'emplois industriels, les jeunes non qualifiés s'orientent vers les petits métiers du commerce (30 %) et de la construction (17 %). Plus de 90 % de ces jeunes non qualifiés évoluent dans le secteur informel. Aussi, le lancement du projet de l'autoentrepreneur visant à encadrer les activités qui s'exercent encore dans le circuit informel dans un cadre réglementaire simple et attractif pourrait permettre de libérer encore davantage l'initiative privée[22].

4.2 Une lente montée en gamme de l'économie

Le chômage des jeunes diplômés marocains s'explique souvent par la faible qualité de la formation reçue à l'école et à l'université. Or, au Maroc, de nombreux jeunes disposant d'une formation supérieure sont confrontés au chômage ou au sous-emploi. Ainsi, le chômage des jeunes diplômés ne s'explique pas seulement par l'offre de compétences qui serait de mauvaise qualité. Il est aussi lié à un déficit de demande de compétences exprimée par les entreprises. Le tissu productif marocain connaît en effet une transformation structurelle lente qui ne permet pas d'accompagner la croissance des flux de jeunes diplômés. Comme l'observent les autorités, « la réallocation de la main-d'œuvre des secteurs moins productifs vers les secteurs les plus productifs a certes engendré une amélioration modérée des gains de productivité, mais la vitesse avec laquelle s'est effectuée cette réallocation demeure relativement lente pour générer un effet de levier conséquent sur la dynamique de la croissance au cours de la dernière décennie » (ministère de l'Économie et des Finances 2016e).

Au cours du processus de développement, les économies se transforment et les métiers traditionnels laissent place à de nouveaux métiers plus sophistiqués. Ce phénomène touche aussi bien les pays en développement que les pays plus avancés. Aux États-Unis, par exemple, il est estimé que 20 % des nouveaux emplois se trouvent dans des métiers qui n'existaient pas il y a 20 ans et d'ici à 2025 ce seront près de 50 % des professions existantes qui pourraient devenir redondantes à mesure que l'intelligence artificielle et la robotisation continuent à transformer les entreprises. Ces nouvelles technologies mobilisent généralement des travailleurs plus qualifiés qui réalisent davantage de tâches intellectuelles et moins de tâches manuelles répétitives. Ce phénomène de transformation de la structure de l'emploi est matérialisé par la montée en puissance de la catégorie des cadres et des employés de bureau. Dans les pays développés, la part des cadres moyens (appelés aussi « professions intermédiaires », cette catégorie incluant des professionnels qualifiés tels que les infirmiers ou les techniciens spécialisés) et des cadres supérieurs représentait en moyenne 10 % de la population occupée dans les années 1950, contre 40 % en moyenne aujourd'hui. Dans les pays émergents, comme la Turquie, le Brésil et la Pologne, cette part se situe actuellement autour de 20 % et tend à augmenter rapidement (voir figure 1.40). La montée des cadres est un processus très important car il permet d'offrir des débouchés à une main-d'œuvre de plus en plus qualifiée. En France par exemple, la hausse du nombre de bacheliers (plus de 50 % des actifs détiennent au moins le baccalauréat en 2010 contre 10 % en 1960) a été accompagnée par une

Figure 1.40 Part des cadres moyens et supérieurs dans l'emploi total, 2008
(En pourcentage)

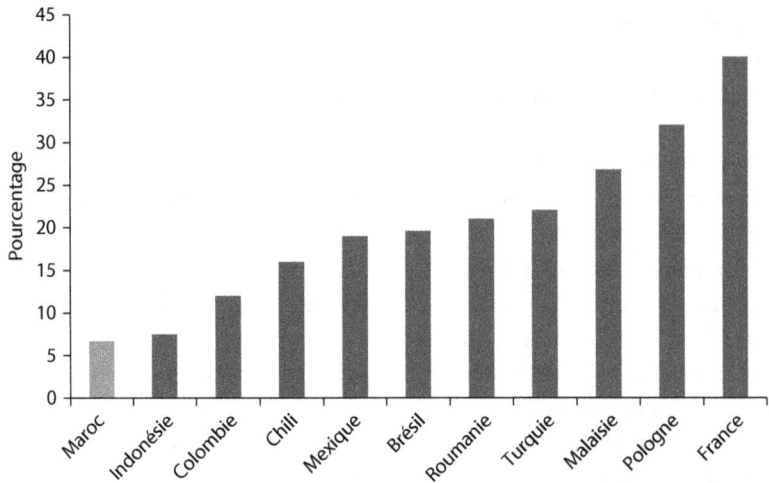

Source : Organisation internationale du travail, ILOSTAT.

forte augmentation de la part des cadres dans l'emploi (43 % en 2010, contre 15 % en 1960).

Au Maroc, la catégorie des cadres moyens et supérieurs représentait seulement 7,6 % de l'emploi total en 2013 (14 % en milieu urbain), taux cohérent avec la proportion des actifs détenant le niveau du baccalauréat ou plus (11 %). Mais l'écart entre ces deux pourcentages risque de se creuser à l'avenir. En effet, sous l'effet de l'augmentation massive de l'éducation, la part des actifs diplômés dans l'emploi total connaît une augmentation soutenue, de l'ordre de 0,5 point par an, et pourrait atteindre près de 25 % en 2040. En revanche, la proportion des cadres dans l'emploi total évolue plus lentement, à un rythme de 0,1 point par an. Elle a augmenté de 6,1 % en 2000 à 10 % en 2010 pour reculer à 7,4 % en 2014 (voir figure 1.41). Ces tendances laissent présager que la demande de cadres est structurellement insuffisante pour offrir des opportunités aux diplômés qui arriveront sur le marché de l'emploi. Cette

Figure 1.41 Maroc : part des cadres moyens et supérieurs dans l'emploi total, 2000–2014
(En pourcentage)

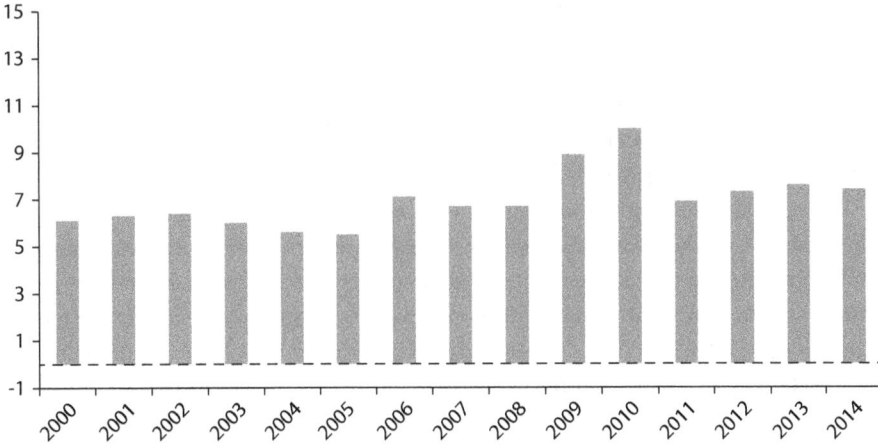

Source : Haut-Commissariat au Plan.

situation s'explique principalement par la lenteur de la montée en gamme de l'économie.

L'émergence des services modernes à haute valeur ajoutée est également lente. Dans les pays développés, la montée des cadres s'est produite parallèlement à une transformation de la structure sectorielle de l'emploi. Le phénomène marquant de cette évolution est le développement des services modernes : les services aux entreprises, la santé et l'éducation. De nombreux pays émergents misent également sur leurs secteurs de services traditionnels mais aussi modernes comme source d'emplois, y compris d'emplois bien rémunérés (Dadush 2015). Dans bien des cas, la productivité dans le secteur des services progresse aussi rapidement ou plus vite que dans le secteur manufacturier, et les technologies de l'information ont rendu de nombreux services échangeables internationalement, par exemple, dans le secteur de la santé qui est l'un des principaux pourvoyeurs d'emplois pour les diplômés. Dans les pays avancés, il concentre en moyenne 8 % de l'emploi, contre 3 % dans les pays émergents, et seulement 1 % au Maroc. Le Maroc devrait donc tripler les effectifs employés dans le secteur de la santé pour atteindre une structure similaire à celle des pays comme la Turquie (3 %) ou le Brésil (3 %). De même, l'un des secteurs dont les effectifs augmentent le plus rapidement au cours du processus de développement est celui des services aux entreprises et de la finance. Il compte en moyenne pour 12 % de l'emploi dans les pays riches et 6 % dans les pays émergents. Au Maroc, bien qu'il progresse de manière sensible, ce secteur ne représente que 3 % de l'emploi actuellement (contre 1,5 % en 2000). Le secteur de la finance et de l'assurance, qui constitue pourtant l'un des atouts compétitifs de l'économie marocaine, n'emploie qu'environ 60 000 personnes, avec une création de 2 000 emplois nets en moyenne par an. Dans l'économie de la connaissance, le secteur de

l'éducation constitue également l'un des moteurs de la création d'emplois qualifiés. Il compte pour 7 % de l'emploi dans les pays développés, 5 % dans les économies émergentes et 3 % au Maroc (voir figure 1.42). La proportion des
professionnels de l'éducation dans l'emploi paraît d'autant plus faible que la
population marocaine est jeune et de plus en plus scolarisée.

Le développement des services modernes se heurte à des contraintes structurelles.
Premièrement, la lente émergence des services modernes peut s'expliquer par le
fait que le Maroc a entamé son processus de tertiarisation à partir d'un niveau
de PIB par habitant relativement faible, sans passer par une phase d'industrialisation
importante. Ce schéma de développement atypique a des conséquences profondes
sur le potentiel de développement des services. En effet, dans les économies avancées, les services aux entreprises ont fondé leur croissance sur une large base industrielle. Il est estimé que plus d'un tiers des emplois créés sont liés à l'externalisation
de fonctions qui étaient autrefois assurées au sein des entreprises industrielles
(comptabilité, maintenance et entretien, ingénierie, R&D, marketing etc. (Berlingieri
2014)). Les tableaux d'entrées-sorties indiquent clairement que l'industrie reste le
principal client du secteur des services aux entreprises. Deuxièmement, le faible
pouvoir d'achat des ménages marocains limite la croissance des services modernes.
En effet, lorsque les pays développés ont engagé leur processus de tertiarisation,
leur PIB par habitant était deux fois supérieur à celui du Maroc aujourd'hui.
Le pouvoir d'achat des ménages permettait alors la transition vers une consommation
de biens supérieurs, tels que la santé, l'éducation, les loisirs etc. Au Maroc, la part
du budget des ménages consacrée à l'alimentation représente encore 40 % (un taux

Figure 1.42 Part des services modernes dans l'emploi total, 2012
(En pourcentage)

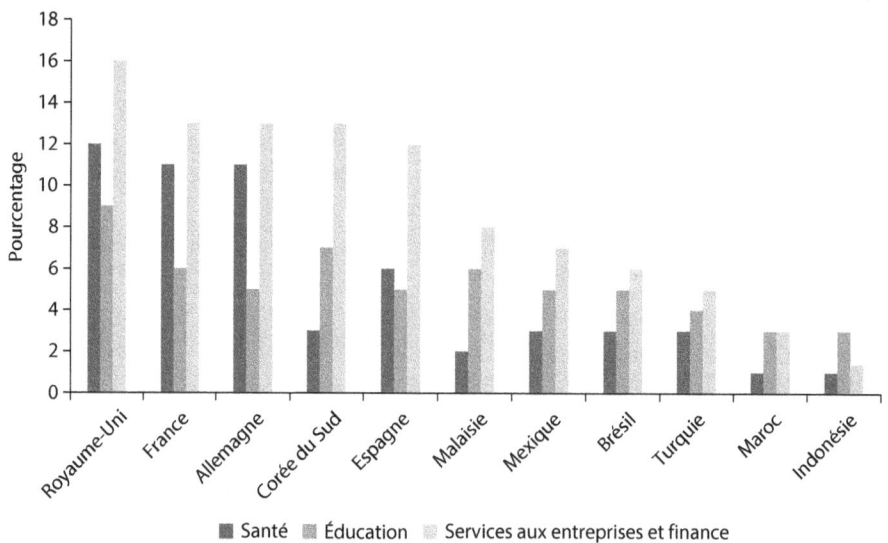

■ Santé   ▨ Éducation   ░ Services aux entreprises et finance

Source : Statistiques de l'OIT.

observé dans les pays européens en 1950-1960), ce qui limite fortement les capacités de dépenses pour les autres postes de consommation.

Pour le Maroc, la question qui se pose est de savoir s'il est possible de faire émerger un secteur de services aux entreprises de taille significative, malgré une base industrielle étroite et un pouvoir d'achat des ménages faible. Les tendances observées sur le marché de l'emploi ces dernières années illustrent l'ampleur du défi. Dans ce contexte, l'une des pistes les plus prometteuses est le développement de l'accueil d'activités de services délocalisées (centres d'appels, sous-traitance, outsourcing, etc.) qui permet de contourner la faiblesse du tissu productif marocain en s'adressant aux entreprises étrangères. Ce secteur emploie aujourd'hui environ 70 000 personnes, principalement des téléconseillers qui opèrent dans des centres d'appel (l'objectif du Plan Émergence était de porter ce nombre à 100 000 en 2015). Ce secteur est confronté à deux défis : d'une part, recruter suffisamment de jeunes maîtrisant les langues et, d'autre part, monter en gamme vers des services à plus forte valeur ajoutée pour faire face à l'intensification de la concurrence internationale issue des pays à bas coût.

La révolution numérique complique davantage l'emploi des jeunes de qualification moyenne. Avec la diffusion des nouvelles technologies de l'information et de la communication (TIC), la plupart des métiers requièrent de plus en plus de qualifications. Il s'agit de technologies « biaisées vers les compétences », c'est-à-dire qu'elles exigent un niveau de capital humain élevé de la part des salariés (Auteur 2010). Le numérique permet en effet une routinisation de nombreuses tâches autrefois réalisées par des employés (saisie, traitement d'opérations simples, etc.). Cette transformation des métiers entraîne des bouleversements profonds sur le marché de l'emploi. Dans les pays développés, il est en effet constaté un phénomène de polarisation du marché du travail, qui se caractérise par une baisse tendancielle de l'emploi dans les métiers à qualification moyenne qui consistent à réaliser des « tâches routinières », aussi bien dans l'industrie que dans les services. En revanche, les métiers hautement qualifiés se développent fortement, de même que les métiers de proximité faiblement qualifiés mais difficilement automatisables (vendeurs, serveurs, assistantes maternelles etc.).

Pour le Maroc, ces évolutions représentent des défis importants en ce qui concerne la demande de cadres moyens sur le marché de l'emploi. En effet, dans ce nouveau contexte technologique, l'émergence d'une large classe de cadres moyens pourrait être un processus plus difficile pour les nouveaux pays émergents que pour les pays ayant bénéficié d'un envol économique au cours des décennies passées. De nombreux métiers dans les services, autrefois accessibles aux diplômés de qualification moyenne, sont en train de disparaître, pour être remplacés par de nouveaux métiers exigeant plus de compétences. L'un des exemples les plus frappants est celui du métier de secrétaire, qui a fortement contribué à la féminisation de cet emploi dans les années 1960 et 1970 dans les pays actuellement avancés, jusqu'à y représenter 15 % de l'emploi féminin. En 2000, la fonction de secrétaire occupait 9,4 % de l'emploi féminin urbain au Maroc. Les transformations technologiques, avec l'apparition du téléphone portable, du traitement de texte et de la messagerie électronique ont conduit à une contraction marquée des effectifs, lesquels ne représentent plus que 6 % de l'emploi féminin urbain en 2010. Cet exemple témoigne d'une tendance de fond qui affecte de nombreux métiers d'employés et de cadres moyens.

Si le numérique détruit des emplois moyennement qualifiés, il crée toutefois de nouvelles opportunités d'emploi pour les travailleurs hautement qualifiés qui peuvent ainsi participer à la révolution technologique en cours (développeurs, concepteurs, chercheurs, analystes, créatifs, etc.). Pour autant, comme cela a été souligné précédemment, ces nouveaux métiers sont très exigeants en capital humain et une grande partie des jeunes Marocains disposant d'un niveau de compétence faible ou moyen pourraient se retrouver dans l'incapacité d'y accéder. Pour illustrer ce phénomène, une recherche a été faite pour mesurer le degré de participation des Marocains au marché mondial des nouvelles compétences, et s'est focalisée sur le métier d'infographiste qui est un métier emblématique de l'économie numérique. L'indicateur qui en a résulté (voir figure 1.43) semble confirmer que les Marocains profitent relativement peu des nouvelles opportunités offertes par l'économie numérique. Certes, la transformation technologique fait émerger de

Figure 1.43 Infographistes (designers) inscrits sur dribbble.com
(Par million d'habitants)

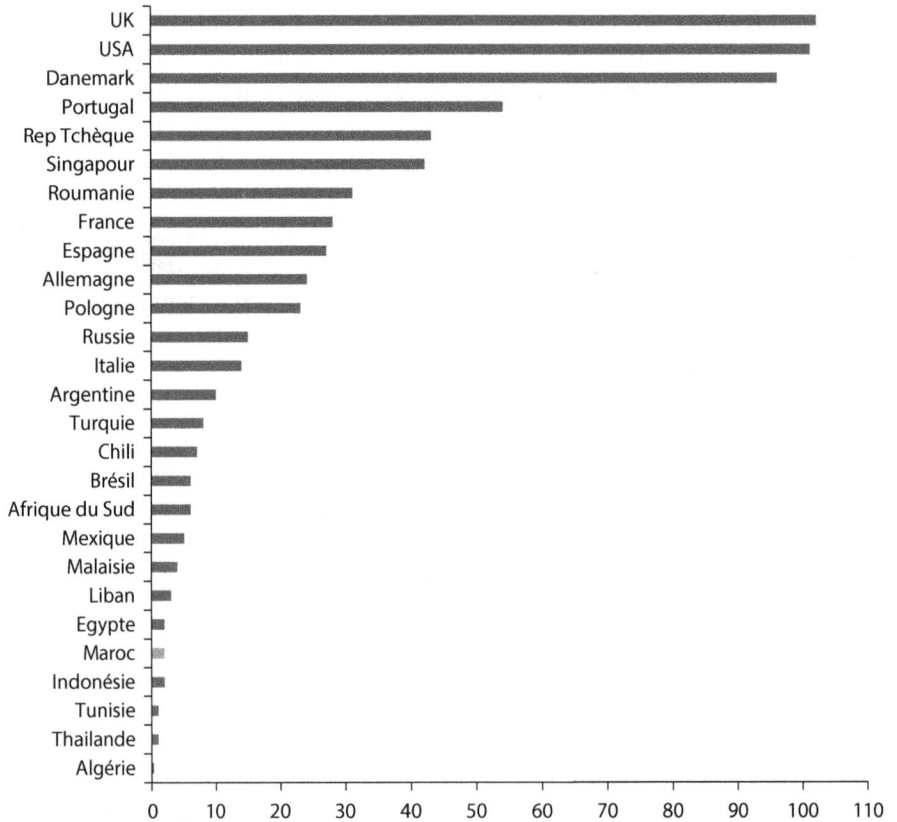

Source : www.dribbble.com.

nouvelles opportunités d'emplois à forte valeur ajoutée, mais seulement dans les pays qui disposent d'une main-d'œuvre suffisamment bien formée.

Un faible dynamisme entrepreneurial

L'allocation adéquate des talents est essentielle pour le développement d'un pays. Dans un article datant de 1990 et demeuré célèbre, l'économiste William Baumol a défendu l'idée que toutes les sociétés humaines disposent d'entrepreneurs, qui sont des personnes curieuses, dynamiques et souhaitant réussir (Baumol 1990). La différence fondamentale entre les pays avancés et les pays en voie de développement réside dans la nature de cet entreprenariat. Il distingue ainsi trois formes d'entreprenariat : l'entreprenariat productif, l'entreprenariat improductif et l'entreprenariat destructif. Les pays prospères sont ceux qui ont réussi à mettre en place des incitations favorables à l'éclosion de l'entreprenariat productif, lequel pousse à la création de valeur, à la connaissance et à l'innovation. À l'inverse, les pays moins développés disposent d'une structure d'incitations qui encouragent l'entreprenariat improductif et destructif (recherche de rente, corruption, faible productivité). La recherche académique récente a apporté des preuves empiriques qui confirment l'influence déterminante de la qualité des institutions sur la nature de la dynamique entrepreneuriale (Acemoglu, Johnson et Robinson 2004). En effet, une justice indépendante, un modèle démocratique, une économie ouverte et des marchés concurrentiels seraient autant d'institutions canalisant les comportements vers l'entreprenariat productif (voir chapitre 3 ci-après).

De nombreux entrepreneurs au Maroc se positionnent dans des secteurs qui affichent une faible création de valeur et d'innovation dans un contexte de rentes importantes. Pourquoi le nombre d'entreprises exportatrices s'élève-t-il à seulement 5 300 et stagne-t-il depuis le début des années 2000 (voir figure 1.44) ? À titre de

Figure 1.44 Évolution du nombre d'exportateurs au Maroc et en Turquie, 2002–2013

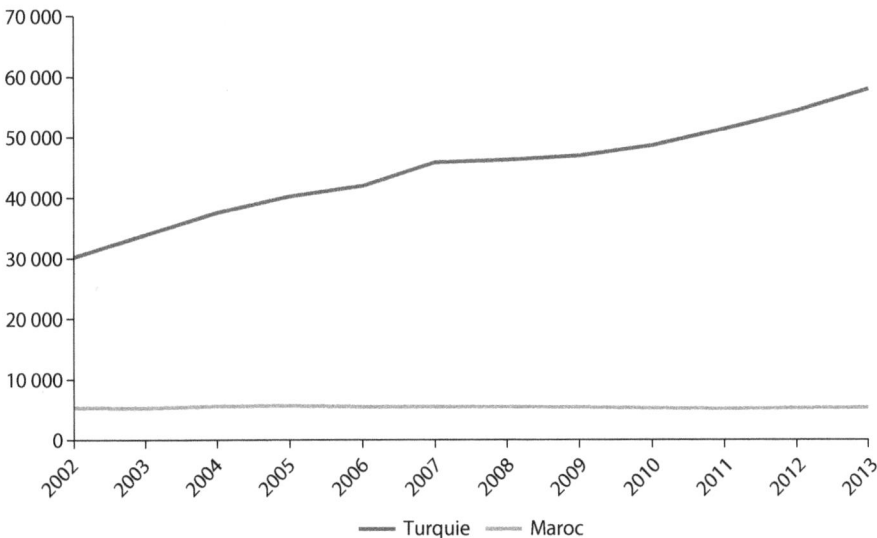

Source : base de données Exporter Dynamics, Banque mondiale.

Le Maroc à l'horizon 2040 • http://dx.doi.org/10.1596/978-1-4648-1078-7

comparaison, la Turquie compte aujourd'hui 58 000 entreprises exportatrices (contre 30 200 en 2002), soit 4,7 fois plus qu'au Maroc, en prenant en compte l'écart de population (voir figure 1.45). Si le Maroc avait le même dynamisme entrepreneurial que la Turquie, il abriterait quelque 25 000 entreprises exportatrices. Pourquoi si peu d'entreprises parviennent-elles à franchir le seuil de 20 salariés ? Pourquoi la diversification du tissu productif est-elle aussi lente alors que le Maroc attire de nombreux IDE porteurs de nouveaux savoir-faire et de technologies ? Il existe une réponse commune à ces trois questions : l'entreprenariat productif est insuffisant. Selon une enquête récente sur la dynamique d'entreprendre au Maroc, avec un taux d'activité entrepreneuriale de 4,4 %, la proportion des entrepreneurs est largement inférieure à la moyenne de 14,6 % des économies similaires (GEM 2015). Les nouveaux flux annuels de création d'entreprises ne permettent pas de combler l'écart creusé dans le temps. De plus, en termes de composition, le négoce et autres formes de commerce de détail représentent de loin la plus grande part (près de 60 %) des entreprises naissantes, loin devant l'industrie ou les services à forte valeur ajoutée.

Bien que les autorités aient réalisé des efforts significatifs pour favoriser l'entreprenariat, à travers la réforme de l'environnement des affaires et la mise en place de programmes de financement dédiés aux PME, la réaction des entrepreneurs n'a pas été pour l'heure à la hauteur des attentes[23]. Ceux-ci disposent en effet de moyens pour prospérer sans être confrontés à la pression de la concurrence ou à l'exigence d'innovation et de performance. De nombreux opérateurs sont protégés de la concurrence grâce à des rentes comme dans le foncier, ou à l'existence de véritables barrières à l'entrée qui sont dissuasives, telles que les autorisations administratives, les licences et les agréments. L'exécution des marchés publics constitue également une source importante de distorsion potentielle

Figure 1.45 Nombre d'exportateurs en 2013
(Par million d'habitants)

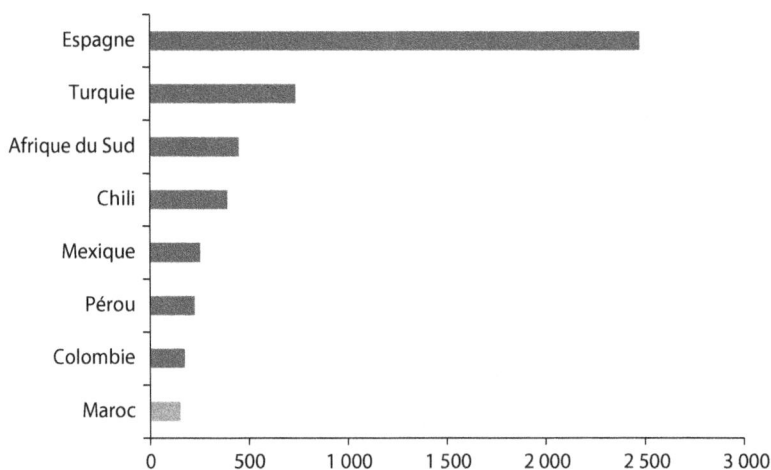

Source : base de données Exporter Dynamics, Banque mondiale.

de la concurrence entre les acteurs (Lipson, Benouniche, Keita et Faridi 2014). D'après les enquêtes disponibles, une proportion élevée d'entreprises recourt à des paiements illicites pour obtenir des marchés publics, malgré les mesures prises par les autorités pour enrayer ce phénomène. Ces marchés publics constituent une source de rente potentiellement importante, lorsqu'il est connu que la commande publique compte pour 17 % du PIB au Maroc.

Comme dans de nombreux pays, le foncier constitue un domaine particulièrement propice à la rente. Selon un rapport de la Cour des comptes datant de 2012, plus de 20 % de la superficie de la ville de Casablanca a été urbanisée par le biais de dérogations. Plus de 500 décisions discrétionnaires prises entre 2005 et 2009 accordent des privilèges à certains promoteurs. Selon le rapport sur les dépenses fiscales de la loi de finances pour 2016, l'immobilier est le premier secteur bénéficiaire de dérogations fiscales, représentant 22,1 % du montant de la dépense fiscale, soit 7,1 milliards de dirhams. Les contraintes et les problèmes posés par le foncier en relation avec l'urbanisme, la planification urbaine et l'aménagement du territoire, résident principalement dans la complexité des dispositions juridiques, la multiplicité des régimes fonciers, la faiblesse de la proportion des biens immobiliers immatriculés et la non-actualisation de la carte foncière (Banque mondiale 2008 ; Ghomija 2015). Lors des Assises nationales sur la politique foncière de l'État et son rôle dans le développement économique et social (2015), SM le Roi a appelé à une révision et à une modernisation du dispositif juridique encadrant le foncier, public et privé, dans le but de garantir la protection et la valorisation du capital foncier et de prévenir la spéculation et ses incidences sur les prix.

Les Assises nationales sur la politique foncière de l'État ont été l'occasion de mettre en exergue l'importance d'une amélioration significative de la gouvernance du foncier, afin notamment de lutter contre les phénomènes de spéculation et de recherche de rente. Au niveau du secteur agricole, la situation du foncier est considérée parmi les principaux obstacles qui entravent la réalisation des objectifs du développement agricole, consistant principalement en l'amélioration de la productivité agricole et l'augmentation des investissements du secteur privé. Au niveau du secteur industriel, les Assises ont noté la persistance du phénomène de spéculation portant sur le foncier industriel, l'insuffisance de l'offre du foncier industriel destiné aux investisseurs dans les zones à forte attractivité économique, la détérioration de l'infrastructure de certaines zones industrielles, la hausse des prix du foncier dans les zones caractérisées par leur grande attractivité et une demande forte en termes d'investissements, et le coût élevé de connexion des zones industrielles aux réseaux d'eau, d'électricité et d'assainissement. Compte tenu de ce qui précède, il n'est pas étonnant – et plutôt rationnel – que les entrepreneurs se détournent du secteur concurrentiel, de l'exportation et de la production industrielle pour se tourner vers des secteurs plus protégés et propices aux rentes.

Enfin, les Marocains les plus talentueux de leur génération ne contribuent pas autant qu'ils pourraient à l'essor de leur pays. Bien que sa population soit relativement d'un niveau d'éducation plus bas que le niveau moyen des autres pays émergents, le Maroc dispose d'une frange de population très qualifiée et formée dans des institutions universitaires de renommée internationale. Le pays dispose d'un atout majeur : cette élite est attachée à son pays d'origine et tend à y retourner après une formation et un début de carrière professionnelle à l'étranger. La grille de lecture de William Baumol invite à poser la question de savoir si le Maroc tire pleinement profit de ses meilleurs talents en les orientant vers l'entreprenariat productif. Pour répondre à cette question, le répertoire professionnel en ligne Linkedin offre un accès aux possibilités du *Big Data*. La question a été soulevée de savoir ce que devenaient les jeunes diplômés des grandes universités internationales issus de pays émergents lorsqu'ils retournent dans leur pays d'origine. Il ressort de cette analyse que, dans la plupart des pays émergents, (Turquie, Malaisie, Brésil, etc.) les « meilleurs de leur génération », une fois de retour au pays, exercent leur profession majoritairement dans le secteur de l'éducation et de la recherche, dans l'ingénierie ou se lancent dans l'entreprenariat (voir figure 1.46). Or, les résultats concernant le Maroc contrastent avec cette tendance mondiale : de retour dans leur pays, les « meilleurs Marocains de leur génération », notamment les ingénieurs, se détournent presque systématiquement des secteurs de l'éducation, de l'ingénierie et de la recherche. La figure 1.46 révèle que les ingénieurs marocains les plus talentueux n'exercent quasiment jamais dans l'ingénierie, contrairement à leurs camarades de promotion. Pourtant, leur avantage comparatif se situe précisément dans ces domaines dans lesquels leur contribution pourrait générer d'importantes externalités positives. À défaut, ils s'orientent principalement vers des fonctions managériales, administratives et financières. Leurs employeurs sont généralement de grandes entreprises ou des agences et des entreprises publiques qui offrent des conditions salariales et avantages sensiblement plus attractifs que les métiers de l'enseignement et de la recherche, sans comporter les risques inhérents à l'entreprenariat.

L'utilisation sous-optimale des talents marocains conduit à un dynamisme entrepreneurial insuffisant. Les principaux acteurs de la montée en gamme d'une économie sont les entrepreneurs car ce sont eux qui identifient les opportunités, prennent des risques et introduisent de nouvelles activités productives. Les économistes Ricardo Hausman et Dani Rodrik considèrent que ce processus « d'auto-découverte » est le moteur du développement économique. Or, l'ensemble des indicateurs disponibles suggère que cette dynamique entrepreneuriale est faible au Maroc. Non pas au niveau du désir de créer sa propre entreprise (qui n'est pas nécessairement plus faible au Maroc qu'ailleurs), mais au niveau de la concrétisation du projet sur le terrain (GEM 2015). Chez l'entrepreneur marocain, le fossé entre l'intention et la concrétisation serait bien plus élevé que dans d'autres pays émergents (voir figure 1.47). Au-delà de l'environnement des affaires et de l'état d'esprit entrepreneurial, le manque d'instruments de gestion des risques, y compris ceux liés aux questions fiduciaires et de responsabilités personnelles, auraient également un effet dissuasif sur la création d'entreprise.

Figure 1.46 Quels sont les dix premiers choix professionnels des diplômés de l'École polytechnique et de l'Université de Harvard ?

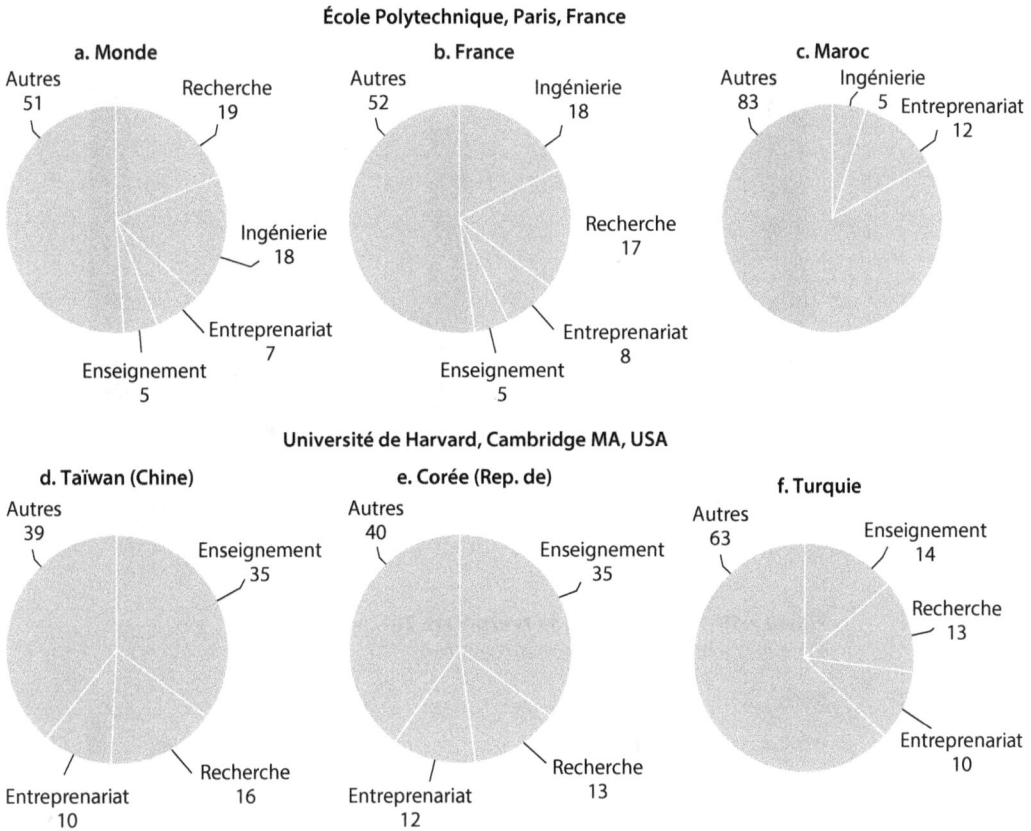

École Polytechnique, Paris, France

a. Monde

Autres 51 — Recherche 19 — Ingénierie 18 — Entreprenariat 7 — Enseignement 5

b. France

Autres 52 — Ingénierie 18 — Recherche 17 — Entreprenariat 8 — Enseignement 5

c. Maroc

Autres 83 — Ingénierie 5 — Entreprenariat 12

Université de Harvard, Cambridge MA, USA

d. Taïwan (Chine)

Autres 39 — Enseignement 35 — Recherche 16 — Entreprenariat 10

e. Corée (Rep. de)

Autres 40 — Enseignement 35 — Recherche 13 — Entreprenariat 12

f. Turquie

Autres 63 — Enseignement 14 — Recherche 13 — Entreprenariat 10

Source : Linkedin.

Le manque de dynamisme entrepreneurial se traduit par une capacité limitée à offrir de nouveaux produits, notamment à l'exportation. Sur une nomenclature de 6 000 produits, le Maroc a exporté 2 133 produits en 2012 (en appliquant un filtre de 100 000 dollars pour éliminer les transactions insignifiantes), contre 3 500 pour la Roumanie et 4 465 pour la Malaisie (voir figure 1.48). Depuis une décennie, l'économie marocaine étoffe son portefeuille d'activités et découvre en moyenne 50 nouveaux produits par an. Ce rythme de diversification est néanmoins relativement lent et s'il ne s'accélère pas dans les années à venir, le Maroc ne

Figure 1.47 Écart entre tentative et création d'entreprises dans la Région Moyen-Orient et Afrique du Nord
(En pourcentage)

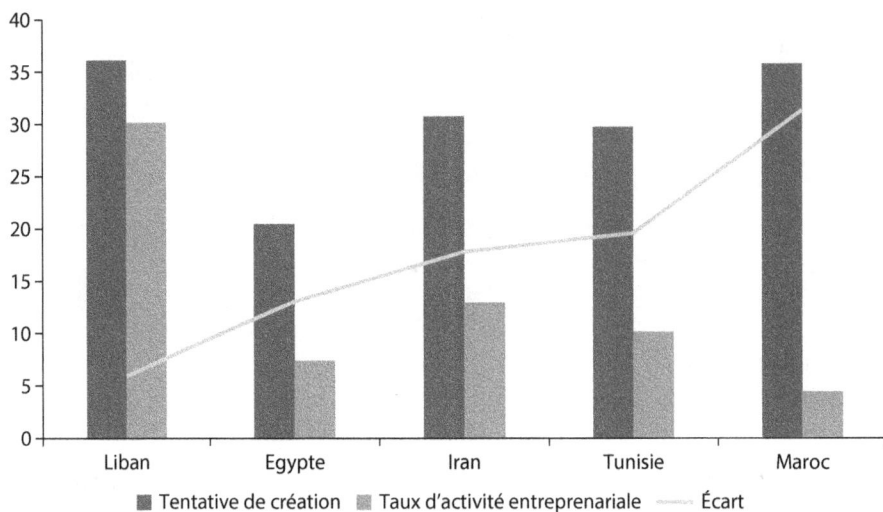

Source : GEM, 2015.

Figure 1.48 Nombre de produits exportés, 2012
(pour des montants supérieurs à 100 000 dollars)

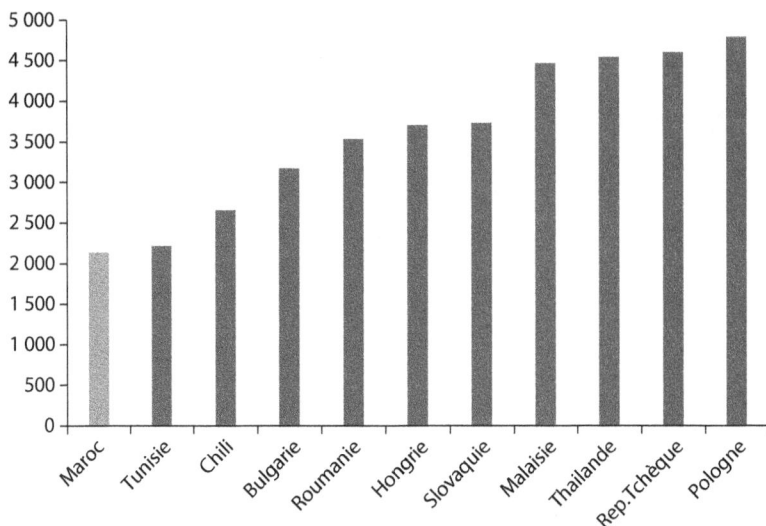

Source : Comtrade.

pourra rejoindre le niveau de diversification actuel de la Roumanie qu'à l'horizon 2040. Les entreprises marocaines se lancent donc rarement à la conquête des marchés internationaux et, en conséquence, elles ne sont pas sous la pression constante de se développer. Les données de l'emploi indiquent en effet que seuls 10 % des actifs travaillent dans des entreprises de plus de 20 personnes (17 % en milieu urbain).

Le Maroc à l'horizon 2040 • http://dx.doi.org/10.1596/978-1-4648-1078-7

Cette faible proportion révèle que malgré des politiques publiques de soutien et d'accompagnement des PME, notamment à travers les initiatives de Maroc PME (*Moussanada* et *Imtiaz*), le tissu productif marocain comporte un nombre limité de PME structurées capables de grandir et d'augmenter leurs effectifs[24]. À titre de comparaison, dans les pays de l'OCDE, 70 % des actifs sont employés dans des entreprises de plus de 20 personnes.

Peu structurées, de taille modeste et faiblement internationalisées, les entreprises marocaines s'avèrent également peu innovantes. En 2014, seulement 300 brevets résidents ont été déposés au Maroc, soit moins de 10 brevets par million d'habitants, dont à peine 50 déposés par des entreprises. À titre de comparaison, le Brésil a déposé 24 brevets par million d'habitants, la Turquie 65, la Pologne 124 et la Chine 400 (voir figure 1.49). Autre caractéristique spécifique, à la différence de certains autres pays émergents, les nouveaux entrepreneurs marocains se positionnent davantage sur des marchés où de nombreuses entreprises offrent déjà des produits ou des services similaires. De ce fait, l'entrepreneuriat ne contribue pas de façon substantielle à l'innovation (GEM 2016). Pour autant, comme discuté précédemment, le Maroc ne compte pas moins de désir de créer que d'autres pays. L'économie « créative » joue d'ores et déjà un rôle plus important que par le passé en termes de croissance, d'emplois, d'inclusion territoriale et d'échanges de biens et services. Les établissements industriels marocains opérant dans les activités ayant trait à l'économie créative et culturelle emploient un effectif permanent de l'ordre de 40 000 personnes, soit 7 % de l'emploi permanent total des industries de transformation (ministère de l'Économie et des Finances 2016).

Figure 1.49 Brevets déposés par les résidents, 2013
(par million d'habitants)

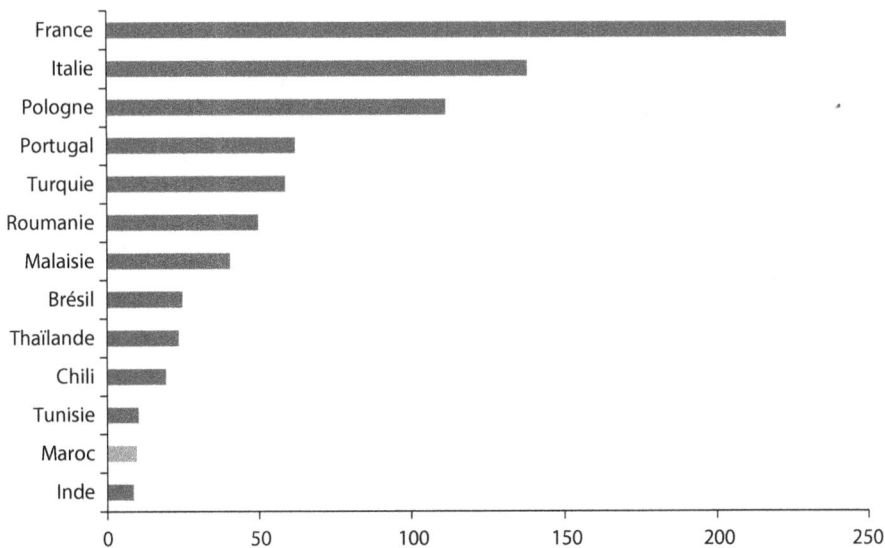

Source : WIPO.

L'enjeu pour l'avenir est d'orienter davantage les talents vers l'entreprenariat et les emplois les plus productifs pour lesquels ils disposent d'un avantage comparatif. Pour cela, il est indispensable de corriger les distorsions existantes favorisant l'économie rentière et de mettre en place des incitations plus favorables à l'économie créative et à l'innovation.

Notes

1. Discours du Trône 2014.
2. Rappelons que le capital immatériel représente environ 80 % de la richesse totale des pays développés.
3. Le bien-être des 40 % de la population les moins bien lotis a augmenté de 3,3 % au cours de la période 2001–2007, comparé au taux de croissance de la consommation des ménages par habitant (3,2 %) au cours de la même période.
4. L'espérance de vie a augmenté, passant de 71,7 ans en 2004 à 74,3 ans en 2014 (WDI) et les taux de mortalité ont diminué de plus 15 % entre 2000 et 2012 (PNUD 2012).
5. Selon la base de données du *Maddison Project* administrée par l'Université de Groningen.
6. L'analyse développée dans ce Mémorandum s'appuie sur les séries historiques en base 1998. La révision récente des comptes nationaux marocains qui a conduit à une revalorisation du PIB marocain de l'ordre de 9 % ne modifie que marginalement les écarts constatés.
7. L'analyse de l'évolution comparée entre 2008 et 2011 des caractéristiques socioéconomiques de ménages issus respectivement de deux groupes de communes et de quartiers – le premier traité par l'INDH et le second non traité mais rigoureusement comparable au précédent – a révélé une augmentation du revenu moyen des ménages dans les zones rurales ciblées double de celle des communes non ciblées. ONDH 2013.
8. Une étude du HCP menée en 2007 avait estimé la classe moyenne à 53 % de la population en utilisant une méthode basée sur la médiane de consommation.
9. Sur la base de frais automobiles de 2 500 DH, de mensualités immobilières de 3 500 DH pour un logement acquis à 600 000 DH, de frais de scolarité de 2 000 DH pour deux enfants, et d'autres dépenses courantes pour 2 000 DH.
10. Chiffres tirés de la base de données de l'Université de Groningen.
11. En l'absence d'une série de la FBCF du secteur public, une estimation de la part du secteur public dans la FBCF totale a été effectuée sur la base des rapports annuels sur les établissements et entreprises publics.
12. Ministère délégué chargé de l'eau et de l'environnement 2009.
13. Ministère délégué auprès du ministère de l'Énergie, des mines, de l'eau et de l'environnement 2016.
14. Ce programme sera poursuivi jusqu'à l'horizon 2030 et permettra une économie d'eau estimée à 2,3 milliards de m^3 par an.
15. Arrêté conjoint n°3417–10 du 28 décembre 2010.
16. Jusqu'en 2000, les IDE entrants au Maroc ne représentaient qu'environ 0,6 % du PIB.
17. Selon cet indicateur qui évalue le niveau des capacités productives et cognitives d'une économie donnée, à travers la sophistication de ses exportations et la diversification de sa structure exportatrice par produit, le Maroc se positionne dans la classe de

complexité intermédiaire. Bien que l'économie marocaine ait gagné en complexité selon une tendance quasi-continue depuis 2009, le pays demeure cependant plus proche de la borne inférieure et se place ainsi derrière plusieurs pays en voie de développement, y compris dans la région MENA. El Mokri 2016.

18. Pour plus d'informations concernant le PAI, voir le site du ministère de l'Industrie, du Commerce, de l'Investissement et de l'Économie numérique. http://www.mcinet.gov.ma/~mcinetgov/fr/content/plan-d%E2%80%99acc%C3%A9l%C3%A9ration-industrielle-2014-2020.

19. Les auteurs de la présente étude notent également que « faute de trouver des fournisseurs locaux ou des firmes multinationales proposant des prix compétitifs, l'usine de Renault à Tanger présente la particularité d'intégrer le pré-assemblage de composants ou de modules habituellement externalisés dans les standards de l'industrie automobile mondiale. La préparation du cockpit, l'assemblage des sièges, du châssis et de l'échappement ont ainsi été ré-internalisés et sont assurés par le constructeur français lui-même ».

20. Au Maroc la sous-traitance a toujours été le *business model* prépondérant dans l'industrie du textile et de l'habillement. Afin de renforcer l'amont de ce secteur, des actions ont été entreprises suite au lancement en 2008 de la stratégie industrielle Émergence, particulièrement dans le segment FIT (Finissage, Impression, Teinture) afin d'augmenter la valeur ajoutée des produits du secteur. Ce repositionnement a été également renforcé dans le cadre du Plan d'accélération industrielle lancé en 2014, visant l'émergence de locomotives à l'amont dans les écosystèmes textiles performants (filature, tissage, tricotage, FIT, délavage).

21. Entre autres mesures, la mise en place d'un référentiel des prix des biens immobiliers dans plusieurs villes du royaume, le relèvement de la taxe sur les profits immobiliers, et le verrouillage de l'octroi de dérogation urbanistique ont contribué à améliorer la gouvernance du secteur de l'immobilier et de façon corollaire à réduire la rente générée par ce secteur et limiter son effet d'éviction sur les secteurs productifs.

22. Ce régime est assorti de multiples avantages, notamment la simplification des procédures de création et de cessation, l'exemption de l'inscription au Registre du Commerce, le paiement dématérialisé d'un impôt sur le revenu spécifique et non assujetti à la TVA, une fiscalité réduite, une couverture sociale et l'insaisissabilité du domicile principal.

23. Les programmes Imtiaz, Moussadana et Istitmar gérés par l'Agence nationale pour la promotion de la petite et moyenne entreprise «Maroc PME» ont pour objectif de soutenir l'investissement en faveur de la croissance et de l'emploi, et de renforcer les écosystèmes industriels en octroyant une prime à l'investissement au profit des PME, TPE et aux autoentrepreneurs sélectionnés.

24. Les programmes Imtiaz et Moussanada d'accompagnement et d'incitation destinés à soutenir les PME ont fait l'objet d'une évaluation par la Cour des comptes (2014), qui a soulevé un certain nombre de dysfonctionnements concernant notamment l'incohérence des financements proposés aux entreprises, le manque de suivi des programmes par Maroc PME, des retards injustifiés dans la mise en place des actions et l'absence de proposition de mesures concrètes en faveur des PME.

Bibliographie

Acemoglu, Daron, Simon Johnson, and James A. Robinson. 2004. "Institutions as the Fundamental Cause of Long-Run Growth." Working Paper 10481, National Bureau of Economic Research, Cambridge, MA.

Akesbi, Najib. 2014. *Les investissements verts dans l'agriculture au Maroc*. Notes de l'IFRI: Le Maghreb face aux nouveaux enjeux mondiaux.

Allali, K. 2003. *Évaluation des externalités environnementales de l'agriculture marocaine*. Rapport de synthèse du Module 2. Projet FAO/The Roles of Agriculture.

Amadeus Institute. 2015. "Le Maroc en Afrique: La Voie Royale." http://www.amadeusonline.org/ftp2012/Maroc-Afrique-La-Voie-Royale-2015-Web.pdf.

Arrifi, El Mahdi. 2012. " Les ressources en eau et l'irrigation au Maroc: Contraintes et alternatives." International Conference on Desalination and Sustainability. International Desalination Association. Casablanca, 1–2 March.

Asheim, Geir B., and Martin L. Weitzman. 2001. "Does NNP Growth Indicate Welfare Improvement?" *Economics Letters* 73 (2): 233–39.

Atiyas, Izak. 2015. "Structural Transformation and Industrial Policy." Policy Perspectives No. 16. Economic Research Forum, Giza, Egypt.

Autor, David. 2010. "The Polarization of Job Opportunities in the U.S. Labor Market: Implications for Employment and Earnings." The Hamilton Project. Center for American Progress, Washington, DC.

Bank Al-Maghrib (BAM). 2016. "Rapport sur l'exercice 2015." Royaume du Maroc.

Banque mondiale. 2003. *Royaume du Maroc. Évaluation du coût de la dégradation de l'environnement*. Report no 25992-MOR. Washington, DC: World Bank.

———. 2006. *Where Is the Wealth of Nations?* Washington, DC: World Bank.

———. 2008. "Marchés fonciers pour la croissance économique au Maroc." Rapport no 49970. Washington, DC: World Bank.

———. 2011. *The Changing Wealth of Nations*. Washington, DC: World Bank.

———. 2013. "Préparation du cadre de partenariat stratégique : Consultation sur le thème de la gouvernance et la fourniture de services, 2013." Procès-verbal. Royaume du Maroc. Washington, DC: World Bank.

———. 2016. Royaume du Maroc: Évaluation du coût de la dégradation de l'environnement. Rapport n°105633-MA. Washington, DC: World Bank.

———. 2017. The Changing Wealth of Nations. Washington, DC: World Bank.

Baumol, William J. 1990. "Entrepreneurship: Productive, Unproductive, and Destructive." *Journal of Political Economy* 98 (5): 893–921.

Benabdejlil Nadia, Yannick Lung, and Alain Piveteau. 2016. "L'émergence d'un pôle automobile à Tanger (Maroc)." Cahiers du GREThA, n° 2016–04.

Berahab, Rim. 2016. "Structure des échanges entre le Maroc et l'Afrique : Une analyse de la spécialisation du commerce." OCP Policy Center Research Paper RP-16/07, OCP Policy Center, Rabat, Morocco.

Berlingieri, Giuseppe. 2014. "Outsourcing and the Rise in Services." Discussion Paper No. 1199. Centre for Economic Performance, London.

Brynjolfsson, Erik, and Andrew McAfee. 2014. *The Second Machine Age: Work, Progress and Prosperity in a Time of Brilliant Technologies*. New York: Norton.

Buchanan, James M., and Gordon Tullock. 1962. *The Calculus of Consent*. Carmel, IN: Liberty Fund.

Catão, Luis, and Gian Maria Milesi-Feretti. 2014. "External Liabilities and Crisis." *Journal of International Economics* 94 (1): 18–32.

Conseil Économique, Social et Environmental (CESE). 2014. "La gouvernance par la gestion intégrée des ressources en eau du Maroc : Levier fondamental de développement durable." Royaume du Maroc.

Conseil Économique, Social et Environmental (CESE) et Bank Al-Maghrib (BAM). 2015. "Évolution de la valeur globale du Maroc (1999–2013)." Non publié. Royaume du Maroc.

Cour des comptes. 2013. Rapport annuel. Royaume du Maroc.

Dadush, Uri. 2015. "Is Manufacturing Still a Key to Growth?" OCP Policy Center Policy Paper PP-15/07, OCP Policy Center, Rabat, Morocco.

Dasgupta, P. and K. G. Mäler. 2000. "Net National Product, Wealth, and Social Well-Being." *Environment and Development Economics* 5: 69–93.

Denison E. F. 1962. "The Sources of Economic Growth in the United States and the Alternatives before Us." *The Economic Journal* 72 (288): 935–38.

Dickson, James L., Joseph S. Levy, and James W. Head. Time-lapse imagine in polar environments. Earth & space science news Vol. 95, issue 46, pp. 417–418.

Doukkali, Rachid M. and Johan Grijsen. 2015. "Contribution économique de la surexploitation des eaux souterraines au Maroc."

Easterly W. and R. Levine. 2001. "It's Not Factor Accumulation: Stylized Facts and Growth Models." Washington DC: World Bank.

El Mokri, Karim. 2016. "Le défi de la transformation économique structurelle : une analyse par la complexité économique." Research Paper Series. OCP Policy Center.

Ezzrar, Abdeljaouad, and Paolo Verme. 2012. "A Multiple Correspondence Analysis Approach to the Measurement of Multidimensional Poverty in Morocco, 2001–2007. Policy Research Working Paper No. WPS 6087. World Bank, Washington, DC.

Ferreira, S., and J. Vincent. 2005. "Genuine Savings: Leading Indicator of Sustainable Development?" *Economic Development and Cultural Change* 53: 737–54.

Ferreira, S., K. Hamilton, and J. Vincent. 2008. "Comprehensive Wealth and Future Consumption: Accounting for Population Growth." *World Bank Economic Review* 22: 233–48.

Fonds monétaire international (IMF). 2015. "Morocco: 2014 Article IV Consultation—Staff Report." Country Report No. 15/43. Washington, DC.

Global Entrepreneurship Monitor (GEM). 2015. "La dynamique entrepreneuriale au Maroc. Étude dirigée par Khalid El Ouazzani. Global Entrepreneurship Monitor and Laboratoire de recherche en entreprenariat et management des organisations.

Ghomija, Abdelmajid. 2015. "Rapport présenté lors des Assises nationales sur la politique foncière de l'État." Membre du Comité scientifique des assises.

Gourichas and Obstfeld. 2011. "Stories of the Twentieth Century for the Twenty-First." *American Economic Journal: Macroeconomics* 4 (1): 226–65.

Hamilton, K. and Clemens, M. 1999. "Genuine Savings Rates in Developing Countries." *World Bank Economic Review* 13 (2): 333–56.

Haut-Commissariat au Plan (HCP). 2009. "Étude sur les classes moyennes au Maroc." Unpublished report. Morocco.

———. 2012. Les Objectifs du Millénaire pour le Développement. Rapport National. Royaume du Maroc.

———. 2015a. " Recensement général de la population 2014." Royaume du Maroc.

———. 2015b. Maroc entre les Objectifs du Millénaire pour le Développement et les Objectifs du Développement Durable : Les Acquis et les Défis. Royaume du Maroc.

———. 2016. Présentation des résultats de l'Enquête nationale sur la consommation et les dépenses des ménages 2013/2014. Royaume du Maroc.

Hidalgo, C. A., and Ricardo Hausmann. 2009. The Building Blocks of Economic Complexity. Proceedings of the National Academy of Sciences.

Institut Amadeus. 2015. "Le Maroc en Afrique : La Voie royale."

Joint order No.3417–10 du 28 décembre 2010. Bulletin officiel n° 5914 du 3 février 2011. Royaume du Maroc.

Kaufmann, Daniel, Aart Kraay, and Massimo Mastruzzi. 2009. "Governance Matters VIII: Aggregate and Individual Governance Indicators 1996–2008." Policy Research Working Paper No. 4978. World Bank, Washington, DC.

Kendrick, John W. 1961. "Productivity Trends in the United States. Front Matter, Productivity Trends in the United States." Princeton, NJ: Princeton University Press.

Keulertz, Martin, and Eckart Woertz. 2016. "The Water-Energy-Food Nexus in the Middle East and North Africa." OCP Policy Center Research Paper.

Kharas, Homi. 2010. "The Emerging Middle Class in Developing Countries." Research area: Global Development Outlook. Working Paper No. 285, OECD Development Centre, Paris. https://www.oecd.org/dev/44457738.pdf.

Kornai, János. 1986. "The Soft Budget Constraint." Kyklos 39 (1): 3–30.

Kuper, Marcel, Ali Hammani, Anne Chohin, Patrice Garin, and Mohamed Saaf. 2012. "When Ground Water Takes Over: Linking 40 Years of Agricultural and Groundwater Dynamics in Large-Scale Irrigation Scheme in Morocco." Irrigation and Drainage 61 (Suppl. 1): 45–53.

Landes, D. S. 1998. The Wealth and Poverty of Nations: Why Some Are So Rich and Some So Poor. New York: Norton.

Lipson, Rachel, Salim Benouniche, Keita Abdoulaye, and Khadija Faridi. 2014. "Public Procurement Reform in Morocco." MENA Knowledge and Learning Quick Notes Series No. 117. World Bank, Washington, DC.

Lo, Moubarack. 2016. "Relations Maroc-Afrique subsaharienne : quel bilan pour les 15 dernières années ?" OCP Policy Center Research Paper RP-16/10. Royaume du Maroc.

McMillan, Margaret S. and Rodrik, Dani. 2011. "Globalization, Structural Change and Productivity Growth" NBER Working Paper No. 17143. National Bureau of Economic Research, Cambridge, MA.

Ministère de l'Économie et des Finances. 2015a. "Le secteur automobile au Maroc : vers un meilleur positionnement dans la chaîne de valeur mondiale." Direction des Études et des Prévisions Financières. Royaume du Maroc.

———. 2015b. "Relations Maroc-Afrique : l'ambition d'une nouvelle frontière." Direction des Études et des Prévisions Financières. Morocco.

———. 2015c. "Des inégalités régionales sous le prisme de l'accès aux droits humains: de la multiplicité à l'indivisibilit é." Direction des Études et des Prévisions Financières. Morocco.

———. 2015d. "Rapport sur les ressources humaines." Annexe au projet de loi de finances 2015. Morocco.

———. 2015e. "Situation et perspectives de l'économie nationale: Au-delà de l'écran comptable, la transformation structurelle continue." Direction des Études et des Prévisions Financières. Morocco.

———. 2015f. "Rapport sur les dépenses fiscales." Annexe au projet de loi de finances 2015. Morocco.

———. 2016. "Rapport d'Activité 2015." Direction des Études et des Prévisions Financières. Royaume du Maroc.

Ministère en charge de l'Eau et de l'Environnement. 2009 . " Stratégie nationale de l'eau". Royaume du Maroc.

Ministère en charge de l'Eau et de l'Environnement. 2011. " Programme de protection des ressources en eaux souterraines au Maroc ." Secrétariat d'État chargé de l'eau et de l'environnement, April 14. Royaume du Maroc.

———. 2016. "3ᵉ Communication nationale du Maroc à la Convention-Cadre des Nations Unies sur le changement climatique: Des mesures d'atténuation proposées à l'horizon 2040." Royaume du Maroc.

Nations Unies (UNSTATS). 2013. "Système de comptabilité économique et environne-mentale de l'eau (SCEE-Eau)." Département des affaires économiques et sociales. Organisation des Nations Unies. New York.

Observatoire National du Développement Humain (ONDH). 2013. Évaluation des réalisations de la première phase de l'INDH (2005–2010) et de leurs effets sur les populations cibles. Royaume du Maroc.

Organisation des Nations Unies. 2015. "Rapport sur le bonheur 2015." Edited by John Helliwell, Richard Layard, and Jeffrey Sachs.

Pew Research Center. 2015. "A Global Middle Class Is More Promise than Reality." Washington, DC.

Programme des Nations Unies pour le Développement (PNUD). 2015. Human Development Report 2015: Work for Human Development. New York.

Revue Economia. 2009. La classe moyenne, c'est qui ? No 9.

Rodrik, Dani. 2013. "Unconditional Convergence." NBER Working Paper No. 17546. National Bureau of Economic Research, Cambridge, MA.

———. 2015. "Premature Deindustrialization." NBER Working Paper No. 20935. National Bureau of Economic Research, Cambridge, MA.

SM le Roi Mohammed VI. 2014. "Discours du Trône." Royaume du Maroc.

Solow, Robert M. 1957. "Technical Change and the Aggregate Production Function." *Review of Economics and Statistics* 39 (3): 312–20.

Stiglitz, J., A. Sen, and J. P. Fitoussi. 2009. "Rapport de la Commission sur la mesure des performances économiques et du progrès social." Éditions Odile Jacob.

Timmer, Marcel P., Gaaitzen de Vries, and Klaas de Vries. 2015. "Patterns of Structural Change in Developing Countries." In Routledge Handbook of Industry and Development, edited by John Weiss & Michael Tribe. New York: Routledge, 65–83.

United Nations. 2017. World Happiness Report 2017, edited by John Helliwell, Richard Layard, and Jeffrey Sachs. New York: United Nations.

United Nations Development Programme (UNDP). 2015. Human Development Report 2015: Work for Human Development. New York: UNDP.

United Nations Educational, Scientific and Cultural Organization (UNESCO). 2014. Rapport mondial de suivi sur l'EPT. "Enseigner et apprendre: Atteindre la qualité pour tous," UNESCO, Paris.

———. 2016. The UNESCO Institute for Statistics (UIS). http://www.uis.unesco.org/Pages/default.aspx.

United Nations Statistics Division (UNSTATS). 2013. "System of Environmental Accounting for Water (SEEA-Water)." Department of Economic and Social Affair s, Statistics Division. United Nations, New York.

Verme, Paolo, and Khalid El-Massnaoui. 2015. "An Evaluation of the 2014 Subsidy Reforms in Morocco and a Simulation of Further Reforms." World Bank Policy Research Working Paper 7224. World Bank, Washington, DC.

Wijnen, Marcus, Benedicte Augeard, Bradley Hiller, Christopher Ward, and Patrick Huntjebs. 2012. "Managing the Invisible. Understanding and Improving Groundwater Governance." Water Papers. World Bank, Washington, DC.

Quel Maroc à l'horizon 2040 ?

« La productivité n'est pas tout, mais à long terme c'est presque tout. La capacité d'un pays à améliorer son niveau de vie dans le temps dépend presque entièrement de sa capacité à augmenter sa production par travailleur. »

— Paul Krugman

L'objet de ce second chapitre est de se projeter en 2040, c'est-à-dire à l'horizon de la prochaine génération. Le Maroc a été capable de relancer le moteur de la croissance à la fin des années 1990, après une décennie de performance économique et sociale insuffisante au regard des aspirations des Marocains. Sous quelles conditions le Maroc pourrait-il aujourd'hui accélérer davantage son taux de croissance et le maintenir à un niveau élevé pendant les prochaines décennies ? Comme cela a été examiné dans le chapitre précédent, la recherche d'une croissance plus élevée n'est pas un but en soi mais le moyen d'atteindre des objectifs sociaux ambitieux, d'améliorer le niveau de vie de la population et d'enrichir le pays de manière durable, équitable et respectueuse de l'environnement. Ce chapitre s'intéresse donc autant à la quantité qu'à la qualité de la croissance et à ce que recouvre l'accumulation de richesse qui l'accompagne.

À ce jour, le Maroc n'a pas encore pleinement emprunté la voie du développement qui est habituellement associée aux « miracles économiques » tels que ceux qu'ont connus certains pays d'Europe du sud, d'Asie du Sud-Est ou d'Europe centrale et orientale. Trouver le moyen d'atteindre et de conserver un niveau plus élevé de croissance économique inclusive et de création d'emplois constitue donc l'un des défis politiques et économiques majeurs pour le Maroc. C'est ce qu'a souligné le Conseil économique, social et environnemental (CESE) dans un rapport qui relève que « la mise en œuvre rapide et un pilotage efficace des politiques nationales destinées à accélérer la croissance économique sont d'autant plus importants que le Maroc est confronté à de nombreux défis sociaux (CESE 2013) ». De fait, les institutions et les politiques qui soutiennent la croissance économique ont en général pour effet, non seulement de sortir la population de la pauvreté, mais aussi d'accroître en moyenne et proportionnellement les revenus des personnes pauvres et ainsi de promouvoir une prospérité partagée (Dollar, Kleineberg et Kraay 2013).

1. Une fenêtre d'opportunité à saisir

Lorsque l'on se projette à l'horizon de la prochaine génération, il est important de tenir compte des tendances profondes et structurelles qui sont d'ores et déjà à l'œuvre dans la société et qui contribueront à forger le Maroc de demain. La société marocaine est traversée par trois tendances de fond dont les effets potentiellement positifs sont déjà à l'œuvre et influenceront l'avenir du pays : un phénomène d'aubaine démographique ; l'urbanisation de la société ; et la montée du niveau de formation de la population. La combinaison de ces trois tendances a été observée dans tous les pays qui ont réussi leur envol économique depuis un demi-siècle, tant en Europe du sud (Espagne, Italie, Portugal) qu'en Asie (Corée du Sud, Taïwan, Chine, etc.). Le Maroc semble donc réunir aujourd'hui l'ensemble des conditions nécessaires pour mener à bien son processus de convergence économique et sociale. Mais ces conditions favorables sont aussi porteuses de risques : celui de ne pas être en mesure de créer des emplois en nombre suffisant ; celui de ne pas être capable de générer les effets positifs d'agglomération (ce qui conduirait à subir les effets négatifs de congestion urbaine) ; et le risque de ne pas être en mesure de proposer une offre

éducative de qualité à la jeunesse marocaine. Si ces risques ne sont pas éliminés ou du moins fortement atténués par des politiques publiques adaptées, le Maroc pourrait rater une opportunité unique dans son histoire.

Un dividende démographique

Le Maroc est en voie d'achever sa transition démographique et bénéficie aujourd'hui d'une formidable aubaine démographique. Le taux de fécondité a connu une baisse spectaculaire depuis un demi-siècle : alors que les femmes marocaines avaient en moyenne 7 enfants en 1960, elles n'en ont plus que 2,2 aujourd'hui (voir figure 2.1 (HCP 2015a)). Ce taux se situe à la limite du seuil requis pour le renouvellement de la population et s'approche sensiblement des taux observés dans les pays riches. Il est intéressant de noter que cette évolution concerne aussi bien le milieu urbain (où l'on compte 2 enfants par femme) que le milieu rural (qui recense 2,6 enfants par femme). La propension des femmes à faire moins d'enfants reflète des changements sociaux profonds. Tout d'abord, même s'il reste beaucoup à faire en ce domaine dans le milieu rural, le taux de mortalité infantile a été fortement réduit, passant de 145 (pour 1 000 naissances) en 1960 à 24 en 2015. Le risque de perdre son enfant déclinant, les femmes sont moins incitées à multiplier les naissances. Ensuite, les moyens de contraception se sont largement diffusés, notamment sous l'effet de programmes de planification familiale. Aujourd'hui, il est estimé qu'environ 67 % des femmes mariées utilisent des moyens contraceptifs. Le recul de l'âge du mariage constitue un autre changement social profond. En 1960, les hommes se mariaient en moyenne à l'âge de 24 ans et les femmes à l'âge de 17 ans. En 2014, ces âges

Figure 2.1 Maroc : évolution de l'indice synthétique de fécondité par milieu de résidence, 1962–2014

(Nombre d'enfants par femme)

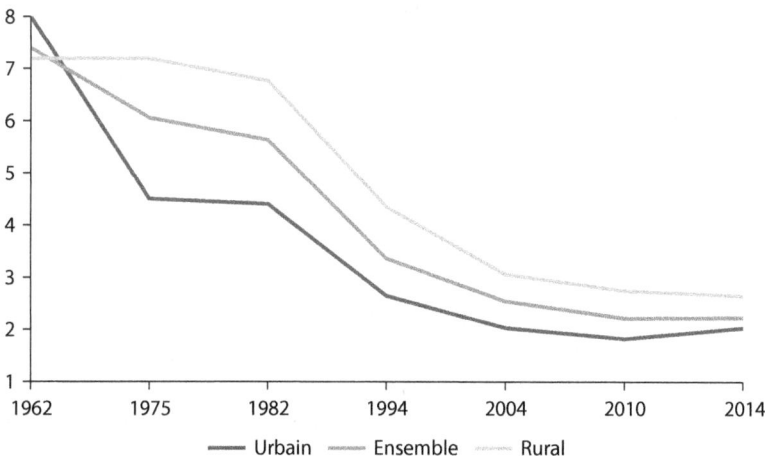

Source : Haut-Commissariat au Plan, 2015.

Figure 2.2 Maroc : population totale, 1960–2050
(En millions)

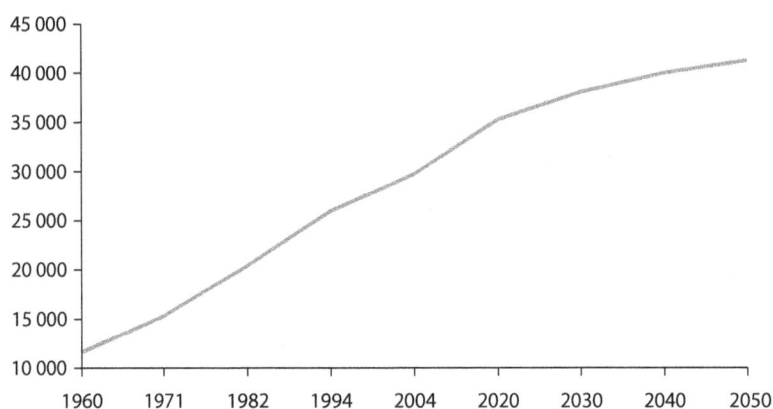

Source : Haut-Commissariat au Plan, sur la base du recensement 2004.

sont passés respectivement à 31,2 ans et 25,8 ans. Enfin, la généralisation de l'instruction primaire pour les filles a également contribué au changement des mentalités et à la chute de la fécondité.

La chute de la fécondité va entraîner une modération de la croissance de la population et l'inversion de la pyramide des âges. D'après le recensement de 2014, le Maroc compte 33,8 millions d'habitants. Le taux d'accroissement de la population a atteint seulement 1,2 % entre 2004 et 2014 et devrait continuer de ralentir durant les prochaines décennies. En 2040, les projections suggèrent que la population marocaine atteindra 40 millions (voir figure 2.2). La population additionnelle, qui est de l'ordre de 350 000 personnes par an actuellement, devrait donc baisser tendanciellement pour atteindre 165 000 personnes par an à l'horizon 2040, soit moins de la moitié du chiffre moyen observé entre 1980 et 2010 (400 000 par an). Avec la baisse de la fécondité, la base de la pyramide des âges s'est sensiblement rétrécie. La part des jeunes de moins de 15 ans est passée de 44 % en 1960 à 25 % en 2014 et continuera de baisser pour atteindre 18 % en 2040. Parallèlement, la proportion des personnes en âge de travailler (15–59 ans) s'inscrit dans un schéma de hausse car elle est passée de 48 % en 1960 à un pic d'environ 64 % actuellement. Cette proportion devrait se maintenir au-dessus de 60 % jusqu'en 2040 avant de baisser significativement ensuite, compte tenu du vieillissement de la population.

Le Maroc est entré dans une période d'aubaine démographique avec un taux de dépendance qui restera bas jusqu'en 2040. Les Marocains ont gagné quasiment 30 ans d'espérance de vie depuis un demi-siècle. Celle-ci est passée de 47 ans en 1960 à 75 ans aujourd'hui. La part des personnes âgées de plus de 60 ans augmentera jusqu'à constituer 24 % de la population totale en 2050, contre 10 % en 2010 et 7 % en 1960. Ainsi, le Maroc connaît actuellement une situation d'aubaine démographique, qui se caractérise par un niveau historiquement élevé de la population en âge de travailler. Le taux de dépendance (c'est-à-dire la part des jeunes et des personnes âgées dans la population totale) restera durablement bas, à environ 50 % durant les 25 prochaines années, et ne remontera qu'à partir de 2040 (voir figure 2.3). Durant les trois prochaines décennies, ce sont en moyenne 550 000 jeunes qui atteindront chaque année l'âge de travailler. Ce flux était de 400 000 en 1980 et il a culminé à un niveau historique en 2014 avec un chiffre de 640 000. Il devrait désormais s'inscrire dans une tendance à la baisse pour atteindre 500 000 en 2050.

Figure 2.3 Taux de dépendance, comparaison internationale, 1950–2100
(part des moins de 15 ans et des plus de 65 ans dans la population)

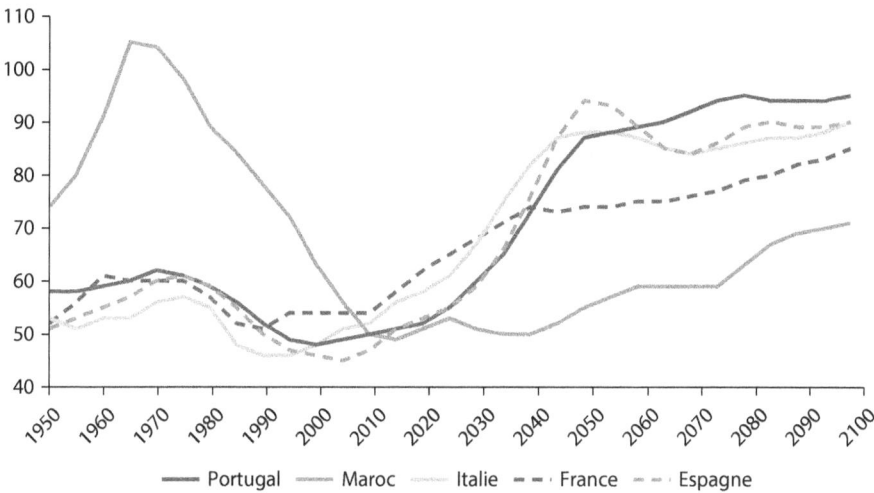

Source : IDM 2016, Banque mondiale.

Le phénomène d'aubaine démographique renforce significativement la croissance potentielle du Maroc. Plusieurs études ont démontré l'existence d'un lien étroit entre la croissance économique et la dynamique démographique. Selon certains économistes, près d'un tiers de la croissance réalisée par les « dragons asiatiques » serait imputable à l'aubaine démographique dont ils ont bénéficié (voir figure 2.4) (Bloom, Canning et Sevilla 2001). Cette influence opère à travers trois principaux canaux de transmission. Tout d'abord, sur le plan purement comptable, une plus grande proportion de personnes en âge de travailler dans la population rehausse le potentiel de croissance et élève mécaniquement le PIB par habitant. Ensuite, la baisse du taux de dépendance allège les dépenses contraintes des ménages et conduit à une hausse du taux d'épargne à l'échelle macroéconomique, ce qui permet d'améliorer les conditions de financement de l'investissement. Enfin, la baisse du taux de fécondité s'accompagne généralement d'une plus grande participation

Figure 2.4 Part des 15–64 ans dans la population totale, 1966–2015
(En pourcentage)

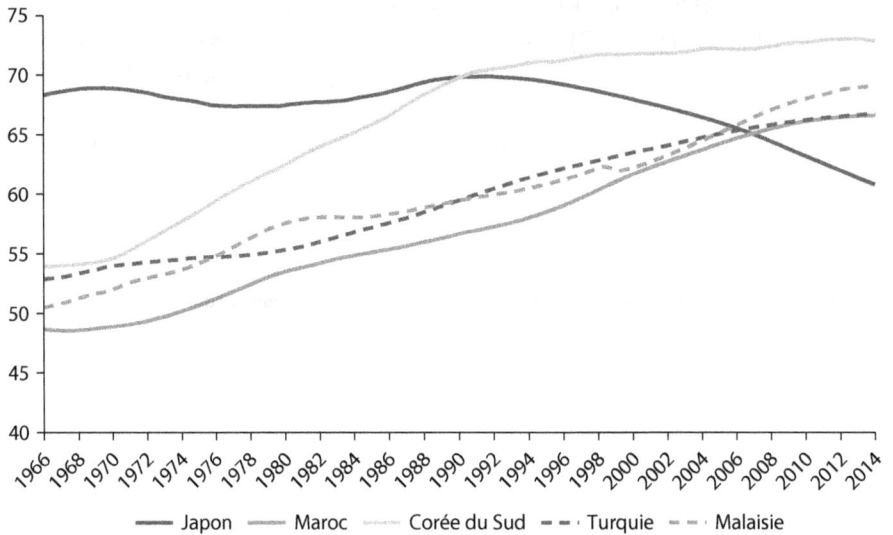

Source : IDM 2016, Banque mondiale.

des femmes au marché du travail, ce qui élève davantage le taux d'emploi et le potentiel de croissance.

Mais l'aubaine démographique ne se concrétisera que si l'économie est capable de générer les emplois pour absorber l'offre de travail, notamment des jeunes et des diplômés. Disposer d'une large population en âge de travailler est un atout essentiel pour la croissance, à condition que cette population soit effectivement employée. Or, comme il a été souligné au chapitre précédent, le Maroc se caractérise par un taux d'emploi particulièrement faible : seulement 42,8 % de la population en âge de travailler (15–64 ans) dispose d'un emploi et ce taux tombe à 38,1 % en milieu urbain. Le fait que moins de la moitié des jeunes âgés de 25 à 34 ans en milieu urbain dispose d'un emploi constitue un phéno-mène plus inquiétant encore (voir figure 2.5). Ce niveau de participation est faible par rapport à de nombreux pays. Dans la plupart des pays émergents, plus de 70 % des jeunes de cette tranche d'âge sont employés (Mexique, Pologne ou Brésil). Même dans les pays ayant récemment subi une crise économique majeure, comme l'Espagne ou la Grèce, les taux d'emploi des jeunes sont plus élevés qu'au Maroc qui se situe lui dans une conjoncture économique normale (63 % en Espagne, 56 % en Grèce en 2013).

La performance récente de l'économie marocaine en termes de création d'emplois n'est pas encourageante. Au cours de la dernière décennie, la popula-tion en âge de travailler (15 ans et plus) a augmenté en moyenne de 1,6 % par an, avec des dynamiques très contrastées entre milieu urbain (2,1 %) et milieu rural (0,8 %). Chaque année, ce sont ainsi 350 000 personnes qui s'ajoutent à la popu-lation en âge de travailler (environ 280 000 en milieu urbain et 70 000 en milieu

Figure 2.5 Maroc : taux d'emploi des jeunes (15–34 ans) par milieu, âge et qualifications, 2015
(En pourcentage)

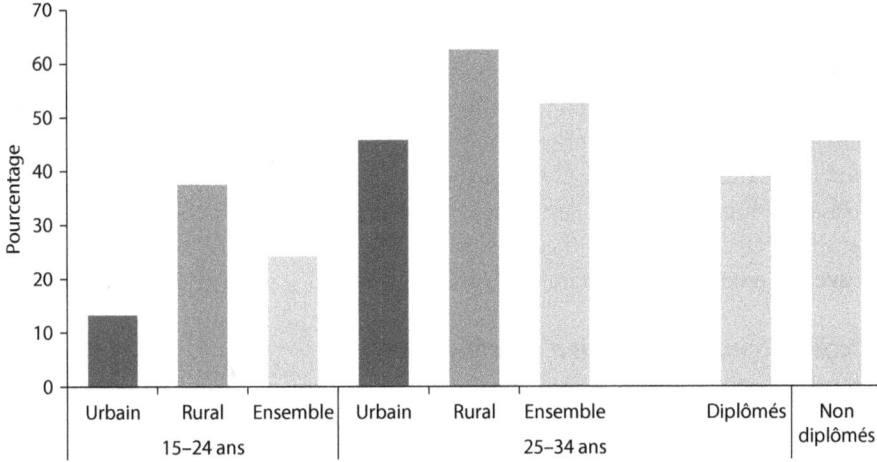

Source : Haut-Commissariat au Plan.

rural). Mais la création d'emplois n'a pas été suffisante pour absorber ce flux. En effet, à l'échelle nationale, l'emploi a progressé de 1 % par an, de 1,8 % en milieu urbain et de -0,3 % en milieu rural. Entre 2010 et 2015, sous l'effet du ralentissement conjoncturel, la création nette d'emplois en milieu urbain n'a pas dépassé annuellement 61 000 postes. Par rapport à la taille de sa population, le Maroc crée deux fois moins d'emplois que l'Égypte et trois fois moins que la Malaisie (voir figure 2.6).

Figure 2.6 Création nette d'emplois, moyenne 2010–2014
(En pourcentage de la population en âge de travailler)

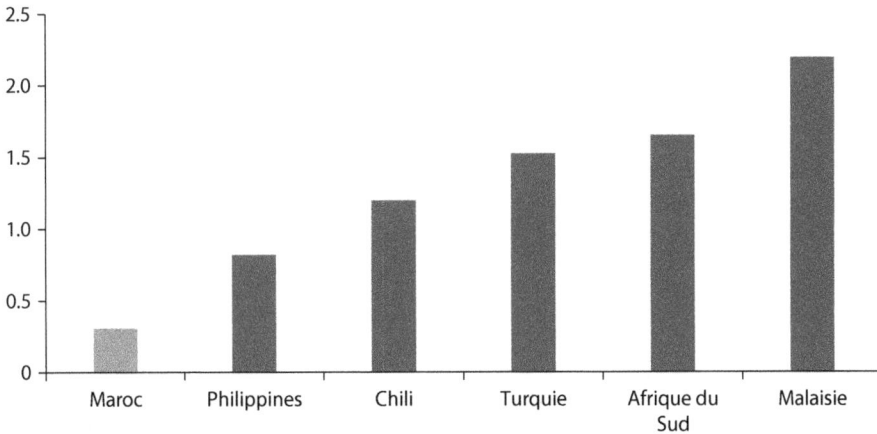

Source : ILOSTAT 2015.

Pour espérer converger vers les taux d'emplois observés dans les pays émergents, le Maroc a besoin de soutenir une croissance durable plus forte, proche de 5 % en moyenne. Dans les années à venir, la pression sur le marché de l'emploi aura tendance à s'atténuer avec le ralentissement de la croissance de la population en âge de travailler. Celle-ci ne devrait plus augmenter que de 200 000 personnes par an durant la prochaine décennie, contre 350 000 durant la décennie passée. La croissance économique, en particulier celle du PIB non agricole, constitue, à côté de l'évolution démographique, une autre variable déterminante pour la création d'emplois. Compte tenu des gains de productivité, un taux de croissance supérieur à 2 % est requis pour amorcer un processus de création d'emplois et c'est un taux d'au moins 4 % qui est nécessaire pour absorber les nouveaux entrants sur le marché du travail.

L'accélération du processus d'urbanisation

L'accélération du processus d'urbanisation est une autre opportunité à saisir pour le Maroc. D'après le recensement de 2014, 60 % des Marocains vivent aujourd'hui en milieu urbain contre 29 % en 1960, 41 % en 1980 et 55 % en 2004 (voir figure 2.7). Ces dix dernières années, le processus d'urbanisation s'est accéléré, avec une hausse de 0,5 point de pourcentage par an (contre 0,4 durant la décennie précédente). À ce rythme, le taux d'urbanisation pourrait atteindre 72 % à l'horizon 2040. Le Maroc rejoindrait alors le niveau d'urbanisation déjà atteint dans plusieurs pays émergents et développés.

Jusqu'à présent, l'exode rural s'est accompagné d'une réduction relativement lente du nombre d'agriculteurs. Le Maroc compte aujourd'hui près de 4 millions d'agriculteurs, représentant 38 % de l'emploi total dans le pays. Le nombre

Figure 2.7 Maroc : part de la population urbaine dans la population totale, 1966–2015
(En pourcentage)

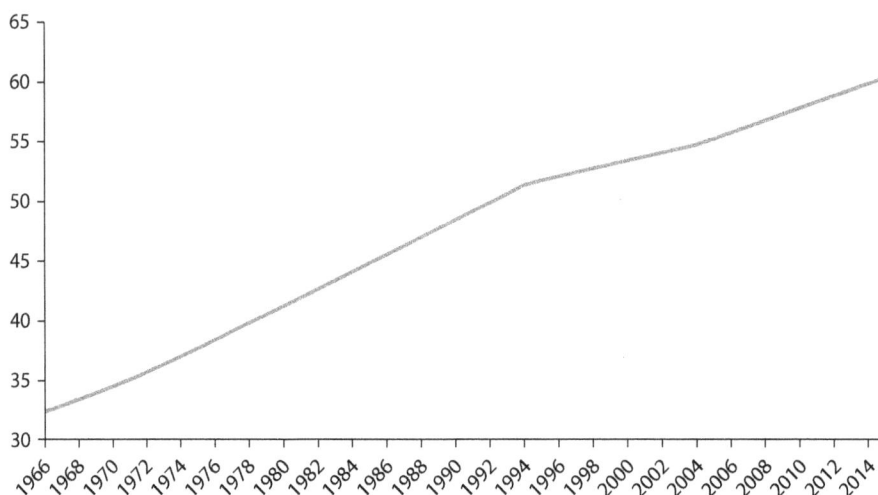

Sources : Haut-Commissariat au Plan 2015 et IDM 2016, Banque mondiale.

Le Maroc à l'horizon 2040 • http://dx.doi.org/10.1596/978-1-4648-1078-7

d'agriculteurs tend à baisser, mais à un rythme particulièrement lent, de l'ordre de 0,5 % par an. Dans les pays plus avancés que le Maroc, la sortie de l'agriculture s'est faite beaucoup plus rapidement, à un rythme d'environ 3 % par an (moyenne observée en Espagne, au Portugal, en Italie et en France, mais aussi chez les « dragons asiatiques » comme la Corée du Sud et Taïwan). La réduction massive des effectifs dans le secteur agricole est un phénomène général qui se manifeste dans tous les pays qui se sont développés, sans exception connue. Au cours de son processus de développement, le Maroc suivra probablement ce chemin, même si le rythme est différent. La baisse des effectifs dans l'agriculture permettra d'améliorer la productivité, avec la diminution des « aides familiales » qui représentent 45 % de l'emploi agricole et dont la contribution à la production est relativement limitée. Le phénomène d'exode rural et de sortie de l'agriculture sera fortement stimulé par la généralisation de la scolarisation en milieu rural. En effet, l'expérience internationale démontre que les jeunes éduqués sont sensiblement plus enclins à quitter la campagne pour la ville. Cependant, dans le cas du Maroc, l'accélération de l'urbanisation devrait être plus faible. Les estimations indiquent que les membres les plus éduqués d'un ménage sont moins susceptibles de migrer vers les zones urbaines, en comparaison avec les membres les moins éduqués (Bouoiyour et al. 2017)

L'urbanisation est potentiellement source de gains de productivité et en étroite corrélation avec le niveau de développement des nations. Le processus d'urbanisation est souvent perçu comme une réalité négative car porteuse de nombreux déséquilibres. Or, la recherche académique a démontré que, au contraire, l'urbanisation est un formidable vecteur de développement économique et social (Glaeser 2012). Sur le plan économique, la concentration des personnes dans des aires urbaines génère des effets d'agglomération : plus les villes sont grandes, plus les économies d'échelle et la productivité sont élevées, plus les idées circulent facilement et plus les opportunités sont nombreuses. Au niveau social, les habitants des villes ont généralement accès à des services publics de meilleure qualité et plus efficients (hôpitaux, écoles, réseaux de communication et de transport etc.).

Dans une économie mondialisée, le développement des pays est désormais porté par des grandes métropoles qui disposent d'une taille critique leur permettant d'être compétitives à l'échelle globale. Certains économistes, dont l'économiste en chef de la Banque mondiale, ont même avancé le point de vue qu'une politique industrielle sans politique d'urbanisation était condamnée à l'échec, alors qu'une politique d'urbanisation réussie sans politique industrielle était parfaitement viable et capable de soutenir le processus de rattrapage économique (Romer 2015). La croissance des villes devrait donc s'accompagner de politiques adaptées pour tirer pleinement profit de l'urbanisation. L'expérience de la Corée du Sud est particulièrement éclairante à cet égard (voir figure 2.8). Le processus d'urbanisation génère aussi bien des effets d'agglomération positifs que des coûts de congestion porteurs de tensions et de nuisances. La capacité à contenir les coûts de congestion grâce à une planification urbaine de qualité est donc essentielle pour réaliser le potentiel de développement offert par l'urbanisation.

Figure 2.8 Comparaison internationale de la part de la population urbaine dans la population totale, 1966–2015

(En pourcentage)

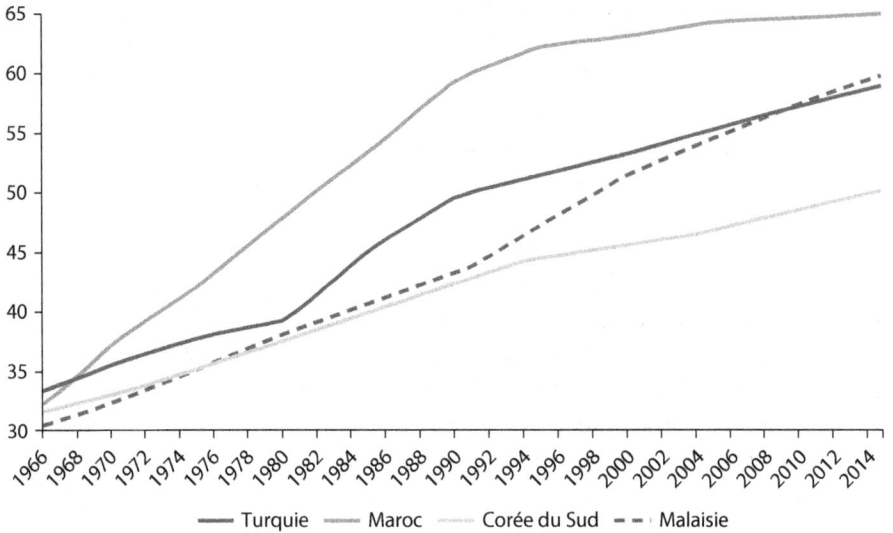

Source : IDM, Banque mondiale.

Au Maroc, le dernier recensement confirme la dynamique de polarisation de la population autour des grandes villes, avec toutefois un phénomène d'étalement urbain. Sept villes concentrent 25 % de la population totale et 41 % de la population urbaine. Le dernier recensement indique cependant que la croissance urbaine est surtout absorbée par la périphérie des villes, ce qui se traduit par un phénomène important d'étalement urbain. À titre d'exemple, alors que la population de la région du Grand Casablanca a augmenté de 1,6 %, la population de la ville de Casablanca (hors villes périphériques) n'a progressé que de 1 %. De même, la région de Rabat-Salé-Kenitra a vu son nombre d'habitants augmenter de 1,3 % alors que la population de Rabat a, elle, régressé de 0,8 %. Enfin, la croissance de la population de la région de Marrakech-Safi s'est établie à 1,4 %, la ville de Marrakech n'enregistrant qu'une croissance de 1,1 %.

L'insuffisance de la planification urbaine et la spéculation foncière, notamment la rétention de terrain, ont eu pour conséquence une limitation structurelle de l'offre de foncier constructible dans les grandes villes marocaines, ce qui a alimenté l'inflation des prix de l'immobilier. Ainsi, face à une offre quasiment inélastique, la croissance de la demande dans les années 2000 a porté les prix de l'immobilier à des niveaux élevés par rapport aux réalités économiques fondamentales. Or, la cherté du prix de l'immobilier pèse lourdement sur le budget des ménages, alimente l'endettement et contribue de façon déterminante à l'étalement urbain. Dans la plupart des pays développés, les ménages acquièrent leur logement à un prix équivalent à 3 ou 4 fois leur revenu annuel (demographia, affordability index). Lorsqu'il dépasse ce taux, les experts considèrent qu'il s'agit alors de bulle immobilière. Dans le cas du Maroc, selon des informations collectées auprès des banques commerciales, les ménages acquièrent leur logement à un prix équivalent à 6 à 8 fois leur revenu annuel (hors logement social).

La croissance soutenue des grandes villes marocaines devrait être perçue et encouragée comme un atout dans la compétition mondiale. Les villes marocaines recèlent un potentiel de croissance élevé, notamment en matière de coefficient d'occupation des sols et de verticalité. En effet, même Casablanca, la plus grande ville du Maroc, peuplée de 3,3 millions d'habitants, reste une ville de taille moyenne comparée aux métropoles d'autres pays émergents (par exemple, Kuala Lumpur compte 7 millions d'habitants, Istanbul 9 millions et Santiago 7 millions). Au Maroc, les politiques urbaines méritent d'être fortement améliorées. Un nombre croissant de ménages est contraint d'habiter dans les périphéries urbaines pour profiter de prix de l'immobilier plus modérés. Mais ces zones sont généralement mal desservies en transport collectif et seulement 23 % des ménages urbains possèdent une voiture individuelle (HCP 2015). À titre de comparaison, en 1960, le taux de motorisation des ménages français était de 30 %. Le mode d'urbanisation actuel pose donc de grands problèmes de mobilité. En outre, les coûts de congestion risquent de diminuer, voire d'annuler les effets positifs de la dynamique d'agglomération. Afin d'améliorer la gouvernance foncière, le gouvernement a mis en place en 2016, dans la foulée des Assises nationales sur la politique foncière de l'État, une Commission ministérielle permanente en charge de la politique foncière[1].

La montée des niveaux de formation
Le Maroc s'est engagé dans un processus de généralisation rapide de l'enseignement qui est potentiellement porteur d'importants bénéfices économiques à moyen terme. Aujourd'hui, il est estimé que le taux de scolarisation moyen au Maroc est de cinq années. Cette durée de scolarisation est faible par rapport à celle que connaissent d'autres pays en développement (6,7 en Algérie ; 7,5 en Tunisie ; 9,8 au Mexique ; 10 en Malaisie[2]). Néanmoins, l'accès à la formation progresse de manière soutenue depuis deux décennies à la faveur de la politique de généralisation de l'enseignement conduite par le gouvernement. En 1990, seulement 55 % des enfants de 6 à 11 ans étaient scolarisés au Maroc. Les efforts consentis par le pays en matière éducative ont permis de porter ce taux à 98 % en 2014. Le Maroc a donc quasiment atteint l'Objectif du Millénaire pour le développement relatif à l'accès universel à l'enseignement primaire. Malgré un taux de non-fréquentation scolaire qui reste élevé, la hausse de la scolarisation dans l'enseignement primaire s'est traduite par une très forte croissance du nombre d'élèves inscrits dans l'enseignement secondaire et dans l'enseignement supérieur. Cette évolution est reflétée par le nombre de bacheliers, qui suit une dynamique explosive. En effet, ce nombre est passé de 50 000 en 1990 à 90 000 en 2000, pour atteindre 205 000 en 2014. Les projections à moyen terme indiquent que cette tendance devrait se poursuivre, portant le nombre de bacheliers à 300 000 à l'horizon 2020. À cette date, 50 % d'une classe d'âge sera détentrice du baccalauréat, contre 30 % aujourd'hui et 10 % en 1990. La croissance exponentielle des

flux de bacheliers se transmet mécaniquement à l'enseignement supérieur qui connaît, lui aussi, une explosion de ses effectifs. Sur la base des données actuelles, il est possible d'estimer qu'un peu plus d'un bachelier sur deux obtient un diplôme de l'enseignement supérieur. Le nombre de jeunes diplômés pourrait donc augmenter proportionnellement au nombre de bacheliers pour atteindre environ 130 000 en 2020, contre environ 100 000 aujourd'hui.

La montée du niveau de formation pourrait transformer radicalement le marché de l'emploi. Le retard accumulé par le Maroc en matière de scolarisation a conduit à un faible niveau d'éducation de la main-d'œuvre. En 2013, 63 % des personnes marocaines actives n'avaient aucun diplôme, pas même un diplôme d'enseignement primaire. À peine 11,4 % d'entre eux ont au moins le baccalauréat à l'échelle nationale, avec un taux légèrement supérieur en milieu urbain (21 %). Compte tenu des tendances observées en matière de scolarisation, la proportion des jeunes diplômés parmi les travailleurs va considérablement augmenter durant les prochaines décennies. Elle pourrait atteindre environ 30 % de l'emploi total selon les projections. En comparaison, 50 % de la main-d'œuvre actuelle en France dispose au moins du baccalauréat. L'accroissement du niveau de qualification est un phénomène économique important, car il devrait permettre d'accompagner la montée en gamme technologique.

En effet, le développement économique ne consiste pas tant à produire « plus » de biens, qu'à produire des biens « différents », plus riches en valeur ajoutée et à plus fort contenu technologique (Hausman, Hwang et Rodrik 2005). Ce processus de transformation structurelle exige un niveau de capital humain élevé et des travailleurs compétents formés à l'utilisation de nouvelles technologies. Ce n'est donc pas un hasard si les « miracles économiques » se sont produits dans des pays qui disposaient d'un niveau d'éducation de base relativement élevé. À titre d'exemple, la durée de scolarisation moyenne en Corée du Sud était de cinq années en 1960, un niveau que le Maroc n'a atteint qu'en 2010. Le capital humain est tout particulièrement important dans une économie de l'information et du savoir marquée par l'accélération du progrès technique et l'automatisation des processus de production. Même les fonctions les plus simples requièrent désormais un niveau de qualification bien plus élevé qu'auparavant (un phénomène qualifié de « skill-biaised technology » (Cohen et al. 2002). L'élévation très rapide du niveau de qualification de la population marocaine constitue donc un atout potentiel majeur permettant au pays de réussir la montée en gamme technologique de son économie et d'ancrer celle-ci avantageusement dans les chaînes de valeur mondiales.

Pour ce faire, comme il sera détaillé dans le chapitre 5, il est important d'améliorer la qualité de l'enseignement afin que les élèves acquièrent de véritables compétences. Dans un ouvrage récent intitulé « La scolarisation n'est pas l'éducation », l'économiste de Harvard Lant Pritchett souligne que la généralisation quantitative de l'enseignement dans les pays en développement n'a pas nécessairement conduit à une accumulation de capital humain (Pritchett 2013). Il note en effet que de nombreux pays en développement réussissent à assurer la présence physique des enfants en classe, sans pour autant leur transmettre les bases de la lecture et du calcul. Le Maroc s'inscrit pleinement dans ce schéma. La généralisation de l'enseignement engagée dans les années 1990 s'est accompagnée d'une détérioration très substantielle de la qualité de celui-ci. En 2008, une évaluation nationale des acquis scolaires conduite par le Conseil supérieur de l'enseignement a conclu que les élèves n'assimilaient pas plus de 30 % du programme officiel, quelle que soit la discipline considérée. Les tests internationaux confirment également ce diagnostic. Le Maroc est classé au dernier rang des pays dans le classement PIRLS mesurant la maîtrise de la lecture, et avant-dernier dans le classement TIMSS qui concerne les mathématiques. Seulement 21 % des enfants âgés de 10 ans maîtrisent les bases de la lecture, contre une moyenne de 87 % à l'échelle mondiale (voir figure 2.9). Les spécialistes en éducation considèrent que l'absence de maîtrise de la lecture à cet âge produit des effets irréversibles sur le développement cognitif de l'enfant à long terme et affecte très négativement la productivité à l'âge adulte (voir la section consacrée à la petite enfance au chapitre 5). Au-delà de

Figure 2.9 Élèves de 10 ans capables de lire un texte de base (grade 4)
(En pourcentage)

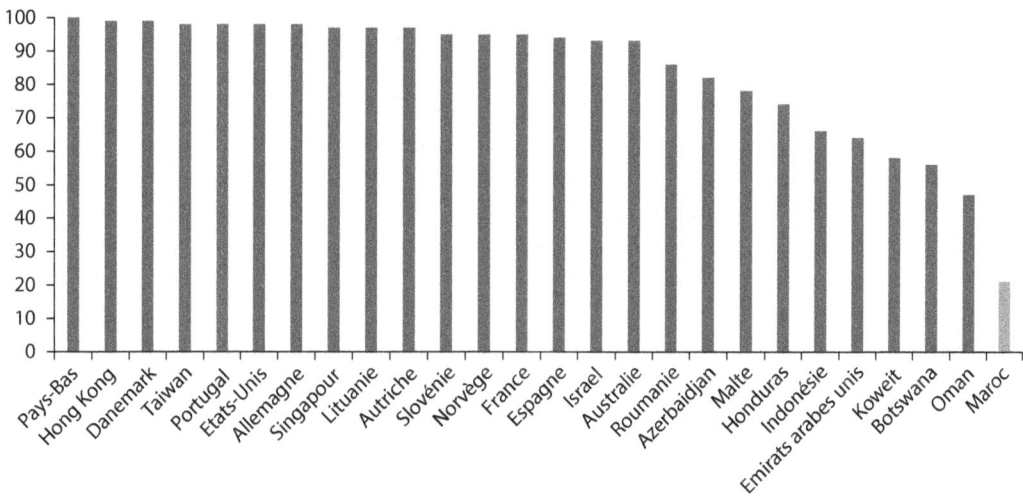

Source : UNESCO 2014.

l'enseignement initial, la faible qualité de l'éducation se transmet à l'enseignement supérieur, entraînant une dégradation sensible de la valeur intrinsèque des diplômes. Cependant, ceux-ci restent la meilleure assurance contre le chômage, même si la perception peut être parfois différente (voir encadré 2.1).

Il faut également que cette montée du niveau de formation se traduise par une plus forte participation des femmes à la vie active. L'une des caractéristiques les plus visibles du marché du travail marocain est la faiblesse persistante de l'emploi féminin. En milieu urbain, seulement 14 % des femmes en âge de travailler disposent d'un emploi, contre 60 % pour les hommes. Même pour les jeunes femmes âgées de 25 à 35 ans, ce taux n'est que de 19 %. Sur un plan historique, il n'est perçu aucune progression de ce taux, malgré l'amélioration du niveau de

Encadré 2.1 Même au Maroc, un diplôme reste la meilleure assurance contre le chômage

Le fait que le taux de chômage des diplômés marocains soit supérieur au taux de chômage des non diplômés ne doit pas conduire à la conclusion que le diplôme aggrave le chômage. En réalité, le taux de chômage des diplômés est plus élevé car leur taux d'activité est bien supérieur à celui des non diplômés (ils cherchent plus activement du travail). Lorsqu'il est tenu compte de ce biais, il ressort que le taux d'emploi des jeunes détenteurs d'un diplôme de l'enseignement supérieur (56 %) est plus élevé que celui des non diplômés (48 %). Ainsi, de manière générale, le diplôme améliore l'employabilité des jeunes. Il est vrai néanmoins que l'employabilité varie sensiblement en fonction du type de diplôme obtenu. Le taux d'emploi est particulièrement élevé pour les lauréats des grandes écoles (80 %) et des instituts de formation des techniciens supérieurs (64 %). Il est au contraire faible pour les titulaires d'une licence universitaire ou d'un diplôme de troisième cycle en sciences sociales (43 %).

qualification des femmes et l'ouverture de la société à l'emploi des femmes. L'expérience internationale révèle que le taux d'emploi des femmes s'élève régulièrement au cours du processus de développement. En Espagne par exemple, seulement 25 % des femmes travaillaient en 1970, contre 60 % aujourd'hui. En Turquie, l'accélération de la croissance dans les années 2000 s'est accompagnée d'une hausse de 10 points du taux d'emploi des femmes, lequel est passé de 25 % à 35 %. L'amélioration substantielle de la participation des femmes au marché du travail constitue ainsi un enjeu majeur pour l'envol économique du Maroc (comme discuté en détail au chapitre 6).

Par-delà les fenêtres d'opportunité qui s'ouvrent au Maroc – et par-delà les défis qui lui sont liés – c'est la question fondamentale du contrat social qui se pose. L'avenir du Maroc réside dans sa jeunesse, dans une jeunesse plus qualifiée, urbanisée et connectée au reste du monde. Pour autant, les défis présentés ci-dessus témoignent du fait que la jeunesse marocaine est confrontée à des limites qui pèsent sur son avenir. Elle est consciente du risque de ne pas trouver de travail, comme du risque de recevoir une éducation de mauvaise qualité et de ne pas pouvoir s'élever dans la société, indépendamment de son origine familiale. Confrontée à ces multiples incertitudes, la jeunesse marocaine connaît un malaise qui s'exprime notamment par la volonté de nombreux jeunes de quitter leur pays pour tenter leur chance à l'étranger. Selon une enquête réalisée par la Fondation européenne pour la formation, intitulée « Migration et compétences », 59 % des jeunes Marocains âgés de 18 à 29 ans souhaiteraient quitter le Maroc, dont une grande partie de manière définitive.

2. Le Maroc à la croisée des chemins

Au plan historique, le Maroc traverse une période singulière, car particulièrement propice à un processus d'envol économique. Toutefois, les conditions actuelles de transformation démographique ne suffiront pas pour déclencher une accélération durable de la croissance. En effet, l'expérience d'autres pays dans le monde démontre qu'il est beaucoup plus difficile de conserver un niveau de performance économique élevé à long terme que de l'engager. Le Maroc ne saurait faire exception. Comme de nombreux pays en développement, le Maroc a réussi sa transition en passant de la catégorie des pays à faible revenu à celle de pays à revenu intermédiaire, mais il peine à passer du statut de pays à revenu intermédiaire à celui de pays émergent[3]. Afin d'échapper à ce qui est nommé « la trappe des pays à revenu intermédiaire » (Eichengreen, Park et Shin 2013), le

---

Encadré 2.2 Échapper à la « trappe des revenus intermédiaires » dans un contexte de décélération de la croissance

Échapper à la « trappe des revenus intermédiaires » requiert une amélioration continue de la productivité des facteurs de production. Les analyses de la croissance à long terme indiquent que la productivité totale des facteurs (PTF), c'est-à-dire l'efficacité avec laquelle les pays sont capables d'utiliser leurs facteurs de production (travail et capital) et de transformer des biens intermédiaires en production finale, est le principal élément explicatif de la convergence économique entre les pays (Easterly et Levine 2001). Or, cette convergence est difficile à engendrer durablement. En moyenne, une personne dans un pays riche produit en 9 jours ce qu'une personne dans un pays pauvre produit en une année (Restuccia 2013). Les économies qui réussissent à échapper à la trappe des revenus intermédiaires sont celles qui génèrent des gains de productivité, tandis que les pays qui tombent dans cette trappe témoignent d'une stagnation, voire d'une baisse de leur PTF. Au final, la capacité d'un pays à améliorer son niveau de vie au fil du temps dépend presque entièrement de sa capacité à augmenter sa PTF (Krugman 1994).

Or, comme il a été expliqué au chapitre précédent, au Maroc la PTF n'a quasiment pas évolué depuis les années 1970. L'épisode récent d'accélération de la croissance au cours des années 2000 s'explique principalement par une accumulation des facteurs, avec notamment un taux d'investissement largement dû à de grands projets d'infrastructure financés sur fonds publics et atteignant 34 % du PIB en 2014. Sans amélioration notable de la PTF, le Maroc risque de connaître un ralentissement de sa croissance à moyen terme et de tomber dans la « trappe des pays à revenu intermédiaire ». Pour augmenter structurellement sa PTF, le Maroc doit accroître son capital immatériel, afin que l'investissement et l'emploi connaissent un rendement durable plus élevé.

Or la croissance de la productivité a ralenti dans le monde entier. Le phénomène est connu comme « la crise mondiale de la productivité ». Les éléments receuillies dans la base de données du Conference Board pour 2014 indiquent que la croissance de la PTF a oscillé autour de zéro pour la troisième année consécutive, contre 1 % pendant la période 1996–2006 et 0,5 % au cours des années 2007–2012. La baisse de la PTF n'a pas été limitée aux économies avancées. Elle a diminué en Chine et en Afrique sub-saharienne, est devenue à peine positive en Inde et même négative au Brésil et au Mexique. Cette tendance au ralentissement se retrouve dans toutes les régions et notamment en Asie centrale, en Europe du sud et en Amérique latine (Eichengreen, Park et Shin 2015).

Maroc devra atteindre et – ce qui est plus important encore – conserver pendant deux générations des gains de productivité et de compétitivité bien plus élevés que par le passé dans un contexte international difficile (voir encadré 2.2). Les pays qui ont réussi à produire de tels « miracles économiques » se sont généralement engagés dans un processus de transformation structurelle ayant un certain nombre de points communs. Certes, ils ont connu un dividende démographique, un mouvement d'urbanisation et une élévation du niveau de scolarisation. Mais, surtout, ils ont été capables d'utiliser des circonstances historiques particulières pour faciliter leur transformation structurelle, leur mise à niveau technologique et la diversification de leur économie et – dernier point mais non le moindre – pour réaliser une forte accumulation de leur capital humain, institutionnel et social, un capital pluridimensionnel qui est désigné généralement par le terme de « capital immatériel ».

Confronté à de nombreux défis, le Maroc se trouve à la croisée des chemins. En 2017, la question de l'avenir du Maroc se pose dans des termes relativement voisins de ceux qui prévalaient en 2004, dans les analyses qui ont marqué la célébration du cinquantenaire de l'indépendance du pays. Comme le soulignait déjà le rapport publié à cette occasion, « *Le Maroc est face à une situation historique de choix et de grands desseins qui se ramènent à deux options fondamentales et contrastées : d'un côté le pays peut s'engager résolument dans une dynamique vertueuse de renouveau et de développement, en saisissant les opportunités et en faisant du processus de réforme un processus permanent et structurel. De l'autre, la résolution des nœuds du futur qui entravent le développement peut être indéfiniment reportée*[4] ». L'analyse selon laquelle le Maroc se trouverait à la croisée des chemins a également été reprise récemment par l'OCP Policy

---

Encadré 2.3 Le Maroc à la croisée des chemins

Dans un rapport récent de l'OCP Policy Center sur la stratégie de croissance du Maroc à l'horizon 2025, dans un environnement international en mutation, l'économie marocaine se trouverait à une étape cruciale de son évolution pour les quatre raisons fondamentales suivantes :

1. Une nouvelle division internationale du travail. Les changements de la division internationale du travail se sont accélérés au cours des dernières années, ce qui se manifeste en grande partie par le « déplacement vers l'est » des pôles de la croissance mondiale, avec notamment l'émergence de la Chine comme deuxième économie du monde. Le risque pour le Maroc est de se retrouver « pris en tenaille » entre, d'une part, les pays à faible revenu en croissance rapide, bénéficiant d'une main-d'œuvre abondante et bon marché et, d'autre part, les pays à moyen revenu plus larges, capables d'innover suffisamment rapidement pour se déplacer vers le haut de la frontière technologique mondiale.

2. Un essoufflement de la stratégie de croissance du Maroc. Alors que l'économie marocaine a su surmonter les difficultés engendrées par la crise financière mondiale, un certain nombre d'indicateurs suggèrent clairement que la stratégie de croissance s'essouffle depuis la

encadré continue page suivante

Encadré 2.3 Le Maroc à la croisée des chemins *(suite)*

fin des années 2000, comme suit : une montée continue des déséquilibres macroéconomiques, tant sur le plan budgétaire qu'en matière de balance des paiements ; une perte de
compétitivité liée à l'appréciation du taux de change réel et à une hausse des coûts salariaux ;
un ralentissement tendanciel de la croissance ; une amélioration de la qualité de la main-
d'œuvre qui reste trop limitée et entrave la capacité d'ajustement du pays ; et un chômage
persistant. Cette situation générale pourrait s'accompagner d'une érosion de la confiance des
agents quant aux perspectives futures de l'économie.

3. Une difficulté à absorber les nouveaux venus sur le marché du travail. En dépit de la
performance réalisée en matière de croissance durant les années 2000, le taux de chômage
reste obstinément élevé, particulièrement pour les jeunes et les travailleurs qualifiés. Les raisons de ces tensions persistantes au niveau du marché du travail sont multiples. Elles incluent :
un taux de croissance qui reste insuffisant pour absorber pleinement l'expansion de la force de
travail ; un investissement privé insuffisant dans les secteurs porteurs pour la croissance,
comme il vient d'être précisé ; et des rigidités institutionnelles, y compris la qualité du dialogue
entre patronat et syndicats, les niveaux élevés des coûts d'embauche et de licenciements et les
frictions dans le fonctionnement du cadre légal de résolution des conflits du travail.

4. Un cadre macroéconomique à actualiser. Le cadre de politique macroéconomique du
Maroc a bien servi le pays par le passé, mais il lui faut maintenant évoluer pour répondre à
plusieurs enjeux liés au processus de mondialisation financière et à une ouverture commerciale plus grande de l'économie, qui exposent le pays à une volatilité plus forte, avec des
risques significatifs de répercussion au niveau national. La montée des déséquilibres budgétaires et la faible capacité à répondre aux défis des fluctuations de la conjoncture économique
ont contribué à réduire la prédictibilité du cadre de gestion macroéconomique, à déstabiliser
les anticipations des agents économiques et à miner leur confiance dans le futur.

Center dans un rapport sur la stratégie de croissance du Maroc à l'horizon
2025 (voir encadré 2.3) (Agénor et El Aynaoui 2014).

Ci-dessous, trois scénarios possibles pour le développement du Maroc à l'horizon 2040 sont envisagés, en fonction de l'évolution des paramètres macroéconomiques fondamentaux suivants : le taux d'investissement, le taux d'emploi et les
gains de productivité. L'horizon des projections est fixé à 2040 afin de permettre
d'envisager à quoi pourrait ressembler le Maroc pour la prochaine génération
(une génération désignant conventionnellement une période de 25 ans). La réalisation du scénario le plus favorable dépendra avant tout de la pertinence de la
stratégie de développement adoptée ainsi que de la qualité des politiques
publiques mises en œuvre.

2.1 *Scénario non viable des tendances récentes*

Le premier scénario de projection est construit sur la base d'une extrapolation des
tendances observées pendant la période 2000–2014 (voir tableau 2.1). Comme
expliqué au chapitre précédent, cette période a été marquée par une croissance
soutenue de 4,3 % du PIB. Le principal moteur de cette dynamique a été

Tableau 2.1 Maroc : Le scénario tendanciel non viable, 2015–2040

Scénario 1	1980–1999	2000–2014	2015–2029	2030–2040
Variables exogènes				
Taux de croissance de la population (totale)	1,9	1	0,8	0,5
Taux de croissance de la population (15-64 ans)	2,6	1,9	0,8	0,5
Taux de croissance du PIB	3,9	4,3	4,3	4,3
Taux de croissance du PIB par habitant	2	3,3	3,5	3,8
Taux de croissance de la PTF	-0,7	1,2	1,2	1,2
Taux de croissance de l'emploi	-	0,9	0,9	0,9
Taux de croissance du stock de capital	4,3	5,4	5,4	5,4
Taux d'épargne nationale	22,7	29,3	29,3	29,3
Variables endogènes				
PIB/tête PPA (en dollars 2011, fin de période)	4 500	7 300	12 000	17 500
PIB/tête PPA (% Europe du sud, fin de période)		22	30	40
Taux d'investissement (FBCF/PIB)	24	29	41	52
Solde du compte courant (% PIB)	-3	-2	-13	-24
Taux d'emploi (emploi/population 15-64 ans)		44,9	45,6	47,9

Note : PIB = produit intérieur brut ; FBCF = formation brute de capital fixe ; PPA = parité de pouvoir d'achat ; PGF = productivité globale des facteurs.

l'accumulation du capital, avec une croissance du stock de capital de 5,4 % en moyenne. L'emploi et les gains de productivité ont également contribué à cette croissance soutenue, mais dans une bien moindre mesure, à hauteur d'environ 1 % chacun. En conservant ces mêmes paramètres, le prolongement tendanciel de la dynamique de croissance des années 2000-2014 conduirait à une multiplication du revenu par habitant par 2,5, ce qui représenterait un gain substantiel de niveau de vie pour les Marocains. Le Maroc convergerait relativement rapidement vers les économies européennes, son PIB par habitant en parité de pouvoir d'achat (PPA) atteignant 40 % du niveau européen à l'horizon 2040, contre 22 % aujourd'hui (sur la base d'une hypothèse de croissance du PIB par habitant de 1 % par an pour l'Europe).

Ce scénario tendanciel d'une perpétuation du modèle de croissance actuel repose cependant sur une mécanique insoutenable. Étant donné que – par hypothèse – la croissance de l'emploi et les gains de productivité resteraient faibles, la source principale de la croissance proviendrait d'une croissance du stock de capital maintenue constante. Ceci implique que le taux d'investissement devrait continuellement augmenter pour compenser la dépréciation du capital accumulé. Ainsi, pour maintenir un rythme de progression du capital de 5,4 % par an durant la période 2015-2040, il faudrait que le taux d'investissement augmente graduellement pour dépasser 50 % du PIB en fin de période. Or, en supposant que le taux d'épargne reste à son niveau actuel relativement élevé, le déséquilibre épargne-investissement se traduirait par un déficit croissant de la balance des paiements courants, qui atteindrait plus de 20 % du PIB en fin de période. Un tel niveau de déficit est tout simplement irréaliste et le pays se verrait confronté à une crise profonde de la balance des paiements bien avant d'atteindre ce niveau de déficit.

Cet exercice de projection fondé sur le prolongement des tendances actuelles démontre le caractère non viable d'un modèle de croissance puisant son dynamisme principalement dans l'accumulation de capital, avec des gains de productivité et des créations d'emplois limités. Une croissance forte n'est pas envisageable à long terme au Maroc sans des gains de productivité sensiblement plus rapides que ceux observés actuellement. Ceci est d'autant plus vrai que l'hypothèse du maintien de la croissance de la productivité globale des facteurs à 1,2 % est particulièrement optimiste. En effet, lorsque l'agriculture est exclue de la comptabilité de la croissance, le rythme du progrès technique de l'économie au cours de la période 2000–2015 n'excède pas 0,5 %. Or, avec la diminution tendancielle de la part de l'agriculture dans le PIB, cet effet a vocation de s'estomper graduellement, faisant converger la productivité globale vers la productivité non agricole. Il est possible alors d'entrevoir les conséquences à long terme d'une transformation structurelle lente et insuffisante, dont les traits saillants ont été exposés dans le chapitre précédent.

Scénario probable d'une lente convergence

Sans une accélération sensible des gains de productivité, le scénario le plus plausible est celui d'une lente convergence permettant au Maroc de restaurer ses fondamentaux, en rétablissant notamment un déficit soutenable de la balance des paiements courants autour de 2 % du PIB (voir tableau 2.2). Compte tenu du taux d'épargne nationale, un tel ajustement nécessiterait de stabiliser l'investissement à environ 29 % du PIB. Or, sans une augmentation régulière du taux d'investissement, la croissance du stock de capital se réduirait mécaniquement, ainsi que sa contribution à la croissance du PIB. Selon ce scénario, le taux de croissance du capital passerait de 5,4 % en 2000–2014 à 3 % en 2015–2029 et à 2,4 % en

Tableau 2.2 Maroc : Probable scénario d'ajustement, 2015–2040

Scénario 2	1980–1999	2000–2014	2015–2029	2030–2040
Variables exogènes				
Solde du compte courant (% PIB)	-3	-2	-2	-2
Taux d'épargne nationale	22,7	29,3	29,3	29,3
Taux d'investissement (FBCF/PIB)	24	29	29	29
Taux de croissance de l'emploi	Non disponible	0,9	0,9	0,9
Taux de croissance de la PTF	-0,7	1,2	1,2	1,2
Variables endogènes				
Taux de croissance du stock de capital	4,3	5,4	3	2,4
Taux de croissance du PIB	3,9	4,3	3,2	2,9
Taux de croissance du PIB par habitant	2	3,3	2,4	2,4
PIB/habitant PPP (% Europe du sud, fin de période)	Non disponible	22	28	32
Taux d'emploi (emploi/population 15-64 ans)	Non disponible	48,1	44,9	46,4

Note : PIB = produit intérieur brut ; FBCF = formation brute de capital fixe ; PPA = parité de pouvoir d'achat ; PGF = productivité globale des facteurs.

2030–2040. L'impact négatif sur la croissance du PIB s'élèverait donc à plus de 1 point de pourcentage, avec un taux de croissance tendanciel qui resterait respectable, mais qui stagnerait à environ 3 %. Sur le front de l'emploi et afin de maintenir l'hypothèse d'une contribution inchangée de l'emploi à la croissance, le taux d'emploi devrait augmenter légèrement pour compenser le début de ralentissement de la croissance de la population en âge de travailler (15–64 ans) pendant la période. Le taux d'emploi gagnerait ainsi 3 points de pourcentage, passant de 45 % à 48 %. Bien qu'en légère amélioration grâce à l'évolution démographique favorable, les perspectives d'emplois resteraient peu satisfaisantes, laissant plus de la moitié de la population en âge de travailler dans l'inactivité. Les conséquences d'un tel scénario de ralentissement de la croissance seraient importantes à la fois sur le niveau de vie, la réduction de la pauvreté et le rythme de convergence du Maroc vers les pays émergents à haut revenu et vers les pays d'Europe du sud. Entre 2015 et 2040, le PIB par habitant ne serait multiplié que par 1,8. De même, le niveau de vie des Marocains ne représenterait que 32 % de celui des pays d'Europe du sud en 2040.

La dynamique macroéconomique des années récentes peut s'interpréter comme préfiguration de ce scénario. En effet, après l'accumulation de déséquilibres macroéconomiques dans les années 2008–2012, le Maroc a graduellement restauré ses équilibres fondamentaux à partir de 2013, notamment grâce à un ajustement budgétaire qui a permis de modérer la progression des importations, dans un contexte de chute brutale des prix du pétrole. Malgré la conjonction de plusieurs facteurs favorables aussi bien internes (taux d'intérêt historiquement bas) qu'externes, le rythme de progression de l'économie s'est inscrit dans une tendance baissière ces dernières années (BAM 2016) (voir figure 2.10). Avec un modèle de croissance constant, il est probable qu'une reprise de l'activité économique portée par la demande intérieure conduirait à une résurgence des déséquilibres macroéconomiques. Ainsi, ce scénario révèle qu'en l'absence de gains de

Figure 2.10 Maroc : croissance du PIB, 1999–2006 et 2007–2016
(En pourcentage)

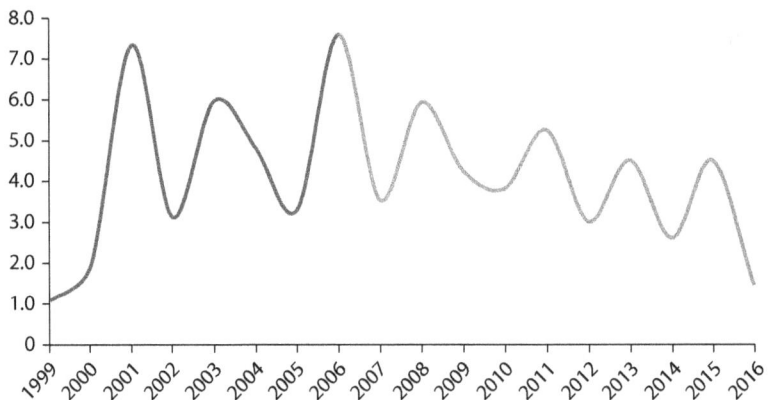

Source : Haut-Commissariat au Plan 2015 (estimation) et 2016 (projection).
Note : PIB = produit intérieur brut.

productivité plus solides, le Maroc est fondamentalement confronté à un arbitrage difficile entre déséquilibre macroéconomique d'une part et croissance modérée, d'autre part.

Par ailleurs, ce scénario d'essoufflement de la croissance et de convergence lente n'aurait rien de surprenant au regard de l'expérience internationale. En effet, l'histoire économique démontre que de nombreux pays réussissent à accélérer fortement leur croissance économique pendant plusieurs années, comme ce fut le cas au Maroc au cours des années 2000. Mais dans la majorité des cas, ces accélérations ne sont pas durables et les rythmes de croissance finissent par renouer avec leur tendance historique (Hausman, Pritchet et Rodrik 2005). Le ralentissement économique de ces dernières années laisse penser que le Maroc serait en voie de reproduire ce scénario typique avec, par exemple, une croissance du PIB qui ne devrait pas dépasser 2 % en 2016 (voir figure 2.10 ci-dessus). Ce phénomène de « régression vers la moyenne » s'explique par le fait que la croissance future est largement déterminée par deux facteurs principaux : la croissance de la décennie passée (les pays ayant un historique de croissance forte ont plus de chance de croître que les pays moins dynamiques) et le niveau de revenu initial (plus un pays est pauvre, plus il dispose de marges de croissance (Pritchett et Summers 2013). L'application de ce modèle au Maroc souligne les risques de ralentissement de la croissance économique au cours des prochaines décennies. Celle-ci pourrait alors reculer graduellement de 3,2 % dans les années 2015-2029 à 2,9 % en 2030-2040.

Ce risque d'un essoufflement futur de la croissance correspondrait par ailleurs au mécanisme discuté ci-dessus de « trappe des pays à revenu intermédiaire » (Eichengreen, Park et Shin 2013). En effet, il a été observé qu'au cours du processus de développement, de nombreux pays voient leur taux de croissance ralentir significativement à partir d'un seuil estimé à environ 10 000 dollars. Parmi les pays appartenant au groupe des économies à revenu intermédiaire dans les années 1960, seuls quelques-uns ont réussi à accéder au rang de pays développé. Il s'agit principalement des pays d'Europe du sud, d'Europe centrale et orientale et d'Asie du Sud-Est. Or, plus une nation se développe, plus il s'avère difficile pour elle de maintenir une croissance durable forte. De nombreux autres pays, parmi lesquels la Grèce, le Mexique, la Turquie ou encore l'Afrique du Sud, souffrent de ce phénomène de trappe. Pour ces pays, l'étape d'industrialisation et de développement de services associés s'est trouvée court-circuitée ou fortement réduite dans son impact. Ces sociétés se sont urbanisées sans créer de secteurs industriels ou de services à forte valeur ajoutée ; un phénomène que le célèbre politologue américain Francis Fukuyama (2014) a labélisé de « modernisation sans développement » (Fukuyama 2014).

Scénario souhaitable d'un rattrapage économique accéléré
Les deux scénarios précédents sont basés sur l'hypothèse d'un prolongement de la situation présente caractérisée par des gains de productivité totale des facteurs (PTF) durablement modérés. Or, comme exposé précédemment, le Maroc traverse une période exceptionnelle marquée par une transformation démographique porteuse d'un potentiel de croissance élevé. Si des réformes structurelles

appropriées étaient menées pour saisir cette opportunité historique, le Maroc pourrait rééquilibrer son modèle de croissance en accélérant ses gains de productivité et en améliorant le taux d'emploi de la population.

Des changements ambitieux mais réalistes sont simulés dans le cadre de ce troisième scénario, lequel fait l'hypothèse d'une amélioration de la PTF de l'ordre de 2 % par an (contre 1,2 % historiquement). L'expérience internationale indique qu'un tel rythme de progrès technique est difficile à soutenir à long terme. En effet, il suppose une transformation structurelle profonde de l'économie et des gains d'efficience substantiels. Mais, plusieurs pays, en Europe du sud (1960–1980) ou en Asie du Sud-Est (1970–1990), ont su réaliser ce changement profond à l'occasion de leur envol économique. L'hypothèse relative à la productivité est complétée par une hypothèse d'amélioration du taux d'emploi de la population en âge de travailler, qui passerait de 45 % en 2015 à 55 % en 2040, principalement sous l'effet d'une hausse du taux d'emploi des femmes qui est aujourd'hui extrêmement faible et se situe autour de 23 %. À titre de comparaison, dans les pays développés et dans la plupart des pays émergents, le taux d'emploi des 15–64 ans se situe en moyenne aux environs de 65 %. Une telle hausse du taux d'emploi stimulerait fortement la croissance de l'emploi global, laquelle atteindrait 1,6 % entre 2015 et 2030, avant de retomber à 1,2 %, sous l'effet du ralentissement de la croissance démographique.

L'effet cumulé des gains de productivité et de taux d'emploi plus élevés conduirait à une croissance moyenne durable forte, de l'ordre de 4,5 % par an pendant 25 ans (voir tableau 2.3). Ce rythme de croissance serait légèrement supérieur à la tendance observée au Maroc ces dernières années. Mais, à la différence du modèle de croissance actuel fondé sur l'accumulation de capital, ce modèle de croissance s'appuierait sur des gains de productivité et des créations d'emplois, ce qui le rendrait parfaitement viable à long terme. Le taux d'investissement serait maintenu à un niveau stable pour préserver les équilibres

Tableau 2.3 Maroc : Scénario souhaitable de la convergence économique, 2015–2040

Scénario 3	1980–1999	2000–2014	2015–2029	2030–2040
Variables exogènes				
Taux d'épargne nationale	22,7	29,3	29,3	29,3
Taux d'investissement (FBCF/PIB)	24	29	29	29
Solde du compte courant (% PIB)	-3	-2	-2	-2
Ratio emploi/population 15-64 ans (fin de période)	Non disponible	45	50	55
Taux de croissance de la PTF	-0,7	1,2	2	2
Variables endogènes				
Taux de croissance du PIB	3,9	4,3	4,6	4,4
Taux de croissance du PIB par habitant	2	3,3	3,8	3,9
Taux de croissance du stock de capital	4,3	5,4	3,6	3,6
Taux de croissance de l'emploi	Non disponible	0,9	1,6	1,2
PIB/habitant PPP (% Europe du sud, fin de période)	Non disponible	22	34	46

Note : PIB = produit intérieur brut ; FBCF = formation brute de capital fixe ; PPA = parité de pouvoir d'achat ; PGF = productivité globale des facteurs.

macro-économiques, ce qui conduirait à un affaiblissement de la contribution du capital à la croissance. Mais cet effet restrictif serait plus que compensé par le redressement de la productivité et de l'emploi.

Ce troisième scénario met en évidence l'importance cruciale des gains de productivité qui constituent la clé de voûte d'une croissance forte et viable à long terme et donc une condition indispensable de la stabilité sociale du pays. Porter les gains de productivité à 2 % par an pendant plusieurs décennies constitue cependant un défi considérable. L'expérience internationale démontre qu'il s'agit d'un objectif atteignable, mais qui implique que les pouvoirs publics réalisent des choix judicieux et parfois difficiles pour mener à bien les réformes nécessaires en vue d'accélérer la transformation structurelle du pays. Ce scénario rejoint les conclusions d'une analyse macroéconomique récente dans le cadre d'un modèle à générations imbriquées qui simule une série de politiques économiques

capables d'accélérer significativement le taux de croissance tendanciel de l'économie marocaine dans les années à venir (Agenor et El Aynaoui 2014)[5].

3. Modifier le paradigme de développement

Un scénario de rupture – selon lequel le Maroc s'engagerait dans une transformation structurelle et dans un processus de convergence accélérée en l'espace d'une génération – suppose que les conditions soient réunies pour opérer des choix, eux aussi de rupture, par rapport aux stratégies et aux politiques passées. Tout d'abord, il faut une véritable prise de conscience collective que le modèle de développement actuel du Maroc a atteint ses limites. Comme le souligne le dernier rapport annuel de Bank Al-Maghrib, le pays a besoin d'initier une véritable refonte de son modèle de développement et de provoquer une série de ruptures au niveau de la conception et de la mise en œuvre des politiques publiques (BAM 2016). En l'absence d'une telle prise de conscience partagée par l'ensemble des parties prenantes, les politiques actuelles ne connaîtront pas d'inflexion substantielle et, les mêmes causes produisant les mêmes effets, le pays se retrouvera dans le scénario de lente convergence. Bien que respectable, notamment compte tenu des perspectives d'un certain nombre d'autres pays de la région MENA, la simple poursuite des politiques et réformes actuelles ne permettrait pas au Maroc de converger rapidement vers les pays les plus avancés au cours de la prochaine génération et de pleinement satisfaire les aspirations de sa jeunesse.

Le scénario de convergence accélérée, il a été vu, suppose une augmentation permanente des gains de productivité qui permettrait de doubler le rythme de convergence du Maroc vers les pays d'Europe du sud par rapport au scénario sans augmentation du rythme de productivité (voir figure 2.11). La stratégie de développement et les politiques publiques devraient donc se focaliser sur cet objectif. Ceci suppose que la priorité soit donnée à l'investissement dans le capital immatériel et à la modification de la stratégie de développement basée principalement sur des politiques sectorielles.

Figure 2.11 Maroc : scénario de PIB par habitant à l'horizon 2040
(En pourcentage du PIB par habitant d'Europe du Sud, en PPA)

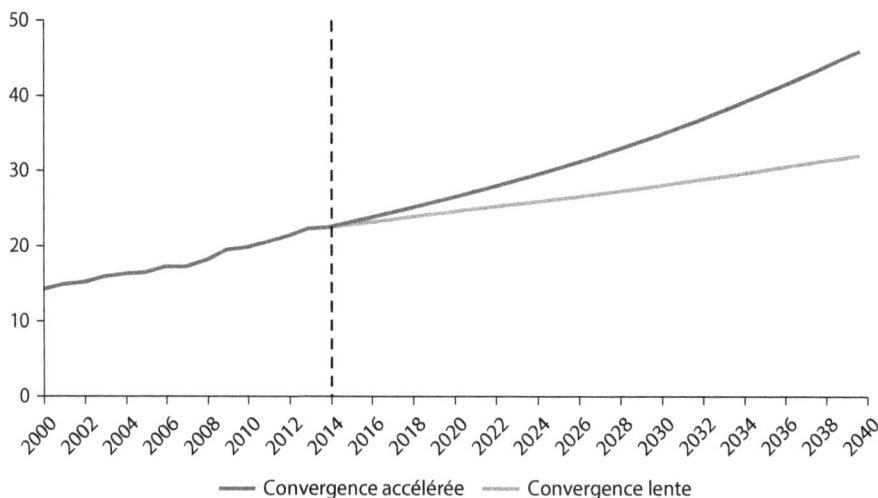

Source : IDM, Banque mondiale.
Note : PIB = produit intérieur brut ; PPA = parité de pouvoir d'achat.

3.1 Donner la priorité au capital immatériel

Comme vu plus haut, les gains de productivité additionnels ne seront pas uniquement le fruit de nouveaux investissements en capital physique – même si ceux-ci restent évidemment importants et nécessaires – mais le fruit d'un effort accru pour accumuler davantage de capital immatériel sous la forme de capital à la fois humain, institutionnel et social. Les défis du Maroc pour augmenter la PTF et développer le capital immatériel à moyen terme sont en fait essentiellement les deux faces d'une même pièce (voir figure 2.12). L'innovation, l'adoption de nouvelles technologies, et la réallocation des facteurs de production qui sont, d'après la littérature néoclassique sur la croissance, nécessaires pour stimuler la PTF sont directement influencées par les politiques visant à accroître le capital humain, la qualité des institutions et le capital social (dans la littérature sur la comptabilité de la richesse des nations). Tout comme les gains de productivité correspondent aux facteurs « non expliqués » de la croissance, une fois prise en compte l'accumulation des facteurs de production que sont le capital et le travail, l'accumulation du capital immatériel correspond à la richesse « non expliquée » des nations, une fois pris en compte leur capital produit, leur capital naturel et leur capital financier. La productivité et le capital immatériel sont dans les deux cas des variables « intangibles » qui reflètent la qualité de l'environnement institutionnel, humain et social dans lequel s'opère l'accumulation des facteurs de production. En dernière analyse, l'évolution de la PTF et celle du capital immatériel sont en grande partie liées, et elles constituent les variables clés qui définiront la trajectoire de croissance et l'évolution du bien-être de la population marocaine à l'horizon 2040.

Figure 2.12 Maroc : contribution des gains de productivité et de l'accumulation de capital immatériel respectivement à la croissance et à l'augmentation de la richesse, 1995–2015
(En points de pourcentage)

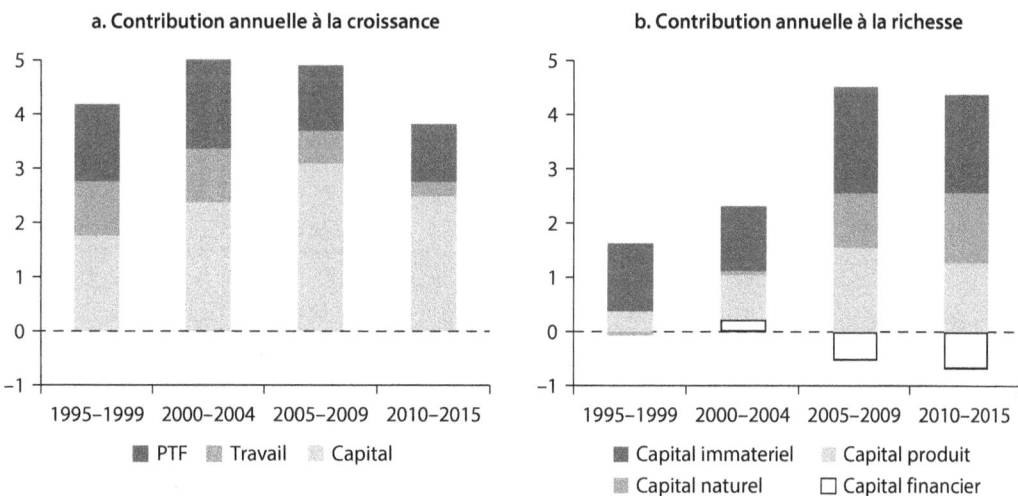

Source : IDM, Banque mondiale.
Note : AEN = actifs étrangers nets ; PTF = productivité totale des facteurs.

Le discours prononcé par SM le Roi Mohammed VI à l'occasion du 15e anniversaire de son accession au trône a constitué le témoignage le plus clair de la résolution des autorités à mettre la question du capital immatériel au centre des débats sur l'avenir du Maroc (Discours du Trône 2014). À cette occasion, le Souverain a souligné « la nécessité de retenir le capital immatériel comme critère fondamental dans l'élaboration des politiques publiques, et ce, afin que tous les Marocains puissent bénéficier des richesses de leur pays ». Il s'agit en l'occurrence « de mesurer le capital historique et culturel de tout pays, parallèlement aux autres caractéristiques qui le distinguent, notamment son capital humain et social, la confiance, la stabilité, la qualité des institutions, l'innovation et la recherche scientifique, la création culturelle et artistique, la qualité de vie et de l'environnement et d'autres éléments encore ».

Le scénario de convergence suppose que le Maroc soit capable d'augmenter significativement la part de son capital immatériel dans sa richesse totale. Sur la base de la composition de la richesse actuelle des pays vers lesquels le Maroc souhaite converger en 2040, il apparaît qu'il devra augmenter la part de capital immatériel dans son capital total de l'ordre de 10 à 15 points de pourcentage en fonction du scénario (voir figure 2.13). La différence de 5 points de pourcentage entre les scénarios de convergence lente et accélérée peut être interprétée comme étant la contrepartie de la différence de gains de productivité entre ces deux scénarios.

En donnant la priorité au capital immatériel, le Maroc pourrait logiquement s'équiper d'une véritable stratégie de développement cohérente et transversale. En particulier, ceci permettrait de tirer meilleur profit des enseignements et recommandations des nombreuses études économiques approfondies menées sur le Maroc au cours des années récentes (voir encadré 2.4). Même si ces études

Figure 2.13 Maroc : part du capital immatériel dans le capital total, 2000–2040
(En pourcentage)

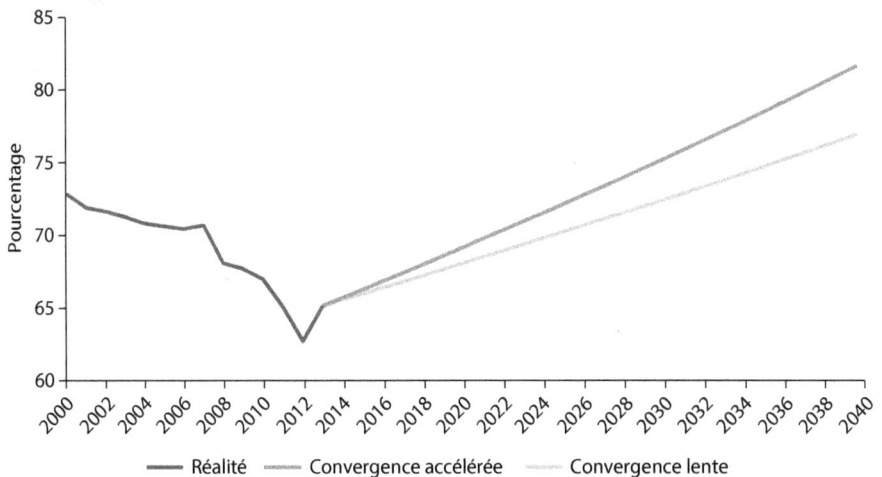

Réalité —— Convergence accélérée —— Convergence lente

Source : Banque mondiale, 2016.

**Encadré 2.4 Consensus grandissant autour de réformes clés pour renforcer
le capital institutionnel et humain**

En 2006, le précédent Mémorandum économique pays sur le Maroc de la Banque mondiale diagnostiquait que l'économie marocaine souffrait principalement d'un processus de transformation structurelle trop lent pour atteindre une croissance forte, notamment dans le domaine des exportations (Banque mondiale 2006). Le Mémorandum avait alors identifié quatre défaillances de la politique économique : i) un marché du travail rigide, ii) une politique fiscale pénalisante pour le secteur privé, iii) un régime de change inadapté aux caractéristiques du pays et iv) un « biais anti-export » des politiques. Il avait également identifié trois défaillances de marché : i) des défaillances en termes d'information se traduisant notamment par un respect insuffisant des droits de propriété, ii) des défaillances de coordination entre les secteurs public et privé et des défaillances en matière de ressources humaines. Ces trois types de défaillance constituaient autant d'obstacles importants à une forte croissance économique du pays.

En 2010, la Fondation Bouabid est venue apporter un éclaircissement plus institutionnel et enrichi par une analyse d'économie politique (Abderrahim Bouabid Foundation 2010). Le rapport de la Fondation identifie deux « méta-contraintes » à un envol économique qui permettrait au Maroc, en l'espace d'une génération, de se hisser au rang de pays à revenu intermédiaire de la tranche supérieure et à fort niveau de développement humain :

- l'économie politique, caractérisée par un système électoral favorisant des coalitions hétéroclites au détriment de la cohérence, une architecture gouvernementale inadéquate et régie par le mimétisme français et les impératifs de répartition des postes gouvernementaux, et une multiplicité d'acteurs publics non gouvernementaux aux prérogatives étendues et échappant au contrôle gouvernemental et parlementaire ;
- une forme d'« analphabétisme économique » caractérisé par une déconsidération des apports de la science économique (analyse coût-bénéfice, évaluation des externalités et des coûts d'opportunité) et l'insuffisante prise en compte des leçons du passé qui permettrait pourtant d'éviter de répéter les mêmes erreurs.

En 2015, la Banque africaine de développement, le Gouvernement marocain et le Millennium Challenge Corporation(MCC) ont réalisé un nouveau diagnostic de croissance pour le Maroc[c]. L'analyse de l'ensemble des contraintes à une croissance large et inclusive a fait ressortir deux contraintes majeures qui entravent une croissance plus rapide engendrée par le secteur privé :

- un déficit de capital humain, notamment lié aux problématiques d'accès à l'éducation et de qualité du système éducatif ;
- une série de risques micro-économiques liés à la lenteur du système juridique, aux distorsions introduites par la fiscalité, à la difficulté d'accès au foncier et à une réglementation du marché contraignante. En plus de ces deux contraintes majeures, le diagnostic de croissance a fait ressortir l'existence de défaillances du marché en matière d'innovation et de coordination. L'analyse a également mis en lumière la nécessité d'améliorer l'accès aux différents services sanitaires et aux infrastructures dans les zones rurales et enclavées, et l'importance d'une action permettant d'améliorer la gestion des ressources rares (eau et énergie).

encadré continue page suivante

Encadré 2.4 Consensus grandissant autour de réformes clés pour renforcer le capital institutionnel et humain *(suite)*

En 2015, l'OCP Policy Center a produit un rapport portant sur la stratégie de croissance du Maroc à l'horizon 2025[d]. Le diagnostic a confirmé les difficultés grandissantes de l'économie marocaine : un ralentissement de la courbe de croissance, un chômage persistant et une qualité de main-d'œuvre insuffisante, une perte de compétitivité, une diversification insuffisante des secteurs productifs et des exportations, un cadre macroéconomique insatisfaisant et un environnement des affaires pénalisant le secteur privé. Pour promouvoir la croissance et l'emploi à l'horizon 2025, le rapport propose d'agir dans trois directions :

- favoriser un regain de compétitivité à court terme, en adoptant un certain nombre de mesures visant à réduire les coûts de production dans les secteurs à forte intensité de main-d'œuvre ;
- promouvoir l'activité privée dans les secteurs de production qui permettront au pays d'accélérer sa transition vers le haut de la frontière technologique mondiale et d'entrer en concurrence sur les marchés internationaux de biens et services à forte intensité technologique et en main-d'œuvre qualifiée, tout en améliorant son positionnement dans les chaînes de valeur mondiales ;
- revoir le rôle de l'État pour faciliter cette transition, notamment en matière d'encouragements à l'investissement privé, grâce à des services publics facilitant l'accroissement de la productivité des facteurs de production privés dans les secteurs d'activités stratégiques.

---

n'ont pas été formulées dans le cadre du débat aujourd'hui ouvert sur la question du capital immatériel, elles ont toutes mis en avant des réformes essentielles visant à : améliorer la gouvernance, repenser le rôle de l'État, renforcer la compétitivité, promouvoir le secteur privé, développer le capital humain ou encore préserver l'environnement. Ce sont autant d'aspects du capital immatériel qui seront examinés en profondeur dans les chapitres suivants.

Ajuster la stratégie de développement

En complément d'une nouvelle priorité donnée aux politiques publiques soutenant le développement du capital immatériel, il conviendrait de faire évoluer la stratégie actuelle de développement et en particulier de revoir le rôle des politiques sectorielles. Le paradigme de développement du Maroc depuis le début des années 2000 se caractérise par un fort souci de réaliser une cohérence « en aval », à travers des stratégies sectorielles ambitieuses appuyées par des politiques commerciales, d'investissement ou de marchés publics volontaristes. Dans la logique de ce paradigme, les différentes réalisations sectorielles soutenues par l'État ou par des agences publiques (agriculture, automobile, aéronautique, solaire, numérique, tourisme, immobilier, etc.) sont censées être à la fois les vecteurs et la vitrine du développement du pays, d'où l'importance accordée à l'investissement public et à l'accumulation de capital fixe au cours de la dernière décennie. La cohérence en aval vise principalement à renforcer, dans la mesure du possible, la coordination des politiques sectorielles en évitant, par exemple, leur mise en œuvre « en silo » en fonction de référentiels, de calendriers et de résultats escomptés distincts d'une stratégie sectorielle à l'autre (CESE 2014).

Or, en dépit des efforts réalisés, les politiques sectorielles peinent à donner des résultats, à monter en régime et à placer le Maroc sur un sentier de croissance durable plus élevée. Le Maroc n'est évidemment pas le seul pays ou le premier pays à être confronté aux limites de politiques industrielles volontaristes. Nombre de pays en développement ont cherché à promouvoir l'émergence industrielle avec des résultats généralement décevants, voire contre-productifs dans de nombreux cas. De ce point de vue, la problématique du Maroc n'est pas très différente de celle à laquelle l'Égypte est actuellement confrontée (El-Haddad 2016). Comme en Égypte, une politique industrielle active peine à réaliser une véritable transformation structurelle. Le manque de résultat productif n'est pas principalement lié à une défaillance de cohérence entre les politiques sectorielles (même si davantage de cohérence est toujours souhaitable). Celles-ci s'essoufflent parce que les stratégies en aval n'apportent pas nécessairement de solutions aux défis de la productivité totale des facteurs. Lorsqu'il s'agit par exemple de la stratégie pour le développement de l'immobilier résidentiel (non social), les incitations et autres politiques publiques n'encouragent pas l'investissement dans un capital productif facteur de gains de productivité (Fondation Abderrahim Bouabid (2010) Idem). Même lorsque les politiques sectorielles cherchent à répondre au défi de tel ou tel secteur productif, elles ne peuvent être que des solutions partielles et parcellaires. Compte tenu du grand nombre et de la complexité des problèmes économiques qui se posent à l'échelle locale, ce serait faire preuve de naïveté de penser que l'État puisse de manière centralisée et exogène apporter l'ensemble des solutions recherchées en aval. Comme le note le prix Nobel d'économie Jean Tirole, « *La plupart du temps nous n'avons pas conscience des phénomènes d'incitations, de substitution ou de report intrinsèques au fonctionnement des marchés ; nous n'appréhendons pas les problèmes dans leur globalité. Or les politiques ont des effets secondaires, qui peuvent aisément rendre une politique bien intentionnée nocive* » (Tirole 2016).

Conformément à la nouvelle priorité donnée au capital immatériel, il conviendrait d'ajuster la stratégie de développement et de renforcer les racines institutionnelles des politiques publiques. Plutôt que de mettre l'accent sur la réalisation d'un projet de développement en aval piloté par un programme public (un territoire irrigué supplémentaire, une nouvelle installation automobile, une zone industrielle ou résidentielle supplémentaire), la stratégie de développement devrait se concentrer davantage sur ce qui conditionne, à l'origine et « en amont », un développement endogène et holistique du secteur privé. Bien que les économistes peinent à élaborer une théorie générale sur la croissance économique – *a fortiori* sur la croissance économique partagée (Balakrishnan, Steinberg et Syed 2013 ; Easterly et Levine 2001) — l'idée que la disparité des cadres institutionnels contribue en amont et de façon déterminante à expliquer la disparité de performances économiques des politiques publiques s'est progressivement imposée dans les dernières décennies (voir encadré 2.5).

Encadré 2.5 L'école institutionnelle du développement économique

Depuis le célèbre ouvrage de Douglass North et Robert Thomas sur le développement du monde occidental, il est devenu clair que si l'accumulation des facteurs de production, l'innovation et le progrès technologique sont des causes immédiates qui expliquent la productivité et la croissance économique, ils ne sont pas les causes de la croissance, ils *sont* la croissance (North and Thomas 1973).

Si l'on veut identifier les déterminants fondamentaux de la croissance en amont, il faut se demander pourquoi l'accumulation des facteurs et l'innovation progressent à différents rythmes dans différents pays. De même, il faut se demander pourquoi les pays se différencient en termes de gouvernance, de qualité et de niveau d'études, de qualité des infrastructures, de santé de la population et d'autres facteurs immédiats de la croissance économique tels que le niveau de participation des femmes à l'économie.

Un consensus (Acemoglu, Johnson et Robinson 2007 ; Alesina et al. 2003 ; Frankel et Romer 1999 ; Gallup, Sachs et Mellinger 1999 ; Glaeser et al. 2004 ; Knack et Keefer 1997 ; Rodrik, Subramanian et Trebbi 2004) est en train d'émerger sur le fait que la réponse à ces questions est liée à l'histoire et aux différences institutionnelles – le terme institutions s'entendant de façon large et incluant notamment la règle de droit, le champ des libertés et la confiance dans la société – tandis que les différences géographiques et autres facteurs exogènes sont souvent des facteurs secondaires.

Sur le plan institutionnel, l'expérience de nombreux pays démontre que le développement le plus à même de générer des dividendes économiques importants consiste en la promotion d'une société ouverte (open society). La Commission sur la croissance et le développement lancée en 2006 sous la coprésidence du prix Nobel d'économie Michael Spence et de la Banque mondiale afin de réfléchir aux conditions favorables à une croissance forte et durable a analysé les caractéristiques spécifiques des treize économies qui ont été capables de réaliser une croissance supérieure à 7 % pendant plus de 25 ans depuis 1950[6]. Elle a ensuite mis en exergue les conditions à remplir pour qu'un pays accède et se maintienne à un niveau de croissance élevé. Ces conditions sont notamment : un leadership et une bonne gouvernance, une participation à l'économie mondiale, des niveaux élevés d'investissement et d'épargne, des ressources flexibles, notamment en termes d'emplois, ainsi qu'une politique d'inclusion visant à partager les bénéfices de la mondialisation, à fournir des accès aux services pour les plus démunis et à s'attaquer au problème des inégalités entre les sexes. Nombre de faits stylisés mis en lumière par la Commission – que ce soit en matière d'état de droit et de bonne gouvernance, d'ouverture commerciale, de confiance, de compétition ouverte, de marchés du travail ouverts ou de participation des femmes et des jeunes – renvoient aux caractéristiques propres d'une société ouverte (voir encadré 2.6). En particulier, il est important de noter que :

- Une plus grande ouverture commerciale et la transparence dans tous les autres aspects institutionnels de la vie d'un pays – qu'il s'agisse de l'ouverture du secteur public ou de l'ouverture du secteur privé – ont tendance à créer des opportunités conduisant à de meilleurs résultats à long terme, alors que les systèmes de gouvernance et de réglementation opaques sont enclins à la corruption, au favoritisme et au clientélisme.

- Les économies disposant de marchés domestiques plus ouverts et transparents tendent à promouvoir la concurrence interne, l'efficience économique et la transformation structurelle grâce au phénomène bien connu de « destruction créatrice » (Schumpeter 1942). Ces économies sont moins susceptibles de connaître des phénomènes de recherche de situations de rente ou d'autres types de rigidités économiques inefficientes.

- Les économies qui bénéficient de marchés du travail ouverts sont généralement plus inclusives, efficaces et résilientes que les économies dont les marchés du travail sont segmentés de façon rigide en fonction des secteurs (public/privé), des conditions d'accès (employés/non employés) ou encore des réglementations en vigueur (secteur formel/informel). Ces économies ont tendance à connaître un niveau plus élevé de participation au marché du travail et un niveau plus faible de chômage structurel et d'exclusion, notamment en ce qui concerne les femmes et les jeunes.

- Dans les pays ouverts au commerce et à l'investissement international, les individus ont plus de chances de bénéficier des dividendes de la mondialisation, d'accéder aux idées et aux connaissances nouvelles et d'adopter les nouvelles technologies et les innovations, autant de facteurs qui contribuent fortement à accroître les gains de productivité et le progrès économique.

- Dans le domaine social, les économies qui disposent de systèmes éducatifs ouverts, gérés localement et orientés vers la recherche de la performance offrent aux prestataires et aux bénéficiaires du système éducatif des possibilités d'entrée et de sortie. En particulier, elles garantissent aux élèves, aux parents, aux professeurs et aux chefs d'établissements une plus grande latitude, de l'autonomie, et une responsabilité avec l'objectif d'améliorer la qualité de l'éducation et la performance des élèves.

- De la même façon, l'émancipation des femmes comporte une dimension économique importante. Supprimer les obstacles qu'elles rencontrent et permettre aux femmes de participer pleinement à l'économie, sur un pied d'égalité avec les hommes, est une façon directe de libérer le potentiel économique, d'améliorer la productivité et les résultats en matière de développement économique et social.

- Enfin, une société ouverte est une société capable d'absorber facilement les avancées des autres pays grâce à une grande « réceptivité » culturelle (Sowell

2015). Or, les sociétés se caractérisent par de très fortes variations de réceptivité aussi bien entre elles que dans le temps au sein d'une même société. Au cours du Moyen-Âge, par exemple, une Europe à la traîne a dû apprendre des avancées du monde arabo-musulman, en particulier dans les domaines des mathématiques, de la philosophie, de l'astronomie, mais aussi de l'agriculture, de l'architecture et de la médecine. Aujourd'hui, les nations arabes qui le souhaitent peuvent créer les conditions d'une accélération non seulement de leur

---

Encadré 2.6 Définition, caractéristiques et conséquences d'une société ouverte

Selon le célèbre philosophe anglais Karl R. Popper, une société ouverte se définit comme une association d'individus libres respectant les droits de chacun dans un cadre de protection mutuelle garanti par l'État et atteignant, à travers la prise de décisions responsables et rationnelles, un degré croissant de dignité et de progrès (Popper 1945). Ainsi conçue, une société ouverte n'est pas une utopie selon Popper, mais une forme d'organisation sociale réalisée de façon empirique qui, souligne-t-il, est à tous points de vue supérieure à ses concurrentes autoritaires, réelles ou potentielles.

Une société ouverte se caractérise également par un système souple et tolérant fondé sur l'état de droit et la justice, la liberté et la responsabilité individuelle, la reddition des comptes, la transparence et la liberté d'information. La société ouverte respecte les minorités et la diversité d'opinions ; elle assure la promotion de l'égalité des chances pour tous (indifféremment de la race, de la classe sociale, du sexe, de la religion et d'autres caractéristiques humaines), l'équité des systèmes politiques, légaux et économiques ; et elle permet à tous de participer librement et pleinement à la vie civique, économique et culturelle. Ce faisant, une société ouverte tend à nourrir la confiance en soi, les nouvelles idées et la pensée critique ; elle a tendance à dépersonnaliser les échanges, à renforcer le lien social et à construire le consensus sur des bases communes ; et elle renforce le mérite individuel, l'estime de soi et le respect mutuel.

Sur un plan plus pratique, il ne peut être fait état de société ouverte que si l'individu ou le citoyen est libre d'analyser de façon critique les conséquences de la mise en œuvre des politiques publiques, lesquelles peuvent être alors abandonnées ou modifiées à la lumière de ces critiques. Dans une telle société, les droits des individus de critiquer les politiques gouvernementales doivent être formellement protégés et défendus. Les politiques indésirables seront mises de côté de la même manière que les fausses théories scientifiques sont généralement rejetées, et les divergences de points de vue concernant les politiques sociales seront résolues par la discussion et l'argumentation et non par la force. Une société ouverte est donc caractérisée par une prédisposition générale à l'esprit critique et à l'anti-dogmatisme, par une ouverture au débat public et par la subordination de l'autorité à la raison, par l'abandon des tabous irrationnels, par la croyance dans les méthodes scientifiques et par la foi dans la fraternité entre tous les hommes. Ceci contraste avec les sociétés qui ont conservé une organisation tribale, dans lesquelles les tabous magiques et rigides opèrent, dans lesquelles tout changement est perçu avec peur et suspicion et où le débat critique et l'usage de la raison sont étouffés, les principes démocratiques, individualistes et égalitaires interdits et où domine une tendance à l'autarcie économique (Kolakowski 1990).

encadré continue page suivante

Encadré 2.6 Définition, caractéristiques et conséquences d'une société ouverte *(suite)*

La raison pour laquelle les sociétés plus ouvertes ont davantage tendance à générer des économies prospères, inclusives et résilientes provient du fait que l'ouverture offre des opportunités et des incitations pour atteindre des résultats économiques et sociaux supérieurs. La connaissance nécessaire pour engendrer la prospérité ne peut être le produit d'un seul esprit ; elle est nécessairement dispersée entre plusieurs d'entre eux. La société ouverte crée les droits et les incitations permettant à chaque individu d'utiliser ses connaissances particulières pour son propre bénéfice et, ce qui est plus important encore, pour le bénéfice d'autrui. Ceci est bien sûr l'idée annonciatrice d'Adam Smith (1776) avec son concept de « main invisible » : « Chaque individu poursuivant son propre intérêt, agit sans le vouloir pour le bénéfice de tous et souvent plus efficacement que s'il avait l'intention d'œuvrer au bien commun ». Une société ouverte protège donc les droits individuels de chacun de choisir et trouver son meilleur rôle pour résoudre les problèmes d'autrui. Adam Smith a mis en exergue trois mécanismes importants qui rendent la main invisible si efficace : la division du travail, les bénéfices de la spécialisation et les bénéfices du commerce.

---

modernisation, mais aussi de leur modernité en faisant preuve d'une plus grande ouverture et de réceptivité[7].

Un nouveau paradigme de développement fondé sur la promotion d'une société ouverte constitue une voie possible pour que le Maroc devienne le premier pays émergent non producteur de pétrole en Afrique du Nord. Il conduirait à réorienter les efforts publics vers le renforcement des institutions, à recentrer l'action de l'État sur ses fonctions régaliennes et à développer le capital humain et social. Un tel paradigme n'est pas éloigné des caractéristiques du scénario du « Maroc souhaitable » déjà envisagé en 2005 dans le cadre du Rapport du cinquantenaire (voir encadré 2.7). Sa mise en œuvre suppose cependant l'acceptation préalable de principes importants :

- d'une part, le processus de convergence sera complexe et indirect (il n'existe pas de solutions simples et directes à la plupart des problèmes économiques) ;
- par ailleurs, les dividendes économiques ne se feront sentir qu'à moyen et long termes (les institutions et le capital humain ne peuvent pas être renforcés du jour au lendemain) ;
- en outre, les résultats resteront largement imprévisibles (il est impossible d'entrevoir *ex-ante* les conséquences agrégées de microdécisions individuelles) ;
- enfin, le processus ne sera probablement pas linéaire, mais sujet à l'instabilité de la vie économique et sociale, comme le montrent de nombreuses expériences étrangères en matière d'envol économique (voir par exemple la crise financière traversée par certains pays émergents d'Asie du sud en 1997–1998). En pratique, un tel changement de paradigme aurait l'immense mérite de faciliter l'émergence de

Encadré 2.7 Le scénario du « Maroc souhaitable » existait déjà il y a dix ans

En 2005, le Rapport du cinquantenaire énumérait les caractéristiques du scénario du « Maroc souhaitable » à l'horizon 2025 (Gouvernement marocain 2005). Ce scénario s'articulait autour de plusieurs piliers : la consolidation du processus démocratique, la décentralisation, la réduction des inégalités et de l'exclusion, et l'insertion harmonieuse du pays dans la mondialisation. L'horizon souhaitable était celui d'une société d'opportunités pour tous avec des responsabilités pour chacun. Parmi les voies ouvertes par le rapport, citons celles relatives à :

• Un Maroc démocratique, ouvert sur les valeurs universelles (Droits de l'Homme, État de droit, liberté, égalité entre les sexes, etc.), préservant ses racines, valorisant sa diversité culturelle et partageant des valeurs de progrès. Ce Maroc jouirait d'une administration plus transparente, centrée sur le citoyen-usager, et d'un système de décision privilégiant le long terme sur le court terme et préférant les actions planifiées aux actions improvisées. Les choix de développement seraient formulés de manière concertée et seraient adaptés au contexte écologique mondial. Il s'agissait d'un Maroc dans lequel la bonne gouvernance serait profondément ancrée dans les mœurs et les pratiques de tous les acteurs du développement : État, collectivités locales, acteurs politiques, opérateurs économiques et société civile.

• Un Maroc décentralisé dans lequel toutes les localités contribueraient de manière équilibrée au processus de développement humain en valorisant leur diversité et leurs potentialités matérielles. Ce Maroc décentralisé serait constitué de régions ayant de larges compétences dans les domaines économique, culturel et social. Les villes, gérées de manière rationnelle, seraient économiquement performantes, socialement inclusives et culturellement rayonnantes. L'économie du pays serait néanmoins mieux intégrée et mieux ancrée dans un espace territorial relativement équilibré (villes/campagnes, littoral/intérieur). Le pays intégrerait le monde rural à sa juste mesure et tiendrait compte de ses fonctions économiques et environnementales et de son poids démographique. Les énergies alternatives auraient été développées (nucléaire, éolienne, solaire, etc.) et le pays exploiterait ses richesses naturelles et minérales de façon rationnelle.

• Un Maroc de responsabilité. Il s'agissait tout d'abord de la responsabilité des citoyens qui prendraient en main leur destinée et useraient de l'éventail des possibilités avec civisme, dans la solidarité et la cohésion nationales. Les citoyens auraient conscience du fait que leurs ambitions individuelles pourraient également être au service du dessein collectif de la nation marocaine. Il s'agissait ensuite de la responsabilité des pouvoirs publics qui assumeraient pleinement leurs mandats devant les citoyens. Dans ce cadre démocratique, l'Administration serait responsable de ses réussites comme de ses échecs. Les politiques gouvernementales seraient assumées et évaluées à l'aune de leurs résultats et de la qualité du processus même de leur mise en œuvre : participation, développement durable, évaluation. La société de responsabilité serait aussi la société de solidarité : elle serait solidaire de tous les individus qui la composent, particulièrement les personnes vulnérables ; une telle société serait une véritable société inclusive.

solutions endogènes, décentralisées et généralisables aux problèmes économiques du pays à travers le renforcement de ses capacités institutionnelles et humaines.

Tout en s'inspirant des nombreuses expériences internationales visant à promouvoir des sociétés ouvertes, le Maroc doit se prémunir contre tout risque de mimétisme institutionnel. Le Maroc doit résolument tenir compte des expériences des autres pays du monde sans pour autant tomber dans le piège d'un mimétisme qui, trop souvent, fausse le processus de développement. Certes, à l'origine, le mouvement de rattrapage économique est largement un processus d'imitation réussie et d'adaptation d'un savoir ou d'un savoir-faire déjà existant à des circonstances locales. Même pour les pays dits avancés, l'innovation consiste moins aujourd'hui à réaliser de nouvelles découvertes fondamentales qu'à opérer une combinaison et un développement réussis d'idées existantes (The Economist 2015). Fréquemment (comme par exemple en matière de production, de commerce et d'investissement), ce processus d'imitation est relativement simple et ne fait pas l'objet de controverses. Il vise à offrir des solutions et des pratiques déjà existantes, pertinentes et adaptables au contexte local. En d'autres termes, les pays en développement n'ont pas besoin de réinventer la roue. Mais lorsqu'il s'agit d'institutions et de politiques, c'est-à-dire d'aspects plus fondamentaux du développement d'un pays, le processus d'imitation se révèle plus complexe.

De nombreux pays en développement sont tombés dans une forme de « mimétisme isomorphe », c'est-à-dire dans l'adoption purement formelle d'institutions ou de politiques de pays tiers sans le développement des fonctionnalités réelles et des capacités de mise en œuvre qui sont pourtant indispensables (Pritchett et al. 2010). Or, non seulement des solutions « clé en main » excluent tout processus d'appropriation du savoir par le pays concerné, mais en outre elles peuvent se révéler contreproductives et constituer ce que certains économistes appellent « un fardeau prématuré ». Des vœux pieux en guise de réformes et des attentes irréalistes conduisent à des pressions et à des attentes sans commune mesure avec la réalité institutionnelle et humaine locale et constituent un fardeau supplémentaire sur des systèmes déjà faibles. Même s'il peut être tentant à court terme de réformer en s'inspirant d'expériences étrangères, notamment à partir de l'expérience française dans le cas du Maroc, cette voie est loin de conduire systématiquement à une réforme véritable, bénéfique et profonde. La construction artificielle d'une modernisation économique de façade constitue un risque auquel il faut savoir résister en évitant de recourir à des lois idéalistes qui seront difficilement mises en œuvre, à des plans sectoriels volontaristes mais trop ambitieux, ou à des projets publics opportunistes qui ne répondent pas aux besoins économiques immédiats des populations, le risque étant de réaliser, comme il a déjà été dit précédemment, une « modernisation sans développement » (Fukuyama 2014).

Notes

1. La Commission se veut un mécanisme gouvernemental de coordination des interventions des secteurs chargés de gérer le foncier avec ses deux volets public et privé, et de garantir une convergence de la politique publique dans ce domaine.

2. Base de données Barro-Lee.

3. Par pays émergents, il est entendu les pays à revenu intermédiaire de la tranche supérieure (upper middle income countries) qui possèdent un PIB par habitant compris entre 4 126 dollars et 12 735 dollars (2016).

4. Rapport commandité par SM le Roi Mohammed VI 2006.

5. Les simulations en question incluent : la hausse de l'investissement en infrastructure de base, la hausse de l'investissement en infrastructure avancée financée par une réduction des dépenses improductives, la réforme du système éducatif prenant la forme d'une subvention à l'éducation et un renforcement du cursus, la réduction du degré d'indexation du salaire minimum et du salaire qualifié, la politique de promotion de la migration de travailleurs qualifiés, la hausse des investissements directs étrangers, et la politique d'amélioration du climat des affaires.

6. Placée sous la co-présidence du prix Nobel Michael Spence et de l'ancien Vice-président de la Banque mondiale Danny Leipziger, et composée de 22 responsables politiques et du monde des affaires, cette commission a remis son rapport au bout de quatre années de travaux. Ce rapport est téléchargeable sur le site de la Banque mondiale comme suit : http://siteresources.worldbank.org/EXTPREMNET/Resources/489960-133899 7241035/Growth_Commission_Final_Report.pdf.

7. La notion de modernité dépasse la simple modernisation économique et fait référence à l'émergence de la liberté individuelle, à la force de la raison contre la tradition, à l'adhésion aux valeurs scientifiques et techniques et à la sécularisation de la société.

Bibliographie

Acemoglu, Daron, Simon Johnson, and James A. Robinson. 2007. "Institutions as a Fundamental Cause of Long-Run Growth." In *Handbook of Economic Growth*, Volume 1A, edited by Philippe Aghion and Steven N. Durlauf, 385–471. Amsterdam: Elsevier.

Agénor, Pierre-Richard et Karim El Aynaoui. 2014. "Politiques publiques, transformation industrielle, croissance et emploi au Maroc: Une analyse quantitative." OCP Policy Center Research Paper RP-14/03. Royaume du Maroc.

———. et El Aynaoui, Karim. 2015. "Maroc Stratégie de croissance à l'horizon 2025 dans un environnement international en mutation." OCP Policy Center. Royaume du Maroc.

Alesina, Alberto, Arnaud Devleeschauwer, William Easterly, Sergio Kurlat, and Romain Wacziarg. 2003. "Fractionalization." *Journal of Economic Growth* 8 (2): 155–94.

Balakrishnan, Ravi, Chad Steinberg, and Murtaza Syed. 2013. "The Elusive Quest for Inclusive Growth: Growth, Poverty, and Inequality in Asia." IMF Working Paper. International Monetary Fund, Washington, DC.

Bank Al-Maghrib (BAM). 2016. "Rapport sur l'exercice 2015." Royaume du Maroc.

Banque africaine de développement. 2015. "Diagnostic de croissance du Maroc : Analyse des contraintes à une croissance large et inclusive."

Banque mondiale. 2006. "Promouvoir la croissance et l'emploi par la diversification productive et la compétitivité." Rapport No. 32948-MOR. World Bank, Washington, DC.

Bloom, D. E., David Canning, and Jaypee Sevilla. 2001. "Economic Growth and the Demographic Transition." NBER Working Paper 8685. National Bureau of Economic Research, Cambridge, MA.

Bouoiyour, Jamal, Amal Miftah, and Christophe Muller. 2017. "Maghreb Rural-Urban Migration: The Movement to Morocco's Towns." Paper 1082. Economic Research Forum, Giza, Egypt.

Conseil Économique, Social et Environnemental (CESE). 2013. "Rapport sur la gouvernance des services publics." Royaume du Maroc.

———. 2014. "Cohérence des politiques sectorielles et accords de libre-échange : Fondements stratégiques pour un développement soutenu et durable." Royaume du Maroc.

Cohen Daniel, Thomas Piketty, and Gilles Saint-Paul. 2002. *The Economics of Rising Inequalities*. Oxford: Oxford University Press.

Dollar David, Tatjana Kleineberg, and Aart Kraay. 2013. "Growth Still Is Good for the Poor." Policy Research Working Paper 6568, World Bank, Washington, DC.

Easterly, W., and R. Levine. 2001. "What Have We Learned from a Decade of Empirical Research on Growth? It's Not Factor Accumulation: Stylized Facts and Growth Models." *World Bank Economic Review* 15 (2): 177–219.

Eichengreen, Barry, Donghyun Park, and Kwando Shin. 2013. "Growth Slowdowns Redux: New Evidence on the Middle Income Trap." NBER Working Paper 18673. National Bureau of Economic Research, Cambridge, MA.

———. 2015. "The Global Productivity Slump: Common and Country-Specific Factors." NBER Working Paper 21556. http://www.voxeu.org/article/global-productivity -slump.

El H addad, Amirah. 2016. "Government Intervention with No Structural Transformation: The Challenges of Egyptian Industrial Policy in Comparative Perspective." Economic Research Forum Working Paper 1038, Economic Research Forum, Giza, Egypt.

Economist. 2015. "Time to Fix Patents: Ideas Fuel the Economy. Today's Patent Systems Are a Rotten Way of Rewarding Them." 8 aout 2015.

Fondation Bouabid. 2010. "Le Maroc a-t-il une stratégie de développement économique ? Quelques éléments de réflexion pour un véritable décollage économique et social." Cercle d'analyse économique de la Fondation Abderrahim Bouabid. Royaume du Maroc.

Frankel, Jeffrey A., and David Romer. 1999. "Does Trade Cause Growth?" *American Economic Review* 89 (3): 379–99.

Fukuya ma, Francis. 2014. *Political Order and Political Decay: From the Industrial Revolution to the Globalization of Democracy*. New York: Farrar, Straus and Giroux.

Fuller, Brandon, and Paul Romer. 2014. "Urbanization as Opportunity." Working Paper No. 1, Maroon Institute of Urban Management, New York University, New York.

Gallup, John Luke, Jeffrey D. Sachs, and Andrew D. Mellinger. 1998. "Geography and Economic Development." NBER Working Paper No. 6849. *International Regional Science Review* 22 (2): 179–232.

Glaeser, Edward. 2012. *Triumph of the City: How Our Greatest Invention Makes Us Richer, Smarter, Greener, Healthier, and Happier*. New York: Penguin.

Glaeser, Edward L., Rafael La Porta, Florencio Lopez-de-Silane, and Andrei Shleifer. 2004. "Do Institutions Cause Growth?" *Journal of Economic Growth* 9 (3): 271–303.

Hausman, Ricardo, Jason Hwang, and Dani Rodrik. 2005a. "What You Export Matters." Working Paper 123, Center of International Development, Harvard University, Cambridge, MA.

Hausman, Ricardo, Lant Pritchet t, and Dani Rodrik. 2005b. "Growth Acceler ations." *Journal of Economic Growth* 10 (4): 303–29.

Haut-Commissariat au Plan (HCP). 2015. "Recensement général de la population 2014." Royaume du Maroc.

Knack, S., and P. Keefer. 1997. "Does Social Capital Have an Economic Payoff? A Cross-Country Investigation." *Quarterly Journal of Economics* 112 (4): 1251–1288.

Kolakowski, Leszek. 1990. *Modernity on Endless Trial. Chicago*: University of Chicago Press.

Krugman, Paul. 1994. *The Age of Diminished Expectations*. Cambridge, MA: MIT Press.

North, C. Douglass, and Robert Paul Thomas. 1973. *The Rise of the Western World: A New Economic History*. New York: Cambridge University Press.

Popper, Karl R. 1945. *The Open Society and Its Enemies*. Princeton, NJ: Princeton University Press.

Pritchett, Lant. 2013. "The Rebirth of Education: Schooling Ain't Learning." Washington, DC: Center for Global Development.

Pritchett, Lant, and Lawrence H. Summers. 2013. "Asia-Phoria Meet Regression to the Mean." *Proceedings of the Federal Reserve Bank of San Francisco* (November): 1–35.

Pritchett Lant, Michael Woolcock, and Matt Andrews. 2010. "Capability Traps? The Mechanisms of Persistent Implementation Failure." Working Paper 234, Center for Global Development.

Restuccia, D. 2013. "Factor Misallocation and Development." In *The New Palgrave Dictionary of Economics*. Online edition, edited by Steven N. Durlauf and Lawrence E. Blume. Basingstoke, UK: Palgrave Macmillan.

Rodrik, Dani, Arvind Subramanian, and Francesco Trebb i. 2004. "Institutions Rule: The Primacy of Institutions over Geography and Integration in Economic Development." *Journal of Economic Growth* 9 (2): 131–65.

Romer, Paul. 2015. "Urban Policy Drives Catch-Up Growth." Lecture at the World Bank. Washington, DC.

Royaume du Maroc. 2005. "50 ans de développement humain au Maroc et perspectives pour 2025." Rapport commandité par SM le Roi Mohammed VI à l'occasion de la célébration du cinquantenaire de l'indépendance du Maroc.

Schumpeter, Joseph. 1942. *Capitalism, Socialism and Democracy*. New York: Harper & Brothers.

Smith, Adam. 1977 [1776]. *An Inquiry into the Nature and Causes of the Wealth of Nations*. Chicago: University of Chicago Press.

SM le Roi Mohammed VI. 2014. Discours du Trône, 30 juillet 2014. Royaume du Maroc.

Sowell, Thomas. 2015. *Wealth, Poverty, and Politics: An International Perspective*. New York: Basic Books.

Tirole, Jean. 2016. "Économie du Bien Commun." Paris: Presse Universitaire de France.

UNESCO. 2014. "Rapport mondial de suivi sur l'EPT." Enseigner et apprendre : atteindre la qualité pour tous.

United Nations. 2014. World Urbanization Prospects: The 2014 Revision, Highlights (ST/ESA/SER.A/352). New York.

PARTIE II

Le capital immatériel comme voie de l'émergence économique

« Ce qui est tangible peut faire forte impression, mais il est loin d'être certain que ses effets économiques soient plus importants que ce qui est intangible. »

—Thomas Sowell

Le scénario de convergence économique accélérée présenté au chapitre précédent envisage un doublement du rythme de rattrapage de l'économie marocaine vers les pays d'Europe du sud par rapport au scénario tendanciel. À l'horizon 2040, le niveau de vie moyen des Marocains pourrait alors atteindre près de la moitié de celui des Espagnols. Ce scénario serait en mesure de satisfaire les aspirations d'une jeunesse marocaine à un emploi décent et à un niveau de vie croissant. Nos quatre groupes de jeunes présentés dans l'introduction verraient alors s'ouvrir de nouvelles opportunités, notamment d'accès à des emplois plus conformes à leurs potentiels et ambitions. Sans développement du secteur industriel et de celui des services à forte valeur ajoutée, Amine, ce jeune non qualifié qui a quitté la campagne pour la ville, continuera d'exercer de petits métiers sans perspective. Sans une formation professionnelle complémentaire adéquate, les portes du marché du travail resteront fermées pour Nisrine, cette jeune peu qualifiée qui peine notamment à maîtriser les langues. Sans une transformation structurelle plus rapide de l'économie marocaine, Kawtar, cette jeune qualifiée continuera elle aussi à rencontrer des difficultés d'insertion professionnelle en raison de la faible demande des entreprises pour ses compétences techniques. Enfin, sans valorisation de l'entreprenariat et de la prise de risque, Réda, ce jeune homme à fort potentiel poursuivra sa vie professionnelle dans l'administration publique ou au sein d'une entreprise ou d'un établissement public au lieu de contribuer à la diffusion de ses connaissances, à la montée en gamme de l'économie marocaine ou au développement de l'entreprise.

Le scénario de convergence accélérée requiert, comme il a été souligné, que des choix stratégiques en matière d'économie politique soient préalablement opérés. Les conditions préalables à l'accélération de la convergence économique comprendraient les suivantes : replacer les institutions qui sont à la source de la croissance et de la richesse au cœur de la stratégie de développement, donner la priorité aux investissements dans le capital immatériel, notamment l'éducation, mieux informer et impliquer l'ensemble des acteurs économiques dans les choix et la conduite des politiques publiques, et faire évoluer les « règles du jeu » pour favoriser l'émergence d'une société plus ouverte. Le Maroc dispose d'atouts importants et peut s'appuyer sur des leviers potentiels de changement à la fois sur les plans politique (la solidité de son leadership), institutionnel (les valeurs et les principes nouveaux entérinés par la Constitution de 2011) et économique (la convergence réglementaire vers l'Union européenne). Ces leviers constituent également les meilleurs vecteurs pour renforcer la cohésion économique et sociale du Maroc.

Une fois ces choix stratégiques effectués, il convient d'identifier les grandes voies capables de réaliser le scénario de convergence accélérée. Tel est l'objectif de cette seconde partie. L'accélération durable de la productivité totale des

facteurs ne saurait être le produit d'une seule réforme, aussi ambitieuse soit-elle. En d'autres termes, l'augmentation du capital immatériel du Maroc sera nécessairement multiforme. Compte tenu de l'aspect souvent institutionnel et difficilement quantifiable des réformes proposées, le Mémorandum ne conduit pas une analyse en équilibre général des différentes réformes. Cela ne retire cependant rien à la nécessité d'assurer une bonne coordination des politiques. Par exemple, une analyse en équilibre partiel des interactions entre trois sous-secteurs uniquement (éducation, sécurité sociale et marché du travail) démontre l'importance de la coordination des politiques pour obtenir des effets significatifs sur les niveaux d'emploi : des interventions isolées pour améliorer l'efficacité interne du système éducatif pouvant même être contre-productives et aggraver le problème du chômage (Marouani et Robalino 2011).

Par ailleurs, toutes les réformes désirables ne pourront être mises en œuvre simultanément, même s'il est nécessaire d'adresser le signal fort qu'un changement profond est engagé. La douzaine de voies de réformes prioritaires proposées ci-dessous présentent les axes de réformes qui, au vu du diagnostic établi plus haut sur la situation de l'économie marocaine en 2016, sont essentielles pour placer l'économie marocaine sur un sentier de plus grande prospérité partagée. Ces voies puisent dans les quatre dimensions du capital immatériel discuté dans les chapitres précédents : 1) le capital institutionnel d'appui au marché, c'est-à-dire les institutions permettant de faciliter l'allocation la plus efficiente possible du capital et du travail dans l'économie, et de faciliter l'insertion du Maroc dans l'économie internationale ; 2) le capital institutionnel public qui vise à promouvoir l'état de droit et la justice, à augmenter l'efficacité et la productivité de l'administration, et à améliorer la qualité des services publics ; 3) le capital humain qui suppose l'accès de tous à de meilleurs systèmes d'éducation, de santé et de protection de la petite enfance ; et 4) le capital social, en tant que capital immatériel qui sous-tend le progrès dans tous les autres domaines, y compris l'égalité réelle entre les sexes et la confiance interpersonnelle au sein de la société.

Bibliographie

Marouani, Mohammed A., and David A. Robalino. 2011. "Assessing Interactions among Education, Social Insurance, and Labor Market Policies in Morocco." *Applied Economics* 44 (24): 3149–67.

CHAPITRE 3

Investir dans les institutions d'appui aux marchés

« Avec la concurrence, tout le monde doit redoubler d'efforts. »

Harold H. Greene

Le scénario de convergence économique à l'horizon 2040 suppose une accélération de la croissance du secteur privé tirée par les gains d'une productivité plus élevée. La réalisation de ces gains de productivité dépendra en grande partie de la capacité de la société marocaine à s'entendre sur de nouvelles règles de fonctionnement du marché qui favorisent davantage une concurrence loyale, encouragent l'innovation et l'entreprenariat, et découragent la recherche de rentes dans l'ensemble des secteurs économiques. En effet, les pays qui ont durablement amélioré le bien-être de leurs populations ont mis en place des institutions efficaces d'appui au bon fonctionnement des marchés de biens et de services mais aussi des marchés du travail et du capital (Banque mondiale 2002). Ces institutions doivent accomplir trois tâches principales : i) assurer la transparence de l'information concernant l'ensemble des conditions du marché, ii) définir et faire appliquer les droits de propriété et les contrats, enfin iii) promouvoir la liberté économique et garantir les règles de la concurrence. Des institutions efficaces d'appui au marché sont indispensables au succès des solutions de marché. Elles peuvent non seulement promouvoir les opportunités et faciliter la transformation structurelle, mais aussi garantir des résultats à la fois efficients et équitables (Chauffour 2009).

Développer des institutions de marché efficaces constitue une tâche complexe. Cette tâche n'est pas indépendante de celle visant la bonne gouvernance de l'État (voir chapitre 4 ci-après) et la promotion d'un État moderne, c'est-à-dire un État qui sépare strictement les intérêts publics et privés (Fukuyama 2014). Les expériences conduites dans le monde démontrent qu'il n'existe pas de modèle unique valable pour tous. Le risque de « mimétisme institutionnel » que représente la construction d'institutions de façade qui ne font que couvrir d'un voile de modernité des pratiques qui restent archaïques a déjà été mentionné. En outre, l'analyse des expériences internationales révèle que l'efficience de l'allocation du capital et du travail ainsi que l'efficience de l'intégration économique des différents pays reposent en grande partie sur la qualité de leurs institutions de marché, par exemple, la qualité du régime gouvernant la concurrence, la pertinence du code du travail par rapport aux conditions locales ou les règles et disciplines gouvernant le système d'échanges extérieurs. Les trois sections ci-après traiteront donc des bases institutionnelles permettant de soutenir une allocation plus efficace du capital et du travail et une meilleure intégration du Maroc dans l'économie mondiale.

1. Allouer le capital de manière plus concurrentielle

Les institutions qui promeuvent et garantissent une concurrence loyale entre les acteurs économiques permettent d'allouer les ressources productives, notamment le capital, afin de maximiser leur efficacité. L'ouverture et la transparence créent les conditions de la liberté économique. Elles placent les entreprises sous pression constante d'offrir la meilleure gamme possible de produits, de services et de technologies aux meilleurs prix possibles. Paradoxalement, la concurrence incite les entreprises à innover et à adopter de nouvelles technologies afin de réduire leurs coûts et de pouvoir échapper temporairement à la concurrence (Aghion et al. 2001). *A contrario*, lorsque des entreprises réussissent à bénéficier d'avantages particuliers importants, leurs concurrentes ne peuvent rivaliser avec elles loyalement et elles sont donc peu encouragées à innover, ce qui affaiblit le dynamisme économique du secteur dans son ensemble. Incapable d'innover, le secteur se retrouve typiquement dans une situation de désavantage compétitif sur les marchés extérieurs et se rabat alors sur le marché local protégé pour survivre. Dans une société ouverte, la concurrence domine la vie des entreprises, qu'elles soient tournées vers les marchés domestiques ou extérieurs, au plus grand bénéfice des consommateurs.

La concurrence équitable au cœur de l'allocation efficiente du capital

L'accès libre et équitable à l'ensemble des marchés permet de répondre de manière efficace aux demandes de la population et constituent des moteurs essentiels du progrès technologique et de la croissance économique. Les principales dimensions de la liberté économique incluent généralement la liberté de posséder et d'acquérir légalement une propriété, la liberté de participer à des transactions volontaires (à l'intérieur ou à l'extérieur des frontières d'un pays) et la liberté d'établir les termes des transactions entre individus. Les institutions et les politiques qui garantissent la liberté économique peuvent inciter à une plus forte croissance : elles favorisent un rendement élevé des efforts productifs grâce à la protection de la propriété privée, à un système juridique indépendant et à une fiscalité peu élevée ; elles favorisent l'émergence d'une économie dynamique et organisée de façon pragmatique dans laquelle les entrepreneurs peuvent réussir ou échouer dans des proportions importantes, mais où la compétition entre tous les acteurs est équitable et donc non faussée par une régulation excessive et la présence d'entreprises publiques ; elles facilitent la prise de décisions rationnelles grâce à un environnement macroéconomique prévisible et stable ; enfin, elles encouragent une circulation des biens, des capitaux, du travail et des services qui favorise le plus haut niveau de satisfaction et de retour sur investissement.

La compétition loyale dans tous les domaines (scientifique, industriel, intellectuel, artistique ou sportif) constitue généralement un facteur de progrès pour les sociétés. En particulier, à l'ère d'Internet et des technologies de l'information et de la communication (TIC), la concurrence est au cœur de l'économie de la connaissance qui est une source grandissante de création de richesses dans tous les pays. L'économie de la connaissance inclut la capacité d'une économie à adapter les savoirs existants, à créer des concepts ou à produire de nouvelles idées (Jouyet et Lévy 2006). La plupart du temps, l'innovation dans un domaine entraîne la création de grappes d'innovations dans d'autres domaines. La dynamique ainsi créée par la course aux idées nouvelles est facteur de transformation structurelle et de montée en gamme de l'économie. L'organisation des économies autour des chaînes de valeur mondiale contribue à ce processus d'innovation et de spécialisation des tâches (Driouchi et Zouag 2006).

Dans ce contexte, le rôle essentiel des politiques publiques est de créer un environnement équitable et prévisible qui permette aux acteurs de collaborer dans un cadre sécurisé et sécurisant. Favoriser l'innovation par la mise en réseaux des acteurs implique la mise en relation des institutions publiques (ministères, agences, autorités de régulation, etc.) avec les centres de production de la connaissance, tels que les laboratoires de recherche ou les universités, et avec le monde des entreprises, petites ou grandes. À travers ces collaborations, les technologies et les idées nouvelles ont plus de chance de se diffuser et d'influencer les systèmes de production (Bouoiyour 2003). La Corée du Sud, la Chine, Taïwan, le Japon ou encore la Finlande sont des exemples variés de pays qui ont réussi leur transition économique en plaçant l'innovation au cœur de leurs stratégies. Leurs réformes se sont inscrites dans un cadre d'évaluation et de sanction qui leur ont permis d'ajuster de manière réactive leurs politiques et d'améliorer l'efficacité des investissements tant publics que privés (Banque mondiale et al. 2013).

L'établissement d'une concurrence libre entre les acteurs du marché implique qu'ils soient tous soumis, en pratique et pas uniquement dans les textes, aux mêmes contraintes concernant le cadre légal et la fiscalité, l'accès au crédit et aux marchés, et le respect du droit de la propriété intellectuelle. Plusieurs études ont démontré que, dans de nombreux pays de la région MENA, les relations d'affaires restent basées de façon exagérée sur la solidité des liens interpersonnels, et que, dans les faits, l'accès aux marchés publics ou aux grands contrats reste trop souvent limité à quelques entreprises ou personnes ayant des relations politiques privilégiées (Banque mondiale 2015). Ces privilèges et passe-droits se nourrissent avant tout de l'absence d'information et de transparence dans l'application des règles, ce qui freine la concurrence et le développement du secteur privé. Les acteurs du marché les mieux informés et introduits dans les cercles du pouvoir, que ce soit au niveau national ou local, arrivent à perpétuer leur rente de situation et leur chasse gardée. Ce corporatisme se développe au détriment du renouvellement des élites économiques, avec un coût élevé pour la société qui est subi par les travailleurs, les consommateurs et même par les entrepreneurs eux-mêmes qui n'en ont pas toujours conscience.

Créer les conditions d'une concurrence équitable est un défi complexe. En effet, l'amélioration des conditions de la concurrence passe par la résolution de plusieurs problèmes transversaux : le recul des comportements rentiers, la fin du pouvoir discrétionnaire dans l'application des réglementations, l'amélioration de la transparence dans l'attribution des subventions et autres interventions étatiques, la facilitation de l'accès par tous les opérateurs aux informations économiques détenues par les autorités, ou encore la participation des acteurs locaux dans l'élaboration et l'évaluation des politiques publiques. En outre, le succès d'un écosystème favorisant l'innovation dépend en grande partie de la solidité des relations entre le monde de la recherche et les entreprises, de la transparence et de l'équité des programmes publics, de la protection des droits de la propriété intellectuelle et de la qualité de la formation et de la polyvalence de la main-d'œuvre (Nations Unies 2008).

Une allocation sous-efficiente du capital au Maroc
Le manque de concurrence et la capacité d'innovation limitée du Maroc ont des causes multiples. Le présent Mémorandum s'intéresse ci-après à quatre causes principales comme suit : la faiblesse du cadre et des autorités réglementaires de la concurrence ; la complexité et l'opacité du climat des affaires ; des stratégies sectorielles « top down » aux résultats mitigés ; et un système financier conservateur. Sur tous ces aspects, le Maroc n'a cessé de progresser depuis une dizaine d'années, mais les changements effectivement réalisés sont restés globalement en deçà des ambitions affichées.

Une concurrence encore faible en pratique malgré une amélioration du cadre légal
En dépit d'une tradition marchande et d'une population entreprenante, le moteur de la concurrence semble bridé au Maroc. Comme il a été vu, en dépit de hauts niveaux d'investissements principalement financés par des fonds publics, le secteur privé reste relativement étroit et ne se développe pas de façon significative et rapide. La densité de nouvelles entreprises par rapport à la population totale est certes plus élevée que dans d'autres pays de la région mais faible au regard de nombreux pays émergents (voir figure 3.1). Ce manque de dynamisme du secteur privé entrave la transformation structurelle de l'économie et les gains de productivité qui y sont généralement associés et, *in fine*, la croissance et la création d'emplois décents. Une des raisons de l'écart entre l'investissement, le développement du secteur privé et la croissance réside en partie dans le manque d'ouverture des marchés qui s'explique par des règles du jeu souvent socialement inéquitables et économiquement inefficaces. Selon une étude de l'Institut Royal des Études Stratégiques, « la protection, en réduisant la concurrence, a permis l'apparition de rentes-monopolistiques. Les entreprises bénéficiaires de cette situation ont profité de la hausse des prix, non pour investir dans la compétitivité par la qualité et l'incorporation de nouvelles techniques, mais pour percevoir des surprofits » (IRES 2014).

Dans la plupart des pays de la région MENA, le capitalisme est dominé par des connexions personnelles et par des privilèges qui font partie intégrante d'un réseau complexe d'intérêts économiques qui freinent l'émergence de nouveaux acteurs (Banque mondiale 2009, 2015b). Ce phénomène ayant pour effet

Figure 3.1 Densité moyenne d'entrée des entreprises, 2004–2009
(Nombre de nouvelles entreprises pour 1 000 habitants)

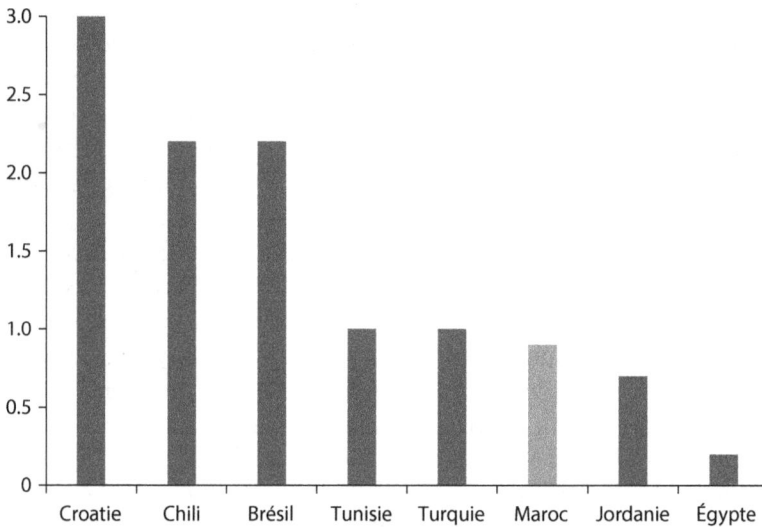

Source : Klapper et Love 2010.

de maintenir des monopoles, d'entraver les performances de l'économie et d'affaiblir la croissance de la productivité et la création d'emplois, a été mis en exergue en Tunisie (Rijkers, Freund, et Nucifora 2014), en Égypte (Diwan, Keefer, Schiffbauer 2013) ou au Liban (Diwan et Haidar 2016). Plusieurs observateurs de la sociologie de l'économie marocaine suggèrent que le Maroc n'est pas à l'abri de ce type de risque[1]. En effet, la holding Royale d'investissement (SNI) est présente dans une douzaine de secteurs économiques. En fait, une étude récente estime que près de 13 % d'un échantillon représentatif d'entreprises manufacturières marocaines sont détenus par des personnes connectées à des cercles d'influence économique (Saadi 2016). Ces entreprises opèrent dans divers secteurs économiques et seraient plus performantes que leurs homologues non connectées en partie en raison des privilèges dont elles jouissent en matière de protection commerciale, d'application des règles et réglementation, et d'accès au financement. L'existence d'un capitalisme de connivence serait aussi observable à travers l'optique des sociétés marocaines cotées en bourse et le rôle du secteur financier (Oubenal 2016). Au-delà des considérations d'équité, l'existence d'entreprises connectées expliquerait en partie la lente transformation structurelle globale de l'économie dans la mesure où ces entreprises opèrent dans des secteurs affichant des taux d'entrée et de sortie inférieurs, une plus forte concentration et des créations d'emplois plus limitées que la moyenne.

Bien que certains secteurs aient été libéralisés, (par exemple la téléphonie mobile), ces progrès ne peuvent masquer le manque de concurrence réelle entre les opérateurs dans de nombreux autres secteurs. Les ententes sur les prix entre les opérateurs subsistent encore au sein de nombreux secteurs. Par exemple, en 2013, le Conseil de la concurrence identifiait dans le secteur des produits laitiers une entente tacite sur les prix entre les opérateurs du marché et dénonçait un niveau élevé de concentration. Le secteur du haut débit (fixe et mobile), qui constitue le principal potentiel de développement du secteur des TIC dans les prochaines années, manque de concurrence et souffre d'une régulation incomplète et inefficace ainsi que du manque d'investissements dans les infrastructures (Banque mondiale 2016a). Enfin, l'ouverture mal préparée de certains secteurs n'a pas produit les effets escomptés et s'est parfois opérée au détriment des opérateurs locaux. Ainsi, l'ouverture à la concurrence des transports routiers et maritimes entre 2003 et 2006 n'a pas eu l'impact attendu sur la compétitivité et s'est soldée par une incapacité des acteurs marocains à faire face à la concurrence internationale. Pourtant, le développement de logisticiens performants proposant une offre fiable et compétitive pourrait impacter de manière significative la réduction des coûts d'exportations et d'importations du Royaume, et améliorerait sa compétitivité sur les marchés internationaux. La mise en œuvre de la stratégie maritime adoptée en 2016 pourrait à cet égard favoriser le développement de services maritimes plus performants et compétitifs.

Le cadre réglementaire de la concurrence a été rénové, mais sa mise en œuvre est suspendue depuis 2014 à la nomination effective des membres du nouveau Conseil de la concurrence. Depuis 2009, le Conseil de la concurrence a joué un rôle actif dans l'évaluation des niveaux de concurrence et l'identification des concentrations et des ententes illicites. Le Conseil a fait preuve d'une autonomie qui lui a permis de rendre une quarantaine d'avis et une quinzaine d'études objectives sur l'état des marchés. Il a ainsi activement participé à la vulgarisation et à l'essaimage de la culture de la concurrence au sein des différentes composantes de la société marocaine. Le renforcement des prérogatives du Conseil de la concurrence par la Constitution de 2011 et les nouvelles lois adoptées en 2014, qui en ont fait une autorité garante de la transparence et de l'équité dans les relations

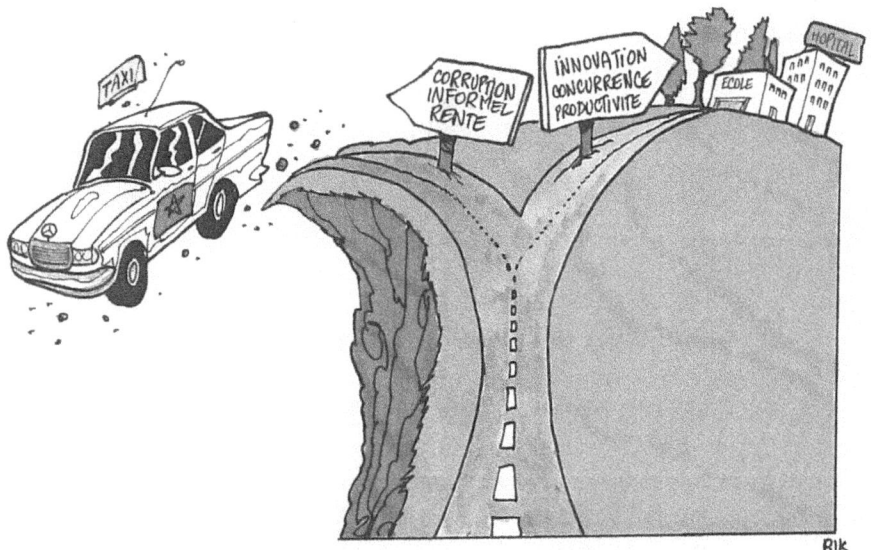

économiques, est de bon augure. Ce nouveau cadre permettra notamment au Conseil de se saisir de toutes les questions affectant la concurrence au Maroc et de prononcer des astreintes, injonctions et sanctions pécuniaires à l'encontre des opérateurs défaillants. De leur côté, les entreprises ont également la possibilité de saisir directement le Conseil, renforçant ainsi son efficacité potentielle. Une fois ses nouveaux membres nommés, le Conseil de la concurrence pourra donc traiter des situations monopolistiques qui, depuis longtemps, impactent négativement de nombreux secteurs du pays. L'efficacité de ces nouvelles dispositions légales se mesurera lors de leur application concrète, à travers la capacité démontrée du Conseil à résoudre les problèmes de concurrence dans les principaux secteurs.

Malgré de nombreuses réformes visant à recentrer l'État sur ses missions d'intérêt général, les entreprises et établissements publics (EEP) continuent à jouer un rôle majeur dans l'économie nationale mais peuvent constituer, de par leurs statuts, modes de gouvernance et soutiens financiers de l'État, un obstacle à l'ouverture de nombreux secteurs. À la fin de 2015, le secteur des EEP représentait environ 8 % du PIB et près de 25 % de l'investissement total du pays à travers 212 établissements publics, 44 sociétés à participation directe de l'État et quelque 442 filiales et participations publiques. De nombreuses EEP à caractère commercial et leurs filiales se positionnent dans des secteurs économiques clés où les barrières à l'entrée sont encore importantes (agriculture et pêche maritime ; énergie, mine, eau et environnement ; infrastructure et transport ; habitat, urbanisme, et développement territorial). Occupant des positions souvent monopolistiques, ces entreprises entravent dans de nombreux cas l'émergence de nouveaux acteurs compétitifs et potentiellement innovants. De plus, alors que depuis quelques années le gouvernement veille à placer ces entreprises dans un environnement plus concurrentiel à travers l'adoption de règles de bonne gouvernance et l'introduction de mécanismes de régulation clairs et transparents (comme la contractualisation), le secteur des EEP manifeste des signes d'essoufflement comme en témoignent le tassement des investissements, l'envolée de l'endettement en devises et la forte augmentation des transferts de ressources publiques vers les EEP (Cour des comptes 2016). La cause en serait un défaut de pilotage stratégique et de coordination avec les politiques sectorielles des ministères. En dépit des progrès apportés par le Code marocain de bonnes pratiques de gouvernance des EEP, la gouvernance des EEP reste sujette à caution, notamment en ce qui concerne la composition, l'administration et le fonctionnement des organes de gouvernance, la transparence et l'accès à l'information et la reddition des comptes. De manière plus fondamentale, il est difficile d'exiger de l'État et de ses employés d'être performants dans la conduite d'affaires commerciales concurrentielles, non pas parce qu'ils seraient nécessairement moins compétents que leurs collègues du secteur privé, mais parce qu'ils font face à des objectifs souvent contradictoires et des incitations aux effets pervers en tant que « bureaucrates dans le monde des affaires » (Banque mondiale 1995).

Le fonctionnement de l'économie et le développement du secteur privé, notamment des petites et moyennes entreprises (PME), souffrent de délais de paiements longs entre clients et fournisseurs, à commencer par les délais de paiements de l'État et des entreprises publiques. La détérioration des délais de paiements touche plus particulièrement les PME. Selon Inforisk, entre 2010 et 2014, il fallait qu'une PME attende en moyenne 279 jours pour encaisser une créance, soit l'équivalent de plus de neuf mois de chiffre d'affaires en dehors de la trésorerie de l'entreprise. La loi de 2013 visant à réduire les délais de paiement ne semble avoir eu que peu d'effets. Selon les autorités de régulation des assurances et des marchés de capitaux, les délais de paiements se seraient de nouveau rallongés depuis 2015, atteignant des niveaux alarmants, notamment pour les toutes petites entreprises (TPE) et certains secteurs d'activité. De telles pratiques ont un impact majeur sur le besoin en fonds de roulement et la survie des entreprises. De même, les délais de remboursement des crédits de TVA de l'État auprès des entreprises, notamment publiques, contribuent eux aussi à asphyxier l'économie. Or comme le souligne SM le Roi Mohammed VI, « *il est inconcevable que l'Administration ne rembourse pas les dettes qu'elle a contractées auprès des petites et moyennes entreprises, alors qu'elle est censée les soutenir et les encourager eu égard à leur rôle important dans le développement et l'emploi[2]* ».

En raison de ce manque de dynamisme concurrentiel et de respect des règles, les petites et moyennes entreprises se retrouvent limitées dans leur développement alors qu'elles devraient être le moteur de l'innovation. En 2016, le classement de l'indice mondial de l'innovation place le Maroc en 72e position sur 128 pays (Cornell University, INSEAD et OMPI 2016). Bien que le Maroc figure en tête des pays d'Afrique du Nord dans ce classement, et parmi les dix pays les plus performants dans la catégorie des pays à revenu intermédiaire de la tranche inférieure, grâce notamment à ses infrastructures, des efforts importants devraient être accomplis dans le domaine du perfectionnement des entreprises (business sophistication) pour rejoindre le groupe des pays émergents. Au niveau national, les résultats du programme « Initiative Maroc Innovation » sont en deçà des objectifs : 353 demandes de dépôt de brevets d'origine marocaine ont été enregistrées en 2013 alors que la stratégie prévoyait la création de 1 000 brevets (OMPIC 2014). Parmi les demandes de dépôt, seulement 17 % des brevets présentaient un caractère nouveau et inventif. Quant à la nature des déposants marocains, les entreprises ne représentaient que 10 % des demandes de dépôt de brevet enregistrées. Malgré la mise en place de structures d'incubation et de programmes dédiés[3], l'objectif d'Initiative Maroc Innovation de création de plus de 200 start-ups innovantes n'a pas non plus été atteint. Ces résultats s'expliquent en partie par la faiblesse du cadre légal et opérationnel protégeant la propriété intellectuelle des entrepreneurs, le capital des investisseurs et les créances des établissements financiers, ainsi que par les goulets d'étranglement de types procédural et administratif dans le processus d'insolvabilité. Selon l'indicateur « Doing Business » portant sur le règlement de l'insolvabilité, le Maroc se situe en effet au 131e rang mondial dans la moyenne des pays de la région MENA, mais relativement loin de la frontière (voir figure 3.2).

Le frein à l'innovation, à la compétitivité et à la transformation structurelle s'explique également par le retard pris par le Maroc dans le développement des technologies de l'information et de la communication (TIC), notamment du haut débit fixe. Le secteur des TIC est une composante importante de compétitivité

Figure 3.2 Distance de la frontière pour le règlement de l'insolvabilité, 2016

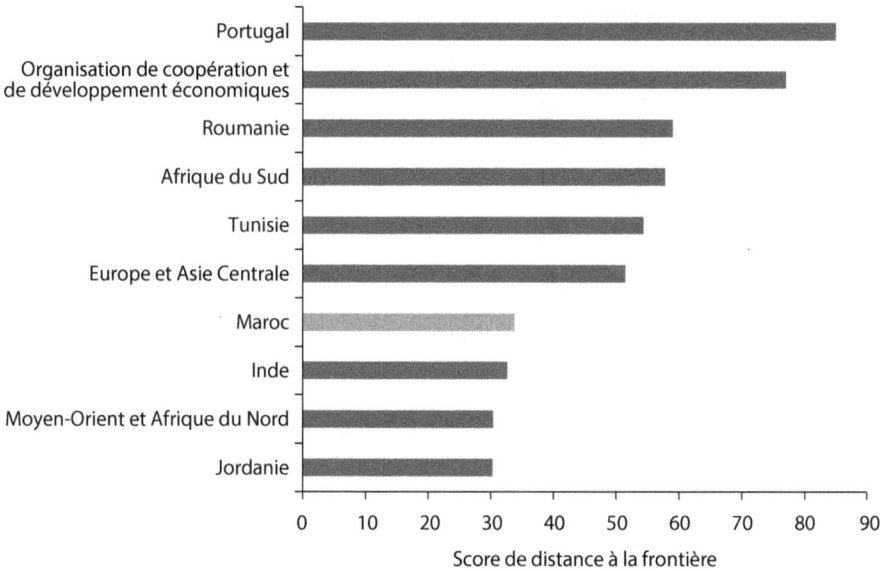

Source : Banque mondiale, 2016c.
Note : le score de distance à la frontière établit une référence entre les économies en matière de pratique réglementaire, en indiquant la distance absolue qui sépare l'économie en question de la meilleure performance dans chaque indicateur du rapport « Doing Business » de la Banque mondiale. Cette distance est indiquée sur une échelle de 0 à 100, 0 étant la plus mauvaise performance et 100 représentant la frontière.

économique des pays et sa capacité à créer des emplois est considérable. En amont, le secteur des TIC est également potentiellement une composante importante de la compétition politique et du renouvellement des élites (Miner 2015). Or, au Maroc, sa croissance s'essouffle et son potentiel n'est pas pleinement exploité (Banque mondiale 2016a). Leader régional il y a dix ans, le Maroc enregistre aujourd'hui un retard par rapport à d'autres pays comparables. La pénétration du haut débit est l'une des plus faibles de la région MENA et est sensiblement inférieure à certains pays d'Europe de l'Est (voir figure 3.3).

Dans ce domaine, et en dépit des efforts menés à ce jour[4], le retard s'explique par un manque de concurrence, une régulation incomplète et inefficace, et un sous-investissement dans des infrastructures haut débit fixes qui restent limitées aux principaux centres urbains et axes routiers du pays (Banque mondiale 2016b). Il en résulte un manque à gagner important pour l'État (PIB, recettes budgétaires) et la persistance d'une fracture numérique qui engendre des inégalités économiques et sociales. Au Maroc, l'accès aux abonnements haut débit reste trop coûteux pour 60 % de la population. Bien qu'il s'agisse là d'une situation commune à d'autres pays de la région MENA ou d'autres pays émergents, les principaux déterminants de cette situation sont propres au Maroc : barrières à l'entrée d'acteurs qui voudraient déployer leurs propres infrastructures sans pour autant commercialiser le spectre des fréquences ; insuffisance et déséquilibre des investissements en fibre optique entre les trois opérateurs ; utilisation du Fonds de service universel non suffisamment orientée vers le développement

Figure 3.3 Taux de pénétration du haut débit fixe et du haut débit mobile au Maroc et en Europe de l'Est

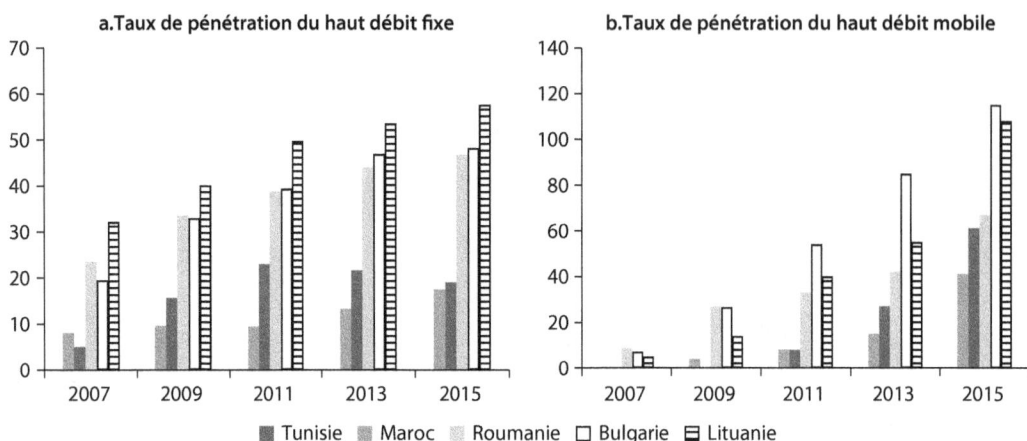

a. Taux de pénétration du haut débit fixe

b. Taux de pénétration du haut débit mobile

■ Tunisie ▨ Maroc ▨ Roumanie ☐ Bulgarie ⊟ Lituanie

Source : TeleGeography's GlobalComms 2015, http ://www.telegeography.com.
Note : pour le taux de pénétration du haut debit, les comparaisons internationales presentées s'appuient sur les données en fin d'année calendaire 2015 (décembre).

du haut débit ; et inefficacité de la régulation des infrastructures de haut débit (cuivre et fibre optique). Ainsi, le marché du haut débit (fixe et mobile) est consolidé autour des trois opérateurs, mais la concurrence ne s'exerce pas sur l'ensemble des zones géographiques couvertes en raison d'un déséquilibre en termes d'infrastructure fibre optique entre les trois opérateurs[5]. En outre, la régulation est incomplète et relativement inefficace, car d'une part, les décisions prises par le régulateur pour le partage des infrastructures fixes au niveau du réseau d'accès (notamment ADSL) ne sont pas suffisamment appliquées et, d'autre part, le régulateur n'a pas pris de décision sur le partage des câbles fibre optiques (i.e. fibre noire) interurbains. Par ailleurs, l'accès aux réseaux fibre optiques possédés par les exploitants d'infrastructures alternatives (i.e. ONEE, ONCF) n'est pas régulé. Enfin, outre le manque d'investissement privé des opérateurs qui n'ont pas investi massivement dans les infrastructures filaires en dépit de leurs licences fixes NGN octroyées en 2006, l'utilisation du Fonds de service universel (FSU) (abondé de 2 % du chiffre d'affaires total des opérateurs par an) n'a pas été suffisamment orientée vers le développement du haut débit.

La finalisation du Plan Maroc Numeric 2020 est une opportunité pour mettre en place un nouveau modèle de gouvernance public du secteur des TIC au Maroc, réviser en profondeur le cadre légal et réglementaire, et mettre en œuvre une stratégie pour les TIC axée sur l'accès au haut et très haut débit, y compris en promouvant les partenariats public-privé (PPP) pour l'investissement, et en orientant l'usage des fonds du service universel vers les zones déficitaires. Depuis l'introduction de la 3G en 2007 puis de la 4G en 2015, l'Internet haut débit constitue en effet un potentiel important de développement du secteur des TIC. Un tel développement permettrait, entre autres, à l'industrie marocaine de se positionner sur des chaînes d'approvisionnement mondiales à forte intensité technologique et de remonter les chaînes de valeur

---

Encadré 3.1 Expériences européennes en matière de libéralisation du secteur du haut débit

En Lituanie, le taux pénétration de connexion fibre jusqu'à l'abonné (Fiber to the home, FTTH) en 2015 est le plus élevé d'Europe[a] et la plupart de ces connexions sont fournies par d'autres fournisseurs que l'opérateur historique. En Bulgarie, la part de marché détenue par l'opérateur historique sur le segment du haut débit fixe n'est que de 29 %[b], et en Turquie 87 autorisations générales ont été octroyées à des FAI sans fil[c]. En Roumanie et en Lituanie, ces politiques d'ouverture du marché ont permis à ces pays d'enregistrer une vitesse moyenne d'Internet supérieure à celles de la France et de l'Italie[d]. Au Maroc, la bande passante internationale par utilisateur Internet est l'une des plus faibles de la région MENA et est largement inférieure à celle de la Roumanie, de la Bulgarie ou de la Lituanie.

a. http://www.ftthcouncil.eu/documents/PressReleases/2016/PR20160217_FTTHpanorama_luxembourg_french_Award.pdf.
b. Rood (2010). Very high speed broadband deployment in Europe : The Netherlands and Bulgaria compared.
c. World Bank (2010). Voir aussi : http ://www.bix.bg/en/en_article/Bulgarian_Broadband_Market.html.
d. Voir http ://www.speedtest.net/fr/ pour des tests de vitesse internet.

---

mondiales en améliorant sa compétitivité. Pour cela, le Maroc devra mettre en œuvre des réformes qui ont porté leurs fruits ailleurs (voir encadré 3.1) pour encourager l'entrée de nouveaux acteurs (sans limite de nombre et sans interdiction de déployer des infrastructures), mettre en place une régulation pour l'accès ouvert et non discriminatoire aux réseaux de communications, et promouvoir l'investissement privé dans les télécommunications.

Un climat des affaires qui reste contraignant en dépit de progrès

Depuis quinze ans, le Maroc a opéré d'importants changements concernant son environnement des affaires et ses politiques publiques avec l'objectif de moderniser son économie et d'encourager l'efficience et l'innovation. Cette volonté de réforme s'est notamment traduite par : l'adoption de nombreuses stratégies sectorielles, des réformes de l'environnement des affaires, la signature d'accords de libre-échange, la modernisation de la gouvernance des grandes entreprises publiques transformées en sociétés de droit privé et le lancement de grands projets structurants en partenariat avec des investisseurs étrangers. Ces transformations se sont également traduites par des évolutions au sein du secteur privé, avec la réforme de la CGEM, qui s'implique activement dans la résolution des problématiques liées aux PME et aux TPE, et l'émergence de nouveaux entrepreneurs désireux de s'impliquer dans les problématiques d'intérêt public. Le Comité national de l'environnement des affaires (CNEA), présidé par le chef du gouvernement, a notamment permis de rassembler les acteurs publics et privés dans une dynamique commune de réformes. Les efforts consacrés par le Maroc pour améliorer le climat des affaires ont été reconnus dans de nombreux classements internationaux, tels que celui du « Global Competitiveness Report » du Forum économique mondial ou celui du « Doing Business » de la Banque mondiale (Banque mondiale 2014a). Dans ce dernier, le Maroc a progressé de la 129ᵉ place à la 68ᵉ place entre 2010 et 2016 grâce notamment aux réformes concernant la création d'entreprises (Banque mondiale 2015).

Toutefois, le climat des affaires reste encore perçu par la plupart des acteurs comme trop imprévisible et bureaucratique, et n'inspire pas le degré de confiance dont les opérateurs économiques ont besoin pour investir à moyen ou à long terme. L'importance des contraintes liées à la lourdeur, à la lenteur, à la complexité et à l'opacité des procédures et formalités administratives est régulièrement confirmée par les enquêtes auprès des entreprises. Les contraintes les plus fréquemment évoquées par le secteur formel sont la corruption, la concurrence du secteur informel, le faible niveau d'instruction de la main-d'œuvre et un accès difficile au financement (voir figure 3.4 (Banque mondiale 2013a)). Pour les petites et moyennes entreprises (TPE et PME), ces barrières peuvent se révéler insurmontables (Banque mondiale 2014a). La corruption est liée en partie aux procédures longues, complexes et opaques pour obtenir les autorisations commerciales et industrielles au niveau local, notamment en raison d'un cadre légal ou réglementaire peu lisible et qui donne souvent aux administrations un pouvoir d'interprétation discrétionnaire. Elle est également liée aux abus des contrôles fiscaux. L'accès au foncier industriel reste difficile malgré le lancement de plusieurs plates-formes industrielles intégrées (P2i). Des barrières non tarifaires obsolètes compromettent l'accès à des intrants internationaux pour un coût raisonnable et entravent le développement de certaines industries locales. L'absence de transparence et la complexité dans les procédures d'attribution des subventions et d'autres formes de soutien public en font un système relativement peu efficient. Ces contraintes sont

Figure 3.4 Principaux obstacles au développement perçus par les entreprises, 2013
(En pourcentage)

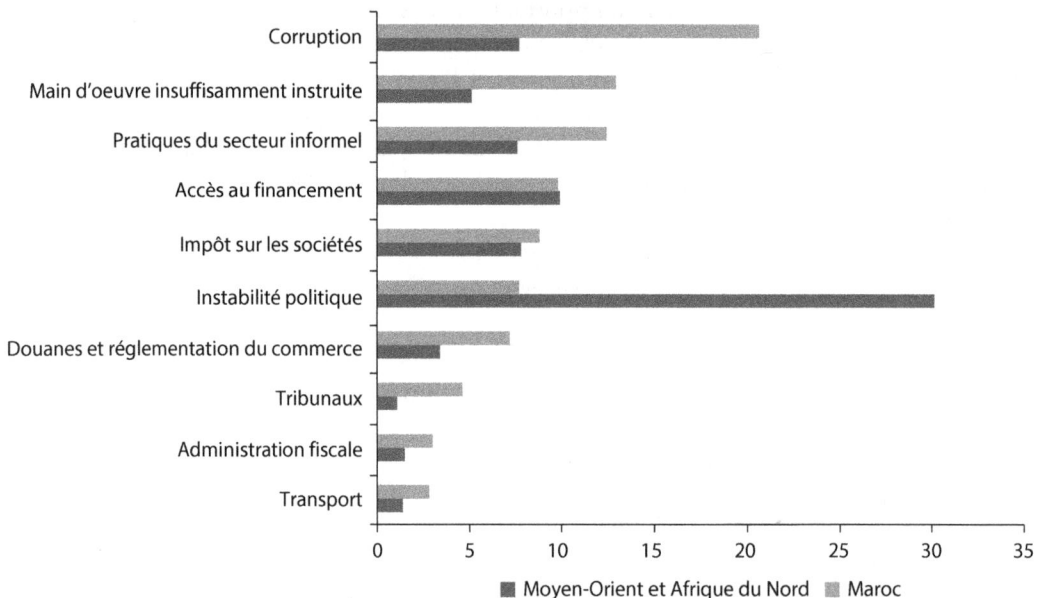

Source : Banque mondiale 2013a.

régulièrement confirmées par les baromètres de la CGEM qui indiquent que les dirigeants d'entreprises ont une vision plutôt négative du climat des affaires. Selon le baromètre du premier trimestre 2016, seuls 22 % d'entre eux affirment que le climat est favorable aux affaires. L'insécurité juridique est considérée comme un obstacle majeur à la croissance pour plus de 60 % des entreprises.

Au total, ces nombreuses distorsions de marché ont d'importants effets négatifs sur la productivité du Maroc. Sur la base des Enquêtes auprès des entreprises de la Banque mondiale, il est estimé que les distorsions de marché dans le secteur manufacturier pourraient expliquer un « déficit » de productivité totale des facteurs de l'ordre de 56 % par rapport à certains pays plus avancés affichant moins de distorsions (Chauffour et Diaz Sanchez 2017). En d'autres termes, réduire une partie de ce déficit au cours des 25 prochaines années pourrait accélérer de façon significative la croissance annuelle du secteur manufacturier et du PIB total du Maroc (Encadré 3.2).

Encadré 3.2 Mesurer les effets des distorsions de marché dans le secteur manufacturier marocain sur la productivité totale potentielle des facteurs

Une forte hétérogénéité en termes de productivité entre les entreprises d'un même secteur peut être révélatrice d'une mauvaise allocation des ressources entre ces entreprises, entrainant un effet négatif significatif sur la productivité totale des facteurs (PTF). L'application du cadre analytique développé par Hsieh et Klenow (2009) aux microdonnées des Enquêtes auprès des entreprises 2007 et 2013 de la Banque mondiale pour le Maroc permet d'estimer les effets négatifs des distorsions de marché dans le secteur manufacturier sur l'affectation des ressources au Maroc et de calculer ainsi les gains potentiels de PTF attendus de leur élimination (Chauffour et Diaz Sanchez 2017). Bien que les résultats empiriques montrent une réduction du niveau des distorsions de marché dans le secteur manufacturier au Maroc entre 2007 et 2013, le niveau global de ces distorsions en 2013 reste néanmoins plus élevé qu'en France ou aux États-Unis, ainsi que dans certains pays en développement tels la Chine et l'Inde (voir tableau E.3.2.1). Les sous-secteurs manufacturiers affichant les plus fortes distorsions sont la chimie (1,13) et l'alimentation (1,06), tandis que le textile (0,62) et les machines (0,6) sont les secteurs les moins sujets à distorsions. On estime que la suppression complète de ces distorsions (libéralisation totale) se traduirait par une augmentation d'environ 84 % de la productivité manufacturière. Une réduction de ces distorsions au niveau prévalant actuellement dans les pays avancés (libéralisation partielle) se traduirait par une amélioration significative de l'ordre de 56 % de la PTF.

Tableau E.3.2.1 Niveau des distorsions de marché et gains potentiels de PTF

Pays	Maroc		États-Unis	France	Corée du Sud	Chine	Inde
Année	2007	2013	1997	2005	2012	2005	1994
Niveau des distorsions de marché	1,01	0,77	0,49	0,48	0,55	0,63	0,67
Gains potentiels de PTF en %	S/O	83,8	42,9	S/O	S/O	86,6	127,5

Note : S/O = sans objet ; PTF = productivité totale des facteurs.

Les entreprises marocaines seraient confrontées à la forte incidence d'une corruption profonde (EBRD, EIB et Banque mondiale 2016). La fréquence et
l'incidence avec lesquelles les entreprises marocaines s'estiment confrontées à
des demandes d'avantages ou de paiements informels dans leurs relations avec les
administrations et services publics, l'obtention de licences d'exploitation, permis
de construire, opérations d'importations ou paiements des taxes et impôts, seraient
significativement plus élevées que la moyenne de la région MENA ; région qui
elle-même se classe défavorablement par rapport aux pays à revenu intermédiaire
et compétiteurs du Maroc (voir figure 3.5). Or, si la corruption se traduit en coûts
visibles liés aux paiements illicites et à la mauvaise allocation des ressources, son
coût le plus élevé reste invisible et lié aux opportunités manquées : les entreprises
qui ne se créent pas, les investissements qui ne se font pas, les prêts qui ne sont pas
accordés, et *in fine* les emplois qui ne sont pas créés en raison de la corruption.

Figure 3.5 Incidence et étendue de l'exposition de l'entreprise à la corruption
(En pourcentage)

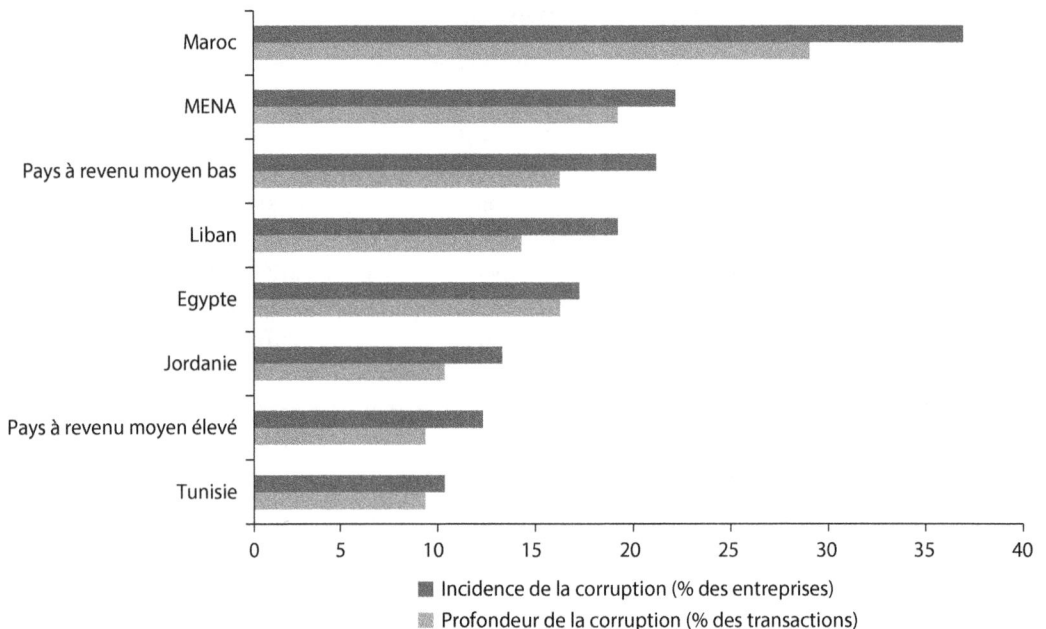

Source : Banque mondiale. Enterprises Surveys 2013 et 2014.
Note : l'étendue de la corruption mesure la fréquence avec laquelle les entreprises sont confrontées à des demandes de cadeaux ou de paiements informels dans six opérations. L'incidence de la corruption mesure le pourcentage d'entreprises exposées à au moins une demande de cadeaux ou de paiements informels.

Des stratégies sectorielles aux résultats mitigés

Dans les années 2000, le Maroc a lancé une série de stratégies sectorielles
pour corriger les défaillances systémiques ou les dysfonctionnements de plusieurs secteurs et encourager des projets d'investissements. Dans ce contexte,
l'État a participé à la création de « distorsions positives » pour encourager la

réalisation d'investissements, notamment à travers des incitations fiscales et financières, des facilités d'accès au foncier et aux financements, et des procédures administratives simplifiées combinées à des investissements dédiés en matière d'infrastructures. Ces stratégies ont touché tous les secteurs : le Plan Azur et Vision 2020 pour le tourisme, le Plan Maroc Vert pour l'agriculture et l'agrobusiness, le Plan Halieutis 2020 pour l'industrie de la pêche, Maroc Export Plus pour les exportations, le Plan émergence (2005) pour l'industrie, suivi du Pacte national pour l'émergence industrielle[6] (2009–2015) et du nouveau Plan d'accélération industrielle (2014–2020), pour ne citer qu'eux. Par exemple, pour soutenir le nouveau Plan d'accélération industrielle, l'État s'est engagé à accorder un soutien financier d'environ 2 % du PIB sur six ans. L'État fournit également des soutiens ad hoc pour attirer les investisseurs étrangers sur les grands projets privés susceptibles de générer des externalités positives significatives ; l'exemple le plus emblématique étant le projet concernant l'entreprise Renault à Tanger, qui vise à produire et à exporter 400 000 voitures par an, et qui a bénéficié de conditions favorables qui seraient, financièrement, difficilement viables à plus grande échelle (voir encadré 3.3).

Encadré 3.3 Conditions de l'arrivée du constructeur Renault à Tanger

L'implantation de Renault près de Tanger a été décidée en 2007. Le constructeur français était alors à la recherche d'un nouveau site industriel afin de déployer sa stratégie de développement d'une gamme Entry qui connaît un fort succès sur le marché européen. Au-delà de la proximité avec le marché européen et autres considérations industrielles stratégiques du groupe Renault-Nissan, la décision de localiser cette nouvelle usine dans la région de Tanger s'est faite sur la base de la mise à disposition par le Gouvernement marocain d'infrastructures de standard international et d'un ensemble d'aides directes de nature fiscale, foncière, financière, et de formation (Benabdejlil, Lung et Piveteau 2016) :

- « Au niveau infrastructures, le port en eau profonde Tanger Med I, situé à Ksar Al Majaz à 22 km de la ville du détroit et mis en service en 2007, offre une base essentielle pour l'exportation de véhicules. La boucle logistique depuis l'usine de Tanger est réalisée par une liaison ferroviaire dédiée qui assure des navettes quotidiennes et, dans une moindre mesure, par l'autoroute. À Tanger Med, Renault exploite son propre terminal portuaire. »
- « Outre ces atouts infrastructurels et logistiques, le fait de produire à concurrence de plus de 90 % pour les marchés extérieurs permet au constructeur français installé en zone franche de bénéficier d'une exonération totale de l'Impôt sur les sociétés (IS) pendant les cinq premières années, plafonné par la suite à 8,75 %, puis d'allégements de la TVA. »
- « L'aide à l'investissement a aussi été décisive. Outre le don exceptionnel de 300 ha de terrain pour la construction de l'usine, le fonds étatique Hassan II a subventionné le projet à hauteur de 200 millions d'euros sous la forme d'un prêt d'intérêt bonifié à la société Renault. Trois banques nationales se sont engagées également dans le financement du projet à hauteur de 105 millions d'euros. Par ailleurs, la Caisse de dépôt et de gestion (CDG) marocaine qui

encadré continue page suivante

Encadré 3.3 **Conditions de l'arrivée du constructeur Renault à Tanger** *(suite)*

détient 49 % des 240 millions d'euros de fonds propres de l'usine de Tanger (51 % d'apports financiers par Renault, soit 122,4 millions d'euros) a versé une prime d'investissement de 60 millions d'euros lorsque le partenaire japonais Nissan s'est retiré du projet. Des investisseurs privés marocains se sont alors engagés pour 240 millions d'euros. »

• « Le soutien de l'État marocain a également porté sur la formation et le recrutement du personnel. Le gouvernement a ainsi construit et financé deux centres de formation (Institut de formation aux métiers de l'industrie automobile, IFMIA) à Tanger : l'un aux portes de l'usine de Renault et l'autre au sein de la zone franche (Tanger Free Zone) où sont localisés 14 des 24 fournisseurs de Renault. Deux autres ont été mis en service à Casablanca et Kenitra, réalisés dans le cadre de partenariats publics-privés et financés à 100 % par l'État marocain. Avec les aides directes à l'embauche, la contribution de l'État marocain est évaluée à près de 150 millions d'euros. »

Toutefois, à ce jour, les stratégies sectorielles n'ont pas conduit au changement structurel de l'économie marocaine escompté. Malgré des succès industriels incontestables (automobile, aéronautique, agrobusiness), l'impact de ces stratégies sectorielles reste mitigé au regard de leurs ambitions systémiques et des difficultés auxquelles la majorité des entreprises continuent de se heurter. En particulier, le Plan émergence (2009–2015) qui visait à créer 400 000 emplois d'ici à 2015 n'a pas eu les effets escomptés. Le programme initial de mise à niveau n'a eu que des effets limités sur l'efficacité technique des entreprises bénéficiaires (Achy et al. 2010). Les initiatives publiques lancées à travers la réalisation des plates-formes industrielles intégrées (P2i) n'ont permis de répondre que partiellement à la problématique d'accès au foncier en adéquation avec les besoins de l'entreprise, en raison notamment des choix de localisation et des prix pratiqués[7]. En témoigne le fait que certaines de ces plates-formes industrielles ont attiré moins de dix entreprises (CGEM 2014). Comme discuté au chapitre précédent, une des raisons principales de ce revers est qu'une stratégie d'industrialisation ne peut pas se résumer à des politiques de soutien sectoriel, même bien coordonnées, mais doit également s'appuyer sur des politiques transversales à même de créer un environnement fertile pour tous les acteurs, y compris pour ceux qui n'existent pas encore et ne peuvent donc pas se faire entendre.

Dans ce cadre, les objectifs du nouveau Plan d'accélération industrielle (2014–2020) semblent eux aussi très ambitieux. Ils consistent à augmenter la part de la valeur ajoutée manufacturière de 14 % du PIB en 2014 à 23 % en 2020 et à créer 500 000 emplois nets dans le processus. Or, la réalisation de ces objectifs suppose que la croissance du secteur manufacturier, qui a historiquement oscillé autour de 2,5 % par an, puisse accélérer et se maintenir à hauteur de 15 % par année pendant six ans (voir figure 3.6), ce qui serait une performance sans précédent dans l'histoire économique récente des nations. Au cours des trois premières années du plan (2014–2016), force est de constater que la croissance du secteur

Figure 3.6 Maroc : objectifs du Plan d'accélération industrielle (2014–2020) au regard de la performance historique (1991–2013)

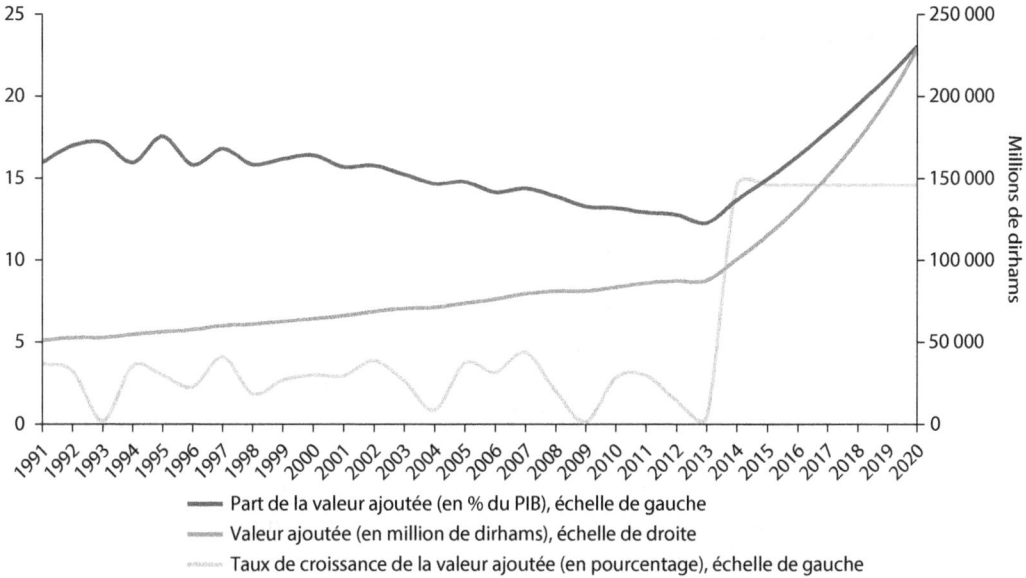

Part de la valeur ajoutée (en % du PIB), échelle de gauche
Valeur ajoutée (en million de dirhams), échelle de droite
Taux de croissance de la valeur ajoutée (en pourcentage), échelle de gauche

Source : Haut-Commissariat au Plan.
Note : PIB = produit intérieur brut ; MAD = dirham marocain.

manufacturier est restée dans sa tendance historique tout comme la faible création nette d'emplois industriels. À la fin de 2016, 43 écosystèmes ont été lancés dans 12 secteurs industriels[8] et près de 167 000 emplois ont été annoncés dans le cadre de conventions d'investissement. De nouvelles mesures de soutien et d'incitation à l'investissement ont également été annoncées, y compris l'exemption d'impôt sur les sociétés pendant cinq ans pour les industries en création, le développement d'au moins une zone franche par région, l'octroi du statut de zone franche aux grandes industries exportatrices, l'obtention du statut d'exportateur indirect pour les sous-traitants, et la mise en place d'appuis renforcés aux régions les moins favorisées[9]. Ces nouvelles incitations, en l'absence de ciblage et de par le suivi administratif qu'elles impliquent, risquent de créer des effets d'aubaine et d'encourager des activités qui ne répondent pas nécessairement aux avantages comparatifs de l'économie marocaine.

Une des difficultés majeures réside dans le fait que des solutions en aval, à travers l'attribution au cas par cas de régimes incitatifs, ne peuvent compenser les difficultés transversales et systémiques auxquelles font face les entrepreneurs en amont. L'attribution d'incitations au cas par cas n'est généralement pas recommandée par les pratiques internationales qui préconisent un système basé le plus possible sur l'automatisme et la transparence. L'appréciation au cas par cas qui est en place à travers le système de la Commission des investissements pose un certain nombre de risques de nature technique – en confiant à des administrations la mission d'évaluer le bien-fondé de projets dont la technicité dépasse souvent la capacité des administrations – et de gouvernance, dans la mesure où les critères d'attribution ne sont pas suffisamment précis et ouvrent la porte au pouvoir discrétionnaire de l'administration, tout en créant la tentation pour les investisseurs d'influencer le processus. Certes, le Maroc s'est doté de nouveaux outils d'aide à la décision et à la bonne gouvernance des incitations publiques accordées aux investisseurs[10], mais l'expérience internationale indique généralement les limites à terme des approches administratives de l'investissement. En particulier, l'administration n'a souvent pas les moyens pratiques de vérifier au fil du temps si l'entreprise continue de remplir les conditions établies pour accéder aux différents régimes incitatifs.

Un système financier relativement solide et inclusif, mais insuffisamment diversifié

Le système financier marocain fonctionne relativement efficacement pour mobiliser l'épargne nationale. Depuis dix ans, ce secteur s'est imposé comme l'un des plus développés et inclusifs dans la région MENA. La part du crédit privé par rapport au PIB (73 %) et la part du crédit des ménages rapportée au PIB (31 %) se situent au-dessus des moyennes des pays de la région. Les produits bancaires, d'assurance, de finance islamique ou de microfinance sont utilisés respectivement par 53 %, 41 %, 18 % et 13 % de la population adulte, ce qui place le Maroc en termes d'inclusion financière bien au-dessus de la moyenne de la région MENA (Zottel et al. 2014). La part des PME ayant contracté un prêt ou une ligne de crédit a doublé depuis 2007 (Banque mondiale 2008, 2013a). Ces améliorations dans l'accessibilité financière ont été favorisées par des réformes juridiques, réglementaires et des structures de surveillance. Par exemple, le crédit-bail et l'affacturage ont émergé comme des sources clés de financement des entreprises. Une nouvelle loi bancaire adoptée en 2015 comprend un mandat légal pour la protection des consommateurs et introduit des délivrances de permis et de surveillance pour de nouvelles institutions : les banques islamiques et les fournisseurs non bancaires de services de paiements et de comptes bancaires.

Cependant, le système bancaire marocain peine à allouer l'épargne collectée aux activités les plus productives. Les causes sont multiples et combinent des contraintes prudentielles objectives – liées au risque de concentration et de transformation des échéances – avec des comportements plus subjectifs de réticence et de frilosité vis-à-vis de la prise de risque de la part des banques commerciales. Selon l'indicateur « Doing Business » portant sur les facilités d'obtention de prêts, le Maroc se situe au 101e rang mondial et relativement loin de la frontière (voir figure 3.7), notamment par rapport à d'autres pays émergents comme la Roumanie, le Cambodge ou le Kenya. Les fonds de pension comme source de financement institutionnel plafonnent également : une large part des fonds de pension des services publics ont commencé à être désinvestis en 2014 et, malgré la réforme de 2016, leur soutenabilité à moyen terme reste une source de préoccupation.

Conscient de ces difficultés, le gouvernement s'est engagé dans l'adoption de réformes pour encourager la diversification des produits financiers et des

Figure 3.7 Distance de la frontière pour l'obtention de prêts, 2016

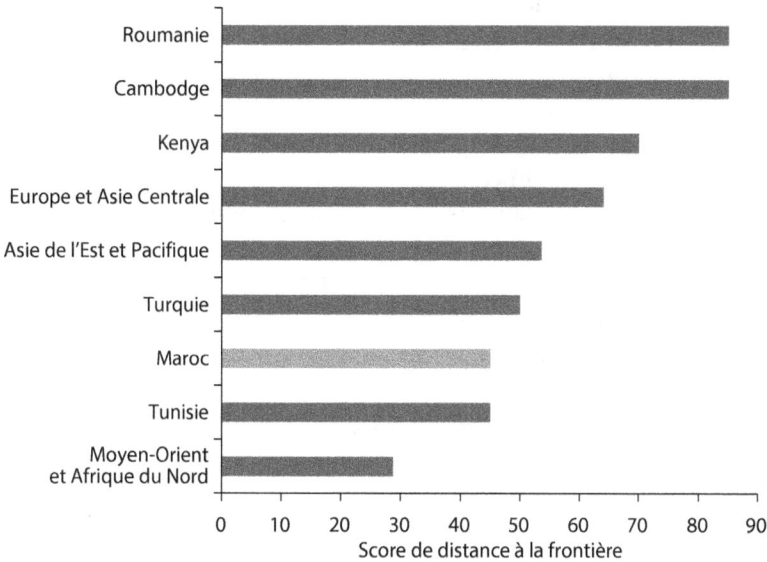

Source : Banque mondiale, 2016c.

Note : le score de distance à la frontière établit une référence entre les économies en matière de pratique réglementaire, en indiquant la distance absolue qui sépare l'économie en question de la meilleure performance dans chaque indicateur du rapport « Doing Business » de la Banque mondiale. Cette distance est indiquée sur une échelle de 0 à 100, 0 étant la plus mauvaise performance et 100 représentant la frontière.

mécanismes d'allocation du capital. Les réformes incluent l'amélioration de la structure régissant le financement des marchés de capitaux, le développement des infrastructures de base des marchés de capitaux, le renforcement de la régulation et de la supervision des intermédiaires financiers, l'introduction de la finance participative, ou encore le soutien au fonds dédié au financement des start-ups et des porteurs de projets innovants, notamment à travers la Caisse centrale de garantie. Le gouvernement vise ainsi à améliorer avec le temps la contribution du système financier à la croissance par la diversification de l'offre et une plus grande concurrence.

Toutefois, ces réformes ont eu pour l'heure peu d'effets concrets et le fossé séparant le développement avancé du système bancaire et le développement du marché des actions reste très important. En juin 2013, le Maroc a perdu sa position de marché émergent pour revenir à celle d'un marché périphérique, notamment en raison d'un faible niveau de liquidités, de capitalisation et de l'absence virtuelle de nouvelles introductions depuis le pic atteint par le marché en 2008. La Bourse de Casablanca (Casablanca Stock Exchange) souffre d'un manque de nouveaux émetteurs, plus particulièrement de grands émetteurs institutionnels. La plupart des entreprises publiques obtiennent leurs financements du budget, de la Caisse de Dépôt et de Gestion (CDG) et des banques. Les conglomérats familiaux et les entreprises de taille moyenne, qui pourraient se développer plus rapidement, ne semblent généralement pas disposés à partager les informations concernant leur capital et leur gouvernance.

Débrider le moteur de la concurrence et de l'innovation

Conscientes de la situation, les autorités ont lancé une nouvelle vague de réformes touchant à l'environnement des affaires, mais celles-ci pourraient se révéler décevantes en l'absence d'un changement plus fondamental de paradigme (comme discuté dans la première partie du présent Mémorandum). Plusieurs réformes vont dans le bon sens. Ainsi en est-il, au niveau légal et réglementaire, de celles qui concernent le droit de la concurrence, la protection des consommateurs, la loi sur les contrats de partenariats publics-privés, la révision du décret sur les marchés publics et de plusieurs mesures visant à simplifier les procédures pour les entreprises (création d'entreprise, obtention des permis de construire ou paiement des impôts). Il convient de saluer la volonté de réviser les politiques sectorielles afin de favoriser une approche plus inclusive intégrant le secteur privé et l'utilisation d'outils de soutien plus dynamiques et moins bureaucratiques. Le projet Casablanca Finance City Authority (CFCA), qui bénéfice d'un cadre réglementaire spécifique conforme aux normes internationales, s'accompagne d'une modernisation importante et nécessaire du cadre du système bancaire et des marchés de capitaux en général. De nombreuses entreprises publiques ont été « corporatisées », c'est-à-dire qu'elles sont passées sous le cadre du droit privé, même si elles demeurent propriété de l'État. Enfin, le cadre d'investissement local devrait être considérablement modifié par l'apparition de Sociétés de développement local (SDL) qui vont permettre, elles aussi, d'inscrire l'action publique dans un cadre plus flexible. Toutefois, ces changements n'auront les effets recherchés que s'ils s'accompagnent d'autres réformes également indispensables et nécessitant un engagement politique de haut niveau pour traiter efficacement les problématiques transversales majeures liées à la concurrence équitable, à la transparence et au respect du cadre légal et réglementaire. En l'absence de ces réformes, les changements précités risquent de se révéler contreproductifs, voire de remettre en cause les bienfaits d'une économie plus ouverte et plus compétitive dans l'esprit du public.

Le Maroc aurait tout intérêt à inscrire ses réformes dans le cadre d'une vision stratégique plus fortement ancrée autour des principes d'équité, d'impartialité et de transparence et d'une approche collective associant réellement tous les acteurs du développement économique. Au niveau institutionnel, cette vision est clairement inscrite dans la Constitution de 2011. Parallèlement aux dernières étapes visant la traduction des nouvelles dispositions légales et institutionnelles prévues par la Constitution de 2011 (adoption de lois organiques et mise en place de nouvelles autorités), le Maroc doit transcrire pleinement dans les faits l'esprit de ces changements constitutionnels. Cette période de transition vers l'émergence économique dans laquelle se trouve le Maroc requiert une approche stratégique globale qui dépasse les stratégies sectorielles et rassemble les différents acteurs institutionnels, parapublics, associatifs ainsi que les différentes composantes du secteur privé au sein d'une démarche collective orientée vers l'accélération du développement économique. Le Conseil économique, social et environnemental (CESE) a rappelé cet impératif dans son rapport sur la cohérence des politiques sectorielles et les accords de libre-échange adopté en avril 2014, aux termes duquel il a appelé à mettre en cohérence les stratégies sectorielles à travers un alignement de leurs échéances, leur déclinaison territoriale, et un suivi centralisé dans le cadre d'un comité de suivi interministériel (CESE 2014).

Mettre en pratique l'esprit des réformes visant à renforcer la concurrence loyale et la lutte contre les rentes

L'esprit de changement inscrit dans la Constitution de 2011, qui va dans le sens d'une plus grande concurrence entre les acteurs du marché, devrait désormais se traduire dans les faits. Il s'agit notamment de renforcer l'autonomie et les pouvoirs des autorités de régulations sectorielles ou non sectorielles, telles que le Conseil de la concurrence, l'ICPC et l'autorité de régulation des marchés financiers, de simplifier l'environnement des affaires, de garantir la transparence dans l'attribution des incitations à l'investissement ou de réformer les mécanismes de résolution des litiges (justice commerciale, arbitrage, médiation, etc.). Plus précisément, le Conseil de la concurrence prévu par la loi de 2014 n'a toujours pas été constitué et reste à la fin de 2016 toujours en attente de la nomination de ses membres. Or, la qualité de ces nominations revêt une importance cruciale pour établir la réputation du Conseil sur une base d'indépendance et d'impartialité, assurer sa légitimité et sa crédibilité aux yeux des acteurs économiques et forger d'entrée de jeu un « capital de confiance » envers les membres qui dirigeront l'institution (El Aoufi et al. 2010).

Le rôle des différents acteurs publics opérant dans les secteurs marchand et non marchand devrait être revu afin d'aligner leur comportement sur les principes qui inspirent le nouveau cadre des affaires. S'agissant du service public non marchand, il s'agit de garantir un accès équitable aux démarches administratives, aux marchés publics (à travers notamment la dématérialisation et la simplification des procédures) et aux contrats de PPP pour tous les types d'acteurs du marché, qu'il s'agisse d'opérateurs internationaux, de PME locales ou de filiales de grands groupes. La gouvernance applicable au secteur public marchand devrait être profondément revue afin d'éviter que les interventions d'acteurs en situation de monopole ou de quasi-monopole, notamment les entreprises et établissements publics, contribuent à fausser les règles du jeu. Le processus de privatisation des entreprises publiques devrait être relancé afin d'améliorer la gouvernance, la compétitivité et la qualité des services produits par ces entreprises et de mieux maîtriser les coûts. Pour les entreprises qui ont vocation de rester dans le giron de l'État, des réformes profondes sont également nécessaires pour renforcer leur gouvernance, redéfinir leur orientation stratégique, et améliorer structurellement leur situation financière.

Les pratiques discrétionnaires devraient être supprimées afin de permettre une application plus claire des lois et règlements et ce, de façon transparente et équitable à l'ensemble des entreprises par une administration compétente et responsable.

Un exemple est le respect des délais de paiement entre clients et fournisseurs et le remboursement des crédits de TVA par l'État. Ceci appelle une réforme délicate mais nécessaire de l'administration publique touchant à la fois au recrutement, à la formation, à la rémunération, à l'évaluation et à la gestion de carrière des agents publics (voir section consacrée à la modernisation de l'administration). Ce changement implique également une évolution du paysage institutionnel au sein duquel émergent de nouveaux acteurs qu'il s'agit de former et de professionnaliser. Ainsi, aux côtés d'agences de régulation transversales et sectorielles compétentes et indépendantes, le Maroc aurait à gagner en disposant d'autorités publiques locales dotées de pouvoirs et de budgets appropriés et en renforçant la participation des acteurs privés qui sont susceptibles de jouer un rôle clé dans le respect du principe de concurrence équitable (professions réglementées, telles que les avocats, les notaires, les experts comptables, les arbitres et médiateurs, les architectes, etc.).

Les mécanismes publics d'évaluation et de suivi des politiques publiques devraient être renforcés. Comme il a été vu au chapitre 2, dotées de capacités d'évaluation limitées, les autorités marocaines ne disposent toujours pas d'outils efficaces pour évaluer l'impact des politiques publiques[11]. Pourtant, l'État doit être en mesure de connaître l'impact des subventions et autres incitations qu'il accorde et de réaliser les corrections qui s'imposent lorsque les résultats escomptés ne sont pas atteints. Pour cela, les stratégies politiques doivent être souples, réactives et dotées d'une capacité d'autoévaluation efficace. Des instances d'évaluation devraient permettre de diagnostiquer et d'identifier avec précision les défaillances du système. La Constitution adoptée en 2011 prévoit en outre (dans son article 70) que le Parlement sera en charge de l'évaluation des politiques publiques. Enfin, les stratégies sectorielles devraient prendre davantage en considération les besoins du secteur privé concernant l'environnement des affaires. À ce jour, les stratégies sectorielles s'appuient essentiellement sur le secteur public et sur des agences régionales de développement, et partent du principe que la création d'infrastructures et de mesures incitatives suffira à favoriser l'implication du secteur privé (CESE 2014).

Améliorer le climat des affaires et la mise en œuvre des stratégies sectorielles nationales

Les réformes du climat des affaires sont politiquement sensibles et techniquement complexes. Elles nécessitent, par conséquent, une coordination étroite et efficace entre les différents acteurs publics et privés concernés. Le pilotage stratégique et la coordination des programmes et des activités des départements ministériels présentent un défi également complexe, notamment au vu de la multiplication des programmes sectoriels et des intervenants publics et privés. Le succès des initiatives publiques dépendra en effet largement de la capacité du gouvernement à coordonner, à suivre la mise en œuvre et à évaluer les politiques publiques, et ceci à différents niveaux : celui du gouvernement, des administrations centrales, des administrations locales, des agences autonomes, des opérateurs du secteur privé et des représentants actifs de la société civile. L'établissement d'un comité interministériel de suivi de la stratégie, comme le recommande le CESE dans son rapport mentionné plus haut, représente une voie à explorer.

Le dialogue public-privé gagnerait à toucher une base plus large d'acteurs économiques et d'inclure notamment des représentants des niveaux central, local et privé de tailles différentes (grandes entreprises, PME, entrepreneurs). Les consultations public-privé sont perçues comme étant souvent menées comme une formalité et les recommandations du privé ne sont pas suffisamment prises en compte dans les projets de textes, notamment pour les réformes légales ou réglementaires. Le secteur privé considère généralement que les mécanismes de suivi et d'évaluation des réformes gagneraient à être renforcés. À cet égard, l'évolution récente du CNEA, qui vise à renforcer ses missions et ses moyens ainsi que son ancrage auprès du chef du gouvernement, constitue une étape importante vers un meilleur suivi et une meilleure évaluation des réformes.

Utiliser la décentralisation en cours pour mieux inclure les acteurs locaux dans une approche régionalisée du développement économique

Les stratégies et programmes gouvernementaux restent encore largement fondés sur une approche centralisée de stratégies sectorielles « top down », et prennent insuffisamment en compte les spécificités économiques locales et les besoins d'inclusion sociale des populations. Les acteurs les plus actifs au niveau local restent souvent des représentants décentralisés des ministères et agences centrales, mais ils sont encore insuffisamment nombreux et sont contraints par des statuts et des règles de gestion financières qui limitent leur efficacité opérationnelle et en font des acteurs peu adaptés pour répondre aux spécificités du développement économique. À l'exception des grands centres urbains, le niveau d'expertise nécessaire pour orchestrer le développement économique local reste encore faible, que ce soit pour encourager l'entreprenariat ou fournir des services d'affaires de base aux entreprises (juridique, comptabilité, gestion, commercialisation, communication, etc.), ou pour approfondir les problématiques techniques sectorielles plus complexes (analyse de marchés, analyses filières ou chaînes de valeur, etc.).

La régionalisation en cours pourrait permettre d'ancrer les politiques nationales sectorielles dans une dynamique de développement local plus attentive aux avantages et aux besoins spécifiques des territoires[12]. Le nouveau modèle de régionalisation consacre les principes de libre administration des nouvelles régions, de coopération et de solidarité, et met à la charge des régions le développement économique et social[13]. Le développement économique régional ainsi que la formation professionnelle font désormais partie des compétences propres des régions. La mise en œuvre concrète de ce nouveau schéma institutionnel pose un certain nombre de défis de gouvernance qui devront être résolus à brève échéance, que ce soit pour l'identification, le financement, la mise en œuvre et le pilotage des stratégies et projets de développement. Un tel schéma devrait permettre d'aligner l'ensemble des acteurs publics, centraux, déconcentrés et décentralisés autour d'un partage des rôles clair et d'un principe de subsidiarité. Il devrait également permettre de mieux intégrer le secteur privé dans un mécanisme de consultation structuré aux niveaux régional et local.

Un tel schéma implique enfin de revoir le rôle et la gouvernance d'établissements et d'entreprises publiques ayant un rôle important dans le développement territorial, tels les agences de développement régionales, les entreprises publiques à fort ancrage local (par exemple TMSA), et les acteurs importants du financement public (CDG, Fonds Hassan II, etc.), qui devront améliorer leur gouvernance et leur transparence pour une meilleure implication des acteurs locaux. De manière générale, les acteurs publics de l'investissement devraient voir leur gouvernance et leurs principes d'investissement réformés afin : i) d'agir autant que possible comme des investisseurs privés, en ne bénéficiant d'aucun privilège particulier et en mesurant leurs performances selon des indicateurs de performance transparents ; ii) de ne pas générer d'effet d'éviction sur le secteur privé en limitant leur participation à des projets qui ne peuvent être entièrement financés par le secteur privé, et en accord avec les priorités gouvernementales ; et iii) d'agir comme investisseurs minoritaires afin de rester soumis aux exigences du marché privé.

Accompagner l'aspiration au changement par un changement culturel à l'égard de l'entreprise

Les aspirations au changement semblent bien présentes parmi la jeunesse, mais elles se heurtent encore à la difficulté de faire évoluer les normes sociales. Selon une enquête de 2015 auprès des lycéens, seuls 13,4 % des futurs bacheliers souhaitent s'insérer dans le secteur privé tandis que 60 % d'entre eux aspirent à rejoindre la fonction publique (ministère de l'Éducation nationale/HEM Business School 2015). Le changement des mentalités et l'instauration d'une culture de l'entreprise et de l'innovation au sein des structures familiales sont essentiels pour que les réformes puissent s'inscrire dans la durée. Toutefois, la persistance de contraintes sociales liées à la perception mitigée, et parfois négative, de l'innovation et au manque de culture entrepreneuriale limite le développement d'une économie innovante, dynamique et durable. La culture d'entreprise, fondée sur le maintien d'une organisation peu ouverte et patriarcale, subsiste au sein de bon nombre d'entreprises et constitue un obstacle à l'arrivée des jeunes générations aux fonctions dirigeantes. Selon la même enquête, uniquement 37 % des lycéens déclarent qu'ils pourraient être intéressés par la création d'une entreprise, tandis que plus de 44 % n'ont aucun avis sur la question. Le faible renouvellement des patrons dirigeants entrave l'adoption de concepts innovants au sein des entreprises. En effet, les entreprises se contentent souvent de reproduire des procédés classiques de commercialisation et restent en retrait par rapport aux opportunités d'innovation. Les jeunes entrepreneurs font souvent face à de fortes pressions pour reprendre l'entreprise familiale ou pour créer des entreprises traditionnelles et sont dissuadés de commercialiser des produits innovants ou de lancer de nouvelles formes d'activité économique (Banque mondiale 2014b).

À ces barrières, liées aux difficultés d'intégration des jeunes générations, s'ajoutent un manque d'intérêt plus général pour l'innovation et une méconnaissance des mécanismes de promotion. En effet, 60 % des entreprises sondées par l'Association marocaine pour la R&D estiment que la recherche et l'innovation n'apportent pas de valeur ajoutée. Pour les petites entreprises, l'innovation ne s'inscrit pas dans le cadre de leurs activités régulières, et la majorité des dirigeants pense que la connaissance et le savoir-faire ne sont pas déterminants dans la création de nouveaux marchés. Cela s'explique en partie par le manque de communication des agences publiques sur les incitations financières et les avantages existants (UN 2008). Enfin, trois quarts des jeunes entrepreneurs marocains estiment que leurs produits et services ne sont pas considérés comme innovants par les consommateurs et soulignent, par ailleurs, l'absence de culture entrepreneuriale au Maroc (Banque mondiale 2014b). Ceci suggère que les acteurs institutionnels impliqués dans la conception et la mise en œuvre des politiques publiques en matière d'innovation doivent redoubler d'effort pour gagner en crédibilité et en efficacité.

Compte tenu du contexte actuel insuffisamment propice à l'innovation et à l'esprit de conquête, les efforts entrepris par le Maroc doivent à la fois se focaliser sur les aspects psychologiques liés à la diffusion de la culture de l'innovation et sur le changement d'échelle pour relever le défi du rattrapage économique. L'amélioration du fonctionnement et de la crédibilité des acteurs institutionnels impliqués dans la mise en œuvre des politiques publiques constitue un facteur essentiel d'efficience, en particulier dans le secteur de l'innovation. En s'assurant de la durabilité et de l'efficacité de ses institutions, le Maroc facilitera son passage à une économie innovante, s'insérera plus facilement au sein des chaînes de valeur mondiales et affrontera avec succès la concurrence des marchés internationaux (OCP Policy Center 2015). Les politiques publiques doivent aussi changer d'échelle en matière de recherche, de développement et de protection de la propriété intellectuelle et industrielle, car les moyens financiers mis à disposition des acteurs restent en effet encore faibles au regard de l'enjeu. Enfin, au-delà des campagnes de sensibilisation, Morocco Awards, et autres soutiens aux projets innovants, le Maroc pourrait valoriser plus fortement la production du capital immatériel en investissant dans les politiques de formation des jeunes et des entrepreneurs qui répondent plus efficacement aux besoins du secteur privé (voir chapitre 5 ci-après).

2. Allouer le travail de manière plus efficiente et inclusive

Le marché du travail est gouverné par des institutions qui définissent les interactions entre les employeurs, les employés, l'État et leurs organisations représentatives, telles que les syndicats, les associations d'employeurs et l'Agence nationale pour la promotion de l'emploi. Schématiquement, les institutions du marché du travail correspondent aux lois, aux politiques, aux conventions et aux pratiques qui codifient ces interactions. Elles fixent des limites concernant les salaires et les prestations, les heures et les conditions de travail (à travers le Code du travail). Elles définissent les règles en matière de représentation et de négociation collectives (les accords collectifs). Elles proscrivent ou prescrivent certaines politiques et les programmes en matière d'emploi pour favoriser une meilleure adaptation entre les emplois disponibles et les demandeurs d'emplois (par exemple les politiques actives en matière de travail et les services de l'emploi). Elles fournissent une protection sociale aux employés pendant et entre leurs périodes d'emploi (notamment l'assurance-chômage, la formation continue). Quatre facteurs économiques expliquent la raison d'être de ces institutions : l'imperfection de l'information, un pouvoir de marché généralement asymétrique entre les employeurs et les employés, le risque de discrimination, et l'incapacité du marché à fournir une assurance pour couvrir les risques liés au travail (Banque mondiale 2014b). La présente section analyse brièvement le rôle et l'impact du marché du travail en tant qu'institution économique, avant de dresser un état des lieux de la situation du marché du travail au Maroc. Puis, elle présente les axes d'une réforme profonde du marché du travail qui permettrait de valoriser le potentiel de chacune et chacun, et d'alimenter le moteur de la croissance marocaine.

Le marché du travail en tant qu'institution économique

Le rôle et l'impact des institutions du marché du travail, notamment du Code du travail et de la législation en matière de protection de l'emploi, font souvent l'objet de controverses[14]. Le débat a pris de l'ampleur avec la mondialisation et le changement technologique qui ont exposé l'ensemble des pays développés et en développement à une concurrence accrue et à des incertitudes quant au cadre institutionnel de réglementation du marché du travail le plus adapté (Hayter 2011). D'une part, certains estiment qu'une législation rigide en matière de protection de l'emploi introduit des distorsions qui conduisent à un marché du travail à deux vitesses avec, d'une part, les travailleurs qui ont un emploi protégé et, d'autre part, les personnes qui en sont exclues, qu'elles soient au chômage ou employées sous contrats à durée déterminée, à temps partiel ou temporaire. Les législations plus strictes en matière de protection de l'emploi auraient pour conséquence d'accroître le chômage de longue durée, de rendre les licenciements plus coûteux et *in fine* d'encourager les recrutements non formels (Botero et al 2004 ; Lafontaine et Sivadasan 2008). D'autre part, les « institutionnalistes » arguent du fait que des législations qui ne sont pas suffisamment protectrices en matière d'emploi affaiblissent la relation à long terme entre les employeurs et les employés avec des conséquences dommageables comme, par exemple, le sous-investissement dans la formation. En outre, des mécanismes d'assurance inefficaces peuvent laisser les travailleurs sans protection en cas de licenciement, les poussant ainsi à écourter leur recherche d'emploi et à accepter un emploi ne correspondant pas nécessairement à leur qualification. Un pouvoir de marché inégal peut donner aux entreprises la possibilité de fixer des salaires à des niveaux plus bas que ceux qui résulteraient d'un libre accord dans des conditions plus compétitives. Les imperfections du marché et les carences institutionnelles peuvent alors affecter la création d'emplois et conduire à des écarts entre la rémunération des travailleurs et leur véritable valeur sociale.

Les études conduites à l'échelle internationale concluent généralement au caractère relativement inoffensif des institutions du marché du travail sur l'emploi et le chômage, dès lors qu'elles ne sont ni trop rigides ni trop souples. Au cours des dix dernières années, l'accès à des données et à des méthodes d'analyse améliorées a fourni un nouvel éclairage sur les effets des institutions du marché du travail sur l'emploi, non seulement dans les pays industriels mais aussi et de plus en plus dans les pays en développement (Banque mondiale 2014b). Une analyse récente des conclusions d'environ 150 études portant sur l'impact de quatre types de réglementation du marché du travail (le salaire minimum, les règles en matière de protection de l'emploi, les négociations collectives et les prestations obligatoires) suggère que, dans la plupart des cas, ces législations et réglementations ont un impact plus bénin sur le marché du travail que ce que l'on entend généralement (Betcherman 2012). Cette analyse révèle également que lorsque les législations et les réglementations du marché du travail ont un effet préjudiciable sur l'emploi ou la productivité, c'est généralement en raison de leur excès (dans le sens d'une trop grande ou trop faible protection). Entre ces situations extrêmes, il existerait une sorte de « plateau », c'est-à-dire une situation dans laquelle les effets positifs et négatifs de différentes réglementations s'annuleraient et où les institutions du marché du travail auraient essentiellement un caractère de redistribution. Dans la majorité des pays, les politiques et les institutions du marché du travail ne constitueraient ni l'obstacle majeur ni la solution à la croissance de l'emploi (Banque mondiale 2014b).

Une allocation sous-optimale du travail au Maroc
Exclusions et inégalité des chances

Au Maroc, plus de la moitié de la population en âge de travailler (15–64 ans) ne participe pas à l'activité économique du pays, ce qui fait de celui-ci l'un des pays ayant les taux d'emploi les plus faibles dans la région MENA et à travers le monde. Des taux d'emploi faibles et en baisse continue sapent la croissance économique parce qu'ils limitent la capacité des individus à générer une production économique. Le taux de chômage parmi la population jeune urbaine est en forte hausse depuis 2010 (voir figure 3.8). Comme il sera vu plus en détail par la suite, les faibles taux d'emploi du Maroc s'expliquent par des taux de participation faibles des femmes au marché du travail. En dépit du fait que le Maroc est perçu comme un pays relativement libéral dans la région MENA, il se classe dans le dernier quintile des pays du monde pour la faible participation des femmes à la population active. Pour 2016, les estimations indiquent que le pays compte environ 2,7 millions de jeunes inactifs âgés de 15 à 29 ans (dont une vaste majorité de jeunes femmes), soit près d'un jeune sur trois n'étant ni en éducation, en emploi ou en formation (NEET), que ce soit pour des raisons familiales ou par découragement[15].

Par-delà la faiblesse des taux d'emploi et de participation, le Maroc compte environ 1 million de chômeurs, la grande majorité d'entre eux étant âgés de 15 à 34 ans. Le niveau du chômage reste élevé au Maroc, avec un taux qui évolue entre 9 % et 10 % de la population active. Plus précisément, les données fournies par l'enquête sur le marché du travail en 2014 indiquent que la majorité des chômeurs sont des hommes (71 %), âgés de 15 à 34 ans (77 %), résidant en zone urbaine (80 %) et ayant atteint au maximum un niveau d'éducation secondaire (79 %). Le chômage est également un chômage de longue durée, notamment en milieu urbain où 66 % des chômeurs sont dans cette situation depuis plus de 12 mois. Il est généralement considéré que le taux élevé de chômage parmi les jeunes a été l'un des principaux moteurs des « révolutions arabes » depuis 2011 et que ce chômage massif des jeunes continue de représenter une sérieuse menace pour la stabilité sociale dans la plupart des pays de la région (Banque mondiale 2013b). Les jeunes âgés de 15 à 29 ans représentent environ 30 % de la population totale du Maroc et 44 % de la population en âge de travailler, et pourtant ils n'ont que peu bénéficié du regain de croissance économique qu'a connu le pays dans les années récentes.

Par ailleurs, l'emploi des jeunes reste largement précaire. Parmi ceux qui ont un emploi, l'informalité reste très répandue et la qualité des emplois est, elle, limitée, en particulier dans les zones rurales, pour les femmes et les travailleurs les moins diplômés (voir figure 3.9). Environ 1,7 million de jeunes travaillent dans des conditions précaires en tant qu'employés dans le secteur informel ou autoentrepreneurs (environ 88 % des jeunes employés n'ont pas de contrat). La majorité des offres d'emploi ne prévoit pas de protection sociale contre les risques liés à l'emploi, à l'âge et à la santé au travail. En 2014, selon le Haut-Commissariat au Plan (HCP), environ 80 % de l'ensemble des travailleurs marocains ne cotisaient pas à la sécurité sociale (94 % en milieu rural et 65 % en milieu urbain). Les travailleurs ruraux, les femmes et les jeunes sont recrutés de façon disproportionnée dans le cadre d'emplois de faible qualité, informels et peu rémunérés.

L'accès aux « bons » emplois est perçu comme ne reposant pas suffisamment sur le mérite, ce qui conduit à un grand sens d'exclusion de la part des personnes qui en sont traditionnellement exclues, en particulier les jeunes. Le marché du travail semble offrir plusieurs voies vers ce qui peut être appelé les « bons » emplois : un emploi protégé (surtout dans le secteur public), un emploi bien rémunéré dans le secteur privé ou un emploi indépendant bien rémunéré[16]. Lorsque le marché du

Figure 3.8 Maroc : évolution des indicateurs de chômage et d'activité, 1999–2015
(En pourcentage)

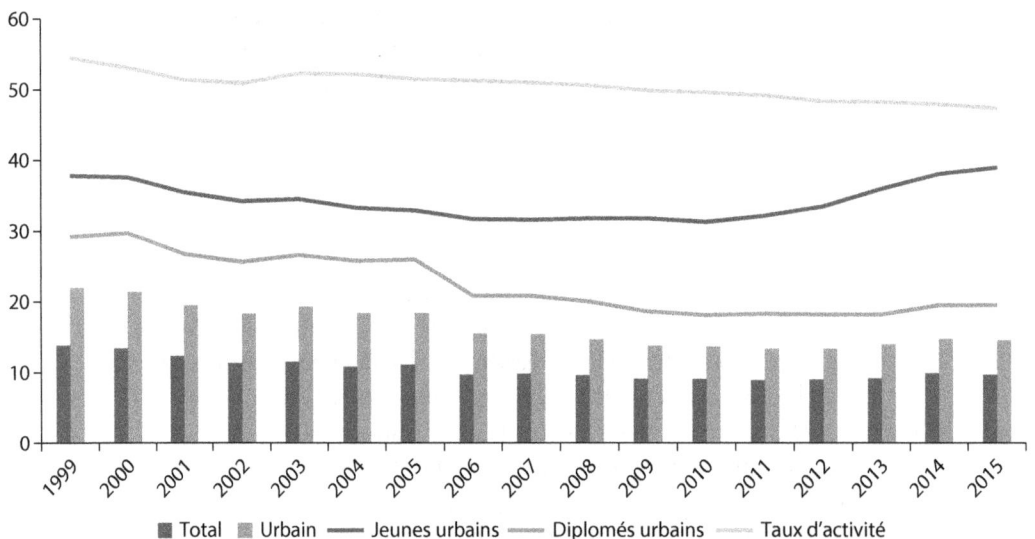

Source : Haut-Commissariat au Plan.

travail fonctionne de façon satisfaisante, l'accès aux bons emplois découle de plusieurs facteurs, tels que l'effort du travailleur (ses efforts à investir dans le développement de son propre capital humain et de recherche d'emploi) et sa productivité (les emplois disponibles sont adaptés aux qualifications des candidats et leur production est supérieure par rapport au salaire qu'ils perçoivent). Mais au Maroc, environ 60 % de l'ensemble des bons emplois sont occupés par des hommes âgés de 35 ans ou plus vivant en zone urbaine et ayant un diplôme d'éducation supérieure (Banque mondiale 2013b). Alors qu'ils représentent environ les deux tiers de la population en âge de travailler, les jeunes qualifiés et les femmes faiblement qualifiées et vivant en zone urbaine occupent moins du tiers de ces emplois attractifs. Cet accès disproportionné aux bons emplois par celles qui sont nommées « personnes intégrées au système » semble refléter une société patriarcale dans laquelle les hommes adultes chefs de famille sont ceux qui profitent le plus des opportunités sur le marché du travail. En outre, l'inégalité des chances pour accéder aux bons emplois est élevée au Maroc, même en comparaison avec d'autres pays de la région. Les relations personnelles et familiales demeurent importantes pour ceux qui sont actuellement en activité : 28 % des jeunes de 15 à 29 ans qui sont au chômage pensent que c'est à cause du favoritisme dans le recrutement (HEM 2016). De fait,

Figure 3.9 Maroc : composition de la population en âge de travailler, 2013

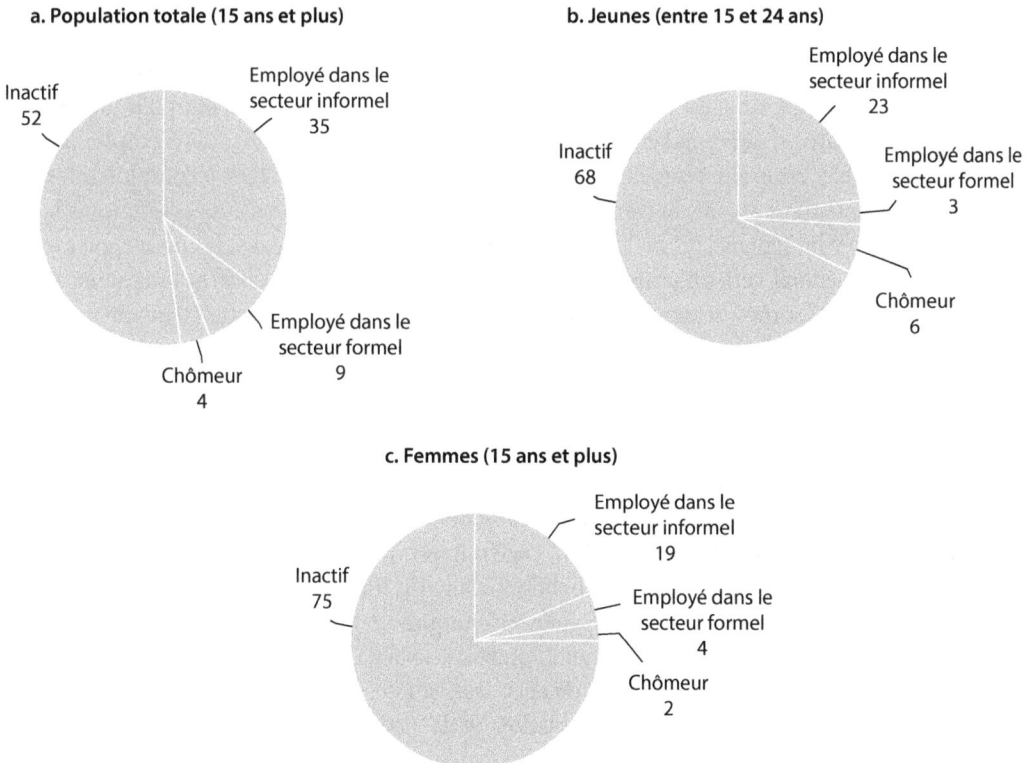

a. Population totale (15 ans et plus)

b. Jeunes (entre 15 et 24 ans)

Inactif
52

Employé dans le
secteur informel
35

Employé dans le
secteur formel
9

Chômeur
4

Employé dans le
secteur informel
23

Inactif
68

Employé dans le
secteur formel
3

Chômeur
6

c. Femmes (15 ans et plus)

Employé dans le
secteur informel
19

Inactif
75

Employé dans le
secteur formel
4

Chômeur
2

Source : Haut-Commissariat au Plan.

Le Maroc à l'horizon 2040 • http://dx.doi.org/10.1596/978-1-4648-1078-7

selon le Baromètre arabe 2012–2014, plus de 60 % des Marocains et Marocaines interrogés pensent que l'accès à un emploi est avant tout une affaire de connections.

Enfin, les perspectives de mobilité sociale et de passage d'un emploi moins productif à un emploi plus productif sont limitées et nécessitent du temps, notamment pour les jeunes et pour les femmes. La mobilité entre les secteurs économiques et entre les secteurs public et privé est relativement limitée et indique que les politiques industrielles et les réformes du secteur public peinent à produire des résultats et doivent être repensées (Verme et al. 2014). Une faible capacité du capital humain à évoluer vers les secteurs à forte productivité et à quitter les secteurs à faible productivité constitue aussi le symptôme d'un marché du travail peu efficace (dans la mesure où le capital humain ne peut pas être alloué là où il pourrait conduire aux meilleurs rendements). Dans ce contexte, l'une des évolutions sociale et économique souhaitables serait que les travailleurs puissent plus facilement quitter les secteurs et les statuts d'emplois à faible valeur ajoutée (notamment dans l'agriculture informelle) pour évoluer vers des secteurs à valeur ajoutée et à niveau de rémunération plus élevé (notamment le salariat dans le secteur formel). Or, l'économie marocaine crée peu d'emplois nouveaux. En moyenne, durant les cinq dernières années (2012–2016), seulement 26 400 nouveaux emplois nets ont été créés chaque année pour une population en âge de travailler (15–64 ans) qui a, elle, augmenté en net de 270 000 par an en moyenne. Par rapport à la taille de sa population, le Maroc crée deux fois moins d'emplois que l'Égypte et trois fois moins d'emplois que la Malaisie (voir figure 3.10). L'analyse matricielle des transitions sur le marché du travail indique plusieurs tendances : l'emploi formel est une forme plutôt stable d'emploi (il y a un effet d'intégration) ; le statut d'indépendant est, en moyenne, la deuxième catégorie d'emploi la plus stable pour un travailleur type mais pas pour les femmes ; l'emploi informel constitue souvent un tremplin vers de meilleurs emplois, mais ceci est moins le cas pour les jeunes ; même si le chômage tend à être durable, le chômeur type évolue en général vers un emploi informel ou indépendant. Les chiffres indiquent également des mouvements importants du chômage vers l'inactivité (signe de renoncement et de découragement), surtout parmi les jeunes et les femmes.

Une régulation excessive

Le Maroc a adopté une législation en matière du travail qui s'inspire des conventions et des recommandations de l'Organisation internationale du travail. Le Code du travail de 2003 a introduit des améliorations importantes par rapport à la législation précédente ; il a : i) relevé l'âge minimum d'accès à l'emploi (de 12 à 15 ans) ; ii) réduit la durée moyenne hebdomadaire du travail de 48 à 44 heures ; iii) appelé à une révision régulière des salaires minimum ; iv) amélioré la santé au travail et les normes de sécurité ; v) promu l'équité sur le lieu de travail (en garantissant l'égalité entre hommes et femmes et en encourageant l'emploi des personnes handicapées) ; et vi) garanti le droit d'association et la négociation collective, et interdit aux employeurs d'engager des actions à l'encontre de leurs salariés sous prétexte qu'ils sont membres d'un syndicat. Pour autant, selon le HCP, le code du travail marocain ne régit les relations du travail que pour une minorité de salariés sur le marché du travail.

Cependant, la négociation, l'adoption et la mise en œuvre de cette législation inspirée des conventions internationales se sont traduites par une réglementation du marché du travail lourde et restrictive. Selon l'indicateur « Doing Business » du Groupe de la Banque mondiale (2013), le marché du travail marocain est le plus réglementé par rapport aux différentes moyennes régionales dans le monde (voir figure 3.11). En particulier, le Maroc possède des lois restrictives en ce qui concerne l'utilisation des contrats à durée déterminée (CDD) qui sont interdits pour les tâches permanentes, alors que leur durée est limitée à 12 mois et leur

Figure 3.10 Créations nettes d'emploi, moyenne 2010–2014
(En pourcentage de la population en âge de travailler)

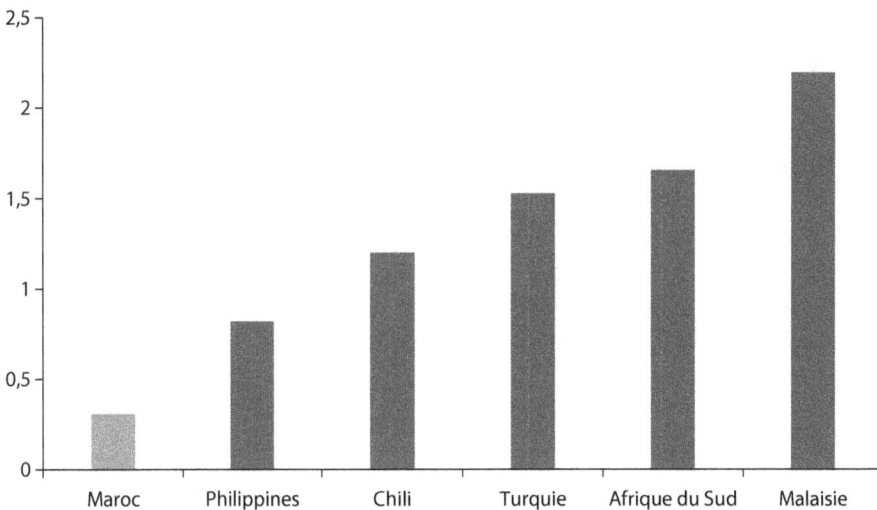

Source : ILOSTAT.

renouvellement interdit. Si la loi marocaine permet une certaine flexibilité en ce qui concerne les heures travaillées, les heures supplémentaires et les primes pour travail de nuit sont chères par rapport aux pratiques internationales. La législation marocaine concernant les congés (congé annuel, congé légal, congé de maternité/paternité) est plus généreuse que celle d'autres pays émergents et compétiteurs du Maroc.

Le Maroc dispose d'une réglementation du travail restrictive concernant le licenciement dans le secteur privé. Ainsi, les licenciements individuels pour motif économique sont interdits. Seules les entreprises de plus de dix salariés peuvent mettre un terme à un emploi pour des raisons économiques, techniques ou structurelles. La réduction d'effectifs pour raisons économiques est ensuite sujette à un accord préalable par les autorités régionales. Le Code du travail interdit les renvois de salariés pour mauvais comportement (tel que défini explicitement par le Code du travail) ou performance insuffisante, si l'employeur n'a pas suivi toutes les étapes disciplinaires légales. Les employeurs ont l'obligation d'aider leurs employés à s'adapter à tout changement rendu nécessaire par leur poste ou leurs responsabilités. La charge de la preuve pèse sur l'employeur et la législation est bien appliquée, grâce au rôle actif joué par l'administration et les syndicats. En conséquence, le nombre d'employés licenciés dans une entreprise moyenne est très faible, et près du quart des entreprises questionnées dans le cadre de l'enquête Évaluation du climat des investissements (ICA) de 2008 ont indiqué qu'elles auraient réduit leurs effectifs si les conditions de licenciement étaient moins restrictives.

Au Maroc, le niveau du salaire minimum est élevé par rapport au revenu national moyen ou à la productivité moyenne des travailleurs. En 2015, le salaire minimum en milieu urbain représentait près de 100 % du revenu national par habitant ou encore plus de 50 % du salaire moyen dans le secteur privé formel, des taux extrêmement élevés non seulement dans la région MENA, mais également par rapport aux normes internationales, y compris parmi les pays de l'OCDE. Des salaires minimums légaux aussi élevés dissuadent la création d'emplois dans le secteur formel, notamment pour les jeunes peu qualifiés en recherche de travail. À contrario, l'absence de législation imposant un salaire minimum n'a pas empêché des pays aussi divers que la Suède, la Suisse, Singapour ou le Danemark, pour n'en citer que quelques-uns, de non seulement bien rémunérer leurs salariés, mais aussi d'assurer le plein emploi et des taux de participation élevés. Au Maroc, les accords collectifs et les primes d'ancienneté peuvent conduire à fixer des niveaux de salaires supérieurs à la productivité des salariés, le salaire minimum atteignant près de 80 % de la valeur ajoutée moyenne par travailleur, soit 50 % de plus qu'en Tunisie (voir figure 3.12). Au total, le coût

Figure 3.11 Difficultés à recruter et à licencier

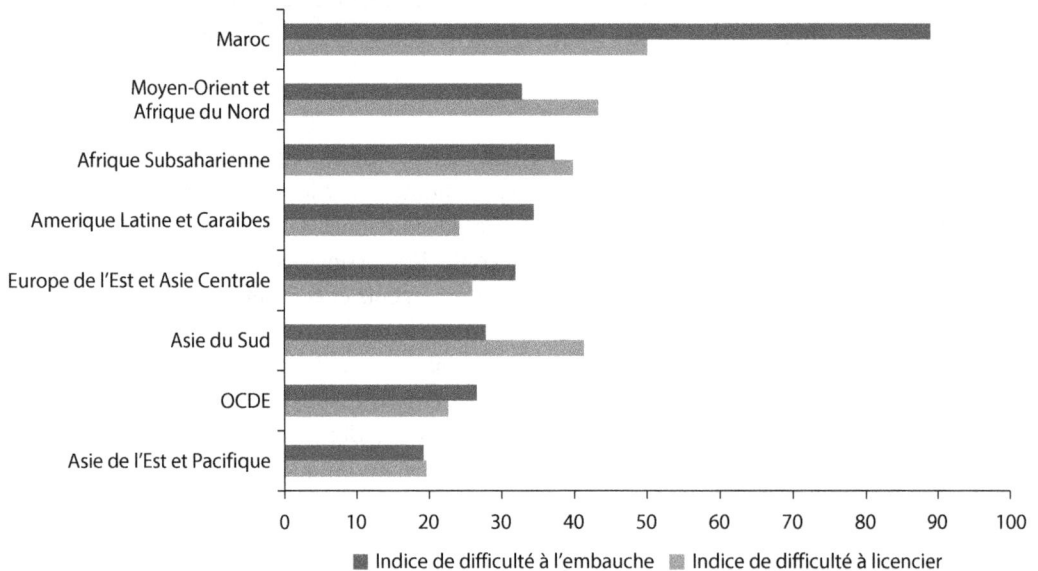

Source : Banque mondiale, 2012.

élevé du travail dans le secteur formel contribue à limiter la demande d'emplois parmi les employeurs et à expliquer un taux de participation au marché du travail faible et un chômage ou un sous-emploi structurel.

Seule une minorité de travailleurs marocains bénéficie d'un système de protection sociale. En particulier, le système de sécurité sociale exclut les indépendants, les agriculteurs ainsi que les travailleurs saisonniers dans le secteur agricole. En outre, une gestion et une administration faibles menacent la capacité du système, notamment le système de retraite, à servir des prestations de façon durable, même aux travailleurs qui en bénéficient. Tous les systèmes de retraite du Maroc sont financièrement non viables à long terme – certains même à brève échéance – compte tenu de l'augmentation rapide des bénéficiaires, du faible nombre de contributeurs actifs et de la générosité des régimes. La réforme des retraites des fonctionnaires intervenue en 2016 devrait permettre à la Caisse marocaine des retraites de retrouver l'équilibre pour quelques années. Dans le même temps, le système de protection compromet la capacité de l'économie à créer des emplois de qualité dans la mesure où il fait peser une fiscalité lourde sur le travail, réduit les incitations d'embauche dans le secteur formel et entrave la mobilité des travailleurs. En réalité, la charge fiscale portant sur le travail – c'est-à-dire la différence entre le coût total du travail, le salaire net et la valeur des prestations sociales – est un sujet central dans le débat sur les perspectives d'emplois formels pour les jeunes.

Figure 3.12 Comparaison internationale du salaire minimum, 2015
(en proportion de la valeur ajoutée par travailleur)

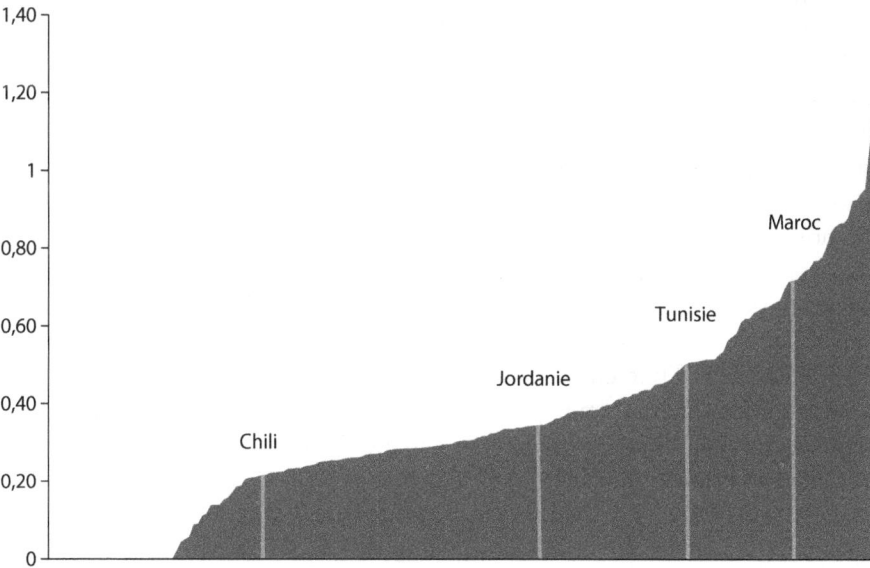

Source : Banque mondiale, 2016c (hors Haïti, Honduras, Kenya, Mozambique, Cisjordanie et bande de Gaza et Zimbabwe).
Note : la zone de couleur bleue représente 194 pays classés par ordre décroissant de salaire minimum en proportion de la valeur ajoutée par travailleur.

Les politiques actives du marché du travail (PAMT) mises en place par le gouvernement peinent à produire les résultats escomptés. Les agences qui ont le mandat de traiter des barrières à l'emploi parmi les jeunes ayant un niveau d'éducation supérieur et les cadres, notamment l'Office de la formation professionnelle et de la promotion du travail (OFPPT) et l'Agence nationale de la promotion de l'emploi et des compétences (ANAPEC), présentent des résultats peu satisfaisants en termes de ciblage et de couverture, et répondent de façon limitée aux besoins des personnes au chômage (Banque mondiale 2014b). L'ANAPEC explore actuellement la possibilité d'élargir ses actions aux demandeurs d'emploi non diplômés et d'augmenter sa capacité à proposer des services d'intermédiation entre employeurs et personnes en recherche d'emplois. Le Maroc a également développé un programme de travaux publics à forte intensité de main-d'œuvre dans le cadre de la Promotion nationale. Géré par le ministère de l'Intérieur, ce programme de travaux publics vise à fournir un emploi temporaire aux personnes sous-employées ou sans emploi, surtout dans les zones rurales. Comme beaucoup de programmes de travaux à forte intensité de main-d'œuvre, la Promotion nationale a sans conteste la possibilité de constituer un élément de réponse conjoncturelle efficace. Cependant, elle n'utilise pas les meilleures pratiques en termes de ciblage ou d'identification d'activités à forte intensité de main-d'œuvre, ce qui l'empêche d'être un outil à réel impact, notamment en cas de crise (désastres naturels, sécheresse, etc.). Le gouvernement a également lancé plusieurs initiatives afin de promouvoir l'auto-entrepranariat, mais a rencontré un succès limité.

Une plus grande flexibilité du marché du travail permettrait d'augmenter l'emploi, notamment l'emploi formel des jeunes et des femmes, et de réduire le chômage tout en préservant les salaires. Un exercice de modélisation des effets produits par uniquement deux dispositions législatives relatives au marché du travail – le salaire minimum et les charges sur les salaires – permet d'illustrer partiellement l'impact direct que pourrait avoir une libéralisation du marché du travail sur l'emploi, sachant que de nombreuses autres réglementations qualitatives freinant une allocation plus efficiente du travail (notamment liées aux réglementations et indemnités relatives au licenciement) n'ont pas été prises en considération dans cet exercice (Angel-Urdinola et al. 2016). Par ailleurs, les modèles d'équilibre partiel de ce type ignorent l'effet sur l'emploi d'une croissance économique plus élevée liée à une allocation plus efficiente et plus fluide des facteurs de production dans l'économie. Pour autant, l'exercice de modélisation d'une élimination du salaire minimum et des charges sur les salaires permet de déterminer l'ordre de grandeur des effets attendus sur le chômage total, le chômage des jeunes, celui des femmes, parmi trois groupes de travailleurs (formels, informels, ou indépendants) ainsi que sur les salaires respectifs (voir tableau 3.1). Un marché du travail libéralisé sur ces deux dimensions uniquement réduirait le taux de chômage de 2,7 points de pourcentage et augmenterait le taux d'emploi formel de 5,7 points. L'impact sur les salaires serait positif pour les travailleurs indépendants et ceux du secteur informel, mais baisserait de 4 % pour les travailleurs du secteur formel. Les effets d'une telle dérégulation seraient bien plus importants pour les jeunes et pour les femmes. D'après les simulations, le chômage des femmes baisserait de 11,5 points de pourcentage et celui des jeunes de 6,2 points. La participation des femmes et des jeunes au secteur formel augmenterait considérablement. En revanche, en l'absence de salaires minimum, les salaires des jeunes et des femmes dans le secteur formel baisseraient de 12 % à 13 %. Au total, ce scénario illustre le potentiel positif d'une libéralisation du marché du travail en termes d'intégration des femmes et des jeunes à ce marché.

2.3 Développer des institutions du marché du travail pour le XXIe siècle

Le Maroc a besoin de réformes profondes du marché du travail pour promouvoir l'emploi, notamment des jeunes et des femmes. Bien que le pays ait essayé au fil du temps de mettre l'emploi au centre de l'action publique, à travers l'élaboration d'un grand nombre de programmes d'insertion des jeunes[17] et la promotion d'emplois de proximité dans le cadre de la stratégie nationale pour l'emploi (économie solidaire, petites infrastructures, etc.), il semble que ces mesures ne s'inscrivent que dans une phase transitoire en attendant que des réformes plus profondes et plus structurelles soient mises en œuvre. Comme discuté au chapitre 2, compte tenu de la structure démographique de la population marocaine, l'un des principaux défis dans les années à venir sera l'absorption par le marché du travail dans les zones urbaines d'un flux soutenu de jeunes travailleurs dont le niveau d'études s'élève. L'érosion du nombre d'emplois agricoles signifie que l'économie devra créer des emplois productifs dans les secteurs de l'industrie et des services. En outre, le Maroc dispose d'un secteur public déjà large représentant environ 47 % de l'emploi total formel qui ne pourra pas s'élargir de manière significative dans les prochaines années. Enfin, le pays fait aussi face au défi d'élargir la couverture de son système de protection sociale à une population qui est pour la plupart sans protection contre les risques du chômage et de la vieillesse, sans pour autant pénaliser la croissance du secteur formel. Dans un tel contexte, le Maroc gagnerait à adapter ses institutions du marché du travail afin de faciliter la convergence et la transformation structurelle de son économie durant les 25 prochaines années.

Tableau 3.1 Maroc : effets d'une élimination du salaire minimum et des charges sur les salaires

| | Effets sur la population active (en pourcentage) | | | | Effets sur les salaires (en pourcentage) | | |
	Chômage	Secteur informel	Secteur formel	Indépendants	Secteur informel	Secteur formel	Indépendants
Total	−2,7	−1,0	5,7	−2,1	2,0	−4,0	1,6
Femmes	−11,5	−2,1	14,9	−1,2	4,1	−13,1	−1,0
Jeunes (15–29 ans)	−6,2	−1,0	8,9	−1,7	1,8	−12,1	2,3

Source : Angel-Urdinola, Barry, and Guennouni 2016.

Les réformes devraient permettre aux nouvelles institutions du marché du travail, notamment le Code du travail, de faciliter l'intermédiation entre l'offre et la demande de travail, et d'élever significativement le taux d'emploi. Dans le scénario de convergence présenté au chapitre 2, l'objectif est de passer à un taux d'emploi de 55 % en 2040, contre 45 % actuellement. Si les réformes des institutions du travail doivent aller de pair avec d'autres réformes destinées à améliorer l'environnement des affaires et à encourager l'investissement, l'abaissement des coûts salariaux et la réforme de la protection sociale (notamment les systèmes de retraite et d'assurance-chômage) pourraient déjà contribuer à augmenter la demande d'emplois formels, notamment en faveur des jeunes et des femmes. Dès que de meilleurs systèmes d'assurance-chômage seront en place, il sera également nécessaire de revoir les règles en matière de licenciements et de réduire les dichotomies actuelles entre les contrats à durée indéterminée et les contrats à durée déterminée. Par ailleurs, il est aussi important de mettre en place des politiques qui promeuvent activement la participation des femmes au marché du travail, et de réfléchir à un système de formation et à des mesures actives du marché du travail permettant de rendre celui-ci plus intégré et orienté vers les résultats.

Assouplir la réglementation du marché du travail

En alignant sa législation du marché du travail sur les normes et pratiques internationales, notamment celles des pays concurrents émergents, le Maroc faciliterait une plus grande mobilité des salariés et encouragerait une transformation structurelle plus rapide de l'économie. S'agissant du Code du travail, ceci impliquerait l'introduction d'une plus grande souplesse dans les procédures de licenciement, tout en préservant l'intérêt du travailleur. Une telle réforme devrait permettre aux employeurs de pouvoir se séparer de leurs salariés pour des raisons économiques sans autorisation administrative. Elle pourrait également prévoir un alignement des primes pour heures supplémentaires et travail de nuit et des congés payés, notamment les congés annuels, sur les normes internationales. La réglementation concernant le licenciement devrait principalement avoir pour objet de fournir un délai de préavis suffisant et une indemnité de licenciement en fonction de l'ancienneté. Une telle réforme devrait s'accompagner de la mise en place d'un système d'assurance-chômage approprié. Les travailleurs devraient être autorisés à déposer une plainte en cas de licenciement abusif, notamment en cas de discrimination. Des mécanismes efficaces devraient être mis en place pour traiter ces plaintes rapidement et veiller à l'application des sanctions à l'encontre des employeurs ou des employés reconnus avoir tort. Par ailleurs, l'exercice du droit de grève devrait être mieux encadré dans le cadre du nouveau projet de loi organique actuellement en discussion.

Concernant les différents contrats de travail en vigueur, la réforme devrait viser à alléger les contraintes pesant sur l'utilisation des CDD. Une telle réforme pourrait prolonger les délais de renouvellement des CDD et par ailleurs veiller à ce que ceux-ci offrent les mêmes types d'avantages et de protection aux salariés que les CDI en matière de garanties et d'accès aux programmes de protection sociale (y compris l'accès aux régimes d'assurance-chômage). La seule différence serait que, dans le cas des CDI, les employeurs devraient fournir un préavis suffisant en cas de licenciement, tandis que dans le cas des CDD, la cessation du contrat serait automatique. Le besoin d'une plus grande flexibilité dans la contractualisation n'est pas propre au Maroc. Les mêmes causes produisant les mêmes effets, de nombreux pays d'Europe du sud dotés d'institutions du marché du travail similaires à celles du Maroc ont eux aussi des statistiques en matière de chômage, et en particulier de chômage des jeunes, inquiétantes. En termes de réformes, le regard devrait donc plutôt se porter vers les pays du nord de l'Europe et les pays anglo-saxons qui ont su juguler ou contenir ce fléau.

Renforcer la sécurité des travailleurs

Le Maroc pourrait envisager d'introduire différents régimes en matière de salaire minimum pour pouvoir attirer les travailleurs à faible productivité dans le secteur formel. Le Code du travail marocain devrait offrir de la souplesse pour définir contractuellement différents niveaux de salaires minima pour les travailleurs, par exemple en fonction des secteurs, des régions, des groupes d'âges, etc. Donner la possibilité d'aligner le niveau de salaire sur la productivité permettrait d'augmenter significativement la demande d'emploi formel, notamment pour les jeunes peu éduqués, dans les régions défavorisées ou les secteurs en difficulté. Par ailleurs, la réévaluation des salaires minimum ne devrait pas se faire de manière arbitraire et discrétionnaire, mais sur la base de critères objectifs d'évolution de la productivité économique et d'estimation de la valeur ajoutée des salariés concernés.

Le Maroc devrait parvenir à une meilleure adéquation entre les cotisations sociales payées et les prestations reçues, et être capable de financer clairement et de façon explicite toutes les subventions à travers les recettes générales de l'État. Aujourd'hui par exemple, les travailleurs en CDD (dont les cotisations au système de retraite ne sont pas pleinement transférables) subventionnent ceux qui sont en CDI. Une des possibilités permettant de réduire les charges sociales portant sur le travail, et donc d'abaisser le coût du travail et de créer davantage d'emplois formels (tout en tenant compte des problèmes de viabilité financière), consisterait à lier plus directement les cotisations individuelles à la sécurité sociale aux prestations reçues et à reconnaître explicitement toute subvention octroyée (par exemple les prestations familiales, les aides à la formation) dans le cadre du budget de l'État. Dans le cas des cotisations sociales destinées aux retraites (qui s'appuient actuellement sur un système de mutualisation des risques), la première étape consisterait à définir une cible pour le taux de remplacement à l'âge légal de départ à la retraite pour déduire le taux de cotisation qui s'impose, ce qui permettrait de mettre fin aux subventions implicites actuelles.

Par ailleurs, en déconnectant le financement de la formation et des prestations familiales des cotisations sociales, il serait possible de créer des marges budgétaires permettant de financer un régime universel d'assurance-chômage. Ainsi, le système de protection sociale pourrait se concentrer sur la couverture des « seuls » risques essentiels : la maladie, le handicap, le décès, la vieillesse et le chômage.

Toutes les subventions implicites devraient alors être financées à travers la fiscalité générale. Pour des raisons d'équité, certains pourraient être opposés à un basculement vers un financement par le biais de la fiscalité générale, au motif que cela pourrait conduire à une redistribution régressive du revenu. Ceci s'explique par le fait que les systèmes de sécurité sociale bénéficient actuellement surtout aux travailleurs du secteur formel qui sont, en moyenne, plutôt dans une meilleure situation que les travailleurs indépendants et les employés du secteur informel. Ce problème pourrait cependant être résolu si la couverture prévue par les programmes de prestation sociale était étendue à tous les travailleurs et si, par exemple, la garantie vieillesse minimale s'appliquait aussi aux indépendants et aux salariés du secteur agricole.

Le Maroc devrait également réformer son dispositif d'indemnités de licenciement et son système d'allocations chômage afin d'améliorer la protection des travailleurs et de faciliter la mobilité au travail. Le système actuel d'aide aux chômeurs et l'indemnité de licenciement pourraient être remplacés par un système d'assurance-chômage universel offrant un taux satisfaisant de revenu de remplacement et une couverture plus large, et réduisant les distorsions entre les différents marchés du travail. Comme pour les retraites, la première décision porterait sur le niveau des avantages : un taux de remplacement pourrait s'établir entre 50 % et 70 % avec une durée de 3 à 12 mois. Le taux de cotisation serait fixé en conséquence, en prenant en compte le taux de chômage de la population bénéficiaire. La seconde décision concerne le moyen de subventionner les avantages pour les travailleurs dont la capacité de cotisation est insuffisante. Comme dans tout régime d'assurance, le système d'assurance-chômage impose implicitement une subvention de la part des membres du régime qui sont moins exposés au risque de chômage vers ceux qui sont plus exposés (Robalino et al. 2013).

Améliorer l'efficacité des politiques actives du marché du travail

Premièrement, en matière de politiques actives du marché du travail, une des réformes fondamentales serait d'externaliser la prestation des services à l'emploi et la formation sur la base de contrats payés aux prestataires en fonction des résultats. Comme cela a été vu plus haut, au Maroc, le dispositif actuel des politiques actives du marché du travail et de formation est principalement piloté par le secteur public. Ce modèle tend à limiter la coordination avec le secteur privé, ce qui se traduit souvent par des programmes d'aide à l'emploi et de formation qui ne répondent pas aux besoins des entreprises. Les structures publiques, en particulier l'ANAPEC et l'OFPPT, devraient développer et étendre leur système de prestations à travers des partenariats publics-privés impliquant des employeurs du secteur privé (par exemple pour développer des programmes de formation et d'apprentissage) et avec les associations, afin de mieux toucher les populations concernées et de fournir certains services d'aide à l'emploi (notamment une orientation sur le marché de l'emploi, du coaching, de l'information sur les programmes existants et des compétences générales). Les prestataires de formation seraient rémunérés en fonction de plusieurs résultats, notamment en fonction de leur performance en matière de placement des personnes en recherche d'emploi dans des CDD ou des CDI.

Deuxièmement, les politiques actives du marché du travail pourraient être développées afin d'inclure la population non qualifiée, en fonction de la demande et des besoins du secteur privé. À l'horizon 2040, il faut s'attendre à une demande importante de nouveaux emplois de techniciens moyennement qualifiés et d'opérateurs sans diplôme du secondaire, notamment dans les secteurs clés et à forte croissance comme le tourisme, la logistique, l'industrie automobile, le commerce, les technologies de l'information et de la communication, les services aux entreprises et la construction. En outre, des études récentes (y compris l'évaluation de l'initiative Education for Employment/E4E par la SFI, 2014) indiquent que la demande de travail et la croissance de l'emploi au Maroc pourraient être plus élevées si les employeurs étaient en mesure de pourvoir les postes qui sont actuellement non pourvus en raison du manque de candidats ayant les qualifications requises. Les futurs programmes d'aide à l'emploi devraient donc également intégrer les besoins en jeunes moyennement qualifiés à la recherche d'un emploi.

Troisièmement, les politiques actives du marché du travail devraient promouvoir l'intégration des programmes à travers la mise en place de guichets uniques au niveau local. Il existe de nombreux programmes d'aide à l'emploi et de formation, mais leur coordination reste limitée et aléatoire au niveau local. En outre, les programmes existants ne font l'objet d'aucune approche systématique en matière d'enregistrement, de prise de contact ou d'information en direction des bénéficiaires potentiels. Pour combler ces lacunes, le gouvernement devrait étudier la possibilité de développer des guichets uniques au niveau local où les bénéficiaires, notamment les jeunes, pourraient s'enregistrer, obtenir des informations et bénéficier d'une orientation sur l'offre disponible en matière de services (publics et privés). Plus particulièrement, au niveau local, plusieurs réseaux de structures sont actuellement sous-utilisés (c'est le cas notamment d'environ 1 500 centres dédiés à la jeunesse et aux femmes et placés sous la responsabilité du ministère de la Jeunesse et des Sports) et pourraient servir de points d'entrée pour les personnes en recherche d'emploi, notamment les jeunes et les femmes. Ces centres pourraient être gérés par des associations locales qui auraient la responsabilité d'enregistrer les bénéficiaires et de leur fournir un ensemble de services de base (profilage, conseil, formation en compétences de base et orientation vers d'autres services d'aide à l'emploi et de formation).

Quatrièmement, il est important de développer un cadre de suivi et d'évaluation orienté sur les résultats pour améliorer la gouvernance, l'efficacité et l'efficience des politiques de marché du travail de l'ANAPEC. L'ANAPEC gagnerait à mettre en place une structure de gouvernance claire, des mécanismes d'assurance de la qualité et une stratégie de suivi et d'évaluation orientée vers les résultats, et pas seulement les réalisations, afin d'accroître l'efficience et l'efficacité de ses programmes et d'améliorer l'utilisation des ressources publiques. L'Observatoire national de l'emploi récemment créé pourrait jouer ce rôle d'évaluation. Des études d'impact rigoureuses sont indispensables pour démontrer ce qui fonctionne, développer les capacités au niveau des régions et améliorer plus globalement la définition des politiques. En outre, il est essentiel que des études d'impact des nouveaux programmes expérimentaux soient conduites avant un passage à l'échelle nationale, afin de procéder aux ajustements nécessaires dans la conception des programmes et ainsi éviter de développer des programmes qui ne sont ni efficaces ni efficients.

3. Intégrer plus fortement l'économie mondiale

Tout comme les institutions de marché qui favorisent une allocation efficace du capital et du travail, les institutions qui gouvernent les échanges extérieurs d'un pays sont des actifs immatériels permettant d'accroître la productivité. Les bienfaits qui découlent de la spécialisation et de la division du travail à l'échelle internationale incluent une plus grande efficience économique, une transformation structurelle plus rapide et l'accroissement des revenus. À un niveau sociétal, la liberté d'échange ne constitue pas seulement un moyen de stimuler la croissance économique, de créer des emplois et de réduire la pauvreté ; elle constitue également une façon de promouvoir les libertés individuelles, de réunir les personnes autour d'échanges apaisés et bénéfiques à tous et de faire progresser la paix et la stabilité. La présente section analyse tout d'abord le lien entre intégration économique et productivité, avant d'établir un diagnostic de la situation du Maroc en matière d'ouverture et d'intégration et de proposer les voies d'une accélération du processus d'intégration et de valorisation des atouts du pays dans les échanges mondiaux.

3.1 Lien entre intégration économique et productivité

La mondialisation offre à l'ensemble des pays, mais tout particulièrement aux pays émergents, de très nombreuses opportunités d'utiliser les marchés internationaux pour favoriser leur propre efficience économique. Elle permet aux pays de profiter du savoir-faire et des technologies qui ont été développés partout dans le monde pour améliorer les processus de production, que ce soit à travers les machines, les biens intermédiaires, les services, l'investissement direct étranger (IDE) ou les personnes. L'intégration économique a démontré qu'elle constituait une stratégie particulièrement efficace pour soutenir le type de rattrapage économique rapide que le Maroc envisage d'ici à 2040. Les pays très performants, c'est-à-dire la douzaine de pays qui ont connu une croissance annuelle moyenne de 7 % ou plus pendant 25 ans au moins depuis 1950, ont tous utilisé la mondialisation des échanges pour accroître leur productivité à travers le commerce, les investissements directs étrangers et l'intégration économique (Commission sur la croissance et le développement 2008). Tous se sont engagés dans cette voie et ont essayé de tirer le meilleur parti de l'économie mondiale, non pas pour repousser les frontières de la technologie, mais pour rattraper la technologie et le savoir-faire existants, ce qui représente une tâche bien plus gérable. Ces pays à forte croissance ont bénéficié de l'intégration économique de deux façons. En premier lieu, ils ont importé des idées, de la technologie et du savoir-faire du reste du monde. Deuxièmement, ils ont exploité la demande mondiale qui leur a offert un marché étendu et élastique pour leurs biens et services. Comme le résume simplement la Commission sur la croissance et le développement (2008), « ils ont importé ce que le reste du monde savait et exporté ce qu'il voulait ».

Outre le commerce de biens et de services, la libéralisation du compte de capital constitue une autre étape importante qui permet de supprimer les distorsions faisant obstacle à une intégration plus efficiente dans les marchés mondiaux. Lorsque les préconditions sont réunies, la convertibilité des monnaies nationales améliore la distribution du capital (domestique et étranger) et constitue une source d'efficience et de productivité. Elle facilite le développement du secteur commercialisable, l'accès à l'épargne étrangère, y compris les IDE et les investissements de portefeuille, ainsi que le développement du système financier. Elle incite à une meilleure discipline dans la gestion des politiques macroéconomiques et constitue un signal puissant de confiance aux partenaires économiques et investisseurs étrangers.

Le lien entre commerce, investissement et services se trouve au cœur du commerce mondial d'aujourd'hui et la structure de la production mondiale a été modifiée en conséquence (Baldwin 2011). L'émergence de réseaux de production, de chaînes de valeur mondiale et de la commercialisation des « tâches » (et non plus simplement des biens ou services finis ou intermédiaires) façonne ce nouvel environnement et modifie les qualifications et les compétences requises pour accéder à l'emploi. Le commerce des services, en particulier celui des services aux entreprises, est devenu une composante dynamique du commerce en même temps qu'une source de diversification des exportations pour de nombreux pays en développement. Participer aux chaînes de valeur mondiales nécessite une compétence importante de la part des acteurs économiques, notamment une bonne capacité logistique et de financement du commerce (Chauffour et Malouche 2011).

Les retombées des chaînes de valeur mondiales sur l'économie domestique constituent un canal de transmission important pour augmenter la productivité nationale. De nombreux pays émergents ont su tirer les dividendes de la mondialisation. Ainsi, la Turquie a été capable d'accélérer sa croissance économique jusqu'à une période récente et de créer plus de 3 millions de nouveaux emplois depuis que le pays s'est ouvert aux marchés mondiaux et est entré dans le processus de convergence réglementaire avec l'Union européenne au milieu des années 2000. Une analyse récente des chaînes de valeur mondiales en Turquie met en lumière le fait qu'approvisionner des entreprises entièrement détenues par des étrangers aide de façon significative à doper la productivité des entreprises turques locales (Taglioni et Santoni 2015). Pour autant, les retombées sont plus importantes si l'écart de productivité entre les investisseurs domestiques et étrangers est relativement faible. Ceci laisse à penser que la réduction de cet écart peut être obtenue par des politiques favorisant la concurrence domestique et visant à accroître la productivité moyenne des entreprises locales. Dans ce contexte, les politiques commerciales qui opèrent une discrimination contre les producteurs étrangers sont encore plus vouées à l'échec que par le passé.

Une conséquence de l'émergence des chaînes de valeur mondiales est que l'agenda concernant les politiques commerciales et l'investissement dépasse de plus en plus le champ des ministères du commerce pour inclure de nombreuses politiques et législations intérieures. En effet, quand un processus d'ouverture économique ne s'accompagne pas de réformes pour promouvoir la concurrence et la transparence sur le marché national, il a souvent pour seul effet de déplacer les situations de rente plutôt que de les réduire. Le « nouvel » agenda du commerce international cible l'harmonisation des politiques et un processus de convergence entre les principaux partenaires commerciaux (Chauffour et Maur 2011). Pour de nombreux pays émergents, l'agenda a ainsi évolué vers la mise en œuvre de réformes nationales complètes visant à promouvoir la compétitivité, à rehausser les normes de production, à libéraliser les services, à moderniser les systèmes de régulation, à promouvoir la mobilité du travail, à protéger la propriété intellectuelle, à améliorer la gouvernance, à encourager la transparence et l'état de droit et, avec le temps, à développer des valeurs et des normes communes. Dans ces pays, l'intégration économique a constitué le cœur d'une stratégie de développement crédible visant à accélérer une croissance économique tirée par la productivité.

3.2 Politiques et résultats du Maroc en matière d'intégration
Le commerce international

Le Maroc a opportunément ouvert son économie au commerce international durant la dernière décennie. Les barrières tarifaires et non tarifaires ont été abaissées et les procédures relatives au commerce international ont été simplifiées. Des infrastructures modernes relatives au commerce ont été développées pour tous les types de transport (à l'image du port Tanger-Med) et le pays a engagé un processus de modernisation approfondie de ses règles douanières et de sa logistique du commerce et du transport. Le Maroc a également développé ses relations économiques et commerciales en concluant des accords préférentiels de commerce avec notamment l'Union européenne, les États-Unis d'Amérique et la Turquie. Suite à cette libéralisation extérieure, le taux d'ouverture a augmenté, passant de 53 % du PIB en 1990 à 73 % en 2015, rattrapant ainsi le niveau observé dans des pays émergents ou des économies de taille similaire. Il est estimé que la libéralisation du commerce a eu pour effet général d'augmenter le bien-être des ménages à travers une réduction des prix à la consommation des biens agricoles et des produits manufacturés, et une augmentation des salaires (Cherkaoui et al. 2011).

Parallèlement, le Maroc a réévalué sa législation concernant le commerce. Trois réglementations principales sont concernées : les réglementations économiques qui concernent directement les décisions du marché comme la fixation des prix, la concurrence, l'entrée ou la sortie du marché ; les réglementations sociales qui sont d'intérêt public, telles que la santé, la sécurité, l'environnement et la cohésion sociale ; et les réglementations administratives comme les formulaires papier et les formalités administratives à travers lesquels les gouvernements recueillent l'information et interviennent dans les décisions économiques individuelles. Des lois concernant la défense du commerce et le commerce international cohérentes avec l'OMC ont été adoptées pour doter le Maroc de mécanismes de protection du commerce (antidumping, clauses de protection et recours commerciaux) et de mécanismes protégeant la production nationale, en particulier les nouvelles industries, à travers l'utilisation de mesures appliquées aux frontières sous la forme de droits de douane, de restrictions quantitatives et un contingent tarifaire, de même que des mesures d'aide de l'État.

Malgré ces efforts, la part du Maroc dans le commerce international a plutôt eu tendance à reculer tendanciellement depuis le début des années 1980, tandis que la plupart de ses compétiteurs ont vu leur part augmenter (voir figure 3.13). Le Maroc peine à accroître les niveaux de sophistication et de valorisation de ses produits exportés. Près de 70 % des consommateurs marocains jugent le produit « made in Morocco » de qualité moyenne par rapport à la concurrence étrangère (CGEM 2014). Il est à la traîne par rapport à de nombreux pays similaires concernant la part de ses exportations intermédiaires de haute technologie. L'émergence de « nouvelles » industries (automobile, aéronautique et électronique) sont certainement encourageantes dans la mesure où ces secteurs occupent une position plus centrale dans l'espace de production mondiale et ont, de ce fait, un potentiel de revenus plus important que les exportations traditionnelles. Mais l'engagement du Maroc dans ces secteurs émergents reste relativement ténu et la compétition internationale y est sévère. La performance commerciale du Maroc est freinée par des coûts élevés des facteurs de production dus à des secteurs de service protégés et à des prix domestiques rigides, ainsi que par un système de taux de change fixe et une inadéquation des compétences et des qualifications. Selon une analyse récente de la compétitivité-prix de l'offre exportable marocaine, le Maroc serait

Figure 3.13 Part du Maroc dans le commerce mondial, 1980–2013
(indice 100 en 1980)

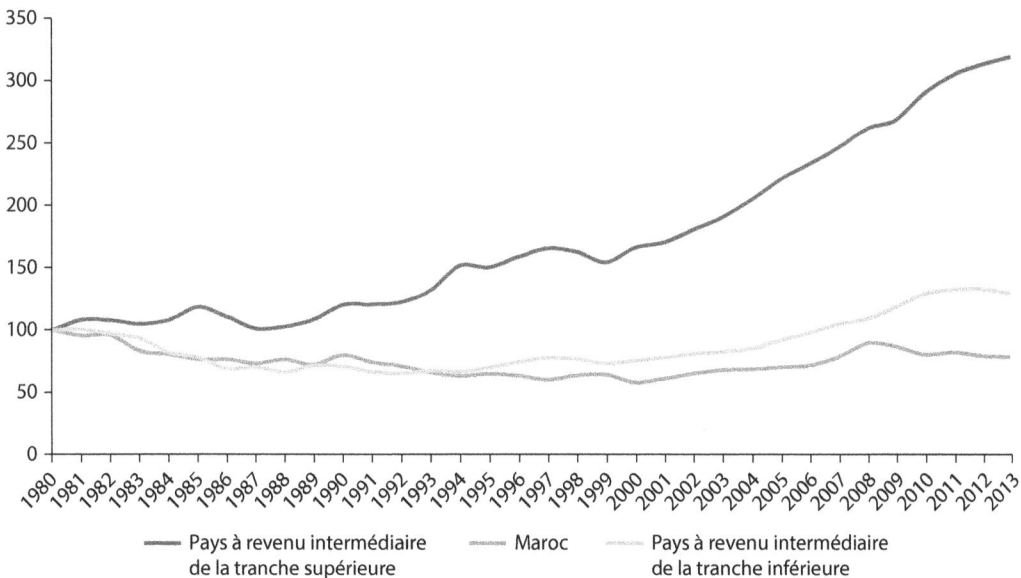

Pays à revenu intermédiaire de la tranche supérieure — Maroc — Pays à revenu intermédiaire de la tranche inférieure

Source : IDM, Banque mondiale.

généralement moins compétitif sur les prix que les pays comparables les plus performants, le différentiel de prix à l'export entre le produit marocain et le produit concurrent le plus compétitif pouvant aller de 10 % à près de 100 % selon les produits et les secteurs considérés (CGEM 2014). À ce jour, le Maroc n'a pu pénétrer que dans une faible partie des marchés potentiels.

Une des explications aux difficultés du Maroc à tirer davantage bénéfice du développement du commerce international réside dans les délais et les coûts liés à la logistique des exportations et des importations de marchandises. Selon l'indicateur « Doing Business » qui mesure la distance à la frontière en termes de cumul des délais et des coûts (hors droits de douane) associés à trois catégories de procédures (respect des exigences en matière de documentation, respect des procédures de commerce transfrontalier et transport intérieur), le Maroc se situe en meilleure position dans la région MENA mais reste en deçà de la performance de ses principaux compétiteurs, notamment en Europe centrale et orientale (voir figure 3.14). Sur un total de 160 pays, le Maroc se situe au 86e rang en 2016 dans l'Indice de performance logistique, reculant de 24 places par rapport à son rang moyen pour la période 2007–2014 (Banque mondiale 2016b). Le pays est bien classé pour la qualité des infrastructures, mais il souffre dans ce classement des relâchements et des dysfonctionnements sur la chaîne des prestations au commerce extérieur. En effet, le Maroc se classe au 124e rang quant au rendement des services douaniers (le Maroc était classé 73e en 2007–2014) et se positionne 122e en termes de suivi et de traçabilité[18].

Le manque de diversification des exportations vers des produits plus sophistiqués s'explique en partie par l'aversion au risque des exportateurs, en l'état actuel des incitations du marché. Les entreprises exportatrices marocaines sont souvent âgées et de petite taille. Une analyse récente utilisant des bases de données sur les transactions douanières au niveau des entreprises révèle que les entreprises marocaines ont adopté une stratégie de croissance de leurs exportations relativement conservatrice (Jaud et Dovis 2014). Les exportateurs marocains ont mis en place avec succès des relations commerciales stables, dont le développement prend le pas sur l'expérimentation de nouveaux marchés et de nouveaux produits. En moyenne, pendant la période 1998–2014, la croissance des exportations a été essentiellement tirée par la marge intensive, c'est-à-dire par l'intensification des ventes des produits d'exportation existants sur les marchés d'exportation déjà explorés (ministère de l'Économie et des Finances 2016). Le renouveau de la base d'exportation en termes d'entrées et de sorties des entreprises est aussi limité et le taux de survie des exportations est bas. Certes, un réseau d'écosystèmes s'articulant autour de projets industriels intégrés est en train d'émerger autour de la valorisation de l'exploitation du phosphate, de l'agroalimentaire, de l'automobile, de l'électronique, de l'aéronautique et des autres nouveaux métiers mondiaux du Maroc. Une reconfiguration de la structure des exportations, notamment au profit de l'industrie automobile est en cours (voir figure 3.15) mais avec une valeur ajoutée locale qui reste limitée. Les entreprises nationales sont moins en mesure de fournir les chaînes de valeur mondiales que les filiales locales des

Figure 3.14 Distance de la frontière pour le commerce transfrontalier, 2016

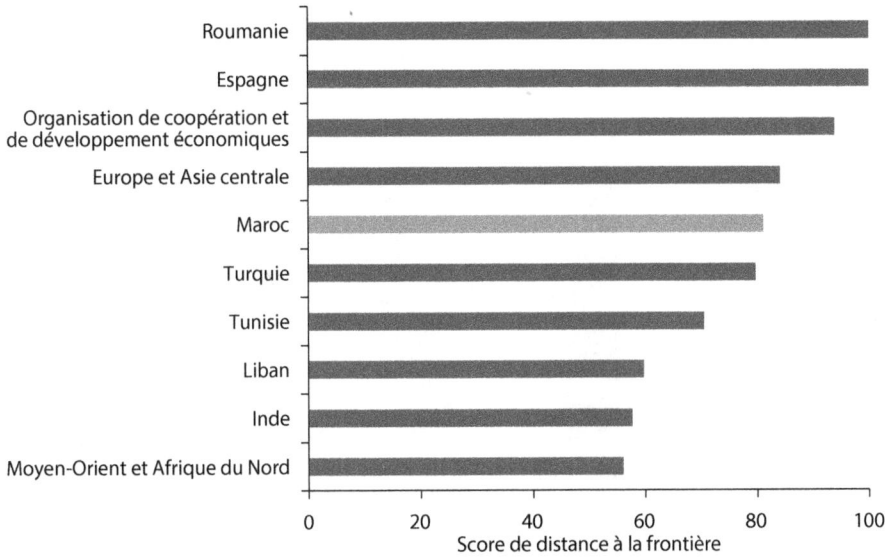

Source : Banque mondiale, 2016c.

Note : le score de distance à la frontière établit une référence entre les économies en matière de pratique réglementaire, en indiquant la distance absolue qui sépare l'économie en question de la meilleure performance dans chaque indicateur du rapport « Doing Business » de la Banque mondiale. Cette distance est indiquée sur une échelle de 0 à 100, 0 étant la plus mauvaise performance et 100 représentant la frontière.

multinationales. Au Maroc, la part des intrants locaux servant à approvisionner les entreprises multinationales est parmi les plus faibles au sein d'un groupe de pays similaires.

Alors que le Maroc a initié le développement des industries de services, le potentiel reste largement inexploité. L'exportation des services du Maroc avait fortement démarré jusqu'à la crise financière mondiale de 2008. Le Maroc a été précurseur parmi tous les pays du Maghreb en libéralisant avec succès le transport aérien grâce à un accord audacieux d'ouverture de l'espace aérien signé avec l'Union européenne en décembre 2006. Le pays indiquait ainsi clairement son engagement à libéraliser et son intention de profiter de la libéralisation. Le nombre d'arrivées de touristes du monde entier a plus que doublé entre 2000 et 2010 et n'a raté que de peu la cible des 10 millions d'arrivées en 2010 (« Vision 2010 »). L'exportation d'autres services s'est fortement accélérée, reflétant la volonté du Maroc de prendre des parts de marché dans l'externalisation des processus d'affaires (business process outsourcing) et le marché des technologies de l'information et de la communication avec un ciblage des clients francophones. Mais en dépit de ces développements, la part des services dans la valeur ajoutée a stagné durant la dernière décennie, ce qui traduit le fait que le pays s'est spécialisé dans des métiers de services relativement peu sophistiqués. Dans de nombreuses chaînes de valeur mondiales, la valeur ajoutée réside dans les activités intangibles localisées soit en amont de la chaîne (activités de pré-production, telles que la R&D de base et appliquée, la conception et la commercialisation), soit en aval de la chaîne (activités de post-production comme le marketing, la publicité et la

Figure 3.15 Maroc : structure des exportations, 2007–2015
(En pourcentage)

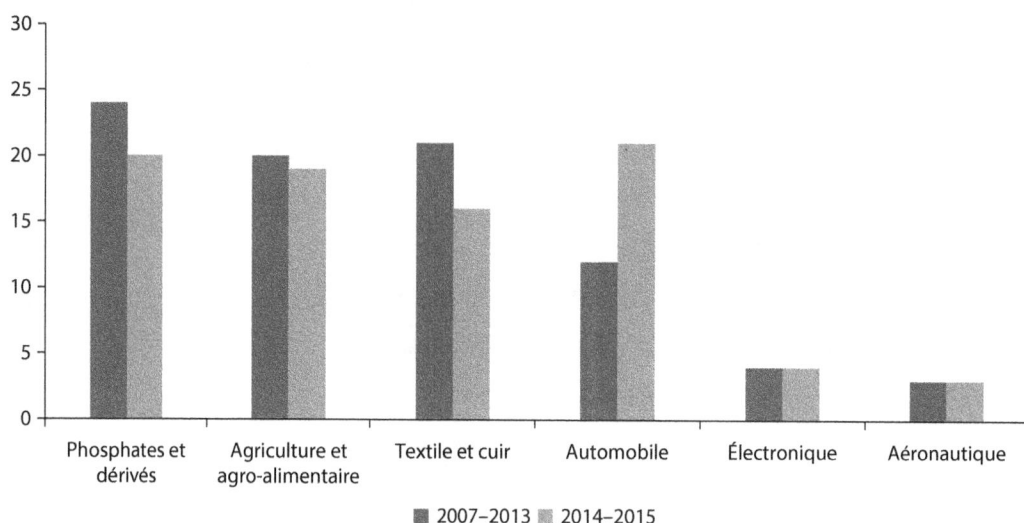

Source : Office des changes, Maroc.

gestion de marque, la logistique spécialisée et les services après-vente). En comparaison, il y a peu de création de connaissances au milieu de la chaîne de valeurs, là où la production et les services standardisés se situent (Cattaneo et al. 2013 ; Taglioni et Winkler 2016).

En termes de facilitation des échanges, les opérateurs économiques, les exportateurs et les importateurs font face à de sérieux défis concernant la chaîne de distribution. Malgré un progrès réel dans la gestion des douanes, l'efficacité du transport aérien et des ports, la logistique liée aux échanges ne représente pas un avantage pour le Maroc, comparé à certains de ses compétiteurs importants comme la Tunisie et la Turquie. Les données contenues dans l'indice de performance logistique établi par la Banque mondiale, qui s'appuie sur les perceptions des transitaires, suggèrent que les domaines dans lesquels le Maroc accuse du retard sont les compétences en matière de logistique, le respect des délais et les systèmes de repérage, tous les domaines qui sont affectés par l'inefficience de la partie domestique de la chaîne de valeurs. La principale contrainte identifiée au Maroc réside dans le caractère dual du secteur de transport domestique, partagé entre un petit nombre de transporteurs efficaces satisfaisant aux normes mondiales et de nombreux petits opérateurs fournissant des services de faible qualité et fragmentés. Cette dualité exclut l'émergence de groupements modernes de transport terrestre pouvant efficacement répondre aux besoins des expéditeurs. Les taxes portuaires sont comparativement élevées au Maroc, tant pour les containers que pour les camions. Le manque de concurrence parmi les services de ferry contribue également au coût élevé de la traversée du détroit de Gibraltar par rapport à d'autres passages maritimes. Il reste à voir si l'entrée en fonction en

2016 d'une nouvelle compagnie marocaine pour assurer la liaison avec l'Espagne permettra une plus grande concurrence effective.

La faible pénétration des exportations marocaines tant pour les biens que pour les services souligne des problèmes importants concernant la compétitivité du pays. Ceux-ci concernent non seulement la qualité des produits, des infrastructures et de la logistique liées au commerce qui sont nécessaires pour acheminer les produits jusqu'à leurs acheteurs potentiels, mais aussi l'innovation, l'éducation supérieure, la formation et la maturité technologique (voir figure 3.16). Ces problèmes sont exacerbés par un régime de taux de change fixe et par le contrôle des capitaux qui protègent le secteur des biens non échangés et constituent un obstacle important à la compétitivité-prix, à la diversification des produits et à l'intégration régionale et mondiale du Maroc. Dans de nombreux cas, l'absence d'un environnement économique adéquat conduit à faire apparaître la mondialisation comme n'ayant pas occasionné les changements désirés, mais ayant au

contraire participé à l'affaiblissement de certains secteurs et nourri l'économie informelle.

L'investissement étranger

Le Maroc a beaucoup amélioré les conditions d'investissement pour les investisseurs étrangers. Globalement, le Maroc se classe relativement bien en termes de réglementations concernant les IDE. La Charte pour l'investissement du Maroc, datée de 1995, fournit un cadre non discriminatoire pour les Marocains et les investisseurs étrangers. L'investissement étranger est autorisé dans quasiment tous les secteurs, les investisseurs étrangers profitant même de contrôles sur les devises étrangères plus souples. Le Maroc a poursuivi une politique proactive en matière

Figure 3.16 Maroc : indice global de compétitivité
De 1 a 7 (le meilleur)

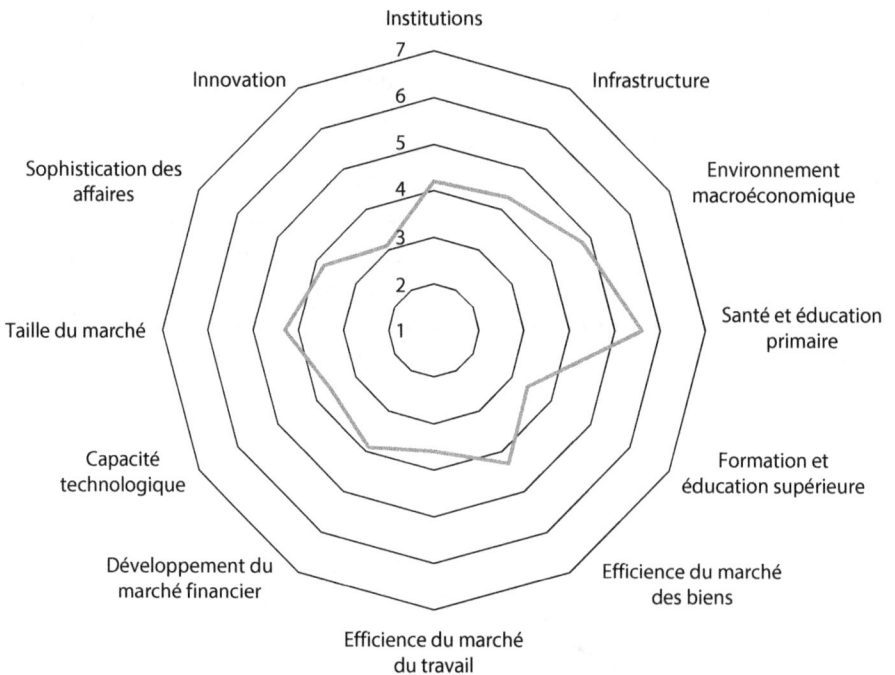

Source : Rapport sur la compétitivité dans le monde 2015-2016, Forum économique mondial.

d'IDE afin d'attirer des entreprises étrangères dans des secteurs identifiés comme présentant un potentiel de développement et de soutien à la croissance économique du pays. L'Agence marocaine de promotion des investissements (AMDI) et plusieurs Centres régionaux de l'investissement (CRI) ont été créés afin de minimiser et d'accélérer les procédures administratives et de renforcer les flux d'IDE[19].

Grâce à cette amélioration du cadre institutionnel des investissements, les entrées d'IDE ont fortement augmenté et sont devenues la source la plus importante de financement étranger. En part du PIB, les apports d'IDE ont connu une forte hausse depuis la fin des années 1990 et jusqu'à la crise financière mondiale de 2008, même si la base de départ était relativement faible. Depuis 2008, les flux annuels d'IDE se sont situés autour de 2,5 % du PIB. Cependant, en raison de leur concentration dans le secteur minier et de l'immobilier, les IDE n'ont pas généré toutes les retombées escomptées sur la production et l'emploi domestiques. Dans la mesure où le secteur manufacturier compte pour une petite fraction de tous les flux d'IDE au Maroc, il existe une marge pour développer les IDE liés à ce secteur dans le futur et pour y soutenir la création d'emplois.

En l'état actuel des régimes de change, de commerce et d'investissement, une analyse de la localisation actuelle du Maroc sur la carte mondiale des produits échangés (« product space ») suggère que le Maroc s'inscrit dans une évolution relativement lente de ses exportations vers des produits à plus haute technologie et à plus haute valeur ajoutée (voir figure 3.17). La carte présente le positionnement des différents produits exportés par le Maroc entre 1980 et 2010 et fait apparaître que les produits d'exportations classiques (en rouge) et les exportations émergentes (en bleu) sont situés à la périphérie de la carte des produits échangés au niveau mondial (en gris). Ceci signifie que les caractéristiques sous-jacentes de ces produits ne sont pas facilement transférables à d'autres produits plus sophistiqués et offrent un potentiel de diversification limitée. Par exemple, s'agissant des ressources naturelles du Maroc, il faut s'attendre à une croissance rapide des engrais à base de phosphate et de leurs dérivés. Mais compte tenu de leur position en périphérie des principaux échanges internationaux, les possibilités de diversification sont limitées. En revanche, les produits exportés marginalement (en vert) sont plus proches du noyau des échanges mondiaux et ont donc un potentiel de diversification plus élevé. Les mutations structurelles en cours de l'offre exportable se traduiraient déjà par une montée en gamme des produits exportés, et un meilleur positionnement, non seulement sur des produits à

Figure 3.17 Maroc : positionnement sur la carte mondiale des produits échangés, 2010

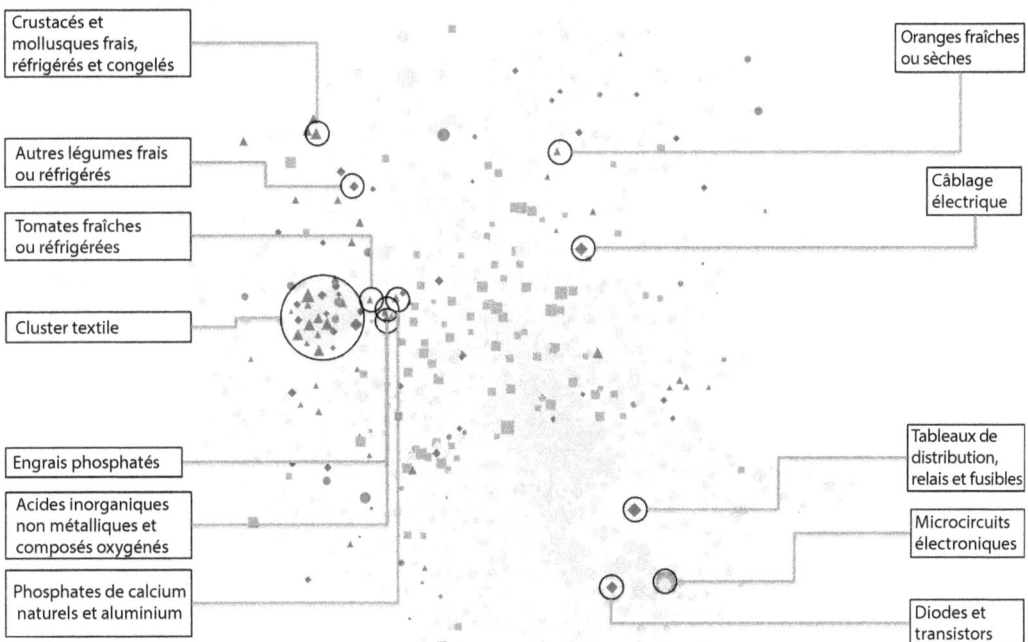

Source : Osorio Rodarte et Lofgren 2015.

Le Maroc à l'horizon 2040 • http://dx.doi.org/10.1596/978-1-4648-1078-7

bas coût et à faible contenu technologique, mais également en concurrence qualitative (ministère de l'Économie et des Finances 2015). Le Maroc est en effet en train de développer des capacités pour exporter ces produits dans le cadre des « nouvelles industries » (automobile, aéronautique, etc.), mais ces capacités devront encore se renforcer pour passer à l'échelle supérieure.

Les leçons d'autres pays émergents qui ont emprunté ce chemin industriel invitent à réfléchir sur l'importance des réformes sectorielles. En réalité, il est de plus en plus admis que les politiques qui favorisent la capacité globale d'un pays à accroître la productivité et la qualité, et à évoluer vers des tâches plus sophistiquées sont plus importantes que l'identification de secteurs qui encouragent la croissance et la diversification (Lederman et Maloney 2012). En d'autres termes, les interventions qui visent à diversifier les économies semblent fonctionner seulement si elles sont accompagnées par des politiques qui diversifient les actifs (matériels et immatériels). La corrélation entre les portefeuilles d'actifs diversifiés et une plus grande efficience économique est plus forte que la corrélation entre des produits diversifiés et l'efficience économique (Gill et al. 2014). Ceci suggère en retour que l'agenda de réforme inachevé le plus important au Maroc pourrait bien être le plus difficile : renforcer les structures institutionnelles qui sont invisibles, mais dont la faiblesse est susceptible de freiner la prospérité du pays.

3.3 Tirer les pleins bénéfices de la mondialisation par la compétitivité

Le Maroc a engagé un changement de grande ampleur pour s'intégrer dans l'économie mondiale, mais il lui reste encore à tirer pleinement avantage de sa stabilité politique, de sa proximité avec l'Europe et de sa relative attractivité pour les investissements afin de faire de cette intégration un avantage compétitif décisif lui permettant de réaliser un rattrapage économique rapide et inclusif. Un élément clé de la réussite du Maroc à augmenter sa productivité réside dans sa capacité à accroître les exportations de biens et de services. Ceci signifie que le secteur des biens échangeables doit se développer et contribuer davantage à la croissance. En conséquence, il est essentiel de faire reculer le « biais anti-export » de l'économie (Banque mondiale 2006). Les origines de ce biais sont multiples : un système de change qui favorise le secteur des biens non échangeables (par opposition aux secteurs ouverts à la concurrence internationale) et qui a tendance à affaiblir la compétitivité-prix du Maroc sur les marchés tiers ; un régime commercial et des politiques commerciales qui protègent trop les producteurs nationaux de la compétition internationale et les incitent à approvisionner le marché domestique plutôt que les marchés mondiaux ; un régime d'investissement et un cadre réglementaire national qui font monter les coûts des intrants et contribuent à réduire la compétitivité du Maroc. Il est important de souligner que le manque d'intégration économique constitue à la fois la cause et la conséquence de ce « biais anti-export » : sans une concurrence interne plus soutenue, l'économie n'est pas tournée vers l'innovation, l'efficience et la modernisation et elle se retrouve désavantagée sur les marchés internationaux ; en l'absence d'une plus grande participation aux échanges internationaux, les entreprises nationales ne sont pas exposées à la connaissance et au savoir-faire extérieurs et ne sont que très peu bousculées par la concurrence et incitées à la modernisation et à l'optimisation. Ces problèmes sont traités dans les sections qui suivent.

Assouplir le régime et le contrôle des changes

Le Maroc devrait envisager l'adoption d'un régime de change plus flexible afin d'améliorer les chances d'une croissance durable plus élevée et tirée par la productivité et les exportations. Dès lors que les conditions sont réunies en termes de stabilité macroéconomique, de consolidation budgétaire, de solidité du système bancaire ou encore de niveau des réserves de change, la transition vers un système de change plus flexible permettrait au dirham de trouver en permanence son prix d'équilibre. En tant que prix relatif entre le secteur des biens échangeables exposés à la concurrence internationale et le secteur abrité des biens non échangeables, le taux de change est un prix structurant de toute économie. Toutes choses égales par ailleurs, une surévaluation du taux de change incite les acteurs économiques à investir dans le secteur généralement peu productif des biens non échangeables, comme l'immobilier. *À contrario*, une sous-évaluation du taux de change incite à investir dans les secteurs plus productifs exposés à la concurrence internationale. Ainsi, sur le long terme, le taux de change effectif réel constitue potentiellement un instrument puissant de politique économique et d'intégration. Nombre de pays émergents, notamment en Asie, ont fondé leur stratégie de développement sur une croissance riche en productivité tirée par un prix compétitif de leur panier d'exportations (voir figure 3.18). Plus récemment, un certain nombre de concurrents étrangers du Maroc ne se sont pas privés d'utiliser l'instrument de change. À titre d'illustration, le dirham s'est apprécié d'environ 100 % par rapport au real brésilien ou rand sud-africain depuis 2012, ou encore de 50 % par rapport à la livre turque depuis 2013. Or, une étude récente portant sur les données d'entreprises en Égypte, en Jordanie et dans d'autres pays de la région MENA indique qu'une dépréciation du taux de change effectif réel favoriserait le développement des exportations de ces pays aussi bien sur la marge intensive (exportations de produits existants sur des marchés existants) que sur la marge extensive (exportations de nouveaux produits ou vers de nouveaux marchés (Elbadawi et Zaki 2016)). La libre détermination du cours du dirham serait par ailleurs un moyen de reléguer aux aléas du marché la dimension d'économie politique liée aux fluctuations du taux de change.

Parallèlement, le Maroc devrait continuer à assouplir ses contrôles des changes pour garantir la pleine convertibilité du dirham. Ceci nécessiterait l'élimination des principaux contrôles encore en place pour l'achat de devises étrangères, qui ont pour effet de freiner le développement des entreprises nationales et étrangères et de limiter la liberté économique des Marocains de convertir leurs avoirs en dirhams. Une convertibilité totale des opérations en capital permettrait aux résidents et aux non-résidents d'utiliser leurs ressources en toute liberté pour des transactions internationales. Elle préparerait la voie à une allocation de l'épargne plus efficiente et augmenterait l'attractivité du Maroc aux yeux des investisseurs et des opérateurs commerciaux mondiaux. À titre d'exemple, la limite actuelle

Figure 3.18 Taux de change effectifs réels, 1988–2015
(Indice 100 en 1988)

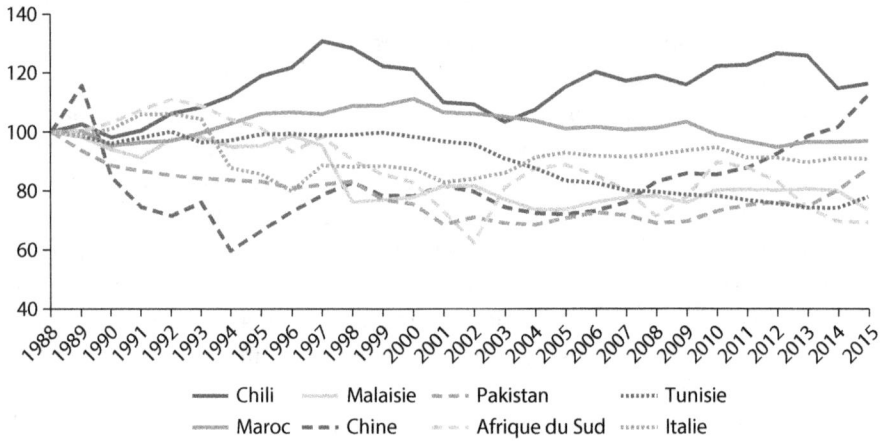

Source : IDM, Banque mondiale.

au prépaiement des importations constitue un obstacle de fait. Ceci peut se révéler problématique, par exemple, pour des exportateurs américains qui exigent
une avance de paiement de 100 % pour financer leurs ventes ou qui préfèrent des
marchés pour lesquels des lettres de crédit ne sont pas obligatoires pour faire
des affaires.

Le passage à un régime de change flexible et la convertibilité du dirham auraient
par ailleurs l'avantage de redonner à la politique monétaire toute son autonomie
pour influencer l'activité réelle en fonction des divers chocs (internes et externes)
que subit l'économie en permanence. Compte tenu de « l'impossible trilogie », une
économie nationale ne peut en effet atteindre simultanément les trois objectifs
suivants : avoir un régime de change fixe ; disposer d'une politique monétaire
autonome, c'est-à-dire fixer les taux d'intérêt à court terme ; et avoir une parfaite
liberté de circulation des capitaux (Mundell 1960). Dans un contexte d'ouverture
extérieure grandissante, les pays émergents doivent généralement choisir entre un
régime de change fixe et l'autonomie de la politique monétaire. Bank Al-Maghrib
a initié ces dernières années une réflexion sur l'opportunité d'opérer une transition
graduelle vers la flexibilité du régime de change et un passage à une politique dite
de « ciblage d'inflation », qui lui permettrait de mieux ancrer les anticipations et de
rehausser sa contribution au développement économique (Bank Al-Maghrib
2016). Avec l'ensemble des prérequis réunis pour une transition en douceur, cette
réflexion devrait désormais pouvoir se traduire en action (IMF 21016a et 2016b).

Améliorer le régime commercial et les politiques liées
à la facilitation du commerce
Le Maroc gagnerait à renouveler ses efforts pour baisser les barrières
commerciales. Les performances du Maroc en matière d'exportation semblent

affaiblies par son régime d'importation. La différence en termes de valeur unitaire des exportations entre les entreprises qui réalisent à la fois des importations et des exportations et les entreprises qui ne font qu'exporter est considérable et, surtout, cette différence a augmenté avec le temps. Ceci suggère qu'un meilleur accès à des intrants intermédiaires dope par la suite la croissance des exportations des entreprises, la diversification et la qualité des produits (Bussolo et Cruz 2015). Pour les entreprises qui ne sont pas localisées dans des zones franches ni engagées dans des chaînes de valeur mondiales avec le soutien de leurs acheteurs, identifier des fournisseurs fiables à même de les approvisionner en produits intermédiaires peut constituer un défi. La façon la plus directe pour le Maroc de soutenir les exportations manufacturières, de réduire la protection effective réelle et de limiter le détournement des échanges serait de s'appuyer sur le succès du plan de 2008–2012 et de lancer un nouveau plan à moyen terme visant la réduction et la consolidation des droits de douane liés à la clause de la nation la plus favorisée (NPF).

À 25 %, les droits de douane NPF maximums sur les biens restent relativement élevés, notamment lorsqu'ils sont comparés aux droits zéro qui s'appliquent aux partenaires commerciaux préférentiels dans le contexte des accords de libre-échange signés avec l'Union européenne, les États-Unis d'Amérique et d'autres pays. Des droits élevés pesant sur les produits intermédiaires tendent à entraver la productivité des entreprises et la croissance des exportations du Maroc (Jaud et Freund 2015). Ceci découle du fait que, la plupart du temps, une taxe sur les importations finit par se transformer en taxe sur les exportations. Par ailleurs, la structure tarifaire du Maroc fonctionne comme un escalateur, dans la mesure où les droits d'importation sur les matières premières sont inférieurs à ceux qui frappent les produits semi transformés, lesquels sont à leur tour inférieurs aux droits de douane sur les biens finis. L'escalade des droits de douane est particulièrement prononcée dans les secteurs du textile et de l'habillement, du cuir et des chaussures. Dans ces secteurs, les producteurs tournés vers le marché intérieur ont accès à des intrants faiblement taxés, tout en étant protégés derrière des barrières importantes à l'exportation pour leurs produits finis. Le degré de protection effective réelle est donc souvent bien plus élevé que ne le suggèrent les niveaux de droits sur les produits finis.

Une différence importante persiste entre les droits de douane préférentiels et ceux liés à la clause de NPF (appliqués sur les importations en provenance du reste du monde), phénomène qui a tendance à détourner le commerce. Le Maroc a ouvert son marché intérieur de façon sélective, car seuls les pays qui sont ses partenaires préférentiels peuvent vendre leurs produits sur les marchés marocains à des droits de douane à l'importation faibles ou équivalents à zéro, tandis que les exportateurs de pays tiers restent confrontés à des taux élevés de droits de douane NPF. Cette asymétrie peut dissuader les flux de commerce en provenance d'exportateurs de pays tiers plus efficients vers des pays producteurs partenaires moins efficients, ce qui se traduit par une perte de revenus tarifaires sans que l'économie profite de coûts d'achat inférieurs.

Revoir les mesures non tarifaires constitue une autre priorité importante pour profiter encore plus des avantages de l'intégration économique. Le Maroc devrait rationnaliser ses mesures non tarifaires et les procédures qui leur sont liées en termes de temps et de coût. Le Maroc a envisagé la possibilité de mettre en place un comité public-privé afin de réévaluer les mesures non tarifaires actuelles ainsi que le processus réglementaire qui permet d'en créer de nouvelles. Certaines réformes politiques ont été identifiées, mais les mesures concrètes de changement n'ont pas été prises. En l'absence de transparence concernant les mesures non tarifaires, celles-ci ont tendance à être utilisées de façon quelque peu discrétionnaire et se traduisent par des procédures frontalières bureaucratiques, surtout avec les partenaires non membres de l'Union européenne. Le Maroc devrait également restreindre son utilisation des mécanismes de défense commerciaux (clauses et mesures anti-dumping) destinés à protéger sa production domestique (par exemple, l'acier, le papier, les matériaux de PVC, le bois, l'insuline).

Alors que les niveaux de droits perçus sur les importations agricoles culminent à plus de 300 % pour certains produits et au vu des quotas de contingents tarifaires, il existe un immense potentiel pour libéraliser le commerce agricole du Maroc. Le Maroc devrait progressivement ouvrir ses marchés agricoles, car l'agriculture constitue l'un des moteurs de son économie. Une stratégie agricole devrait permettre d'offrir de meilleures opportunités aux chefs de petites et de grandes exploitations en transformant le secteur de l'agroalimentaire en source stable de croissance, de compétitivité et de développement économique généralisé dans les zones rurales. La protection du commerce agricole constitue un outil inefficace de réduction de la pauvreté. Les ménages vulnérables devraient être aidés à travers des programmes de filets de sécurité ciblés. Les paiements découplés constituent une option pour réduire les effets de distorsion des politiques de soutien à l'agriculture tout en continuant à aider les agriculteurs. Actuellement, le Maroc offre à ses fermiers des prix garantis pour les cultures vivrières et industrielles ainsi qu'une large gamme de subventions à l'achat d'intrants. Le soutien des prix pour les denrées essentielles et les subventions à l'énergie (pour les pompes) est également étendu. Les objectifs politiques sont ici d'améliorer la sécurité alimentaire et de réduire l'exode rural. Cependant, ce système de soutien des prix et les subventions non ciblées ne visent pas les personnes pauvres ; elles ont un coût budgétaire important, récompensent les cultures de faible valeur et encouragent une utilisation excessive de l'eau.

La facilitation du commerce et la connectivité régionale constituent un agenda inachevé mais essentiel pour le Maroc. L'un des avantages comparatifs du Maroc tient à sa géographie, ce qui signifie que la qualité des ports, du transport terrestre et de la logistique commerciale est au cœur de sa compétitivité. Les exportateurs marocains ne peuvent exploiter avec succès leur proximité avec le marché de l'Union européenne que si leurs coûts de transaction pour le transport sont inférieurs à ceux de leurs compétiteurs. L'existence de liens fonctionnels à travers la chaîne d'approvisionnement est rendue encore plus importante par l'évolution des échéanciers, qui visent des livraisons juste à temps, et des demandes croissantes des partenaires commerciaux en termes de délais, de fiabilité et de qualité des livraisons. Le coût élevé du transport, de la logistique et de la communication a été mis en exergue comme l'un des facteurs pénalisant le transport au Maroc et, plus largement, dans la région (CGEM 2014). Les mesures prioritaires dans ce domaine viseraient à améliorer la qualité de l'ensemble des services d'import-export au niveau portuaire (clarification des procédures et amélioration des délais de traitement, notamment de dédouanement des marchandises).

Améliorer le régime d'investissements étrangers

Si le Maroc a ouvert la majorité des secteurs de son économie aux investissements étrangers, des restrictions légales apparentes demeurent dans plusieurs secteurs, surtout dans les services. Le Maroc gagnerait à faire progressivement disparaître les restrictions qui demeurent concernant la participation étrangère aux fonds propres dans tous les secteurs, à l'exception d'une liste de secteurs ayant un niveau élevé de pouvoir monopolistique, suivant le principe du traitement national. Ainsi, le pouvoir de contrôle étranger est limité à un maximum de 49 % dans les entreprises de transport domestique ou international. Dans le secteur pétrolier et gazier, l'Agence nationale des hydrocarbures et des mines (ONHYM) conserve une part obligatoire de 25 % sur toute licence ou tout permis d'exploitation. En outre, le Maroc devrait s'attacher à uniformiser les règles du jeu entre les investisseurs nationaux et étrangers en privatisant les entreprises dans le secteur commercial et en éliminant les restrictions, telles que les conditions de licence et d'autres contraintes réglementaires.

Inversement, il est également très important de veiller à ce que les incitations utilisées pour attirer les investisseurs étrangers n'empêchent pas l'intégration locale. Il s'agit de veiller à ce que les entreprises appartenant à des étrangers ne disposent pas d'un accès privilégié à certains dispositifs, tels que les taxes sur les importations, les concessions douanières ou le remboursement des droits. De la même façon, réserver des zones économiques spéciales pour les entreprises étrangères peut conduire à créer des barrières à l'approvisionnement par des entreprises nationales. Certes, la mise en place d'incitations en direction des investisseurs étrangers ou d'autres acheteurs internationaux a pour principale raison d'être de créer des retombées positives, mais ces incitations devraient reposer, si ce n'est sur des résultats concrets en termes de retombées (qui sont difficiles à mesurer), au moins sur l'engagement des investisseurs étrangers ou d'autres acheteurs internationaux à favoriser ces retombées. À titre d'exemple, des incitations pourraient être créées afin que les investisseurs étrangers travaillent avec les universités locales, les instituts de recherche et les instituts de formation. Il s'agit ici notamment des fonds de recherche, des programmes de subventions de contrepartie ou des incitations fiscales à la R&D au Maroc, des stages, des programmes de reclassement et le développement de programmes de formation et d'études conjoints.

Il convient également de veiller à ce que les dispositions légales concernant le contenu local soient clairement définies et s'appliquent dans de bonnes conditions. C'est la valorisation qui devrait constituer l'objectif plutôt que le contrôle par le pays. Mais les dispositions légales ne peuvent fonctionner correctement que lorsque la dimension de l'approvisionnement domestique permet au fournisseur d'être compétitif, sinon ces régulations ont tendance à affaiblir la compétitivité des investisseurs, ce qui impacte négativement l'ensemble des résultats. Dans tous les cas, il peut être contreproductif et difficile de mettre en œuvre des objectifs stricts en termes de contenu local. En revanche, il est essentiel de réduire l'asymétrie d'information en facilitant le partage d'information sur les besoins des investisseurs étrangers et les capacités des fournisseurs locaux comme sur les besoins en compétences. Au lieu de fixer des contraintes rigides en termes de contenu local, l'objectif devrait être de favoriser le développement, en collaboration, de plans souples de co-localisation permettant aux investisseurs de formuler leurs propres propositions afin de favoriser des retombées positives sur l'économie locale.

Le Maroc gagnerait à mettre en place une politique plus cohérente visant à améliorer la gestion foncière et à sécuriser les droits fonciers. Ceci lui permettrait de diminuer les risques et de favoriser une meilleure utilisation des opportunités que constitue l'investissement direct étranger en matière foncière. Améliorer l'accès à l'information concernant le foncier et sa disponibilité pour accueillir des activités économiques, tout en prenant des mesures fortes de réduction des délais de transaction, augmenterait fortement l'attractivité du Maroc aux yeux des investisseurs étrangers. Les acquisitions foncières par des investisseurs privés étrangers sont restées limitées au cours du temps.

Négocier un accord de libre-échange complet et approfondi ambitieux avec l'Union européenne

La perspective d'un accord de libre-échange complet et approfondi (ALECA) avec l'Union européenne et la nécessaire mise à niveau des règles et réglementations du Maroc dans de nombreux secteurs pourraient constituer des objectifs stratégiques principaux du pays. Ceci permettrait au Maroc de mieux se positionner dans la compétition mondiale, y compris par son insertion dans les chaînes de valeur mondiales européennes, contribuant ainsi fortement à augmenter la productivité totale des facteurs du pays. Une intégration économique approfondie avec l'Union européenne passerait par la promotion de la liberté dans quatre domaines fondamentaux : la liberté concernant la circulation des biens, des services, du capital et à terme du travail. En particulier, le Maroc peut aujourd'hui bénéficier de la promotion d'une meilleure convergence réglementaire des normes et des standards et d'autres réglementations au-delà des frontières qui sont liées aux politiques de concurrence, aux appels d'offre publics et à d'autres aspects de l'environnement réglementaire qui concernent l'amélioration du commerce et des IDE. La régionalisation avec l'Union européenne et, d'une certaine manière, avec l'Afrique sub-saharienne, pourrait constituer un tremplin vers l'intégration mondiale et l'accroissement de la compétitivité du Maroc, qui restent les objectifs finaux.

De façon plus spécifique, des mesures franches visant l'intégration et la compétition dans les secteurs de services ainsi que la facilitation du commerce pourraient accélérer la productivité et la transformation structurelle de l'économie marocaine. Le manque de sophistication et de modernisation des services marocains souligne le manque d'ouverture et de compétition qui sont pourtant nécessaires pour les valoriser. Le nombre de sous-secteurs dans lesquels le Maroc a mis en place des mesures de libéralisation, dans le cadre du GATS, est relativement limité et le secteur des services logistiques qui est essentiel au développement commercial n'en fait pas partie. Le Maroc ne s'est ouvert de façon significative que dans les domaines du commerce dans les services financiers, les télécommunications et le commerce électronique, dans le cadre de l'accord de libre-échange bilatéral conclu avec les États-Unis. Or, une ouverture accrue des services aiderait à produire des résultats économiques importants grâce à la concurrence, aux IDE, aux retombées verticales en termes de connaissance et de développement des marchés. La libéralisation des services affecterait également de façon positive la productivité industrielle, la compétitivité des exportations de biens manufacturés et même la compétitivité d'autres services à travers leurs effets secondaires. Des services portuaires et maritimes efficients sont essentiels pour permettre d'exporter de façon compétitive des biens tels que les produits textiles. De la même manière, attirer davantage de touristes dépend notamment du coût du transport aérien. La capacité à participer à l'externalisation des processus d'affaires et à exporter des services fondés sur les technologies de l'information et de la communication dépend des services de télécommunication. Les effets positifs de la libéralisation du commerce des services sur la productivité industrielle en aval seraient d'autant plus grands si cette libéralisation s'accompagnait d'un renforcement de la qualité des institutions gouvernant les échanges extérieurs, notamment le régime d'investissement étranger (Beverelli, Hoekman et Fiorini 2016).

Il sera essentiel de bien prendre en compte la dimension d'économie politique d'une stratégie approfondie et complète d'intégration économique. Au Maroc, l'opinion publique considère généralement que l'ouverture qui a été engagée par les gouvernements dans la dernière décennie n'a pas nécessairement produit les résultats escomptés. En particulier, les tentatives passées qui ont visé à renforcer le secteur privé à travers la privatisation et la libéralisation des marchés n'ont pas apporté tous les bénéfices attendus, notamment lorsque les avantages ont été capturés par des personnes connectées. La libéralisation externe n'a pas toujours été accompagnée des réformes intérieures qui sont nécessaires pour améliorer la gouvernance, accroître la transparence et créer des règles du jeu uniformes de façon à ce que les travailleurs et les consommateurs puissent eux aussi en percevoir les avantages. Comme ailleurs, il existe au Maroc une coalition d'intérêts protectionnistes favorables au statu quo qui sait se faire entendre. Elle exerce des pressions sur le gouvernement pour qu'il ralentisse le processus d'intégration économique et la transformation structurelle qui doit l'accompagner. Au lieu de favoriser le développement d'un secteur privé indépendant et autonome, certaines réformes passées ont eu tendance à renforcer les réseaux de protection existants (Malik et Awadallah 2011).

Si l'on veut éviter de reproduire les erreurs du passé, il faut prendre en compte le fait que le peuple marocain a besoin de savoir ce qu'une politique d'intégration approfondie et complète avec l'Union européenne « peut lui apporter directement ».

Les prédispositions de l'opinion semblent favorables. Selon le Baromètre arabe 2012–2014, 60 % des personnes interrogées pensent que le Maroc aurait à gagner à s'ouvrir davantage sur le reste du monde. Pour cela, la population a besoin de s'approprier le processus d'intégration et son objectif général. Elle a besoin d'être informée des changements qui concernent le commerce mondial et l'environnement des IDE et de constater concrètement les améliorations en matière d'infrastructures, de commerce et d'investissement. Les Marocains ont besoin d'accéder à davantage d'opportunités économiques pour eux-mêmes et pour leurs enfants, et d'avoir la preuve que les réformes portent leurs fruits. Enfin, ils ont besoin de preuves convaincantes que tous les groupes sociaux bénéficient du processus et continueront à le faire dans la durée. Ceci renvoie à la nécessité d'un débat public informé sur l'impact de l'intégration économique sur l'économie marocaine. Ce dont il est question à travers l'intégration économique, c'est de rendre l'économie plus efficiente et plus compétitive et ceci devrait se traduire par une croissance économique et des revenus plus élevés et durables. Selon l'étude d'ECORYS (ECORYS 2013) effectuée pour le compte de la Commission européenne, l'ALECA pourrait se traduire à terme par une augmentation de 1,6 % du PIB du Maroc, une augmentation des salaires de 1,5 % à 1,9 % en fonction des qualifications et une augmentation de 15 % des exportations conduisant à une amélioration relative de la balance commerciale. Pour autant, certains secteurs industriels, comme l'industrie du cuir, ou services, notamment les services professionnels, pourraient souffrir d'une concurrence renforcée et perdre en production. Mettre en place des mécanismes publics afin d'aider ceux qui sont pénalisés par les chocs produits par le commerce (ou l'innovation technologique) constitue le meilleur moyen de prendre en compte les effets secondaires potentiellement négatifs des réformes transformationnelles et d'assurer leur pérennité.

Notes

1. Depuis les travaux de référence du professeur de sciences politiques John Waterbury (1975), une vaste littérature principalement de nature sociologique documente la formation historique des élites marocaines (Leveau 1985, Catusse 2008, Benhaddou 2009, Bencheikh 2013).

2. Discours prononcé par SM le Roi Mohammed VI à l'ouverture de la 1re session de la 1re année législative de la 10e législature (novembre 2016).

3. Des efforts budgétaires importants ont été déployés par les pouvoirs publics marocains pour maintenir et accélérer la réalisation des différents chantiers et programmes lancés en vue d'atteindre les objectifs de la stratégie Maroc Innovation. Parmi ces chantiers figurent la mise en place d'un Fonds d'Appui aux Clusters pour stimuler l'innovation et la R&D dans les secteurs industriels et technologiques, le lancement d'un programme de mise en place des « cités de l'innovation » en partenariat avec les universités marocaines, le renforcement des capacités des centres techniques industriels (CTI) en tant que structures techniques de développement et de diffusion de l'expertise industrielle dans leurs secteurs d'activité respectifs, la mise en place d'un centre de développement dédié aux technologies avancées, telles que les nanotechnologies, la microélectronique et les biotechnologies et la mise en place

de programmes de financement de l'innovation dédiés aux entreprises (PME & TPE/ start-ups).

4. Notamment l'octroi de licences fixes nouvelles générations en 2006, la publication de plusieurs décisions de régulation sur le partage d'infrastructure, la préparation par l'ANRT en 2012 d'un plan national haut débit à l'horizon 2022, le lancement de la 4G en 2015, et le lancement par l'ANRT en 2016 d'une consultation pour couvrir sur financement du FSU des zones rurales en haut débit.

5. Maroc Télécom dispose d'un backbone fibre optique de près de 25 000 km contre seulement 5 000 km pour Méditel et 6 000 km pour WANA. Sur le marché de l'ADSL (haut débit fixe), dont la taille est pour l'instant limitée à environ 1,1 million de lignes en 2015, Maroc Telecom détient 99,97 % du marché (contre 0,03 % pour WANA) en 2015. ANRT 2016.

6. Le PNEI comprend 10 piliers : l'offshoring, l'automobile, l'aéronautique, l'électronique, le textile et le cuir, la compétitivité des PME, le climat des investissements, la formation et les zones industrielles. Il a envoyé des signaux forts aux secteurs de l'automobile et de l'aéronautique qui ont bénéficié d'investissements étrangers majeurs au cours des dernières années.

7. La Cour des comptes, dans un rapport portant sur l'Agence marocaine de développement des investissements (2015), a calculé le taux d'occupation des P2i : en 2011, seules 10 sur 21 sociétés converties se sont installées dans ces plates-formes ; pour 2012, le nombre est de 12 sur 24 sociétés. Le taux d'attractivité des P2i est donc de 50 %.

8. Automobile, aéronautique, poids lourds et carrosserie industrielle, textile, chimie-parachimie, cuir, pharmacie, industries métallurgiques et mécaniques, industrie des matériaux de construction et offshoring, plasturgie et phosphates.

9. En 2016, un nouveau plan de réforme de l'investissement a été lancé autour de six principaux axes, à savoir le recalibrage de la Charte de l'investissement et la redéfinition de son contenu, l'adoption de nouvelles mesures de soutien et d'incitation à l'investissement, la restructuration des organes de promotion de l'investissement, la création de directions générales dédiées à l'industrie et au commerce, et la refonte de la stratégie digitale.

10. Notamment la mise en place de l'évaluation des coûts et bénéfices d'investissements soumis à la Commission des investissements ou encore le respect de procédures de sélection strictes des dossiers d'investissement du PAI, dans le cadre du Fonds de développement industriel et des investissements (constitution de dossier d'investissement exhaustif, évaluation des dossiers par parties tierces, rapport d'évaluation, etc.).

11. À titre d'exemple, la Cour des comptes (2014), à propos de l'évaluation de la stratégie Maroc Numeric 2013, soulignait qu'un certain nombre d'indicateurs n'avaient pas fait l'objet d'un suivi suffisamment rigoureux et que la plupart des objectifs fixés par la stratégie n'avaient pas été atteints.

12. Publiée au Bulletin officiel le 7 juillet 2015, la loi organique n°111–14 relative aux régions s'inscrit dans la continuité de la Constitution de 2011 qui consacre la décentralisation et dote le Royaume d'une régionalisation avancée par un système intégré de la gouvernance territoriale.

13. Article 136 de la Constitution et article 4 de la loi organique n° 111.14.

14. La législation en matière de protection de l'emploi regroupe les règles qui régissent le recrutement et le licenciement, et qui définissent le degré de sécurité de l'emploi.

15. Calculs de la Banque mondiale à partir des données de 2009 du Haut-Commissariat au Plan extrapolées pour l'année 2015.

16. « Protégé » étant défini comme étant assorti d'une protection sociale ; « bien rému-néré » étant défini soit comme conduisant à un salaire supérieur aux deux tiers de la moyenne des salaires, soit comme renvoyant à un statut d'indépendant résidant dans une maison et appartenant aux quintiles supérieurs de la population.

17. Il s'agit : i) du programme Idmaj (2006) qui a pour objectif de permettre aux jeunes demandeurs d'emploi d'acquérir une première expérience en entreprise, ii) du pro-gramme Taehil (2006) qui vise à améliorer l'employabilité des demandeurs d'emploi par l'acquisition des compétences professionnelles pour occuper des postes d'emploi dûment identifiés ou potentiels, iii) du programme Auto-Emploi qui a pour objectif l'appui à la création des Toutes Petites Entreprises (TPE) et iv) du programme Tahfiz qui vise à pro-mouvoir l'emploi en mettant en place des mesures incitatives au profit des entreprises et des associations dans le cadre des contrats de travail à durée indéterminée.

18. La saisie record de 40 tonnes de cannabis à Algésiras en 2015 a pu en effet affaiblir la réputation de fiabilité de la chaîne de contrôle à TangerMed.

19. En 2016, dans le cadre de la mise en œuvre du Plan d'accélération industrielle (PAI), l'AMDI, Maroc Export et l'Office des foires et expositions commerciales (OFEC) ont été regroupés dans une nouvelle agence, dénommée Agence marocaine de développe-ment des investissements et des exportations (AMDIE) et placée sous la tutelle du ministère de l'Industrie, du Commerce, de l'Investissement et de l'Économie numérique.

Bibliographie

Achy, Lahcen, Samy Bennaceur, Adel Ben Youssef, and Samir Ghazouani. 2010. "Restructuring and Efficiency in the Manufacturing Sector: A Firm-Level Approach Applied to Morocco." Economic Research Forum Working Paper 565. Economic Research Forum, Giza, Egypt.

Agence Nationale de Réglementation des Télécommunications (ANRT). 2016. Tableau de bord du marché de l'internet.

Aghion, Philippe, Christopher Harris, Peter Howitt, and John Vickers 2001. "Competition, Imitation and Growth with Step-by-Step Innovation." *Review of Economic Studies* 68 (3): 467–92.

Angel-Urdinola, Diego, Abdoul Gadiry Barry, and Guennouni, Jamal. 2016. "Are Minimum Wages and Payroll Taxes a Constraint to the Creation of Formal Jobs in Morocco?" World Bank Economic Policy Research Paper 78080. World Bank, Washington, DC.

Baldwin, Richard. 2011. "Trade and Industrialisation After Globalisation's 2nd Unbundling: How Building and Joining a Supply Chain Are Different and Why It Matters." NBER Working Paper 17716. National Bureau of Economic Research, Cambridge, MA.

Bank Al-Maghrib (BAM). 2016. "Rapport sur l'exercice 2015." Royaume du Maroc.

Banque mondiale. 1995. "Bureaucrats in Business: The Economics and Politics of Government Ownership." World Bank Policy Research Report. World Bank, Washington, DC.

———. 2002. *World Development Report 2002: Building Institutions for Markets*. World Bank, Washington, DC.

———. 2006. "Mémorandum économique pays Maroc 2006." Washington, DC: World Bank.

———. 2008, 2013. World Bank Enterprise Surveys (Enquêtes de la Banque mondiale auprès des entreprises). Washington, DC: World Bank.

———. 2009. *From Privilege to Competition: Unlocking the Private-led Growth in the Middle East and North Africa*. MENA Development Report. Washington, DC: World Bank.

———. 2010. *Socio-Economic Assessment of Broadband Development in Egypt*. Washington, DC: World Bank.

———. 2013a. *Enterprise Surveys, Morocco Country Profile 2013*. Washington, DC: World Bank.

———. 2013b. "Jobs for Shared Prosperity: Time for Action in the Middle East and North Africa." Working Paper No. 72469. Washington, DC: World Bank.

———. 2014a. *Doing Business 2015: Going Beyond Efficiency - Morocco*. Washington, DC: World Bank.

———. 2014b. *Financing Innovation in Morocco: Challenges and Solutions to Accelerate Growth*. Washington, DC: World Bank.

———. 2015. *Emplois ou privilèges, libérer le potentiel de création d'emplois au Moyen-Orient et en Afrique du Nord*. MENA Development Report. Washington, DC: World Bank.

———. 2016a. "Le haut débit : plate-forme de l'économie digitale et enjeu critique pour le développement du Maroc." Note pour le ministère de l'Industrie, du Commerce, de l'Investissement et de l'Économie numérique (MICIEN). Washington, DC: World Bank.

———. 2016b. *Connecting to Compete 2016: Trade Logistics in the Global Economy. The Logistics Performance Index and Its Indicators*. Washington, DC: World Bank.

———. 2016c. *Ease of Doing Business 2017*. Washington, DC: World Bank.

Benabdejlil Nadia, Yannick Lung, and Alain Piveteau. 2016. "L'émergence d'un pôle automobile à Tanger (Maroc)." Cahiers du GREThA, n°2016–04.

Bencheikh, Souleiman. 2013. "Le dilemme du Roi ou la monarchie marocaine à l'épreuve." Casa Express Editions Rabat-Paris.

Benhaddou, Ali. 2009. "Les élites du Royaume. Enquête sur l'organisation du pouvoir au Maroc." Édition Riveneuve (Paris).

Betcherman, Gordon. 2012. "Labor Market Institutions: A Review of the Literature." Policy Research Working Paper No. 6276. World Bank, Washington, DC.

Beverelli, Cosimo, Bernard Hoekman, and Matteo Fiorini. 2016. "Services Trade Policy and Manufacturing Productivity: The Role of Institutions." Working Paper No. 1012. Economic Research Forum, Giza, Egypt.

Botero, Juan C., Simeon Djankov, Rafel La Porta, Florencio Lopez-de-Silanes, and Andrei Shleifer. 2004. "The Regulation of Labor." *Quarterly Journal of Economics* 119 (4): 1339–82.

Bouoiyour, Jamal. 2003. "Système national d'innovation marocain." *Critique Économique* 9.

Bussolo, Maurizio, and Marcio Cruz. 2015. "Does Input Tariff Reduction Impact Firms' Exports in the Presence of Import Tariff Exemption Regimes?" World Bank Policy Research Working Paper 7231, Washington, DC: World Bank.

Cattaneo, O., G. Gereffi, S. Mirou dot, and D. Taglioni. 2013. "Joining, Upgrading and Being Competitive in Global Value Chains: A Strategic Framework." World Bank Policy Research Working Paper 6406. Washington, DC: World Bank.

Catusse, Myriam. 2008. Le temps des entrepreneurs. Politique et transformations du capitalisme au Maroc, Paris, Maisonneuve et Larose.

Confédération Générale des Entreprises du Maroc (CGEM). 2014. « Étude sur les leviers de la compétitivité des entreprises marocaines ». Royaume du Maroc.

Conseil Économique, Social et Environmental (CESE). 2014. Cohérence des politiques sectorielles et accords de libre-échange : Fondements stratégiques pour un développement soutenu et durable, Auto-saisine n° 16, 2014. Conseil économique, social et environnemental. Royaume du Maroc.

Chauffour, Jean-Pierre. 2009. *The Power of Freedom: Unifying Human Rights and Development*. Washington, DC: Cato Institute.

Chauffour, Jean-Pierre, and Mariem Malouche. 2011. *Trade Finance during the Great Trade Collapse*. Washington, DC: World Bank.

Chauffour, Jean-Pierre, and Maur Jean-Christophe. 2011. *Preferential Trade Agreement Policies for Development: A Handbook*. Washington, DC: World Bank.

Chauffour, Jean-Pierre, and José L. Diaz-Sanchez. 2017. *Product and Factor Market Distortions: The Case of the Manufacturing Sector in Morocco*. Washington, DC: World Bank.

Cherkaoui, Mouna, Ayache Khellaf, and Abdelaziz Nihou. 2011. "The Price Effect of Tariff Liberalization in Morocco: Measuring the Impact on Household Welfare." Working Paper No. 637. Economic Research Forum, Giza, Egypt.

Commission Croissance et développement. 2008. "Rapport sur la croissance - stratégies à l'appui d'une croissance durable et d'un développement solidaire." World Bank, Washington, DC.

Cornell University, INSEAD, and WIPO (2016): The Global Innovation Index 2016: Winning with Global Innovation, Ithaca, Fontainebleau, and Geneva.

Cour des comptes (2016). Rapport sur le secteur des établissements et entreprises publics au Maroc : Ancrage stratégique et gouvernance, juin 2016. Royaume du Maroc.

Diwan, Ishac, Philip Keefer, and Marc Schiffbauer. 2013. "The Effect of Cronyism on Private Sector Growth in Egypt." Femise. http://www.femise.org/wp-content/uploads/2015/10/Diwan.pdf.

Diwan, Ishac, and Jamal Ibrahim Haidar. 2016. "Do Political Connections Reduce Job Creation? Evidence from Lebanon." Economic Research Forum Working Paper 1054. Economic Research Forum, Giza, Egypt.

Driouchi, Ahmed et Zouag, Nada. 2006. "Prospective Maroc 2030, éléments pour le renforcement de l'insertion du Maroc dans l'économie de la connaissance." Rapport pour le compte du HCP. Royaume du Maroc.

EBRD, EIB, and World Bank. 2016. "What's Holding Back the Private Sector in MENA? Lessons from the Enterprise Survey."

ECORYS (2013). "Trade Sustainability Impact Assessment in Support of Negotiations of a DCFTA between the EU and Morocco." http://trade.ec.europa.eu/doclib/docs/2013/november/tradoc_151926.pdf.

El Aoufi, Noureddine et Hollard, Michel. 2010. "Fondements d'une pragmatique de la concurrence au Maroc." Note d'orientation. Conseil de la concurrence. Royaume du Maroc.

Elbadawi, Ibrahim, and Chahir Zaki. 2016. "Does Exchange Rate Undervaluation Matter for Exports and Trade Margins? Evidence from Firm-Level Data." Economic Research Forum Working Paper 1004. Economic Research Forum, Giza, Egypt.

El Moussaoui, Hicham (2016). Les entrepreneurs marocains sont-ils vraiment trop peureux? Libre Afrique, juin 2016. http://www.libreafrique.org/ElMoussaoui-entreprenariat-maroc-080616.

Fondation Abderrahim Bouabid. 2010. "Le Maroc a-t-il une stratégie de développement économique? Quelques éléments de réflexion pour un véritable décollage économique et social". Cercle d'analyse économique de la Fondation Abderrahim Bouabid. Royaume du Maroc.

Fonds monétaire international (IMF). 2016a. 2015 Article IV Consultation. IMF Country Report No. 16/35. Washington, DC: International Monetary Fund.

———. 2016b. Morocco—Request for An Arrangement under the Precautionary and Liquidity Line and Cancellation of the Current Arrangement. EBS/16/66. Washington D.C.: International Monetary Fund.

Fukuyama, Francis. 2014. *Political Order and Political Decay: From the Industrial Revolution to the Globalization of Democracy*. New York: Farrar, Straus, & Giroux.

Gill, Indermit S., Ivailo Izvorski, Willem van Eeghen, and Donato De Rosa. 2014. *Diversified Development: Making the Most of Natural Resources in Eurasia*. Washington, DC: World Bank.

Hayter, S. ed. 2011. *Le rôle de la négociatio n collective dans l'économie mondiale: négocier pour la justice sociale*. Geneva, Switzerland: Organisation Internationale du Travail.

HEM. 2016. "La jeunesse au Maroc : marginalités, informalités et adaptations." HEM Business School.

Institut Royal des Études Stratégiques (IRES). 2014. "Industrialisation et compétitivité globale du Maroc." Royaume du Maroc.

Jaud, Mélise and Freund, Caroline. 2015. "Champions wanted: Promoting Exports in the Middle East and North Africa". Working Paper No. 95681. The World Bank Group. Washington, D.C.

Jouyet, Jean-Pierre, and Maurice Lévy. 2006. "Rapport de commission: L'économie de l'immatériel, la croissance de demain."

Klapper, Leora, and Inessa Love. 2010. "The Impact of the Financial Crisis on New Firm Creation." World Bank Policy Research Working Paper 5444. World Bank, Washington, DC.

Lafontaine, Francine, and Sivadasan Jagadeesh. 2008. "Do Labor Market Rigidities Have Microeconomic Effects? Evidence from Within the Firm (May 1, 2008)." Ross School of Business Paper 1069. University of Michigan, Ann Arbor, MI.

Lederman, Daniel, and William F. Maloney. 2012. "Does What Yo u Export Matter? In Search of Empirical Guidance for Industrial Policies." Latin America Development Forum. World Bank, Washington, DC.

Leveau, Rémy. 1985. "Le fellah marocain défenseur du trône." Paris: Presses de Sciences Po.

Malik, Adeel, and Bassem Awadallah. 2011. "The Economics of t he Arab Spring." Working Paper 2011–23. Center of the Study of African Economies, Oxford, England.

Miner, Luke. 2015. "The Unintended Consequences of Internet D iffusion: Evidence from Malaysia." *Journal of Public Economics* 132 (December): 66–78.

Ministère de l'Économie et des Finances. 2015. « Compétitivité hors prix des exportations marocaines : Esquisse de la qualité des produits des secteurs phares ». Direction des Études et des Prévisions Financières. Royaume du Maroc.

———. 2016. « Décomposition de la compétitivité structurelle du Maroc : Marges intensives et extensives de nos exportations». Direction des Études et des Prévisions Financières. Royaume du Maroc.

Ministère de l'Éducation et HEM Business School. 2015. "Enquête nationale socioéducative réalisée par le groupe "L'Étudiant marocain." Royaume du Maroc.

Mundell, Robert. 1960. "A Theory of Optimum Currency Areas." *American Economic Review* 51 (4): 657–65.

OCP Policy Center. 2015. "Stratégie de croissance à l'horizon 2025 dans un environnement international en mutation." Royaume du Maroc.

Office Marocain de la Propriété Industrielle et Commerciale (OMPIC). 2014. "Rapport d'activité 2014." Royaume du Maroc.

Organisation des Nations Unies. 2008. "Examen de la politique de l'investissement du Maroc." Conférence des Nations Unies sur le commerce et le développement.

Osorio Rodarte, Israel, and Hans Lofgren. 2015. "A Product Space Perspective on Structural Change in Morocco." World Bank Policy Research Working Paper 7438. World Bank, Washington, DC.

Oubenal, Mohammed. 2016. "Crony Interlockers and the Centrality of Banks: The Network of Moroccan Listed Companies." Working Paper 1066. Economic Research Forum, Giza, Egypt.

Rijkers, Bob, Caroline Freund, and Antonio Nucifora. 2014. "All in the Family: State Capture in Tunisia." Policy Research Working Paper 6810, Washington, DC: World Bank.

Robalino, David A. and Michael Weber. 2013. "Designing and Implementing Unemployment Benefit Systems in Middle and Low Income Countries: Beyond Risk-Pooling vs. savings." *IZA Journal of Labor Policy* 2: 12.

Saadi, Mohammed Saïd. 2016. "Moroccan Cronyism: Facts, Mechanisms and Impact." Economic research Forum Working Paper 1063. World Bank.

Taglioni, Daria, and Gianluca Santoni. 2015. "Networks and Structural Integration in Global Value Chains." In *The Age of Global Value Chains*, edited by Amador and di Mauro. CEPR.

Taglioni, Daria, and Deborah Winkler. 2016. *Making Global Value Chains Work for Development*. Washington, DC: World Bank.

Verme, Paolo, Abdoul Gadiry Barry, Jamal Guennouni, and Mohammed Taamouti. 2014. "Labor Mobility, Economic Shocks, and Jobless Growth: Evidence from Panel Data in Morocco." Policy Research Working Paper 6795, Washington, DC: World Bank.

Waterbury, John. 1975. "Le Commandeur des croyants : la monarchie marocaine et son élite." PUF, Paris.

World Bank, European Investment Bank, CMI et IESCO. 2013. "Transforming Arab Economies : Travelling the Knowledge and Innovation Road." World Bank, Washington, DC.

Zottel, Siegfried, Claudia Ruiz Ortega, Douglas Randall, and Sarah Yan Xu. 2014. "Enhancing Financial Capability and Inclusion in Morocco: A Demand-Side Assessment." World Bank, Washington, DC.

CHAPITRE 4

Investir dans les institutions et services publics

« Les défis auxquels fait face notre pays pour réaliser ses ambitions sont considérables, laissant peu de marges aux hésitations et à la passivité dans la conduite de la politique publique. »

—Abdellatif Jouahri

En complément des institutions de marché, des institutions et services publics de qualité sont indispensables pour accélérer la croissance du secteur privé. Si le scénario de convergence économique accélérée du Maroc à l'horizon 2040 repose principalement sur le développement du secteur privé à travers des solutions de marché, cela ne veut pas dire que le marché à lui seul peut fournir toutes les solutions aux problèmes de développement du pays. Les institutions et services publics ont un rôle déterminant à jouer et complémentaire au marché, qui est schématiquement de trois ordres. Tout d'abord, l'État doit promouvoir et garantir l'état de droit et la justice pour tous. L'état de droit et son application est un élément fondamental du capital institutionnel d'une nation. Quand le système juridique d'un pays n'est pas en mesure de garantir la protection des personnes et du droit de propriété, et d'assurer le respect des contrats et un règlement des litiges accepté par toutes les parties, l'ouverture de la société et le bon fonctionnement de ses échanges commerciaux sont remis en cause. Adam Smith notait déjà en 1776 que « le commerce et les manufactures seront rarement florissants dans un État où la justice du gouvernement n'inspire pas un certain degré de confiance » (Smith 1776). Deuxièmement, l'état de droit et la justice du gouvernement doivent pouvoir être garantis à un coût raisonnable par une administration moderne et efficace. En d'autres termes, l'administration de l'État doit elle aussi contribuer à l'accroissement de la productivité du pays en augmentant sa propre productivité, notamment celle de la fonction publique. Troisièmement, au même titre que les institutions d'appui au marché contribuent à l'amélioration constante des biens et services offerts aux consommateurs par le secteur privé, la gouvernance de l'État doit assurer la qualité croissante des biens et services publics fournis aux citoyens. Chacune de ces trois fonctions essentielles des institutions et services publics – le respect de l'état de droit, la gestion de la fonction publique et la gouvernance des services publics – est discutée dans les sections qui suivent du point de vue de sa contribution au développement économique, de son état d'avancement au Maroc et des perspectives de réformes et de modernisation.

1. Renforcer l'état de droit et la justice

L'état de droit est reconnu comme un élément fondamental du capital institutionnel d'une nation. Par-delà la diversité des définitions, l'état de droit s'appuie sur quelques principes généraux, tels que la généralité, la publicité, la non-rétroactivité, la clarté, la non-contradiction, la constance et la congruence de l'état de droit. Peuvent y être ajoutés l'indépendance du pouvoir judiciaire, le contrôle judiciaire ou l'accès à la justice. En vertu de ces principes, une nation est régie par la loi et tous ses membres sont de la même manière soumis à ses codes et procédures juridiques. L'état de droit permet notamment de protéger les personnes, les biens et les contrats. Il se mesure au degré de conformité du système juridique aux normes qu'il a explicitement formulées. Il assure et garantit une stricte séparation des intérêts publics et privés afin de prévenir toute culture de favoritisme, de privilèges et de prises d'intérêts particuliers aux dépens de la population. L'absence d'état de droit favorise la corruption, le clientélisme, la mauvaise allocation des ressources économiques et peut même provoquer la violence dans la résolution des conflits, et menacer la paix sociale.

La nouvelle constitution du Maroc renforce les droits des citoyens de participer aux affaires publiques et de les contrôler. La première des considérations pour que le citoyen puisse effectivement exercer ses droits est l'accès à l'information. Le droit d'accéder à l'information publique est l'un des droits essentiels de la Constitution de 2011. La législation en préparation devra être conforme à l'esprit de la constitution et mise en œuvre de manière à renforcer dans les faits la transparence et la redevabilité du gouvernement et du secteur public, et pour soutenir un engagement citoyen informé sur les affaires publiques. Par-delà sa valeur intrinsèque, un plus grand accès à l'information représente une source potentiellement importante de croissance et d'emploi. Comme le démontrent un nombre croissant d'études, la richesse de l'information et des données produites par le secteur public a une valeur marchande qui peut conduire à des profits économiques importants. Par conséquent, un accès accru et fluide à l'information dans le secteur public (par exemple les lois et les règlements, les marchés publics, les statistiques économiques et sociales ou les données sur l'éducation) peut éviter aux entreprises des dépenses importantes et réduire les risques. Dans certains secteurs, la réutilisation et la combinaison d'informations et de données publiques peut aussi conduire à d'importants gains dynamiques à travers le développement de produits, services et processus nouveaux. Afin de profiter pleinement de ces avantages, le Maroc gagnerait à développer un cadre légal et institutionnel solide qui permettra de garantir le nouveau droit constitutionnel et sa mise en œuvre effective.

1.1 État de droit et développement économique

Des institutions juridiques qui fonctionnent bien et un gouvernement soumis aux règles de l'état de droit sont généralement considérés comme des conditions essentielles du développement économique. Depuis Adam Smith, on sait que l'activité économique ne peut se développer « dans un État qui ne jouit pas d'une administration bien réglée de la justice » (Smith 1776). Si des individus et des entreprises redoutent que les contrats ne soient pas respectés et que le fruit de leurs efforts productifs ne soit pas protégé, leur volonté de s'engager dans une activité productive et d'investir sera sérieusement érodée. En revanche, un système juridique garantissant aux investisseurs une solide protection favorise le développement de marchés financiers sophistiqués, renforce la capacité des économies à subir des risques et encourage l'entrepreneuriat et la croissance économique par la dilution des risques parmi une multitude d'investisseurs.

Un nombre croissant d'études soulignent l'effet stimulateur des réformes juridiques et judiciaires sur le développement économique. La capacité des institutions juridiques nationales à protéger les droits de propriété, à réduire le coût des transactions et à empêcher la coercition peut être déterminante pour le développement économique. Selon l'indice mondial de liberté économique (Economic Freedom of the World Index), qui mesure la cohérence de la structure juridique d'une nation au regard de l'état de droit, de l'application impartiale des contrats, de l'indépendance du pouvoir judiciaire et de la protection des droits de propriété, les pays dotés d'un système juridique solide ont en moyenne de bien meilleures performances économiques que les pays dotés d'un système juridique faible. La conclusion corroborée par de nombreuses études indique que plus l'état de droit est respecté, plus le pays s'enrichit à long terme (Knack et Keefer 1995 ; Kaufmann et Kraay 2002 ; Butkiewicz et Yanikkaya 2006). Cela s'explique par le fait qu'en l'absence de système juridique capable de faire respecter les contrats et de protéger les droits de propriété, les activités commerciales s'effectuent la plupart du temps entre des acteurs qui se font mutuellement confiance et dans une zone géographique ou d'échange relativement restreinte. Les gains provenant de ce que le prix Nobel d'économie Douglass North a qualifié d'« échange dépersonnalisé », à savoir des échanges commerciaux entre parties qui ne se connaissent pas et ne se rencontreront probablement jamais, ne pourront pas alors se réaliser (North 1990).

L'impact de l'état de droit sur le développement économique dépend autant du contenu réel du droit que de son application, notamment à travers une administration indépendante et efficace du pouvoir judiciaire. Une mauvaise gouvernance et la corruption peuvent rendre inefficace la loi codifiée et ainsi nuire au développement. Un pouvoir judiciaire indépendant, efficace et non corrompu joue donc un rôle central dans la promotion de l'état de droit et le développement de la société. Des mesures objectives d'indépendance judiciaire qui ne mesurent que des facteurs « *de jure* » tels que le régime judiciaire ou le pouvoir légal des décisions judiciaires ne sont pas nécessairement associées à une croissance à long terme (Glaeser et Shleifer 2001) ; en revanche, l'indépendance judiciaire « *de facto* » peut influencer positivement la croissance du PIB réel par habitant (Feld et Voigt 2003). Cette constatation confirme le risque du « mimétisme institutionnel » (Di Maggio et Powell 1983). Ainsi, dans le débat actuel sur le droit et le développement, la question n'est pas tant de savoir si une réforme juridique est possible ou si elle peut promouvoir le développement, mais de déterminer les types de réformes juridiques qui seraient les plus appropriés au contexte local (Davis et Trebilcock 2008).

Les réformes judiciaires visant à instaurer et à faire respecter l'état de droit doivent s'inscrire dans le cadre d'efforts plus larges ayant pour objectif de rendre les systèmes juridiques plus démocratiques et plus favorables au libre fonctionnement des marchés. Par-delà les mesures visant à renforcer le pouvoir judiciaire et son indépendance, à faciliter l'accès à des mécanismes de résolution des litiges, à accélérer le traitement des procès et à professionnaliser la magistrature et le barreau, les réformes judiciaires devraient également englober d'autres réformes tout aussi importantes au développement du marché. Parmi celles-ci figurent la rédaction ou la révision des codes commerciaux, des lois sur la faillite et des lois des sociétés. Cet effort global devrait en outre prévoir la refonte des organes de réglementation et la formation des fonctionnaires de justice à la rédaction de législations favorables à l'investissement privé.

Faire respecter l'état de droit et garantir la protection des personnes, des biens et des contrats est nécessaire sur le plan du principe comme du point de vue de l'efficacité économique. S'agissant de la protection des personnes, les conflits civils actuels dans un certain nombre de pays de la région MENA illustrent parfaitement les effets néfastes de l'insécurité et de la violence contre les personnes sur la croissance économique. Le rétablissement de « la loi et l'ordre » et le contrôle de la criminalité restent donc une condition préalable à tous les autres objectifs économiques et sociaux. Par ailleurs, s'agissant de la protection des biens, il est communément admis que plus la protection des droits de propriété est forte, plus l'incitation à travailler, à épargner et à investir est puissante, et plus le fonctionnement de l'économie est efficace. L'économiste péruvien Hernando De Soto est célèbre pour avoir constaté que la principale pierre d'achoppement empêchant de nombreux pays du monde de profiter du capitalisme est l'incapacité à transformer les actifs existants, notamment entre les mains des pauvres, en capital productif (De Soto 2000). De fait, des droits de propriété plus sûrs augmentent considérablement les incitations à accumuler du capital physique et du capital humain. Des règles garantissant le respect des contrats améliorent la prévisibilité des projets de développement, diminuent le coût des échanges, favorisent les transactions et peuvent également ouvrir la voie à la concurrence et à une participation plus égalitaire de tous aux échanges. En particulier, des procédures d'application impartiale et de faibles coûts des contrats apportent l'incitation nécessaire à la conclusion d'accords commerciaux complexes, facilitant de ce fait le commerce et la croissance économique.

Un examen récent du droit commercial dans les pays de la région MENA indique que les principales lois commerciales — le droit des sociétés, le droit des baux commerciaux ou de la vente, le droit des garanties, les lois sur l'insolvabilité et les faillites — ne protègent pas suffisamment les personnes, les propriétés et les contrats (Banque mondiale 2014a). Le droit commercial dans la région MENA n'offre pas aux opérateurs de marchés le degré nécessaire de certitude et de prévisibilité. Ceci est dû à la persistance de certaines règles prohibitives, trop rigides ou caduques, et au manque de clarté des dispositions juridiques, souvent trop vagues pour fournir des orientations appropriées aux opérateurs des marchés et aux juges.

1.2 Réformes inégales de l'état de droit au Maroc

Au cours des dernières années, le Gouvernement marocain a entrepris plusieurs réformes afin de renforcer l'état de droit, notamment les droits fondamentaux des citoyens à travers la Constitution de 2011 et l'adoption de la Charte de la réforme du système judiciaire. La Constitution de 2011 a introduit un certain nombre de droits sociaux et politiques nouveaux dans la catégorie des « libertés et droits fondamentaux » (le droit à la vie, à la sécurité personnelle, à l'intégrité physique et morale, et au respect de la vie privée, la présomption d'innocence et le droit à un procès équitable ainsi qu'à une assistance juridique, l'accès à l'information, les droits aux soins de santé, à la protection sociale et à un logement décent et le droit de diffuser des pétitions). Parallèlement, la Charte de la réforme du système judiciaire (Charte) énonce des objectifs généraux et ambitieux pour la réforme du secteur de la justice, notamment pour améliorer les garanties de procédure équitable et le droit de ne pas subir des traitements inhumains (conditions de détention générale des prévenus, protection des droits des suspects, aide juridictionnelle, alternatives à l'incarcération). En outre, le cadre institutionnel destiné à superviser la protection des droits fondamentaux de la personne a également été renforcé, avec l'élargissement du mandat du Conseil national des droits de l'Homme, pour permettre à celui-ci d'intervenir plus activement dans la prévention des violations des droits humains, y compris la protection des personnes et des biens, et de publier régulièrement un état des lieux sur la question des droits humains.

Malgré ces réformes générales, l'état de droit et le système judiciaire au Maroc restent confrontés à des défis certains (Banque mondiale 2014b). Selon l'Indice de l'état de droit (World Justice Project 2016), les points de fragilité principaux concernent la justice pénale (notamment le manque d'indépendance de la justice), les droits fondamentaux (notamment le droit à la vie privée) et la corruption (notamment dans le système judiciaire) (voir figure 4.1). Une réforme majeure lancée en 2002 a porté sur la révision du Code de la famille et du Code de procédure pénale, la création des tribunaux commerciaux et administratifs spécialisés et la modernisation des tribunaux. Ces réformes sont toujours en cours, mais le pouvoir judiciaire continue à pâtir d'une mauvaise image auprès du citoyen — inefficacité, manque d'indépendance et corruption — comme l'indiquent différentes études et évaluations internationales. Selon le Baromètre arabe 2012–2014, moins d'un quart des Marocains et Marocaines interrogés considèrent que leur système judiciaire est performant, alors qu'en Jordanie ou au Koweït, par exemple, ce sont plus des trois quarts des personnes interrogées qui

Figure 4.1 Indice de l'État de droit au Maroc, dans la Région Moyen-Orient et Afrique du Nord et les pays à revenu intermédiaire inférieur

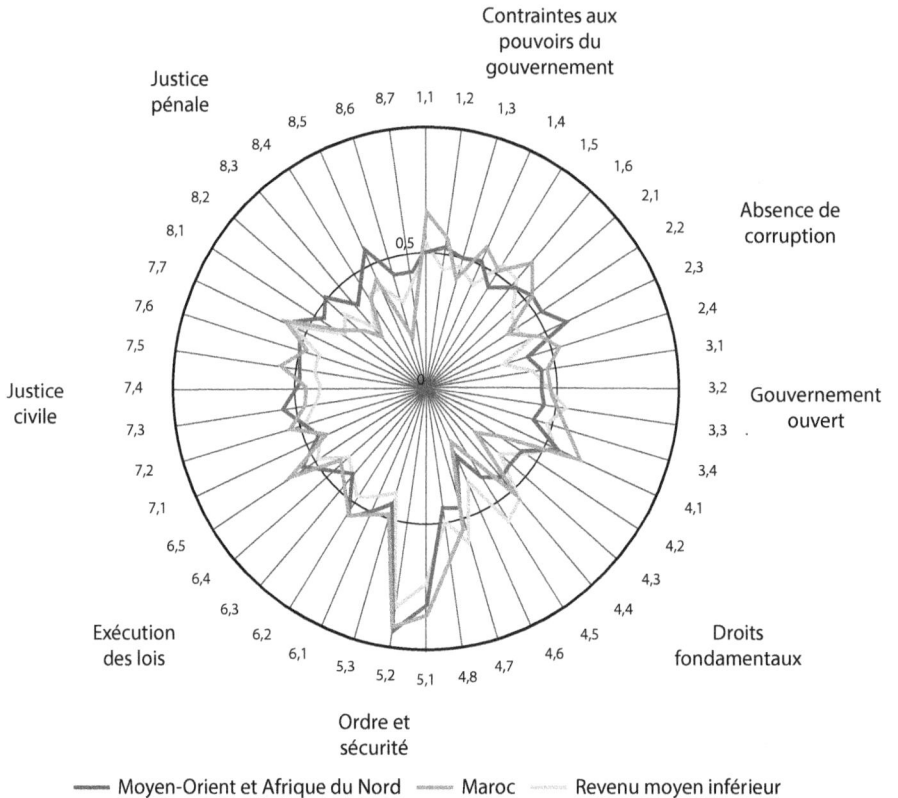

Source : WPJ, Indice de l'État de droit, 2016.
Note : chaque nombre autour du cercle représente un indicateur.

jugent favorablement leur justice. Dans le classement de l'indice de perception de la corruption de Transparency International (2016), le Maroc régresse et occupe désormais la 90e place, devancé par plusieurs pays d'Afrique et de la région MENA. Les tribunaux de commerce, créés plus récemment, affichent une performance quelque peu meilleure, comme indiqué par les enquêtes réalisées auprès des entreprises sur l'exécution des contrats pour l'indice « Doing Business » (2017). Les principaux dysfonctionnements identifiés comme des obstacles à l'état de droit au Maroc et à l'établissement d'un État moderne – dans le sens d'une stricte séparation des intérêts privés et publics – sont moins liés aux textes qu'aux institutions et aux individus chargés de leur application, un élément sur lequel il sera revenu au chapitre 6 consacré au capital social du Maroc. L'élan qu'a connu la réforme de la justice mérite donc d'être réenclenché. Selon le rapport annuel 2016 de Bank Al-Maghrib, il s'agit d'un chantier fondamental pour les droits humains et sociaux, mais également pour l'amélioration de l'environne-ment des affaires, de l'investissement et de l'entreprenariat. L'aboutissement de ce projet dans des délais raisonnables permettra de faire évoluer la perception négative de la justice par l'investisseur et le citoyen en général (Bank Al-Maghrib 2016).

La protection des personnes

En améliorant son système judiciaire, en particulier dans les domaines de l'équité procédurale (droit à la vie et à la protection des personnes) et de la justice pénale (impartialité et lutte contre la corruption), le Maroc assurerait une protection juridique plus effective et garantirait une meilleure sécurité des personnes (voir figure 4.2). Comme le démontre la documentation spécia-lisée existante[1], le Maroc enregistre des scores relativement faibles en matière de protection de l'intégrité physique et de la sécurité des personnes en dépit de mesures importantes pour mettre fin aux violations des droits de l'Homme les plus flagrantes.

Figure 4.2 Protection judiciaire et protection des personnes, 2008–2012

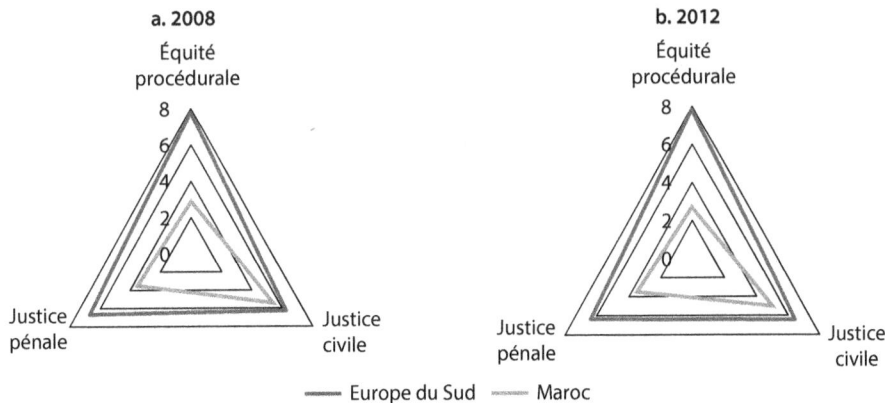

Source : The Human Freedom Index 2015 : A Global Measurement of Personal, Civil and Economic Freedom.
Indice de liberté humaine 2015 : Une évaluation mondiale des libertés individuelles, civiles et économiques.

Globalement, le Maroc affiche une performance inférieure à celle d'autres pays à revenu intermédiaire (tranche inférieure ou supérieure) en matière de garantie du droit à la vie et de protection des personnes (World Justice Project 2016). Le Maroc ne dispose pas de mesures de sauvegarde contre les actes de torture, les garanties existantes sont souvent insuffisamment respectées et les enquêtes sur les allégations de torture sont rarement complètes. Par ailleurs, les fonctionnaires (juges et procureurs) chargés de prévenir les actes de torture et autres mauvais traitements, et de sanctionner les responsables rechignent souvent à agir et il n'existe pas de mécanisme de collecte de preuves crédibles sur les mauvais traitements ni de réparation efficace pour les victimes de torture et de mauvais traitements au Maroc. Le pays est également moins bien positionné que les autres pays à revenu intermédiaire en matière de protection contre les arrestations et les détentions arbitraires ; le contrôle des pratiques policières abusives semble inefficace et l'information sur les sanctions est très limitée. Enfin, s'agissant d'assistance juridique, la législation garantissant l'accès à un avocat pendant la période de détention et la désignation d'un avocat commis d'office pour les détenus les plus pauvres ne sont pas systématiquement respectées. Alors que le pays enregistre de faibles niveaux de crimes violents justifiant généralement une détention provisoire, cette dernière se prolonge souvent au-delà des délais légaux (ce qui conduit parfois certains détenus à se voir infliger des peines moins longues que leur période d'incarcération) et les juges restent réticents à recourir aux peines de substitution, ce qui aggrave encore le problème des détentions provisoires prolongées.

La protection des biens

La protection des biens demeure également un défi pour le Maroc et constitue un obstacle à l'investissement. Le Maroc se classe mieux que la moyenne des pays de la région MENA en matière de protection des droits généraux de propriété[2], mais se situe derrière de nombreux pays compétiteurs. Selon l'indicateur « Doing Business » 2017 portant sur le transfert de propriété, le Maroc se classe au 87e rang en 2016 (sur 189 économies) et est notamment devancé par de nombreux pays émergents (voir figure 4.3). L'insécurité foncière et le manque de performance du marché foncier seraient les obstacles majeurs à l'investissement et à la productivité industrielle. Ainsi, plus de 40 % des entreprises marocaines considèrent l'accès au foncier industriel comme une contrainte majeure ou sévère pour leur développement, contre moins de 10 % en Turquie (Banque mondiale 2009). Le cadre législatif régissant le système foncier est fragmenté (systèmes coutumiers, lois islamiques, législations d'inspiration française), caduc et inefficace (la plupart des transactions foncières s'opèrent de façon informelle, ce qui contribue à une réelle insécurité des titres fonciers), les pratiques en matière d'expropriation demeurent opaques et l'enregistrement des droits de propriété suit un processus compliqué et coûteux (Banque mondiale 2008). Enfin, le contexte légal actuel ne favorise pas la propriété foncière par les femmes et le Maroc se situe, par exemple, en queue de peloton des pays à revenu intermédiaire inférieur pour ce qui concerne le pourcentage d'exploitations agricoles dirigées par des femmes (voir chapitre 6 ci-après).

Figure 4.3   Distance de la frontière pour le transfert de propriété, 2016

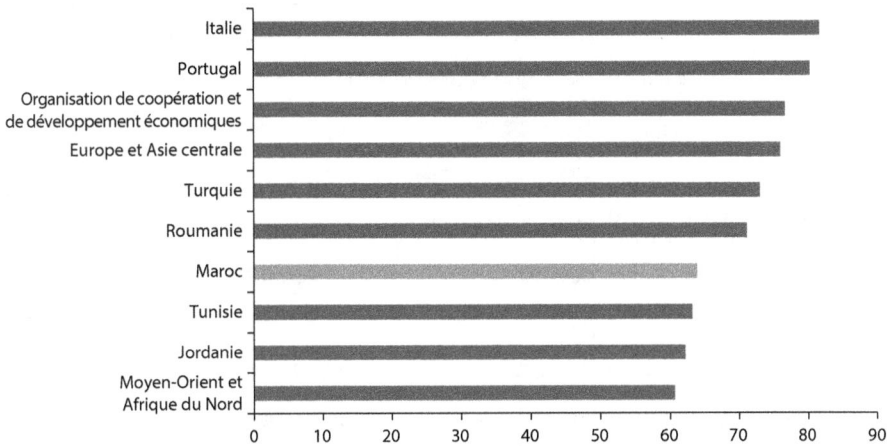

Source : Banque mondiale, 2017a.
Note : le score de distance à la frontière établit une référence entre les économies en matière de pratique réglementaire, en indiquant la distance absolue qui sépare l'économie en question de la meilleure performance dans chaque indicateur du rapport « Doing Business » de la Banque mondiale. Cette distance est indiquée sur une échelle de 0 à 100, 0 étant la plus mauvaise performance et 100 représentant la frontière.

La protection des contrats

Par ailleurs, les performances du Maroc en matière d'exécution des contrats restent très variables : les délais de traitement sont plutôt corrects, mais le nombre et le coût des procédures ne le sont pas, traduisant une très forte hétérogénéité en termes d'efficacité des tribunaux de commerce. Malgré les réformes engagées (modernisation des tribunaux de commerce, création d'un poste de juge d'exécution pour superviser l'exécution des contrats), le Maroc occupe la 57e place dans le classement « Doing Business » 2017 quant à sa capacité d'exécution des contrats, mesurée par le nombre de procédures judiciaires, les frais afférents et les délais requis. Bien que le Maroc soutienne la comparaison avec de nombreux pays à revenu intermédiaire et avec les autres pays de la région MENA, sa performance reste là aussi inférieure à celle d'un certain nombre de pays compétiteurs comme la Turquie ou la Roumanie (voir figure 4.4). Par ailleurs, s'il a massivement investi dans ses tribunaux de commerce, cela ne s'est pas encore traduit par une meilleure performance de ces tribunaux au fil du temps.

Une ventilation de la performance du Maroc en matière d'exécution des contrats indique que le pays enregistre de bons résultats pour les délais de traitement et de moins bons résultats concernant le nombre de procédures judiciaires et leur coût. Sur cette dernière mesure, le Maroc occupe l'avant-dernière place avec 40 procédures, devant l'Algérie qui en dénombre 45. La performance des tribunaux de commerce marocains varie aussi considérablement d'une ville à l'autre. Le Maroc aurait tout intérêt à examiner dans quels domaines sectoriels et géographiques il enregistre ses meilleures performances afin de comprendre les raisons pour lesquelles certains tribunaux ou procédures sont plus efficaces que d'autres.

Figure 4.4 Distance de la frontière pour l'exécution des contrats, 2016

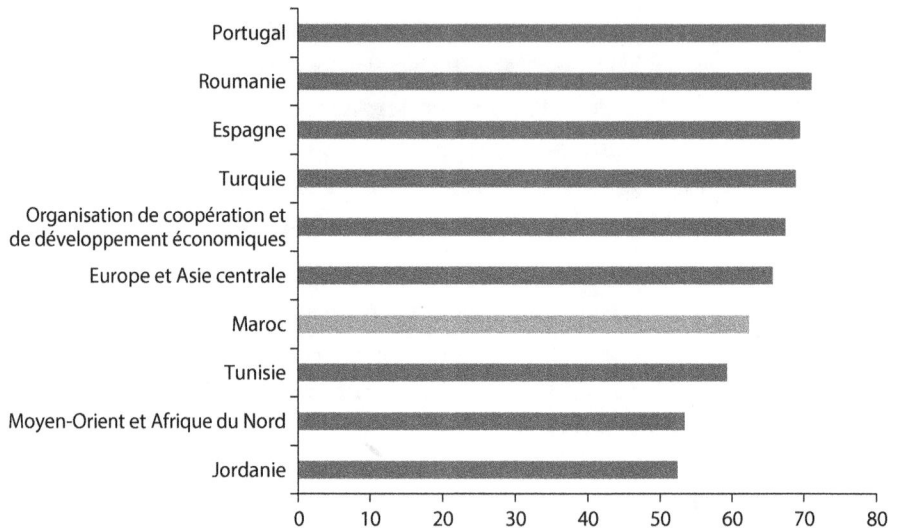

Source : Banque mondiale, 2017a.
Note : le score de distance à la frontière établit une référence entre les économies en matière de pratique réglementaire, en indiquant la distance absolue qui sépare l'économie en question de la meilleure performance dans chaque indicateur du rapport « Doing Business » de la Banque mondiale. Cette distance est indiquée sur une échelle de 0 à 100, 0 étant la plus mauvaise performance et 100 représentant la frontière.

1.3 Investir dans l'état de droit et la justice

La mise en œuvre effective des nouveaux droits prévus par la Constitution et la Charte de la réforme du système judiciaire serait une importante avancée dans le renforcement de l'état de droit. Des dispositions complémentaires paraissent nécessaires pour assurer que les nouvelles lois seront conformes à l'esprit de la constitution et accompagnées dans leur mise en œuvre par les dispositions appropriées. Par exemple, selon de nombreuses organisations non gouvernementales marocaines, le projet de loi sur le droit d'accès à l'information voté par le Parlement ne semble pas être conforme à l'esprit d'élargissement du champ des données accessibles aux citoyens, comme cela est prévu par la constitution. La liste des exceptions prévues pourrait en effet vider de son sens ce droit essentiel à la bonne gouvernance et la redevabilité de l'État[3]. Par ailleurs, le Maroc devrait adopter une stratégie visant à garantir que l'ensemble de la législation auxiliaire entrera en vigueur dans un laps de temps raisonnable. Sans un tel cadre législatif, il sera difficile d'appliquer les lois, les juges et autres agents publics bénéficiant d'un pouvoir discrétionnaire important, notamment lorsqu'ils fournissent des services liés à la protection des personnes et des biens. Un échelonnement et une hiérarchisation des priorités devraient permettre de rendre plus crédible la volonté de mise en œuvre des nouvelles dispositions prévues par la Charte. En particulier, la Charte de la réforme du système judiciaire pourrait bénéficier d'un cadre de suivi et d'évaluation exhaustif pour évaluer la mise en œuvre et guider de nouvelles réformes.

Mieux protéger les personnes

Le principe de protection des personnes est un principe garanti par la Constitution de 2011. La consolidation de ce principe dans les faits, à travers des mesures de sauvegarde, de recours et de suivi des pratiques abusives, donnerait un signal positif fort de l'engagement du pays en faveur de ce principe constitutionnel. Des mesures de sauvegarde contre la torture et les mauvais traitements infligés aux détenus doivent être renforcées et mises en œuvre de manière effective, en particulier à travers un contrôle et un suivi accrus de l'application de ses instructions par le ministère de la Justice et des Libertés et la publication des informations recueillies, mais aussi à travers la notification des détentions aux familles, le respect des droits des prévenus et la fourniture d'une aide juridictionnelle effective et gratuite, si nécessaire. De même, les mécanismes de recours offerts aux victimes de torture et de mauvais traitements doivent être renforcés (accès à une expertise médicale et psychiatrique et médico-légale par exemple) pour faciliter leur indemnisation dans des conditions équitables. Un meilleur suivi des arrestations et des détentions arbitraires et un rôle accru des organisations de la société civile et des familles devraient aussi contribuer à prévenir la persistance de tels actes.

Le renforcement du système d'aide juridictionnelle et un meilleur contrôle du recours à la détention provisoire (et l'utilisation d'alternatives à celle-ci) permettraient de mieux garantir l'égalité d'accès aux services de la justice. Sans attendre l'aboutissement des projets de réforme législative concernant l'aide juridictionnelle, les mécanismes actuels de prestation de services d'aide juridictionnelle pourraient être améliorés, notamment pour garantir le respect du droit à l'accès gratuit à un avocat, y compris grâce à des moyens budgétaires supplémentaires. Par ailleurs, des critères précis devraient définir les circonstances justifiant une détention provisoire. Un meilleur contrôle par le ministère de la Justice et des Libertés sur le respect des délais légaux devrait être opéré. En outre, des alternatives à la détention provisoire pourraient être développées et mises en œuvre (remise en liberté plus systématique, en attente du procès, pour les personnes accusées de délits mineurs).

En outre, le renforcement de l'état de droit appelle à la mise en œuvre de grandes réformes dans le domaine de la gouvernance et de la justice, en particulier pour accroître la protection des personnes. De ce point de vue, le Maroc devrait veiller à renforcer la transparence dans les activités des fonctionnaires, concernant notamment l'arrestation et la détention de citoyens et les pratiques de l'administration foncière. Dans cet esprit, il conviendrait par exemple d'introduire des normes et des indicateurs clés de performance ainsi que des normes de collecte des données (incluant la satisfaction des usagers) pour accroître l'efficacité, la redevabilité et mieux garantir l'égalité de traitement au sein des tribunaux. Il manque encore dans le paysage politique une stratégie globale sur l'administration des terres qui réponde aux défis spécifiques du Maroc, à savoir l'accès à la terre, la protection foncière et une gestion efficace des terres privées et domaniales.

Mieux protéger les biens

Parce que la situation actuelle peut représenter un frein pour les opportunités d'investissement et de développement de l'ensemble du pays, la protection des biens, notamment le régime foncier, devrait faire l'objet d'améliorations de fond pour veiller au respect des principes d'équité et d'égalité. Il s'agit en particulier de rendre le système de gouvernance foncière, en particulier le régime foncier divisé en deux (le régime foncier officiel basé sur une immatriculation officielle et le régime traditionnel coutumier), plus prévisible. Le cadre législatif pourrait être clarifié avec l'adoption d'une loi foncière unique et exhaustive. En outre, des mesures de simplification ou d'ordre fiscal devraient être prises afin que les transactions foncières soient davantage inscrites au cadastre, et le gouvernement pourrait veiller à ce qu'un système combinant les mécanismes formels et informels de résolution des litiges soit réellement accessible à tous les citoyens afin de mieux garantir la sécurité des droits fonciers. Le caractère opaque du régime actuel en matière d'expropriation appelle également des mesures de clarification des critères et des processus d'indemnisation, ainsi que la publication de données pertinentes et fiables qui permettront une meilleure surveillance de l'utilisation administrative des terres domaniales. Enfin, afin d'accompagner une évolution de la situation actuelle en matière d'égalité d'accès au foncier entre les femmes et les hommes, le gouvernement devrait tenter de nouvelles approches permettant de sécuriser les droits fonciers pour les femmes (voir chapitre 6 ci-après).

Mieux protéger les contrats

Enfin, un diagnostic approfondi des procédures et des processus d'exécution devrait permettre d'améliorer et d'uniformiser les performances des tribunaux en matière de protection des contrats, ce qui constitue un autre facteur important d'encouragement de l'activité économique. Un examen approfondi devrait permettre de détecter les goulets d'étranglement tout au long de la chaîne d'exécution (calendrier, coûts et actes de procédure), comprendre une enquête détaillée auprès des utilisateurs et ainsi permettre de surmonter les obstacles, pratiques ou procéduraux, à la prestation et à l'exécution effective des services sur l'ensemble du territoire.

2. Moderniser l'administration publique

Il y a bientôt 20 ans, la Banque mondiale soulignait dans son rapport intitulé « l'État dans un monde en changement » l'importance d'une administration publique compétente et efficace pour soutenir le développement et réduire la pauvreté (Banque mondiale 1997). En effet, l'État joue un rôle économique important dans toutes les sociétés. Une grande partie du produit national est consacrée à la consommation publique, aux investissements publics et aux transferts publics aux ménages. Les administrations publiques sont en charge d'activités de plus en plus complexes. Il revient notamment à l'administration publique de garantir l'état de droit et d'exercer de manière efficiente les fonctions régaliennes et de redistribution de l'État. En facilitant le fonctionnement des marchés, les institutions publiques contribuent indirectement, mais de manière déterminante, à l'augmentation de la productivité et au développement du secteur privé. La présente section s'intéresse à la façon dont l'administration de l'État peut, par son fonctionnement et sa propre modernisation, contribuer directement à l'augmentation de la productivité du Maroc.

2.1 Modernisation de l'État et productivité des nations

Une administration publique fonctionnelle peut contribuer directement à des gains de productivité et de bien-être des populations. L'administration publique remplit une fonction démocratique et éthique : elle doit servir la société et la loi, protéger l'ensemble de la population et fonctionner d'une manière permanente (Demmke and Moilanen 2010). À bien des égards, la qualité de vie des citoyens dépend du bon fonctionnement de l'administration publique. Max Weber figure parmi les précurseurs qui ont mis en exergue le rôle fondamental joué par la bureaucratie (définie comme une forme d'organisation administrative aux caractéristiques structurelles spécifiques) pour compléter les institutions de marché et promouvoir tant la croissance économique que le bien-être (Weber 1992). Selon Weber, une administration publique peut être plus efficace que d'autres formes d'organisation bureaucratique et contribuer davantage et de façon directe au développement à condition d'être organisée autour des principes suivants : méritocratie dans le recrutement et prévisibilité et transparence dans les critères d'avancement et de promotion. De nombreux travaux empiriques sont venus confirmer les relations entre un État de type plus ou moins « wébérien » et la croissance économique (Evans et Rauch 1999). Le prochain rapport de la Banque mondiale sur le Développement dans le monde confirmera l'importance du rôle joué par une bureaucratie compétente dans le progrès économique et social des nations, une bureaucratie compétente constituant, avec l'état de droit (comme expliqué) et la redevabilité des gouvernements (comme il sera vu par la suite), l'une des trois conditions fondamentales d'un État moderne et efficace (Banque mondiale 2017b).

L'efficience et l'efficacité de l'administration publique dépendent en grande partie de la mobilisation des talents des agents du secteur public et de la reconnaissance de leurs compétences. La qualité de la gestion des ressources humaines (GRH) détermine dans une grande mesure la performance de l'administration. Historiquement, les employés du gouvernement étaient considérés comme les serviteurs d'une autorité souveraine et recevaient en contrepartie de leur loyauté, neutralité et impartialité, des conditions d'emploi meilleures et plus stables que celles en vigueur dans le reste de la société (OCDE 2008). À partir du XIXe siècle, nombre de pays développés aujourd'hui ont appliqué ce schéma pour construire des bureaucraties professionnelles modernes relativement efficaces. Au cours du XXe siècle, un certain nombre de pays émergents ont également réussi à transformer des fonctions publiques faibles, souvent corrompues et basées sur le patronage en institutions plus méritocratiques et transparentes. Ces nouveaux systèmes administratifs reposaient en partie sur le principe que la méritocratie et une carrière longue permettaient de construire « l'esprit de corps » et garantis-saient l'engagement de chacun à servir des objectifs collectifs. Cet esprit de corps était largement constitué d'éléments immatériels : la reconnaissance sociale, l'idée que les agents de l'État se font de leurs missions, l'identité commune par-tagée entre collègues, etc. (Akerlof et Kranton 2010). Les forces armées sont emblématiques de cet esprit de corps constitué d'éléments immatériels : l'enga-gement et le don de soi pour servir son pays, un sens élevé des responsabilités et du devoir accompli, une solidarité sans limite au service d'une mission honorable, etc. Et lorsqu'un acte individuel héroïque est reconnu, il donne droit à une médaille et non à un bonus.

Cependant, au cours des dernières décennies, les administrations publiques classiques ont souvent rencontré de grandes difficultés à s'adapter à l'évolution du rôle des États. En effet, elles ont eu tendance à générer des réflexes d'aversion au risque, à inhiber l'innovation, notamment la production de services mieux adaptés aux nouveaux besoins des usagers citoyens, ou encore à freiner l'adapta-tion des qualifications et des compétences des personnels à un environnement changeant. Dans de nombreux pays, l'esprit de corps, pourtant censé promouvoir la performance, l'efficacité et la responsabilité des fonctionnaires, a eu tendance à se corrompre, laissant progressivement place à des administrations publiques défaillantes, caractérisées par leur incapacité à attirer et à retenir les compé-tences et par des effectifs pléthoriques et peu productifs au sein desquels des fonctionnaires démotivés semblent davantage soucieux de « se servir » que de servir leurs concitoyens. Cette situation alimente une perception très répandue parmi les peuples que les fonctionnaires évoluent dans un environnement privi-légié, protégé et déconnecté de la réalité économique du monde extérieur.

Partout dans le monde, l'évolution du rôle de l'État nécessite un changement de la conception des services publics et de la fonction publique. En particulier, les conditions d'emploi statutaires définies au niveau central sont considérées dans de nombreux pays comme un obstacle au développement d'administrations perfor-mantes orientées vers le service au citoyen. Améliorer la qualité de la gestion du personnel, notamment mieux responsabiliser et motiver les fonctionnaires, sont au cœur d'un changement indispensable pour augmenter la productivité dans la fonction publique et améliorer la qualité des services rendus. L'expérience inter-nationale démontre que les pays suivent généralement les mêmes grands chantiers de réforme pour améliorer la qualité de la gestion de leur personnel : décentrali-sation des responsabilités en matière de GRH et responsabilisation des gestion-naires, flexibilité accrue en matière de politiques de recrutement et de développement de carrière, encouragement à la gestion de la performance indivi-duelle et organisationnelle, et une tendance générale à la débureaucratisation (Demmke et Moilanen 2010). Selon l'OCDE, la modernisation des administra-tions publiques repose généralement sur six transitions, toutes indispensables : vers des systèmes décentralisés de conditions d'emploi ; vers des systèmes contractuels et non statutaires ; vers des systèmes d'emplois et de compétences et non de car-rière ; vers des systèmes de gestion déléguée ; vers des systèmes de rémunération alignés sur les pratiques du secteur privé ; et enfin vers des régimes de retraite communs et non spécifiques. Ces transitions s'inscrivent dans le cadre d'un changement de paradigme concernant le fonctionnement de l'administration, lequel passe d'un mode dit « du commandement et du contrôle » vers un paradigme managérial basé sur les résultats (OCDE 2011).

Au cours des dernières décennies, plusieurs pays de l'OCDE ont réformé le cadre de l'emploi public, notamment en l'alignant sur les lois générales du travail. En Nouvelle-Zélande, le statut de la fonction publique a été aboli dans les années 1990 à travers un alignement sur les règles du secteur privé. Les pays scandinaves, la Suisse et d'autres pays européens réservent le statut de fonctionnaire à des groupes très spécifiques de salariés du secteur public, comme les juges, les policiers et autres employés en charge des fonctions régaliennes de l'État (Demmke et Moilanen 2010). Nombre de pays émergents à l'image de Singapour, du Mexique ou de la Corée du Sud leur ont emboîté le pas, en remplaçant progressivement les emplois à vie dans l'administration par des emplois de contrat privé (en dehors des postes liés à la souveraineté).

Opérer de tels changements est une tâche délicate compte tenu des nombreux avantages acquis par les fonctionnaires et de leur forte représentation syndicale en général. L'expérience internationale semble indiquer qu'il est essentiel que la mise en œuvre progressive de ces réformes s'opère dans le cadre d'une solide planification stratégique des effectifs (OCDE 2011). L'examen des expériences réussies en matière de modernisation de la fonction publique souligne également de façon claire la nécessité d'associer les fonctionnaires en amont de l'élaboration des nouvelles politiques, de proposer des solutions innovantes permettant de gérer au mieux les réductions ou le redéploiement de personnel, et de considérer chaque fonctionnaire comme un actif potentiel et non pas représentant un coût à éliminer. Enfin, comme le souligne en outre l'expérience de plusieurs pays, les mesures de réduction et de réaffectation des agents ne doivent pas être isolées, mais au contraire s'inscrire dans le cadre de réformes plus larges. Ainsi, le gel des recrutements constitue l'approche la plus néfaste pour réduire les effectifs, car elle est abrupte et aveugle et limite la capacité des administrations à se restructurer et à renouveler leurs compétences. En revanche, les changements démographiques et les pressions financières fournissent souvent les conditions permettant de réformer efficacement les administrations afin d'assurer des niveaux d'effectifs et de compétences appropriés.

2.2 Réformes inachevées de la fonction publique au Maroc

En 2002, le Maroc a engagé un programme de réforme de l'État afin d'augmenter la productivité et l'efficience de son administration publique et de mieux l'adapter à ses missions essentielles[4]. Au cours de ce programme, la réforme de la fonction publique visait à moderniser le système de gestion des ressources humaines, notamment à travers des outils de valorisation des compétences et des performances. Ainsi, de nouvelles procédures transparentes d'évaluation des performances des fonctionnaires ont été instituées. En outre, le cadre institutionnel de la formation continue des agents de l'administration a été renforcé pour faciliter leur mise à niveau et leur adaptation aux nouvelles exigences et missions de l'administration. En conformité avec la Constitution de 2011, le statut général de la fonction publique (SGFP) a été aligné sur les principes de mérite, de transparence et d'égalité des chances, notamment grâce à de nouvelles conditions et modalités de promotion axées sur la performance et la généralisation du concours comme mode principal de recrutement des fonctionnaires. Le statut actuel interdit le cumul de fonctions et de rémunérations des fonctionnaires et fait du redéploiement de ceux-ci un outil de gestion des ressources humaines. Il autorise le recrutement d'agents dans le cadre de contrats à durée déterminée et pour des missions et des tâches définies.

En dépit de ces avancées, le statut général de la fonction publique au Maroc demeure insuffisant pour répondre aux exigences d'une gestion moderne des ressources humaines (ministère de la Fonction publique et de la modernisation de l'administration 2013). Les modifications apportées au SGFP ne remplacent pas une véritable refonte de celui-ci qui reste nécessaire pour permettre à l'administration publique d'évoluer afin de prendre en compte les mutations de la société marocaine. En effet, le SGFP – qui date de 1958 et qui, complété par une multitude de statuts particuliers, régit toujours la fonction publique – ne facilite pas l'utilisation d'instruments de gestion moderne basée sur les résultats ni une mobilisation efficace des compétences humaines qui permettraient à l'État de jouer pleinement son nouveau rôle de régulateur et de facilitateur. Le fonctionnement de l'administration publique continue de s'appuyer sur les notions de statut et d'ancienneté alors que les notions d'emploi et de performance devraient

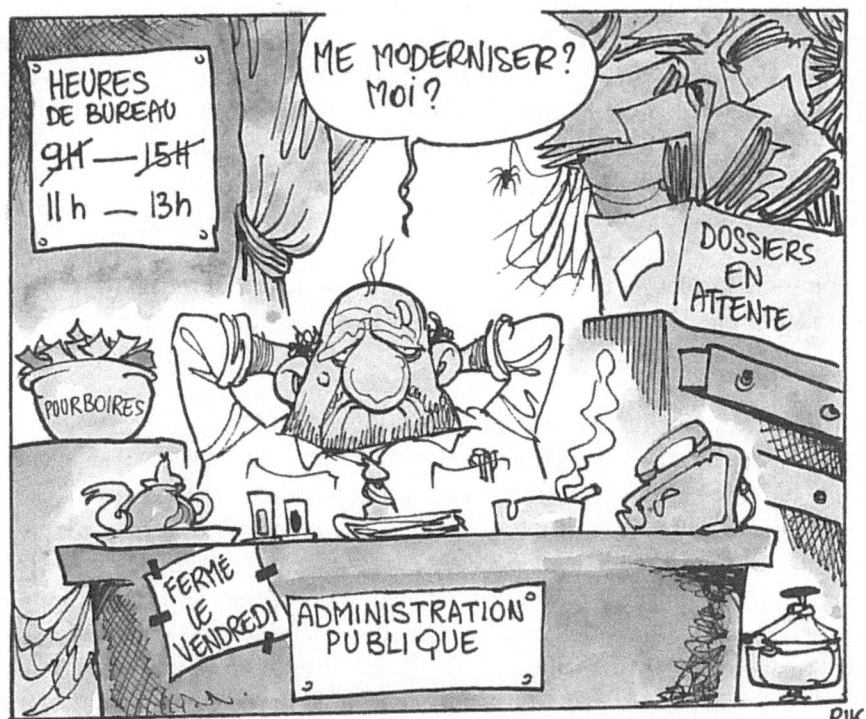

constituer le principe fonctionnel d'une administration moderne. Dans le contexte actuel, la rémunération ne permet pas de récompenser la performance, qu'elle soit d'ailleurs individuelle ou collective. L'ancienneté demeure le critère principal dans le système de promotion et la structure de la rémunération est quant à elle rigide et parfois même inéquitable. Les lacunes de la stratégie de recrutement, l'existence de barrières à la mobilité du personnel au sein du secteur public comme entre celui-ci et les collectivités territoriales, et la faiblesse du pilotage et de la régulation de la fonction publique entravent la mise en place d'une gestion des ressources humaines plus efficace et efficiente. En outre, les dispositions du SGFP relatives aux procédures disciplinaires au sein de l'administration se sont révélées inefficaces ou inapplicables. En effet, plusieurs départements ministériels souffrant de problèmes de discipline, notamment l'absentéisme ou les fonctionnaires fantômes, se trouvent désarmés face à ces défis qui menacent la qualité et la continuité des services publics. En fin de compte, comme l'a résumé SM le Roi Mohammed VI à l'adresse des parlementaires, « *les administrations et les services publics accusent de nombreuses carences relatives à la faible performance et à la qualité des prestations qu'ils fournissent aux citoyens. Ils pâtissent également de la pléthore des effectifs, du manque de compétence et de l'absence du sens des responsabilités chez de nombreux fonctionnaires*[5] ».

Au Maroc, la réforme de l'administration publique a aussi visé à maîtriser les coûts de fonctionnement de la fonction publique, notamment la masse salariale. À cette fin, deux mesures principales ont été adoptées : un programme de retraite anticipée (qui a concerné près de 40 000 fonctionnaires au milieu des années 2000) et une politique de maîtrise des effectifs à travers le simple remplacement des départs à la retraite chaque année. Ainsi, il s'agissait essentiellement de contrôler les effectifs de l'administration civile. Mais, à partir de 2009, les mesures de revalorisations salariales et les importants recrutements mis en œuvre pour faire face aux effets de la crise économique internationale, puis pour apaiser le climat social, ont érodé les gains acquis et inversé la tendance à la baisse de la masse salariale. En conséquence, la politique de recrutement relativement rigoureuse instaurée depuis le milieu des années 1990, qui consistait à recruter environ 7 000 nouveaux fonctionnaires civils chaque année (correspondant au nombre de départs), a été abandonnée. Depuis 2008, entre 13 000 et 26 200 nouveaux fonctionnaires ont été recrutés chaque année (voir figure 4.5). Pendant la période 2006–2014, le nombre de recrutements nets après départs à la retraite s'élevait à 87 730 fonctionnaires, c'est-à-dire presque 2,3 fois le nombre des départs à la retraite anticipés en 2005. Or, la seule justification possible de l'augmentation de l'emploi public devrait être une prestation de service public de qualité, car il est évident que créer des emplois de fonction publique ne crée pas d'emplois (Tirole 2016). En 2015, le Maroc comptait environ 585 500 fonctionnaires civils dans l'administration centrale, auxquels il faut ajouter plus de 180 000 agents dans les administrations locales et près de 350 000 forces de sécurité et militaire.

Au Maroc, le coût de fonctionnement de la fonction publique est élevé, notamment lorsqu'il est examiné à la lumière des services rendus. En moyenne, les salaires dans l'administration publique sont deux fois plus élevés que dans le

Figure 4.5 Maroc : effectifs de l'administration centrale, 2003–2015

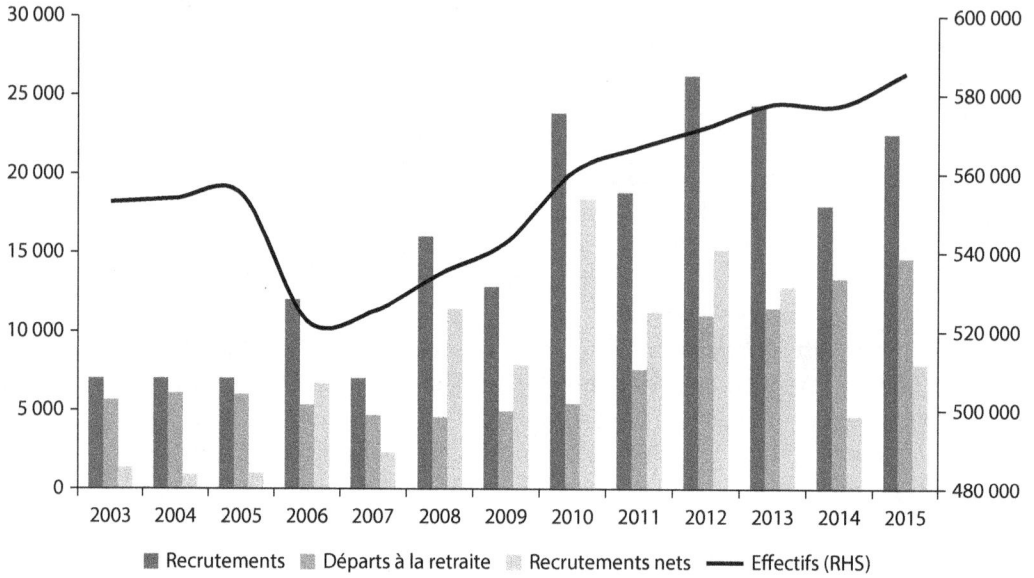

Source : ministère de l'Économie et des Finances.

secteur privé. Ils représentent près du triple du salaire minimum garanti dans le secteur privé et plus de trois fois le produit intérieur brut (PIB) par habitant. En 2015, la masse salariale de l'administration centrale représentait 10,6 % du PIB (et près de 14 % en incluant les agents des collectivités territoriales) et 40 % du budget de l'État, plaçant ainsi le Maroc parmi les pays à la masse salariale totale la plus élevée au sein des pays émergents concurrents (voir figure 4.6). Or, dans le

Figure 4.6 Masse salariale des administrations publiques, y compris administrations locales, 2012
(En pourcentage du PIB)

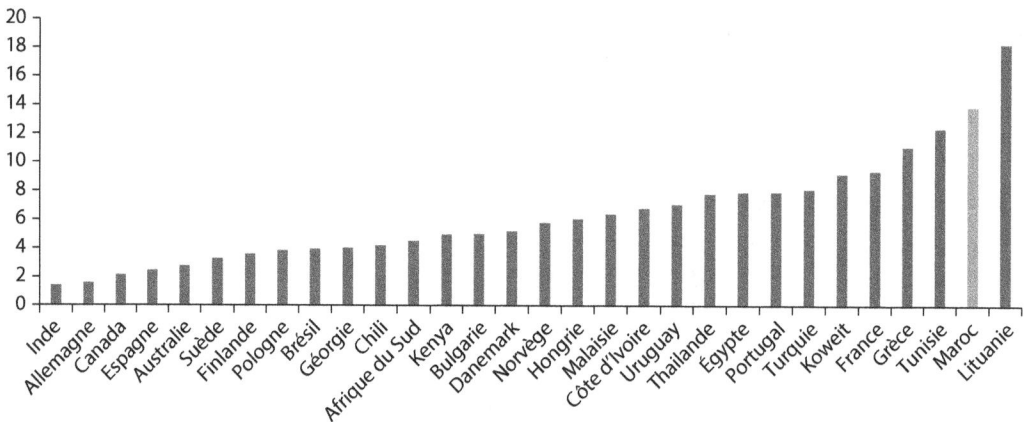

Source : IDM, Banque mondiale.
Note : PIB = produit intérieur brut.

même temps, comme il sera expliqué plus loin de façon détaillée, différents travaux conduits par le CESE, la Cour des comptes et l'INPC soulignent l'insatisfaction des citoyens-usagers par rapport à la qualité des services publics. Une masse salariale aussi élevée tend à grever les finances publiques, renforce les rigidités de la dépense et réduit les marges de manœuvre du gouvernement pour réaffecter cette dépense vers les programmes prioritaires, notamment sociaux. La mise en œuvre au début de 2016 des dispositions de la nouvelle Loi organique relative aux lois de finances (LOLF) aurait pu résoudre ce problème en plafonnant la masse salariale globale, si une plus grande marge de manœuvre est accordée aux différents ministères pour gérer de façon autonome les crédits de leur personnel.

2.3 Développer une administration plus productive

L'expérience marocaine des deux dernières décennies confirme que, comme partout dans le monde, moderniser l'administration publique constitue un exercice délicat aux résultats souvent frustrants. En effet, à la difficulté de la conception d'une réforme adaptée aux problèmes du pays s'ajoute une délicate mise en œuvre à travers des structures administratives ne disposant pas nécessairement des motivations ni des capacités de réalisation requises. Comme le souligne SM le Roi Mohammed VI, « *dans la mesure où l'efficacité administrative est un critère à l'aune duquel se mesure le progrès des nations, et tant que la relation entre l'Administration et le citoyen ne s'est pas améliorée, le classement du Maroc dans ce domaine restera dans la catégorie des États du tiers monde, voire du quart monde et même du cinquième monde*[6] ». Aussi, les recommandations proposées dans la présente section s'inscrivent dans le processus de la « régionalisation avancée » et de la mise en œuvre des dispositions de la Constitution de 2011. Elles visent tout d'abord à consolider les actions réformatrices en cours en introduisant les notions de performance et de résultats dans la gestion des ressources humaines pour rendre la fonction publique plus efficiente. En outre, des recommandations plus larges concernent les services délégués, la digitalisation des services publics et le partage de services, et proposent d'ouvrir un dialogue national sur le rôle et les missions du fonctionnaire au XXIe siècle.

Réussir la décentralisation et la déconcentration de l'État

L'avènement de la régionalisation avancée arrive à point nommé pour tenter de corriger les imperfections institutionnelles et de gouvernance centrale et territoriale, et mettre en place les pouvoirs, les moyens et les mécanismes susceptibles d'assurer un meilleur équilibre dans la répartition des pouvoirs entre l'État central, les régions et les collectivités locales. Pour cela, le Maroc devrait engager le processus de décentralisation et de déconcentration systémique en opérant un transfert réel et progressif des pouvoirs de décision, en déployant des compétences aptes à assumer la gouvernance au niveau local, et des ressources ct moyens correspondant aux échelons territoriaux appropriés. Le processus devrait être particulièrement vigilant et mené avec diligence pour que la déconcentration ne se traduise pas par la multiplication de services déconcentrés, la duplication pure et simple d'organigrammes centraux, ou par le développement d'une bureaucratie régionale sans pouvoir réel de décision ni moyens adéquats d'intervention. Alors que le chantier de la régionalisation avancée constitue une opportunité considérable en termes de démocratie locale et de développement territorial inclusif, notamment avec la perspective d'émergence de pôles économiques régionaux, son aboutissement nécessite une approche minutieuse pour éviter les redondances des centres de décisions et assurer une utilisation rationnelle des ressources. L'expérience internationale démontre que mal planifié, ce chantier pourrait se transformer en gouffre financier (Bank Al-Maghrib 2016).

Moderniser l'administration publique

Premièrement, moderniser l'administration publique requiert une refonte globale du statut de la fonction publique. L'expérience internationale indique qu'une fonction publique moderne peut réconcilier les notions de statut et d'ancienneté et d'emploi public utile. Le statut devrait être révisé pour reconnaître l'emploi comme élément central du processus de gestion et de promotion des ressources humaines. Dans ce nouveau cadre réglementaire, tous les recrutements devraient viser à pourvoir des emplois vacants répondant à un besoin clairement défini. La refonte du statut de la fonction publique devrait aussi faciliter la mise en place d'un système moderne de gestion des ressources humaines à travers l'utilisation systématique de référentiels pour les emplois et les compétences recherchés. Elle devrait également permettre une gestion déconcentrée des ressources humaines.

Combattre l'absentéisme devrait constituer une priorité, car il fait obstacle à l'accessibilité et à la qualité des services publics tout en représentant un coût financier très important pour le pays. Des institutions faibles fournissant des biens publics, notamment l'éducation et la santé, sont des obstacles au développement économique de nombreux pays (Chaudhury et al. 2006). L'administration publique marocaine continue de souffrir d'absentéisme malgré les mesures prises pour renforcer le contrôle des absences et les efforts d'application des actions disciplinaires. La circulaire du chef du gouvernement émise en 2012 appelle l'administration publique à appliquer strictement les dispositions légales concernant l'absence au travail et demande aux hiérarchies directement concernées d'assumer leur responsabilité de traitement des absences non justifiées, notamment en opérant un suivi régulier des absences et en préparant des rapports y afférents. En outre, un site dédié à l'absentéisme a été mis en place pour le suivi de ce phénomène. Il est donc nécessaire que le nouveau statut de la fonction publique simplifie les dispositions relatives au régime disciplinaire permettant leur application systématique dans un cadre marqué par une plus grande transparence et responsabilité.

Deuxièmement, la gestion de la performance des agents devrait être orientée vers les résultats. Un système rigoureux, sincère et impartial d'évaluation annuelle de la performance des agents orientée vers les résultats doit se trouver au cœur du processus de gestion des ressources humaines. L'évaluation doit être opérée à tous les niveaux de la hiérarchie administrative. Elle doit avoir comme objectif d'apprécier qualitativement l'atteinte des résultats approuvés par l'agent au début du cycle d'évaluation. L'évaluation doit être conçue et perçue comme un processus de dialogue et d'appréciation constructif qui permet de reconnaître les points forts et les bonnes pratiques, et éventuellement de déceler les opportunités d'amélioration pour surmonter les insuffisances de résultats constatées. Pour renforcer la crédibilité du système, les résultats de l'évaluation doivent constituer les critères de base à tout avancement, promotion ou nomination à des postes de responsabilité.

Le système actuel de gestion et d'évaluation des performances ne permet pas de traiter de manière efficace la bonne ou la mauvaise performance des agents. Pour veiller à ce que la gestion de la performance soit améliorée, l'administration publique gagnerait à mettre en œuvre un cadre de performance unifié et transparent permettant d'identifier et de classer les différents niveaux de performance d'une façon rigoureuse et équitable. Le système d'évaluation y afférent devrait permettre d'identifier les agents les plus performants et les moins performants. Ces derniers devraient bénéficier d'un suivi individuel et de plans d'amélioration de leur performance. Ceci signifie que tous les gestionnaires devraient se voir confier la responsabilité de la mise en œuvre du cadre de performance et être redevables de la qualité de la performance comme de l'assiduité de leur personnel, à travers leurs propres objectifs de performance.

Troisièmement, une réforme de la rémunération des agents devrait permettre d'améliorer l'efficacité de l'administration publique. S'il veut permettre à son administration de recruter, de retenir et de récompenser les compétences nécessaires à une plus grande efficacité des services publics, le Maroc devrait mettre en place pour ses agents un nouveau système de rémunération motivant, cohérent et transparent, récompensant l'effort et le degré de complexité de l'emploi effectué. Le système de rémunération actuel pourrait céder la place à un dispositif moderne tenant compte des impératifs d'équité et de maîtrise des coûts de fonctionnement. Simplifié, unifié, cohérent et équitable, ce nouveau système devrait permettre de renforcer les motivations du personnel. En outre, l'assouplissement du système de rémunération devrait permettre d'apporter des réponses plus efficaces et équitables aux pressions visant l'augmentation des salaires dans le contexte des conventions collectives.

Quatrièmement, un renforcement du capital humain au sein de la fonction publique à travers une politique de formation continue cohérente et efficace représenterait un gain pour l'administration marocaine. Une politique de formation continue est aujourd'hui indispensable pour améliorer l'efficacité et l'efficience de l'administration publique et, ce faisant, la qualité des politiques et des services publics. La politique en matière de formation des agents publics devrait s'appuyer sur un diagnostic des compétences régulièrement actualisé et débouchant sur la conception de plans de formation pour l'ensemble des membres de l'administration. En particulier, dans la perspective du renforcement de la régionalisation qui confie davantage de missions aux collectivités et aux régions, et accroît les possibilités de services délégués au secteur privé, un plus grand nombre de fonctionnaires devra acquérir des compétences en matière de conception, de gestion, et de suivi des contrats et des projets. Leur participation aux programmes de formation devrait découler de projets de formation annuelle

individuels discutés avec chacun des agents, notamment dans le cadre de l'évaluation annuelle de la performance. Une participation active et évaluée positivement à des programmes de formation devrait constituer l'un des critères
favorisant la promotion ou la nomination à des postes de responsabilité.

Réduire les coûts de fonctionnement

Le Maroc devrait chercher à maîtriser le coût de fonctionnement de son administration publique afin d'en améliorer l'efficience. Rendre l'administration publique
marocaine plus efficiente exige deux types d'actions. Premièrement, le contrôle
de la masse salariale ne saurait se concrétiser sans une gestion efficace des carrières et des emplois, afin d'éviter le recours aux mesures non réglementaires de
promotions exceptionnelles et de revalorisations salariales catégorielles. Négociées
dans le cadre du dialogue social, ces promotions et revalorisations salariales
exceptionnelles ont été onéreuses. Aussi il apparaît nécessaire de mettre en œuvre
rigoureusement la nouvelle Loi organique relative aux lois de finances (LOLF)
qui vise à rendre les crédits de personnels limitatifs. Il faudrait également confier
aux ministères techniques la gestion de leurs crédits de rémunérations ainsi que
leur comptabilité budgétaire. Ceci est naturellement nécessaire pour responsabiliser les gestionnaires, mais aussi pour donner à la gestion par programme tout son
sens : à l'heure actuelle, les budgets-programmes des ministères excluent les
rémunérations, lesquelles représentent parfois plus de 90 % de leurs coûts récur-
rents (comme dans le cas du ministère de l'Éducation nationale). Le transfert aux
ministères techniques de la responsabilité en matière de gestion des crédits de
personnel devrait cependant s'accompagner de l'obligation pour eux de respecter
un système sectoriel de crédits limitatifs pour assurer la cohérence entre les actes
de GRH et les contraintes macroéconomiques des finances publiques. Par ailleurs,
il est primordial que l'administration maintienne la discipline qu'elle s'est
assignée en matière de contrôle des recrutements afin de stabiliser les effectifs des
fonctionnaires, c'est-à-dire en ne créant que le nombre de postes budgétaires
nécessaires pour le bon fonctionnement de l'administration.

Envisager l'administration 2.0 pour une administration publique plus moderne, productive et finalement plus stratégique

Au-delà de ces réformes, déjà partiellement engagées, des réformes plus ambitieuses devraient viser à transformer l'administration publique en une organisation plus productive. Ainsi, il faudrait davantage encourager l'innovation dans la
prestation des services et une utilisation accrue des technologies de l'information
et de la communication (TIC), notamment en poursuivant son programme de
dématérialisation de ses services aux citoyens et entreprises, pour garantir des
services plus rapides, plus transparents et plus efficients[7].

La fonction publique marocaine devrait également devenir plus efficiente et
plus stratégique. De ce point de vue, le recours au service délégué en partenariat
avec le secteur privé pourrait être élargi à l'ensemble des services, lorsque ceci
permet une meilleure qualité de service et à moindre coût pour les contribuables.
Un certain nombre de services délégués (concernant la distribution de l'eau et de

l'électricité, les transports publics ou l'assainissement et la propreté) semblent ne pas avoir atteint les objectifs escomptés, probablement en raison de faiblesses dans la conception des cahiers de charges (en matière de qualité du service public ou des investissements prévus) et dans le système de suivi et d'évaluation (CESE 2015). Il faudrait en conséquence renforcer les capacités des agents chargés de la préparation des dossiers de services délégués et de leur suivi opérationnel, et en mettant à niveau les compétences en matière de gestion des projets délégués, notamment au niveau local.

Dans le même esprit, le recours au service partagé devrait devenir la règle. Des expériences conduites dans plusieurs pays indiquent que quelques services transversaux peuvent être partagés entre départements ministériels à travers la création d'unités spécialisées fournissant ces services à tous les départements. Ces solutions permettent d'améliorer l'efficacité de la prestation des services (grâce à une concentration du savoir-faire et de l'expertise), mais aussi de réduire les coûts de fonctionnement. Ces services partagés peuvent concerner dans un premier temps les services juridiques, l'audit interne, les expertises en matière de programmation et de gestion des projets et les compétences commerciales d'approvisionnement. À terme, le partage des services devrait s'étendre progressivement pour devenir la norme, ce qui devrait conduire les petits départements ministériels à supprimer les unités qui fournissent en leur sein ce type de services.

Finalement, une réflexion plus globale et stratégique sur la notion même de fonction publique au XXIᵉ siècle devrait être menée au niveau national, de façon transparente et sans tabou. Comme il a été vu, dans de nombreux pays, y compris dans des pays émergents concurrents du Maroc, les règles spécifiques garantissant un statut privilégié et notamment un emploi à vie pour les fonctionnaires de l'État ont été abolies ou assouplies pour la grande majorité des agents publics (van der Meer, Raadschelders et Toonen 2015). Certes, de telles évolutions ne se sont pas produites à la même échelle et à la même vitesse dans un pays comme la France qui continue à inspirer l'évolution institutionnelle du Maroc. Mais aujourd'hui, le Maroc aurait tout intérêt à porter son regard au-delà de l'hexagone et de certains pays d'Europe du sud pour s'inspirer des réformes mises en œuvre dans de nombreux pays réformateurs à travers le monde[8]. Ces réformes ont généralement requis un changement de mentalité et un retour aux principes fondamentaux quant au rôle de l'État : la notion de fonctionnaires « au service de l'État » a laissé place à la notion de fonctionnaires « au service du citoyen », un nouveau paradigme qui semble davantage en adéquation avec la finalité de la chose publique (Koenig 2015). Ainsi, la modernisation de l'administration marocaine pourrait contribuer directement à augmenter la productivité et le bien-être de la population.

3. Améliorer la gouvernance des services publics

Après l'état de droit et la modernisation de l'administration, la bonne gouvernance des services publics constitue le troisième pilier essentiel du renforcement des institutions publiques. La capacité des gouvernements à gérer efficacement les ressources publiques de façon à fournir au moindre coût des biens et services publics de qualité accessibles à tous est l'une des dimensions primordiales de la gouvernance du secteur public. Par gouvernance, on entend « les moyens par lesquels les responsables publics et les institutions publiques acquièrent et exercent leur autorité pour fournir les biens et les services publics, y compris les services de base, les infrastructures et un climat favorable aux investissements[9] ». Bien que la frontière entre bien public et privé soit parfois ténue, il est entendu par bien public un bien dont la consommation ou plus généralement l'usage par un individu n'empêche pas formellement l'usage par d'autres individus, contrairement au bien privé qui, lui, ne peut être utilisé à un moment donné que de façon exclusive par un seul individu. Dans le cas de biens publics, on parle de biens ou services dont l'utilisation est non rivale et non exclusive. La fourniture de biens et services publics est généralement la responsabilité de l'État. En effet, sans intervention publique, la production de biens et services publics tend à être sous-optimale, chaque individu souhaitant un niveau ou une qualité de biens ou services publics plus élevé que celui qui est produit spontanément à l'équilibre.

3.1 Importance économique de la bonne gouvernance

La fourniture de biens et services publics de qualité est une condition nécessaire au développement du secteur privé et à l'éclosion de la classe moyenne. L'importance économique de la gouvernance des services publics est liée au fait que le coût d'une mauvaise gouvernance est élevé en termes d'opportunités de croissance manquées, d'inégalités et de pauvreté. Ainsi, un phénomène particulièrement évident de mauvaise gouvernance comme la corruption est fortement et négativement corrélé en moyenne avec la richesse par habitant. Comme l'ont démontré de nombreux travaux empiriques, la corruption affecte la performance économique, car elle impacte tant le volume que la composition des dépenses et des revenus de l'État. Concernant les dépenses, le détournement des ressources affectées au développement du capital humain, du capital institutionnel ou du capital social en faveur d'activités moins productives pour le développement durable compromet la croissance. De la même façon, en ce qui concerne l'environnement des affaires, des droits de la propriété mal établis ou faiblement respectés peuvent conduire à réduire les investissements, ce qui affecte l'accumulation du capital. De fait, le coût de la corruption ne consiste pas seulement, ou même principalement, en des ressources détournées visibles. Le coût principal est constitué de choses qui ne se voient pas : les entreprises qui ne se créent pas, les investissements qui ne se font pas, les prêts qui ne sont pas accordés, ou les emplois qui ne sont pas créés à cause de la corruption.

Si des débats demeurent concernant le sens du lien de causalité entre la qualité des institutions et le développement économique, il est cependant clair que ce lien existe et que la qualité des institutions constitue un levier sur lequel les décideurs politiques peuvent directement agir. Un accès de tous à des services publics de base de qualité contribue à promouvoir les opportunités pour chacun, favorise l'équité et contribue au développement de la classe moyenne (Bluhm et Szirmai 2011). En complément des politiques de transfert, de subvention ou de redistribution via les politiques budgétaires et fiscales, les services publics constituent un levier permettant à l'État de lutter contre la pauvreté et les inégalités en donnant à chacun la possibilité d'exploiter ses opportunités. La littérature économique est riche d'exemples de pays à faibles, moyens ou hauts revenus qui ont ainsi agi sur l'offre de services pour en favoriser l'accès par les populations les plus démunies, contribuant ainsi à augmenter la productivité, la croissance et les recettes nécessaires à l'amélioration des services, et enclenchant alors un cercle vertueux en termes d'opportunités. Il existe de plus en plus d'évidences que l'amélioration de l'accès de tous aux services publics et la réduction des inégalités en termes d'opportunités, notamment celles liées au développement du capital humain chez les plus jeunes, constituent non seulement des moyens d'accroître la justice et de bâtir des sociétés plus justes, mais également de réaliser les aspirations de chacun, au sein d'une société à la prospérité partagée.

Au-delà des seuls aspects économiques, il apparaît que la bonne gouvernance des services publics impacte positivement le moral de la population et contribue ainsi au capital social d'un pays. Plusieurs études conduites dans les pays de l'OCDE ou dans la région MENA sur le sentiment de bonheur parmi la population soulignent l'importance de la qualité des services publics et de la confiance dans ceux-ci parmi les personnes interrogées (Fereidouni, Najdi et Amiri 2013 ; Helliwell et al. 2014). Lorsque les institutions sont de qualité et accessibles à tous de manière transparente, elles contribuent non seulement à la performance économique, mais également au bien-être collectif, à la confiance, au sens civique et donc au capital social (comme il sera discuté au chapitre 6). L'importance accordée par les personnes interrogées à la façon dont les services publics sont organisés souligne la nécessité d'associer les populations et les communautés concernées à la conception, à l'organisation et au suivi des services publics et l'importance du principe de redevabilité au cœur de la gouvernance du service public.

Les citoyens-usagers ont un rôle clé à jouer dans l'amélioration de la gouvernance des services publics et le renforcement de la redevabilité de l'État. Comme l'a souligné le rapport de la Banque mondiale de 2004 sur le développement dans le monde, le niveau des dépenses allouées aux services publics ne constitue pas une condition nécessaire et suffisante pour garantir la qualité de ces services (Banque mondiale 2004). Ce rapport et de nombreux travaux conduits depuis lors ont confirmé l'importance de la prise en compte systématique de la redevabilité des institutions dans la fourniture des services et comme élément central de leur bonne gouvernance. La redevabilité signifie que les actions et les décisions prises par les responsables publics sont soumises à un contrôle de manière à garantir que les objectifs affichés répondent aux besoins des communautés et que ces objectifs soient atteints. Aujourd'hui, il est établi qu'une bonne gouvernance des services publics doit s'attacher à la qualité des services rendus au lieu de se focaliser sur les seuls intrants ou de viser à importer des modèles non adaptés au contexte et aux problèmes locaux, ce que certains ont appelé la tentation du « mimétisme institutionnel » (Di Maggio et

Powell 1983). Le schéma (voir figure 4.7) met en évidence les relations de super-vision et de responsabilité entre les trois acteurs du cadre de redevabilité : les institutions publiques, les citoyens-usagers et les prestataires et gestionnaires des services. Le chemin de la redevabilité est « long » lorsqu'il implique le renforce-ment des institutions comme préalable au renforcement des prestations. Le chemin est dit « court » quand le citoyen bénéficiaire des services publics peut exercer directement son pouvoir de contrôle sur les fournisseurs de prestation.

Figure 4.7 Chemins court et long de la redevabilité

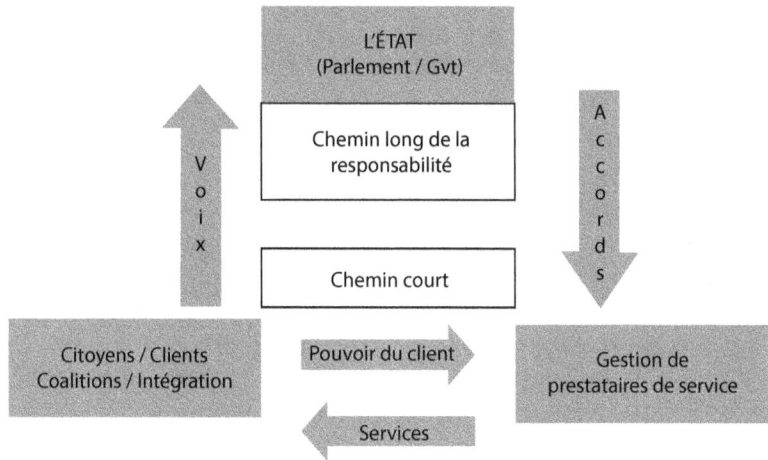

Source : Banque mondiale, 2004.

Quel que soit le chemin de redevabilité choisi, l'amélioration de la gouvernance des services publics impose de placer le citoyen-usager au cœur du système comme bénéficiaire et régulateur de celui-ci. Renforcer la redevabilité pour amé-liorer la gouvernance des services publics implique également de prendre en compte l'ensemble des incitations et des valeurs qui régissent les relations entre tous les acteurs des services publics et qui sont susceptibles de les faire évoluer positivement. Outre le fait qu'il est important de comprendre pour les faire évo-luer positivement les motivations des prestataires, il convient également de consi-dérer que le choix des incitations renvoie à d'autres facteurs plus importants encore comme les normes, les valeurs ou les codes culturels qui régissent les socié-tés et qui doivent être pris en compte pour garantir le succès des réformes (Banque mondiale 2015b).

3.2 Enjeux d'une bonne gouvernance des services publics au Maroc
De nombreux indicateurs globaux sur la gouvernance soulignent les perfor-mances inégales du Maroc par rapport aux autres pays à revenu intermédiaire et faible. Selon les indicateurs globaux sur la gouvernance, le Maroc se situe en situation comparativement meilleure ou satisfaisante par rapport aux pays de la région ou à l'ensemble des pays à revenu intermédiaire dans trois domaines : l'organisation des marchés, le bon fonctionnement des institutions supérieures

Figure 4.8 Indicateurs de gouvernance, 2014

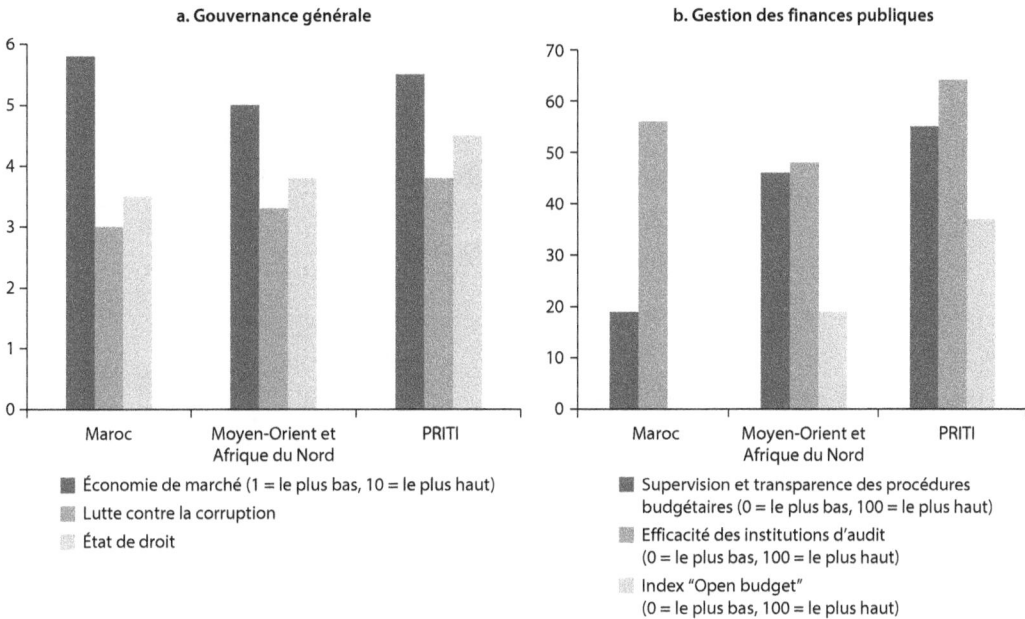

a. Gouvernance générale

b. Gestion des finances publiques

a. Gouvernance générale
- ■ Économie de marché (1 = le plus bas, 10 = le plus haut)
- ■ Lutte contre la corruption
- ▨ État de droit

b. Gestion des finances publiques
- ■ Supervision et transparence des procédures budgétaires (0 = le plus bas, 100 = le plus haut)
- ▨ Efficacité des institutions d'audit (0 = le plus bas, 100 = le plus haut)
- ▨ Index "Open budget" (0 = le plus bas, 100 = le plus haut)

Source : Actionable Governance Indicators. Banque mondiale.
Note : PRITI = pays à revenu intermédiaire de la tranche inférieure.

d'audit et la facilité d'enregistrement des propriétés (voir figure 4.8). Mais le Maroc est moins bien positionné par rapport à ces mêmes pays pour ce qui concerne l'indépendance de la justice, le contrôle et la transparence du budget, la lutte contre la corruption et l'utilisation des dessous de table dans le secteur privé. Le pays se situe également en retrait concernant la participation politique, la liberté de la presse et les trois indicateurs liés à la gouvernance et au secteur privé (facilité à démarrer une entreprise, facilité d'enregistrement d'une propriété et dessous de table).

La gouvernance des services publics a fait l'objet d'un diagnostic approfondi par le Conseil économique, social et environnemental qui a souligné le haut niveau d'insatisfaction des Marocains et l'ampleur des réformes à engager. Au début de l'année 2011, le CESE s'est autosaisi du sujet de la gouvernance des services publics. Le constat publié en 2013 est détaillé et sans appel : il souligne qu'une très grande proportion de Marocains sont insatisfaits des services publics et que ceux-ci leur sont fournis dans des conditions telles qu'ils s'apparentent à une faveur et non à un droit (voir figure 4.9 (CESE 2013)).

Le rapport du CESE a analysé en détail les multiples défaillances du système et il a formulé les axes d'une réforme globale qui ont, pour partie, inspiré les réformes engagées depuis lors. Le diagnostic du CESE souligne que les carences du système sont davantage liées à un problème de gouvernance, et notamment à la faiblesse de la relation entre l'administration et l'usager citoyen, qu'à un problème de moyens. Logiquement, les voies de la réforme proposées concernent l'amélioration de la transparence et de l'information, l'amélioration de l'accès,

Figure 4.9 Maroc : perception de la gouvernance des services publics

« À propos des services publics, diriez-vous globalement que vous en avez une opinion ... »

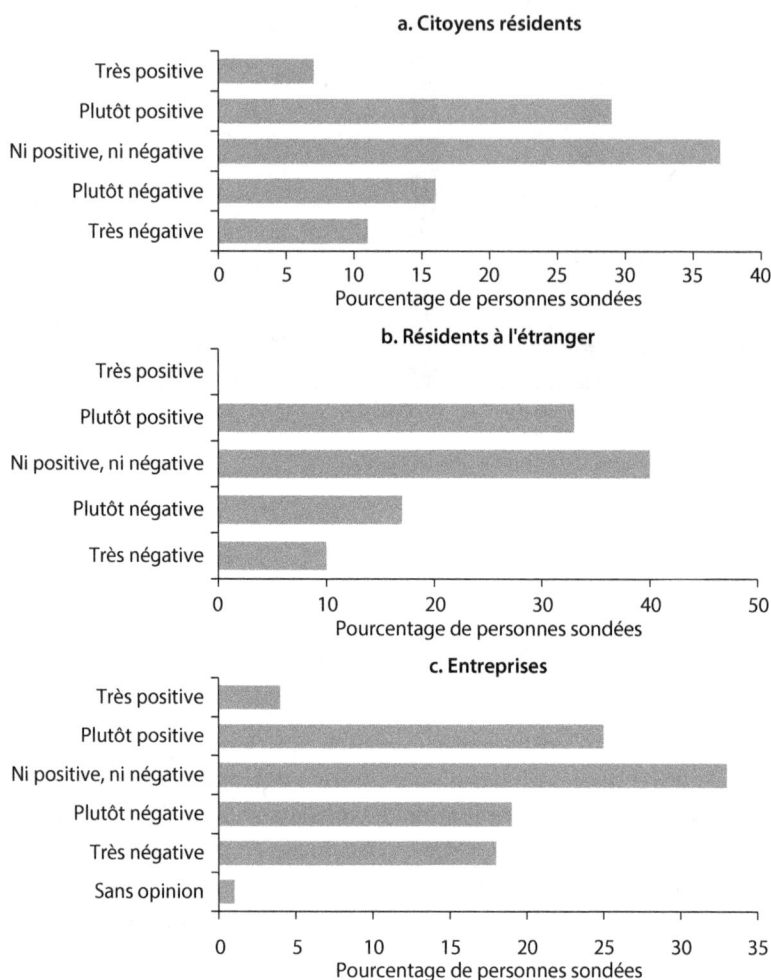

a. Citoyens résidents

b. Résidents à l'étranger

c. Entreprises

Source : CESE 2013.

Note : Enquête portant sur un échantillon de 1 339 citoyens résidents et 203 résidents à l'étranger.

le renforcement de la participation et de la redevabilité, et le renforcement de l'efficience. Grâce à ce rapport et aux débats qu'il a suscités, une prise de conscience croissante de la nécessité d'améliorer la qualité de la fourniture des services publics, en particulier la gouvernance qui en conditionne la qualité, s'est progressivement affirmée. Cette prise de conscience s'est aussi nourrie des doléances exprimées par les citoyens eux-mêmes lors des manifestations du printemps 2011, et elle se traduit par un fort désir de participation à la gestion des affaires publiques, un désir confirmé dans un sondage nano réalisé par la Banque mondiale en 2014[10] auprès des utilisateurs d'Internet. Dans un contexte qui met en évidence non seulement les carences patentes du pays en matière de fourniture des services publics, mais aussi l'insatisfaction croissante de la population par rapport à cette situation, les autorités ont engagé des réformes qui concernent quatre enjeux essentiels pour améliorer la qualité des services publics : l'accessibilité et la qualité, l'égalité et l'universalité, l'information et la transparence, et l'évaluation et la redevabilité. La situation actuelle, dans chacun de ces quatre domaines, demeure cependant globalement insatisfaisante.

Au vu des données disponibles et en raison des réformes ciblées engagées dans certains secteurs, l'offre et l'accès des services publics ont globalement connu une évolution positive ces dernières années au Maroc, mais cette évolution positive est plus flagrante pour les services de base homogènes, c'est-à-dire ceux dont les caractéristiques et les modalités sont identiques ou similaires, tels que les infrastructures (accès à l'eau potable, développement du réseau routier et autoroutier et accès à l'électricité) et pour lesquels les procédures administratives de régulation sont relativement simples. En revanche, les services plus complexes qui touchent au développement humain restent confrontés à des défis en termes d'accessibilité et de qualité en raison de l'asymétrie d'information et de la persistance de certaines pratiques discrétionnaires. Selon le Baromètre arabe 2012–2014, plus de 80 % des Marocains et Marocaines interrogés considèrent que les institutions et agences de l'État sont corrompues et près de 30 % pensent que le phénomène va en s'aggravant. C'est notamment le cas du secteur de la santé qui reste fragmenté entre les différents organismes gestionnaires et directement concerné par des phénomènes de paiements illicites.

L'égalité d'accès aux services reste entravée par de nombreux obstacles : plusieurs rapports soulignent la persistance de fortes inégalités régionales et territoriales (Ministère de l'Économie et des Finances 2015) et de fortes inégalités économiques et sociales (par exemple, l'accès universel aux soins reste handicapé notamment par l'importance des paiements directs incombant à la charge des ménages, qui se situe autour de 54 % et par une répartition de l'offre de soins aussi très inégalement répartie avec environ 50 % des médecins situés sur l'axe Rabat-Casablanca (Banque mondiale 2012)). En outre, les questions de l'accès à l'information, de l'analphabétisme ou d'autres barrières liées à la lenteur des changements d'état d'esprit restent dans certaines régions des obstacles sérieux à l'égalité d'accès aux services, par exemple dans le domaine judiciaire où certaines femmes hésitent ou peinent à faire reconnaître leurs nouveaux droits (auprès des nouveaux tribunaux de la famille par exemple). Enfin, l'absentéisme dans certains services publics comme l'éducation ou la santé nuisent à l'égalité d'accès pour tous les Marocains, notamment ceux situés dans les zones rurales.

Le manque d'accès à l'information demeure une contrainte majeure et contribue à des inefficiences, comme en attestent les classements du Maroc au regard des indicateurs de transparence 2017 de Global Integrity[11] ou dans l'enquête *World Justice Project Rule of Law Index* 2016. L'accès à l'information et à la transparence constituent des leviers indispensables pour lutter contre la corruption (dont le ministre marocain de la Communication estimait le coût total en 2012 à environ 1,5 % du PIB par an) tandis que les enquêtes réalisées par Transparency International (2016) indiquent combien le phénomène est étendu au Maroc. Le manque de transparence des services publics pénalise aussi le développement des entreprises et du secteur privé. Ainsi, le manque de transparence dans l'attribution des marchés publics (qui s'élèvent à environ 17 % du PIB par an) a fait l'objet de plusieurs rapports officiels (Cour des comptes, Conseil de la concurrence). Enfin, le manque de transparence et de contrôle concerne aussi la gestion des dépenses publiques, notamment les procédures d'allocation des ressources budgétaires, la nomenclature et les critères présidant à cette allocation ou encore le suivi, l'évaluation et le contrôle de l'exécution des budgets[12].

La culture de l'évaluation et de la redevabilité gagnerait à être renforcée au Maroc. C'est tout particulièrement le cas pour ce qui concerne les politiques publiques et les programmes budgétaires qui les financent. La réforme budgétaire axée sur la performance, consacrée par la nouvelle Loi organique relative aux lois de finances (LOLF) et adoptée en avril 2015, vise à corriger ces faiblesses et à créer un cadre plus transparent et propice au suivi et à l'évaluation de la performance des services publics. Mais cette réforme n'en est encore qu'à ses prémices. Son appropriation par l'ensemble des acteurs concernés, sa mise en œuvre effective et sa généralisation à l'ensemble du secteur public sont autant d'étapes nécessaires pour qu'elle puisse porter ses fruits. Certains secteurs comme la santé souffrent de la fragmentation des acteurs, de l'absence de système de gestion et d'information intégré. Parfois, lorsque le contrôle de la performance a été mis en place, il ne s'opère pas dans des conditions favorisant une réelle redevabilité[13]. Une bureaucratie pesante et une gestion administrative centralisée ne favorisent pas non plus l'autonomisation, la responsabilisation et la redevabilité des acteurs situés au plus près des bénéficiaires usagers (comme par exemple dans l'éducation nationale). Enfin, malgré certaines réformes encore timides, l'expression et la prise en compte des doléances des citoyens-usagers restent embryonnaires. Les enquêtes conduites par le CESE sur ce sujet tant auprès des citoyens que des entreprises mettent en lumière une palette de problèmes importants : dispositifs non existants, conviction que cela ne sert à rien, peur de représailles, etc. (CESE 2013).

La situation pourrait être améliorée si deux obstacles structurels importants pouvaient être levés : la conception et la mise en œuvre des réformes, et les normes sociales et modes de pensée qui influencent les comportements.

- Les lacunes citées précédemment concernant les citoyens face aux administrations et institutions publiques confirment le caractère encore prépondérant du contact personnel au détriment de l'intérêt commun (Banque mondiale 2015a). Cette situation contribue à entretenir un cercle vicieux dans lequel la redevabilité reste un principe abstrait. Il en résulte un affaiblissement de la prestation de services. Certes, la situation n'est pas figée : enclencher un cercle vertueux de performance est possible. Il faut pour cela considérer les obstacles structurels au changement et les raisons pour lesquelles les actions positives qui ont été engagées par le Maroc n'ont pas encore porté tous leurs fruits. D'un côté, la conception et la mise en œuvre des réformes se heurte à plusieurs écueils : la tentation du mimétisme institutionnel qui a conduit le

Maroc à reproduire des schémas exogènes, sans prise en compte suffisante du contexte et des capacités locales (Fondation Abderrahim Bouabid 2010) ; un manque de vision globale et transversale de l'État et de pilotage systématique de réformes qui restent fragmentées et peu cohérentes (CESE 2013) ; la faiblesse des capacités d'évaluation et de contrôle et l'absence de suivi des recommandations pour améliorer la gouvernance des services publics ; une complexité croissante du nombre d'acteurs, ce qui compromet le chemin de redevabilité pour les citoyens-usagers ; des lacunes concernant la formation des agents publics et l'absence d'incitations efficaces à l'amélioration de la fourniture de services publics ; le manque d'exécution des décisions (seulement 15 % de toutes les décisions rendues au civil sont enregistrées aux fins d'exécution) et la persistance de la corruption, malgré la mise en place de l'Instance centrale de prévention de la corruption, ce qui entretient la défiance des Marocains vis-à-vis de leurs institutions. La Loi des motivations des décisions administratives n'est pas mise en œuvre systématiquement.

- Les efforts de réforme se heurtent par ailleurs à une insuffisante prise en compte des normes sociales et des modes de pensée qui influencent les comportements. Or, cette prise en compte permettrait non seulement de comprendre pourquoi certaines situations évoluent peu ou n'évoluent pas (l'informalité par exemple, le manque de participation et de redevabilité), mais en outre de concevoir des actions plus susceptibles d'avoir un réel effet de levier (responsabilisation, mise en concurrence, contrôle des usagers…). Intégrer l'ensemble des facteurs humains et institutionnels dans l'analyse des problèmes de gouvernance devrait permettre de rompre le « cercle vicieux » de la mauvaise performance (les citoyens-usagers ont peu confiance dans leurs institutions et renoncent à faire entendre leur voix) et de définir une approche globale, forte et coordonnée permettant d'ancrer solidement de nouvelles normes, de nouvelles institutions et des institutions plus favorables à une véritable culture de la redevabilité.

3.3 Investir dans une meilleure gouvernance des services publics

Le contexte institutionnel national, mais aussi le contexte global et les cadres de partenariat dans lesquels s'inscrit le Maroc n'ont jamais été aussi favorables à l'amélioration de la gouvernance des services publics, mais le pays doit trouver sa propre voie pour changer de paradigme. Le citoyen-usager devrait être placé au cœur de la prestation de service public. Il ne s'agit pas pour le Maroc d'importer des solutions préconçues, mais plutôt d'identifier, en s'enrichissant de l'expérience d'autres pays et en les adaptant à son propre contexte, des leviers de réforme qui visent principalement à mettre en place, à tous les niveaux de la chaîne de prestation, une culture de la redevabilité et de la performance. Le cadre de redevabilité (long et court) défini par la Banque mondiale en 2004 peut servir de cadre conceptuel ; il devrait s'enrichir d'une analyse approfondie et partagée des défis et des contraintes auxquels fait face le Maroc et se nourrir, tout en les adaptant, des leçons tirées par différents pays et des partages d'expériences au sein de communautés de pratique.

Tout en s'appuyant sur les nouvelles dispositions constitutionnelles de 2011, le Maroc devrait chercher à activer quatre leviers de réforme qui sont essentiels pour placer le citoyen-usager au cœur de la prestation de service public : donner la parole au citoyen-usager ; informer et rendre des comptes ; simplifier et rapprocher la décision de l'usager ; et expérimenter et évaluer de nouvelles approches.

Donner la parole au citoyen-usager

Donner la parole au citoyen-usager est aujourd'hui encouragé par la Constitution de 2011, qui favorise un réaménagement institutionnel et de nouvelles règles du jeu (chemin long), et prévoit plusieurs nouveaux dispositifs permettant un rôle accru du citoyen-usager (chemin court), mais le Maroc a pris du retard dans ces domaines. Plusieurs des 21 lois organiques découlant de la Constitution de 2011 devraient permettre d'améliorer la gouvernance des services publics en renforçant la voix et la participation des citoyens à l'élaboration et à la mise en œuvre des politiques et services publics. Ces réformes sont à l'ordre du jour du gouvernement, mais les difficultés d'arbitrage, la complexité du sujet et l'expérience encore limitée du pays en matière de dialogue inclusif et de participation ont conduit à un retard par rapport au calendrier prévu (l'adoption de toutes les lois organiques avant la fin de la législature en 2016). Le Maroc devrait s'appuyer sur de nouvelles opportunités de dialogue et de partage d'expérience pour éviter de perdre trop de temps. S'agissant du rôle que peut jouer directement le citoyen auprès du prestataire (chemin court), plusieurs outils sont à la disposition du Maroc et doivent être exploités, conformément à l'esprit de la constitution et en s'inspirant des pratiques étrangères. Tel est le cas du droit de pétition et de motion législative qui, dans certaines conditions, permet de faire émerger de nouvelles idées, ou encore des consultations populaires comme celles que le Maroc a engagées dans le secteur de la santé (ministère de la Santé 2012) pour éclairer ses chantiers de réforme et qui mériteraient d'être bien davantage répandues.

Informer et rendre des comptes

Informer et rendre des comptes constitue un levier aussi important que délicat pour le Maroc, compte tenu de son expérience limitée en ce domaine. Mais la constitution et plusieurs réformes en cours constituent des opportunités permettant au pays d'améliorer la transparence et la reddition des comptes tant au niveau du chemin long que du chemin court de la redevabilité. La Constitution de 2011 a introduit le droit à l'information détenue par le secteur public pour tous les Marocains, dès lors qu'elle ne porte pas préjudice aux intérêts légitimes des personnes et de l'État. Une loi sur l'accès à l'information a été soumise au Parlement. La mise en œuvre effective d'une telle politique constitue un levier essentiel de l'amélioration de la gestion et de la qualité des services publics, comme il a pu être observé au Mexique ou en Inde. Elle permettra de garantir un accès à l'information égal pour tous les citoyens et pour les entreprises et ainsi de fortement réduire les possibilités d'acte discrétionnaire, d'injustice et de corruption. La mise en œuvre de cette loi transversale nécessitera l'adoption de plusieurs mesures complémentaires et une campagne de sensibilisation et de soutien à la société civile pour qu'elle puisse en profiter pleinement.

L'information et la reddition des comptes devraient s'appuyer sur le développement des nouvelles technologies et de l'administration numérique. Dans le cadre de stratégie Maroc Numeric 2013, le Maroc s'est engagé à développer l'usage des nouvelles technologies de l'information et de la communication (TIC). Le gouvernement pourrait tirer les leçons des difficultés de mise en œuvre de la stratégie et la doter d'objectifs réalistes avec une priorité donnée à la dématérialisation des données et au e-gouvernement. Capitalisant sur l'évaluation de Maroc Numeric 2013, la nouvelle stratégie Maroc Numérique 2020 lancée en juillet 2016, qui vise à réduire de 50 % la fracture numérique, à mettre en ligne 50 % des démarches administratives et à assurer la connexion Internet de 20 % des PME marocaines, offre une opportunité d'accélérer la transformation numérique du pays. En outre, par-delà les questions de réseau et d'organisation, le contenu de systèmes d'information mérite lui aussi d'être revu, afin qu'il soit rendu plus pertinent et utile à l'amélioration de la gouvernance des services publics. Ainsi, des indicateurs de suivi réalistes et mesurables, ciblant des aspects essentiels de la fourniture des services publics (taux d'absentéisme, délais d'attente, etc.) pourraient être adoptés afin de nourrir régulièrement la révision des politiques publiques.

La réforme budgétaire axée sur les performances devrait s'accompagner de réformes complémentaires pour accroître son efficacité. La mise en œuvre en cours de la réforme budgétaire axée sur les performances et visant à renforcer la transparence et l'efficience des dépenses publiques s'avère prometteuse dès lors qu'elle s'accompagnera d'une réforme de la fonction publique et des incitations à une réelle distribution asymétrique des crédits qui sont indispensables pour favoriser l'ancrage d'une nouvelle culture de performance et de redevabilité. D'autres leviers sont à la disposition du Maroc pour favoriser une véritable culture de la reddition des comptes dans le champ des services publics : le développement et l'application d'une charte des services publics (prévue par l'article 157 de la Constitution), en s'appuyant sur l'expérience nationale dans certains secteurs (éducation, réforme judiciaire, etc.) et sur celle de pays qui recherchent une réelle cohérence et une plus grande efficacité (par exemple le Malawi), ou encore l'adoption de cartes de notation (scorecards) donnant aux citoyens-usagers la possibilité d'évaluer les services et de favoriser leur amélioration. La mise en œuvre de ces fiches de notation pourrait se heurter, en l'état actuel, à une expérience limitée du Maroc en termes de participation spontanée de la population à la gestion des services de base, mais il importe de noter que ces dispositifs ont cependant connu un développement positif dans de nombreux pays tant du point de vue des utilisateurs que de celui des prestataires.

Simplifier et rapprocher la décision de l'usager

Rapprocher et simplifier la décision de l'usager permettrait d'améliorer la pertinence et l'efficience du service fourni. La Constitution de 2011 a prévu des avancées significatives en termes de décentralisation et a ouvert la voie à une étape nouvelle en termes de modernisation administrative, de compétences et de délégation de pouvoir renforcées, ainsi que d'amélioration de la gouvernance, de la redevabilité et de la participation des citoyens aux politiques publiques. La mise en œuvre effective des nouvelles dispositions constitutionnelles nécessite un accompagnement technique, budgétaire, financier et statistique adéquat ainsi que la mobilisation de tous les acteurs concernés (publics, mais aussi privés) à travers un programme national d'appui à la décentralisation et une contractualisation tripartite (État-région-communes). Améliorer la gouvernance des services publics au niveau communal paraît notamment urgent, du fait qu'il s'agit là de l'échelon de proximité par excellence et en raison des faiblesses diagnostiquées par le CESE.

Réconcilier les Marocains avec leurs services publics et restaurer leur confiance dans les institutions implique la simplification des procédures et de l'accès aux services[14]. La simplification administrative demande des modifications législatives et des textes d'application, et la mise en place de systèmes informatiques qui permettent la dématérialisation ou la réorganisation de processus et de modes de travail. Ces mesures indispensables nécessitent du temps. Une première étape pourrait donc constituer à accroître la standardisation des procédures tant pour les citoyens que pour les entreprises en créant des formulaires complets et compréhensibles comme l'ont fait nombre de pays développés dans les années 1970 et 1980, et à veiller à ce que l'ensemble de la population marocaine y ait effectivement accès sur un pied d'égalité. Les entreprises doivent, elles aussi, pouvoir bénéficier de relations simplifiées avec l'administration afin de réduire le flou des règles qui entretient la corruption. De nombreux pays développés ont assuré la standardisation des procédures à travers la mise au point de formulaires nationaux publics dont la lisibilité, la qualité et la validité sont certifiées par un organisme central (the Office of Management and Budget aux États-Unis ou le CERFA en France). Les expériences en cours au Maroc devraient être analysées afin de déterminer la possibilité de mener cette action à son terme pour toutes les procédures et les services administratifs. Au-delà, l'interconnexion entre les administrations et la mise en place de guichets uniques dédiés aux citoyens et aux entreprises devraient évoluer rapidement.

Expérimenter et évaluer de nouvelles approches

L'expérimentation et l'évaluation de nouvelles approches devraient permettre au Maroc, comme le font de nombreux autres pays, de tester de nouvelles approches – notamment lorsque celles-ci se heurtent à des habitudes et à des groupes d'intérêts – et de mieux comprendre les ressorts psychologiques des usagers et des prestataires. Certaines réformes, notamment celles visant à instaurer la concurrence dans des secteurs caractérisés par une forte asymétrie d'information et un contrôle fort par certains acteurs, ou visant à reconnaître une place accrue au secteur privé parmi les prestataires de missions de service public, gagneraient à être engagées sous la forme d'expérimentations dûment évaluées et débattues. L'éducation nationale pourrait constituer le premier candidat pour de telles expérimentations et évaluations (comme discuté plus loin). Par ailleurs, l'échec de certaines réformes (la création de services d'aide aux femmes qui s'est révélée théorique en milieu rural par exemple) met en évidence l'intérêt d'approches pragmatiques et de l'utilisation de divers outils de mesures permettant de faire émerger un diagnostic plus facilement partagé et approfondi, lequel facilitera, à son tour, la définition et l'application de nouvelles mesures. Au volontarisme conceptuel et aux effets d'annonce, souvent choisis par le Maroc dans le passé pour réformer certaines de ses politiques publiques, doit succéder une approche interactive plus modeste et pragmatique qui s'appuie sur la notion d'apprentissage permanent, sur une meilleure compréhension des comportements, sur l'expérimentation de solutions innovantes et alternatives et sur une pratique positive et régulière de l'évaluation. Ce sont là autant d'éléments essentiels à la responsabilisation et à la participation de tous les acteurs des services publics, au retour de la confiance des Marocains dans leurs institutions et donc à la réalisation de leurs opportunités qui est essentielle à une croissance et à un bien-être accrus.

Notes

1. Voir par exemple le Rapport du Département d'État des États-Unis (2016), les travaux du Groupe de travail des Nations Unies sur la détention arbitraire (2014), le Rapport spécial des Nations Unies sur la torture (2013), les articles de presse internationale comme le *New York Times* (2015) ainsi que les documents des organismes marocains spécialisés gouvernementaux, tel que le Conseil national des droits de l'Homme (CNDH), ou non gouvernementaux, notamment l'Association marocaine des droits humains (AMDH) et la Ligue marocaine de défense des droits de l'Homme (LMDDH).

2. Reconnaissance de la diversité du système foncier, délais et coûts impliqués dans le transfert de propriété, notamment la fiabilité des infrastructures, la transparence de l'information, la couverture géographique et la résolution des litiges fonciers.

3. La liste des exceptions prévues dans le texte adoptée en séance plénière à la Chambre des représentants (en juillet 2016) va bien au-delà du secret qui marque habituellement certains sujets comme la sécurité de l'État, la défense

nationale ou encore les données personnelles, pour inclure les données relatives à la politique monétaire, économique et financière du pays, aux délibérations des conseils des ministres et du gouvernement, aux détails des investigations et enquêtes administratives, aux procédures judiciaires (sauf en cas d'accord des autorités compétentes), etc.

4. Documents de Programme à l'appui des politiques de développement pour la réforme de l'administration publique (PARAPs), Banque mondiale (2010).

5. Discours prononcé par SM le Roi Mohammed VI à l'ouverture de la 1re session de la 1re année législative de la 10e législature (novembre 2016).

6. Discours prononcé par SM le Roi Mohammed VI à l'ouverture de la 1re session de la 1re année législative de la 10e législature (novembre 2016).

7. Les services électroniques phares mis en place par le Maroc incluent la télé déclaration et le télépaiement de l'IS, l'IR et la TVA, le paiement de la Taxe spéciale annuelle sur les véhicules automobiles en ligne, la publication et le suivi en ligne des concours, la publication des postes de responsabilité et des emplois supérieurs du secteur public, la dématérialisation de la commande publique, la commande en ligne du casier judiciaire et l'inscription en ligne dans les listes électorales.

8. Par exemple, la Suède a diminué le nombre de fonctionnaires de 400 000 à 250 000 en ayant recours à des contrats privés, en réservant les postes de fonctionnaires aux ministères régaliens ou stratégiques et en déléguant l'opérationnel à une centaine d'agences spécialisées et indépendantes dans leurs décisions de recrutement et de rémunérations.

9. Définition proposée dans la stratégie adoptée en mars 2007 par le Conseil d'administration de la Banque mondiale visant à renforcer l'engagement du groupe de la Banque mondiale en faveur de la gouvernance et de la lutte contre la corruption.

10. Une nanoenquête est une technologie innovante consistant à effectuer un rapide sondage sur un échantillon aléatoire d'utilisateurs de l'internet. Voir : https://finances. worldbank.org/dataset/Morocco-Citizen-Engagement-Nano-Survey-Response-Ma/ kfvm-naym/data.

11. Le score du Maroc de Global Integrity concernant le cadre d'accès à l'information est « faible », avec 26 sur 100 dans le rapport 2017.

12. Voir par exemple les revues des dépenses publiques réalisées par la Banque mondiale dans les secteurs de l'éducation, de la santé et de la justice.

13. Banque mondiale. Étude sur la traçabilité des dépenses dans la santé.

14. Le Maroc a entrepris un programme de simplification des procédures en 2013. Ce programme mené par le MFPMA a permis de simplifier 112 procédures (57 concernent les citoyens et 55 les entreprises).

Bibliographie

Akerlof, George A., and Rachel E. Kranton. 2010. « *Identity Economics.* » Princeton, NJ: Princeton University Press.

Bank Al-Maghrib (BAM). 2016. « Rapport sur l'exercice 2015." Royaume du Maroc.

Banque mondiale. 1997. *World Development Report: The State in a Changing World.* Washington, DC: World Bank.

———. 2004. *World Development Report: Making Services Work for the Poor.* Washington, DC: World Bank.

———. 2008. "Maroc–Marchés fonciers pour la croissance économique au Maroc (Vol. 1 of 5) : Héritage et structures foncières au Maroc (31 mai 2008)." Washington, DC: World Bank.

———. 2009. *From Privilege to Competition: Unlocking Private-led Growth in the Middle East and North Africa*. MENA Development Report. Washington, DC: World Bank.

———. 2010. "Fourth Public Administration Reform Development Policy Loan." Report No. 51064-MA. Washington, DC: World Bank.

———. 2012. *Health Public Expenditure Review*. Washington, DC: World Bank.

———. 2014a. "Moderniser le droit commercial dans la région MENA : traitement des questions régionales à travers les priorités courantes." Washington, DC: World Bank.

———. 2014b. *Maroc : Revue du secteur de la Justice*. Washington, DC: World Bank.

———. 2015a. "Trust, Voice and Incentives, Learning from Public Service Delivery in the MENA Region." Washington, DC: World Bank.

———. 2015b. *World Development Report: Mind, Society and Behavior*. Washington, DC: World Bank.

———. 2017a. *Doing Business 2017*. Washington, DC: World Bank.

———. 2017b. *World Development Report: Governance and the Law*. Washington, DC: World Bank.

Bluhm, Richard, and Adam Szirmai. 2011. "Institutions, Inequality and Growth: A Review of the Institutional Determinants of Growth and Inequality." UNICEF Innocenti Research Center Working Paper 2011–02, UNICEF, New York.

Butkiewicz, James L., and Halit Yanikkaya. 2006. "Institutional Quality and Economic Growth: Maintenance of the Rule of Law or Democratic Institutions, or Both?" *Economic Modelling* 23 (4): 648–61.

Chaudhury, Nazmul, Jeffrey Hammer, Michael Kremer, Karthik Muralidharan, and F. Halsey Rogers. 2006. "Missing in Action: Teacher and Health Worker Absence in Development Countries." *Journal of Economic Perspectives* 20 (1): 91–116.

Conseil Économique, Social et Environnemental (CESE). 2013. "Rapport sur la Gouvernance des services publics." Royaume du Maroc.

———. 2015. "Pré-rapport sur la gestion déléguée." Royaume du Maroc.

Davis, Kevin E., and Michael Trebilcock. 2008. "The Relationship between Law and Development: Optimists versus Skeptics." New York University Law and Economics Working Papers.

Demmke, Christoph, and Timo Moilanen. 2010. *Civil Services in the EU of 27: Reform Outcomes and the Future of the Civil Service*. Frankfurt: Peter Lang.

De Soto, Hernando. 2000. The Mystery of Capital: *Why Capitalism Triumphs in the West and Fails Everywhere Else*. New York: Basic Books.

Di Maggio, Paul J., and Walter W. Powell. 1983. "The Iron Cage Revisited: Institutional Isomorphism and Collective Rationality in Organizational Fields." *American Sociological Review* 48 (2): 147–60.

Evans, Peter, and James E. Rauch. 1999. "Bureaucracy and Growth: A Cross-National Analysis of the Effects of 'Weberian' State Structures on Economic Growth." *American Sociological Review* 64 (5): 748–65.

Feld, Lars, and Stefan Voigt. 2003. "Economic Growth and Judicial Independence: Cross-Country Evidence Using a New Set of Indicators." *European Journal of Political Economy* 19: 497–527.

Fereidouni, Hassan Gholipour, Youhanna Najdi, and Reza Ekhtiari Amiri. 2013: "Do Governance Factors Matter for Happiness in the MENA Region?" *International Journal of Social Economics* 40 (12): 1028–40.

Fondation Abderrahim Bouabid. 2010. "Le Maroc a-t-il une stratégie de développement économique ?" Cercle d'analyse économique de la Fondation Abderrahim Bouabid. Royaume du Maroc.

Glaeser, Edward, and Andrei Shleifer. 2001. "Legal Origins." *Quarterly Journal of Economics* 107 (4): 1193–29.

Helliwell, J. F., Haifang Huang, Shawn Grover, and Shun Wang. 2014. "Good Governance and National Well-Being: What Are the Linkages?" OECD Working Papers on Public Governance 25, OECD, Paris.

Kaufmann, Daniel, and Aart Kraay. 2002. "Growth without Governance." World Bank Policy Research Working Paper 2928, World Bank, Washington, DC.

Knack, S., and P. Keefer. 1995. "Institutions and Economic Performance: Cross-Country Tests Using Alternative Institutional Measures." *Economics & Politics* 7: 207–27.

Koenig, Gaspard. 2015. "Le révolutionnaire, l'expert et le geek." Paris: Plon.

Ministère de l'Économie et des Finances. 2015. "Des inégalités régionales sous le prisme de l'accès aux droits humains : de la multiplicité à l'indivisibilité." Direction des Études et des Prévisions Financières. Royaume du Maroc.

Ministère de la Fonction publique et de la Modernisation de l'Administration. 2013. *Rapport général relatif au Colloque national sur la refonte globale du statut général de la fonction publique*, Skhirat 21 juin 2013. Royaume du Maroc.

Ministère de la Santé. 2012. Rapport global de la consultation publique "Intidarat Assiha," Attentes en matière de santé. Royaume du Maroc.

New York Times. 2015. "Muzzling Dissent in Morocco." *The Opinion Pages*. October 18.

North, Douglass. 1990. *Institutions, Institutional Change and Economic Performance*. Cambridge, UK: Cambridge University Press.

Organisation de coopération et de développement économiques (OCDE). 2008. "Towards Employment Conditions in Central Governments that Are Closer to General Employment Rules." In *The State of the Public Services*. Paris : OCDE Publishing.

———. 2011. "Public Servants as Partners for Growth." Paris : OCDE Publishing.

Smith, Adam. 1776. "An Inquiry into the Nature and Causes of the Wealth of Nations." Chicago: Encyclopedia Britannica, 1952.

Tirole, Jean. 2016. "Économie du bien commun." Paris: Presses universitaires de France.

Transparency International. 2016. Global Corruption Barometer. People and Corruption: Middle East & North Africa Survey 2016. Berlin, Germany.

U.S. Department of State. 2016. *Country Reports on Human Rights Practices for 2015*. Washington, DC: Bureau of Democracy, Human Rights and Labor.

United Nations. 2013. Report of the Special Rapporteur on torture and other cruel, inhuman or degrading treatment or punishment, Juan E. Mendez. Human Rights Council 22nd session. A/HRC/22/53/Add.4.

———. 2014. Report of the Working Group on Arbitrary Detention. Mission to Morocco. Human Rights Council 27th session. A/HRC/27/48/Add.

van der Meer, Frits M., Jos C. N. Raadschelders, and Theo A. J. Toonen. 2015. *Comparative Civil Service Systems in the 21st Century*. Basingstoke, UK: Palgrave Macmillan.

Weber, Max. 1922. *Economy and Society*. Berkeley: University of California Press.

World Justice Project. 2016. *Rule of Law Index*. Washington, DC: Worl d Justice Project.

CHAPITRE 5

Investir dans le capital humain

« À long terme, votre capital humain est votre source principale de compétitivité. Votre indicateur avancé de l'endroit où vous serez dans 20 ans est l'état actuel de votre système d'éducation. »

— Bill Gates

Le capital humain est essentiel au bien-être personnel comme à la richesse des nations. Comme le notait le philosophe Jean Bodin (1576), *« Il n'y a ni richesse ni force que d'homme »*. Le capital humain recouvre l'ensemble des connaissances, qualifications, compétences et caractéristiques individuelles qui facilitent la création du bien-être personnel, social et économique. « Le capital humain constitue un bien immatériel qui peut faire progresser ou soutenir la productivité, l'innovation et l'employabilité » (OCDE 1998, 2001). La constitution d'un capital passe par un investissement. La théorie du capital humain suppose que les individus peuvent améliorer leur productivité ou celle à venir de leurs enfants par des actes volontaires d'investissement, notamment dans l'éducation et la santé[1]. Les écarts de revenus entre les pays s'expliqueraient alors par le fait que, en fonction des sociétés, les individus font des choix d'investissements différents, avec des conséquences elles aussi différentes en termes de productivité. Dans le cas du Maroc, le rééquilibrage des investissements vers le capital immatériel, notamment le capital humain, constitue l'une des conditions du rattrapage accéléré du pays vers les pays d'Europe du sud à l'horizon 2040. À travers le concept de capital humain s'ouvre donc toute une gamme d'investissements autour des axes majeurs de l'éducation, de la santé et du développement de la petite enfance. Le présent chapitre s'attachera à analyser la contribution de chacun de ces axes au renforcement du capital humain et au développement, avant de dresser un état des lieux des progrès réalisés au Maroc et d'esquisser des voies de réformes permettant de valoriser davantage tous les talents de tous les Marocains.

1. Placer l'éducation au cœur du développement

Selon Klaus Schwab, le fondateur du Forum économique mondial, « Le talent, et non le capital, sera le facteur clé reliant l'innovation, la compétitivité et la croissance au XXIe siècle[2] ». Au niveau mondial, plus d'un tiers des employeurs déclarent avoir des difficultés à trouver les talents qu'ils recherchent et près de la moitié d'entre eux pensent que la pénurie de talents a un impact négatif sur leur chiffre d'affaires. Or, le talent n'est pas uniquement inné. Il peut aussi s'éveiller ou s'acquérir. L'éveil et l'acquisition des talents sont en grande partie l'affaire de l'école.

Les voies par lesquelles le système éducatif participe au développement économique d'un pays sont multiples et assez bien identifiées, tant d'un point de vue théorique qu'empirique. Pour un pays émergent comme le Maroc, le rattrapage économique passe essentiellement par l'adaptation de savoirs existants au contexte local. Le Maroc n'a pas besoin de « réinventer la roue ». Étant relativement loin de la frontière technologique, le Maroc peut espérer – comme d'autres pays avant lui – atteindre un niveau plus élevé de productivité totale des facteurs et donc envisager une croissance durablement accélérée en adaptant les technologies et les méthodes de production et de gestion qui ont déjà fait leur preuve ailleurs. Or, pour réussir ce processus de rattrapage économique, le pays doit pouvoir s'appuyer sur un capital humain solide, avec notamment une population maîtrisant les apprentissages et les connaissances de base dispensés par l'enseignement primaire et l'enseignement secondaire.

Accroître le niveau d'études productives revient à démultiplier la force de travail, autrement dit à augmenter l'efficacité productive à technologie constante. Ce surcroît d'efficacité permet de compenser la diminution automatique des rendements du capital physique et par conséquent de soutenir la croissance à long terme. Sans augmentation constante du niveau d'éducation, un pays ne peut maintenir une croissance positive à long terme qu'en épargnant et en accumulant toujours davantage de capital physique. Or, l'accumulation de capital devient impossible au-delà d'un certain seuil. Avec un taux d'investissement excédant 30 % du PIB, le Maroc se situe parmi les pays aux taux d'investissement les plus élevés du monde. Pour accélérer ou même maintenir son taux de croissance économique, le Maroc ne peut pas miser sur une augmentation significative supplémentaire de son taux d'investissement. Pour maintenir une croissance positive à long terme – *a fortiori* pour accélérer la croissance économique et converger rapidement vers les pays d'Europe du sud – le Maroc n'a pas d'autre choix que d'augmenter sa productivité et donc le niveau d'éducation de sa population.

Augmenter le niveau d'éducation de la population ne signifie pas seulement augmenter les budgets des ministères de l'Éducation ou intensifier, sans les modifier, les politiques existantes. De fait, dans de nombreux pays en développement, des politiques éducatives centralisées, bureaucratiques et élitistes qui privilégient l'enseignement supérieur, au détriment des niveaux d'éducation inférieurs, ont plutôt eu tendance à inhiber la croissance en sacrifiant les opportunités de développement. Dans leur rapport sur la croissance et l'éducation, les économistes Philippe Aghion et Elie Cohen observent que l'accent mis excessivement par certains pays d'Amérique latine comme le Brésil ou le Mexique sur l'éducation supérieure et la recherche de pointe au détriment de l'éducation primaire et secondaire a pu nuire à la croissance de ces pays. Selon eux, ce choix explique peut-être dans une certaine mesure pourquoi ces pays ont connu une croissance moins forte que les pays d'Asie du Sud-Est où l'organisation de l'éducation s'est faite sur des principes beaucoup moins élitistes (Aghion et Cohen 2004). Ainsi, l'adaptabilité du système éducatif et la qualité de l'éducation sont au centre du débat sur le capital humain et sur l'aptitude d'un pays à innover et à rattraper son retard économique.

1.1 Enjeu économique de la qualité de l'éducation
Un enseignement généralisé, mais de faible qualité

Dans les années 1990, le Maroc s'est engagé dans un processus de généralisation de l'éducation qui est potentiellement porteur d'importants bénéfices économiques à moyen terme. Plus tardive que dans les autres pays en développement, cette généralisation a cependant suivi un rythme sans équivalent dans le monde à la même époque. Ainsi, le taux net de scolarisation au niveau primaire est passé de 55 % en 1990 à 98,8 % en 2014. Des progrès remarquables ont été enregistrés en termes d'équité et de parité dans l'accès à l'éducation, et l'objectif de la scolarisation universelle au niveau de l'école primaire a été atteint avant la date butoir fixée en 2015 par les Objectifs du Millénaire pour le développement.

Toutefois, malgré les avancées réalisées sur le plan quantitatif, le système éducatif marocain continue d'accuser un retard considérable en termes de performance. Environ 10 millions de Marocaines et de Marocains (soit près d'un tiers de la population) souffrent encore d'analphabétisme. Bien qu'un recul de l'analphabétisme soit observé au cours des 20 dernières années, celui-ci reste élevé notamment en milieu rural (où réside encore 40 % de la population) et chez les femmes, avec des taux environ deux fois plus élevés que dans les villes et chez les hommes en 2014 (voir figure 5.1). Bien qu'en recul de près de 14 points par rapport à 2004, le taux d'analphabétisme des femmes dans le milieu rural atteignait encore 60,4 % en 2014 (HCP 2015).

La généralisation de la scolarisation, suivant une approche purement quantitative, n'a pas forcément conduit à une accumulation de capital humain (Agence nationale de lutte contre l'analphabetisme (2015)). Dans un ouvrage récent intitulé « La scolarisation n'est pas l'éducation », l'économiste Lant Pritchett souligne en effet que de nombreux pays en développement réussissent à assurer la présence physique des enfants en classe, sans pour autant leur transmettre les bases de la lecture et du calcul. Le Maroc s'inscrit dans ce schéma. Comme l'indiquent les résultats des tests internationaux PIRLS et TIMSS réalisés en 2011, les écoliers marocains en 4e année du niveau primaire se classent en dernière place dans les tests de lecture (avec un score de 310) et à l'avant-dernière place en mathématiques au sein d'un échantillon composé de 50 pays

Figure 5.1 Maroc : évolution du taux d'analphabétisme, 1994–2014
(En pourcentage de la population âgée de 10 ans et plus selon le milieu de résidence et le sexe)

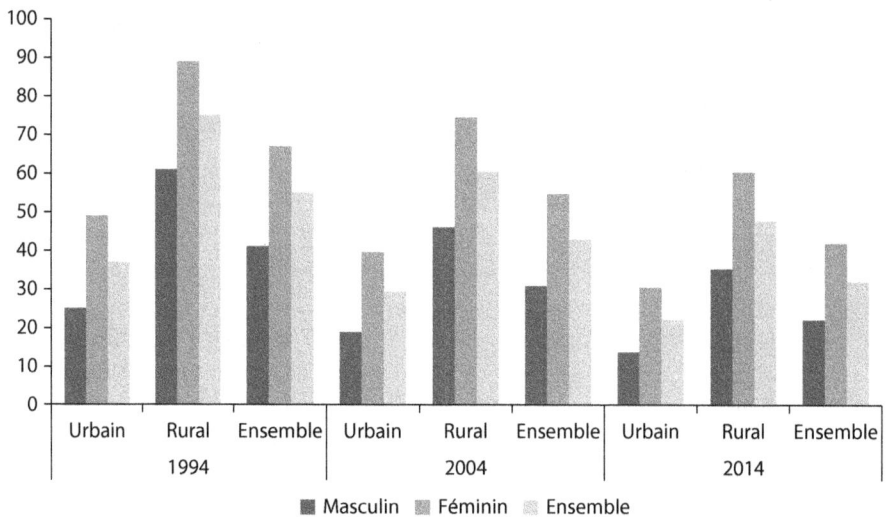

Source : Haut-Commissariat au Plan, 2015.

développés et pays en développement (voir figure 5.2). En rapprochant l'enquête PIRLS d'autres enquêtes régionales conduites sur le continent africain (UNESCO 2014), il apparaît que le niveau de lecture des élèves marocains se situe dans la moyenne des pays d'Afrique subsaharienne et s'avère même inférieur à celui de la Zambie, du Kenya et du Cameroun.

Figure 5.2 Niveau de lecture des élèves à l'âge de 10 ans (grade 4)

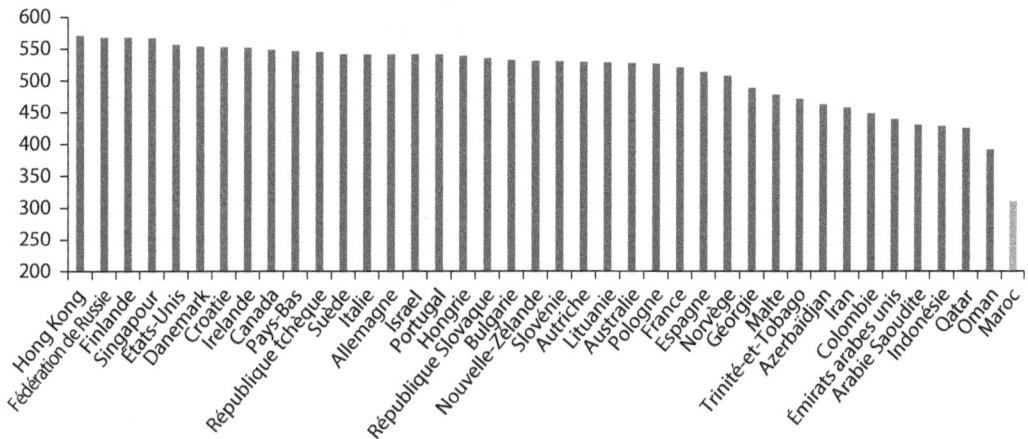

Source : UNESCO 2014.

Or, les spécialistes en éducation considèrent que l'absence de maîtrise de la lecture au niveau primaire produit des effets irréversibles sur le développement cognitif de l'élève tout au long de son parcours scolaire et affecte négativement sa productivité à l'âge adulte. Les retards accumulés au niveau primaire exposent à un risque très élevé d'échec au collège, au lycée et à l'université, entraînant une dégradation sensible de la valeur intrinsèque des diplômes. Une étude menée par la faculté des sciences de Rabat sur un échantillon de 3 000 bacheliers a conclu que 70 % d'entre eux avaient à peine un niveau élémentaire en français, alors que le français est la langue d'enseignement principal à l'université[3] ! Un effort d'une ampleur considérable devra être effectué pour surmonter la « littératie restreinte » historique de la société marocaine (voir encadré 5.1 (Janjar 2016)).

Une dynamique de dégradation et d'inégalité croissante…
En plus d'afficher un niveau d'enseignement faible, le Maroc est confronté à une dégradation régulière de ses performances. Les vagues d'enquêtes successives indiquent une dynamique de dégradation de la qualité de l'enseignement, avec une baisse continue des résultats des élèves dans l'ensemble des matières évaluées (voir figures 5.3). En première analyse, on pourrait penser que la détérioration du niveau des élèves est un phénomène inévitable dans une période de généralisation de l'enseignement. Mais l'expérience internationale tend à infirmer le caractère automatique de cette relation. De nombreux pays en développement ont réussi à améliorer leurs

Encadré 5.1 Origines de la « littératie restreinte » de la société marocaine

« Lorsque l'imprimeur allemand Johannes Gutenberg met au point la technique de l'imprimerie à caractères mobiles en 1450, il ne doutait nullement qu'avec une telle invention il allait changer l'état du monde. Entre autres choses, un mode inédit de communication entre gouvernés et gouvernants allait voir le jour en occident où la communication serait désormais basée sur la dissémination des savoirs, la critique rationnelle des pouvoirs, et la circulation libre des écrits et la remise en question du monopole de l'écrit qu'exerçait jusque-là une minorité de clercs. Cinquante années plus tard, l'Europe voit circuler à travers ses territoires plus de vingt millions de volumes. Imprimerie généralisée, alphabétisation des populations et accès à l'écriture font que partout en Europe, le processus d'intériorisation des idéaux des Lumières par la lecture était devenu irréversible.

Au Maroc, les historiens se sont interrogés sur le retard de l'introduction de l'imprimerie en 1865, y compris par rapport aux autres pays de la région. Outre ce retard, l'imprimerie ne semblait pas s'inscrire à l'époque dans un projet clair de modernisation culturelle ou de réforme éducative. Le catalogue de quelque 500 titres imprimés entre 1865 et l'avènement du protectorat en 1912 montrent qu'à l'exception d'un texte d'Euclide, la quasi-totalité des ouvrages publiés étaient soit des manuels en usage à la Qarawiyin depuis plus de deux siècles, soit des textes hagiographiques traditionnels ou soit des éditions prestigieuses du Coran et de littérature religieuse populaire. Contrairement à l'usage de l'imprimerie comme outil culturel modernisateur dans des pays comme le Liban, l'Égypte ou la Turquie, l'avènement de l'imprimerie au Maroc s'est inscrit dans une logique de continuation de la tradition par d'autres moyens. Et à ce titre, l'imprimerie n'a pas été porteuse d'innovations culturelles, ni d'une plus grande diffusion de l'écrit dans la société marocaine.

Le lourd héritage culturel de la période précoloniale, conjugué au retard pris en matière de scolarisation durant les années 1970–1990 et à l'absence d'une politique de modernisation culturelle, font que la société marocaine se trouve aujourd'hui à l'ère de la révolution numérique dans une situation de « littératie restreinte ». Après un demi-siècle d'enseignement universitaire, 90 % des publications marocaines se répartissent entre littérature, droit et religion. Autrement dit, les champs des savoirs en vogue en ce début de XXIe siècle ont quasiment la même configuration que ceux traditionnels des clercs marocains à la veille de l'instauration du protectorat franco-espagnol. Avec la fermeture de la parenthèse coloniale et l'arabisation de l'enseignement, la tradition intellectuelle a repris ses droits en réactivant progressivement aussi bien les champs des savoirs locaux que leur univers cognitif. Or dans le « marché cognitif » planétaire qu'instaurent l'avènement et le développement des technologies de l'information et de la communication, gagneront surtout les nations qui ont su doter leur jeunesse des prérequis exigés par un tel marché : l'éducation à la critique, à l'autonomie de l'esprit, à la culture scientifique, au raisonnement méthodique, et l'accès aux grandes œuvres littéraires et artistiques de l'humanité.

Faute d'une telle préparation éducative et culturelle, la profusion de l'offre numérique risque de pousser l'utilisateur démuni sur le plan cognitif, à se replier sur l'univers de la tradition et du déjà connu. De toutes les révolutions des deux derniers siècles, la révolution numérique sera sans doute la plus globale au sens où elle pénètre toutes les dimensions de l'activité humaine, mais surtout celle qui accentuera le plus les effets du grand partage culturel instauré par la raison graphique. »

Source : Janjar 2016.

résultats dans les enquêtes internationales tout en généralisant la scolarisation. Il s'agit notamment du Pérou, du Mexique, de la Colombie, du Brésil et de la Turquie. Le Maroc est l'un des seuls pays à connaître une baisse aussi régulière et d'une telle ampleur de la qualité de son enseignement et ce, en dépit des nombreuses actions entreprises par les autorités de tutelle dans le cadre de plans nationaux.

L'analyse des résultats des enquêtes PIRLS et TIMSS révèle que le niveau des inégalités scolaires est extrêmement prononcé au Maroc comparativement aux autres pays de l'échantillon. Les élèves appartenant au groupe des 10 % les plus performants obtiennent des notes 2,5 fois supérieures au groupe des 10 % les moins performants. Ces écarts d'apprentissage sont beaucoup plus accentués que la moyenne mondiale qui se situe à 1,5. Le Maroc possède le système éducatif le plus inégalitaire de l'échantillon, devançant largement de ce point de vue les pays le suivant directement dans le classement, à savoir Oman, le Qatar, les Émirats arabes unis et l'Arabie saoudite. Ce que l'on peut appeler une véritable « fracture scolaire » au sein de la société marocaine se retrouve également dans la polarisation du système éducatif. Au lieu de promouvoir la mobilité sociale, l'école tend à reproduire les inégalités sociales en fonction de l'origine socioéconomique des parents. Dans un contexte de défiance généralisée à l'égard du système de l'éducation nationale, la demande d'inscription dans l'enseignement privé est en pleine expansion[4]. Les jeunes Marocains vivent désormais dans des mondes éducatifs parallèles et délimités par la capacité financière de leur famille.

Figure 5.3 Maroc : évolution du score en TIMSS et PIRLS

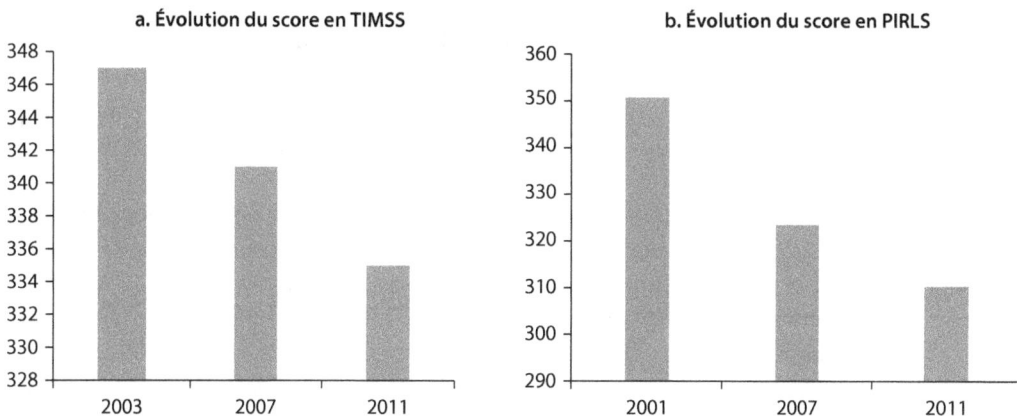

Source : a. TIMSS ; b. PIRLS.
Note : PIRLS = programme international de recherche en lecture scolaire ; TIMSS = enquête internationale sur les performances des élèves en mathématiques et en sciences.

La dégradation continue de l'école publique constitue un phénomène préoccupant pour un pays comme le Maroc qui aspire à l'émergence économique. En effet, dans la plupart des pays qui ont connu un développement rapide, fondé sur un capital humain de haut niveau, l'enseignement primaire reste très majoritairement public ou à financement public et constitue le pilier du pacte éducatif national. Certes, le secteur privé y joue un rôle important, mais ceci est principalement le cas aux niveaux des cycles secondaire et universitaire. En Finlande, Corée du Sud, à Taïwan, ou à Singapour, qui sont en tête du classement du Programme international pour le suivi des acquis des élèves (PISA), le secteur public concentre près de 100 % des effectifs scolarisés au niveau primaire. L'expérience internationale indique que la performance d'un système éducatif est fortement corrélée avec le degré d'équité scolaire. Donner accès à une éducation de qualité aux populations défavorisées constitue le moyen le plus efficace d'élever le niveau général de l'enseignement.

...aux conséquences économiques importantes

La faible qualité de l'enseignement et l'ampleur des inégalités scolaires pèsent lourdement sur le développement économique et social du Maroc. Au terme de leur parcours scolaire, voire universitaire, même en situation de réussite, les étudiants sont confrontés à un risque élevé de chômage. Le taux de chômage des jeunes diplômés (baccalauréat ou plus) est de 59 % chez les jeunes de 15–24 ans et de 30 % chez les jeunes de 25–35 ans. Contrairement à ce qui est observé habituellement dans le reste du monde, le taux de chômage parmi les jeunes non diplômés est inférieur à celui des diplômés (respectivement 10 % et 20 %). Au Maroc, la détention d'un diplôme multiplie par trois le risque d'être au chômage. Cette situation est due en partie à la faible performance et à la lente transformation structurelle de l'économie marocaine, mais elle reflète aussi un réel problème d'inadéquation entre la formation reçue et les besoins du marché du travail, ce que confirment les enquêtes conduites auprès des employeurs[5]. Ce problème très sensible que constitue le fort taux de chômage des jeunes diplômés pourrait s'amplifier encore durant les prochaines années, lorsque les cohortes issues du processus de généralisation de l'accès à l'école arriveront sur le marché de l'emploi, avec un niveau d'acquis encore inférieur à celui des diplômés-chômeurs actuels.

Alors qu'il est confronté à un phénomène de dividende démographique, le Maroc devrait prendre dès maintenant des mesures fortes afin de réaliser un véritable « miracle éducatif » en réduisant progressivement l'écart qui sépare les résultats des élèves marocains de ceux des élèves des autres pays émergents. Le Maroc devrait se fixer pour objectif stratégique de résorber les inégalités scolaires, en offrant à tous les enfants, y compris les plus défavorisés, un enseignement de qualité. La réalisation de cette grande ambition éducative s'inscrit dans un horizon de moyen-long terme. En effet, l'analyse des tests internationaux réalisés depuis deux décennies (PISA, TIMSS, PIRLS) démontre que les pays dont les réformes sont les plus réussies (par exemple, le Pérou, le Chili, le Brésil, la Pologne ou la Turquie) améliorent leur score à un rythme moyen de quatre points par an. En supposant que le Maroc parvienne à déclencher une dynamique d'amélioration similaire à celle des nations les plus performantes, il lui faudrait une trentaine d'années avant d'égaler le niveau d'apprentissage observé actuellement dans des pays émergents comme la Turquie (l'écart à combler étant supérieur à 100 points).

Ce décalage inévitable entre le temps des réformes et la production de résultats souligne l'urgence d'initier, dès maintenant, un processus de transformation de grande ampleur. Comme l'a souligné le Gouverneur de Bank Al-Maghrib, « *l'échec des différentes tentatives de réforme appelle à une thérapie de choc où toutes les parties prenantes devraient réaliser qu'au-delà des intérêts catégoriels, c'est l'avenir [du Maroc] qui est en jeu* » (BAM 2015). L'expérience internationale démontre que les réformes éducatives d'envergure peuvent commencer à produire des premiers effets sociaux et économiques significatifs de quatre à cinq ans après leur démarrage.

1.2 Causes de la faible qualité de l'éducation marocaine

Les facteurs explicatifs de la faible qualité de l'enseignement au Maroc sont multidimensionnels. Ils sont communs à de nombreux pays : manque d'infrastructures, classes pléthoriques, programmes surchargés, méthodes pédagogiques axées sur la mémorisation, formation insuffisante des enseignants, absence de contrôle et d'incitations à la performance, centralisation excessive, implication insuffisante des parents, notamment des pères, etc. Face à cette longue liste de problèmes et afin d'éviter une dilution des efforts de réforme, il est essentiel de repérer les déficiences majeures du système et d'imaginer les réponses qui pourraient en améliorer la performance de l'intérieur et conduire à un impact maximal sur le niveau d'apprentissage des élèves. Une étude récente du Fonds monétaire international (FMI) suggère que les principaux déterminants de l'inefficacité du système éducatif marocain sont : la corruption et le manque d'éthique, le détournement de fonds publics, la formation des enseignants et le salaire relatif des enseignants (FMI 2016). Pour le même montant de dépense publique par élève, le FMI estime que les tests d'évaluation pourraient s'améliorer de l'ordre de 50 points si la qualité de la gestion budgétaire s'améliorait (grâce à une meilleure allocation des dépenses publiques et un moindre détournement des fonds publics) ; si les incitations des enseignants étaient renforcées par une meilleure formation et une meilleure prise en charge ; et si, de manière plus générale, la qualité des institutions et de la gouvernance s'améliorait.

La combinaison des enseignements de la recherche et de l'enquête de terrain a permis d'identifier trois catégories de contraintes majeures parmi un grand nombre de problèmes potentiels : la qualité de l'enseignement, la gouvernance du système éducatif dans son ensemble et l'influence de l'environnement social. Ces contraintes se distinguent par leur caractère « matriciel » : si elles ne sont pas traitées à la racine, toutes les autres réformes risquent d'être inopérantes. En outre, d'après l'analyse, les grandes questions qui polarisent habituellement les débats au Maroc, concernant notamment les programmes ou les ruptures linguistiques (arabe classique à l'entrée du primaire, français à l'entrée de l'université), constituent en réalité des problèmes de second ordre. En effet, si le système disposait de compétences plus solides et motivées et si les élèves bénéficiaient d'un environnement d'apprentissage favorable, ni le contenu des programmes actuels ni les ruptures linguistiques ne constitueraient des obstacles insurmontables à un enseignement de qualité.

La qualité de l'enseignement

Les experts en éducation s'accordent à penser que la performance d'un système éducatif ne peut surpasser celle de ses enseignants. Une forte corrélation empirique existe entre les compétences académiques des enseignants et les compétences scolaires des élèves (Hanushek, Piopiunik et Wiederhold 2014). Or, le niveau de compétences du corps enseignant marocain souffre de nombreuses lacunes et ceci explique en grande partie la faiblesse de la qualité de l'enseignement. À l'échelle internationale, les systèmes éducatifs les plus performants recrutent leurs enseignants (y compris les instituteurs) parmi le meilleur tiers des diplômés de l'enseignement supérieur : parmi les 5 % meilleurs élèves en Corée du Sud, parmi les 10 % meilleurs en Finlande et les 30 % meilleurs à Hong Kong et à Singapour. Dans ces pays, après une sélection rigoureuse, fondée non seulement sur les compétences académiques, mais aussi sur des aptitudes psychologiques et comportementales, les enseignants suivent une formation initiale complète, disposent d'un encadrement au cours de leurs premières années d'enseignement et bénéficient d'un programme de développement professionnel tout au long de leur carrière. Les nouvelles recrues ne sont confirmées à leur poste qu'après une période d'essai durant laquelle leurs qualités sont dûment évaluées. Le métier d'enseignant jouit d'un statut social valorisé et d'une rémunération suffisante pour attirer les meilleurs talents.

Le fonctionnement du système éducatif marocain contraste avec les bonnes pratiques observées à l'étranger, s'agissant tout d'abord du recrutement des enseignants. Le métier d'enseignant est souvent choisi par défaut, rarement par vocation et plutôt lorsque les autres voies ont été épuisées. C'est notamment le cas des diplômés-chômeurs, dont certains ont pu bénéficier d'une intégration d'office (*Idmajmoubachir*). Le mode de recrutement des enseignants s'est amélioré avec l'introduction, en 2012, du concours d'accès aux Centres régionaux des métiers de l'éducation et de la formation (CRMEF). Toutefois, il s'avère que, malgré la forte sélectivité du concours (moins de 10 % de réussite), la majorité des admis aux CRMEF ont des lacunes nécessitant une mise à niveau dans les matières de base. Peu valorisé socialement, le statut d'enseignant ne parvient pas à attirer les meilleurs talents, notamment en raison de l'environnement de travail et des affectations géographiques souvent perçues comme rédhibitoires. Une grande partie des enseignants rencontrés dans le cadre de l'enquête de terrain se déclarent relativement insatisfaits par leur métier et se considèrent sous-valorisés par la société.

En plus de la faiblesse de la sélection, les lacunes de la formation initiale et l'absence de formation continue contribuent au déficit de compétences du corps enseignant. Toute formation d'enseignant doit couvrir au moins les trois dimensions suivantes : disciplinaire (matières à enseigner), métier (pédagogie, méthodes et pratiques d'enseignement) et exercice pratique en classe. Le niveau des élèves est principalement déterminé par la capacité des enseignants à mettre en œuvre des méthodes pédagogiques efficaces : planification des cours, progressivité de l'enseignement, vérification continue des acquis, explication des difficultés rencontrées, intervention précoce sur les élèves en difficulté etc. (Hattie 2009). Au Maroc, compte tenu de l'inadaptation de la formation universitaire initiale des enseignants-stagiaires, une bonne partie de l'année de formation en CRMEF est consacrée à combler les lacunes disciplinaires. Ceci réduit d'autant plus le temps réservé aux formations pédagogiques et pratiques essentielles pour la préparation au métier d'enseignant. Les nouveaux enseignants dépourvus d'expérience pratique se voient automatiquement confier des classes d'école sans période de stage préalable, ni encadrement de la part d'enseignants plus expérimentés. Il n'existe pas de période d'essai effective, au terme de laquelle les jeunes qui ne répondent pas aux exigences requises seraient écartés. La majorité des enseignants rencontrés lors de l'enquête n'ont bénéficié d'aucun programme de formation au cours des dix dernières années. Dans ces conditions, les éducateurs n'ont aucune possibilité d'améliorer leur pratique d'enseignement et d'adopter des méthodes pédagogiques plus efficaces. Chaque fois que des innovations pédagogiques ont été introduites sur initiative ministérielle, comme ce fut récemment le cas de la pédagogie de l'intégration, l'impact sur le terrain a été limité, faute de formation suffisante, d'implication en amont et d'adhésion des enseignants.

La gouvernance du système éducatif

Recruter et former des enseignants de haut niveau ne suffit pas à garantir un enseignement de qualité, encore faut-il que le système éducatif soit bien gouverné pour être efficient. Or, l'enquête de terrain a révélé que les enseignants marocains étaient largement démotivés et n'ont souvent plus foi en leur métier. Certes, il subsiste encore des enseignants enthousiastes, pleinement engagés dans l'accomplissement de leur mission éducative, mais ces derniers finissent souvent par se décourager faute de soutien et d'appui par les autres acteurs du système éducatif. Ce sentiment de découragement se traduit par un ensemble de comportements préjudiciables à l'apprentissage des élèves, notamment l'absentéisme, une gestion inefficiente du temps de classe, le manque d'effort pédagogique pour surmonter les difficultés de compréhension, l'indifférence ou la résignation face aux élèves en difficulté, la fréquence réduite des évaluations pour alléger la charge de correction, l'absence de communication avec les parents, le recours à la violence verbale et physique (d'un usage encore fréquent selon les témoignages recueillis auprès des élèves), la marchandisation des notes (à travers les cours de soutien), etc. La cause sous-jacente de cette démotivation est l'absence d'incitations à la performance. La conséquence est un manque d'efficience prononcé de la dépense publique en éducation (voir figure 5.4 (FMI 2016)).

Ce climat de laisser-aller est conforté par la faiblesse du système d'évaluation, qu'il s'agisse de l'évaluation formative des élèves ou de l'évaluation sommative du système éducatif[6]. Les mécanismes d'évaluation en place ne permettent pas de détecter à temps les situations de difficulté d'apprentissage ou d'échec scolaire

Figure 5.4 Mesure de l'inefficience moyenne de la dépense publique en éducation, 2003–2011

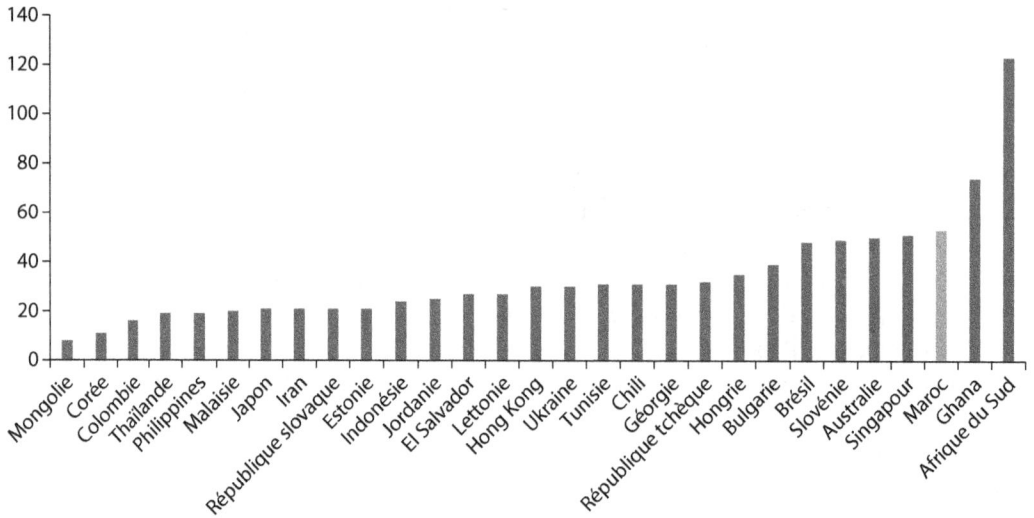

Source : FMI 2016, calculé sur la base des résultats TIMSS en mathématiques et en sciences.
Note : TIMSS = enquête internationale sur les performances des élèves en mathématiques et en sciences.

et ne permettent donc pas à l'enseignant et à l'école d'adopter des stratégies de remédiation et de rattrapage. Tout comme l'évaluation des élèves, l'évaluation des enseignants reste défaillante. La supervision pédagogique ne semble plus en mesure d'assurer sa fonction première de contrôle et d'amélioration de la qualité des enseignements. Le système d'avancement ne permet pas de promouvoir les enseignants en fonction de leur performance. Les chefs d'établissement scolaire ne sont investis que de missions administratives et n'assument pas de responsabilités pédagogiques ou managériales.

Au-delà du manque d'incitations à la performance, la perte de motivation des enseignants a des racines plus profondes, notamment un sentiment de résignation généralisé. L'idée que l'éducation nationale produit en majorité des élèves de niveau médiocre s'est ancrée dans les esprits comme une évidence. Or, les systèmes éducatifs les plus performants dans le monde se sont construits selon l'idée que chaque élève peut progresser vers la réussite et l'excellence, indépendamment de son milieu socio-économique. Une illustration de cet état d'esprit est l'absence de réaction et de mesures correctives d'ampleur suite à la publication des résultats du Maroc aux tests internationaux. En Allemagne par exemple, la publication en 2001 de la première enquête PISA a mis en évidence les lacunes des élèves allemands. Ce « choc PISA », tel qu'il est désormais qualifié, a constitué un tournant car il a déclenché une mobilisation générale et une vague sans précédents d'innovations et de réformes. L'expérience internationale livre un enseignement fondamental pour le Maroc : pour bâtir un système éducatif performant, il ne faut pas se départir de l'ambition de faire progresser tous les enfants vers la réussite, indépendamment de leur origine sociale.

L'influence de l'environnement social

L'un des résultats les plus robustes de la recherche en éducation est que l'origine socio-économique des élèves constitue un facteur déterminant de leurs résultats scolaires. Les mécanismes par lesquels l'origine sociale influe sur l'apprentissage des élèves sont multiples. Tout d'abord et de la manière la plus évidente, les enfants issus de familles défavorisées vivent dans des conditions matérielles peu propices à l'épanouissement personnel et au développement cognitif, par exemple en ce qui concerne la santé, les transports, les conditions de logement et la stabilité familiale. Malgré les efforts récemment déployés, comme le programme Tayssir ou l'opération un million de cartables, les dispositifs existants pour protéger les enfants vulnérables restent très insuffisants. Par exemple, les écoles publiques n'offrent quasiment pas de transport scolaire gratuit pour les élèves défavorisés (il est compté à peine 2 000 bénéficiaires dans tout le Maroc). La santé scolaire est également lacunaire, notamment en matière de suivi et de correction des troubles de la vision qui peuvent pourtant jouer un rôle déterminant dans la réussite de l'enfant.

En outre, les enfants défavorisés évoluent dans un contexte culturel peu favorable. Ils sont insuffisamment exposés aux langues étrangères (en particulier le français), ne participent pas à des activités extrascolaires artistiques ou sportives et ne disposent pas de livres à la maison. Les parents, et notamment les mères majoritairement analphabètes, ne peuvent pas aider leurs jeunes enfants dans leurs révisions et devoirs scolaires. Tous ces facteurs creusent un écart considérable entre les enfants pauvres et les enfants favorisés pour ce qui concerne la capacité d'apprentissage et de réflexion, la maîtrise des langues, la culture générale et la curiosité. Ils affectent aussi des dimensions psychologiques plus profondes comme la confiance et l'estime de soi. Les handicaps socio-économiques sont d'autant plus pénalisants pour la réussite scolaire qu'ils sont partagés par une grande proportion d'élèves au sein d'une même classe. Le recul de la mixité sociale dans l'école publique marocaine crée en effet des « effets de pairs », qui se traduisent par des influences négatives parmi les enfants en difficulté (discipline, motivation, émulation etc.). Un élève issu d'une famille modeste, évoluant dans une école accueillant majoritairement des enfants défavorisés, ne peut trouver dans son environnement immédiat de modèles de réussite pouvant l'inspirer et nourrir ses ambitions.

Au-delà des déterminants sociaux, l'école marocaine ne parvient pas à garantir une équité scolaire. Or, l'expérience internationale démontre qu'il est possible de généraliser l'éducation dans un pays pauvre, tout en améliorant la qualité de l'enseignement et en réduisant les inégalités. Ainsi le Vietnam, dont le PIB par habitant est inférieur à celui du Maroc, se place dans le classement PISA au-dessus de plusieurs pays riches de l'OCDE (OCDE 2011). De même, la Turquie et le Mexique, qui ont récemment engagé un processus de généralisation de l'accès à l'éducation, se sont distingués ces dix dernières années non seulement par une forte amélioration de leurs résultats moyens, mais aussi par une réduction substantielle des inégalités scolaires. Le Maroc n'a pas réussi à atteindre une telle performance, car la généralisation de la scolarisation qu'il a engagée ne s'est pas accompagnée de mesures appropriées pour promouvoir l'équité, comme la généralisation du préscolaire, l'accent mis sur l'acquisition des savoirs fondamentaux (calcul, lecture, écriture), la mise en place d'un dispositif de soutien renforcé pour les élèves en difficulté, la promotion des activités extrascolaires, l'affectation de ressources supplémentaires et d'enseignants expérimentés dans les écoles difficiles, etc. Au total, l'école marocaine a du mal à se faire aimer de ses élèves : près du tiers des élèves ayant arrêté prématurément leurs études disent l'avoir fait parce qu'ils n'aimaient pas l'école (voir figure 5.5). L'expérience internationale enseigne que même dans un contexte de pays en développement, offrir une éducation de qualité à tous les enfants est techniquement possible, à condition d'ériger cet objectif en priorité nationale.

Figure 5.5 Maroc : raisons de l'arrêt des études chez les enfants de 6–17 ans

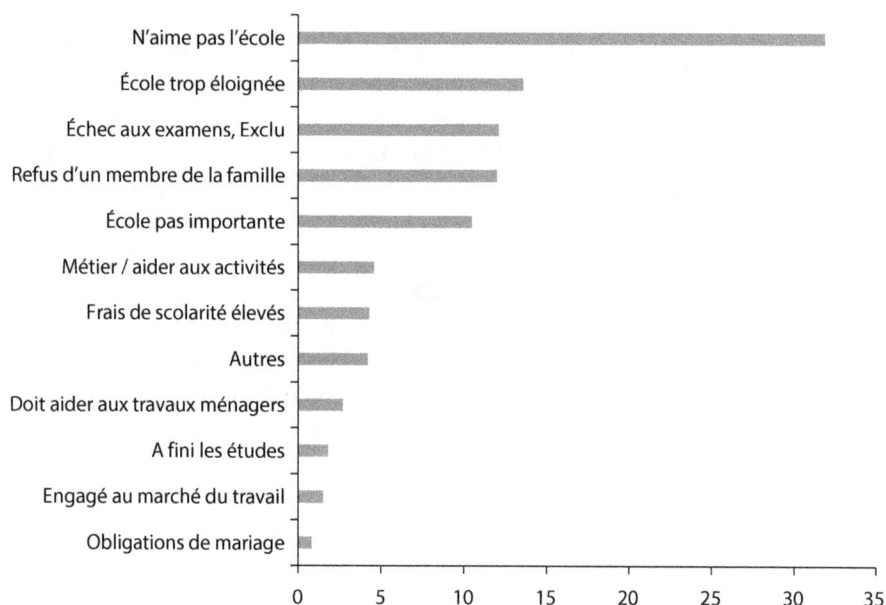

Source : ONDH 2015, Rapport sur les premiers résultats de l'enquête par panel auprès des ménages 2012.

1.3 Transformer l'école marocaine

La nécessité de réformer en profondeur l'école marocaine fait désormais l'objet d'un large consensus. Dans son discours du Trône de 2015, SM le Roi Mohammed VI a observé que « *la réforme de l'enseignement est à la base du développement. Elle est la clé de l'ouverture et de la promotion sociale, gage de protection de l'individu et de la collectivité contre les fléaux de l'ignorance et de la pauvreté, et les démons de l'extrémisme et de l'ostracisme* ». Il a plaidé pour « *une réforme substantielle de ce secteur vital, de sorte à réhabiliter l'école marocaine et à la rendre apte à remplir comme il se doit la mission qui est la sienne en matière d'éducation et de développement* ». Quant aux modalités de la réforme, le souverain suggère de « *dégager une vision stratégique globale* », de « *faire preuve de sérieux et de réalisme et de s'adresser aux Marocains en toute franchise* », et enfin de « *se départir de tout égoïsme et de tout calcul politique qui hypothéqueraient l'avenir des générations montantes* ». Dans la foulée du discours royal, le Conseil supérieur de l'éducation, de la formation et de la recherche scientifique (CSEFRS) a proposé une vision stratégique de la réforme (2015–2030) pour une école de l'équité, de la qualité et de la promotion.

La vision des autorités ne pourra se traduire par un progrès tangible que si le Maroc se concentre non pas sur un nombre important d'objectifs et de leviers plus ou moins réalistes, mais sur la suppression des contraintes majeures qui pèsent sur la qualité de l'enseignement. Une réforme éducative qui ne traiterait pas de front ces points névralgiques ne saurait véritablement transformer la situation du point de vue de la qualité de l'école et des inégalités d'apprentissage. Le changement devrait aussi prendre en compte, de manière réaliste, certaines contraintes à caractère exogène. La réforme éducative est donc une entreprise complexe, qui doit concilier ambition et réalisme, autour de quatre priorités majeures : i) moderniser l'écosystème éducatif ; ii) adopter une nouvelle gouvernance de l'école publique ; iii) promouvoir des choix éducatifs alternatifs ; et iv) utiliser les technologies de l'information et de la télécommunication. Le succès d'une telle réforme passe par un nouveau contrat social autour de l'éducation fondé sur l'obtention de résultats.

La combinaison de ces priorités pourrait constituer une « thérapie de choc » capable de transformer en profondeur la qualité de l'école marocaine en créant les conditions d'un véritable « miracle éducatif ». Par « miracle éducatif », il est entendu une amélioration substantielle du niveau d'apprentissage moyen des élèves marocains se traduisant, notamment, par une progression des résultats des élèves aux tests internationaux d'environ un écart-type en une période de temps relativement courte, ce qui permettrait au Maroc de dépasser la barre des 400 points et de converger vers le niveau scolaire des autres pays émergents[7]. Le cadre de référence des axes clés proposés ici s'inspire des valeurs de bonne gouvernance des politiques publiques (transparence, redevabilité et performance) et des valeurs d'ouverture et d'inclusion sur le plan de l'offre éducative.

Moderniser l'écosystème éducatif

Ce qui est appelé ici écosystème éducatif concerne à la fois l'enseignement (les curricula, les méthodes d'enseignement, le soutien scolaire) et les acteurs essentiels du système que sont les enseignants. En premier lieu, les curricula – en tant que combinaison des programmes, des méthodes pédagogiques, du mode d'évaluation, des rythmes scolaires et des supports didactiques – constituent un élément central de la modernisation du système éducatif. La rénovation de l'offre éducative à travers la refonte de ces curricula devrait s'appuyer sur un certain nombre de valeurs fondatrices universelles. Ainsi, l'écosystème éducatif devrait transmettre les valeurs de mérite (nul bénéfice sans sacrifice), de progrès (appropriation personnelle des objectifs de progrès de la société), de liberté (refus de l'oppression, de la censure d'opinion, tolérance intellectuelle), d'altruisme (solidarité, respect du genre et des minorités), de réflexion (découverte par soi-même, expression d'opinions critiques), d'initiative, de professionnalisme et de responsabilité, dont l'intégration est d'ailleurs préconisée dans la vision stratégique du CSEFRS. L'enseignement de ces valeurs devrait être non seulement prévu par des instructions officielles, les cahiers des charges des établissements et dans les manuels scolaires, mais également se refléter dans les pratiques quotidiennes des acteurs du système, en premier lieu les enseignants et les responsables pédagogiques.

Toute aussi importante est l'ingénierie pédagogique qui doit permettre de refléter les compétences recherchées dans les programmes et les méthodes d'enseignement et d'évaluation. Il s'agit là d'une opération complexe qui doit tout d'abord s'appuyer sur une logique de résultat (ce que doit savoir l'élève et le savoir-faire de l'élève) plutôt que sur une logique d'intrants (ce que l'on doit enseigner). Parmi les savoirs et compétences cognitives, l'élève doit être en mesure de reconnaître des lettres et des mots, de calculer rapidement, de détecter des formes et d'acquérir les compétences généralement mesurées dans les tests de QI (Hart et Risley 1995). L'élève doit aussi pouvoir développer dans le cadre de l'école du savoir-faire et adopter des attitudes correspondant à des compétences non cognitives, telles que la curiosité, la maîtrise de soi, la sociabilité, la persistance, la capacité à retarder la gratification, à suivre un plan et respecter les consignes, et autres traits de caractères psychologiques (Tough 2012). Proposer une éducation équilibrée dans ses dimensions cognitives et non cognitives ne veut pas dire forcément l'ajout de matières ou de leçons spécifiques. Par exemple, ajouter des heures d'enseignement n'est ni suffisant ni souvent nécessaire pour améliorer l'apprentissage d'une langue. Trop souvent, malheureusement, les réformes pédagogiques aboutissent à une accumulation et à un alourdissement des programmes sans atteindre les effets escomptés sur l'apprentissage des élèves. Il faut enseigner différemment plutôt que davantage de matières. L'évolution des connaissances sur les méthodes pédagogiques doit être mise à profit pour veiller à ce que les apprentissages fondamentaux (notamment l'écriture, la lecture, la compréhension de textes simples et l'expression orale simple) soient bel et bien acquis par les jeunes Marocains. À défaut, ce sont les aptitudes, le sens critique et les compétences civiques qui sont compromises, avec pour conséquence la difficulté à construire un capital social important (voir chapitre 6).

De manière consensuelle, le Maroc devrait chercher à introduire au cœur des programmes de l'enseignement professionnel et supérieur plusieurs valeurs qui sont essentielles pour soutenir l'insertion professionnelle des jeunes. Trois valeurs paraissent particulièrement importantes dans le contexte marocain : l'esprit entrepreneurial, non seulement en ce qu'il peut préparer à la création d'entreprises, mais aussi parce que, plus largement, il est associé à l'esprit d'initiative et de responsabilité dans le travail et au sein de l'entreprise ; le professionnalisme, c'est-à-dire l'exigence et le goût du travail bien fait ; enfin l'encouragement à la créativité et à l'innovation. Les curricula devraient également permettre d'évaluer le degré d'acquisition par le stagiaire ou l'étudiant de sa capacité à être productif et efficient dans son futur poste et non seulement sa capacité de savoir-faire, à comprendre des techniques et à les restituer. Enfin, les curricula devraient favoriser, de façon systématique et explicite, la recherche d'insertion profession-nelle, y compris dans ses formes les plus exigeantes telles que le salariat dans le secteur privé et l'auto-entreprenariat à travers la création de TPE ou d'activités génératrices de revenus. Là aussi, une nouvelle approche pédagogique basée sur les résultats est essentielle, de même que la diversification de l'offre de formation (apprentissage, alternance, autres formes de partenariats publics-privés) et l'im-plication des futurs employeurs venant du secteur privé dans la conception et l'évaluation des programmes de formation.

Compte tenu des faibles résultats obtenus par le système éducatif en général (voir notamment les taux élevés de redoublement et d'abandon), une stratégie efficace de soutien scolaire aux élèves en difficulté pourrait permettre au Maroc d'améliorer sensiblement le rendement interne de son système éducatif et de progresser rapidement dans les classements internationaux. Cette intervention pourrait s'inspirer du système finlandais de remédiation qui est considéré comme l'un des meilleurs du monde. Ce succès repose notamment sur un système par-ticulièrement développé de lutte contre l'échec scolaire dès le niveau primaire. Il s'agit d'identifier très tôt les lacunes des élèves pour éviter le cumul des retards. Ce dispositif de remédiation est le corollaire d'une politique visant à contenir le taux de redoublement, qui n'atteint que 2 % en Finlande. Dans le cas du Maroc, un « groupe de soutien aux élèves en difficulté » composé de professeurs d'un même niveau d'enseignement pourrait être créé au sein de chaque école. Ce groupe serait chargé d'identifier précocement les élèves qui rencontrent des difficultés d'apprentissage, sur la base notamment de leurs résultats à des tests standards.

Mieux sélectionner et former les enseignants

Compte tenu du rôle crucial des enseignants dans la réussite des élèves, les nou-veaux recrutements d'enseignants devront s'assurer que les candidats ont la formation, les compétences et la motivation nécessaires. Dans les cinq pro-chaines années, près d'un tiers des 125 000 enseignants en activité dans le pri-maire public prendront leur retraite. En l'absence de réformes profondes en la matière, le simple renouvellement automatique des enseignants pourrait conduire à une détérioration encore plus grande de la qualité, avec le remplace-ment d'enseignants expérimentés par des jeunes moins bien formés. A contrario, le renouvellement du corps enseignant peut être considéré comme une opportu-nité d'améliorer la qualité des processus de recrutement et de formation. Un processus de régénération pourrait s'opérer à travers la mise à niveau des compétences et la mise en place d'un processus de formation continue, et à tra-vers le recrutement de jeunes enseignants bien formés, capables de créativité et maîtrisant les technologies de l'information et de la communication (TIC). Si la récente réforme de la formation des enseignants a permis d'introduire un pro-cessus de recrutement compétitif et transparent, les problématiques liées au vivier de recrutement et aux lacunes dans la formation universitaire de base persistent. Les cohortes de jeunes reçus aux CRMEF continuent à être constituées, dans leur grande majorité, de diplômés universitaires à la recherche de la sécurité d'un emploi public, souvent mal préparés et sans vocation particulière pour l'enseignement. Ces problématiques ne peuvent être résolues par le ministère de l'Éducation seul, elles nécessitent l'intervention de plusieurs acteurs institutionnels et notamment une collaboration étroite avec les ministères de l'enseignement supérieur et de la modernisation de l'administration qui fait malheureusement défaut.

La mise en place d'un dispositif de coaching des enseignants pourrait constituer un autre levier puissant permettant d'accroître l'efficacité des pratiques pédagogiques au sein des classes. Dans ce domaine, le Maroc pourrait s'inspirer de l'expérience en cours dans la ville de Shanghai. Peuplée de 23 millions d'habitants, Shanghai est arrivée première dans les deux derniers classements PISA (2009 et 2012), devançant tous les pays de l'OCDE. Le succès de Shanghai repose notamment sur un système exceptionnel de développement professionnel des enseignants. Un dispositif de coaching permettrait ainsi de compléter le système de formation continue pour combler les lacunes des enseignants marocains. À ce titre, l'initiative pilote menée par le ministère devrait être encouragée et disposer de l'appui nécessaire pour sa réussite et sa mise à l'échelle au niveau du Royaume.

Adopter une nouvelle gouvernance de l'école publique

L'expérience des réformes conduites en matière éducative dans de nombreux pays émergents le prouve, ajouter des classes, recruter des enseignants et augmenter les budgets dans un système inopérant n'est pas productif. Cette approche purement quantitative et superficielle ne peut que maintenir la courbe de progression des performances à un faible niveau. Pour faire progresser cette courbe de façon significative, des actions fortes sur l'offre éducative sont nécessaires. Elles devraient être centrées sur un meilleur service rendu à l'élève et l'organisation et le fonctionnement du système afin de le rendre plus efficace, plus transparent et plus efficient. Il s'agit notamment de : i) revoir les attributions et les responsabilités de tous les acteurs du système éducatif afin de rendre l'organisation plus efficace et plus réactive aux besoins des élèves ; ii) évaluer davantage et mieux les apprentissages pour responsabiliser davantage les acteurs et valoriser la qualité ; iii) impliquer davantage les parents pour qu'ils contribuent, aux côtés de l'institution scolaire, à l'amélioration de la qualité du système.

Il convient tout d'abord de réformer en profondeur la structure de l'école publique, notamment le mode d'organisation des ministères concernés, les attributions des instances de gestion centrale et régionale de l'éducation (académies, délégations, écoles), les modes d'allocation budgétaire des dépenses d'éducation ou encore les attributions des collectivités locales relatives aux écoles, afin de remettre l'école au centre du système. Les attributions actuelles des différentes instances de gouvernance de l'éducation scolaire ne permettent pas à l'école de jouer son rôle primordial pour garantir la qualité de l'enseignement. L'ensemble des décisions qui se prennent au niveau des organismes centraux ou au sein d'une délégation régionale ne contribuent pas forcément à améliorer la qualité du service rendu aux élèves dans les établissements. En revanche, renforcer le pouvoir de décision au sein de l'école, à condition que soient garantis les moyens humains, organisationnels et techniques, devrait permettre d'augmenter les chances de réussite de l'élève. Certains pays ont adopté le concept de la gestion au niveau de l'école (*School-Based Management*[8]). Ils l'ont mis en œuvre, non sans difficulté, mais en réalisant un gain considérable en termes de résultats à travers la mise en place d'un cadre de gestion plus proche du terrain, plus réactif et plus adapté aux besoins spécifiques des élèves. La mise en œuvre du SBM a nécessité une forte mobilisation pour transférer certaines responsabilités et attributions du sommet vers le terrain, c'est-à-dire, en direction des instances dirigeantes de l'école, à savoir le chef de l'établissement et ses adjoints, le conseil de gestion et le conseil pédagogique de l'école.

L'autonomie de l'école devrait être grandement renforcée et le directeur d'établissement devrait devenir le garant de la qualité et de l'efficacité pédagogique au sein de son établissement. L'autonomie de l'école, que ce soit en termes de planification et gestion des budgets, de recrutement du personnel, ou de l'évaluation des enseignants et des élèves devrait être une réforme prioritaire compte tenu des évaluations dans ce domaine (Banque mondiale 2015). Les attributions du chef d'établissement devraient être élargies afin de lui confier la responsabilité de certaines décisions qui sont aujourd'hui du ressort des délégations ou des académies, ce qui est inutile. Parallèlement, le système de nomination des directeurs devrait également suivre une procédure démocratique et transparente de nomination par une commission incluant parents d'élèves, acteurs associatifs et chefs d'entreprise partenaires de l'école concernée. De la sorte, le processus de promotion et de nomination du personnel éducatif pourrait plus efficacement soutenir les objectifs de performance fixés pour l'établissement.

Pour compléter ce nouveau schéma de répartition des tâches entre le ministère de l'Éducation nationale et ses partenaires dans la gestion des écoles, il est nécessaire de renforcer, par la négociation, les prérogatives des collectivités locales qui sont actuellement trop faibles. Conformément à la volonté de décentralisation administrative exprimée dans la Constitution de 2011, la réforme du système éducatif devrait permettre de confier aux élus locaux la responsabilité de la réalisation des constructions et la maintenance des établissements, à l'image de ce qui est pratiqué dans de nombreux pays développés et émergents. Les attributions du ministère de l'Éducation mériteraient d'être concentrées et recentrées sur les fonctions essentielles d'éducation et de gestion du corps enseignant et administratif.

Compte tenu de la situation actuelle, la réforme de la gouvernance de l'école publique marocaine ne pourra faire l'économie d'une révision du statut des enseignants. Certes, il s'agit d'une question sensible, que chaque gouvernement considère avec beaucoup de précaution. Mais dans l'enseignement scolaire, le statut d'établissement public de l'Académie régionale d'éducation et de formation (AREF) et les compétences élargies des nouvelles régions offrent une opportunité de réformer le statut des personnels en faveur d'une plus grande flexibilité.

Dans le cadre du nouveau statut de l'AREF, l'évaluation des enseignants devrait être effective et transparente et conditionner la progression de carrière de l'enseignant. Des mécanismes d'encouragement à l'innovation et à la performance devraient être introduits.

Quel que soit le système éducatif (public, privé ou mixte), la mesure objective de l'acquisition des connaissances et des compétences par les élèves est un outil essentiel de l'amélioration de la performance du système en même temps qu'elle répond au besoin d'information des parents sur la performance du système éducatif. Le Maroc ne dispose pas encore d'un système permettant d'évaluer et de fournir une information objective et régulière sur les acquis scolaires de ses élèves. Le déficit d'informations actuel explique en grande partie le manque de responsabilisation des acteurs et l'absence de réaction face à la dégradation continue de la qualité de l'enseignement. Réformer le système éducatif marocain passerait donc par la mise en place d'un système national robuste d'évaluation des apprentissages. Les nouvelles technologies de l'information et de la communication pourraient être utilisées pour mesurer en continu l'apprentissage et la consolidation des connaissances individuelles des élèves.

L'institutionnalisation de l'évaluation des élèves aurait pour vocation de responsabiliser tous les acteurs (personnel encadrant et enseignant notamment) et d'encourager la performance. La publication des résultats obtenus par les écoles dans les supports médiatiques appropriés permettrait d'informer les familles de la qualité de l'école de leurs enfants et constituerait une incitation forte à la performance pour les directeurs, les membres des conseils des établissements, les enseignants et les autres personnels éducatifs. Informer les parents constitue une première étape nécessaire permettant de les impliquer davantage et de développer une culture de la reddition des comptes au sein du système éducatif. Or, dans le cas du Maroc, les témoignages recueillis dans le cadre de l'enquête de terrain indiquent que, de manière générale, les associations de parents d'élèves ne jouent pas suffisamment leur rôle et souffrent de nombreuses faiblesses. Dès lors, les parents d'élèves, surtout dans les milieux défavorisés, sont très peu informés du fonctionnement de l'école, du parcours scolaire de leurs enfants et du comportement qu'ils pourraient adopter pour les aider à réussir. Or, il est possible de sensibiliser les parents, et notamment les pères, au fait que l'éducation est un investissement rentable pour leurs enfants[9].

Développer une offre éducative alternative

Améliorer l'écosystème et la gouvernance de l'éducation publique marocaine devra s'accompagner d'une action plus globale visant à encourager la performance et la reddition des comptes. Les mesures proposées plus haut devraient permettre au pays d'améliorer la qualité du système et du service rendu aux élèves. Mais la mise en œuvre de ces mesures ne sera ni simple ni rapide. Surtout, elle devra s'accompagner d'une autre réforme, elle aussi indispensable, qui consiste à promouvoir, en complément de la réforme du système public traditionnel, une offre éducative alternative qui s'inscrit pleinement dans la mission de l'État qui est d'assurer une éducation de qualité à tous les enfants marocains, tout en valorisant la liberté de choix et l'innovation.

L'une des actions fortes permettant de stimuler une offre éducative de meilleure qualité au Maroc pourrait consister à offrir aux familles un choix éducatif le plus large possible. Cette liberté de choix posséderait au moins trois avantages : elle permettrait de mobiliser des ressources additionnelles en faveur du système éducatif dans son ensemble, non seulement de la part des familles, mais aussi de la part d'investisseurs et d'autres acteurs privés ; elle offrirait une palette plus large de solutions éducatives qui permettrait de contenir les coûts subis par le système public, voire de les réduire et de garantir une meilleure utilisation de l'argent dépensé ; enfin, elle apporterait une liberté de choix favorisant la concurrence et la transparence, la bonne gouvernance et l'innovation, que ce soit dans la gestion des écoles, le choix des méthodes pédagogiques ou l'utilisation des nouvelles technologies. Naturellement, cette proposition visant à développer une offre éducative alternative ne peut être envisagée que si elle est conçue de manière à éviter toute sélection fondée sur la situation financière des familles, ce qui laisserait à l'écart les populations à revenu faible ou moyen. Le Maroc pourrait donc s'engager sur une nouvelle voie qui consiste à reconsidérer l'opportunité de la carte scolaire et encourager l'innovation en matière éducative tout en préservant le rôle joué par l'école pour préserver la cohésion sociale. De nombreuses approches ont été expérimentées à travers le monde au cours des dernières décennies (écoles à charte, chèques-éducation, écoles associées, école à domicile), avec des résultats généralement positifs en termes de résultats académiques, non seulement parmi les élèves concernés par ces formules alternatives, mais également chez les élèves des écoles publiques environnantes.

Promouvoir les « compétences du XXIe siècle »

Pour tirer les bénéfices de la révolution numérique en cours, l'école doit impérativement inculquer les compétences nécessaires pour prospérer dans l'économie de demain : collaboration, communication, habiletés sociales et culturelles, citoyenneté, et évidemment maîtrise des technologies de l'information et la communication (TIC). L'expérience indique que l'usage des TIC dans le domaine de l'éducation peut fortement soutenir la transformation de l'école et contribuer à atteindre plusieurs objectifs : i) améliorer la gestion des établissements scolaires ; ii) permettre aux enfants non scolarisés d'accéder à une forme d'éducation ; iii) offrir aux enseignants un accès additionnel à des programmes de formation aux meilleures pratiques de l'enseignement ; iv) favoriser une autre forme d'apprentissage des élèves via des programmes interactifs spécialisés et adaptés au niveau de chacun ; et v) augmenter la fréquence des évaluations des élèves pour mieux identifier les lacunes. En outre, il semble qu'un usage contrôlé des outils multimédias (radio, DVD, CD et autres média) renforce la motivation des élèves. Les expériences de pays aussi divers que l'Indonésie, le Népal ou le Mali illustrent la façon dont les TIC peuvent être utilisées pour améliorer la gestion et la gouvernance des établissements, la formation des enseignants et l'éducation des élèves ainsi que l'évaluation scolaire.

Plus généralement, l'amélioration de la connectivité et de l'usage des TIC dans le secteur de l'éducation contribue à accroître la qualification de l'offre de travail et à mieux répondre aux besoins des entreprises ce qui, à moyen terme, favorise l'emploi et la croissance économique.

Dans le cas du Maroc, les TIC sont porteuses de grandes promesses en matière d'amélioration de l'éducation, à condition qu'elles soient bien pensées et utilisées efficacement. La stratégie Maroc Numérique 2013 visait l'élargissement de l'usage des TIC dans l'enseignement public à travers plusieurs programmes d'envergure[10]. Toutefois, le développement des TIC ne peut se concevoir qu'en complément et parfois en soutien aux autres réformes de fond évoquées précédemment. Ainsi, dans certaines conditions, l'introduction des TIC peut contribuer à résoudre le problème de la formation ou de l'absentéisme des enseignants, soutenir l'évaluation des apprentissages et permettre d'enrichir le contenu des programmes, favoriser la lutte contre l'abandon scolaire et la réduction des écarts socio-culturels entre les enfants ainsi que la reproduction des inégalités. Compte tenu des enjeux et des améliorations potentielles qu'elles peuvent générer, les TIC devraient faire l'objet d'une stratégie nationale globale, dépassant les seuls aspects techniques ou technologiques, pour inclure un programme d'investissement et d'équipement des écoles, une formation adaptée des personnels d'enseignement, la production de contenus qualitatifs adaptés et des méthodes visant à faciliter l'introduction de ce nouvel outil au service des programmes et de l'amélioration des résultats scolaires, y compris en ce qui concerne les apprentissages fondamentaux.

2. Investir dans la santé pour une meilleure santé économique

Investir dans la santé – comme dans l'éducation – représente un coût, mais investir dans la santé aujourd'hui peut permettre d'améliorer la productivité future des individus : favoriser une meilleure santé de la population peut constituer un investissement dans une forme de capital (Schultz 1960 ; Becker 1962). Empiriquement, il est largement admis que l'amélioration des conditions de santé contribue à la croissance et au développement économique des nations. Cependant, tandis que le PIB rend compte des bénéfices résultant d'une productivité économique améliorée, il ne peut pas saisir toute la valeur immatérielle et intrinsèque d'une meilleure santé, à savoir la valeur de la santé en tant que telle. En 2013, la Commission Lancet sur l'investissement dans la santé a confirmé, preuves empiriques à l'appui, ce que l'on devinait déjà largement intuitivement : l'amélioration des conditions et de l'espérance de vie des hommes et des femmes recèle une valeur qui va bien au-delà du lien direct avec la croissance. Le « revenu total des rendements de l'investissement en santé dépasserait largement sa valeur utilitaire telle que mesurée par le PIB » (*The Lancet* 2013).

2.1 Santé générale et santé économique

Santé et développement économique sont intimement liés et il est raisonnable de penser que le lien de causalité puisse opérer dans les deux sens. Des individus en bonne santé sont plus à même d'apprendre, d'être productifs et d'investir dans leur propre capital humain – et celui de leurs enfants – puisqu'ils ont l'espoir d'une plus grande longévité et donc d'un plus long retour sur l'investissement. En retour, la croissance économique fournit les ressources potentielles à l'amélioration de la santé. Les pays (ou citoyens) à revenu élevé peuvent en effet dépenser davantage pour leur santé, que ce soit en termes de nutrition et d'hygiène, de prévention et de traitement ou d'équipement et d'infrastructure médicale. Les divers mécanismes par lesquels des améliorations de santé conduisent à un accroissement du PNB par habitant peuvent être résumés par le schéma suivant (voir figure 5.6).

Une amélioration de la santé et de la nutrition de l'enfant et de l'adulte a de multiples répercussions sur les revenus au niveau du pays ou des ménages, compte tenu des effets sur les capacités cognitives, l'éducation, la fertilité, la participation au marché du travail et la productivité des individus. Améliorer l'état de santé d'un pays peut provoquer d'autres effets sur les comportements, tels que faire évoluer les incitations à innover ou à utiliser les innovations disponibles si la valeur du travail change en raison de ces facteurs. Si les estimations concernant la mesure des effets positifs de la santé sur le développement économique sont variables, une estimation raisonnable, fondée sur l'ensemble de la littérature existante, laisse à penser que la santé compte pour 20 % à 30 % de la variation des revenus entre les pays. Trois mécanismes principaux expliquent cette variation : les effets de la santé sur le capital humain, tant à travers la productivité que la formation ; les effets démographiques et de la fertilité ; et les effets de la santé sur l'épargne et l'investissement, un allongement de l'espérance de vie grâce à une meilleure santé

Figure 5.6 Liens entre la santé et le PIB par personne

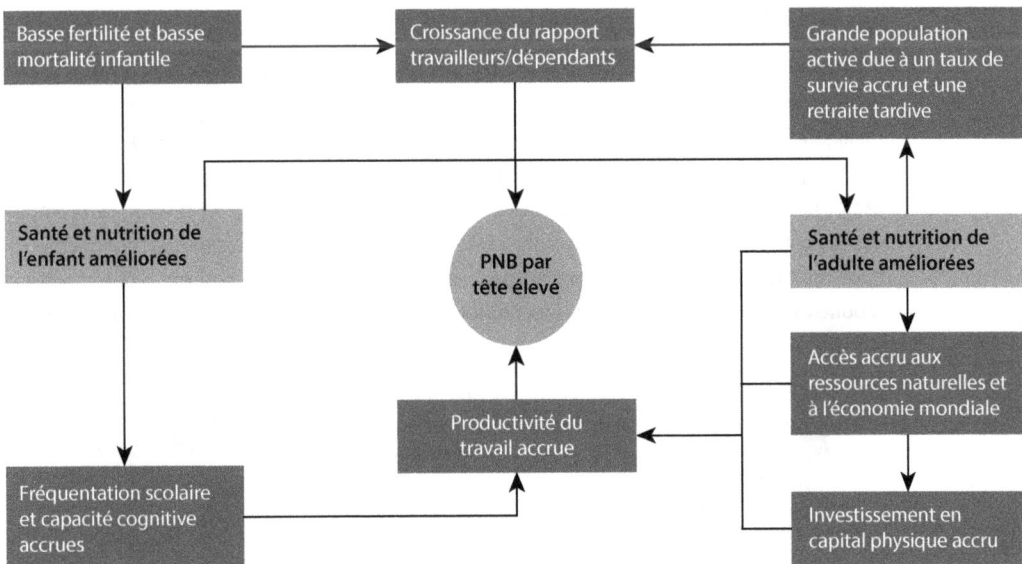

Source : The Lancet 2013.

permettant un plus long retour sur l'investissement du capital humain et donc une incitation à davantage épargner et investir.

L'effet économique de la santé se mesure également en termes de richesse et d'années de vie supplémentaires. Tandis que de nombreuses études microéconomiques et macroéconomiques mesurent l'impact des améliorations de santé sur la productivité économique et le PIB, elles ne rendent pas compte de la valeur intrinsèque que les personnes assignent à leur santé personnelle, y compris les sommes importantes qu'elles sont disposées à dépenser pour améliorer leurs conditions de vie ou de travail. L'expression « la santé vaut de l'or » est commune à de nombreuses cultures et pas seulement au sens figuré. Dans l'Enquête du Millénaire réalisée à l'occasion du Sommet du Millénaire des Nations Unies, être en bonne santé était le vœu numéro un des hommes et des femmes du monde entier. La peur de la maladie et d'un décès prématuré fait de la lutte contre la maladie l'une des principales préoccupations de toutes les sociétés et a motivé l'inclusion de la santé parmi les droits fondamentaux de l'homme en droit international. Cette même préoccupation ressort des enquêtes réalisées auprès des ménages marocains qui listent la santé, l'emploi et l'éducation des enfants parmi leurs principales préoccupations (HCP 2012).

L'estimation du « revenu total » d'un pays, au-delà du seul PIB, permet d'apporter une représentation plus exacte et complète de la valeur des investissements dans la santé. Une approche du revenu total associe la croissance du revenu national à la valeur que les personnes assignent à une espérance de vie accrue mesurée en années de vie supplémentaires (AVS) (voir encadré 5.2).

Encadré 5.2 Mesurer le « revenu total »

Imaginez deux pays qui disposent d'un PNB identique par personne, mais qui ont de grandes différences en matière d'état de santé. La population du pays A vit plus longtemps et est en meilleure santé que la population du pays B. Si le PIB par personne est la seule mesure de richesse utilisée, cette approche ne tient pas compte de la valeur monétaire de la meilleure performance du pays A. Le risque de mortalité réduit dans le pays A ne sera pas pris en compte dans la comptabilité du revenu national. Dès lors que l'on souhaite estimer les changements dans l'état de bien-être d'une population, cette incapacité à rendre compte d'une mortalité réduite est une omission majeure. La « comptabilité du revenu total » traite cette omission.

Source : *The Lancet* 2013.

Cette approche rend compte de la volonté des personnes à renoncer à un revenu, à un plaisir ou à un confort pour augmenter leur espérance de vie. En suivant une approche fondée sur le revenu total, il est estimé que près du quart de la croissance du revenu total des pays en développement entre 2000 et 2011 serait imputable aux gains liés au nombre d'années de vie supplémentaires.

Au-delà du PIB et du revenu total (lié à la valorisation des années de vie supplémentaires), la qualité de vie constitue un capital immatériel important mais difficilement mesurable. Le coût économique d'une maladie va au-delà des coûts directs et indirects liés aux dépenses de santé (consultations, hospitalisations, médicaments, transport, etc.) et des coûts d'opportunité (perte de productivité et de revenus). Il comprend en effet les coûts intangibles d'une maladie associés à la détresse, à l'anxiété, à la douleur et de manière générale à toutes les pertes de bien-être et de qualité de vie vécues par le patient et ses proches. Pour tenir compte de la valeur des années de vie avec une qualité de vie diminuée, l'espérance de vie corrigée de l'incapacité (EVCI) est un mode d'évaluation du coût des maladies mesurant l'espérance de vie en bonne santé, c'est-à-dire en soustrayant à l'espérance de vie le nombre d'années « perdues » à cause de la maladie, du handicap ou d'une mort précoce.

2.2 Bilan de santé du Maroc
Un bilan général en demi-teinte

Depuis son indépendance, le Maroc a connu une amélioration significative de ses résultats en matière de santé. Au cours des cinquante dernières années, la mortalité infantile, la mortalité juvénile et la mortalité maternelle ont sensiblement diminué et l'espérance de vie à la naissance a augmenté. La mortalité infantile est ainsi tombée de 145 pour 1 000 naissances vivantes en 1960 à 63 en 1990 et 24 en 2015, la mortalité infanto-juvénile a chuté de 240 pour 1 000 naissances vivantes en 1960 à 80 en 1990 et 28 en 2015 ; la mortalité maternelle a reculé de 317 pour 100 000 naissances vivantes en 1990 à 121 en 2010 et l'espérance de vie à la naissance est passée de 48 ans en 1960 à 75 ans en 2015 (Banque mondiale WDI). Comme pour d'autres pays de la région, ces résultats s'expliquent en partie par la phase de transition démographique que traverse le pays. Le Maroc connaît également une phase de transition avec une réduction de la part des maladies transmissibles et une augmentation de la part des maladies non transmissibles. Conjuguée à la réduction du taux global de mortalité, la part des maladies non transmissibles et des accidents dans la charge de morbidité a augmenté. Dans le même temps, l'urbanisation a progressé, les modes de vie ont changé et la prévalence des maladies transmissibles a diminué. La charge de la morbidité au Maroc montre clairement l'importance des maladies non transmissibles (diabètes, hypertension, etc.) (voir figure 5.7).

En dépit des progrès réalisés, les résultats sanitaires du Maroc ne sont pas à la hauteur du bilan affiché par des pays au niveau de développement socioéconomique analogue. Les ratios de mortalité maternelle et de mortalité infanto-juvénile restent très élevés et bien supérieurs au niveau que connaissent des pays de la région comparables (voir figure 5.8 et 5.9). Ces résultats sanitaires en demi-teintes sont notamment la conséquence d'une offre de soins insuffisante, inégalement répartie et qui ne satisfait pas la demande.

Une offre de soins insuffisante et précaire

Selon l'OMS (2012), le Maroc figure parmi les 57 pays du monde présentant une offre médicale insuffisante. Les ratios du nombre de médecins ou d'infirmiers pour 10 000 habitants ne satisfont pas aux normes internationales et restent inférieurs aux seuils critiques. Concernant les médecins, le ratio au Maroc est de 6,2 alors que l'Algérie, la Tunisie, la Libye et l'Espagne affichent des ratios respectifs de 12,1 ; 11,9 ; 19 et 37,1. Concernant les paramédicaux, le ratio se situe à 8,9 ; ce qui est proche du ratio en Mauritanie (6,7), mais loin derrière les ratios de l'Algérie, de la Tunisie, de la Libye et de l'Espagne (qui s'élèvent respectivement à 19,5 ; 32,8 ; 68 et 51,6). Le nombre de lits hospitaliers pour 10 000 habitants s'élève à 11, ce qui est faible en comparaison de l'Algérie, de la Tunisie, de la Libye et de l'Espagne (avec respectivement des taux de 17, 21, 31 et 32). En termes de santé mentale, le Maroc offre moins d'un lit pour 10 000 habitants contre 4,4 en moyenne au niveau international. En outre, le système de santé fait face à des problèmes de fonctionnement, tels que l'absentéisme, la double pratique et l'inadaptation des formations.

S'agissant de la composition de l'offre de santé et de l'allocation des fonds publics, les soins primaires sont traditionnellement défavorisés par rapport aux soins hospitaliers, notamment au niveau tertiaire. En 2010, 60 % des

Figure 5.7 Maroc : charge de morbidité, 2013

Maroc, hommes et femmes, tous les âges, DALYs

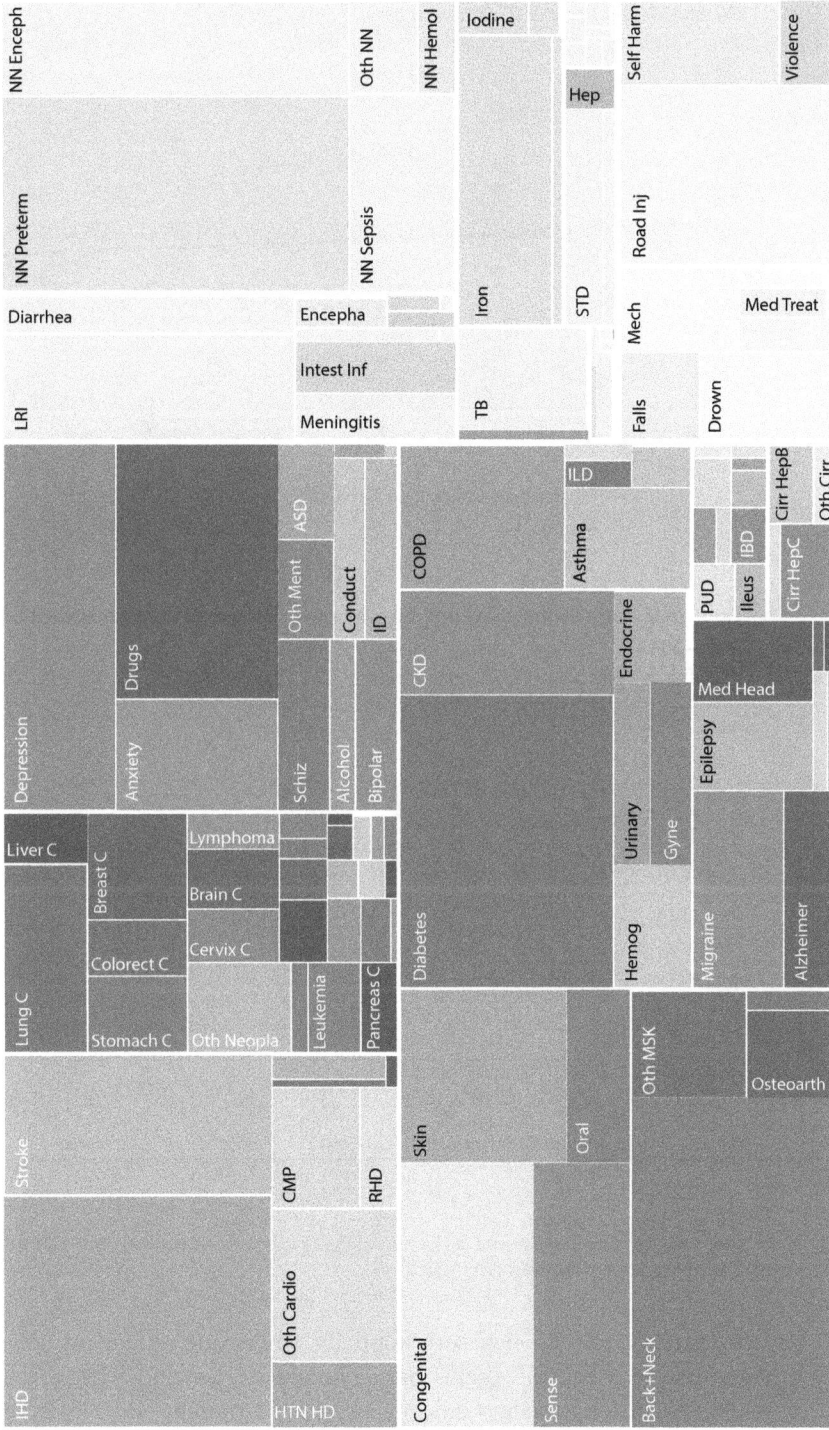

Source : Global Health Data Exchange. http://ghdx.healthdata.org/global-burden-disease-study-2010-gbd-2010-data-downloads.

Figure 5.8 Ratio de mortalité maternelle – Comparaison internationale, 2006–2015

(Nombre de décès pour 100 000 naissances)

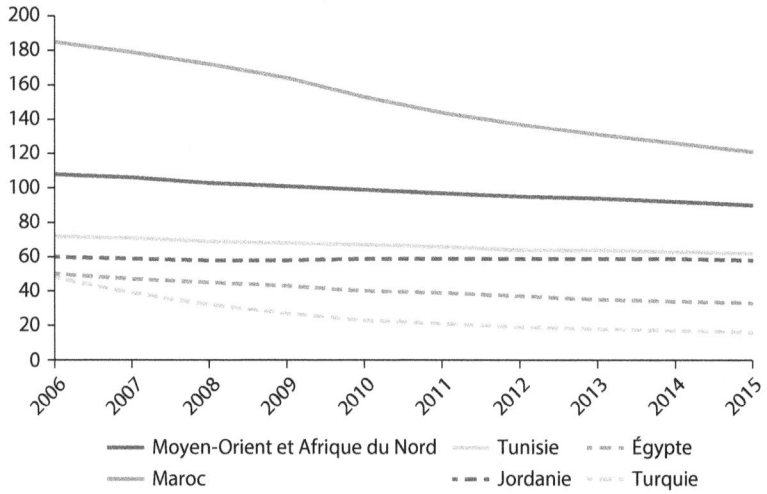

— Moyen-Orient et Afrique du Nord ⸺ Tunisie ⋯⋯ Égypte
⸺ Maroc ⸻ Jordanie ⋯⋯ Turquie

Figure 5.9 Ratio de mortalité infanto-juvénile – Comparaison internationale, 2006–2015

(Nombre de décès pour 100 000 naissances)

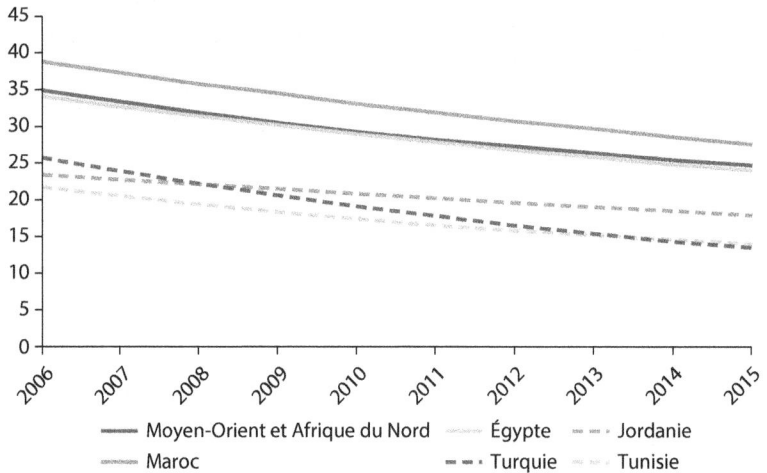

— Moyen-Orient et Afrique du Nord ⋯⋯ Égypte ⸻ Jordanie
⸺ Maroc ⸻ Turquie ⋯⋯ Tunisie

Source : IDM, Banque mondiale.
Note : Dans un souci de comparabilité, des bases de données internationales sont exploitées ici. Les données peuvent légèrement différer des données nationales.

investissements ont bénéficié aux hôpitaux tandis que seulement 5 % ont été alloués aux soins primaires. Plus particulièrement, les cinq hôpitaux universitaires (les Centres hospitaliers universitaires) ont représenté 19 % du budget total du ministère de la Santé et, entre 2005 et 2010, ils ont vu leurs subventions multipliées par 2,25 tandis que le budget global du ministère de la Santé n'était multiplié que par 1,7. L'importance historiquement accordée aux structures tertiaires au détriment des services de soins primaires et de prévention constitue un défi pour la viabilité financière du secteur à long terme, en particulier au moment où s'opère la transition épidémiologique et où le système est confronté au développement des maladies chroniques coûteuses. Il existe en outre un continuum limité entre les soins ambulatoires et les soins hospitaliers, ce qui complique le suivi des patients et génère des coûts inutiles.

Des disparités régionales sont constatées dans l'offre de soins de santé, notamment au niveau de l'allocation des ressources et de la répartition du personnel de santé. Tandis que le secteur public continue à fournir l'essentiel des services de soins de santé, le secteur privé se développe rapidement et de manière peu réglementée ou organisée[11]. L'accès aux services de santé essentiels est limité, surtout dans les zones rurales, où un faible taux de consultations est relevé. Plus que d'autres pays de la région, le Maroc affiche des inégalités fortes en termes d'accès aux soins de santé entre les régions, entre les zones rurales et les zones urbaines et entre les populations riches et pauvres (voir figure 5.10). Les ressources humaines en santé sont inégalement réparties, notamment à l'échelon primaire. S'il est reconnu que le système de santé du Maroc fait face à une pénurie de ressources humaines, il existe également un consensus concernant la répartition des ressources humaines, qui est inégale à travers le pays et ne correspond pas aux besoins de la population, en particulier dans les zones rurales. Le nombre moyen de personnes par médecin au Maroc est de 2 107 ; ce chiffre est multiplié par deux dans la région de Taza al Hoceima Tounate (4 201), tandis qu'il est divisé par deux dans la région du grand Casablanca. En outre, le nombre d'habitants par infirmier(ère) varie lui aussi de façon importante selon les régions, de 2 147 dans le grand Casablanca à 571 dans la région de Laâyoune-Boujdour-Saguía El Hamra. La formation médicale et paramédicale n'a pas été adaptée aux nouveaux besoins de la population et l'accès à la formation continue est limité et son

Figure 5.10 Accouchements assistés par zone et par niveau de revenu
(En pourcentage)

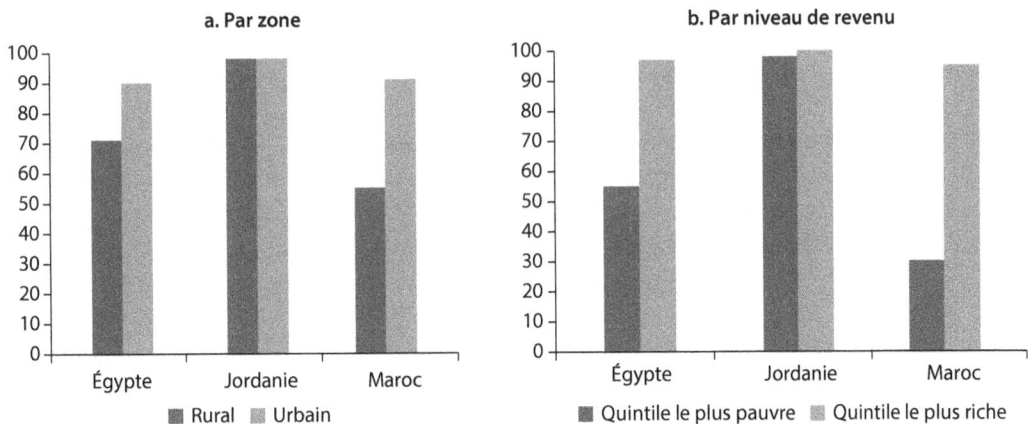

a. Par zone

b. Par niveau de revenu

Rural   Urbain

Quintile le plus pauvre   Quintile le plus riche

Source : Banque mondiale, 2012.

impact n'a pas été évalué. L'absentéisme du personnel est élevé et la capacité du ministère de la Santé à concevoir et à mettre en place des politiques de rétention et de gestion active des carrières reste limitée.

L'offre de soins souffre également de problèmes de gouvernance. Ces problèmes comprennent notamment une importante centralisation du système, un déficit de collaboration intersectorielle et un manque de coordination et de synergie des politiques publiques, une faible implication des usagers, collectivités locales et communautés dans la préparation et la mise en œuvre des programmes de santé, et enfin la pratique de paiements informels. Ces problèmes de gouvernance ont été documentés dans de nombreux rapports officiels et non officiels, tel que ceux du CESE, de la Cour des comptes, ou d'organismes comme l'Instance centrale de prévention de la corruption ou Transparency International. Depuis plusieurs années, le ministère de la Santé a fait de l'amélioration de la gouvernance une de ses priorités[12], mais sans avoir réussi, à ce jour, à modifier la situation en profondeur.

Une demande de soins insatisfaite

Il est en outre estimé qu'un quart des Marocains ne se font pas soigner lorsqu'ils sont malades. Cette proportion s'élève jusqu'au tiers de la population en milieu rural. De plus, seulement la moitié des accouchements des femmes résidant en milieu rural sont réalisés en présence de personnel médical qualifié, alors que ce taux est de 92 % pour les femmes résidant dans les zones urbaines. Au-delà de l'éloignement des centres de santé dans les campagnes, ces chiffres reflètent également les effets des différences d'éducation et de niveau de vie entre les populations urbaine et rurale sur la prise de décision lors de l'accouchement (ministère de la Santé 2011). Globalement, la demande de soins par personne est de 0,6 consultation médicale par an (comparé au taux moyen de 6,6 dans les pays de l'OCDE en 2011) et les personnes les plus pauvres représentent respectivement seulement 13 % et 11 % de la demande de soins dans les établissements de soins de santé primaires et à l'hôpital. Environ 90 % des décès maternels au Maroc seraient ainsi évitables. Les soins d'urgence obstétrique et néonatale sont prodigués dans moins de 30 % des accouchements compliqués (ministère de la Santé 2012). De la même façon, la pneumonie, les diarrhées et le paludisme ont représenté 43 % des décès des enfants de moins de 5 ans et la malnutrition a contribué à un tiers de leurs décès.

La couverture médicale est toutefois fragmentée et la population marocaine bénéficiant d'une couverture médicale reste aujourd'hui limitée. En dehors de la couverture médicale assurée par les ESSP, accessible à tous, la proportion de la population couverte par un mécanisme de financement mutualisé reste limitée. Le Régime d'assistance médicale (RAMED) exonère totalement des frais hospitaliers les populations pauvres et vulnérables. À la fin de 2015, environ 3,4 millions de foyers, soit près de 9 millions d'individus, avaient été reconnus éligibles au RAMED. L'assurance maladie obligatoire (AMO), qui devrait en principe couvrir le reste de la population salariée, a été développée à partir de 2005 et comptait environ 8 millions de bénéficiaires en 2013. Le premier produit d'assurance médicale destiné aux artisans, commerçants et professions libérales, l'Inaya, a fait l'objet d'un important phénomène de sélection adverse et le nombre d'adhésions est resté très limité. Au total, selon des estimations optimistes, uniquement 60 % de la population marocaine bénéficierait actuellement de ces modes de couverture. Ceci s'explique notamment par la part importante de l'emploi informel, par le faible taux d'affiliation des employeurs et salariés du secteur agricole, et par la couverture très limitée des travailleurs indépendants qui ne sont pas pauvres.

La part des dépenses directes des ménages reste en conséquence très élevée. Au Maroc, les dépenses publiques de santé s'élèvent à moins de 2 milliards de dollars annuellement pour une population de plus de 33 millions d'habitants. Certes, la part du budget alloué au secteur de la santé dans le budget de l'État a doublé depuis 2007 pour atteindre 5,7 % dans la Loi de finances 2016, mais elle reste bien au-dessous des niveaux observés dans d'autres pays comparables. La part des dépenses mutualisées dans les dépenses totales de santé n'atteint ainsi pas 35 % alors que la moyenne se situe aux alentours de 50 % pour les pays en développement de la région MENA. Conséquence d'une couverture médicale limitée, la part des dépenses restant à la charge des ménages demeure donc massive, ce qui contribue à des dépenses totales de santé limitées et à un état de santé insuffisant et inégalitaire comme précité.

Face à cette demande insatisfaite de services publics dans le secteur de la santé, les attentes de la population se font pressantes pour la mise en œuvre de réformes effectives. Cette attente vise en particulier l'amélioration de l'accès, de la qualité et de la répartition des services de santé. En effet, malgré les initiatives récemment lancées par les autorités pour étendre la couverture sanitaire et améliorer la gouvernance du système et la qualité des soins, le financement et l'organisation de la plupart des services de soins de santé demeurent fragmentés. Cette situation reflète la persistance du chevauchement des attributions et des responsabilités entre les prestataires et les payeurs, et les inégalités qu'il entraîne dans l'accès aux soins de santé. En outre, le faible niveau des dépenses publiques de santé et leur mauvaise répartition se traduisent, compte tenu de l'absence de système d'information intégré performant, par des inefficiences dans l'allocation et l'utilisation des ressources publiques, ainsi que par le niveau élevé des dépenses privées. Corriger les inégalités et les inefficiences actuelles représente un enjeu de justice sociale. En outre, une réorganisation profonde du système pourrait conduire à des gains économiques importants, tant au niveau individuel – en augmentant la productivité et en réduisant les dépenses restant à la charge des personnes – qu'au niveau de la population en général, en améliorant son bien-être, sa confiance en l'avenir et sa capacité à enrichir le capital humain dont le Maroc a besoin pour accroître sa croissance et sa prospérité.

2.3 Investir dans le capital santé

L'expérience internationale démontre que les réformes en matière de santé dépendent du contexte politique, du paysage institutionnel et de la conception et du champ des réformes proposées (Donladson 1994). Les questions de santé ne se résument pas aux choix techniques relatifs à la planification des infrastructures, des équipements et des services, à la fixation de priorités pour l'attribution des ressources ou à la gestion du personnel, même si tous ces sujets de gouvernance contribuent à l'efficacité globale du système. En amont, les questions de santé reflètent avant tout des choix politiques de société. Au niveau mondial, deux nouvelles tendances se font jour : d'une part, l'élargissement de la notion des droits du malade et de la responsabilité médicale du personnel soignant et, d'autre part, un lien plus fort entre la responsabilité des prestataires de soins et les résultats. Ainsi, la couverture sanitaire universelle[13] est de plus en plus adoptée par la loi ou citée dans les constitutions et se décline sous la forme de lois relatives aux droits des malades et à la qualité du système de santé. Ces lois visent à développer la démocratie sanitaire, à améliorer la qualité du système de santé et à mieux prévenir et compenser les risques sanitaires. Tout comme l'allocation efficiente des facteurs de production (capital et travail) dépend de la qualité des institutions d'appui au marché, la performance d'un système de santé dépend elle aussi largement de la qualité des institutions qui le gouvernent.

La nécessaire intervention publique

Le secteur de la santé n'est pas un secteur économique comme les autres. Alors que le Mémorandum prône principalement des solutions de marché pour allouer efficacement les ressources, le présent chapitre dédié à la santé pourrait également promouvoir des solutions de marché pour résoudre les problèmes que rencontre le système de santé. À l'image des autres secteurs économiques, l'offre et la qualité des services de santé devraient pouvoir évoluer et s'adapter à la demande, une demande qui elle-même devrait évoluer en fonction du prix et de la qualité des services offerts. Pourquoi le marché et la concurrence libre et non faussée ne permettraient-ils pas d'obtenir les mêmes progrès concernant l'accès, le prix et la qualité des services que ceux réalisés dans d'autres secteurs de services, comme par exemple la téléphonie mobile ? Alors que ces arguments sont certainement valides, il n'en demeure pas moins que la santé ne peut être commercialisée au même titre que les téléphones portables, pour la simple raison que s'il est socialement acceptable que le marché ne satisfasse pas les besoins de tous pour un smartphone (ou même un toit), il n'est pas socialement acceptable que le marché puisse exclure la vie. La vie et la mort ne sont tout simplement pas des marchandises ordinaires, ce qui justifie l'intervention du secteur public dans le secteur de la santé (Krugman 2009). Musgrove dénombre quant à lui neuf critères justifiant l'intervention du secteur public dans le secteur de la santé. Ces critères touchent à la fois des questions d'efficience économique (biens publics, externalités, coût catastrophique et coût-efficacité), des raisons éthiques (pauvreté, équité horizontale et verticale et devoir d'assistance) et des considérations d'économie politique (essentiellement liées aux demandes de la population (Musgrove 1999)).

Dans le cas du Maroc, il semblerait que tous les critères justifiant l'intervention de l'État s'appliquent. En particulier, de fortes disparités entre milieu rural et milieu urbain et entre catégories socioéconomiques caractérisent les indicateurs de santé (état de santé et accès notamment – voir ci-dessus). L'amélioration de la santé et la réduction des disparités peuvent par ailleurs générer d'importantes externalités positives. La demande publique pour une santé accessible à tous est en outre forte, compte tenu des attentes créées par l'introduction du droit à la santé dans la constitution et le développement du RAMED.

La stratégie des autorités de tutelle

La Constitution marocaine de 2011 reconnaît de façon explicite le « droit aux soins de santé » pour le peuple marocain. En particulier, l'article 31 stipule que « L'État, les établissements publics et les collectivités territoriales œuvrent à la mobilisation de tous les moyens à disposition pour faciliter l'égal accès des citoyennes et des citoyens aux conditions leur permettant de jouir des droits aux soins de santé, à la protection sociale, à la couverture médicale et à la solidarité mutualiste ou organisée par l'État ». S'appuyant sur une consultation nationale inédite dans le domaine de la santé appelée *Intidarat*, le Maroc a organisé une seconde conférence nationale sur la santé (la première s'étant tenue en 1959) en juillet 2013 afin d'établir un consensus sur le diagnostic des problèmes dans le domaine de la santé et d'organiser les réformes à venir. La conférence s'est appuyée sur une Lettre royale appelant à agir, sur une stratégie pour le secteur de la santé couvrant la période 2012–2016 et sur le Livre blanc pour le secteur de la santé.

Ces engagements nationaux ont été récemment renforcés par des engagements sur la scène internationale. La couverture sanitaire universelle constitue le troisième des objectifs pour les Objectifs du développement durable (ODD) adoptés en septembre 2015 par le Maroc et autres États membres de l'Organisation des Nations Unies. Elle est définie comme l'accès de toute la population aux soins essentiels de qualité selon ses besoins, sans conséquences financières catastrophiques, c'est-à-dire sans que le niveau de vie des patients diminue de façon démesurée ou qu'ils tombent dans la pauvreté.

Étendre la couverture médicale

L'extension de la couverture maladie (ou du financement mutualisé) se situe au cœur du projet de réforme du secteur de la santé au Maroc. L'extension de la couverture médicale constitue une composante essentielle de l'accès de tous aux soins essentiels selon les besoins, sans conséquences financières catastrophiques, c'est à dire sans que le niveau de vie des patients diminue drastiquement ou sans qu'ils tombent dans la pauvreté en raison de la maladie. Pour mesurer et étendre la couverture médicale, plusieurs dimensions doivent être prises en compte. La couverture médicale peut évoluer le long de trois axes (voir figure 5.11) : 1) la population (quelle est la part de la population dont les soins sont pris en charge collectivement ?) ; 2) les biens et services de santé essentiels (quelle est la part des biens et services essentiels prise en charge collectivement ?) ; 3) les coûts des biens et services de santé (quelle est la part des coûts prise en charge collectivement ?). La progression vers la couverture sanitaire universelle implique l'extension de la couverture médicale le long de ces trois axes. Les ressources étant systématiquement limitées, il est impossible de couvrir l'ensemble des coûts de 100 % des biens et services essentiels pour la

Figure 5.11 Schématisation de la couverture médicale au Maroc

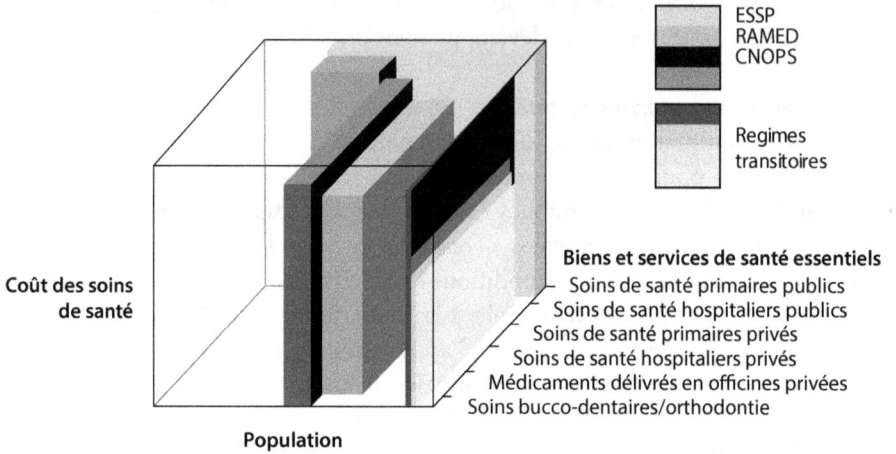

totalité de la population. Un arbitrage permanent doit donc être réalisé, les compromis étant fondés sur les besoins de soins de la population et les attentes des parties prenantes. L'extension de la couverture médicale implique une augmentation des ressources consacrées à la santé et/ou une amélioration des coûts unitaires des biens et services de santé.

L'extension de la couverture médicale implique une adaptation de l'offre de soins de santé. La mutualisation généralisée du financement des soins de santé est nécessaire pour l'accès de tous à des soins de santé essentiels de qualité. Elle n'est toutefois pas une condition suffisante. L'attention des responsables des politiques publiques de santé pourrait donc également porter sur la disponibilité et la qualité des biens et services de santé : disponibilité d'établissements sanitaires, équipement de ces établissements, présence de ressources humaines compétentes, disponibilité des médicaments essentiels, contrôle de la qualité. La mise en place de la couverture médicale universelle implique souvent d'opérer des investissements dans le secteur de la santé afin de développer l'offre de soins publique, mais également d'intégrer l'offre de soins libérale/privée (et en contrepartie de mieux la réguler).

Au Maroc, la première étape vers l'extension de la couverture médicale serait l'adoption par les diverses parties prenantes d'une vision globale cohérente. Une telle vision stratégique devrait tenir compte des diverses modalités de couverture actuelles (assurances publiques et privées et financement des soins par l'État), des différents types de soins (soins ambulatoires et soins hospitaliers, publics et privés) et de toutes les catégories de la population (travailleurs salariés et indépendants et libéraux et population pauvre et vulnérable). Un comité interministériel de pilotage de la réforme de la couverture médicale et un comité technique interministériel ont récemment été établis et placés directement sous l'autorité du chef du gouvernement. Cet arrangement institutionnel devrait leur conférer autorité et visibilité, et faciliter la coordination interministérielle nécessaire à l'élaboration d'une vision commune et cohérente de l'extension de la couverture médicale. Cette vision commune et cohérente devra nécessairement faire l'objet de consultations avec les autres parties prenantes, notamment la société civile, et en particulier les patients, les prestataires de soins (y compris les prestataires privés) et les assureurs privés. La représentation des usagers étant à ce jour limitée, une première étape pourrait consister à associer les associations de malades affectés d'une pathologie spécifique et les associations de consommateurs, en attendant une consolidation nécessaire de la représentation des citoyens usagers au Maroc.

Une autre dimension importante concerne l'harmonisation des régimes existants et à venir. Selon cet objectif, il serait nécessaire de définir un panier de soins essentiels/des prestations universelles en tenant compte non seulement des besoins et des attentes de la population (des études sur la demande – satisfaite et non-satisfaite – et sur les coûts des prestations aux différents échelons et dans les différents secteurs sont à cet égard requises), mais également des contraintes, y compris financières. Ceci implique en particulier que les régimes dédiés aux catégories non salariées, y compris le RAMED, couvrent à terme les soins essentiels assurés par le secteur libéral. Il serait nécessaire d'harmoniser également les taux de couverture/tickets modérateurs[14] et les taux des contributions[15]. En parallèle, des efforts d'extension de la couverture à de nouvelles catégories de la population sont indispensables. Il serait ainsi souhaitable que la couverture maladie obligatoire existante pour les salariés soit étendue aux travailleurs indépendants et libéraux du secteur formel. Concernant les salariés du secteur informel, il semble notamment nécessaire de renforcer les capacités de contrôle des organismes gestionnaires de la couverture des salariés et des agents chargés de l'inspection du travail d'une part, et d'élargir les critères d'éligibilité au RAMED d'autre part.

Améliorer l'efficacité allocative
Pour réaliser la couverture sanitaire universelle et renforcer le capital humain du pays, il faudrait que le Maroc investisse davantage dans la santé. Les crédits budgétaires devront évoluer en fonction des besoins réels, qui sont actuellement relativement mal connus du fait du manque d'informations sur l'état de santé et l'accès aux soins de la population. Les crédits budgétaires devront en outre suivre l'activité/les patients ou la population, au lieu d'être alloués en fonction des dépenses des années antérieures, elles-mêmes déconnectées de l'activité et des effectifs de la population. Des efforts ont été réalisés dans les années 2000–2010 pour améliorer l'efficience allocative, comme par exemple la contractualisation dans les hôpitaux et les régions ; mais ces efforts n'ont pas réellement abouti. En collaboration avec le ministère de la Santé, le ministère de l'Économie et des Finances a commencé à préparer un cadre de dépenses à moyen terme qui prévoit une augmentation de l'allocation budgétaire en faveur du ministère de la Santé pendant la période 2014–2016.

Des investissements spécifiques dans les établissements de soins, y compris les établissements de soins de santé primaires, sont indispensables. Les inégalités de santé et d'accès aux soins de santé sont complexes. Elles reflètent à la fois les

contraintes financières du côté de la demande et, du côté de l'offre, les déséquilibres géographiques et administratifs qu'implique le manque de ressources
matérielles et humaines des ESSP et de programmes ciblés efficaces. Pour réduire
ces inégalités, le gouvernement pourrait adopter une stratégie en deux volets.
Il s'agirait en premier lieu de comprendre les facteurs de risque et les maladies
qui affectent les personnes pauvres et résidant en milieu rural et, en deuxième
lieu, d'adopter une carte sanitaire nourrissant les décisions d'investissement.
Par ailleurs, les ressources humaines dans le secteur de la santé doivent être renforcées tant d'un point de vue qualitatif que quantitatif. Les capacités de formation des ressources humaines sont actuellement très limitées et des solutions
innovantes devront être explorées si le Maroc veut combler rapidement son
retard (par exemple, la réduction de la durée des formations, la redéfinition des
rôles du personnel médical et paramédical, etc.).

Dans le but d'améliorer l'efficacité des dépenses publiques pour la santé, le
gouvernement a récemment engagé une réforme budgétaire ambitieuse en
amorçant une budgétisation programmatique. Le ministère de la Santé fait partie
de la seconde vague de ministères appelés à mettre en œuvre la réforme de la
budgétisation axée sur les résultats, ce qui le conduit à restructurer son budget et
à utiliser un format programmatique et pluriannuel et à préparer un plan de
performance (objectifs et indicateurs). L'objectif est d'augmenter la transparence
et la redevabilité en matière d'utilisation des fonds publics, tout en accroissant la
souplesse de gestion et le souci de la performance tout au long de la chaîne de
prestation de services. La réforme budgétaire vise à renforcer le lien entre la
budgétisation et les priorités stratégiques, et à améliorer la transparence de l'allocation budgétaire à travers l'adoption d'une structure budgétaire programmatique ainsi que des objectifs et des indicateurs de performance budgétaire[16].

Prioriser les soins de santé primaires et la prévention

La prévention constitue un moyen indirect de libérer des ressources budgétaires
à moyen terme. Lorsque l'offre de santé s'adapte régulièrement aux priorités
sanitaires (telles que la prévention, la détection et le traitement du diabète,
de l'hypertension, des maladies cardiovasculaires et des cancers du sein et du col
de l'utérus), des économies peuvent être réalisées sur les traitements curatifs et
les ressources ainsi libérées réinvesties. Le Maroc est en pleine transition démographique et épidémiologique, ce qui engendre une augmentation du poids des
maladies chroniques, une évolution qui génère des coûts importants. Aujourd'hui,
les maladies non transmissibles (MNT) constituent déjà les premières causes de
décès, représentant 75 % de tous les décès au Maroc. Le diabète est la première
cause de morbidité (suivi par les complications chez l'enfant prématuré et les
cardiopathies ischémiques). Compte tenu des tendances mondiales, une augmentation de l'incidence des MNT à l'avenir est fort probable.

Pour améliorer la prévention, la détection et le traitement des MNT, il est
essentiel de renforcer l'offre de soins de santé primaires et le système de
référence. Une étude récente de la Banque mondiale a indiqué que plus de la
moitié de l'ensemble des patients (54 %) qui ont reçu des soins dans les hôpitaux

du Maroc ont directement utilisé ces services sans aucune référence préalable (Banque mondiale 2012). Développer l'utilisation des soins de santé primaire représente à la fois un potentiel de plus grande efficacité pour lutter contre l'incidence des MNT et un facteur d'économie considérable.

L'extension des services mobiles constitue une autre source d'efficacité budgétaire et d'amélioration des prestations sanitaires, notamment pour les populations défavorisées ou enclavées. De nombreux pays ont mis en place avec succès des équipes de santé mobiles pour améliorer l'offre de services de santé dans les zones rurales et isolées. Par exemple, des équipes mobiles intégrées ont été créées au Burundi. À l'origine, destinées à soutenir les services de planning familial et à lutter contre la violence à l'encontre des femmes parmi les populations en transition, elles ont ensuite été étendues aux soins anténataux, à la prévention et au traitement du paludisme, à la nutrition, à la consommation d'eau propre, aux vaccinations et aux services d'assainissement (USAID 2012). D'après les observations préliminaires, les équipes mobiles intégrées permettent de toucher un nombre important de patients masculins, une partie de la population qu'il est difficile aux établissements sédentaires d'atteindre. L'approche démontre un fort potentiel en termes de viabilité à long terme, dans la mesure où les activités de ces équipes sont désormais intégrées aux programmes de travail des districts de santé concernés et font l'objet d'une programmation mensuelle dans chaque district. Les données actuellement disponibles suggèrent qu'elles constituent un moyen efficace et très utile d'atteindre les populations en transition qui sont importantes et mal desservies. Au Nigeria, une évaluation a démontré que l'équipe de santé mobile développée dans la région d'Abuja fournit également avec succès des services de soins de santé primaire dans les zones rurales et isolées (UN 2013).

Renforcer la gouvernance du système de santé

La gouvernance actuelle du système de santé au Maroc ne fournit pas les incitations nécessaires pour promouvoir l'efficacité et la bonne gestion des ressources, assurer un meilleur accès aux soins et une meilleure qualité des prestations. L'expérience internationale suggère que la logique du système devrait évoluer vers des prestations de services tournées vers les besoins des patients et non plus vers la satisfaction des besoins bureaucratiques du système. Ceci suppose notamment i) une consolidation du système de financement de la santé ; ii) une réforme organisationnelle du ministère de la Santé ; iii) un renforcement de la redevabilité des acteurs ; iv) une plus grande motivation du personnel de santé ; et v) des systèmes d'information plus modernes.

L'extension de la couverture médicale nécessitera d'importantes réformes en termes de gouvernance du système de financement de la santé. En premier lieu, si la couverture médicale est généralement mixte (combinant financement par le budget de l'État, les cotisations sociales et les primes d'assurance), cette mixité doit s'intégrer dans un cadre cohérent et les différentes modalités de financement doivent être coordonnées. Deuxièmement, il est important de limiter la fragmentation de la couverture médicale. La fragmentation implique non seulement des disparités et des iniquités, mais également des inefficiences. Les coûts administratifs de la couverture médicale sont en effet sujets à des économies d'échelle. En d'autres termes, une structure institutionnelle intégrée et appuyée par un système d'information performant permet de réduire les coûts de gestion de la couverture médicale. Troisièmement, une attribution rationalisée des fonctions du système de santé est souhaitable, notamment la séparation des fonctions de gestion financière et de prestation de soins afin d'optimiser les ressources collectives. La séparation de ces fonctions permet notamment d'éviter que les organismes gestionnaires orientent leurs assurés vers leurs propres services de soins au détriment de services de soins externes plus efficients. La séparation des fonctions permet également à l'institution chargée du pilotage et de la régulation du système de santé (en général le ministère de la Santé) de remplir efficacement sa fonction, qu'elle tend souvent à négliger si elle est également en charge de la prestation de soins et de la gestion financière. À cette fin, la gestion des ressources du RAMED pourrait être confiée à un organisme gestionnaire (nouveau ou existant). Le ministère de la Santé pourrait, quant à lui, déléguer la gestion de ses établissements de santé ou les autonomiser et se concentrer sur ses fonctions de pilotage et de régulation. Ses capacités de régulation renforcées permettraient au ministère de la Santé d'assumer des fonctions cruciales de régulation et de contrôle de la quantité et de la qualité de l'offre de soins (publique et privée, y compris les médicaments et les produits de santé), de veille, d'animation des négociations multipartites et de promotion de la santé. Toutes ces fonctions permettraient d'améliorer l'efficience de la couverture médicale.

Il serait souhaitable que la refonte institutionnelle dans le secteur s'accompagne d'une réforme organisationnelle du ministère de la Santé (notamment sa déconcentration). L'audit technique du ministère de la Santé réalisé en 2004 dans l'optique de la décentralisation a conclu que, si la structure centralisée établie en 1994 pour répondre aux grands problèmes de santé qui se posaient avait été efficace, elle avait fait son temps et entravait désormais la gouvernance du secteur. En voici les raisons : i) cette structure centralisée est par essence une structure hiérarchique, mais fragmentée, ce qui gêne l'intégration à l'échelon central et la coordination avec les échelons inférieurs de l'administration du ministère de la Santé ; (ii) la séparation des services de soins ambulatoires et des services de soins hospitaliers empêche l'émergence effective d'une véritable première ligne, la continuité des soins et l'orientation efficace des patients ; iii) cette structure ne comprend pas de mécanisme ou d'unité administrative chargée de fonctions essentielles telles que la réglementation du secteur privé, la définition de normes, la délivrance de licences, la sous-traitance et l'audit technique ; et (iv) le cadre institutionnel ne favorise pas de séparation entre les fonctions de financement/ d'achat et de prestation des services.

Le secteur de la santé est confronté à des difficultés de gouvernance qui mettent en péril la redevabilité envers la population et l'égalité d'accès aux services de soins. Premièrement, il n'existe pas au Maroc de système généralisé de régulation et de contrôle des fournisseurs de soins de santé, en particulier de la qualité. Deuxièmement, il faudrait accroître la règle de droit et la discipline au sein des établissements de santé, en les rendant redevables envers la population et en enrayant la corruption. Cela suppose un fort leadership, c'est-à-dire des médecins chefs dynamiques, énergiques et visionnaires, un esprit d'équipe basé sur le sens d'une mission commune et une éthique collaborative, et une volonté de coordination entre les services locaux et régionaux du ministère de la Santé. Troisièmement, il serait souhaitable de généraliser les facteurs de qualité ayant démontré leur efficacité, au premier rang desquels le Concours qualité. Quatrièmement, dans la santé comme dans les autres services publics, l'amélioration de la gouvernance requiert une plus grande redevabilité de l'ensemble des acteurs, ce qui passe par la mise en place d'un système complet de gestion des doléances[17].

Faire que le personnel de santé soit motivé et compétent est important pour atteindre les objectifs d'amélioration des résultats. Il est prouvé que les incitations financières peuvent avoir certains effets positifs sur la performance du personnel en termes de productivité, mais aussi de qualité du service grâce notamment à un plus grand respect des normes professionnelles et à la prise en compte de la satisfaction des usagers ; les incitations peuvent également conduire à diminuer les taux d'absentéisme. Dans son principe, l'introduction d'incitations financières a été acceptée par les représentants des organisations du personnel de santé en 2011. Ceci crée un contexte favorable pour la mise en œuvre d'incitations à la performance, mais les détails concernant la conception de ces incitations doivent être définis et acceptés par toutes les parties prenantes y compris le ministère de l'Économie et des Finances. Il est aussi démontré que l'effet des incitations financières sur la motivation peut n'être que de courte durée si les incitations ne s'articulent pas avec des incitations plus immatérielles, telles que l'accès à la formation continue et à des possibilités de carrière attrayantes, une supervision de bonne qualité, une équipe de direction compétente et une évaluation qui récompense la performance de manière transparente et juste. Il est également reconnu que la motivation seule ne garantit pas des améliorations de la performance. Des facteurs plus matériels comme l'amélioration des infrastructures et l'accès aux équipements, aux médicaments et aux technologies modernes de communication, ainsi que des structures et des processus d'organisation favorisant l'efficience, comme la déconcentration des prises de décision et le travail en équipe, sont tout aussi importants.

Le fonctionnement efficace et efficient d'un système de santé moderne nécessite le développement d'un système d'information et de gestion sanitaire (SIGS) intégré. Au Maroc, la collecte des données dans certains domaines (par exemple en matière de pharmacovigilance et dans le cas de certains programmes verticaux comme la santé maternelle et infantile) et un plan directeur pour le développement d'un SIGS ont été mis en place dans les années récentes. Cependant, le plan directeur n'a pas été mis en œuvre et le SIGS reste largement basé sur un fonctionnement utilisant le papier, fragmenté et cloisonné. Chaque unité collecte ses propres données, souvent redondantes, ce qui crée une charge importante de rapports à réaliser par les services prestataires, avec une faible intégration des données au niveau central et peu de données utiles à la prise de décision médicale et administrative au niveau des établissements. Les statistiques nationales sont publiées avec un retard de deux ans et les décideurs politiques ne disposent pas de données vérifiées, fiables et complètes en temps voulu. Il n'existe aucune interopérabilité entre les systèmes d'information des principaux assureurs et le secteur privé ne participe pas au système d'information géré par le ministère de la Santé. Le manque de données contribue au manque de transparence et de redevabilité dans le secteur, les citoyens disposant de peu de recours pour soulever des questions d'accès, de qualité et de réactivité du système de santé. En outre, ce manque de données complique la tâche du gouvernement pour évaluer le succès des réformes en cours ou de celles prévues qui visent à réduire les inégalités et à améliorer la qualité des services dans le secteur de la santé.

La création d'un système SIGS informatisé serait une priorité pour améliorer les performances du secteur de la santé au Maroc (Kyu et Michelman 1990). Cette priorité est reconnue par les autorités et affichée tant dans le Livre blanc que dans la stratégie sectorielle pour 2012–2016. Sur le plan des solutions technologiques, l'expérience de nombreux pays devrait conduire le système à s'articuler autour des modules suivants : les rapports, la gestion d'établissement ; la gestion des patients (dossiers électroniques du patient) ; la référence ; l'évaluation de la qualité ; et l'analyse des données aux niveaux provincial, régional et central, et les systèmes de rapport, de même que la base de données centrale (Chetley 2006). Au-delà des solutions technologiques, le succès de la mise en œuvre du système sera en grande partie conditionné par les facteurs de gouvernance et de comportements, notamment la participation, la sensibilisation et la responsabilisation des parties prenantes, mais aussi par le développement des capacités humaines et par la prise en compte des aspects sociaux et culturels ainsi que des contraintes financières et budgétaires.

3. Prioriser la petite enfance comme socle du capital humain

L'attention portée au développement de la petite enfance (DPE) constitue le socle sur lequel s'opéreront les meilleurs retours en termes d'investissement dans le capital humain. Investir dans la petite enfance, notamment de la part des parents et des communautés en termes de temps et d'attention, est essentiel, non seulement pour protéger les droits des enfants et réduire les différentes formes d'exclusion, de déterminisme et d'inégalités sociales, mais aussi pour accroître l'efficience économique, la productivité et l'accumulation de richesse d'une nation à long terme.

3.1 Dimension économique de l'investissement dans la petite enfance

La période de la petite enfance est cruciale pour le développement futur de la personne. La petite enfance se réfère à la période durant laquelle nombre de changements cruciaux et rapides marquent le développement des jeunes enfants, lesquels sont tout particulièrement réceptifs à leur environnement au cours de cette période de la vie. Qu'elles soient sereines ou perturbées, les conditions de vie des jeunes enfants auront des répercussions durables sur leur évolution physique, cognitive, sociale et psychique. Leur réussite scolaire, leur état de santé à l'âge adulte et leur productivité sur le marché du travail dépendront en grande partie de la qualité de l'investissement dans la petite enfance. Ainsi, la protection et le soutien reçus au cours de la petite enfance jouent un rôle fondamental dans la lutte contre l'exclusion sociale puisque la pauvreté et les inégalités à l'âge adulte découlent souvent des inégalités rencontrées au cours de cette période de la vie.

Compte tenu du caractère déterminant des conditions de vie au cours de la petite enfance, les investissements réalisés au cours de cette période peuvent générer des retours économiques bien plus importants que les actions menées à un âge plus avancé (voir figure 5.12). Les carences accumulées au cours de la petite enfance en termes de sécurité, d'affection, d'éveil et de stimulations sont plus pénibles, plus coûteuses et souvent difficiles à compenser plus tard. Un développement sain des jeunes enfants est donc un investissement précieux à plus d'un titre : il constitue un moyen de garantir la santé, la réussite et le bien-être des individus à long terme, tout en contribuant à la réduction des inégalités.

Figure 5.12 Taux de rendement de l'investissement dans le capital humain par âge

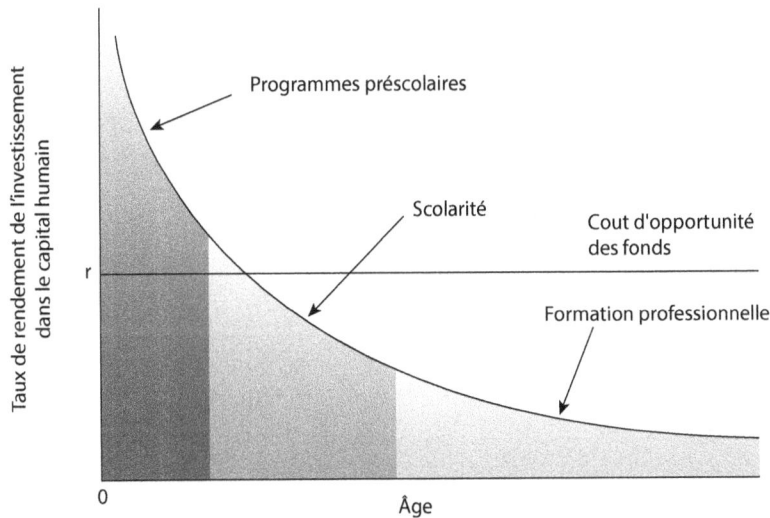

Source : Carneiro et Heckman (2003).

3.2 Protection et éducation de la petite enfance au Maroc

Il est difficile d'évaluer précisément la situation du développement de la petite enfance au Maroc en raison du manque d'information. Certaines dimensions sont mieux mesurables que d'autres grâce à la fréquence des données disponibles (par exemple données concernant la mortalité). D'autres aspects, tels que les performances en termes de développement cognitif et non cognitif ou l'engagement des parents vis-à-vis de leurs enfants, sont aussi extrêmement importants, mais beaucoup plus difficiles à évaluer. Dans la présente section sera abordé l'état du développement de la petite enfance au Maroc dans les domaines de la santé et de la survie du jeune enfant, de la nutrition, du rôle des parents, de l'apprentissage précoce et de la lutte contre les inégalités[18].

Les progrès réalisés en termes de soins de santé au profit de la petite enfance ont permis de réduire la mortalité infantile. Le nombre de décès dans la première année de vie est passé de 38 à 27 pour 1 000 naissances entre 2003 et 2012. Comme indiqué au chapitre précédent, ce taux de mortalité infantile reste cependant élevé et sensiblement supérieur à la moyenne de la région MENA (24 décès pour 1 000 naissances). Ainsi, une majorité d'enfants issus des familles les plus pauvres et des zones rurales ne bénéficient toujours pas de la protection et de l'éducation nécessaires. En particulier, les soins post-natals sont très insuffisants. En 2011, seuls 22 % des naissances ont fait l'objet de soins post-natals. Or, des investissements supplémentaires dans ce type de soins généreraient des rendements substantiels en termes de bonne santé et de survie du jeune enfant, car la majorité des décès néonatals sont évitables.

Le Maroc souffre d'insuffisances importantes concernant les vaccinations et le traitement des maladies du nourrisson. Les enfants des familles les plus pauvres et issus des zones rurales en particulier ont sensiblement moins de chances de bénéficier d'une couverture vaccinale, ce qui augmente le risque d'épidémies, de maladies, de troubles de la santé et du développement, et de décès. Les taux de couverture vaccinale ont même eu tendance à légèrement reculer au cours de la dernière décennie puisqu'ils étaient plus élevés en 2003 (autour de 90 %) qu'en 2011 (87 %). Compte tenu des rendements très élevés de la vaccination, l'augmentation des taux de vaccination afin d'enrayer les épidémies semble être une priorité.

Malgré des progrès notables, un grand nombre de jeunes enfants marocains continue de souffrir de malnutrition, notamment en milieu rural. En 2011, le nombre d'enfants ayant un retard de croissance s'élevait à 15 % au niveau national (contre 23 % en 2003) et plus de 20 % en milieu rural. Ces enfants ont également un plus grand risque de souffrir d'insuffisance pondérale (4,3 %) ou d'émaciation (3 %). À l'âge adulte, les enfants souffrant de ces retards seront plus susceptibles de connaître des déficits cognitifs, de sérieux problèmes de santé, une productivité plus basse et des revenus moins élevés. Les carences en micronutriments et vitamines constituent une autre menace au bon développement de l'enfant : en 2006, seuls 20 % des enfants marocains vivaient dans des foyers consommant un sel suffisamment iodé. Par ailleurs, certains soins dispensés par les parents sont également déterminants pour la santé et la nutrition des jeunes enfants, notamment l'allaitement et le traitement de la diarrhée. Or, au Maroc, seuls 28 % des enfants sont exclusivement allaités jusqu'à l'âge de six mois. L'hygiène, notamment à travers l'accès à l'eau potable et à l'assainissement, et certains gestes de la vie quotidienne comme le lavage des mains, joue aussi un rôle primordial dans la prévention des maladies et l'amélioration de la nutrition. En dépit de l'amélioration considérable de l'accès à l'eau et aux services d'assainissement, moins de 40 % des ménages ruraux sont raccordés au réseau d'eau potable (robinet dans le lieu d'habitation) et moins de 3 % ont accès à un réseau public d'assainissement (HCP 2015).

Les stimulations et soins parentaux sont peu pratiqués alors qu'ils constituent des facteurs essentiels du développement physique, social, émotionnel et cognitif de l'enfant. Ils doivent être dispensés aussitôt que possible après la naissance. Bien que cet aspect soit rarement évalué, les données disponibles suggèrent que le Maroc souffre d'insuffisances dans ces domaines et que la situation ne connaît pas d'amélioration notable au fil du temps. Le pourcentage d'enfants marocains participant à des activités de développement aurait chuté de 48 % en 2006 à 34 % en 2011, un chiffre inférieur à celui de l'Irak (58 %) et de la Tunisie (71 %) et légèrement supérieur à celui du Yémen (33 %). Ce constat s'expliquerait en partie par l'implication limitée des pères dans l'éducation de leurs enfants : seuls 58 % d'entre eux participent à au moins une activité avec leurs enfants. Par ailleurs, seulement 21 % des jeunes enfants vivent dans des familles qui possèdent au moins trois livres et 34 % ne disposent pas de jouets à la maison alors que la lecture et le jeu sont essentiels à leur développement.

La discipline violente est un obstacle supplémentaire au bon développement de l'enfant. Par discipline infantile violente, il est entendu non seulement les châtiments physiques et corporels plus ou moins violents, mais aussi les agressions psychologiques, par exemple le fait de s'adresser à l'enfant en criant, hurlant ou vociférant. La discipline violente constitue une violation des droits de l'enfant et nuit gravement à son développement physique, émotionnel, social et cognitif. Au Maroc, pas moins de 90 % des jeunes enfants ont subi des violences au cours du dernier mois et sur 50 pays en développement, le Maroc affiche le 11e taux le plus élevé de discipline violente (El-Kogali et Krafft 2015).

L'éducation dès la petite enfance constitue un tremplin pour le développement social, émotionnel et cognitif de l'enfant et pour sa préparation à la scolarisation. Autrefois, le Maroc enregistrait des taux relativement élevés de préscolarisation (pic de 65 % d'enfants préscolarisés en 1998) essentiellement dus au secteur dit traditionnel (Kouttab, M'sid), mais récemment ces taux ont eu tendance à stagner ou à décroître légèrement, notamment pour les jeunes garçons. Outre les écoles maternelles formelles, auxquelles ils peuvent accéder jusqu'à deux ans avant le primaire, les enfants peuvent bénéficier d'autres formes d'éducation préscolaire telles que les crèches et les garderies. Toutefois, le Maroc ne dispose pas d'informations permettant d'évaluer le taux d'accès des enfants à ces structures ni leur qualité.

Par ailleurs, dès leur plus jeune âge, les enfants marocains sont confrontés à de profondes inégalités. Ces disparités sont particulièrement préoccupantes car, avant même de savoir marcher, les enfants marocains empruntent déjà des trajectoires très différentes et qui seront déterminantes pour le reste de leur vie. Ces inégalités résultent tout autant des inégalités d'accès aux prestations de services publics que des niveaux sociaux culturels et d'investissement des familles dans leurs enfants. Ainsi, en dépit du fait que l'iodation du sel est obligatoire sur tout le territoire national en vertu de la loi, il est observé qu'un enfant originaire de la région du Tensift n'a que 3 % de chances de grandir dans un foyer utilisant un sel suffisamment iodé, contre 25 % pour un enfant de la région Centre-Nord (voir figure 5.13).

Figure 5.13 Maroc : enfants consommant un sel suffisamment iodé, par région
(En pourcentage)

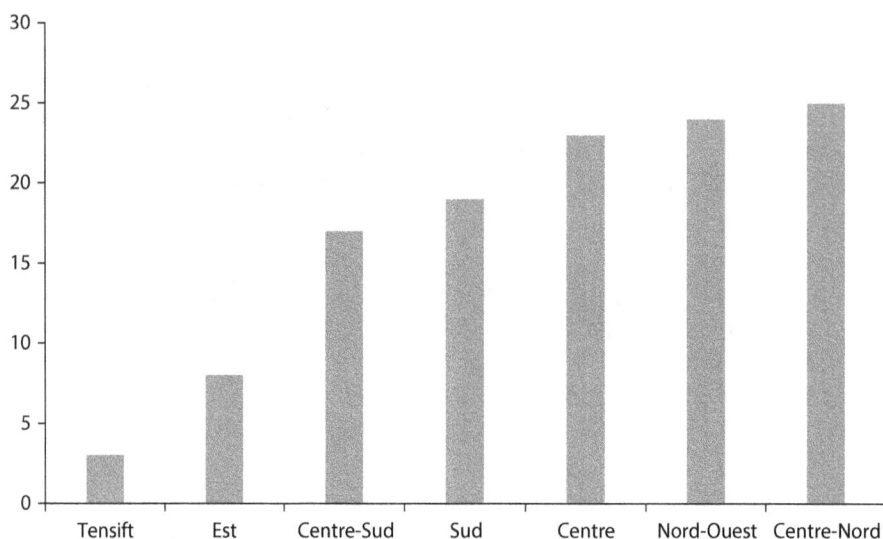

Source : El-Kogali et Krafft. (2015), d'après l'ENIMSJ 2006/2007.

3.3 Investir dans la petite enfance

Le développement de la petite enfance au Maroc est caractérisé par des carences et des inégalités considérables qui constituent un obstacle de taille – même s'il est largement immatériel et invisible au développement économique et social du pays. Que ce soit sur le plan des droits de l'Homme, de l'égalité des chances ou encore de l'efficacité économique, il semble crucial de veiller à ce que tous les enfants marocains puissent bénéficier d'une meilleure protection et attention lors de la petite enfance. Ceci nécessite des efforts en termes d'information publique, de coordination des programmes de l'État, de qualité des investissements et de responsabilité parentale.

Lancer des campagnes de sensibilisation et d'information du public

Même lorsque les parents gardent à l'esprit les intérêts de leurs enfants et bénéficient des ressources nécessaires, ils n'ont parfois pas accès aux informations qui leur permettraient d'effectuer les meilleurs choix pour leurs enfants. Une étude menée auprès de parents marocains a révélé que ces derniers avaient souvent une conception erronée du développement précoce (Zellman, Karam et Perlman 2014a et 2014b). En effet, alors que le développement sensoriel commence durant la période prénatale, que le développement cérébral lié au langage atteint son point culminant avant la fin de la première année et que le développement cérébral lié aux fonctions cognitives supérieures atteint son point culminant à trois ans, les parents marocains pensent que les développements sensoriel et cérébral commencent plus tard et que leur impact sur ce développement n'intervient que lorsque l'enfant est plus âgé. Seuls 15 % des parents sondés identifient correctement la période prénatale comme marquant le début du développement

Figure 5.14 Maroc : connaissances des parents relatives au DPE
(En pourcentage)

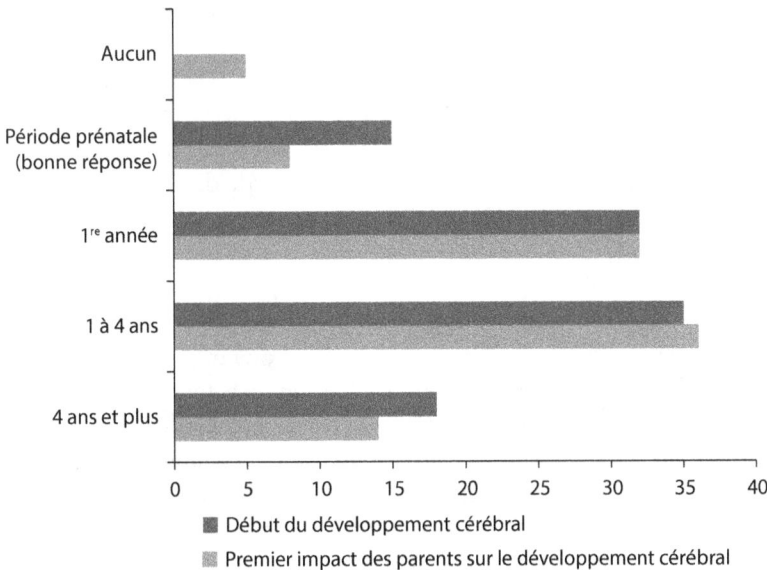

Source : d'après Zellman, Karam et Perlman 2014.

cérébral. De même, seuls 8 % des parents estiment correctement que leur propre impact sur le développement cérébral de leur enfant commence dès la période prénatale (voir figure 5.14).

Après la naissance d'un enfant, il est vital de mieux informer les parents sur les pratiques nutritives idoines (allaitement, introduction d'une alimentation complémentaire, traitement de la diarrhée, etc.) et sur les questions sanitaires et d'hygiène générale. Des campagnes d'information systématiques pourraient avoir un impact considérable sur la prise de conscience par les familles de l'importance de l'attention à porter aux enfants en bas âge. Elles pourraient aider les parents à améliorer leurs pratiques nutritionnelles et corriger certaines pratiques inappropriées souvent mises en œuvre avec les meilleures intentions du monde. À titre d'exemple, une étude récente menée en Jordanie a révélé que les parents introduisaient des suppléments alimentaires trop tôt, croyant ainsi stimuler la croissance de leurs enfants (Obeidat et al. 2014). La même situation est susceptible de se produire au Maroc et des enquêtes approfondies seraient nécessaires pour évaluer l'importance de ce phénomène.

Les campagnes de sensibilisation et les messages adressés aux familles et aux communautés auraient un impact plus important s'ils étaient formulés en tant que sujets de santé publique. Par exemple, après avoir enquêté sur les connaissances, les attitudes et les pratiques de sa population, l'archipel des Maldives a mis en place un programme distinguant une douzaine de messages clés sur le développement de la petite enfance que l'ensemble des médias a ensuite diffusé dans la population (par exemple le rôle du jeu et des pratiques quotidiennes pour favoriser l'apprentissage des enfants (Naudeau et al. 2011)). En suivant la même démarche, le Maroc pourrait facilement identifier les lacunes existantes au sein des communautés et des familles, et fournir les informations permettant de les combler et de modifier les comportements afin que les familles soutiennent avec plus d'efficacité le développement et l'éveil de leurs enfants. Par exemple, une familiarisation aux vertus de la discipline positive permettrait aux parents, aux enseignants et aux éducateurs de considérer un ensemble d'outils et de méthodes ni permissifs ni punitifs permettant de développer chez l'enfant l'auto-discipline, le sens des responsabilités, l'autonomie, l'envie d'apprendre et le respect mutuel (Nelsen 1981).

Mieux coordonner les programmes et politiques publics

L'un des principaux défis posés par la priorisation de l'importance de l'attention à apporter à la petite enfance est son caractère intersectoriel : le paysage actuel des organismes et des programmes et politiques en matière de gestion de la petite enfance est fragmenté au Maroc. Aucun organisme n'assume la coordination des programmes en faveur de la petite enfance. Les responsabilités et les programmes sont dispersés entre divers ministères et impliquent également des composantes non négligeables de la société civile et du secteur privé, ainsi que les actions des communautés et des familles. Le Maroc aurait à gagner à identifier un organisme unique – qu'il s'agisse d'un ministère ou d'un conseil de coordination de haut niveau entre les ministères – dont la mission consisterait à définir la vision et les objectifs du pays en matière de protection et d'appui à la petite enfance (avec des indicateurs et des objectifs clairement définis), une stratégie pour atteindre ces objectifs et un processus d'évaluation des progrès.

Investir dans un préscolaire de qualité

Compte tenu de l'importance avérée du développement des enfants lors des premières années de vie et des rendements élevés générés par des interventions précoces, il conviendrait d'accorder aux investissements publics en matière de petite enfance une priorité plus élevée qu'à ceux réalisés dans les étapes ultérieures du développement. Les investissements publics dans ce secteur pourraient également jouer un rôle essentiel dans l'égalité et la promotion des droits humains. Par exemple, il est largement reconnu que le développement de l'éducation publique préscolaire constitue le moyen le plus efficace de réduire les inégalités et les déterminismes sociaux. Les programmes d'appui à la petite enfance peuvent réduire les écarts entre les enfants riches et pauvres dès l'entrée à l'école. En investissant davantage dans ce secteur, le Maroc pourrait pallier les défaillances du marché qui conduisent à une offre insuffisante du secteur privé et capter des bénéfices importants.

Pour autant, bien qu'une intervention publique soit pleinement justifiée, l'État ne doit pas pour autant être le seul ou même le principal prestataire de services. Des établissements de soins privés peuvent aussi proposer des vaccinations payantes ou subventionnées par l'État. Le rôle principal de l'État devrait consister à assurer une couverture de l'ensemble du pays quelle que soit la

situation des enfants et indépendamment des modalités et des moyens utilisés. Dans certains cas, il est possible de réaliser des économies substantielles dans les dépenses réalisées par le secteur public, par exemple en organisant régulièrement des « journées de la santé de l'enfant » et des campagnes de vaccination dans tout le pays. Dans d'autres cas, le secteur privé peut représenter le prestataire le plus efficient.

Pour optimiser l'impact des interventions publiques dans le domaine de la petite enfance, il est essentiel de développer une approche qualitative autant que quantitative. L'amélioration de la qualité des services à l'enfant peut se révéler une tâche ardue, mais elle peut aussi permettre de mobiliser des ressources existantes. Les pouvoirs publics sont en mesure d'assurer la qualité des interventions en édictant des normes appropriées. Par exemple, dans le cadre de l'élaboration d'une stratégie intégrée de l'éducation préscolaire par le ministère de l'Éducation, l'établissement de normes et de programmes constitue un élément important pour garantir la qualité, l'utilité et la pertinence des investissements dans l'éducation préscolaire. Des efforts similaires du ministère de la Santé visant à établir des normes de qualité pour les protocoles de soins prénatals ou postnatals et les visites de santé de l'enfant pourraient permettre d'incorporer des éléments importants de protection de la petite enfance, tels que le dépistage de la malnutrition chez les femmes enceintes ou la diffusion de messages sur le développement infantile.

Impliquer et associer les parents

Aucune initiative ou programme public ne peut cependant remplacer un engagement plein et de qualité des parents à l'éducation de leurs enfants. Dotés
d'une formation minimale et ayant bénéficié de messages appropriés, les
parents peuvent consacrer la même quantité de temps et d'efforts à leur rôle
d'éducateur qu'ils consacrent actuellement, tout en ayant un impact beaucoup
plus important sur le développement de leurs enfants. Les communautés
peuvent également jouer un rôle important en communiquant des informations
et des messages sur la petite enfance et en invitant les familles à changer de
comportement. Le programme jordanien « Améliorer le rôle des parents »
constitue un bon exemple de mobilisation des parents grâce à l'information.
Partant du principe que les parents ne peuvent pas tout savoir sur le développement de l'enfant, le programme aide à les sensibiliser sur une variété de
dimensions, parmi lesquelles figure notamment le rôle du père. Le Maroc pourrait chercher à adopter ce modèle intéressant afin d'améliorer les compétences
des parents et de mobiliser plus efficacement leurs efforts au service du développement de leurs enfants.

Notes

1. « Les activités qui influencent les revenus monétaires futurs, qu'ils soient de type
   monétaire ou de type non monétaire, sont désignées par l'expression d'investissement
   en capital humain. Les nombreuses formes que peuvent revêtir ces investissements
   incluent : l'éducation scolaire, la formation professionnelle sur le tas, les soins
   médicaux, les migrations, la recherche d'informations sur les prix et les revenus. » Gary
   Becker, *Human Capital*, N.Y, 1964.

2. Citation de Klaus Schwab à l'occasion de la publication de l'Indice sur le capital
   humain 2015 par le Forum économique mondial. Voir portail du Forum économique
   mondial.

3. Tout au long de leur scolarité, ces étudiants ont pourtant cumulé plus de 2 000 heures
   d'enseignement de français (huit heures par semaine au niveau primaire, quatre heures
   au collège et deux heures au lycée). Or, selon l'avis d'experts, le niveau élémentaire
   peut être atteint après seulement 200 à 300 heures de cours réguliers.

4. En 2000, le secteur privé concentrait seulement 4,7 % des effectifs scolarisés au Maroc,
   contre 13,6 % en 2013. En milieu urbain, ce chiffre atteint aujourd'hui plus de 20 %.

5. D'après l'étude de la Banque mondiale sur le climat d'investissement, réalisée en
   2008, environ 31 % des entreprises ayant participé à l'enquête ont identifié la faiblesse
   des compétences de la main-d'œuvre comme l'une des contraintes majeures pour
   faire des affaires au Maroc.

6. L'évaluation formative intervient au cours d'un apprentissage ou d'une formation, qui
   permet à l'élève ou à l'étudiant de prendre conscience de ses acquis et des difficultés
   rencontrées et de découvrir par lui-même les moyens de progresser. L'évaluation sommative intervient au terme d'un processus d'apprentissage ou de formation afin de
   mesurer les acquis de l'élève ou de l'étudiant, notamment lors du passage d'un cycle
   éducatif au cycle suivant.

7. Pour TIMSS 2011, les scores moyens du Maroc se situaient entre 264 et 376 en
   fonction des matières et des niveaux.

8. Le *school-based management* est une modalité aujourd'hui répandue de gestion du système éducatif qui vise à confier davantage d'autonomie et de pouvoir de gestion au niveau des écoles. Certains pays comme le Canada, les États-Unis, l'Australie ou Israël l'ont adoptée, il y a de nombreuses années.

9. L'évaluation du programme Tayssir de transferts en espèces effectués aux pères d'enfants d'âge scolaire dans les communautés rurales pauvres, et non conditionnels à la fréquentation scolaire, mais explicitement étiqueté comme un programme d'aide à l'éducation aurait eu l'effet d'augmenter significativement la participation scolaire en sensibilisant les pères au fait que l'éducation de leurs enfants était un investissement rentable (Benhassine et al. 2014).

10. Le Programme Génie a été prolongé jusqu'en 2017 pour équiper 1 206 collèges et 233 lycées d'une salle multimédia connectée à Internet. Le Programme Lawhati lancé en 2015 vise à équiper les étudiants et les enseignants de l'enseignement supérieur et les stagiaires des établissements de formation professionnelle de « Tablettes 2 en 1 » à des prix avantageux. Le Programme Injaz, qui en est à sa 6e édition, a permis à 106 000 étudiants de bénéficier d'ordinateurs et est subventionné depuis 2011.

11. Approximativement 50 % de l'ensemble des médecins du secteur privé sont situés sur l'axe Rabat-Casablanca (ministère de la Santé, 2009).

12. Notamment en organisant une deuxième conférence nationale sur ce sujet, sous le haut patronage du Roi du Maroc, le 1er Juillet 2013 à Marrakech.

13. La couverture sanitaire universelle est définie comme la situation dans laquelle l'ensemble de la population a accès aux soins de santé dont elle a besoin sans encourir de difficultés financières.

14. Les tickets modérateurs peuvent varier en fonction des soins, des affections et du revenu des patients. Ils ne devraient en revanche pas varier d'un régime à l'autre.

15. Les contributions peuvent être proportionnelles ou progressives. Quoi qu'il en soit, la population démunie devrait nécessairement être exonérée de contributions.

16. La première vague de ministères ayant entrepris cette réforme incluait le ministère de l'Économie et des Finances, le ministère de l'Éducation nationale (avec tout récemment la formation professionnelle), le ministère de l'Agriculture, de l'Eau et des Forêts.

17. Dans cet objectif, le ministère de la Santé a lancé officiellement au début de 2016 une double plate-forme, un portail web (www.chikayasanté.ma) et une cellule d'écoute téléphonique à travers un numéro spécialement dédié (allochikayate). Un pool de cadres est spécialement dédié pour assurer le suivi des doléances avec l'ensemble des acteurs centraux et déconcentrés du ministère susceptibles d'être récipiendaires d'une requête impliquant la relation de leurs services avec les usagers, fournisseurs et autres prestataires ou partenaires.

18. Sauf indication contraire, les données proviennent de El-Kogali et Krafft (2015) et El-Kogali et al. (2016).

Bibliographie

Aghion, Philippe, and Élie Cohen. 2004. "Éducation et croissance." Rapport pour le Conseil d'analyse économique, La Documentation française, Paris.

Arrow, Kenneth J. 1963. "Uncertainty and the Welfare Economics of Medical Care." *American Economic Review* LIII (5).

Bank Al-Maghrib (BAM). 2015. "Rapport annuel 2014." Royaume du Maroc.

Banque mondiale. 2012. *Revue des dépenses publiques du Maroc*. Washington, DC: World Bank.

——. 2014. Morocco Improved Access to Water and Sanitation Services Output-Based Aid Project. OBA Lessons Learned Note No. 4. Washington, DC: World Bank.

——. 2015. Morocco–School Autonomy and Accountability. Systems Approach for Better Education Results (SABER) country report: School Autonomy and Accountability. Washington, D.C.: World Bank.

Becker, Gar y S. 1962. "Investment in Human Capital: A Theoretical Analysis." *Journal of Political Economy* 70 (5): 9–49.

Benhassine, Najy, Florencia Devoto, Esther Duflo, Pascaline Dupas, and Victor Pouliquen. 2014. "Turning a Shove into a Nudge? A 'Labeled Cash Transfer' for Education in Morocco." http://web.stanford.edu/~pdupas/Morocco_Tayssir_LCT.pdf.

Bodin, Jean. 1576. Les six livres de la République. Edition de Paris (1583).

Carneiro, P, a nd J. J. Heckman. 2003. "Human Capital Policy" *In Inequality in America: What Role for Human Capital Policies?*, edited by J. J. Heckman, A. B. Krueger, and B. Friedman, 77–237. Cambridge, MA: MIT Press.

Chetley, A. 2006. "Improving Health, Connecting People: The Role of ICT in the Health Sectors of Developing Countries." Framework Paper, InfoDev.

Donaldson, Dayl. 1994. "Health Sector Reform in Africa: Lessons Learned." Department of Population and International Health Harvard School of Public Health, Boston, MA.

El-Kogali, Safaa, and Caroline Krafft. 2015. *Expanding Opportunities for the Next Generation: Early Childhood Development in the Middle East and North Africa.* Washington, DC: World Bank.

El-Kogali, Safaa, Caroline Krafft, Touhami Abdelkhalek, Mohammed Benkassmi, Monica Chavez, Lucy Bassett, and Fouzia Ejjanoui. 2016. "Inequality of Opportunity in Early Childhood Development in Morocco over Time." Policy Research Working Paper 7670, Washington, DC: World Bank.

Fonds monétaire international (IMF). 2016. Selected Issues-Efficiency of Public Spending on Education in Morocco. IMF Country Report No.16/36. Washington, DC: International Monetary Fund.

Hanushek, Eric A., Marc Piopiunik, and Simon Wiederhold. 2014. "The Value of Smarter Teachers: International Evidence on Teacher Cognitive Skills and Student Performance." NBER Working Paper 20727, National Bureau of Economic Research, Cambridge, MA. http://www.nber.org/papers/w20727.

Hart, Betty and Todd R. Risley. 1995. *Meaningful Differences in the Everyday Experience of Young American Children*. Baltimore, MD: Paul H. Brookes.

Haut-Commissariat au Plan (HCP). 2012. *Enquête sur le bien-être des ménages*. Royaume du Maroc.

——. 2015. *Recensement général de la population (RGPH) 2014*. Royaume du Maroc.

Hattie, John. 2009. *Visible Learning: A Synthesis of Over 800 Meta-Analyses Relating to Achievement*. New York, NY: Routledge.

Janjar, Mohammed-Sghir. 2016. "La place des livres dans une société à faible littératie." Dans *Le tissu de nos singularités : vivre ensemble au Maroc*. Presse de l'Université citoyenne. Fondation HEM Casablanca.

Klarman, H. A. 1965. "The Case for Public Intervention in Financing Health and Medical Services." *Medical Care* 3: 59–62.

Krugman, Paul. 2009. "Why Markets Can't Cure Healthcare?" *New York Times* Opinion Page 25 juillet.

Kyu, Kim K., and E. Michelman. 1990. "An Examination of Factors for the Strategic Use of Information Systems in the Healthcare Industry." *MIS Quarterly* 14 (2): 201–15.

Ministère de la Santé. 2009. Comptes nationaux de la santé. Ministère de la Santé, Rabat. Royaume du Maroc.

———. 2011. *Enquête nationale sur la population et la santé familiale (ENPSF)*. Royaume du Maroc.

———. 2012. *État de santé de la population marocaine*. Royaume du Maroc.

Musgrove, Philip. 1999. "Public Spending on Health Care: How Are Different Criteria Related?" *Health Policy* 47: 207–23.

Naudeau, S., N. Kataoka, A. Valerio, M. J. Neuman, and L. K. Elder. 2011. *Investing in Young Children: An Early Childhood Development Guide for Policy Dialogue and Project Preparation*. Washington, DC: World Bank.

Nelsen, Jane. 1981. *Positive Discipline*. Fair Oaks, CA: Sunrise Press.

Obeidat, M., G. Salameh, A. Tayem, R. Mutair, and Y. Gawasmeh. 2014. "Feeding Practices in the North of Jordan." *Journal of the Royal Medical Services* 21 (1): 11–16.

Observatoire national du développement humain (ONDH). 2015. "Rapport des premiers résultats de l'enquête Panel de ménages 2012."

Organisation for Economic Co-operation and Development (OECD). 1998. *Human Capital Inves tment. An international Comparison* OECD publishing

———. 2001. *The Well-being of Nations. The Role of Human and Social Capital* OECD publishing.

———. 2011. *Program for International Student assessment (PISA)*.

Schultz, Theodore W. 1960. "Capital Formation by Education." *Journal of Political Economy* 68 (6): 571–83.

The Lancet. 2013. "Global Health 2035: a world converging within a generation." Prepared by a Commission of The Lancet on investment in health, an international multidisciplinary group of 25 commissioners chaired by Lawrence H. Summers and co-chaired by Dean Jamison.

Tough, Paul. 2012. *How Children Succeed: Grit, Curiosity and the Hidden Power of Character*. First Mariner Books edition.

UNESCO. 2014. Global Education Monitoring Report. Teaching and learning: Achieving quality for all.

United Nations. 2013. "United Nations Public Service Awards Winners." Fact Sheet, p. 6.

USAID and Pathfinder International. 2012. *Introducing Integrated Mobile Teams to Burundi: Technical Update*.

Zellman, G. L., R. Karam, and M. P erlman. 2014a. "How Moroccan Mothers and Fathers View Child Development and Their Role in Their Children's Education." *International Journal of Early Years Education* 22 (2): 197–209.

———. 2014b. "Predicting Child De velopment Knowledge and Engagement of Moroccan Parents." *Near and Middle Eastern Journal of Research in Education* 1 (5).

CHAPITRE 6

Investir dans le capital social

« La dotation d'une société en capital social est essentielle à la compréhension de sa structure industrielle, et donc à sa place dans la division capitaliste internationale du travail. »

— Francis Fukuyama

Alors que le capital institutionnel réside dans la relation entre les individus et l'État et que le capital humain réside principalement dans les individus eux-mêmes, le capital social se réfère au capital qui réside dans les relations entre les individus au sein de la société. Le capital social est dit « social » car il se réfère aux normes collectives entre des groupes définis de personnes qui interagissent régulièrement dans le cadre de leur vie quotidienne ; et il s'agit bien d'un « capital » car il contribue à l'activité économique et au potentiel productif des individus, des entreprises et des sociétés (Putnam 1993; Fukuyama 1995). Selon le type de discipline (sciences anthropologique, sociologique, économique ou politique), le capital social recouvre de nombreuses notions : l'identité collective, les valeurs communes, les idéaux partagés, les normes culturelles, les mentalités, la confiance interpersonnelle, le sens civique, l'engagement associatif, l'influence des réseaux, les règles qui permettent aux individus d'agir collectivement de façon cohérente, ou le degré d'amitié et d'empathie collective (Coleman 1988 ; Portes 1998 ; Putman 2000 et OCDE 2001). Le prix Nobel d'économie George Akerlof a observé que « *dans chaque contexte social, les gens ont une notion de qui ils sont, qui est associée à des croyances au sujet de la façon dont ils et d'autres sont censés se comporter. Ces notions jouent un rôle important dans la façon dont fonctionnent les économies* ». (Akerlof et Kranton 2010) Ces croyances touchent notamment à la place des libertés individuelles fondamentales et des responsabilités et règles qui y sont attachées dans les relations sociales afin de permettre à chacun de penser librement, de questionner les dogmes, les vérités immuables et autres idées reçues, de développer un sens critique et de l'autocritique, et d'inventer le monde de demain.

Ce dernier chapitre du Mémorandum s'intéresse au capital social du Maroc et à son développement. Bien qu'il constitue le plus immatériel de tous les actifs immatériels, et donc le plus difficile à appréhender et à mesurer, le capital social conditionne néanmoins l'efficacité de toutes les autres formes de capital discutées jusqu'à présent (capital produit, capital institutionnel ou capital humain) et donc le processus de création de richesse dans son ensemble. Pour le politologue américain Francis Fukuyama, la littérature sur la compétitivité économique, en focalisant le débat sur les mérites respectifs de la politique industrielle et du fonctionnement libre des marchés, passe à côté d'un facteur essentiel à l'émergence d'une économie moderne : l'étendue des vertus sociales dans la société (Fukuyama 1995). Il rejoint là Max Weber, l'illustre économiste et sociologue allemand, pour qui l'honnêteté, la fiabilité, la coopérativité, et un sens du devoir envers les autres sont toutes des vertus sociales qui permettent le développement de vertus plus individuelles comme l'éthique au travail, la frugalité, la rationalité, la capacité d'innovation et le goût du risque (Weber 1905). L'émergence économique serait alors avant tout liée au développement d'un capital social qui permette aux entreprises, associations, et autres organisations de la société de s'auto-organiser pour produire un développement endogène et holistique[1].

1. Placer le capital social au centre du développement

Le capital social – ou l'ensemble des normes et des réseaux qui facilitent l'action collective – génère des effets positifs concrets sur la vie économique. Tout d'abord, quand la confiance existe entre les individus, le climat est plus propice aux affaires. En revanche, quand le niveau de confiance est faible au sein de la société, la suspicion dissuade certaines personnes d'échanger et de collaborer comme ils l'auraient fait en d'autres circonstances et génère des coûts additionnels pour ceux qui le font. Deuxièmement, quand les réseaux sociaux sont nombreux et reliés entre eux au sein d'une société, que ce soit au sein d'une entreprise privée ou à travers la fourniture de biens collectifs, il est plus facile aux individus d'agir collectivement. Troisièmement, lorsque tous les individus dans la société peuvent pleinement exploiter leur potentiel et contribuer à la vie économique et sociale, indépendamment de leur genre, de leur religion ou de tout autre facteur discriminant, la société dans son ensemble en retire un bénéfice économique. Enfin, le capital social est important pour la vie économique en ce qu'il prévient différents types de conflits destructeurs entre les catégories de population, tels que les émeutes, l'instabilité politique ou les troubles à l'ordre public qui peuvent sérieusement inhiber l'investissement et la croissance. En somme, le capital social est un élément central de l'efficacité des institutions politiques et économiques des pays. Un large panel d'études conduites dans plusieurs régions et portant sur plusieurs pays a démontré que le capital social est lié de façon étroite et significative à la croissance économique, que ce soit au niveau régional au sein des pays ou entre les pays (Putnam, Leonardi et Nanetti 1993; Helliwell et Putnam 1995; Keefer et Knack 1997).

Des études empiriques conduites dans le champ de la théorie économique institutionnelle indiquent que la croissance économique prolongée d'un pays dépend de son niveau d'infrastructure sociale, c'est-à-dire des normes, des expériences passées et des attentes collectives qui s'accumulent au cours de l'histoire et qui contribuent à soutenir l'accumulation de capital (Hall et Jones 1999). Les institutions formelles (par exemple les tribunaux qui protègent les droits de la propriété et appliquent rigoureusement l'état de droit) et les institutions infor-melles (comme la confiance au sein de la société, la cohésion sociale ou l'engage-ment volontaire) seraient les seuls déterminants stables de l'accumulation durable et soutenue de capital, c'est-à-dire de la croissance économique à long terme (North 1990). La relation entre les institutions sociales et la croissance écono-mique a été vérifiée de façon empirique dans de nombreux travaux économé-triques (Helliwell et Putnam 1995 ; Zak et Knack 2008 ; Beugelsdijk, de Groot et van Schaik 2004). Il est à noter cependant qu'en l'absence de données utilisables, les applications de l'approche institutionnelle ont eu tendance à se focaliser sur le rôle des institutions formelles de gouvernance (Acemoglu, Johnson et Robinson 2001) au dépend des institutions informelles qui pour autant ont un rôle tout aussi important dans le développement économique (Landes 1998).

Par exemple, les économistes Philip Keefer et Stephen Knack ont utilisé les indicateurs de l'enquête mondiale sur les valeurs pour démontrer comment le capital social – calculé grâce à des mesures de confiance interpersonnelle, des normes de coopération civique et du rôle des réseaux – joue un rôle important dans la performance économique (Keefer et Knack 1997). Non seulement les sociétés caractérisées par une forte coopération et confiance interpersonnelle sont plus enclines à innover et à accumuler un capital physique, mais elles sont en outre susceptibles de bénéficier d'un rendement supérieur de leur capital humain accumulé[2]. En revanche, le rôle des réseaux est plus ambigu et davantage sujet à débat dans la mesure où l'effet négatif de certaines formes d'association (par exemple mafieuses) semble contrebalancer les effets positifs d'autres asso-ciations ou réseaux au sein des sociétés. Dans l'esprit de ces travaux, ce dernier chapitre du Mémorandum vise à discuter les avantages économiques que le Maroc pourrait tirer d'une augmentation de son capital social.

Comme il a été vu au chapitre 1 sur l'économie marocaine en 2016, le principal facteur qui différencie la richesse des pays à haut revenu de celle des pays en déve-loppement est le degré d'accumulation de capital immatériel. Et au sein de ce capital immatériel, le niveau d'accumulation de capital social constitue le principal facteur à prendre en considération dans la mesure où il influence directement ou indirecte-ment l'accumulation de capital humain et institutionnel. Si les pays en développe-ment ont bien un capital humain et institutionnel inférieur à celui des pays à haut revenu, les écarts de développement entre pays riches et pays moins riches ne peuvent pas s'expliquer principalement par ces différences en matière d'éducation ou de gouvernance. Quelque chose d'autre, commun à des degrés divers à tous les pays en développement, semble jouer un rôle explicatif. Dans les études empiriques, les effets fixes pays correspondant à la géographie, à l'histoire, à la culture et aux autres dimensions plus « permanentes » des sociétés semblent expliquer les écarts de développement des pays une fois l'éducation et la gouvernance sont prises en compte (Banque mondiale 2011). Ces effets correspondraient à la valeur potentielle du capital humain et institutionnel qui existe dans les pays mais qui n'arrive pas à se réaliser pleinement en raison de caractéristiques sociétales défavorables. L'insuffisance de capital social est essentiellement un coût d'opportunité, un manque à gagner par rapport aux efforts d'investissements consentis dans tous les autres domaines.

Bien qu'il ne soit pas une variable facilement altérable, le capital social peut néanmoins être renforcé par les politiques publiques dans au moins deux domaines : l'égalité entre les hommes et les femmes et la qualité des relations entre les personnes. Parce qu'il est le fruit de l'histoire, de la géographie et de la culture, le capital social n'est pas facilement malléable. À la différence de la mobilisation, il n'est pas possible de décréter la confiance générale entre les citoyens, pas plus que le savoir-vivre, le savoir-être ou le savoir-faire ensemble. Les points d'entrée des politiques publiques sont donc limités, d'autant que par définition le capital social touche principalement aux relations interpersonnelles et non pas aux relations des citoyens avec l'État. Pour autant, parmi les nombreuses facettes du capital social, il en existe deux sur lesquelles le présent chapitre va se concentrer, car elles sont directement liées aux perspectives d'augmentation de la productivité du Maroc et offrent des possibilités d'intervention pour les autorités publiques, avec d'importants gains à la clé : l'égalité entre les sexes et la confiance interpersonnelle. Dans les sections suivantes seront successivement analysées la contribution et l'état des lieux de l'égalité homme-femme et de la confiance interpersonnelle au Maroc avant que soient formulées, dans chacun de ces domaines puis plus largement, des propositions propres à renforcer le capital social au service du développement économique du pays.

2. Réaliser la parité entre les sexes

Les relations entre hommes et femmes et la situation qu'occupent les femmes au sein de la société constituent l'une des manifestations les plus visibles et les plus importantes de l'état du capital social d'une nation. Le genre s'intéresse à la construction sociale qui accorde une signification culturelle à l'identité sexuelle et tend à définir ainsi l'univers des choix et des possibilités respectifs pour les hommes et les femmes. Le manque d'opportunités et de liberté d'action au plan économique, qui empêche les filles et les femmes de réaliser leur potentiel, a des conséquences économiques très importantes non seulement pour elles-mêmes, mais pour leurs familles et, plus généralement, pour l'ensemble de la société. La discrimination en fonction du sexe compromet le développement et la constitution du capital social : elle entrave la confiance entre les sexes, altère les relations au sein de la famille, réduit les réseaux sociaux et anémie le capital social ainsi que la capacité qu'ont les sociétés à œuvrer pour la réalisation d'objectifs communs (Picciotto 1998).

À travers le monde, la participation égale et l'autonomie des femmes se sont traditionnellement heurtées à de nombreux obstacles. De nombreuses femmes et filles n'ont toujours pas accès aux libertés fondamentales et sont confrontées à des inégalités très importantes. Dans les cas extrêmes, les femmes et les filles sont physiquement agressées ; elles n'ont pas l'autorisation d'aller à l'école et de quitter leur domicile, de posséder un bien ou d'ouvrir un compte bancaire. Le plus souvent, elles ont moins d'actifs mobiliers ou immobiliers, cultivent des parcelles de terre plus petites et moins rentables, travaillent dans des secteurs moins productifs et font face à des lois et des règles discriminatoires qui les contraignent sur le plan de leur liberté de choix. Ce sont massivement les femmes et les filles qui réalisent les tâches domestiques non payées, pour lesquelles elles se retrouvent souvent pénalisées en termes de revenus et de retraite. Les causes profondes de ces situations sont bien souvent à rechercher au-delà de l'analyse économique traditionnelle dans le degré d'ouverture des sociétés, leurs caracté-ristiques socio-culturelles, et leurs types de moralité et religion (voir encadré 6.1). C'est la traduction de ces caractéristiques dans la vie quotidienne qui explique pourquoi la discrimination et la ségrégation professionnelle persistent en dépit des forces compétitives du marché (Akerlof et Kranton 2010).

Encadré 6.1 Moralité et religion dans une société ouverte

L'origine contemporaine du concept de société ouverte popularisé par Karl R. Popper (1943) se trouve dans les travaux du philosophe Henri Bergson et de son principe d'« évolution créatrice ». Ce principe fournit une approche philosophique visant à prendre en compte à la fois la continuité de la vie de tous les êtres vivants – en tant qu'êtres créés – et le principe de discontinuité qu'implique la qualité évolutive de la création, ce qu'il dénomme « l'élan vital »[a].

Pour Bergson, la notion de vie réunit deux sources opposées d'où sont issus deux types de moralité et de religion. Il existe d'une part la moralité fermée associée à une religion statique, et d'autre part, la moralité ouverte dont la religion est dynamique. D'un côté, la moralité fer-mée et la religion statique se préoccupent de la cohésion sociale. La nature a conçu certaines espèces de telle manière que les individus qui les composent ne peuvent exister par eux-mêmes. Ils sont fragiles et ont besoin du soutien d'une communauté (Bergson renvoie à l'image des abeilles pour les désigner). De l'autre côté, la moralité ouverte et la religion dyna-mique se préoccupent de créativité et de progrès. Elles ne se soucient pas tant de la cohésion sociale que de l'inclusion. Bergson qualifie cette moralité d'« ouverte » car elle inclut tout le monde et a la paix pour objectif. Elle vise une « société ouverte »[b].

Loin d'être une conception purement occidentale, le concept de société ouverte trouve-rait l'une de ses sources dans les travaux du grand penseur et philosophe Maghrébin Ibn Khaldoun (1332–1406). En avance de plusieurs siècles sur les Encyclopédistes et la philoso-phie des Lumières de l'Europe du XVIIIe siècle, Ibn Khaldoun établissait déjà dans la Muqaddima ou Prolégomènes (la préface en trois volumes de son Histoire universelle) une distinction fondamentale entre deux modes de réflexions, complémentaires mais distincts : aux sciences naturelles (ou humaines) le discours de la rationalité, car l'homme est doté de la pensée ; aux sciences traditionnelles (ou religieuses) le discours de la foi fondé sur les textes révélés[c]. Pour Khaldoun, « La première catégorie rassemble les sciences philosophiques, celles que l'homme acquiert naturellement par l'exercice de la réflexion. Il parvient ainsi à saisir des objets, des problèmes, des arguments, des méthodes. Il se rend compte de la diffé-rence entre le vrai et le faux, grâce à l'exercice de ses facultés spéculatives et investigatrices qui sont propres à l'être pensant. La seconde catégorie comprend les sciences traditionnelles et institutionnelles. Tout y dépend des informations données par l'autorité d'une certaine loi religieuse. La raison n'y a pas de place, sauf pour rattacher certains problèmes de détail aux principes généraux » (cité par Goumeziane 2006, pp. 169-70).

Sources : (a) Bergson 1932 ; (b) Lawlor et Moulard-Leonard 2013 ; (c) Goumeziane 2006.

Il convient de rappeler que l'égalité entre hommes et femmes est importante en elle-même et n'appelle pas de justification de nature utilitariste. Comme l'explique Amartya Sen (Sen 1999), le développement est un processus qui consiste à développer les libertés pour tous. Aussi, de même que le développement signifie moins de pauvreté ou un meilleur accès à la justice, il implique également la réduction du fossé en termes de bien-être entre les hommes et les femmes. Ainsi, au niveau international, la Convention sur l'élimination de toutes les formes de discrimination à l'égard des femmes (CEDAW) reconnaît que l'autonomie des femmes et l'égalité entre les sexes constituent des objectifs de développement en eux-mêmes. Le renforcement de l'autonomie et du libre-arbitre des femmes est essentiel pour faire reculer les inégalités entre les sexes et contribuer à l'émergence d'une société ouverte et inclusive.

L'égalité entre les sexes est aussi judicieuse sur un plan économique. Une plus grande égalité entre les sexes peut accroître la productivité d'une nation, améliorer les résultats en matière de développement pour les générations suivantes et rendre les institutions plus représentatives. Ce sont autant d'objectifs qui sont au cœur du scénario de convergence accélérée du Maroc à l'horizon 2040 présenté au chapitre 2. Comme l'a analysé le Rapport sur le développement dans le monde 2012 (Banque mondiale 2012), l'égalité entre les sexes est source d'efficience économique et permet d'améliorer les résultats en termes de développement de trois façons. Premièrement, le fait de supprimer les barrières, qui empêchent les femmes d'avoir le même accès que les hommes à l'éducation, aux opportunités économiques et aux facteurs de production, peut générer des gains de productivité importants dans un mode compétitif et globalisé. Deuxièmement, améliorer le statut absolu et relatif des femmes contribue à de nombreux autres bénéfices en termes de développement, y compris ceux qui concernent la protection et le développement de la petite enfance. Comme discuté plus haut, le capital de confiance de chaque individu trouve son origine dans le développement précoce de l'enfant et plus particulièrement dans la relation mère-enfant (Picciotto 1998). Troisièmement, uniformiser les règles qui régissent la participation des femmes et des hommes – afin qu'ils puissent bénéficier des mêmes chances d'une vie sociale et politique active, de prendre des décisions et de façonner les politiques – peut conduire, avec le temps, à des institutions et à des choix politiques plus représentatifs et plus inclusifs et, de ce fait, à un processus de développement plus durable. Supprimer les obstacles discriminatoires, améliorer le statut des femmes et uniformiser les règles du jeu conduiraient non seulement à améliorer le bien-être des femmes, mais aussi à améliorer celui des hommes et des enfants et favoriserait un développement économique plus inclusif (Banque mondiale 2012).

2.1 État actuel de la parité homme-femme au Maroc

Au Maroc, le cadre légal a fait l'objet de réformes considérables au cours de la dernière décennie pour assurer et garantir l'égalité entre les sexes. Ainsi, le Maroc dispose aujourd'hui de l'un des cadres juridiques les plus libéraux et progressistes de la région MENA en termes d'égalité entre les sexes. La Constitution de 2011 garantit l'égalité entre tous les citoyens marocains et elle oblige les organismes publics à promouvoir la liberté et l'égal accès des citoyennes et des citoyens à leurs droits politiques, économiques, sociaux, culturels et environnementaux. Avec notamment le fort soutien des organisations de défense des droits des femmes, la *Moudawana* (le Code de la famille) a été révisée en 2004 afin d'étendre les droits des femmes dans des domaines tels que la tutelle, le mariage et l'accès au divorce. L'égalité entre les hommes et les femmes est au cœur de nombreux dispositifs juridiques, y compris le Code du travail 2003 et la Loi sur la nationalité de 2008. L'introduction d'un quota dans les élections locales en 2009 et les mesures prises après l'adoption de la Constitution de 2011 ont permis d'élever le niveau de représentation des femmes[3]. Le Maroc a formellement retiré ses réserves concernant la CEDAW en 2011 et a adopté la loi approuvant le Protocole facultatif en 2015. En conséquence, les femmes marocaines bénéficient d'une plus grande liberté de voyager, d'accéder à l'emploi et à l'éducation et de négocier leur mariage et leur divorce que dans le passé. Dans certains cas, des institutions ont été mises en place pour accompagner la mise en œuvre de ces réformes. Ainsi, le Fonds d'entraide familiale a été créé et le système des tribunaux de la famille a été amélioré. Une Autorité pour la parité et la lutte contre toutes les formes de discrimination (APALD) devrait bientôt voir le jour conformément à la constitution.

En dépit des progrès accomplis sur le plan du droit, les femmes marocaines continuent d'être confrontées à d'importantes inégalités et discriminations, notamment en matière économique et politique. Selon le dernier indice d'écart entre les sexes calculé par le Forum économique mondial (2016), le Maroc se situe à la 137e place sur 144 pays concernant la participation économique, les réalisations en matière d'éducation et de santé, et l'émancipation politique des femmes (voir figure 6.1). Selon cet indice, la performance globale du Maroc est

Figure 6.1 Indice d'inégalité de genre dans 144 pays, 2016
(1= égalité parfaite)

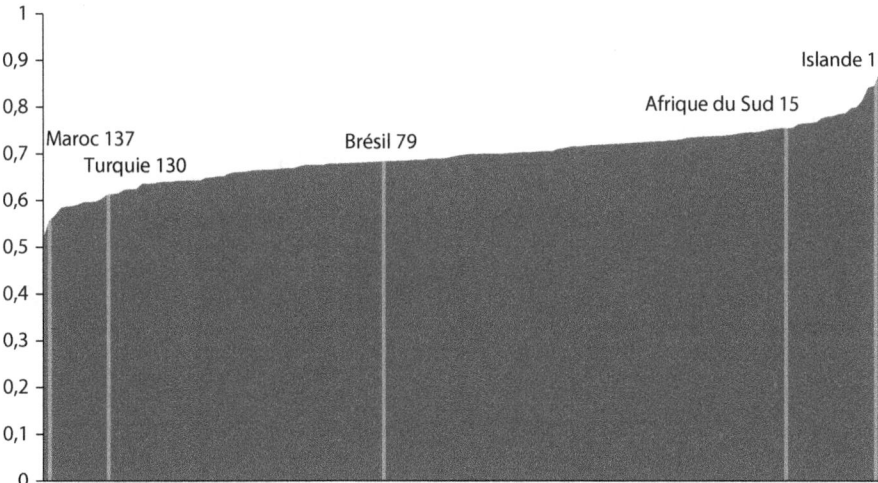

Source : WEF (2016).

restée relativement stable depuis 2006 avec des améliorations concernant l'éducation et l'émancipation politique, mais aussi avec une détérioration des inégalités économiques. Les nouvelles législations favorables à l'égalité entre les sexes restent contraintes dans leur mise en œuvre effective par un manque de soutien dans certains segments de la société reflétant un mélange complexe de coutumes, de normes et de valeurs différentes (Chaara 2012).

Les femmes marocaines ont bénéficié de progrès significatifs en termes de développement social et humain durant la dernière décennie. La mise en place des politiques et programmes publics, en l'occurrence le Plan gouvernemental pour l'égalité (2012–2016) et la budgétisation sensible au genre ont permis de promouvoir l'égalité de genre (voir encadré 6.2). Si les différences entre filles

Encadré 6.2 Plan gouvernemental pour l'égalité et la budgétisation sensible au genre

Le Plan gouvernemental pour l'égalité (PGE). Après l'adoption en 2006 de la « Stratégie nationale pour l'équité et l'égalité entre les sexes par l'intégration de l'approche genre dans les politiques et programmes de développement » et les incitations qui se sont poursuivies depuis 2007 invitant à intégrer l'approche genre dans les politiques et programmes sectoriels, le Plan gouvernemental pour l'égalité (PGE) constitue un cadre pour une convergence des différentes initiatives prises en vue de l'intégration des droits des femmes dans les politiques publiques et les programmes de développement. Le PGE vise à atteindre 26 objectifs à travers 132 actions. Il s'agit de converger vers une égalité fondée sur 1) l'institutionnalisation et la diffusion des principes de l'équité et de l'égalité et l'instauration des bases de la parité ; 2) la lutte contre toutes les formes de discrimination et de violence à l'encontre des femmes ; 3) la mise à niveau du système d'éducation et de formation sur la base de l'équité et de l'égalité ; 4) le renforcement de l'accès équitable et égal aux services de santé ; 5) le développement des infrastructures de base pour améliorer les conditions de vie des femmes et des jeunes filles ; 6) l'autonomisation sociale et économique des femmes ; 7) l'accès égal et équitable aux postes de prise de décision aux niveaux administratif, politique et économique ; et 8) la réalisation de l'égalité des chances entre les sexes sur le marché du travail.

La budgétisation sensible au genre (BSG). La BSG est une approche qui vise à orienter la formulation des politiques budgétaires et fiscales afin de rendre compte du niveau de réalisation des droits humains dans la mise œuvre des politiques publiques et d'améliorer les résultats en termes d'égalités de genre. Depuis son lancement en 2002, le processus de budgétisation sensible au genre a permis au Maroc de favoriser la réattribution des ressources existantes à l'appui de l'égalité de genre. L'introduction de la réforme budgétaire axée sur les résultats en 2002 et l'adoption en 2015 de la Loi organique relative aux lois de finances ont institutionnalisé la prise en compte de la dimension genre dans la programmation des départements ministériels et dans leurs processus de suivi et d'évaluation.

Dans son dernier rapport traitant de l'état des droits des femmes dans le monde, ONU-Femmes a cité le Maroc en exemple dans la région, louant les progrès du pays dans le cadre du Plan gouvernemental pour l'égalité et de la budgétisation sensible au genre et soulignant le rôle primordial joué par les associations de défense des droits des femmes. ONU-Femmes a également estimé qu'un travail considérable reste à faire pour aligner toutes les lois nationales sur les traités internationaux relatifs aux droits humains dont le Maroc est signataire.

---

et garçons en termes de scolarisation ont pu être partiellement résorbées, il n'en demeure pas moins que les disparités entre les deux sexes ayant trait aux acquis scolaires demeurent persistantes. En outre, l'écart de genre en lecture n'a cessé de prendre de l'ampleur au cours des différentes enquêtes PIRLS (Ibourk 2016). Les femmes ont également bénéficié d'un plus large accès aux services de santé, comme le souligne l'amélioration d'un certain nombre d'indicateurs tels que ceux liés à la santé reproductive. Avec une fertilité chez les adolescentes tombant à 32 naissances (pour 1 000 femmes âgées de 15 à 19 ans) en 2014, le taux de fertilité des adolescentes marocaines est désormais inférieur à la moyenne des pays à revenu intermédiaire. Ceci se retrouve dans la décomposition de l'indice d'inégalité de genre qui indique une quasi-égalité de traitement entre les hommes et les femmes s'agissant de l'éducation et de la santé (voir figure 6.2).

En revanche, le Maroc est caractérisé par de fortes inégalités entre les sexes dans les domaines économiques et politiques. La liberté d'action des femmes dans la gestion de leur temps, de leur revenu et de leur consommation, dans leur prise de décision au sein du foyer, de la famille élargie ou de la société plus généralement, reste limitée et inférieure à celle des hommes. Même si la Constitution de 2011 affirme dans son Article 19 que « l'homme et la femme jouissent à égalité des droits et libertés », elle conditionne cette même égalité par « le respect des constantes du Royaume et de ses lois » en référence à l'existence d'inégalités d'ordre religieux, donc immuables puisque relevant des « constantes » et donc du sacré (Lamrabet 2016). De fait, ces inégalités dans l'expression du libre choix se traduisent par des inégalités d'opportunité et de résultat.

Figure 6.2 Maroc : facteurs contribuant à l'inégalité entre les sexes
(1= égalité parfaite)

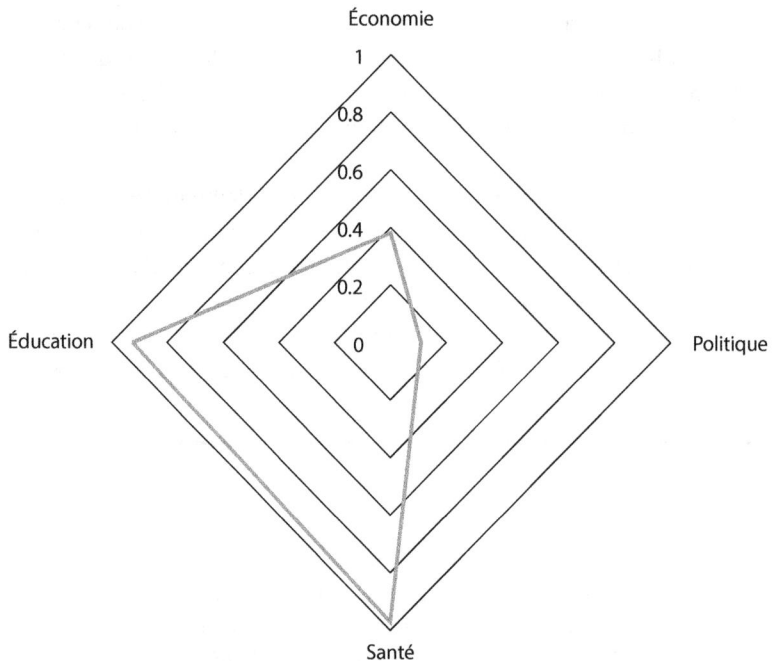

Source : WEF (2016).

L'accès des femmes à certaines ressources de base et actifs économiques essentiels reste inégal. Par exemple, même si des initiatives encourageantes sont prises[4], la discrimination entre les sexes en matière d'accès au crédit formel limite les possibilités pour les femmes de travailler à leur propre compte à travers l'entreprenariat. En 2012, seulement 27 % des femmes possédaient un compte dans une institution financière formelle. Par ailleurs, l'égalité de genre devant la loi ne se retrouve pas nécessairement dans les faits en raison de la faiblesse des services publics et de retards dans la mise en œuvre de la législation, notamment lorsque les nouvelles dispositions entrent en conflit avec les normes sociales et culturelles. Dans les sections qui suivent, il sera brièvement discuté des inégalités économiques, des inégalités de droit et des inégalités dans l'application du droit auxquelles font face les femmes marocaines.

Les inégalités économiques entre les sexes

C'est sur le terrain du marché du travail que l'inégalité homme-femme au Maroc est particulièrement saisissante. Moins d'une femme sur quatre en âge de travailler (23,6 % en 2016), participe au marché du travail, ce qui place le Maroc au-dessus de la moyenne de la région MENA (21,8 %), mais parmi les 20 % des pays où la participation des femmes à la vie active est la plus faible dans le monde (voir figure 6.3). Non seulement le Maroc se situe loin derrière d'autres pays ayant un niveau de revenu similaire, mais en outre la part des femmes dans la population active tend à baisser structurellement. Cette tendance concerne largement les femmes vivant en milieu urbain, notamment celles âgées de 25 ans

Figure 6.3 Taux de participation des femmes à la population active, 2014
(En pourcentage de la population féminine âgée de 15 ans et plus)

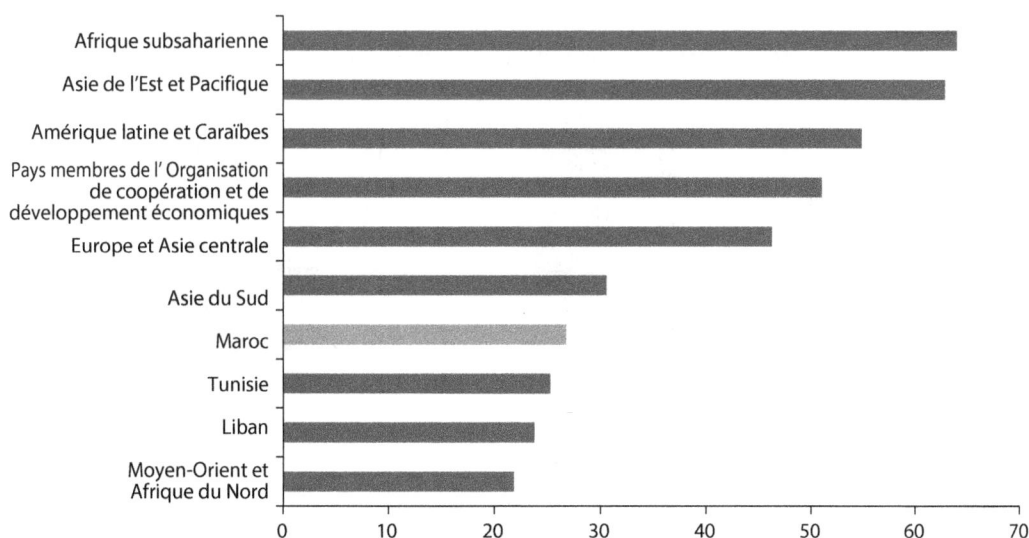

Source : IDM, Banque mondiale.

(âge moyen du mariage) ou plus. Dans les faits, le fossé qui sépare les milieux urbain et rural reste large : dans les villes, le taux d'activité des femmes en 2016 était de 16,6 % (contre 66,3 % pour les hommes). Dans les zones rurales, il s'élevait à 34,9 % (contre 77,9 % pour les hommes). La participation plus élevée des femmes en milieu rural ne doit cependant pas être considérée comme un résultat nécessairement positif dans la mesure où elle est souvent dictée par la nécessité et la pauvreté. La croissance économique marocaine est non seulement peu intensive en main-d'œuvre, mais elle est localisée dans des secteurs qui emploient traditionnellement peu de femmes. Il en résulte une faible demande de travail féminin, en particulier parmi les femmes ayant une éducation secondaire en milieu urbain. Et quand les hommes et les femmes sont en concurrence pour les rares emplois disponibles, les hommes ont généralement la priorité en raison de la préférence des employeurs et des ménages (Verme, Gadiry et Guennouni 2014). Selon le FMI, les coûts associés aux écarts entre hommes et femmes en termes de participation au marché du travail et d'entreprenariat atteindraient au total 46 % du revenu par habitant comparativement à une situation où les femmes auraient le même niveau de participation et d'entreprenariat que les hommes (FMI 2017).

En revanche, en dehors du marché du travail, les femmes accomplissent, comme dans beaucoup d'autres pays, la vaste majorité des tâches ménagères. S'il est une ressource économique fondamentale que les femmes ne contrôlent pas, c'est bien leur temps. Selon une enquête du HCP, l'homme consacre quatre fois plus du temps au travail professionnel et sept fois moins du temps au travail domestique que la femme (voir figure 6.4). Le partage selon le sexe de la charge du travail place ainsi les rapports homme-femme dans le schéma classique de « l'homme gagne-pain et de la femme au foyer ». Certes, les hommes sont ouverts à l'idée que les femmes travaillent davantage hors du

Figure 6.4 Maroc : inégalité homme-femme devant la charge de travail
(En pourcentage de la population féminine âgée de 15 ans et plus)

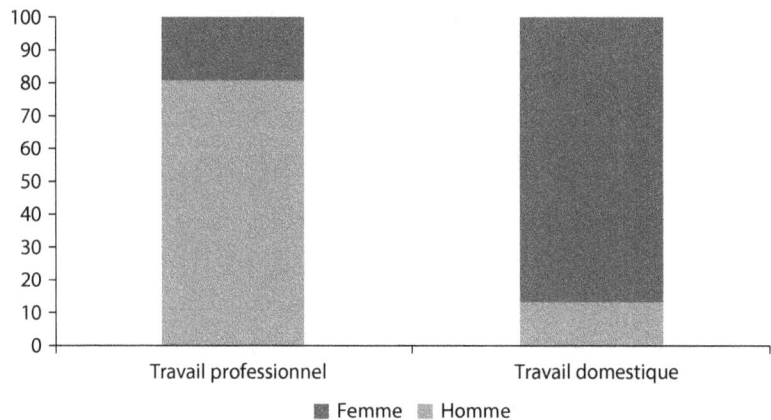

Source : Haut-Commissariat au Plan 2012. Enquête nationale sur l'emploi du temps au Maroc 2011/2012.

foyer, mais ils souhaitent dans le même temps qu'elles continuent leurs tâches domestiques habituelles (Serajuddin et Verme 2012). Les femmes, quant à elles, se disent prêtes à participer davantage aux tâches domestiques que les hommes, tout en aspirant à travailler en dehors du foyer. Ces réponses traduisent des sexospécificités fortes concernant la participation au marché du travail tant chez les hommes que chez les femmes.

Par ailleurs, une fois au travail, les femmes sont en moyenne plus exposées à l'incertitude, au travail informel et à une plus faible rémunération. Les écarts de salaire entre hommes et femmes peuvent atteindre 77 % lorsqu'il est tenu compte de l'ensemble des caractéristiques, y compris l'éducation, l'expérience et les biais dans les recrutements (Banque mondiale 2015). L'écart salarial entre les sexes serait plus élevé dans la partie supérieure de la distribution des salaires et l'effet de « plafond de verre » aurait tendance à se renforcer au cours du temps selon les données d'entreprises (Nordman et Wolff 2007). La persistance de ces différences, qui découlent d'un phénomène de discrimination en fonction du sexe, est enracinée dans le fait que les hommes et les femmes sont confinés dans certains types d'emplois. Ces différences de traitement constituent un frein majeur pour que les femmes, notamment celles ayant fait des études, rejoignent le marché du travail. Elles entraînent également des effets négatifs pour l'économie en général en termes de productivité et de croissance dans la mesure où cette situation déforme les incitations du marché à allouer efficacement les talents en vue de leur utilisation plus productive.

Les explications traditionnelles des tendances profondes en matière de participation des femmes au marché du travail ne permettent pas d'éclairer tous les résultats observés au Maroc. Si la baisse du taux de fertilité et l'augmentation du niveau d'éducation de la population active féminine (qui sont en étroite corrélation) semblent importantes pour expliquer la croissance tendancielle de la participation (en agissant comme facteur attractif), d'autres facteurs qui auraient dû contribuer à accroître la participation des femmes − notamment des facteurs économiques − ne semblent pas jouer un rôle significatif. Il est possible d'expliquer la relative stagnation de la participation des femmes au marché du travail par le rythme lent de transformation structurelle de l'économie et la croissance limitée de secteurs qui dans d'autres pays sont pourvoyeurs d'emplois féminins, notamment la production manufacturière et les services (Marotta, Prettitore et Verme 2015). Un second facteur serait lié à la « culture » et aux normes sociales qui, combinées au manque de structures d'accueil pour les enfants, pourraient expliquer le fait que les femmes semblent quitter le marché du travail vers l'âge du mariage. En effet, invariablement, le mariage réduit la probabilité de la participation des femmes, tant en milieu urbain que rural.

Au Maroc, les femmes ne sont pas en majorité libres de décider par elles-mêmes si elles veulent travailler ou non : pour la plupart d'entre elles, c'est la famille, notamment les hommes, qui décident (Banque mondiale 2015). La prise de décision au sein du foyer joue un rôle essentiel pour comprendre la faible participation des femmes au marché du travail au Maroc. Les données de 2010 provenant de l'enquête sur les ménages et la jeunesse au Maroc indiquent que seulement un tiers des femmes marocaines âgées de 15 à 49 ans prennent les décisions seules concernant leur emploi. D'autres membres de la famille, notamment les maris et les frères, influencent la décision des femmes de travailler. Il n'est pas rare que l'opinion des membres de la famille empêche aussi les femmes de rechercher un travail en dehors de la maison : 19 % des femmes non employées et n'étant pas à la recherche de travail rémunéré indiquent que la raison les conduisant à ne pas rechercher d'emploi était l'interdiction posée par leur mari ou leur(s) frère(s). Selon l'enquête du Baromètre arabe 2012–2014, plus d'un tiers des hommes interrogés (contre 13 % des femmes) considèrent qu'une femme mariée ne devrait pas travailler en dehors de la maison.

Les inégalités entre les sexes sur le marché du travail peuvent également s'observer au niveau de la mobilité professionnelle. Au Maroc, les hommes et les femmes connaissent des expériences très différentes de transition professionnelle, les femmes ayant bien moins d'opportunités que les hommes dans pratiquement tous les aspects de la mobilité du travail (Verme, Gadiry Barry et Guennouni 2014). La réallocation du travail à travers les secteurs économiques et entre le secteur public et le secteur privé ne s'opère pas au profit des femmes. Les femmes sont aussi mobiles et parfois même plus mobiles que les hommes, mais pour elles, cette mobilité se réduit à un passage de l'agriculture à l'inactivité. Les changements entre un emploi informel et un emploi formel sont plus limités pour les femmes que pour les hommes. Il existe aussi une asymétrie dans la façon dont le marché du travail réagit aux chocs économiques et aux transformations structurelles pour les hommes et les femmes. En particulier, les femmes vivant en milieu rural semblent jouer le rôle d'« absorbeur de chocs » pour l'économie. Quand l'économie va bien, les femmes du monde rural participent au marché du travail dans de bonnes proportions, mais quand l'économie s'essouffle, cette catégorie de la population est la première, et souvent la seule, à être exclue du marché.

De la même façon, le processus de transformation structurelle de l'économie ne bénéficie pas de la même façon aux hommes et aux femmes. Si les changements relatifs dans la part des emplois par secteur sont désagrégés par sexe, le résultat le plus frappant réside dans la direction opposée à celle que suit la réallocation des emplois entre les secteurs, selon qu'il s'agit d'un emploi tenu par un homme ou par une femme. Tandis que les hommes tendent à quitter les secteurs à faible productivité – l'agriculture par exemple – pour des secteurs plus productifs, les femmes restent, pour la plupart, confinées dans des secteurs à faible productivité : l'agriculture, les petits services et le textile (malgré une présence relativement importante dans la branche d'industrie manufacturière et le secteur des services et d'administration générale). En fait, leur présence dans l'agriculture a augmenté entre 2000 et 2011, passant de 36 % à plus de 41 % de l'emploi du secteur. En 2011, plus de 60 % des femmes actives travaillaient dans l'agriculture. Au Maroc, les femmes souffrent de façon disproportionnée du manque de transformation structurelle de l'économie vers des industries de manufacture et des services de plus haute valeur ajoutée.

Les inégalités de droit entre les sexes

En dépit des réformes importantes mentionnées plus haut, des discriminations entre hommes et femmes persistent dans le droit. La plupart de ces discriminations concernent la famille et la vie personnelle. Parmi celles-ci, il faut citer les limites posées par le droit en matière d'accès des femmes aux actifs économiques, en particulier l'héritage, aux prestations de sécurité sociale et aux biens matrimoniaux, au mariage à des non-Musulmans, ainsi que les droits inégaux entre les femmes et les hommes pour obtenir le divorce et transmettre la citoyenneté à leurs conjoints étrangers.

Les règles en matière d'héritage et de propriété matrimoniale, combinées avec des normes sociales restrictives, ont tendance à empêcher un contrôle accru des femmes sur les patrimoines. D'un point de vue social, il est perçu comme moins acceptable qu'une femme achète une terre dans certaines zones, essentiellement en raison de la tendance qui veut que les hommes soient les chefs de famille et les femmes célibataires ne doivent pas vivre seules. D'après le Code de la famille, différentes formules concernant le partage de la terre au moment de l'héritage ont souvent pour résultat de donner une moindre part aux femmes par rapport à leurs équivalents masculins, par exemple dans le cas des frères et des sœurs. L'héritage de la terre constitue un moyen important de transmission de richesse, notamment dans les zones rurales. Le Gouvernement marocain ne produit pour l'heure aucune donnée sur la propriété foncière parmi les femmes[5], mais quelques données suggèrent que le niveau reste faible, notamment en ce qui concerne la terre agricole. L'Organisation des Nations Unies pour l'alimentation et l'agriculture (FAO) estime par exemple que les femmes contrôlent environ 4 % des propriétés agricoles, un taux bien inférieur à celui d'autres pays à revenu faible ou intermédiaire. Il n'existe aucune restriction juridique formelle à l'achat, la vente ou l'enregistrement par une femme d'une terre à titre individuel et les couples mariés peuvent choisir d'enregistrer des terres ensemble. Mais les données disponibles, certes parcellaires, indiquent que le niveau de propriété foncière reste faible parmi les femmes.

Les prestations familiales destinées aux employés ayant des conjoints et des enfants ne sont payées qu'aux hommes à travers le système de sécurité sociale. L'âge de la retraite est identique pour les hommes et les femmes, tant dans le secteur privé que dans le secteur public. Cependant, les employés du secteur public ont le droit à une retraite anticipée après 31 ans de service pour les hommes et 18 ans pour les femmes. Les personnes qui contribuent à la Caisse nationale de sécurité sociale (CNSS) pendant une certaine période ont droit à une prestation familiale par enfant. Si les hommes et les femmes sont couverts par la CNSS et payent des contributions, les prestations familiales ne sont versées qu'aux hommes. En cas de divorce, les paiements sont effectués à la personne qui a la garde physique de l'enfant. Cependant, la femme divorcée, contrairement aux hommes, fera face à des difficultés administratives pour obtenir une carte du Régime d'assistance médicale (RAMED), et ce même si elle est seule à subvenir aux besoins de la famille, car le chef de famille est supposé être un homme. En cas de décès du conjoint, le veuf peut bénéficier à vie et sans condition de la pension de son épouse, alors que la veuve perd ce droit si elle se remarie.

Le Maroc à l'horizon 2040 • http://dx.doi.org/10.1596/978-1-4648-1078-7

Le régime matrimonial dominant de la séparation des biens n'avantage pas les femmes compte tenu de leur faible participation au marché du travail et de leur contrôle limité sur les actifs économiques, par rapport aux hommes. En cas de divorce, chacune des parties reprend les biens enregistrés sous son nom propre. En cas de décès de l'un des conjoints, la propriété enregistrée sous son nom est soumise au régime de l'héritage. Le renforcement des dispositions intégrées dans le Code de la famille (2004) relatives à l'instauration d'un régime de la communauté des biens, selon lequel les biens acquis durant le mariage sont partagés entre les conjoints, présenterait de nombreux avantages pour les femmes marocaines. En effet, ce régime reconnaît la contribution égale des conjoints dans l'entretien du foyer, ce qui est cohérent avec l'amendement au Code de la famille qui reconnaît le statut de chef de famille aux deux conjoints. En outre, il permet de protéger les conjoints qui travaillent en dehors du secteur formel, par exemple ceux qui réalisent des tâches non rémunérées en lien avec le foyer. Le renforcement de ces dispositions serait donc bénéfique aux très nombreuses femmes mariées (les trois quarts environ) qui travaillent en dehors du marché du travail formel au Maroc.

Par-delà l'égalité légale des conjoints comme chefs de famille, les hommes restent légalement responsables de l'entretien financier des familles, ce qui a tendance à orienter les normes sociales en leur faveur. Par exemple, une femme perd ses droits à la pension alimentaire si elle refuse de résider dans le foyer conjugal. En cas de divorce, les femmes n'ont droit à la pension alimentaire que pendant la période de l'« iddah » qui dure environ quatre mois. Cette assistance est donc assurée pendant une période relativement courte, notamment pour les femmes qui ne peuvent pas compter sur un autre actif important. Le calendrier strict prévu par l'« iddah » ne permet pas d'envisager une extension de la période de versement de la pension alimentaire au vu des situations particulières des femmes vulnérables, y compris lorsqu'elles sont pauvres.

Au regard du droit de la famille et des personnes, les femmes peuvent se marier dans les mêmes conditions que les hommes, mais dans la grande majorité des cas, ce sont encore des tuteurs hommes qui signent le contrat de mariage pour elles. En droit, les femmes peuvent désormais signer leur propre contrat de mariage. Pour autant, elles n'utilisent encore que très peu cette prérogative. Le pourcentage de femmes qui signent leur propre contrat de mariage était d'environ 20 % en 2011, un niveau inchangé depuis 2007 (HCP 2012 ; Ministry of Justice and Liberties, Family Court Statistics 2011). Cette situation s'explique par le caractère conservateur des normes sociales, la perception que la signature d'un homme fait partie du cérémonial du mariage et la pression des juges qui insistent que la signature des contrats demeure confiée à des tuteurs hommes. Par ailleurs, plusieurs autres discriminations entre les sexes persistent : les femmes musulmanes ne peuvent épouser que des hommes musulmans, tandis qu'un homme musulman peut épouser une femme non musulmane d'une autre religion monolithique ; les hommes conservent le droit à la polygamie, même si une régulation plus stricte a permis de réduire le nombre de mariages polygames à environ 0,3 % des nouveaux mariages en 2015, selon les statistiques du ministère de la Justice et des Libertés 2011.

Les femmes marocaines ne peuvent pas facilement transmettre la nationalité à leur conjoint non marocain, contrairement aux hommes. Les épouses étrangères d'hommes marocains ont automatiquement droit à la citoyenneté marocaine. Mais les femmes marocaines doivent engager des procédures administratives complexes pour transmettre la nationalité à leur conjoint étranger, ce qui constitue une charge exceptionnelle pour elles. S'ils n'accomplissent pas ces démarches, les conjoints étrangers des femmes marocaines se heurtent à des obstacles importants en ce qui concerne leur résidence au Maroc, leur possibilité de travailler et leur accès aux services publics.

Le mariage de jeunes filles marocaines mineures demeure répandu, en dépit du fait que l'âge minimum du mariage a été relevé et malgré les contrôles judiciaires sur les mariages précoces rendus obligatoires. La révision du Code de la famille a permis d'élever l'âge minimum pour le mariage des filles de 15 à 18 ans, assurant ainsi l'égalité avec l'âge de mariage des garçons. Mais une exception demeure et permet de marier des garçons et des filles de moins de 18 ans avec l'approbation d'un juge. Si le but de cette réforme était de diminuer le nombre de mariages précoces, force est de constater que le nombre de mariages impliquant des filles mineures a augmenté de 15 % entre 2007 et 2010 pour atteindre plus de 44 000, soit plus de 10 % des mariages prononcés (HCP 2012). Cependant, selon les chiffres du ministère de la Justice et des Libertés pour 2015, ce pourcentage serait désormais stabilisé. La cause en est le fait que l'approbation du juge ne semble pas favoriser un contrôle approprié de la légitimité du mariage des mineurs. Le taux de requêtes approuvées a en effet augmenté de 89 % à 92 % entre 2007 et 2010. Mariées lorsqu'elles sont mineures, les jeunes filles font ensuite face à certains risques supplémentaires, notamment de violence domestique.

Les femmes doivent accomplir des démarches particulières pour obtenir un livret de famille, document nécessaire pour accomplir des démarches administratives et accéder à certains services publics. Le livret de famille est utilisé pour garantir l'identité légale et le statut de la personne, tel que le statut marital, pour les individus ayant une famille. Il est rédigé au moment du mariage et le document original est produit au nom du mari et lui est remis. Une femme (épouse, divorcée ou veuve) doit en solliciter une copie légalisée, ce qui nécessite une démarche administrative. La possession d'un livret de famille est nécessaire pour accomplir de nombreuses tâches administratives banales, comme obtenir une carte d'identité, un passeport ou un permis de conduire, accéder à certains services sociaux et d'aide juridique, prouver son identité pour obtenir un emploi, ouvrir un compte bancaire, hériter, enregistrer une entreprise et inscrire un enfant à l'école. La logique qui consiste à confier automatiquement le livret de famille aux maris et à demander aux femmes d'engager des procédures bureaucratiques pour l'obtenir n'est pas cohérente avec la réforme du Code de la famille de 2004 qui reconnaît l'égalité entre les maris et les épouses au sein du foyer. En outre, elle entraîne une charge pour les femmes qui doivent consacrer du temps et des ressources pour gérer les nombreuses procédures administratives.

Les réformes du Code de la famille de 2004 ont amélioré de façon significative l'accès des femmes au divorce, mais certaines discriminations demeurent. Le premier effet des réformes du Code de la famille sur le divorce a été de donner la possibilité aux femmes d'engager un divorce sans avoir à fournir certaines raisons concernant leur mari. Désormais, les femmes peuvent demander le divorce par consentement mutuel, ce qui nécessite l'approbation des deux parties et l'existence de différends insurmontables, et la procédure peut être engagée par le mari ou la femme sous la forme d'un divorce unilatéral. L'égalisation des conditions du divorce est importante, car les femmes ont davantage tendance que les hommes à demander le divorce. Ceci étant, les hommes peuvent toujours répudier leur femme de façon unilatérale en face d'un juge. Les femmes n'ont accès à ce droit que s'il est prévu dans le contrat de mariage, ce qui nécessite donc l'approbation du mari au préalable. Les données soulignent que les femmes exercent peu ce droit. Moins de 0,2 % des divorces en 2011 ont été engagés par des épouses sur la base des clauses contenues dans leur contrat de mariage.

Les femmes sont généralement favorisées en matière de garde physique des enfants, tandis que les hommes en conservent généralement la garde légale. Le régime dominant de garde des enfants veut que les enfants soient principalement placés sous la garde physique de leur mère jusqu'à l'âge de 15 ans. Pendant ce temps, la mère a la responsabilité de satisfaire leurs besoins de base. Les pères, et d'autres personnes mâles de la famille en leur absence, restent les tuteurs légaux des enfants mineurs en cas de divorce. Ceci contraint le père à continuer d'entretenir financièrement les membres de la famille à travers le paiement d'une pension alimentaire à la mère jusqu'à ce que les enfants ne soient plus considérés comme mineurs, ce qui se produit généralement à l'âge de 18 ans pour les garçons et jusqu'au mariage pour les filles. La garde légale donne aux pères le droit de prendre toutes les décisions importantes concernant le bien-être de l'enfant, notamment en matière d'éducation et de santé, et conduit les femmes divorcées à devoir obtenir l'autorisation de leur ex-mari sur ces questions. De même, une femme divorcée ne peut voyager avec son enfant en dehors du Maroc sans la permission de son ex-mari. Les réformes du Code de la famille ont introduit une certaine flexibilité dans la reconnaissance des droits en matière de garde des enfants en permettant aux juges de tenir compte des intérêts supérieurs de l'enfant, mais il n'existe aucune donnée permettant d'estimer avec quelle fréquence cet argument est utilisé.

Les femmes divorcées dépendent souvent du paiement de la pension alimentaire aux enfants, mais elles se heurtent à des difficultés pour faire appliquer les décisions des juges, ce qui les place dans une situation financièrement précaire. En obtenant la garde physique des enfants, les femmes se retrouvent dépendantes du paiement de la pension alimentaire pour faire face aux besoins du foyer. Compte tenu du faible niveau de la population active féminine et de leur contrôle limité sur les actifs économiques, le paiement des pensions alimentaires se révèle particulièrement important. Cependant, et malgré la révision en 2015 de la loi relative au Fonds d'entraide familiale qui porte sur la problématique des retards enregistrés au niveau de la mise en œuvre des dispositions judiciaires régissant la pension alimentaire, de nombreuses femmes se heurtent à des obstacles considérables pour faire appliquer les décisions des juges concernant la garde des enfants et les mécanismes de sauvegarde.

Les femmes qui ont des enfants hors mariage, et leurs enfants, continuent à souffrir d'une discrimination légale considérable. Les relations sexuelles en dehors du mariage constituent un délit pénal pour les hommes comme pour les femmes. Mais ces délits ont des conséquences plus graves pour les femmes que pour les hommes. La grossesse en dehors du mariage constitue une preuve irréfutable du crime commis par la femme et l'avortement, en dehors de situations exceptionnelles très spécifiques, est illégal. En conséquence, une femme enceinte en dehors du mariage se retrouve sans aucun recours juridique. Le Code de la famille ne reconnaît la paternité qu'à travers le mariage. La loi ne précise pas clairement si une femme célibataire peut obtenir un livret de famille incluant ses enfants, ce qui laisse la délivrance de ce document à la discrétion de l'administration. La simple demande d'un livret de famille expose la femme célibataire à des poursuites pénales pour relations sexuelles en dehors du mariage. Les mères célibataires sont également privées de toute pension alimentaire pour elles-mêmes et pour leurs enfants par le Fonds d'entraide familiale. Les enfants nés dans ces circonstances subissent eux aussi une discrimination. Leurs pères ne sont pas tenus légalement de payer une quelconque pension pour les aider financièrement et ils ne peuvent pas hériter de leur père. En conséquence, c'est à la mère qu'il incombe d'assurer toutes les dépenses, ce qui peut se révéler particulièrement difficile pour une femme pauvre et peut même pousser certaines, dans les cas extrêmes, à l'abandon. Ces enfants nés de mère célibataire n'ont pas non plus la possibilité de prendre le nom de leur père et doivent adopter le patronyme « Abdi » à l'état civil, ce qui les désigne comme illégitimes et les expose à une discrimination tout au long de leur vie.

Le niveau de violence contre les femmes – y compris les violences psychologique, physique et sexuelle et les attaques contre leurs libertés individuelles – est élevé au Maroc. L'enquête nationale sur la prévalence de la violence à l'égard des femmes de 2009 a révélé que 62 % des femmes âgées de 18 à 64 ans avaient subi une forme de violence dans les 12 mois précédant l'enquête (HCP 2009). Les types de violence les plus communs incluent la violence psychologique (48 %), la violence dans l'exercice des droits prévus par le Code de la famille (17 %) et la violence physique (15 %). Des atteintes à l'exercice des libertés individuelles ont été mentionnées par près d'un tiers des femmes. Si la perception sociale est généralement négative au sujet de la violence domestique, la perception varie fortement selon les sexes : seulement 55 % des hommes (contre 77 % des femmes) estiment que la violence contre les femmes n'est jamais justifiée (Enquête mondiale sur les valeurs 2007).

Suite à l'adoption par le gouvernement en mars 2016 d'un projet de loi relatif à la lutte contre la violence faite aux femmes, le Maroc devrait disposer prochainement d'un cadre législatif à même de mieux traiter de la violence contre les femmes. Le projet de loi stipule les actes et les comportements pouvant s'inscrire dans le cadre de la violence faite aux femmes, la criminalisation de ces actes et comportements, et les mécanismes de prise en charge des femmes victimes de violence. En attendant, l'adoption de cette loi, la violence domestique reste traitée dans le cadre des dispositions générales du Code pénal concernant les agressions. Les agressions sexuelles et le viol sont assimilés à des crimes, mais les textes ne précisent pas clairement s'ils s'appliquent à des actes commis par un mari contre sa femme. En janvier 2014, un amendement du Code pénal a permis de combler une faille très importante en matière de protection des femmes : un homme qui viole ne peut plus échapper à des poursuites en épousant sa victime. Mais le poids des normes sociales, le risque à la réputation et l'absence d'aide adaptée conduisent cependant certaines victimes à accepter le mariage.

Les inégalités dans l'application du droit en raison des normes sociales

Outre les discriminations légales, la mise en œuvre limitée de la législation est problématique pour les femmes et bride leur liberté d'action. La législation est mal appliquée en raison de capacités institutionnelles faibles et d'une mise en œuvre sélective de la législation par les responsables officiels qui sont influencés par les normes sociales. Les normes sociales réduisent souvent la liberté d'action des femmes, par-delà les barrières fixées par le cadre légal. Elles sont le produit des effets combinés des pressions exercées par la société et la famille et d'un processus d'autocensure par les femmes qui ne veulent pas prendre le risque de susciter des controverses à propos de leurs actions. Ces normes expliquent en partie la faible participation des femmes au marché du travail et à la vie politique, ainsi que les disparités en termes de contrôle des actifs économiques. Au Maroc, les perceptions sociales concernant le rôle des femmes varient beaucoup entre les hommes et les femmes et en fonction des sujets. Les hommes ont tendance à penser qu'ils devraient avoir la priorité sur les femmes quand les emplois sont rares et qu'ils sont de meilleurs hommes d'affaires et responsables politiques. Il semble qu'il y ait davantage d'accord entre les hommes et les femmes sur le fait qu'il est important que les femmes aient un plus haut niveau d'études et pour désapprouver les mères célibataires (Banque mondiale 2015). L'enquête mondiale sur les valeurs de 2007 démontre par ailleurs que les femmes ont deux fois plus tendance que les hommes (60 % contre 30 %) à penser que l'égalité entre hommes et femmes constitue un attribut important de la démocratie.

Les services publics censés aider les femmes à accéder à la justice restent eux aussi sous influence des normes sociales. Tant les femmes que les hommes sont affectés par les difficultés du secteur judiciaire marocain, mais les femmes continuent à faire face à des obstacles particulièrement importants pour accéder à la justice, notamment en raison d'un contrôle relativement plus faible sur les actifs économiques et des normes sociales qui les dissuadent de déposer plainte. Ces obstacles persistent malgré les efforts déployés par l'Institut supérieur de magistrature pour la promotion de la formation de base et la formation continue sur l'égalité entre les sexes. En général, les données concernant les procédures judiciaires ne sont pas désagrégées par sexe. Cette situation ne permet pas d'identifier facilement les besoins des femmes et de cibler efficacement les services pour réduire les discriminations. Elle empêche également d'évaluer effectivement ces services et de mesurer l'impact plus large des réformes. Les rares données disponibles laissent cependant penser que les services judiciaires sont inefficaces pour garantir le respect des droits des femmes. L'enquête nationale sur la prévalence de la violence à l'égard des femmes conduite en 2009 a découvert qu'environ la moitié des femmes ayant droit à une pension alimentaire ne la recevaient pas régulièrement, un quart ne recevant même aucune pension, une situation injuste et susceptible de pénaliser fortement les femmes pauvres. La faible mise en œuvre des décisions judiciaires concernant les pensions alimentaires, qui affectent les femmes en tant que bénéficiaires, est confirmée par les statistiques du ministère de la Justice et des Libertés. En 2011, seulement 60 % des plaintes concernant les pensions alimentaires ont fait l'objet de décisions. Et lorsque les décisions ont été communiquées, seulement 60 % d'elles ont été appliquées.

Augmenter la participation économique et l'autonomie des femmes

Comme dans de nombreux pays, la voie la plus rapide pour renforcer le capital social du Maroc serait de promouvoir une participation pleine et égale des femmes et des hommes, des garçons et des filles à tous les niveaux de la société marocaine.

Des politiques publiques peuvent être développées pour à la fois lutter contre les inégalités de genre et promouvoir la croissance économique. En effet, les inégalités économiques et de droit entre les sexes et les normes sociales et préjugés sexistes ont tendance à se nourrir mutuellement pour expliquer le faible accès des femmes aux opportunités économiques ainsi que le faible pouvoir de négociation des femmes. Une modélisation de ces interactions permet de quantifier l'impact sur la croissance d'une politique de réformes intégrées visant à réduire les préjugés sexistes au niveau du marché du travail, réallouer le temps que les mères consacrent à leurs filles et augmenter le pouvoir de négociation des femmes dans la famille (Agénor, Berahab et El Mokri. 2017). Les effets combinés de ces politiques sur la croissance économique pourraient atteindre près de 2 points de pourcentage en rythme annuel (encadré 6.3).

Encadré 6.3 Évaluation de l'impact des politiques publiques sur les inégalités de genre et la croissance au Maroc

L'impact des décisions publiques sur l'égalité de genre et sur la croissance économique peut être quantifié à l'aide d'un modèle à générations imbriquées et différencié par sexe (Agénor 2012 et 2017). Un tel modèle a été développé et calibré au cas du Maroc sur la base des données du recensement général de la population de 2014, des enquêtes emploi et de l'enquête nationale sur le budget temps de 2012 du Haut-Commissariat au Plan (Agénor, Berahab et El Mokri 2017). Le modèle propose de capter la dynamique entre les normes sociales, les inégalités de genre au niveau de la famille et du marché du travail, le pouvoir de négociation des femmes dans les décisions familiales, l'allocation du temps des conjoints et la croissance économique (Figure B6.3.1).

Les variables retenues pour l'analyse sont les familles, la production domestique, la production commerciale, l'accumulation du capital humain, l'activité gouvernementale, le pouvoir de négociation des femmes, les normes sociales et les inégalités de genre.

encadré continue page suivante

Encadré 6.3 Évaluation de l'impact des politiques publiques sur les inégalités de genre et la croissance au Maroc *(suite)*

Figure B6.3.1 Normes sociales, préjugés sexistes et pouvoir de négociation des femmes

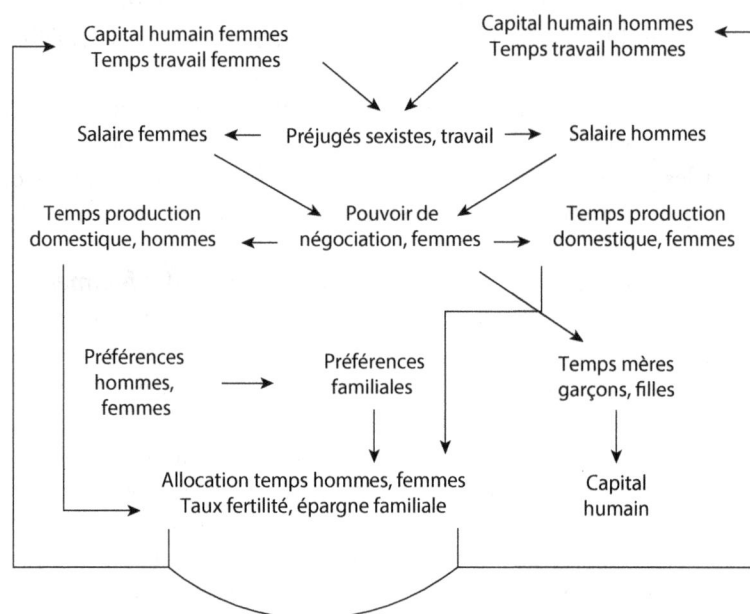

Source : Agénor, Berahab et El Mokri 2017.

Dans une première simulation, le gouvernement met en place des mesures visant à lutter contre les discriminations subies par les femmes sur le marché du travail (parité des embauches, campagnes de sensibilisation par exemple). Les conséquences sont multiples : augmentation du revenu familial qui entraine une hausse de l'épargne et de l'investissement privés qui elle-même entraine une augmentation de la croissance économique et des recettes fiscales. Ces dernières peuvent ensuite être utilisées pour augmenter les dépenses d'éducation et promouvoir l'accumulation du capital humain, contribuant là aussi à la croissance économique. Par ailleurs, ces mesures affectent l'allocation du temps entre les femmes et les hommes par le biais du renforcement du pouvoir de négociation des femmes au sein de la famille. Grâce à l'amélioration de leur revenu, celles-ci réduisent le temps consacré aux tâches domestiques (compensé par une augmentation de celui des hommes). Le temps libéré par les femmes est ensuite alloué entre l'éducation des enfants, le marché du travail, l'accumulation du capital humain ou les loisirs. Dans le cas du Maroc, la calibration du modèle entraine une baisse du temps que les hommes allouent au marché du travail, tout comme celui consacré à l'accumulation du capital humain et les loisirs, contrairement à celui dédié à la production de biens domestiques qui augmente. En termes de croissance, les effets sont donc positifs et négatifs puisque les femmes et les hommes allouent de façon opposée leur temps sur le marché du travail.

encadré continue page suivante

Encadré 6.3 Évaluation de l'impact des politiques publiques sur les inégalités de genre et la croissance au Maroc *(suite)*

Tableau B6.3.1 Maroc : effets des politiques de réduction des inégalités de genre sur le taux de croissance économique
(En points de pourcentage)

	Réduction des préjugés sexistes sur le marché du travail	Augmentation du temps consacré aux filles par les mères	Hausse du pouvoir de négociation des femmes dans la famille	Programme intégré
Allocation du temps des femmes aux loisirs endogènes	0,2	0,6	1,0	1,95

La seconde simulation porte sur la réallocation du temps que les mères accordent à leurs filles, suite, par exemple, à une campagne de sensibilisation. La croissance est ici affectée par le canal du capital humain des femmes. Enfin, une troisième simulation porte sur les effets d'une amélioration du pouvoir de négociation des femmes au sein du foyer. Celle-ci entraine trois modifications : 1) les femmes allouent moins de temps aux tâches domestiques, à l'inverse des hommes ; 2) du fait de la plus faible préférence des femmes pour la consommation présente, le taux d'épargne augmente, entrainant une hausse de l'investissement et du capital physique ; et 3) étant donné la préférence des mères pour l'éducation des enfants, le temps alloué par les femmes à l'éducation des enfants augmente, au détriment du marché du travail et de leur propre accumulation de capital humain mais au bénéfice de l'accumulation de capital humain des enfants.

Au total, l'impact positif des mesures pro-genre sur le taux de croissance économique s'élèverait à une hausse comprise entre 0,2 et 1,95 point de pourcentage en rythme annuel selon les scénarios (Tableau B6.3.1).

Beaucoup reste à faire pour améliorer l'accès des femmes aux opportunités économiques et à l'autonomisation. Les politiques pourraient être infléchies autour de trois axes principaux : i) accroître les opportunités économiques des femmes en supprimant les obstacles à leur participation au marché du travail et en développant l'entreprenariat ; ii) réduire l'écart entre les sexes en termes d'expression et de liberté d'action, en soutenant la participation des femmes à la vie politique et en protégeant leurs droits au sein du foyer et plus largement au sein de la société ; et iii) systématiser la prise en compte du genre dans l'action politique pour en moderniser la pratique et faire évoluer les mentalités et les normes culturelles.

Accroître les opportunités des femmes sur le plan économique

Les femmes peuvent fortement contribuer à la croissance économique du Maroc à condition que les obstacles qui les empêchent de travailler dans les secteurs à forte productivité ou d'accéder à des emplois décents soient levés. Dans le seul secteur manufacturier, les entreprises jeunes et exportatrices recrutent cinq fois plus de femmes que les entreprises non exportatrices. Le potentiel de développement est encore plus important dans le secteur des services.

En conséquence, le gouvernement devrait se concentrer sur les réformes (discutées dans les chapitres précédents) qui visent à accélérer la transformation structurelle de l'économie, encourager l'investissement dans le secteur privé et stimuler la croissance économique afin de faciliter la sortie des femmes de l'agriculture et d'autres secteurs et métiers à faible niveau de productivité. Non seulement il est essentiel d'améliorer l'accès des femmes aux opportunités sur le plan économique pour élargir le type d'emplois accessibles aux femmes, notamment dans les secteurs les plus productifs comme ceux liés aux technologies de l'information et de la communication ou les services financiers, mais il conviendrait en outre d'abattre les barrières légales et sociales qui découragent les employeurs de recruter des femmes et les femmes d'accepter les emplois disponibles. Le gouvernement peut aussi agir en supprimant les interdictions légales et autres barrières – par exemple, insécurité des transports, manque de crèches et de centres d'accueil, accès limité à la finance, etc. – qui empêchent actuellement les femmes de participer activement à l'économie. Donner aux femmes davantage de possibilités de créer et de développer leur propre entreprise contribuerait également à accélérer l'innovation, la croissance et l'emploi dans le pays. Ceci est particulièrement important pour les femmes, compte tenu des défis auxquels elles sont confrontées pour obtenir un emploi dans le secteur formel.

Encourager l'émancipation, la liberté d'action et l'autonomie des femmes

Le Gouvernement marocain a pris des mesures importantes pour réduire les discriminations dans la loi, mais la cohérence d'ensemble du cadre législatif, y compris constitutionnel, pourrait être renforcée. Certes, des engagements ont été pris en faveur de l'égalité entre les sexes à travers des réformes du cadre légal à haut niveau, y compris à travers la constitution, mais les discriminations n'ont pas disparu du cadre juridique de base ou de la constitution elle-même avec sa référence au « respect des constances du Royaume et de ses lois ». Par-delà la question de l'égalité, c'est le respect de la liberté d'action des femmes dans les faits qui mérite d'être garanti à travers des dispositions efficaces contre des pratiques socioculturelles inégalitaires, à commencer par la violence à l'encontre des femmes, la violence domestique en particulier, et la mise en place de protection des femmes vulnérables comme les employées de maison et les mères célibataires[6]. Le projet de loi relatif à la lutte contre la violence faite aux femmes adopté par le gouvernement en 2016 devrait être renforcé à cet égard.

Des mesures devraient permettre aux femmes d'avoir davantage de contrôle sur leurs actifs économiques. Les femmes entrepreneures font face à des difficultés d'accès au crédit, dans la mesure où le droit des personnes limite la possibilité pour les femmes de posséder des actifs familiaux. Les politiques devraient cibler ces déterminants qui sous-tendent un accès différencié entre les sexes et uniformiser les règles du jeu en renforçant les droits à la propriété des femmes, en corrigeant les préjugés au sein des institutions prestataires de services et en améliorant le fonctionnement des marchés du crédit. En retour, une participation accrue des femmes au marché du travail améliorerait leur contrôle sur les actifs économiques comme les salaires, les retraites et autres prestations liées à l'emploi. Un meilleur contrôle sur leur salaire peut permettre aux femmes d'accroître leur liberté d'action tant au sein qu'en dehors de la famille, d'autant que les perceptions sur le fait que les femmes puissent contrôler leur salaire sont largement positives.

Des mesures pourraient également être prises afin d'égaliser la distribution des actifs économiques liés au mariage et à l'emploi. En dehors de leur contrat de mariage, très peu de couples mariés signent des contrats qui précisent le cadre dans lequel sont gérés les actifs économiques durant le mariage. Le développement de ces contrats pourrait être soutenu à travers la mise à disposition de contrats types qui permettent d'égaliser les droits entre mari et femme. Les dispositions prévues par le Code de la famille qui obligent les hommes à assurer l'entretien financier de celle-ci pourraient être modifiées pour aligner les responsabilités entre les hommes et les femmes, et ouvrir ainsi la possibilité aux femmes de contribuer aux revenus du foyer. Les prestations familiales fondées sur le salaire versé par la CNSS devraient être rendues également accessibles aux hommes et aux femmes ayant des enfants, en cohérence avec les changements législatifs qui reconnaissent désormais l'égalité de responsabilité au sein du foyer.

Une plus grande égalité des droits liés au mariage et au divorce contribuerait à accroître la liberté d'action des femmes et assurerait un meilleur partage des responsabilités. Il conviendrait de donner aux femmes le droit au divorce unilatéral dans les mêmes conditions que les hommes et de garantir l'égalité des droits aux hommes et aux femmes qui épousent des personnes non musulmanes. Uniformiser les droits pour transmettre la nationalité aux conjoints permettrait d'éviter de contraindre les femmes à des procédures bureaucratiques compliquées pour transmettre la nationalité à leur époux. Fournir des livrets de famille aux femmes dans les mêmes conditions que pour les hommes permettrait aux femmes d'accomplir des tâches administratives liées à la vie de famille, dans de meilleures conditions de partage des responsabilités et de gestion du temps.

Systématiser la prise en compte du genre dans l'action politique et continuer à faire évoluer les mentalités et le droit

Il conviendrait de systématiser la prise en compte du genre dans l'action politique pour réaliser dans les faits l'égalité entre les sexes et l'autonomisation des femmes. Certes, nombre de politiques, de programmes et d'initiatives ont été mis en place au Maroc pour traiter de différents aspects liés à l'inégalité entre les sexes, mais les efforts demeurent non coordonnés, globalement insuffisants et par conséquent peu efficaces[7]. Ceci signifie qu'il existe de grandes marges de manœuvre pour améliorer les conditions des femmes marocaines, à commencer par l'application et la mise en œuvre des lois existantes et la promotion d'un modèle égalitaire au sein des différentes instances de la nation, telles que la sphère politique, administrative et professionnelle, en favorisant une plus grande participation et le renforcement du rôle des femmes dans les processus de prise de décision. À cet égard, la nouvelle Loi organique relative aux lois de finances (LOLF) qui sera mise en œuvre en 2017 pourrait renforcer la cohérence de l'action publique en termes de promotion de l'égalité du genre dans la mesure où elle intègre la prise en compte de la dimension genre dans la programmation des départements ministériels et dans leurs processus de suivi/évaluation.

Au-delà des lois existantes, des marges de manœuvre existent, y compris dans le cadre de l'esprit du message spirituel de l'islam pour continuer à moderniser le cadre légal, faire évoluer les mentalités et les normes socioculturelles, et établir une véritable égalité sociétale entre hommes et femmes (Lamrabet 2015). Aussi, une révision du cadre de communication autour des questions du genre devrait-elle être entreprise au niveau des organes de propagation d'idées et de valeurs que sont les discours politiques, les médias, l'éducation, les prêches religieux etc., afin de rompre avec les idées inégalitaires et de répandre un discours de parité et d'égalité conformément aux préceptes de justice apportés par l'islam, de l'histoire de la Sunna et des valeurs profondément humanistes et séculaires de la société marocaine. Compte tenu de l'accueil favorable de la réforme du Code de la famille (Moudawana) en 2004, notamment parmi une large majorité de Marocaines (Prettitore 2014), le Maroc pourrait continuer à s'inscrire à l'avant-garde des pays arabes en poursuivant la modernisation du cadre légal. Comme l'islam est un marqueur socioculturel de plus en plus prégnant, réformer l'approche religieuse reviendrait à réformer la société en profondeur et non seulement la relation homme-femme.

3. Encourager la confiance interpersonnelle et le sens civique

Le capital social dépend de la qualité des relations interpersonnelles qui, outre les relations entre hommes et femmes, renvoient à la confiance qu'entretiennent en général les personnes entre elles, à l'engagement civique et associatif entre les citoyens, et au sens civique. Comme il a été vu dans la section précédente, les normes sur lesquelles est fondée la vie sociale ont des effets profonds sur le développement économique et social. Le modèle mental et culturel qui influence ce qui attire l'attention des personnes, ce qu'elles perçoivent et comprennent (ou ne comprennent pas) joue un rôle croissant dans la compréhension que les sciences économiques et les sciences sociales ont des comportements économiques et sociaux (Banque mondiale 2015). En particulier, le degré de confiance interpersonnelle, l'engagement associatif et les normes de coopération civique ont longtemps été reconnus comme des éléments essentiels du capital social d'un pays (Putnam 1993 ; Keefer et Knack 2002) et du bien-être économique (Knack et Keefer 1997 ; Knack et Zak 1998 ; Knowles et Weatherston 2006). En l'absence de confiance interpersonnelle, de coopération sociale et de responsabilité civique, les codes de bonne conduite entre individus et les comportements honnêtes et respectueux tendent à se limiter à de petits cercles de personnes liées entre elles. Dans une société fermée ou cloisonnée, un comportement opportuniste et égoïste tend à être perçu comme naturel et moralement acceptable en dehors d'un réseau étroit. La conséquence économique de ce phénomène est que plus une société pratique l'ostracisme, moins elle favorise les opportunités économiques à long terme. En outre, lorsque les individus manquent de confiance les uns envers les autres et de respect de la chose publique, la fourniture de biens et services publics tend à être insuffisante et sujette au népotisme ou à la corruption. La situation est très différente dans les sociétés ouvertes où les règles générales de bonne conduite tendent à s'appliquer à de nombreuses situations sociales, et non seulement au sein des familles et des cercles étroits des connaissances. Lorsque des individus sont motivés pour réussir et comprennent que leur réussite économique dépend de leurs propres choix mais aussi de leur relation de confiance avec les autres et du respect des règles communes, ils sont davantage susceptibles de travailler à fond, d'épargner, d'investir, d'innover et d'entreprendre. Pour Coleman, le capital social est tout simplement la capacité qu'ont les individus à travailler ensemble à des fins communes au sein de différents groupes ou organisations (Coleman 1988).

3.1 Le capital social au Maroc

Le capital social est essentiellement le produit de facteurs culturels entendus non seulement dans le sens des coutumes, valeurs et attitudes profondes, mais aussi des compétences et des talents qui, comme expliqué précédemment, touchent plus directement les résultats économiques. Si l'histoire du développement économique enseigne un fait important, c'est que les différences de performance entre les nations s'expliqueraient en premier lieu par des différences culturelles (Landes 2000 ; Sowell 2015). En particulier, l'exploitation de ressources naturelles n'a que peu ou pas de valeur sans les conditions culturelles requises pour la transformation de ces ressources en richesse réelle. La comparaison au chapitre 2 des niveaux de capital immatériel du Maroc et de l'Algérie illustre ce point. Même le capital physique accumulé est de peu d'usage sans les conditions culturelles préalables pour le faire fonctionner, l'entretenir et en tirer les meilleurs rendements. Parmi les différences culturelles entre les sociétés, les différences de « réceptivité » aux autres cultures s'avèreraient déterminantes pour comprendre les trajectoires historiques entre différents groupes, nations ou civilisations (Sowell 2015). En rendant plus difficile l'accès aux progrès et avancées réalisés par d'autres cultures dans l'ensemble des domaines liés au développement humain (scientifique, technique, humanités, etc.), l'isolement culturel peut avoir les mêmes effets sur le développement économique que l'isolement géographique.

Les dimensions culturelles du capital social ne s'arrêtent généralement pas aux frontières des pays mais dépassent souvent l'État-nation pour englober des espaces civilisationnels plus vastes. Ainsi, le Maroc s'inscrit dans un héritage multiple (africain, berbère, arabe etc.) où l'islam joue néanmoins un rôle prépondérant. Or, comme le notait le magazine anglais The Economist en 2014, « *Il y a mille ans, les grandes villes de Bagdad, Damas et du Caire se sont relayées pour faire la course en tête devant le monde occidental. Islam était synonyme d'innovation. Les différents califats arabes étaient des superpuissances dynamiques - ce que l'on faisait de mieux en matière d'apprentissage, de tolérance et de commerce. Pourtant, aujourd'hui, le monde arabe est en grande difficulté* ». Or, cette difficulté peut être comprise par le manque d'ouverture et de réceptivité de la région par rapport au reste du monde. Un indicateur révélateur à cet égard est le degré d'exposition des populations arabes aux idées et connaissances venues d'ailleurs. Avec une population d'environ 300 millions de personnes répartie dans plus de 20 pays, le nombre total de livres étrangers traduits en arabe au cours de l'histoire s'élève à environ 10 000, soit un cinquième du nombre de livres traduit par la Grèce seule pour une population de 11 millions de personnes. Sur une période de cinq ans, le monde arabe traduit moins d'un livre pour chaque million d'habitants, tandis que l'Espagne en traduit 920 (UNDP 2003). Autrement dit, l'Espagne traduit plus de livres en espagnol par an (par habitant) que la région MENA n'en a traduit en arabe en mille ans. Pour ne s'en tenir qu'à la période contemporaine, le degré d'exposition et la réceptivité de l'Espagne aux idées extérieures a contribué à son rattrapage économique rapide de la fin du XXe siècle.

Compte tenu de sa riche histoire et de son héritage, caractérisé par une ouverture et réceptivité certaines vis-à-vis du reste du monde, le Maroc apparaît mieux positionné que d'autres pays de la région MENA pour connaître une évolution favorable de son capital social et devenir ainsi le premier pays d'Afrique du Nord non producteur de pétrole à rejoindre le club des pays intermédiaires de la tranche supérieure. Pour cela, le présent Mémorandum s'intéressera successivement à l'importance de la confiance interpersonnelle, de l'engagement associatif et du sens civique. En effet, la recherche du bien commun passe en grande partie par la construction d'institutions visant à concilier autant que faire se peut l'intérêt individuel et l'intérêt général (Tirole 2016).

La confiance entre les personnes

L'un des aspects les plus importants du capital social concerne la confiance en autrui. Il est fait mention de confiance entre les personnes quand, dans une société donnée, les individus savent qu'ils peuvent compter sur des personnes qu'ils n'ont jamais rencontrées et quand d'autres récompensent cette confiance en s'inscrivant dans des démarches de coopération, de réciprocité ou d'engagement volontaire. En termes économiques, la notion de confiance se formalise comme une information imparfaite sur la fiabilité et les préférences de l'autre. L'existence de normes de réciprocité et de confiance permet de réduire les coûts de transaction, facilite l'action collective et aide les individus à atteindre leurs objectifs personnels. De la même façon que la défiance accroît les coûts de transaction, la confiance entre les personnes est essentielle à la vie économique et sociétale. Comme l'expose le prix Nobel d'économie Kenneth Arrow, « *chaque transaction commerciale porte virtuellement en elle-même un élément de confiance, il est probable que n'importe quelle transaction réalisée à un moment donné et l'essentiel du retard économique dans le monde peuvent s'expliquer par un manque de confiance mutuelle* » (Arrow 1972). En particulier, le niveau de confiance interpersonnelle au sein des entreprises a des conséquences majeures sur la nature de l'économie industrielle que les sociétés sont en mesure de créer (Fukuyama 1995).

Si l'évaluation du capital social en est encore au stade embryonnaire, les enquêtes sur les valeurs mondiales (World Value Surveys) et celles du Baromètre arabe (Arab Barometers) fournissent des informations importantes sur les valeurs reconnues par les pays, leur évolution avec le temps et leur impact sur la vie sociale et politique[8]. Si l'on considère les réponses apportées par les personnes interrogées à la formule « en général, on peut faire confiance à la plupart des personnes », il est clair que le niveau de confiance sociale en général est assez faible au Maroc, non seulement par rapport au niveau mondial, mais également en comparaison à d'autres pays en développement. Si l'on considère la moyenne des réponses aux questions portant sur la confiance au sein de la société dans les enquêtes réalisées au cours des 15 dernières années (afin de réduire au minimum les erreurs possibles dues aux échantillons), le niveau de confiance en général au sein de la société marocaine est faible et inférieur à la moyenne des pays à revenu intermédiaire de la tranche inférieure (voir figure 6.5). En outre, au vu de toutes les enquêtes sur les valeurs mondiales conduites successivement depuis 2000, il apparaît que non seulement le niveau de confiance au sein de la société est faible au Maroc, mais qu'il a diminué au fil du temps. Alors que la confiance au sein de la société était autrefois perçue comme une caractéristique stable des sociétés, des analyses récentes ont démontré qu'en réalité elle connaissait des évolutions positives ou négatives au cours du temps, en réaction aux changements concernant l'état de droit, la robustesse des réseaux sociaux et la sécurité des biens (Almond et Verba 1963 ; Putnam 2000 ; Welzel 2013). Selon les enquêtes du Baromètre arabe pour 2012–2014, uniquement 13% des Marocains interrogés considèrent que les gens sont dignes de confiance.

Les enquêtes nationales confirment une faible confiance entre les personnes au sein de la société marocaine. Selon l'enquête menée par l'Institut Royal des

Figure 6.5 Réponse à la question : « En général, peut-on faire confiance à la plupart des personnes ? »
(En pourcentage)

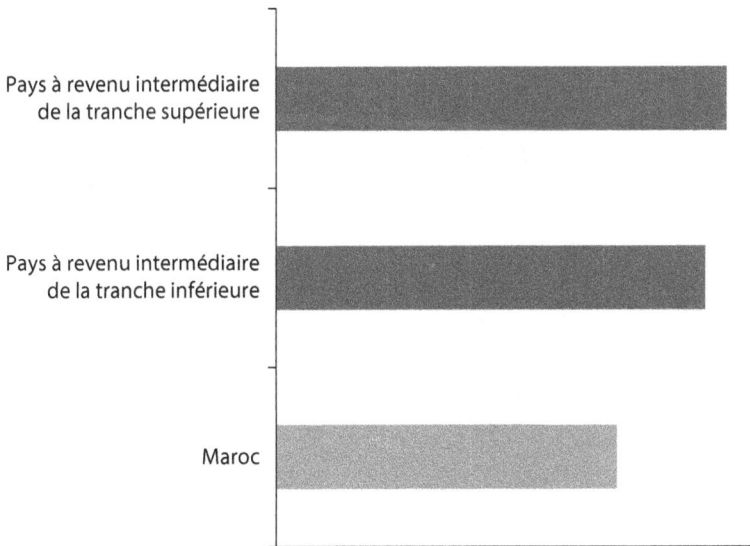

Source : Enquêtes sur les valeurs mondiales. Séries 4 à 6 sur la base de la moyenne des données entre 2000 et 2014.

Études Stratégiques (IRES) en 2012 sur le lien social au Maroc, moins de 10 % des citoyens marocains feraient confiance à la plupart des gens (voir figure 6.6). Dans nombre de pays émergents, la proportion de personnes affirmant que « en général, on peut faire confiance aux gens » a diminué, tandis que le nombre de personnes qui affirment « on n'est jamais assez prudent lorsqu'il s'agit d'accorder sa confiance à quelqu'un » a lui, augmenté. Cette évolution correspond à une préoccupation nouvelle au Moyen-Orient et notamment au sein des pays de la région MENA où la confiance entre les personnes est passée, depuis 2000, d'un niveau supérieur à la moyenne mondiale à un niveau inférieur à cette moyenne. La dégradation de la situation au Maroc devrait donc être analysée dans le contexte d'une transformation plus large qui concerne la région.

Comment expliquer le faible résultat du Maroc s'agissant de la confiance au sein de la société ? Une partie de l'explication peut provenir de la distinction entre le capital social d'attachement et le capital social d'accointances (voir encadré 6.4). L'ensemble des enquêtes portant sur « le champ de la confiance » constitue l'un des moyens d'évaluer le degré de confiance des individus de façon précise ou en général (Delhey, Newton et Welzel 2011). Au lieu d'interroger les personnes sur leur confiance en les autres en général, les personnes interviewées reçoivent une liste comportant différentes catégories de personnes, allant de celles qu'elles connaissent le mieux (comme leurs amis ou les membres de leur famille), à celles qu'elles ne rencontrent que sporadiquement ou pas du tout (des étrangers ou des ressortissants d'autre nationalité par

Figure 6.6 Maroc : Réponse à la question : « En règle générale, faites-vous confiance à la plupart des gens ? »
(En pourcentage)

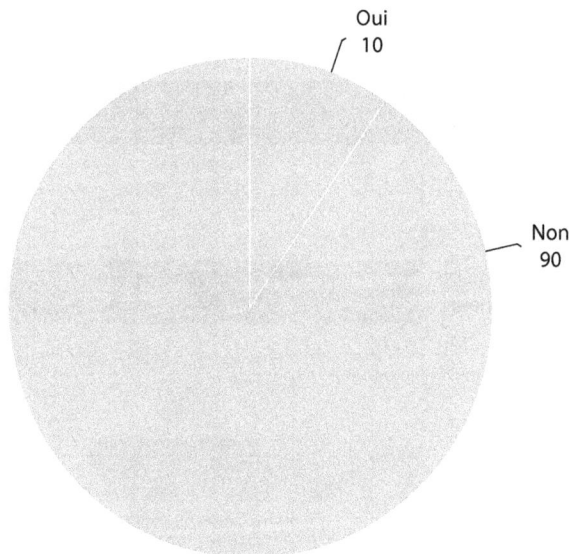

Source : Institut royal des Études stratégiques. 2012. Rapport de l'Enquête nationale sur le lien social au Maroc.

Encadré 6.4 Des notions de capital social d'attachement et d'accointances

Les théories sur le capital social en matière de développement économique ont souvent dis-
tingué le capital d'attachement du capital d'accointances. Le capital d'attachement est
constitué par les liens horizontaux qui relient des personnes qui se ressemblent en termes de
caractéristiques démographiques, comme les membres d'une même famille, les amis, les voisins, les collègues de bureau et les individus issus d'un même milieu social. En revanche, le
capital d'accointances est constitué de relations qui sont communes à des strates verticales
et parallèles de la population et traversent les catégories économiques, sociales et régionales :
il s'agit par exemple de la classe sociale, du groupe ethnique, du sexe, de la religion, de la
nationalité. Les liens d'attachement renvoient à un type de confiance particulier qui existe
dans les communautés de petite taille entre personnes qui se connaissent personnellement.
Par contraste, les liens d'accointance sont essentiels à une confiance de type général au sein
de sociétés complexes qui impliquent des interactions quotidiennes innombrables entre des
personnes qui se connaissent peu ou pas[a]. En mettant en relation des individus issus de
contextes sociaux différents, les relations d'accointance peuvent réduire la discrimination et
les conflits entre groupes sociaux, améliorer la mobilité sociale et faciliter la dissémination de
l'information au sein de la société, ce qui facilite l'action collective à une grande échelle et
conduit à une structure sociale plus inclusive. Les études sociologiques ont démontré que
des liens ténus au sein de vastes réseaux de personnes sont plus efficaces pour permettre
l'insertion dans la vie que des liens forts au sein de petits noyaux d'individus[b].

Pour autant, tandis que l'accent est souvent mis sur l'importance des liens d'accointance,
les liens d'attachement ont aussi un rôle important à jouer pour atténuer les risques et soutenir les personnes qui en ont besoin. Si des liens communautaires plus forts ne constituent pas
des biens absolus et peuvent inhiber le développement économique en empêchant les individus de s'affranchir de leur milieu social, de former des liens qui traversent les catégories
habituelles et de prendre le risque d'entreprendre[c], les liens de proximité aident les individus
à survivre aux conséquences de chocs externes comme les catastrophes naturelles et les restructurations économiques. En conséquence, les liens d'attachement jouent un rôle essentiel
de prévention de la pauvreté et de l'exclusion sociale, en veillant à ce que les individus
confrontés à des périodes difficiles ne se retrouvent pas exclus du système. En l'absence de
tels liens, les individus sont bien plus exposés à un risque d'exclusion sociale définitive[d].

Sources : a) Nannestad 2008 ; b) Granovetter 1979 ; c) Narayan 1999 ; d) Rose 1995.

exemple). De cette façon, il est possible d'évaluer non seulement le « degré »
de confiance, mais aussi le « champ » de confiance, c'est-à-dire jusqu'où s'étend
la volonté de chacun de s'engager dans une action de coopération réciproque
et volontaire, par-delà son espace familier, par exemple vis-à-vis d'individus
inconnus qu'il n'y a aucune raison a priori de traiter favorablement. Les questions relatives au champ de confiance ont d'abord été testées sur le terrain dans
le cadre de la 6e édition de l'enquête mondiale sur les valeurs conduite en 2005
et utilisée au Maroc pour la première fois en 2011.

Au Maroc, les liens sociaux se nouent de façon disproportionnée au sein de cercles fermés, à commencer par la famille, puis les amis et les voisins, aux dépens de groupes plus ouverts et plus éloignés comme les étrangers ou des personnes appartenant à des catégories identitaires différentes. Si une confiance moindre dans les groupes ouverts constitue un phénomène commun à la plupart des pays, quels que soient les niveaux de revenus, le Maroc représente un cas singulier de ce point de vue. La confiance dans les personnes ayant une autre religion, une autre nationalité ou rencontrées pour la première fois y est plus faible que dans d'autres pays en développement. Les résultats du Maroc reflètent, plus qu'ailleurs, une situation dans laquelle les liens sociaux sont solidement organisés autour de relations tissées de façon étroite – la famille, et dans une moindre mesure les amis et les voisins – mais où les réseaux qui traversent les catégories sociales traditionnelles pour forger de nouveaux liens entre les individus restent faibles, voire inexistants (voir figure 6.7). Cela se traduit par des liens collectifs fragiles, notamment en matière de vivre-ensemble et de civisme (voir encadré 6.5). En effet, les sociétés qui ont un mode de vie moins centré sur la famille semblent faire preuve d'esprit plus coopératif et de niveaux d'échange plus poussés (Heinrich et al. 2001).

L'engagement associatif

La société marocaine se caractérise également par un faible engagement associatif. Si l'on considère les résultats de l'enquête sur les valeurs mondiales permettant de mesurer l'appartenance des personnes interrogées à toute une gamme de groupes et d'organisations de la société civile, tels que les organisations religieuses, les clubs sportifs, les syndicats, les associations professionnelles ou les

Figure 6.7 Maroc : champ de la confiance

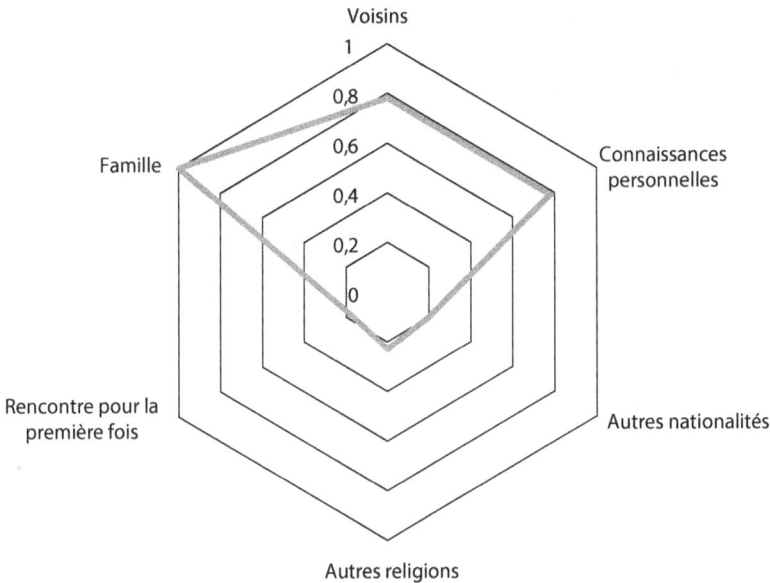

Source : Enquête sur les valeurs mondiales. 6ᵉ édition (2010–14). L'échellle de 0-1 reflète la proportion de personnes interrogées qui ressentent une confiance « modérée » ou « très importante » pour chacun des groupes identifiés.

Encadré 6.5 État du lien social au Maroc

Selon l'enquête nationale sur le lien social menée par l'Institut royal des Études stratégiques, la famille serait le noyau central du lien social au Maroc ; les liens amicaux, professionnels, de voisinage, identitaires seraient plus mitigés et ambivalents ; les liens politiques et civiques constitueraient, quant à eux, des liens fragiles.

- **La famille : l'élément fort du lien social**. Mais, sous l'effet de multiples facteurs de changement, le lien familial tend, de plus en plus, à se contracter, en faveur de l'environnement familial immédiat. Aussi, l'intensité du lien familial diminue dès qu'il s'agit de la famille éloignée ou de la belle-famille. Si la plupart des personnes interrogées cherchent à renforcer les liens familiaux par l'entente plutôt que par l'obéissance, par l'égalité en droits et devoirs des deux époux et le dialogue conjugal plutôt que par l'inégalité et la domination, une proportion minoritaire mais non négligeable considère encore que le lien familial idéal devrait être fondé sur l'obéissance, et notamment l'obéissance de l'épouse à son mari en ce qui concerne sa mobilité et son droit au travail en dehors du foyer.
- **L'amitié, le voisinage et le travail : des liens sociaux mitigés**. L'amitié au Maroc apparaît plus fondée sur les affinités naturelles que sur les affinités électives. Les amis ne sont pas choisis en premier lieu parmi les voisins, les camarades de classe ou les collègues de travail, mais, plutôt, au sein de la famille. Le voisinage se présente comme un des domaines

encadré continue page suivante

Encadré 6.5 État du lien social au Maroc *(suite)*

où se noueraient le plus de liens sociaux ambivalents et mitigés, notamment en milieu urbain. La solidarité de voisinage est toujours appréciée. Mais, le niveau de confiance envers les voisins est nettement inférieur à celui qui est accordé aux amis. La sociabilité professionnelle est peu développée et emprunte de méfiance. Les affinités personnelles au travail ne permettent que rarement la construction de liens amicaux forts.

- **Politique, civisme et vivre-ensemble : des liens collectifs fragiles**. Le niveau de confiance institutionnelle est relativement faible, notamment envers le gouvernement, la police, la gendarmerie, les tribunaux, les administrations publiques, les partis politiques et le Parlement. L'adhésion à des principes partagés et à des règles communes de vie collective citoyenne est également faible, le socle de la vie collective étant fondé beaucoup plus sur la sensibilité religieuse et le sentiment d'appartenance nationale que sur l'adhésion à des valeurs citoyennes. La solidarité collective est elle aussi davantage valorisée dans sa dimension religieuse que dans sa dimension citoyenne. Il y a en somme une demande du vivre-ensemble ambivalente, où la liberté est faiblement revendiquée, l'autoritarisme partiellement rejeté, et les déterminants identitaires globaux (islam, nation) largement plébiscités.

Source : IRES 2012.

partis politiques, il apparaît que le niveau d'engagement associatif est faible au Maroc, tant par rapport au niveau mondial que par rapport aux autres pays en développement. Les personnes interrogées font état de très peu de liens volontaires de ce type (voir figure 6.8). Ce résultat est corroboré par le Baromètre arabe 2012–2014 et l'enquête nationale sur le lien social qui indique que dans leur écrasante majorité (90 % ou plus), les personnes interrogées n'ont participé à aucune action individuelle ou collective de protestation ou de défense d'intérêts communs lors des 12 mois précédant l'enquête (IRES 2012). Un des paradoxes mis en exergue par l'enquête est la concomitance d'une appréciation très positive de la plupart des mouvements sociaux visibles, organisés et pacifiques, tels que les mouvements de défense des droits de l'Homme, d'une part et, d'autre part, la très faible mobilisation effective pour ces mouvements.

Ce faible engagement associatif a pour corollaire des attentes importantes s'agissant du rôle redistributif de l'État. En effet, à la question « dans quelle mesure la fonction redistributive de l'État est une caractéristique de la démocratie ? », les citoyens marocains semblent davantage considérer cette caractéristique comme essentielle en comparaison à d'autres pays (voir figure 6.9). Là où l'engagement volontaire et associatif est particulièrement présent, comme aux États-Unis ou au Japon par exemple, la fonction redistributive de l'État n'est pas considérée comme une caractéristique aussi essentielle de la démocratie. La coopération, l'entraide, et autres formes de solidarité citoyenne semblent être pour ces pays des éléments plus prononcés du vivre-ensemble. Au Maroc, les mouvements sociaux porteurs de préoccupations matérielles (cherté de la vie, etc.) sont parmi les mouvements les plus approuvés, loin devant des

Figure 6.8 Taux d'affiliation volontaire à une association

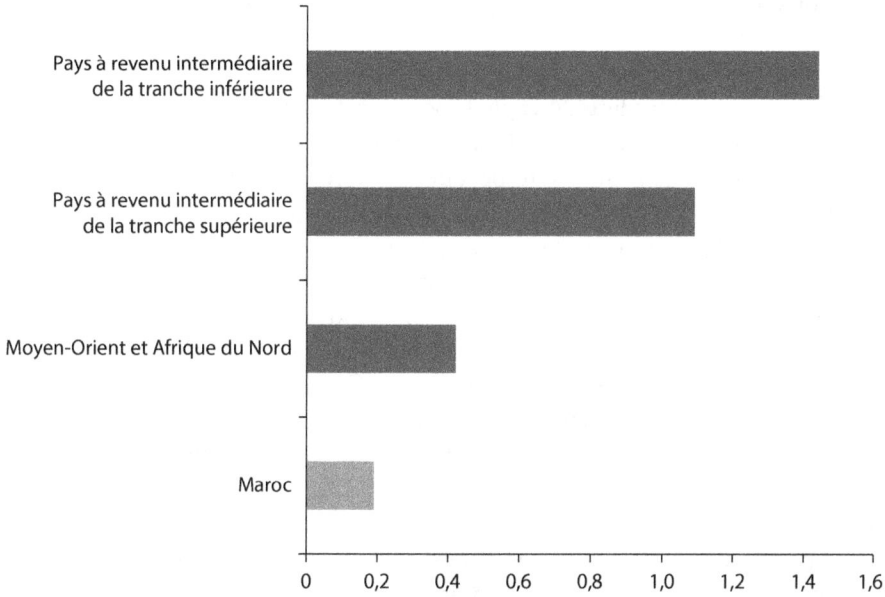

Source : 6ᵉ édition de l'Enquête sur les valeurs mondiales (2010–2014). L'affiliation moyenne à chacun des groupes suivants : religieux, clubs sportifs, associations éducatives ou culturelles, partis politiques, syndicats, associations professionnelles, associations environnementales, associations féminines, associations de consommateurs et tout autre groupe non mentionné.

Figure 6.9 Dans quelle mesure la déclaration « L'État doit égaliser le revenu des gens » est-elle une caractéristique de la démocratie ?
(1 : N'est pas une caractéristique essentielle de la démocratie ; 10 : Est une caractéristique essentielle de la démocratie)

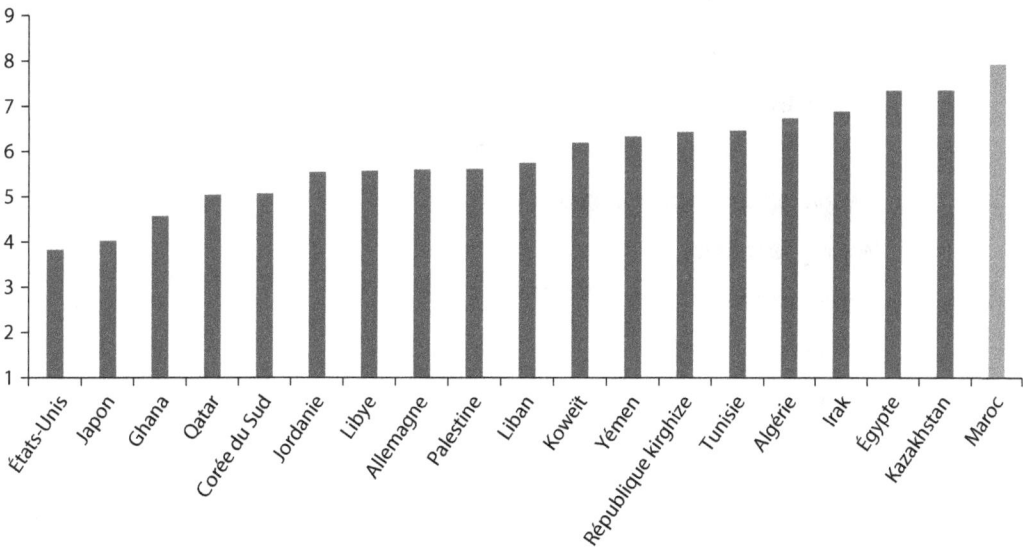

Source : 6ᵉ édition de l'Enquête sur les valeurs mondiales (2010–2014).

mouvements aux revendications plus sociétales, comme par exemple la défense des droits des femmes (IRES 2012).

Le comportement civique

Une dimension importante du capital social réside dans la volonté des citoyens d'adopter des comportements civiques, de respecter les règles de vie en société, tels que le respect de l'autre, le respect de la nature (faune et flore) et le respect des biens collectifs, et de ne pas se livrer à des actions contraires aux intérêts de la société, telles que la corruption, le gaspillage et autres incivilités (Herrmann et Thöni 2008). Au Maroc, la faible participation citoyenne se traduit également par un manque de sens civique et de responsabilité individuelle. D'après les résultats de sondages nationaux, l'incivisme serait non seulement un phénomène largement répandu mais en progression constante[9]. Ce manque de civisme est particulièrement notable et mesurable sur les routes marocaines où les infractions au code de la route contribuent chaque année à une forte mortalité routière. Avec plus de 200 accidents mortels par an pour 100 000 véhicules en circulation, les routes marocaines sont parmi les plus meurtrières des pays à revenu intermédiaire (OMS 2015). À titre de comparaison, les pays d'Europe du sud (Espagne, France, Italie) comptent moins de huit accidents mortels chaque année pour 100 000 véhicules et la moyenne de la région MENA se situait à 118 accidents en 2013 (voir figure 6.10).

Figure 6.10 Mortalité routière, 2013
(Nombre de morts pour 100 000 véhicules)

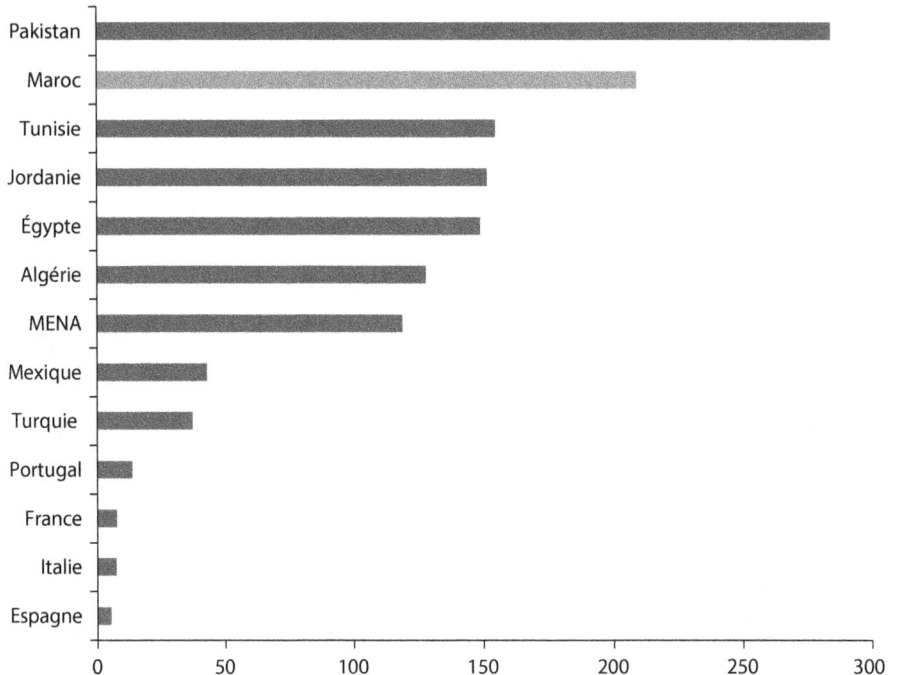

Par ailleurs, le Maroc se caractériserait par un fort souci de préservation de « l'image » et une faible adhésion profonde aux règles de vie sociale. Dans l'environnement social, l'apparence est généralement beaucoup plus importante que la réalité (Haidt 2012). Les gens s'efforcent en général d'apparaître « droit » plutôt que de l'être réellement. Si l'on considère les réponses à la question « *trouvez-vous parfois justifié de tricher en matière d'impôt ou de prestation ou de payer des dessous de table ?* » dans les Enquêtes sur les valeurs mondiales, le respect des règles civiques serait extrêmement élevé au Maroc. La quasi-totalité des personnes interrogées (97 %) considère en effet comme « jamais justifié » le fait de recourir à tout un ensemble d'actes déviants. Ce résultat reflèterait en fait une préoccupation de « désirabilité sociale » et un « souci de l'image » au Maroc qui ne se trouve pas à un niveau comparable dans d'autres pays. Le respect spontané – c'est-à-dire en dehors de tout contexte coercitif – des règles de vie sociale serait en effet faible (Fisman et Miguel 2006). Une étude expérimentale récente portant sur 23 pays conclut de même. Le Maroc serait l'un des pays où le manque d'honnêteté (tricherie, mensonge, corruption, etc.) serait le plus présent avec la particularité cependant que les personnes interrogées éviteraient les mensonges les plus flagrants dans le but de maintenir une image de respectabilité et d'honnêteté tout en tirant un bénéfice matériel (Gächter et Schultz 2016). Par ailleurs, certains phénomènes de tricherie seraient de plus en plus fréquents. Par exemple, les cas détectés et rapportés de tricherie enregistrés lors des examens du baccalauréat ont été multipliés par dix depuis 2008 pour atteindre 11 000 cas en 2015 (soit près de 40 pour mille candidats, contre par exemple moins d'un cas pour mille candidats en France).

3.2 Réaliser les dividendes d'un plus grand « capital social »

En améliorant l'état de son capital social, une société peut espérer obtenir un « dividende » ou un gain tangible. Il existe deux façons d'évaluer l'ampleur d'un tel dividende : soit par la méthode de valorisation du capital immatériel, qui représente le résiduel du revenu estimé par habitant en fonction d'actifs intangibles tels que le capital humain ou social (voir chapitre 1 ci-dessus) ; soit par une estimation indépendante de l'effet du capital social sur la croissance économique, en utilisant cette estimation pour calculer le gain en termes de croissance d'un degré plus élevé de cohésion sociale ou de confiance au sein de la société. Une étude économétrique réalisée dans le cadre du présent Mémorandum conclut qu'une augmentation de 10 points de pourcentage concernant la confiance interpersonnelle au sein de la société en général engendrerait une augmentation de l'ordre de 0,6 point de pourcentage du taux annuel de croissance d'année en année, ou une augmentation cumulée de l'ordre de 7 % de la croissance sur une décennie (Foa 2015). Sur la base du PIB du Maroc en 2015, ceci correspondrait à un gain de l'ordre de 7 à 8 milliards de dollars durant les dix prochaines années s'il y avait un retour fort de la confiance au sein de la société. Dans la mesure où le Maroc a connu une baisse de son niveau de confiance de 9,4 % au cours des différentes enquêtes sur les valeurs mondiales depuis quinze ans, il a jusqu'à présent plutôt souffert d'un « manque à gagner », qui pourrait aussi expliquer en partie pourquoi les politiques publiques n'ont pas nécessairement atteint les objectifs attendus.

Par-delà les mesures pouvant renforcer l'égalité homme-femme et la confiance interpersonnelle, la gamme des moyens permettant à un pays d'augmenter en profondeur son capital social est assez limitée. Comme le notent les intellectuels marocains, Fadma Ait Mous et Driss Ksikes, « *croire que le « vivre ensemble » puisse être décrété d'en haut par les décideurs politiques, des prêcheurs ou des demiurges, serait réhabiliter, au nom d'un diktat bienveillant, de nouvelles formes de totalitarisme*[10] ». Ceci étant, une littérature grandissante s'intéresse à cette question, notamment en lien avec certaines interventions visant à renforcer le sens civique et le respect des lois, à encourager l'engagement volontaire et à accompagner l'évolution des mentalités. Investir dans l'intégrité d'une société est un investissement rentable, car lorsque règnent à la fois la loyauté et la confiance, une relation d'intégrité se crée. Cette relation – cette intégrité – est un actif qui produit de la valeur économique (Bernasek 2010). L'objectif des politiques est alors de nourrir une culture collective qui ne soit pas basée sur la recherche d'opportunités de rente à court terme mais d'opportunités de création de richesse à long terme. Développer une telle culture de l'intégrité vise à promouvoir et mettre en œuvre des principes clairs, des comportements vertueux et des incitations saines, notamment en termes d'accès à l'information, et de transparence, de déclaration de conflits d'intérêt et de respect des lois, ou de reddition des comptes qui puissent être internalisés et transmis d'une génération à l'autre afin que les citoyens soient progressivement amenés à comprendre que servir l'intérêt général est la meilleure façon de servir la vaste majorité des intérêts individuels à long terme. Comme l'a souligné le psychologue social Jonathan Haidt, « la vie humaine est une série d'opportunités pour une coopération mutuellement avantageuse. Si nous utilisons nos cartes correctement, nous pouvons travailler avec les autres pour élargir le gâteau que nous devrons finalement partager » (Haidt 2012).

Mieux respecter l'état de droit et promouvoir le sens civique et l'exemplarité

Le Maroc pourrait directement renforcer le capital social en faisant mieux respecter l'état de droit à tous les échelons et en encourageant l'exemplarité dans toutes les sphères de pouvoir en sanctionnant davantage les comportements déviants, illégaux ou inciviques. Restaurer les valeurs de probité, d'honnêteté, de justice et d'ouverture au sein de la société permettrait d'accroître la croissance économique en créant un cadre de confiance et en permettant à chacune et à chacun de réaliser son potentiel dans un cadre équitable, stable, prévisible et transparent. Les passe-droits, connivences et autres privilèges tendent à miner la confiance interpersonnelle au sein des sociétés et, de ce fait, à entraver l'accumulation du capital social nécessaire à la réalisation d'objectifs collectifs. Le développement des technologies de l'information et de la communication, notamment d'Internet et des réseaux sociaux, constituent de ce point de vue une opportunité unique pour mettre en lumière les actes et comportements illicites et développer une plus grande culture de l'intégrité. En effet, un important « stimulus pour le développement de nos vertus sociales » est le fait que les gens sont passionnément préoccupés par les « louanges et les reproches de nos semblables » (Darwin 1871). Enfin, l'exemplarité, qui consiste entre autres à appliquer à soi-même les exigences formulées à l'égard des autres, est un moyen puissant pour créer la confiance et lutter contre les réactions de frustration, de cynisme et de désengagement, et de prévenir les comportements contreproductifs (corruption, absentéisme, tricheries, etc.). Le devoir d'exemplarité étant proportionnel au degré d'exercice du pouvoir, montrer et donner l'exemple devrait notamment être une priorité absolue pour les plus hauts serviteurs et commis de l'État.

Encourager l'engagement associatif et le développement de la société civile

Le Maroc pourrait également encourager, par des politiques publiques appropriées, toutes les formes d'engagement civique et citoyen, notamment associatif ; que ce soit au niveau des réseaux sociaux, de la société civile (associations) ou des médias (censure, surveillance, intimidation, etc.). Selon le Baromètre arabe 2012–2014, moins d'un quart des personnes interrogées considèrent que la liberté d'expression est pleinement garantie au Maroc, il y a donc des marges de progrès importantes à ce niveau. S'agissant de la liberté de la presse, Reporters Sans Frontières (2017) relève par exemple une lente mais régulière dégradation des libertés de la presse au Maroc, qui ne se situait plus qu'au 133e rang sur 180 pays en 2015. La capacité des citoyens à s'engager avec confiance et ouvertement se développe uniquement avec la pratique. En présence de freins importants à l'action collective, les citoyens perdent confiance, tendent à s'autocensurer et renoncent finalement à collaborer et à s'engager de manière ouverte. L'État a donc une responsabilité essentielle pour éviter la suspicion et la défiance au sein de la société. Le projet de loi relatif à la presse et à l'édition récemment adopté constitue une avancée dans ce domaine, notamment à travers la reconnaissance juridique de la liberté des médias électroniques et la mise en place de la protection judiciaire de la confidentialité des sources. Cependant, les professionnels de la presse considèrent que des progrès supplémentaires pourraient être accomplis pour mieux protéger les journalistes contre le risque d'amendes ou de peines privatives de liberté dans l'exercice de leurs fonctions.

Accompagner l'évolution des mentalités et des normes socioculturelles

Le Maroc pourrait lancer des campagnes de sensibilisation pour encourager une évolution des mentalités vers les valeurs de collaboration, de liberté et de respect mutuel, de citoyenneté et de sens civique. Des ajustements mineurs et peu coûteux peuvent être apportés à l'environnement pour produire de grandes améliorations du comportement éthique. La politique d'éducation constitue à cet égard l'un des meilleurs leviers d'intervention pour les gouvernements pour faire évoluer les normes sociales et développer le sens civique (Faour et Muasher 2011 ; Diwan 2016). Le système éducatif devrait montrer l'exemple et appliquer les valeurs de responsabilité, de transparence, de reddition des comptes, etc. à lui-même. Inculquer ses valeurs dans le cadre des programmes scolaires devrait être une priorité. C'est en effet à travers leurs expériences au sein du système scolaire puis universitaire qu'hommes et femmes apprennent à former des associations, à travailler en équipes et à réaliser des objectifs de façon collective. Les modifications du programme scolaire peuvent jouer un rôle positif, par exemple en incluant davantage de travail créatif et de groupe ou encore un ciblage plus réaliste des compétences administratives et organisationnelles nécessaires, conformément aux propositions formulées dans la section dédiée à l'éducation. Des études récentes ont démontré que les pays qui ont fait évoluer leurs programmes scolaires vers un mode de travail plus collaboratif et moins hiérarchique et individualisé ont vu la vie associative et les valeurs d'engagement qui lui sont liées prendre plus d'importance (Algan, Cahuc et Schleifer 2013). Dans les pays où les étudiants travaillent en groupe au niveau des cycles primaire et secondaire, comme la Suède, l'Autriche et les États-Unis d'Amérique, le niveau de confiance dans la société est comparativement plus élevé.

Notes

1. En examinant la période d'industrialisation japonaise d'après-guerre, Fukuyama (1995) observe que le Gouvernement japonais et le secteur privé se sont souvent confrontés et que le miracle économique japonais a eu lieu en dépit, plutôt qu'en raison, des efforts du MITI. Considérer le secteur privé japonais comme une simple extension de l'État tendrait à occulter la capacité remarquable d'auto-organisation de la société japonaise. Pour une analyse des débuts de l'industrialisation du Japon, voir Lockwood (1954).

2. Keefer et Knack (1997) estiment qu'une hausse de 10 % dans le pourcentage des personnes répondant, dans chaque pays, qu' « on peut faire confiance à la plupart des personnes » au questionnaire de l'enquête mondiale sur les valeurs correspond à une augmentation de la croissance des quatre cinquièmes d'un point de pourcentage.

3. Il s'agit de 1) l'adoption de la Loi organique relative à l'accès à la Chambre des Représentants qui fixe un quota de 60 sièges pour les femmes sur un total de 395, soit 15 % des sièges ; 2) l'adoption en 2015 de la Loi organique relative à la Chambre des conseillers qui prévoit que la candidature aux élections sera faite d'une manière alternée entre les deux sexes, ainsi que l'adoption de la loi modifiant et complétant la Loi organique relative à l'élection des membres des collectivités territoriales.

4. Suite à la signature en 2013 d'un protocole d'accord entre la Caisse centrale de garantie (CCG) et l'Association des femmes chefs d'entreprise du Maroc (AFEM), un fonds de garantie « Ilayki » a été mis en place au profit des femmes entrepreneures cherchant à créer leur propre entreprise. En 2015, le fonds a permis de mobiliser des crédits d'un montant total de près de 40 millions de dirhams correspondant à 131 dossiers approuvés.

5. Le projet de réalisation d'un Registre national agricole (RNA) lancé en 2016 permettra à l'avenir d'établir une base de données sur les caractéristiques des agriculteurs et la relocalisation de leurs exploitations.

6. Un projet de loi sur le travail domestique a été adopté par la Chambre des Représentants en juillet 2016 déterminant les conditions d'emploi et de travail des employés domestiques.

7. La nouvelle Loi organique relative aux lois de finances qui sera mise en œuvre en 2017 souligne la prise en compte de la dimension genre dans la programmation des départements ministériels et dans leurs processus de suivi/évaluation, ce qui pourrait renforcer la cohérence de l'action publique en termes de promotion de l'égalité du genre.

8. http://www.worldvaluessurvey.org/wvs.jsp et http://www.arabbarometer.org/.

9. Selon les résultats du sondage mené dans 14 villes du Maroc par l'Association maro-caine pour le civisme et le développement (AFAK) en 2009, 66 % des personnes considéraient que le phénomène de l'incivisme était en progression, 72 % affirmaient que l'environnement connaissait une dégradation visible, 53 % que le fanatisme et l'intolérance étaient en progression et 61 % que l'insécurité était grandissante.

10. Ait Mous et Ksikes (2016).

Bibliographie

Acemoglu, Daron, Simon Johnson, and James A. Robinson. 2001. "Colonial Origins of Comparative Development: An Empirical Investigation." *American Economic Review* 91 (5): 1369–1401.

Agénor, P.-R. 2012. "A Computable OLG Model for Gender and Growth Policy Analysis." Discussion Paper Series No. 169. The Centre for Growth and Business Cycle Research, University of Manchester, Manchester, UK.

———.2017. "A Computable Overlapping Generations Model for Gender and Growth Policy Analysis." *Macroeconomic Dynamics* 21: 11–54.

Agénor, P.-R., Rim Berahab, and Karim El Mokri. 2017. "Egalité de genre, politiques publiques et croissance économique au Maroc." *Evaluation de l'impact des politiques publiques sur les inégalités de genre et la croissance économique au Maroc.* Direction des Études et des Prévisions Financières (ministère de l'Économie et des Finances du Maroc) et l'OCP Policy Center.

Ait Mous, Fadma and Driss Ksikes. 2016. "Penser ensemble, tout un cheminement." In *Le tissu de nos singularités : vivre ensemble au Maroc.* Fondation HEM. Casablanca: Les presses de l'Université Citoyenne.

———. 2010. *Identity Economics: How Our Identities Shape Our Work, Wages, and Well-Being.* Princeton, NJ: Princeton Univ ersity Press.

Akerlof, George A., and Rachel E. Kranton. 2010. *"Identity Economics: How Our Identities Shape Our Work, Wages, and Well-Being."* Princeton, NJ: Princeton University Press.

Algan, Yann, Pierre Cahuc, and Andrei Shleifer, A. 2013. "Teaching Practices and Social Capital." *American Economic Journal: Applied Economics* 5 (3): 189–210.

Almond, G. A., and S. Verba. 1963. *"The Civic Culture: Political Attitudes and Democracy in Five Nations."* Princeton, NJ: Princeton University Press.

Arrow, Kenneth J. 1972. *"Gifts and Exchanges." Philosophy & Public Affairs* 1 (4): 343–62.

Banque mondiale. 2011. *The Changing Wealth of Nations: Measuring Sustainable Development in the New Milennium.* Washington, DC: World Bank.

———. 2012. *Gender World Development Report.* Washington, DC: World Bank.

———. 2015. Maroc : Équilibrer les chances-renforcer l'autonomisation des femmes pour une société plus ouverte, inclusive et prospère. Rapport nº 97778. Washington, DC: World Bank.

Bergson, Henri. 1932. "Les deux sources de la morale et de la religion." Édition Felix Alcan. Paris, France.

Bernasek, Anna. 2010. *The Economics of Integrity.* New York: HarperCollins Publishers.

Beugelsdijk, Sjoerd, Henri L. F. de Groot, and Anton B. T. M. van Schaik. 2004. "Trust and Economic Growth: A Robustness Analysis." *Oxford Economic Papers* 56: 118–34.

Chaara, Imane. 2012. "Pro-Women Legal Reform in Morocco: Is Religion an Obstacle?" Working Paper No. 685. Economic Research Forum, Giza, Egypt.

Coleman, James S. 1988. "Social Capital in the Creation of Human Capital." *American Journal of Sociology* 94: S95–S120.

Darwin, Charles. 1871. *The Descent of Man and Selection in Relation to Sex.* Amherst, NY: Prometheus Books.

Delhey, Jan, Kenneth Newton, and Christian Welzel. 2011. "How General Is Trust in Most People? Solving the Radius of Trust Problem." *American Sociological Review* 76 (5): 786–807.

Diwan, Ishac. 2016. "Low Social and Political Returns to Education in the Arab World." Policy Brief No. 17. Economic Research Forum, Giza, Egypt.

Faour, Muhammad, and Marwan Muasher. 2011. "Education for Citizenship in the Arab world—Key to the Future." Carnegie Middle East Center.

Fisman, Raymond, and Edward Miguel. 2006. "Cultures of Corruption: Evidence from Diplomatic Parking Tickets." NBER Working Paper No. 12312. National Bureau of Economic Research, Cambridge, MA.

Foa, Roberto. 2015. "Growing Social Capital for a More Prosperous, Sustainable and Inclusive Society in Morocco."

Forum économique mondial. 2016. Indice d'écart entre les sexes 2016.

Fonds monétaire international (IMF). 2017. "Morocco: 2016 Article IV Consultation-Staff Report." International Monetary Fund, Washington, DC.

Fukuyama, Francis. 1995. *Trust: The Social Virtues and the Creation of Prosperity.* New York: Free Press.

Gächter, Simon, and Jonathan F Schulz. 2016. "Intrinsic Honesty and the Prevalence of Rule Violations across Societies." *Nature Weekly Magazine*, March 24.

Goumeziane, Smail. 2006. *Ibn Khaldoun: Un génie maghrébin (1332–1406).* Édition EDIF 2000.

Granovetter, Mark. 1979. "The Idea of 'Advancement' in Theories of Social Evolution and Development." *American Journal of Sociology* 85 (November): 489–515.

Haidt, Jonathan. 2012. *The Righteous Mind: Why Good People Are Divided by Politics and Religion.* New York: Pantheon Books.

Hall, Robert E., and Charles I. Jones. 1999. "Why Do Some Countries Produce So Much More Output per Worker than Others?" NBER Working Paper No. 6564. National Bureau of Economic Research, Cambridge, MA.

Haut-Commissariat au Plan (HCP). 2009. "Enquête nationale sur la prévalence de la violence à l'égard des femmes." Royaume du Maroc.

———. 2012. "La femme marocaine en chiffres, tendances d'évolution des caractéristiques démographiques et socio-professionelles." *Journée nationale de la femme.* Royaume du Maroc.

Helliwell, John F., and Robert D. Putnam. 1995. "Economic Growth and Social Capital in Italy." *Eastern Economic Journal* 21(3): 295–307.

Heinrich, J., R. Boyd, S. Bowles, C. Camerer, E. Fehr, H. Gintis, and R. McElreath. 2001. "In Search of Homo Economicus: Behavioral Experiments in 15 Small-Scale Societies." *American Economic Review Papers and Proceedings* 91 (2): 73–78.

Herrmann, Benedikt, Christian Thöni, and Simon Gächter. 2008. "Antisocial Punishment across Societies." *Science* 319 (5868): 1362–67.

Ibourk, Aomar. 2016. "Performances en lecture au Maroc : approche par genre." OCP Policy Center Research Paper RP-16/06. Royaume du Maroc.

Institut Royal des Études Stratégiques (IRES). 2012. "Rapport de l'enquête nationale sur le lien social au Maroc." Royaume du Maroc.

Knack, Stephen, and Philip Keefer. 1997. "Does Social Capital Have an Economic Payoff? A Cross-Country Investigation." *Quarterly Journal of Economics* 112 (4): 1251–88.

Keefer, Philip, and Stephen Knack. 2002. "Polarization, Politics and Property Rights: Links between Inequality and Growth." *Public Choice* 111 (1–2): 127–54.

Knowles, Stephen, and Clayton Weatherston. 2006. "Institutions and Cross-Country Income Differences." CREDIT Research Paper No. 06/06. University of Nottingham, Nottingham, England.

Lamrabet, Asma. 2015. "Les femmes et l'islam : une vision réformiste." Série Valeurs d'islam n° 8. La Fondation pour l'innovation politique.

———. 2016. "Lumière sur l'éthique égalitaire du Coran." In *Le tissu de nos singularités : vivre ensemble au Maroc*. Les presses de l'Université citoyenne. Fondation HEM Casablanca.

Landes, D. S. 1998. *The Wealth and Poverty of Nations: Why Some Are So Rich and Some So Poor*. New York: Norton.

———. 2000. "Culture Makes Almost All the Difference." In *Culture Matters: How Values Shape Human Progress*, edited by Lawrence E. Harrison and Samuel P. Huntington. New York: Basic Books.

Lawlor, Leonard, and Valentine Moulard-Leonard. 2013. "Henri Bergson." In *The Stanford Encyclopedia of Philosophy* (Winter 2013 Edition), edited by Edward N. Zalta. http://plato.stanford.edu/archives/win2013/entries/bergson/.

Lockwood, William W. 1954. *The Economic Development of Japan: Growth and Structural Change, 1868–1938*. Princeton, NJ: Princeton University Press.

Marotta, Daniela, Paul Scott Prettitore, and Paolo Verme. 2015. "Gender Inequality, Structural Transformation and Growth: The Case of Morocco." Discussion Paper MFM Global Practice 8. World Bank, Washington, DC.

Ministère de la Justice et des Libertés, Statistiques des tribunaux de la famille. 2011. Royaume du Maroc.

Moghadam, Valentine. 2005. *Globalizing Women: Transnational Feminist Networks*. Baltimore, MD: Johns Hopkins University Press.

Nannestad, Peter. 2008. "What Have We Learned About Generalized Trust, If Anything?" *Annual Review of Political Science* 11: 413–36.

Narayan, Deepa. 1999. *Bonds and Bridges: Social Capital and Poverty*. Washington, DC: World Bank.

Nordman, Christophe and Wolff, François-Charles. 2007. "Is There a Glass Ceiling in Morocco? Evidence from Matched Worker-Firm Data." Working Paper No. 720. Economic Research Forum, Giza, Egypt.

North, Douglass. 1990. *Institutions, Institutional Change and Economic Performance.* Cambridge, England: Cambridge University Press.

Organisation de coopération et de développement économiques (OCDE). 2001. *The Well-Being of Nations: The Role of Human and Social Capital.* Paris, France, OECD Publishing.

Picciotto, Robert. 1998. "Gender and Social Capital." Proceeding of the Gender and Development Workshop.

Popper, Karl R. 1943. *The Open Society and Its Enemies.* Princeton, NJ: Princeton University Press, 5th edition (revised), 1966.

Portes, A. 1998. "Social Capital: Its Origins and Applications in Contemporary Sociology." *Annual Review of Sociology* 24: 1–24.

Prettitore, Paul. 2014. "Ten Years After Morocco's Family Code Reforms: Are Gender Gaps Closing?" MENA Knowledge and Learning Note No. 121. World Bank, Washington, DC.

Programme des Nations Unies pour le Développement (PNUD). 2003. *Arab Human Development Report* 2003.

Putnam, Robert D. 1993. "The Prosperous Community: Social Capital and Public Life." *American Prospect* 13: 35–42.

———. 2000. *Bowling Alone: The Collapse and Revival of American Community.* New York: Simon & Schuster.

Putnam, Robert D., Robert Leonardi, and Raffaella Nanetti. 1993. *Making Democracy Work: Civic Traditions in Modern Italy.* Princeton, NJ: Princeton University Press.

Rose, R. 1995. "Russia as an Hour Gl ass Society: A Constitution without Citizens." *East European Constitutional Review* 4 (3): 34–42.

Sen, Amartya. 1999. *Development as Freedom* (1st ed.). New York: Oxford University Press.

Serajuddin, Umar, and Verme, Paolo. 2012. "Who Is Deprived? Who Feels Deprived? Labor Deprivation, Youth and Gender in Morocco." Policy Research Working Paper 6090, Washington, DC: World Bank.

Sowell, Thomas. 2015. *Wealth, Poverty, and Politics: An International Perspective.* New York: Basic Books.

Tabellini, G. 2005. "Culture and Institutions: Economic Development in the Regions of Europe." CESifo Working Paper 1492.

Tirole, Jean. 2016. *Économie du Bien Commun.* Paris, France: Presse Universitaire de France.

Verme, Paolo, Barry Abdoul Gadiry, and Jamal Guennouni. 2014. "Female Labor Participation in the Arab World: Some Evidence from Panel Data in Morocco." Policy Research Working Paper 7031.

Weber, Max. 1905. *The Protestant Ethic and the Spirit of Capitalism.* London: Allen and Unwin.

Welzel, C. 2013. *Freedom Rising Human Empowerment and the Quest for Emancipation.* Cambridge, England: Cambridge University Press.

World Health Organization. 2015. *Global Status Report on Road Safety 2015.*

World Values Survey. 2007.

Zak, Paul, J. and Knack, P. 1998. Trust and Growth. IRIS Working Paper No. 219. College Park, MD: University of Maryland.

L'Économie politique du changement — Un passage obligatoire

« Les idées audacieuses sont comme des pièces d'échec déplacées vers l'avant ; elles peuvent être battues, mais elles peuvent commencer un jeu gagnant. »

— Goethe

L'économie politique du changement ne s'intéresse plus à la question « que faire ? », mais à la question « comment faire ? » : comment faire pour que des réformes permettant d'améliorer le bien-être social des Marocains, telles que celles préconisées en 2005 pour atteindre le scenario du « Maroc souhaitable », soient effectivement décidées et mises en œuvre ? En d'autres termes, l'équilibre atteint par les différentes strates de la société est-il porteur d'une dynamique de changement et de modernisation ou est-il, à l'inverse, porté par une dynamique de stabilité et de conservation ? Dans l'équilibre actuellement atteint par la société marocaine, l'État et les forces vives du pays (le secteur privé et les organisations de la société civile) participent-ils du statu quo ou du progrès ? Dans quelles conditions la société marocaine pourrait-elle passer à un équilibre supérieur ? Un détour par la théorie des jeux permet de répondre (au moins théoriquement) aux enjeux soulevés par ces questions fondamentales et au cœur de tout processus de changement profond (voir encadré E.1).

Appliquée à l'économie politique, la théorie des jeux permet de comprendre les multiples équilibres atteints au sein d'une société et pourquoi ces équilibres sont stables bien qu'éventuellement sous-optimaux (Grossman et Helpman 2001 ; Weingast et Wittman 2006 ; McCarty et Helpman 2007). Ainsi, au sens de la théorie des jeux, l'élaboration des politiques n'est pas tant l'expression d'une stratégie coopérative et intégrée de développement à long terme que le produit d'interactions stratégiques de circonstances entre les différents acteurs impliqués dans ce processus d'élaboration (chef de l'État, Gouvernement, Parlement, partis politiques, élites locales et régionales, autorités religieuses, entreprises, syndicats, groupes d'intérêts divers et variés).

Encadré E.1 Théorie des jeux

La théorie des jeux a pour objet de représenter et prédire les stratégies d'acteurs pourvus d'objectifs propres et en situation d'interdépendance. Dans la théorie des jeux (un jeu étant défini comme un cadre formel dans lequel des joueurs prennent des décisions, chacun étant conscient que le résultat de sa propre décision dépend de celui des autres), l'ensemble des choix opérés par plusieurs joueurs, connaissant les stratégies de chacun, devient stable lorsque aucun joueur ne peut modifier seul sa stratégie sans affaiblir sa propre position.

Selon la fameuse formule du célèbre mathématicien et prix Nobel d'économie John Nash, l'existence d'un équilibre dans un jeu de type non coopératif n'implique pas que celui-ci soit nécessairement unique ou optimal[a]. En effet, il peut exister d'autres choix plus coopératifs impliquant plusieurs joueurs qui conduisent, pour chacun, à un gain supérieur. L'idée sous-jacente est qu'il n'est pas possible de prédire le résultat des choix de plusieurs décideurs si leurs décisions sont analysées isolément. Il faut au contraire se demander ce que chaque décideur ferait en tenant compte du processus de prise de décision des autres.

La théorie des jeux permet de conceptualiser les choix stratégiques des acteurs économiques (les ménages, les entreprises, l'État) dans des situations où leur intérêt diverge. À ce titre, comme le note le prix Nobel d'économie Jean Tirole, la théorie des jeux a pour sujet non seulement l'économie, mais aussi les sciences sociales dans leur ensemble, et s'applique aussi bien à la politique, au droit, à la sociologie et même à la psychologie[b].

Sources : a) Nash 1951 ; b) Tirole 2016.

Ce paradigme d'économie politique permet ainsi de comprendre que les progrès trop limités du Maroc en termes de convergence économique et sociale, par exemple vers l'Espagne, son voisin immédiat du nord, ne sont pas dus à un manque de potentiel, mais à un équilibre sous-optimal en termes d'économie politique (Banque mondiale 2016). Le potentiel de croissance du Maroc (comme celui d'ailleurs de la plupart des pays en voie de rattrapage économique) est considérable. L'économie marocaine produit chaque année environ 100 milliards de dollars de biens et services alors que son potentiel après convergence serait de l'ordre de 1 000 milliards de dollars. Pour autant, la réalisation de ce potentiel est fortement bridée par de multiples équilibres sous-optimaux en termes d'économie politique ; équilibres cimentés par l'histoire et n'évoluant que très graduellement. Ainsi, les comportements qui font obstacle à la transparence et à l'ouverture économique du pays et qui visent à protéger les intérêts particuliers, les privilèges et les rentes sont souvent profondément ancrés dans les habitudes, la culture et la mentalité des élites (Acemoglu et Jackson 2015). Les personnes qui sont à l'intérieur du système et qui bénéficient de sa protection ne voient rien d'étonnant à ce que le système exclue ceux qui n'en font pas partie. Ainsi, alors que l'ouverture au commerce et à la concurrence permet en général d'améliorer le bien-être du plus grand nombre, les producteurs exposés à la concurrence des importations et d'autres producteurs biens établis qui se sentent menacés par ces évolutions feront probablement tout pour s'y opposer (Krueger 1974 ; Grossman et Helpman 1994). La bureaucratie elle-même peut être « prise en otage » par des intérêts particuliers bien organisés et capables d'influencer les réglementations en leur faveur et au détriment de l'intérêt général (Stigler 1971 ; Peltzman 1976 ; Laffont et Tirole 1991). À la longue, ces groupes d'intérêts ont tendance à consolider leur influence, leur poids politique et leur capacité à extraire la richesse pour leur propre compte, rendant le passage à un autre équilibre plus inclusif difficile à réaliser.

Sur un plan historique, il est observé par ailleurs que nombre de grands empires bâtis sur des institutions économiques et politiques « extractives » peuvent de fait se maintenir pendant longtemps (voir encadré E.2). Ces systèmes politiques extractifs ont fait l'objet de recherches approfondies. Ils sont parfois qualifiés de « néo-patrimonialisme » dans la mesure où les dirigeants politiques adoptent la forme extérieure des États modernes (bureaucraties, élections, systèmes judiciaires) mais dirigent en réalité pour des intérêts privés (Fukuyama 2014). D'autres auteurs parlent « d'ordre avec accès limité » dans lequel une coalition d'élites à la recherche de rente utilise son pouvoir politique pour empêcher la libre concurrence à la fois dans le domaine économique et politique (North, Wallis et Weingast 2009). Déjà au XIVᵉ siècle, le philosophe Ibn Khaldoun théorisait la constitution de l'État rentier ou patrimonial et du transfert de richesses des catégories sociales productives vers les catégories improductives qu'elle implique (Goumeziane 2006).

L'économie politique du changement consiste à identifier et à actionner les forces qui pourraient permettre d'atteindre un nouvel équilibre davantage porteur de bien-être social. Il convient cependant de noter que lorsque l'équilibre atteint en matière d'économie politique est stable, il est difficile d'identifier les conditions (voir le paragraphe ci-dessus relatif à la théorie des jeux) susceptibles de conduire les acteurs à opérer de nouveaux choix dans le but d'atteindre un nouvel équilibre, alors qu'ils n'y ont aucun intérêt personnel. Tant l'histoire que la géographie concourent à une forme d'hystérésis de l'économie politique et de la croissance des pays (Acemoglu et Robinson 2006)[1]. Dans le même temps, l'histoire et la science économique semblent enseigner que lorsque les acteurs

---

Encadré E.2 Caractéristiques des institutions extractives et inclusives

Les institutions économiques extractives
- Absence d'état de droit ou de son respect
- Droits de la propriété incertains
- Barrières à l'entrée sur les marchés et distorsions de concurrence

Les institutions économiques inclusives
- Respect de l'état de droit
- Respect des droits de la propriété
- Économie de marché avec concurrence libre et non faussée

Les institutions politiques extractives
- Concentration du pouvoir politique dans quelques mains
- Manque de contre-pouvoirs et de contrôle
- Manque de transparence, d'information et de reddition des comptes

Les institutions politiques inclusives
- Large pluralisme et représentation équitable
- Nombreux contre-pouvoirs et contrôle
- Information, transparence et redevabilité

Source : Acemoglu and Robinson (2012).

---

sont mieux informés sur « les règles du jeu » ou lorsque ces règles changent et/
ou sont effectivement mises en œuvre et appliquées à l'occasion d'évolutions
profondes, les acteurs sont amenés à revoir leurs stratégies et à opérer des choix
différents. Un autre équilibre de type non coopératif et éventuellement meilleur
pour la société devient alors possible.

Mieux informer les acteurs

Diffuser des informations et de nouvelles idées sur le fonctionnement et les conséquences des politiques peut avoir un effet sur l'équilibre en matière d'économie
politique (Rodrik 2014 ; Casey 2015). La notion sous-jacente ici est que l'équilibre en matière d'économie politique peut être déterminé autant par les idées
que se font les acteurs (notamment les élites) sur les conséquences des différentes
stratégies qu'ils envisagent que par leurs propres intérêts particuliers. Les intérêts
particuliers sont largement le produit de constructions mentales et sociales (l'hon-
neur, la réputation, le respect, le pouvoir, l'allégeance, etc.) et ne se limitent pas à
des intérêts matériels précis. Comme le note l'économiste d'Harvard Dani Rodrik,
le comportement humain est largement motivé par des idéaux abstraits, des
valeurs sacrées ou des conceptions de loyauté qui ne peuvent être réduites à des
motivations économiques (Rodrik 2014). Dans chaque catégorie sociale, les gens
ont une perception de ce qu'ils sont et cette perception est associée à des
croyances relatives à la façon dont eux-mêmes (et les autres) sont censés se comporter. Ces perceptions jouent un rôle important dans le fonctionnement des
économies (Akerlof et Kranton 2010). Ainsi, lorsque des conceptions ou des idées
nouvelles viennent modifier les comportements, les acteurs peuvent être amenés
à revoir leur position sans pour autant remettre en cause leurs intérêts particuliers.
Ceci permet de comprendre pourquoi, dans certains cas, des réformes finissent

par profiter aux intérêts particuliers qui pourtant s'y opposaient ardemment. L'histoire économique compte de nombreux exemples de situations dans lesquelles l'information, ou plus généralement des idées neuves, ont façonné un nouvel équilibre en termes d'économie politique (Leighton et Lopez 2013).

L'information et les idées ont une importance d'autant plus grande (et un impact d'autant plus fort) que les acteurs sont confrontés à des jeux d'une complexité croissante. Dans la plupart des secteurs d'intervention publique, la réussite d'une stratégie dépend d'un grand nombre de paramètres interdépendants qui sont d'ordre économique, social, politique et technologique. La mondialisation accroît encore cette complexité et conditionne la pertinence d'une intervention à des évolutions extérieures, lesquelles sont par définition incontrôlables. En outre, comme l'a montré la recherche en économie comportementale, la réaction des acteurs face aux changements de politiques publiques est difficilement prévisible (Banque mondiale 2014). L'ensemble de ces facteurs affaiblit la capacité des acteurs à anticiper les conséquences de leurs actions et à distinguer « ce qui fonctionne » de « ce qui ne fonctionne pas ». Les acteurs du secteur éducatif par exemple (enseignants, parents, syndicats, etc.) sont confrontés à des questions qui ne trouvent pas facilement de réponses : Faut-il inciter financièrement les enseignants à la performance ? Faut-il introduire le numérique à l'école ou encore des caméras dans les classes ? Faut-il introduire une langue étrangère dès l'entrée au primaire ? Quelle méthode de lecture faut-il adopter ?

Dans ce contexte marqué par la complexité des choix, les acteurs disposent de plusieurs options pour réduire l'incertitude à laquelle ils sont confrontés et éventuellement revoir leurs positions : augmenter le niveau de connaissance, renforcer la transparence et encourager l'évaluation.

- Augmenter le niveau de connaissance à travers l'accès à l'information et la recherche académique : toute politique publique est fondée sur des présupposés concernant le fonctionnement de l'économie et de la société (si on agit sur A, alors il se passera B). Le rôle de l'information et de la recherche académique est de donner un fondement objectif aux hypothèses retenues. Sans information ni appui de la recherche, les décideurs sont contraints de se fier à des opinions subjectives ou des intuitions souvent biaisées. Les politiques publiques modernes sont fondées sur les preuves (« evidence-based »), c'est-à-dire qu'elles reposent sur des relations de causalité prouvées empiriquement. L'éclaircissement apporté par la recherche n'élimine pas complétement le risque d'erreur, mais il le réduit de manière substantielle.

- Renforcer la transparence : les analystes et les décideurs sont, comme tout individu, soumis à une rationalité imparfaite et à des biais cognitifs qui affectent leur jugement. La propension à un optimisme excessif, l'aversion forte pour les pertes, le rôle parfois utile mais aussi souvent contre-productif des émotions dans la décision, la mémoire sélective ou encore l'auto-manipulation des croyances en sont de parfaits exemples (Tirole 2016). En outre, ils sont souvent pénalisés par un phénomène d'asymétrie d'information et ne peuvent connaître tous les aspects d'une politique publique. Dans ces conditions, la transparence de l'action publique peut fortement aider à améliorer la qualité des décisions publiques. La consultation des acteurs concernés permet de collecter des informations permettant de mieux anticiper les conséquences de l'intervention envisagée. De même, la publication auprès du grand public de données et de documents relatifs à la politique concernée permet de nourrir le débat public et incite les décideurs à démontrer la pertinence des options retenues.

- Encourager l'évaluation : le nouveau paradigme de l'économie du développement préconise d'évaluer systématiquement, lorsque c'est possible, les politiques publiques pour démontrer objectivement leur efficacité (Banerjee et Duflo 2011). Cette évaluation peut se faire « *a priori* », à travers des expérimentations, ou « *a posteriori* », à travers la mise en place de mécanismes de collecte des réactions des bénéficiaires, ce qui est appelé « boucles de rétroaction » (feedback loop). Les informations collectées par ce biais permettent d'améliorer régulièrement la conception et la conduite de la politique publique.

Ces trois options, qui permettent de gérer la complexité et l'incertitude et de modifier les positions et les stratégies de tous les acteurs en instaurant la reddition des comptes devraient être renforcées au Maroc. En l'état actuel, le niveau d'information et de connaissance susceptible de faire évoluer la compréhension que les acteurs ont des « règles du jeu », et ainsi de les mettre en situation de rendre des comptes, ne s'accroît guère et il ne permet pas d'évolution endogène et régulière des équilibres en matière d'économie politique (Bidner et Francois 2013). Au lieu d'être réactives, les positions des acteurs tendent à rester figées à l'image de la situation dans d'autres pays émergents (Besley et Burgess 2002). Or, la question de l'information est au cœur de la construction des institutions et des choix de politique économique (voir encadré E.3). Elle est au cœur de l'économie du bien commun (Tirole 2016).

Encadré E.3 Théorie de l'information

Avec la théorie des jeux, la théorie de l'information constitue une autre avancée majeure de la science économique des quarante dernières années qui fonde la microéconomie moderne. La théorie de l'information rend compte de l'utilisation stratégique d'informations privilégiées par les acteurs économiques, qui sont par ailleurs, comme cela a été vu, pourvus d'objectifs propres et en situation d'interdépendance.

Selon le prix Nobel d'économie Jean Tirole, cette théorie se fonde sur une évidence : les décisions des acteurs économiques (les ménages, les entreprises, l'État) sont contraintes par l'information limitée dont elles disposent. Les conséquences de ces limites informationnelles se retrouvent partout : dans la difficulté des administrations à comprendre et à évaluer les politiques poursuivies par leurs gouvernants ; dans celle de l'État à réguler banques ou entreprises dominantes, à protéger l'environnement ou à gérer l'innovation ; dans celle des investisseurs à contrôler l'utilisation qui est faite de leur argent par les entreprises qu'ils financent ; dans les modes d'organisation interne de nos entreprises ; dans nos relations

encadré continue page suivante

Encadré E.3 Théorie de l'information *(suite)*

interpersonnelles ; et même dans notre relation à nous-même, comme quand nous nous construisons une identité ou croyons ce que nous voulons croire.

En particulier, comme le note Jean Tirole, « l'État n'a que rarement l'information nécessaire pour décider de lui-même de l'allocation des ressources. Cela ne veut pas dire que l'État n'a pas de marge de manœuvre ; mais il doit accepter avec humilité ses limites. L'hubris – en l'occurrence une confiance trop forte dans sa capacité à faire des choix fins de politique économique – peut, en conjonction avec la volonté de garder un contrôle et donc le pouvoir de distribuer des faveurs, conduire l'État à mener des politiques néfastes ». Au final, « la nécessaire compatibilité des politiques publiques avec l'information disponible a des implications cruciales pour la conception de la politique industrielle ou de la régulation sectorielle et bancaire, des politiques de l'emploi, de la protection de l'environnement, etc. ».

Au Maroc, les politiques publiques sont insuffisamment éclairées par la recherche académique. Dans les grands domaines de politique publique, la recherche académique reste faible. Quand elle existe, la recherche est peu exploitée pour éclairer les décisions de politique publique. De nombreux plans nationaux et stratégies sectorielles adoptés au Maroc contiennent peu de références bibliographiques nationales. La recherche nationale sur des questions cruciales pour le pays, telles que la problématique des difficultés d'apprentissage des élèves marocains en lecture, en langues étrangères et en mathématiques, est pauvre. Pourtant, les tests internationaux (PIRLS, UNESCO 2014) indiquent que 79 % des enfants ne maîtrisent pas la lecture à l'âge de 10 ans. La faiblesse de la recherche universitaire peut s'expliquer par la valorisation insuffisante du travail des chercheurs. L'administration n'implique pas ces derniers dans des réflexions de fond et n'apporte pas un soutien régulier aux programmes de recherche ciblés sur des questions de politiques publiques. Enfin, plus généralement, l'administration ne partage pas suffisamment l'information dont elle dispose. Si le Maroc ne possède pas de recherche suffisante sur le marché du travail, bien que le sujet de l'emploi soit stratégique pour le pays, c'est aussi sans doute en raison des difficultés d'accès aux données exhaustives des enquêtes sur l'emploi. De la même manière, la recherche universitaire en matière de fiscalité est faible au Maroc, car les données fiscales détaillées ne sont pas accessibles aux chercheurs, ce qui empêche par exemple le développement de compétences nationales en micro-simulation. Enfin, dans le domaine de l'industrie, le Maroc a la chance de disposer d'un recensement annuel de l'ensemble des entreprises industrielles qui pourrait permettre de mieux connaître la dynamique du secteur. Or, ces données sont difficilement accessibles aux chercheurs et ceci empêche l'émergence d'un champ de recherche académique dans ce domaine. En l'absence de recherche académique, les concepteurs des plans nationaux et des stratégies sectorielles en sont réduits à se fier à un champ limité de connaissance, avec un risque élevé de biais cognitif.

Les politiques publiques sont par ailleurs souvent conçues dans des conditions de transparence qui ne favorisent pas le débat public. Le Maroc a la caractéristique de disposer de « feuilles de route sectorielles » dans la plupart des domaines d'intervention de l'État. Ces documents ont vocation de partager un diagnostic, de tracer des orientations et de fixer des objectifs. Toutefois, l'information diffusée est souvent parcellaire. Les documents publiés se limitent fréquemment à décrire des objectifs quantitatifs souvent ambitieux, sans présenter d'analyse rigoureuse justifiant les arbitrages et choix opérés. En l'absence de documentation précise, le débat public, académique ou parlementaire sur le bien-fondé de tel ou tel plan sectoriel avant son adoption reste incomplet. Or, dans un monde de plus en plus complexe et incertain, le débat intellectuel est essentiel pour collecter l'information, corriger des partis pris éventuels et, *in fine*, améliorer la qualité des politiques publiques. Il est important de noter que ce travail de réflexion devrait être aussi porté par le travail parlementaire, notamment dans le cadre des commissions sectorielles. Une consultation du site Internet du Parlement marocain en octobre 2015 n'a permis de trouver aucun rapport d'information produit par les commissions permanentes. À titre de comparaison, en France et au Royaume-Uni, les commissions des deux chambres du Parlement produisent environ 100 rapports d'information par an portant sur les différentes politiques publiques. Ce constat souligne la nécessité d'évaluer le rendement des plans sectoriels, leur phasage et leur cohérence d'ensemble (CESE 2014). Cette évaluation devrait être systématique et revêtir un caractère institutionnel à travers la mise en place de dispositifs ou d'entités dédiées, permettant une analyse *ex-ante*, un suivi régulier et rapproché pour opérer les ajustements éventuels dans des délais appropriés (Bank Al-Maghrib 2016).

Enfin, les politiques publiques sont souvent lancées à grande échelle en court-circuitant l'étape nécessaire de l'expérimentation. Les politiques sectorielles initiées sont généralement ambitieuses et mobilisent des moyens budgétaires importants. Néanmoins, rétrospectivement, la constatation est que, souvent, les plans de développement initiés dans les différents secteurs (agricole, industriel, touristique, etc.) peinent à atteindre leurs objectifs. Le point commun à l'ensemble de ces plans est l'absence d'expérimentation initiale. La mise en place de projets pilotes avant la généralisation aurait permis d'identifier les difficultés, d'acquérir une expérience et d'améliorer la conception des interventions. À cet égard, la recherche économique récente préconise la mise en place de mécanismes itératifs d'adaptation des politiques en fonction des problèmes rencontrés (Andrew, Pritchett et Woolcock 2012). L'expérience de la Chine illustre comment l'institutionnalisation de l'expérimentation des politiques publiques a pu contribuer à éclairer les choix publics, informer les acteurs des bienfaits des politiques poursuivies (en l'occurrence d'ouverture économique) et, *in fine*, à modifier le comportement des acteurs et l'équilibre en matière d'économie politique (voir encadré E.4).

Encadré E.4 Institutionnalisation de l'expérimentation des politiques publiques en Chine

La Chine est le pays au monde qui a connu la plus forte croissance économique ces trois dernières décennies. Entre 1980 et 2010, le taux de croissance moyen du PIB par habitant a atteint 7 %, conduisant à une multiplication par 8 du revenu de la population. Durant cette même période, l'économie marocaine a progressé à un rythme moyen de 2 %, doublant le PIB par habitant. En 1980, les Marocains étaient deux fois plus riches que les Chinois. En 2010, ce rapport s'est inversé, les Chinois sont devenus deux fois plus prospères que les Marocains. L'essor économique de la Chine est l'une des expériences de développement les plus fulgurantes de l'histoire de l'humanité, même si le pays est aujourd'hui confronté à un ralentissement naturel de la croissance (les autres miracles économiques ont tous traversé une phase similaire). La Chine a profité de ses bas coûts pour devenir « l'usine du monde », mais elle est aussi parvenue à monter en gamme et à acquérir des capacités technologiques. C'est désormais le pays qui dépose le plus de brevets d'invention dans le monde, avec plus de 500 brevets par habitant en 2014 (700 000 brevets au total) contre seulement 9 dans le cas du Maroc (300 brevets résidents au total).

Pour atteindre ces performances économiques exceptionnelles, la Chine a dû se réformer en profondeur pour transformer un système économique collectiviste en une économie de marché dynamique et innovante. Lorsque Deng Xiaoping a initié l'ouverture du pays à la fin des années 1970, toutes les structures de l'économie étaient à moderniser : le système de propriété privé, la réglementation des marchés, l'environnement des affaires, l'ouverture à l'international, le système financier, etc. Comme dans la plupart des pays du monde, de tels bouleversements suscitent spontanément de vives résistances au sein du système, car leurs effets sont incertains. Les réformes vont-elles réussir ? Vont-elles déstabiliser l'ordre politique et social ? Qui en seront les gagnants et les perdants ? L'expérience internationale nous enseigne que ces incertitudes entraînent généralement un blocage du processus de réforme et une perpétuation du *statu quo*, un syndrome que les économistes Fernandez et Rodrik[a] qualifient de « *statu quo bias* ». La Chine a toutefois réussi à surmonter cette difficulté grâce à une méthode de réforme originale fondée sur le tâtonnement, l'expérimentation et le pragmatisme.

Lorsque des chercheurs universitaires se sont penchés sur le succès chinois en matière de réforme économique, ils ont découvert que la grande majorité des réformes étaient d'abord expérimentées à l'échelle locale avant d'être généralisées au niveau national. Le sinologue Sebastian Heimann[b] démontre ainsi que depuis la fin des années 1970, la Chine est devenue un grand laboratoire accueillant des centaines de projets pilotes. Cette approche expérimentale appelée « youdian daomian » (littéralement : du point à la surface) a été institutionnalisée par l'État chinois qui encourage les initiatives locales, étudie les résultats et diffuse de manière active les bonnes pratiques. Dans un livre intitulé « China Experiments: From Local Innovations to National Reform » (2012), les auteurs indiquent que cette logique systématique de tâtonnement permet de réaliser des innovations radicales de politiques publiques. Le champ des projets pilotes est très large et peut concerner aussi bien la santé, le transport, les entreprises publiques, l'environnement des affaires ou la

encadré continue page suivante

Encadré E.4 Institutionnalisation de l'expérimentation des politiques publiques en Chine *(suite)*

protection sociale. Les avantages de la démarche expérimentale sont multiples : i) elle libère la créativité et encourage l'innovation à tous les échelons ; ii) elle vérifie l'efficacité des interventions avant de généraliser ; et iii) elle désamorce les oppositions au changement en démontrant les effets bénéfiques[c].

L'évolution de la zone franche de Shanghai offre un exemple récent d'expérimentation. À la fin des années 1970, plutôt que d'ouvrir globalement son économie, la Chine a mis en place des zones économiques spéciales pour tester graduellement les bienfaits de l'économie de marché. Le succès rencontré a conduit à généraliser les mesures à l'ensemble du pays. Plus récemment, la Chine a pris conscience de la nécessité d'initier une nouvelle génération de réformes pour compléter sa transition vers l'économie de marché. Conformément à l'approche expérimentale, un projet pilote a été lancé en 2013 intitulé « Shanghai Pilot Free Trade Zone » (SPFTZ). Celui-ci vise à tester des mesures de libéralisation économique sur le territoire de la ville de Shanghai concernant le commerce extérieur (libéralisation des importations), l'investissement étranger, les flux de capitaux (assouplissement des contrôles) et le secteur financier (libéralisation des taux d'intérêt et facilitation de l'entrée d'acteurs étrangers). Un « Master Plan » présentant les modalités de l'expérimentation a été publié. Il prévoit la création d'un centre de recherche chargé d'étudier les effets des mesures en vue d'une généralisation à l'échelle nationale. Une étude indépendante récente montre que les impacts de l'expérimentation commencent déjà à se matérialiser s'agissant des flux de capitaux[d].

Sources : a) Fernandez et Rodrik 1991 ; b) Heilmann 2008 ; c) Florini, Lai Tan 2012 ; d) Yao Whalley 2015.

Changer et respecter les règles du jeu

Informer et éclairer les acteurs sur les choix publics et sur les règles du jeu peut ne pas être suffisant pour que ces acteurs modifient substantiellement leurs positions ; il faut alors envisager de changer effectivement les règles elles-mêmes pour atteindre un nouvel équilibre en matière d'économie politique. Le changement des règles peut s'opérer de deux façons : soit en introduisant et appliquant de nouvelles règles, soit en veillant à ce que les règles existantes (*de jure*) soient effectivement mises en œuvre (*de facto*). L'émergence économique de l'Occident au XVIIe siècle et du Japon à la fin du XIXe siècle sont des illustrations de changements profonds des règles du jeu. Plus récemment, les changements qui se sont produits en Asie de l'est et en Europe centrale et orientale témoignent du type de ruptures historiques qui peuvent donner naissance à de nouveaux équilibres en matière d'économie politique. Dans le premier cas, il s'est agi par exemple de l'ouverture de la Chine en 1978 et de son évolution vers plus de libertés économiques et, dans le second cas, de la transition des pays d'Europe centrale et orientale vers un modèle de démocratie libérale de marché, après la chute du mur de Berlin en 1989. Dans les deux instances, les ruptures se sont traduites par de profondes modifications des règles du jeu existantes. De nombreux autres exemples de ruptures historiques existent sur d'autres continents, que ce soit par exemple en Afrique du Sud, au Rwanda, au Chili, ou plus récemment au Myanmar, au Vietnam ou en Tunisie.

Il est également utile de garder à l'esprit que si l'introduction de nouvelles règles du jeu ouvre la voie à de nouveaux équilibres, rien ne garantit que ces équilibres soient supérieurs du point de vue de la croissance et du bien-être collectif. En effet, nombre de changements des règles du jeu en Amérique latine, en Asie et en Afrique sub-saharienne se sont traduits par une régression des équilibres et parfois même par des effondrements économiques. Néanmoins, lorsque ces changements ont abouti à des équilibres supérieurs, ils ont généralement impliqué des transitions vers des sociétés plus ouvertes accordant davantage de place aux libertés économiques et aux droits civiques et politiques. Non seulement les acteurs politiques doivent être capables de prendre des engagements crédibles, mais l'ouverture implique que les institutions et systèmes d'information soient en place pour permettre aux citoyens de tenir leurs dirigeants responsables de leurs actes et décisions (Keefer 2011). La responsabilité politique est en effet un canal déterminant par lequel le capital social peut améliorer le bien-être économique et le fonctionnement des institutions (Nannicini et al. 2013).

Dans le cas du Maroc, la question de fond est donc de savoir quelles seraient les circonstances susceptibles de modifier substantiellement les règles du jeu dans les années à venir pour que les voies de l'émergence esquissées dans le présent Mémorandum puissent se réaliser. Si les blocages sont fondamentalement liés à la culture et à l'économie politique interne des pays, les solutions ne peuvent pas principalement venir d'acteurs extérieurs, même si ceux-ci peuvent évidemment jouer un rôle de facilitation et d'accompagnement (Devarajan et Kemani 2016). À cet égard, l'histoire des tentatives d'ingérence est largement une histoire d'échecs, créant plus de ressentiment, de blessures et de réactions identitaires que de

résultats positifs (Landes 1998 ; Sowell 2015). Le scénario le plus à même de changer les règles du jeu serait donc celui de l'accélération du processus endogène de transition du Maroc vers une société ouverte, à commencer par une meilleure mise en œuvre des règles existantes. Il est à noter au passage que la capacité d'une société à mettre en œuvre et à faire respecter les règles communes est un élément essentiel du capital social des nations discuté dans le présent Mémorandum.

Deux circonstances exceptionnelles pourraient déclencher cette accélération de la transition du Maroc : la mise en œuvre rapide et complète de l'esprit et des principes de la Constitution de 2011 et la mise en œuvre non moins rapide et complète du Statut avancé et d'un accord de libre-échange complet et approfondi (ALECA) avec l'Union européenne. Dans les deux cas, la portée et l'ampleur des changements pourraient de manière endogène et irréversible faire évoluer l'État, l'économie et la société marocaine vers un équilibre supérieur à l'équilibre actuel. Chaque circonstance est une opportunité de renforcer considérablement le capital social du Maroc, et par là même de réaliser le potentiel existant du pays dans les autres domaines (capital physique, humain ou institutionnel).

Les changements constitutionnels historiques opérés par le pays à la suite des bouleversements politiques et sociaux qui ont secoué le monde arabe depuis 2011 constituent des éléments à même de changer les règles du jeu en profondeur (Chauffour 2013). De ce fait, ils sont de nature à modifier les équilibres en matière d'économie politique pour projeter le Maroc sur une nouvelle trajectoire de croissance et de convergence économique (voir encadré E.5). Tant la demande émanant de la population en faveur de davantage de liberté, de droits de l'Homme, de démocratie, d'opportunités en matière d'emplois, d'autonomie

---

Encadré E.5 Nouvelles règles du jeu de la Constitution de 2011[a]

En mars 2011, SM le Roi Mohammed VI a engagé un ensemble de réformes politiques qui a reçu un large soutien de la population lors du referendum constitutionnel de juillet 2011. La nouvelle constitution pose les bases d'une société plus ouverte et démocratique. Elle renforce le cadre de gouvernance du pays à travers une plus grande séparation et un meilleur équilibre des pouvoirs entre le Roi, le Gouvernement et le Parlement, et elle jette les bases d'une régionalisation et d'une décentralisation avancées comme système démocratique et décentralisé de gouvernance.

La nouvelle constitution renforce les principes de bonne gouvernance, de droits de l'Homme et de protection des libertés individuelles. Elle réaffirme un nombre de libertés économiques, civiles et politiques fondamentales, telles que le droit à la propriété, le droit d'entreprise et la libre compétition, le droit à la liberté de réunion et à la manifestation pacifique, le droit à la libre association et le droit d'appartenir à un syndicat ou à un parti politique. Elle prolonge un nombre de droits qui figuraient déjà dans la Constitution de 1996.

encadré continue page suivante

Encadré E.5 Nouvelles règles du jeu de la Constitution de 2011 *(suite)*

Ainsi, les femmes se voient désormais garantie « l'égalité civile et sociale » avec les hommes. Auparavant, seule « l'égalité politique » était garantie, même si la Constitution de 1996 reconnait l'égalité entre tous les citoyens en termes de droits et devant la loi. Tous les citoyens disposent de la liberté de pensée, d'expression artistique et de création alors qu'auparavant seules la liberté d'opinion et la liberté de circulation et d'association étaient garanties. De façon significative, la nouvelle constitution dresse une liste des nouveaux droits civils et politiques qui n'étaient pas reconnus dans le texte de la Constitution de 1996, y compris le droit à la vie, le droit à la sécurité de la personne, le droit à l'intégrité physique ou morale, le droit à la protection de la vie privée, la présomption d'innocence et le droit à un procès juste, le droit d'accès à la justice, le droit d'accès à l'information, et le droit de présenter des pétitions. Elle reconnaît également un nombre de droits économiques, sociaux et culturels tels que le droit à la santé, le droit à la protection sociale, le droit au travail et le droit à un logement décent.

La nouvelle constitution introduit des changements institutionnels afin de renforcer la séparation, l'équilibre et la collaboration entre les pouvoirs et pour accroître la responsabilité et la redevabilité des institutions. Les principaux changements institutionnels concernent : 1) le renforcement du rôle du Parlement à travers des pouvoirs législatifs accrus et un plus grand contrôle du gouvernement ; 2) la promotion du rôle du Premier Ministre au rang de Chef du Gouvernement, nommé au sein du parti politique vainqueur aux élections législatives ; 3) le renforcement de l'indépendance de la justice ; et 4) le renforcement des institutions de contrôle, en particulier du Conseil national pour les droits de l'Homme, du Conseil de la concurrence et des instances de lutte contre la corruption. En outre, la constitution a mis en place des institutions dont le mandat est d'assurer la liberté de traitement, la parité et la participation des jeunes (l'Autorité de lutte pour la parité et contre les discriminations et le Conseil consultatif de la jeunesse).

La nouvelle constitution reconnaît en outre les principes de la régionalisation comme un système démocratique et décentralisé de gouvernance. Des changements constitutionnels majeurs ont été introduits pour accroître la reddition des comptes et la transparence des conseils territoriaux, de même que la participation de la population à la gestion des affaires locales et des services publics. De façon particulièrement notable, la nouvelle constitution stipule que les conseils régionaux seront élus au suffrage universel direct et que les affaires régionales seront gérées sur la base des principes d'autonomie administrative et de participation de la population. Les présidents des conseils régionaux et non les gouverneurs (ou wali) auront le pouvoir de mettre en œuvre les décisions des conseils. Les conseils territoriaux se verront reconnaître des compétences étendues et les ressources correspondantes en fonction du principe de subsidiarité. Ces changements importants seront mis en œuvre grâce à la révision de la Loi organique relative aux collectivités locales. Ceci nécessitera également la révision et le renforcement du cadre réglementaire relatif aux transferts financiers entre le gouvernement central et les collectivités territoriales, de même que des amendements à la Loi sur les finances locales.

Source : Madani, Maghraoui et Zerhouni. 2013.

et de dignité, que la réponse rapide des autorités marocaines sous la forme d'une nouvelle constitution qui contient nombre de principes d'une société ouverte, constituent une opportunité unique pour le Maroc. Le pays a devant lui la perspective historique de créer un État plus ouvert, efficace et responsable, de renforcer les libertés économiques et les institutions de marché et de développer significativement le capital humain et social du pays. L'émergence du nouveau contrat social envisagé dans la Constitution de 2011 pourrait ouvrir la voie au type de transformation historique qui s'est produit dans d'autres parties du monde au cours des dernières décennies.

De la même manière, les perspectives de mise en œuvre du Statut avancé et d'un accord de libre-échange complet et approfondi (ALECA) avec l'Union européenne ouvrent la voie à la possibilité d'établir de nouvelles règles du jeu à mesure que l'économie marocaine s'intégrera dans le marché unique de l'Union européenne. Lancé en 2008, le Statut avancé a pour objectif, à terme, de mettre en place un espace économique commun entre l'Union européenne et le Maroc, caractérisé par une intégration poussée de l'économie marocaine à celle de l'Union européenne et s'inspirant des normes qui régissent l'Espace économique européen[2]. Cet objectif passe par la mise en œuvre d'actions conjointes visant à rapprocher le cadre législatif et réglementaire du Maroc de l'Acquis communautaire et à compléter et approfondir l'Accord d'association existant dans de nouveaux domaines, tels que le commerce des services, les marchés publics, la politique de la concurrence, l'investissement, les droits de propriété intellectuelle, les normes industrielles, les mesures sanitaires et phytosanitaires, etc. (voir encadré E.6). Même en l'absence de perspective d'accession à l'Union

---

Encadré E.6 Nouvelles règles du jeu importées de l'Union européenne

En 1996, le Maroc a signé l'Accord d'association avec l'Union européenne visant à instaurer un dialogue politique régulier entre le Maroc et l'Union européenne, à assurer la mise en place progressive d'une zone de libre-échange principalement dans le domaine des biens manufacturiers et à renforcer la coopération économique dans de nombreux domaines (éducation et formation, coopération scientifique, technique et technologique, environnement, coopération industrielle, promotion et protection des investissements, en matière de normalisation et d'évaluation de la conformité, agriculture et pêche, transports, énergie, etc.), ainsi que la coopération sociale et culturelle. L'Accord d'association a été mis en œuvre au début de l'année 2000 et a été complété par un accord portant sur l'agriculture en 2012.

En 2008, le Maroc a affirmé sa volonté de se rapprocher davantage encore de l'Union européenne en adoptant le Statut avancé. Dans un premier temps, le projet « Réussir le Statut avancé » s'articule autour de dix axes :

• renforcement des institutions clés du processus législatif ;
• convergence réglementaire en matière de normes, de réglementations techniques et d'évaluation de la conformité des produits industriels ;

encadré continue page suivante

Encadré E.6 Nouvelles règles du jeu importées de l'Union européenne *(suite)*

- convergence réglementaire vers les exigences européennes de sécurité et sûreté du transport maritime ;
- convergence réglementaire vers les exigences européennes en matière de politiques de l'emploi et de protection sociale ;
- convergence réglementaire vers les dispositions de l'Acquis en matière de normes sanitaires et phytosanitaires ;
- appui au développement durable et à la bonne gouvernance des activités de pêche maritime ;
- convergence réglementaire vers l'application de la directive-cadre européenne sur l'eau ;
- convergence réglementaire vers le processus de Bologne (enseignement supérieur) ;
- promotion de la protection des consommateurs ; et
- accompagnement à l'intégration dans la législation nationale des dispositions des conventions du Conseil de l'Europe.

En 2013, le Maroc et l'Union européenne ont lancé Les négociations pour un ALECA. L'ALECA a pour objectif de compléter et d'approfondir l'intégration entre le Maroc et l'Union européenne en procédant à un rapprochement réglementaire et législatif dans un certain nombre de domaines couverts par l'Acquis communautaire. L'Acquis communautaire fait référence à l'ensemble du corpus juridique de l'Union européenne, c'est-à-dire à la somme des droits et obligations juridiques des États membres. Il se décline en 35 chapitres dont les quatre premiers font référence aux quatre libertés fondamentales : libre circulation des biens, libre circulation des travailleurs, libre prestation de services et libre circulation des capitaux. Quatre cycles de négociations ont eu lieu jusqu'à présent, mais le cinquième est suspendu depuis 2015.

Source : Délégation de l'Union européenne auprès du Maroc 2013.

---

européenne, le Maroc dispose d'une opportunité unique d'imiter les expériences réussies des pays d'Europe centrale et orientale dans leur processus de convergence vers l'Union européenne et ainsi de transformer et de moderniser en l'espace d'une génération l'ensemble de ses lois, réglementations et politiques publiques. L'expérience de la Pologne, des pays Baltes, ou plus récemment de la Croatie constituent autant de précédents de modifications profondes des règles du jeu nationales qui ont ouvert des périodes de transformation structurelle et de prospérité pour les nouvelles générations de ces pays (Aslund et Djankov 2014). Comme le notait déjà un observateur éclairé en 2005, « *d'un point de vue symbolique, le signal envoyé serait encore plus fulgurant. Le Maroc accepterait de la sorte de se placer, sans renier sa souveraineté, dans l'orbite de la première puissance économique du monde* » (Berkani 2005).

Le Maroc fait figure d'exception dans un monde arabe en effervescence. Il dispose d'atouts considérables pour renforcer sa singularité et devenir à l'horizon de la prochaine génération le premier pays d'Afrique du Nord non producteur de pétrole à rejoindre le club des pays émergents. Pour cela, le pays peut s'appuyer sur des leviers réels de changement à la fois sur le plan politique (la stabilité de son leadership), sur le plan institutionnel (les valeurs et les principes entérinés par la Constitution de 2011) et sur les plans économique, social et environnemental (la convergence normative vers l'Union européenne) pour renforcer son capital immatériel, qui est la source principale de toute prospérité future partagée. En effet, si la comptabilité patrimoniale ou la comptabilité en termes de capital enseigne une seule leçon, c'est qu'un développement durable, c'est-à-dire un développement à la fois viable, vivable et équitable, repose essentiellement sur l'accumulation d'actifs immatériels sous la forme de capital institutionnel, de capital humain et de capital social. À l'heure de l'économie de la connaissance et de la révolution numérique, la richesse des nations est moins le fruit de la simple quantité de travail ou de capital physique accumulée, que de la qualité des institutions, des savoirs et connaissances, et des normes en matière d'action collective. En dernière analyse, ces leviers constituent également les meilleurs vecteurs pour renforcer la cohésion économique et sociale du Maroc et assurer une transition ordonnée vers l'émergence économique.

Notes

1. L'hystérésis est le phénomène selon lequel un système (politique, économique, social, etc.) tend à rester dans un état après la disparition de ce qui a causé cet état.

2. Document conjoint Union européenne-Maroc sur le renforcement des relations bilatérales/ Statut avancé.

Bibliographie

Acemoglu, Daron, and Matthew O. Jackson. 2015. "History, Expectations, and Leadership in the Evolution of Social Norms." *Review of Economic Studies* 82 (1): 1–34.

Acemoglu, Daron, and James A. Robinson. 2006. "De Facto Political Power and Institutional Persistence." *American Economic Association Papers and Proceedings* 96 (2): 325–30.

———. 2012. *Why Nations Fail: The Origins of Power, Prosperity, and Poverty.* New York: Crown Publishing Group.

Akerlof, George A., and Rachel E. Kranton. 2010. "Identity Economics: How Our Identities Shape Our Work, Wages, and Well-Being." Princeton, NJ: Princeton University Press.

Andrew, Matt, Lant Pritchett, and Michael Woolcock. 2012. "Escaping Capability Traps through Problem-Driven Iterative Adaptation (PDIA)." Working Paper No. 299, Center for Global Development, Washington, DC.

Åslund, Anders, and Simeon Djankov. 2014. "The Great Rebirth: Lessons from the Victory of Capitalism over Communism." Peterson Institute for International Economics, Washington, DC.

Banque mondiale. 2014. "Rapport sur le développement dans le monde : Pensée, société et comportement." Washington, DC: World Bank.

———. 2016. "Making Politics Work for Development: Harnessing Transparency and Citizen Engagement." Policy Research Report. Washington, DC: World Bank.

Banerjee, Abhijit V., and Esther Duflo. 2011. *Poor Economics A Radical Rethinking of the Way to Fight Global Poverty.* New York: PublicAffairs.

Bank Al-Maghrib (BAM). 2016. "Rapport Annuel." Royaume du Maroc.

Berkani, Ahmed B. 2005. "Le Maroc à la croisée des chemins." L'Harmattan. Paris.

Besley, Timothy, and Robin Burgess. 2002. "The Political Economy of Government Responsiveness: Theory and Evidence from India." *Quarterly Journal of Economics* 117 (4): 1415–51.

Bidner, Chris, and Patrick François. 2013. "The Emergence of Political Accountability." *Quarterly Journal of Economics* 128 (3): 1397–1448.

Casey, Katherine. 2015. "Crossing Party Lines: The Effects of Information on Redistributive Politics." *American Economic Review* 105 (8): 2410–48.

Chauffour, Jean-Pierre. 2013. *From Political to Economic Awakening in the Arab World: The Path of Economic Integration.* Washington, DC: World Bank.

Conseil Économique Social et Environnemental. 2014. "Cohérence des Politiques Sectorielles et Accords de Libre-Echange : Fondements stratégiques pour un développement soutenu et durable." Royaume du Maroc.

Devarajan, Shantayanan, and Khemani, Stuti. 2016. "If Politics Is the Problem, How Can External Actors Be Part of the Solution?" World Bank Policy Research Paper No. 7761. Washington, DC: World Bank.

Easterly, William, and Ross Levine. 2013. "The European Origins of Economic Development." Extraits (traduits). No. w18162. Cambridge, MA: National Bureau of Economic Research.

Economist. 2014. "The Tragedy of the Arabs." July 5. http://www.economist.com/news /leaders/21606284-civilisation-used-lead-world-ruinsand-only-locals-can-rebuild-it

Fernandez, Raquel, and Dani Rodrik. 1991. "Resistance to Reform: Status Quo Bias in the Presence of Individual-Specific Uncertainty." *American Economic Review* 81 (5): 1146–55.

Florini, Ann M., Hairong Lai, and Yeling Tan. 2012. *China Experiments: From Local Innovations to National Reform.* Brookings institution press. Washington DC.

Fukuyama, Francis. 2014. *Political Order and Political Decay: From The Industrial Revolution to the Globalization of Democracy.* New York: Farrar, Straus and Giroux.

Goumeziane, Smail. 2006. "Ibn Khaldoun: Un génie maghrébin (1332–1406)." Édition EDIF 2000.

Grossman, Gene, and Elhanan Helpman. 1994. "Protection for Sale." *American Economic Review* 84 (4): 833–850.

———. 2001. *Special Interest Politics.* Cambridge, MA: MIT Press.

Heilmann, Sebastian. 2008. "Policy Experimentation in China's Economic Rise." Studies in *Comparative International Development* 43 (1):1–26.

Keefer 2011. "Collective Action, Political Parties, and Pro-Development Public Policy." *Asian Development Review* 28 (1): 94–118.

Keefer, Philip and Stuti Khemani. 2014. "Radio's Impact on Preferences for Patronage Benefits." Policy Research Working Paper No. 6932. Washington, DC: World Bank.

Krueger, Anne O. 1974. "The Political Economy of the Rent-Seeking Society." *American Economic Review* 64 (3): 291–303.

Laffont, Jean-Jacques, and Tirole, Jean. 1991. "The Politics of Government Decision-Making: A Theory of Regulatory Capture." *Quarterly Journal of Economics* 106 1089–1127.

Landes, David S. 1998. *The Wealth and Poverty of Nations: Why Some Are So Rich and Some So Poor.* New York: Norton.

Leighton, Wayne and Edward Lopez. 2013. "Madmen, Intellectuals, and Academic Scribblers: The Economic Engine of Political Change." Stanford, CA: Stanford University Press.

Madani, Mohamed, Driss Maghraoui, and Saloua Zerhouni. 2013. "The 2011 Moroccan Constitution: A Critical Analysis." Stockholm, Sweden: International IDEA.

McCarty, N., and Meirowitz, A. 2007. *Political Game Theory*. Cambridge, England: Cambridge University Press.

Nannicini, Tommaso, Andrea Stella, Guido Tabellini, and Ugo Troiano. 2013. "Social Capital and Political Accountability." *American Economic Journal: Economic Policy* 5 (2): 222–50.

Nash, John. 1951. "Non-Cooperative Games." *The Annals of Mathematics* 54 (2): 286–95.

Newsletter de la Délégation de l'Union européenne auprès du Royaume du Maroc. 2013. "Trait d'union. No. 198. Délégation de l'Union européenne auprès du Royaume du Maroc." Rabat, Maroc.

North, Douglass C., John Wallis, and Barry R. Weingast. 2009. "Violence and Social Orders: A Conceptual Framework for Interpreting Recorded Human History." New York: Cambridge University Press.

Peltzman, Sam. 1976. "Toward a More General Theory of Regulation." *Journal of Law and Economics* 19 (2): 211–40.

Programme des Nations Unies pour le Développement (PNUD). 2003. *Arab Human Development Report 2003*.

Rodrik, Dani. 2013. "Unconditional Convergence." NBER Working Paper No. 17546. National Bureau of Economic Research, Cambridge, MA.

———. 2014. "When Ideas Trump Interests: Preferences, Worldview, and Policy Innovations." *Journal of Economic Perspectives* 28 (1): 189–208.

Sowell, Thomas. 2015. *Wealth, Poverty, and Politics: An International Perspective*. New York: Basic Books.

Stigler, George. 1971. "The Theory of Economic Regulation." *The Bell Journal of Economics and Management Science* 2 (1): 3–21.

Tirole, Jean. 2016. "Économie du bien commun." Paris: Presses Universitaires de France.

Wittman, Donald A., and Barry R. Weingast, eds. 2006. *Oxford Handbook of Political Economy*. Oxford, England: Oxford University Press.

Yao, Daqing, and John Whalley. 2015. "The China (Shanghai) Pilot Free Trade Zone: Background, Developments and Preliminary. Assessment of Initial Impacts." NBER Working Paper No. 20924. National Bureau of Economic Research, Cambridge, MA.

green press INITIATIVE

www.ingramcontent.com/pod-product-compliance
Lightning Source LLC
Chambersburg PA
CBHW080659220326
41598CB00033B/5261